Les Mille et Une Nuits

Livre II : Tomes IV à VI
Édition intégrale et annotée

Anonyme

TRADUCTION PAR ANTOINE GALLAND

TOME IV 3
SÉPARATION DU PRINCE CAMARALZAMAN D'AVEC LA PRINCESSE BADOURE. 3
SUITE DE L'HISTOIRE DU PRINCE CAMARALZAMAN, DEPUIS SA SÉPARATION D'AVEC LA PRINCESSE BADOURE. 11
HISTOIRE DES PRINCES AMGIAD ET ASSAD. 25
LE PRINCE ASSAD ARRÊTÉ EN ENTRANT DANS LA VILLE 33
SUITE DE L'HISTOIRE DU PRINCE ASSAD. 44
HISTOIRE DE NOUREDDIN ET DE LA BELLE PERSIENNE. 57
HISTOIRE DE BEDER, PRINCE DE PERSE, ET DE GIAUHARE, PRINCESSE DU ROYAUME DE SAMANDAL. 101
HISTOIRE DE GANEM, FILS D'ABOU AIBOU, L'ESCLAVE D'AMOUR. 156
TOME V **176**
SUITE DE L'HISTOIRE DE GANEM, FILS D'ABOU AÏBOU, L'ESCLAVE D'AMOUR. 176
HISTOIRE DU PRINCE ZEYN ALASNAM, ET DU ROI DES GÉNIES 195
HISTOIRE DE CODADAD ET DE SES FRÈRES. 210
HISTOIRE DU DORMEUR ÉVEILLÉ. 234
HISTOIRE D'ALADDIN, OU LA LAMPE MERVEILLEUSE. 302
TOME VI **332**
SUITE DE L'HISTOIRE D'ALADDIN, OU LA LAMPE MERVEILLEUSE. 332
LES AVENTURES DU CALIFE HAROUN ALRASCHILD. 397
HISTOIRE DE L'AVEUGLE BABA-ABDALLA. 401
HISTOIRE DE SIDI NOUMAN. 411
HISTOIRE DE COGIA HASSAN ALHABBAL. 422
HISTOIRE D'ALI BABA ET DE QUARANTE VOLEURS EXTERMINÉS PAR UNE ESCLAVE. 447

Tome IV

CCXXIII^e NUIT.

SIRE, votre Majesté peut mieux juger de l'étonnement et de la douleur de Camaralzaman, quand l'oiseau lui eut enlevé le talisman de la main, que je ne pourrois l'exprimer. À cet accident le plus affligeant qu'on puisse imaginer, arrivé par une curiosité hors de saison, et qui privoit la princesse d'une chose précieuse, il demeura immobile quelques momens.

SÉPARATION
DU PRINCE CAMARALZAMAN D'AVEC LA PRINCESSE BADOURE.

L'OISEAU après avoir fait son coup, s'étoit posé à terre à peu de distance, avec le talisman au bec. Le prince Camaralzaman s'avança dans l'espérance qu'il le lâcheroit ; mais dès qu'il approcha, l'oiseau fit un petit vol et se posa à terre une autre fois. Il continua de le poursuivre ; l'oiseau après avoir avalé le talisman, fit un vol plus loin. Le prince qui étoit fort adroit, espéra de le tuer d'un coup de pierre, et le poursuivit encore. Plus il s'éloigna de lui, plus il s'opiniâtra à le suivre et à ne le pas perdre de vue.

De vallon en colline, et de colline en vallon, l'oiseau attira toute la journée le prince Camaralzaman, en s'écartant toujours de la prairie et de la princesse Badoure ; et le soir, au lieu de se jeter dans un buisson où Camaralzaman auroit pu le surprendre dans l'obscurité, il se percha au haut d'un grand arbre où il étoit en sûreté.

Le prince au désespoir de s'être donné tant de peine inutilement, délibéra s'il retourneroit à son camp. « Mais, dit-il en lui-même, par où retournerai-je ? Remonterai-je, redescendrai-je par les collines et par les vallons par où je suis venu ? Ne m'égarerai-je pas dans les ténèbres ? Et mes forces me le permettent-elles ? Et quand je le pourrois, oserois-je me présenter devant la princesse, et ne pas lui reporter son talisman ? » Abymé dans ces pensées désolantes et accablé de fatigue, de faim, de soif, de sommeil, il se coucha et passa la nuit au pied de l'arbre.

Le lendemain Camaralzaman fut éveillé avant que l'oiseau eût quitté l'arbre ; et il ne l'eut pas plutôt vu reprendre son vol, qu'il l'observa et le suivit encore toute la journée, avec aussi peu de succès que la précédente, en se nourrissant d'herbes ou de fruits qu'il trouvoit en son chemin. Il fit la même chose jusqu'au dixième jour, en suivant l'oiseau à l'œil depuis le matin jusqu'au soir, et en passant la nuit au pied de l'arbre, où il la passoit toujours au plus haut.

Le onzième soir, l'oiseau toujours en volant, et Camaralzaman ne cessant de l'observer, arrivèrent à une grande ville. Quand l'oiseau fut près des murs, il s'éleva au-dessus, et prenant son vol au-delà, il se déroba entièrement à la vue de Camaralzaman, qui perdit l'espérance de le revoir et de recouvrer jamais le talisman de la princesse Badoure.

Camaralzaman affligé en tant de manières et au-delà de toute expression, entra dans la ville qui étoit bâtie sur le bord de la mer, avec un très-beau port. Il marcha long-temps par les rues sans savoir où il alloit, ni où s'arrêter, et arriva au port. Encore plus incertain de ce qu'il devoit faire, il marcha le long du rivage jusqu'à la porte d'un jardin qui étoit ouverte, où il se présenta. Le jardinier qui étoit un bon vieillard occupé à travailler, leva la tête en ce moment ; et il ne l'eut pas plutôt aperçu et connu qu'il étoit étranger et Musulman, qu'il l'invita à entrer promptement et à fermer la porte.

Camaralzaman entra, ferma la porte ; et en abordant le jardinier, il lui demanda pourquoi il lui avoit fait prendre cette précaution. « C'est, répondit le jardinier, que je vois bien que vous êtes un étranger nouvellement arrivé et Musulman, et que cette ville est habitée, pour la plus grande partie, par des idolâtres qui ont une aversion mortelle contre les Musulmans, et qui traitent même fort mal le peu que nous sommes ici de la religion de notre prophète. Il faut que vous l'ignoriez, et je regarde comme un miracle que vous soyez venu jusqu'ici sans avoir fait quelque mauvaise rencontre. En effet, ces idolâtres sont attentifs sur toute chose à observer les Musulmans étrangers à leur arrivée, et à les faire tomber dans quelque piége, s'ils ne sont bien instruits de leur méchanceté. Je loue Dieu de ce qu'il vous a amené dans un lieu de sûreté. »

Camaralzaman remercia ce bon homme avec beaucoup de reconnoissance de la retraite qu'il lui donnoit si généreusement pour le mettre à l'abri de toute insulte. Il vouloit en dire davantage ; mais le jardinier l'interrompit : « Laissons là les complimens, dit-il, vous êtes fatigué, et vous devez avoir besoin de manger : venez vous reposer. » Il le mena dans sa petite maison ; et après que le prince eut mangé suffisamment de ce qu'il lui présenta avec une cordialité dont il le charma, il le pria de vouloir bien lui faire part du sujet de son arrivée.

Camaralzaman satisfit le jardinier ; et quand il eut fini son histoire, sans lui rien déguiser, il lui demanda à son tour par quelle route il pourroit retourner aux états de son père ? « Car, ajouta-t-il, de m'engager à aller rejoindre la princesse, où la trouverois-je après onze jours que je nie suis séparé d'avec elle par une aventure si extraordinaire ? Que sais-je même si elle est encore au monde ? » À ce triste souvenir, il ne put achever sans verser des larmes.

Pour réponse à ce que Camaralzaman venoit de demander, le jardinier lui dit que de la ville où il se trouvoit, il y avoit une année entière de chemin jusqu'aux pays où il n'y avoit que des Musulmans, commandés par des princes de leur religion ; mais que par mer, on arriveroit à l'isle d'Ébène en beaucoup moins de temps, et que de là il étoit plus aisé de passer aux isles des Enfans de Khaledan ; que chaque année, un navire marchand alloit à l'isle d'Ébène, et qu'il pourroit prendre cette commodité pour retourner de là aux isles des Enfans de Khaledan. « Si vous fussiez arrivé quelques jours plus tôt, ajouta-t-il, vous vous fussiez embarqué sur celui qui a fait voile cette année. En attendant que celui de l'année prochaine parte, si vous agréez de demeurer avec moi, je vous fais offre de ma maison, telle qu'elle est, de très-bon cœur. »

Le prince Camaralzaman s'estima heureux de trouver cet asile dans un lieu où il n'avoit aucune connoissance, non plus qu'aucun intérêt d'en faire. Il accepta l'offre, et il demeura avec le jardinier. En attendant le départ du vaisseau marchand pour l'isle d'Ébène, il s'occupoit à travailler au jardin pendant le jour ; et la nuit, que rien ne le détournoit de penser à sa chère princesse Badoure, il la passoit dans les soupirs, dans les regrets et dans les pleurs. Nous le laisserons en ce lieu pour revenir à la princesse Badoure, que nous avons laissée endormie sous sa tente.

HISTOIRE DE LA PRINCESSE BADOURE APRÈS LA SÉPARATION DU PRINCE CAMARALZAMAN.

LA princesse dormit assez long-temps, et en s'éveillant, elle s'étonna que le prince Camaralzaman ne fût pas avec elle. Elle appela ses femmes, et elle leur demanda si elles ne savoient pas où il étoit. Dans le temps qu'elles lui assuroient qu'elles l'avoient vu entrer, mais qu'elles ne l'avoient pas vu sortir, elle s'aperçut, en reprenant sa ceinture, que la petite bourse étoit ouverte, et que son talisman n'y étoit plus. Elle ne douta pas que Camaralzaman ne l'eût pris pour voir ce que c'étoit, et qu'il ne le lui rapportât. Elle l'attendit jusqu'au soir avec de grandes impatiences, et elle ne pouvoit comprendre ce qui pouvoit l'obliger d'être éloigné d'elle si long-temps. Comme elle vit qu'il étoit déjà nuit obscure, et qu'il ne revenoit pas, elle en fut dans une affliction qui n'est pas concevable. Elle maudit mille fois le talisman et celui qui l'avoit fait ; et si le respect ne l'eût retenue, elle eût fait des imprécations contre la reine sa mère qui lui avoit fait un présent si funeste. Désolée au dernier point de cette conjoncture, d'autant plus fâcheuse qu'elle ne savoit par quel endroit le talisman pouvoit être la cause de la séparation du prince d'avec elle, elle ne perdit pas le jugement ; elle prit au contraire une résolution courageuse, peu commune aux personnes de son sexe.

Il n'y avoit que la princesse et ses femmes dans le camp qui sussent que Camaralzaman avoit disparu ; car alors ses gens se reposoient ou dormoient déjà sous leurs tentes. Comme elle craignit qu'ils ne la trahissent, s'ils venoient à en avoir connoissance, elle modéra premièrement sa douleur, et défendit à ses femmes de rien dire ou de rien faire paroître qui pût en donner le moindre souçon. Ensuite elle quitta son habit, et en prit un de Camaralzaman, à qui elle ressembloit si fort que ses gens la prirent pour lui le lendemain matin quand ils la virent paroître, et quelle leur commanda de plier bagage et de se mettre en marche. Quand tout fut prêt, elle fit entrer une de ses femmes dans la litière ; pour elle, elle monta à cheval, et l'on marcha.

Après un voyage de plusieurs mois par terre et par mer, la princesse, qui avoit fait continuer la route sous le nom du prince Camaralzaman pour se rendre à l'isle des Enfans de Khaledan, aborda à la capitale du royaume de l'isle d'Ébène, dont le roi qui régnoit alors, s'appeloit Armanos. Comme les premiers de ses gens qui débarquèrent pour lui chercher un logement, eurent publié que le vaisseau qui venoit d'arriver portoit le prince Camaralzaman, qui revenoit d'un long voyage, et que le mauvais temps l'avoit obligé de relâcher, le bruit en fut bientôt porté jusqu'au palais du roi.

Le roi Armanos, accompagné d'une grande partie de sa cour, vint aussitôt au-devant de la princesse, et il la rencontra qu'elle venoit de débarquer, et qu'elle prenoit le chemin du logement qu'on avoit retenu. Il la reçut comme le fils d'un roi son ami, avec qui il avoit toujours vécu de bonne intelligence, et la mena à son palais, où il la logea, elle et tous ses gens, sans avoir égard aux instances qu'elle lui fit de la laisser loger en son particulier. Il lui fit d'ailleurs tous les honneurs imaginables, et il la régala pendant trois jours avec une magnificence extraordinaire.

Quand les trois jours furent passés, comme le roi Armanos vit que la princesse, qu'il prenoit toujours pour le prince Camaralzaman, parloit de se rembarquer et de continuer son voyage, et qu'il étoit charmé de voir un prince si bien fait, de si bon air, et qui avoit infiniment d'esprit, il la prit en particulier. « Prince, lui dit-il, dans le grand âge où vous voyez que je suis, avec très-peu d'espérance de vivre encore long-temps, j'ai le chagrin de n'avoir pas un fils à qui je puisse laisser mon royaume. Le ciel m'a donné seulement une fille unique, d'une beauté qui ne peut pas être mieux assortie qu'avec un prince aussi bien fait, d'une aussi grande naissance, et aussi accompli que vous. Au lieu de songer à retourner chez vous, acceptez-la de ma main avec ma couronne, dont je me démets dès-à-présent en votre faveur, et demeurez avec nous. Il est temps désormais que je me repose après en avoir soutenu le poids pendant de si longues années, et je ne puis le faire avec plus de consolation que pour voir mes états gouvernés par un si digne successeur... »

La sultane Scheherazade vouloit poursuivre ; mais le jour qui paroissoit déjà, l'en empêcha. Elle reprit le même conte la nuit suivante, et dit au sultan des Indes :

CCXXIV^e NUIT.

SIRE, l'offre généreuse du roi de l'isle d'Ébène de donner sa fille unique en mariage à la princesse Badoure, qui ne pouvoit l'accepter parce qu'elle étoit femme, et de lui abandonner ses états, la mirent dans un embarras auquel elle ne s'attendoit pas. De lui déclarer qu'elle n'étoit pas le prince Camaralzaman, mais sa femme, il étoit indigne d'une princesse comme elle de détromper le roi après lui avoir assuré qu'elle étoit ce prince, et qu'elle en avoit si bien soutenu le personnage jusqu'alors. De le refuser aussi, elle avoit une juste crainte dans la grande passion qu'il témoignoit pour la conclusion de ce mariage, qu'il ne changeât sa bienveillance en aversion et en haine, et n'attentât même à sa vie. De plus, elle ne savoit pas si elle trouveroit le prince Camaralzaman auprès du roi Schahzaman son père.

Ces considérations et celle d'acquérir un royaume au prince son mari, au cas qu'elle le retrouvât, déterminèrent cette princesse à accepter le parti que le roi Armanos venoit de lui proposer. Ainsi, après avoir demeuré quelques momens sans parler, avec une rougeur qui lui monta au visage, et que le roi attribua à sa modestie, elle répondit : « Sire, j'ai une obligation infinie à votre Majesté de la bonne opinion qu'elle a de ma personne, de l'honneur qu'elle me fait, et d'une si grande faveur que je ne mérite pas, et que je n'ose refuser. Mais, Sire, ajouta-t-elle, je n'accepte une si grande alliance qu'à condition que votre Majesté m'assistera de ses conseils, et que je ne ferai rien qu'elle n'ait approuvé auparavant. »

Le mariage conclu et arrêté de cette manière, la cérémonie en fut remise au lendemain, et la princesse Badoure prit ce temps-là pour avertir ses officiers, qui la prenoient aussi pour le prince Camaralzaman, de ce qui devoit se passer, afin qu'ils ne s'en étonnassent pas, et elle les assura que la princesse y avoit donné son consentement. Elle en parla aussi à ses femmes, et les chargea de continuer de bien garder le secret.

Le roi de l'isle d'Ébène, joyeux d'avoir acquis un gendre dont il étoit si content, assembla son conseil le lendemain, et déclara qu'il donnoit la princesse sa fille en mariage au prince Camaralzaman qu'il avoit amené et fait asseoir près de lui, qu'il lui remettoit sa couronne, et leur enjoignoit de le reconnoître pour leur roi, et de lui rendre leurs hommages. En achevant, il descendit du trône, et après qu'il y eut fait monter la princesse Badoure, et qu'elle se fut assise à sa place, la princesse y reçut le serment de fidélité et les hommages des seigneurs les plus puissans de l'isle d'Ébène qui étoient présens.

Au sortir du conseil, la proclamation du nouveau roi fut faite solennellement dans toute la ville ; des réjouissances de plusieurs jours furent indiquées, et des courriers dépêchés par tout le royaume pour y faire observer les mêmes cérémonies et les mêmes démonstrations de joie.

Le soir, tout le palais fut en fête, et la princesse Haïatalnefous[1] (c'est ainsi que se nommoit la princesse de l'isle d'Ébène) fut amenée à la princesse Badoure, que tout le monde prit pour un homme, avec un appareil véritablement royal. Les cérémonies achevées, on les laissa seules, et elles se couchèrent.

Le lendemain matin, pendant que la princesse Badoure recevoit dans une assemblée générale les complimens de toute la cour au sujet de son mariage et comme nouveau roi, le roi Armanos et la reine se rendirent à l'appartement de la nouvelle reine leur fille, et s'informèrent d'elle comment elle avoit passé la nuit. Au lieu de répondre, elle baissa les yeux, et la tristesse qui parut sur son visage, fit assez connoître qu'elle n'étoit pas contente.

Pour consoler la princesse Haïatalnefous : « Ma fille, lui dit le roi Armanos, cela ne doit pas vous faire de la peine, le prince Camaralzaman en abordant ici, ne songeoit qu'à se rendre au plus tôt auprès du roi Schahzaman son père. Quoique nous l'ayons arrêté par un moyen dont il a lieu d'être bien satisfait, nous devons croire néanmoins qu'il a un grand regret d'être privé tout-à-coup de l'espérance même de le revoir jamais, ni lui, ni personne de sa famille. Vous devez donc

---

[1] Ce mot est arabe, et signifie la vie des ames.

attendre que quand ces mouvemens de tendresse filiale se seront un peu ralentis, il en usera avec vous comme un bon mari. »

La princesse Badoure, sous le nom de Camaralzaman, roi de l'isle d'Ébène, passa toute la journée non-seulement à recevoir les complimens de sa cour, mais même à faire la revue des troupes réglées de sa maison, et à plusieurs autres fonctions royales, avec une dignité et une capacité qui lui attirèrent l'approbation de tous ceux qui en furent témoins.

Il étoit nuit quand elle rentra dans l'appartement de la reine Haïatalnefous, et elle connut fort bien à la contrainte avec laquelle cette princesse la reçut, qu'elle se souvenoit de la nuit précédente. Elle tâcha de dissiper ce chagrin par un long entretien qu'elle eut avec elle, dans lequel elle employa tout son esprit (et elle en avoit infiniment) pour lui persuader qu'elle l'aimoit parfaitement. Elle lui donna enfin le temps de se coucher, et dans cet intervalla, elle se mit à faire sa prière ; mais elle la fit si longue, que la reine Haïatalnefous s'endormit. Alors elle cessa de prier et se coucha près d'elle sans l'éveiller, autant affligée de jouer un personnage qui ne lui convenoit pas, que de la perte de son cher Camaralzaman, après lequel elle ne cessoit de soupirer. Elle se leva le jour suivant à la pointe du jour, avant qu'Haïatalnefous fût éveillée, et alla au conseil avec l'habit royal.

Le roi Armanos ne manqua pas de voir encore la reine sa fille ce jour-là, et il la trouva dans les pleurs et dans les larmes. Il n'en fallut pas davantage pour lui faire connoître le sujet de son affliction. Indigné de ce mépris, à ce qu'il s'imaginoit, dont il ne pouvoit comprendre la cause : « Ma fille, lui dit-il, ayez encore patience jusqu'à la nuit prochaine ; j'ai élevé votre mari sur mon trône, je saurai bien l'en faire descendre et le chasser avec honte, s'il ne vous donne la satisfaction qu'il doit. Dans la colère où je suis de vous voir traitée si indignement, je ne sais même si je me contenterai d'un châtiment si doux. Ce n'est pas à vous, c'est à ma personne qu'il fait un affront si sanglant. »

Le même jour, la princesse Badoure rentra fort tard chez Haïatalnefous. Comme la nuit précédente, elle s'entretint de même avec elle, et voulut encore faire sa prière pendant qu'elle se coucheroit ; mais Haïatalnefous la retint, et l'obligea de se rasseoir. « Quoi, dit-elle, vous prétendez donc, à ce que je vois, me traiter encore cette nuit comme vous m'avez traitée les deux dernières ? Dites-moi, je vous supplie, en quoi peut vous déplaire une princesse comme moi, qui ne vous aime pas seulement, mais qui vous adore et qui s'estime la princesse la plus heureuse de toutes les princesses de son rang, d'avoir un prince si aimable pour mari ? Une autre que moi, je ne dis pas offensée, mais outragée par un endroit si sensible, auroit une belle occasion de se venger en vous abandonnant seulement à votre mauvaise destinée ; mais quand je ne vous aimerois pas autant que je vous aime, bonne et touchée du malheurs des personnes qui me sont les plus indifférentes, comme je le suis, je le laisserois pas de vous avertir que le roi mon père est fort irrité de votre procédé, qu'il n'attend que demain pour vous faire sentir les marques de sa juste colère, si vous continuez. Faites-moi la grâce de ne pas mettre au désespoir une princesse qui ne peut s'empêcher de vous aimer. »

Ce discours mit la princesse Badoure dans un embarras inexprimable. Elle ne douta pas de la sincérité d'Haïatalnefous : la froideur que le roi Armanos lui avoit témoignée ce jour-là ne lui avoit que trop fait connoître l'excès de son mécontentement. L'unique moyen de justifier sa conduite étoit de faire confidence de son sexe à Haïatalnefous. Mais quoiqu'elle eût prévu qu'elle seroit obligée d'en venir à cette déclaration, l'incertitude néanmoins où elle étoit si la princesse le prendroit en mal ou en bien, la faisoit trembler. Quand elle eut bien considéré enfin que si le prince Camaralzaman étoit encore au monde, il falloit de nécessité qu'il vînt à l'isle d'Ébène pour se rendre au royaume du roi Schahzaman, qu'elle devoit se conserver pour lui, et qu'elle ne pouvoit le faire si elle ne se découvroit à la princesse Haïatalnefous, elle hasarda cette voie.

Comme la princesse Badoure étoit demeurée interdite, Haïatalnefous impatiente alloit reprendre la parole, lorsqu'elle l'arrêta par celles-ci : « Aimable et trop charmante princesse, lui dit-elle, j'ai tort, je l'avoue, et je me condamne moi-même ; mais j'espère que vous me pardonnerez, et que vous me garderez le secret que j'ai à vous découvrir pour ma justification. »

En même temps la princesse Badoure ouvrit son sein : « Voyez, princesse, continua-t-elle, si une princesse, femme comme vous, ne mérite pas que vous lui pardonniez ; je suis persuadée que vous le ferez de bon cœur quand je vous aurai fait le récit de mon histoire, et sur-tout de la disgrâce affligeante qui m'a contrainte de jouer le personnage que vous voyez. »

Quand la princesse Badoure eut achevé de se faire connoître entièrement à la princesse de l'isle d'Ébène pour ce qu'elle étoit, elle la supplia une seconde fois de lui garder le secret, et de vouloir bien faire semblant qu'elle fût véritablement son mari jusqu'à l'arrivée du prince Camaralzaman qu'elle espéroit de revoir bientôt.

« Princesse, reprit la princesse de l'isle d'Ébène, ce seroit une destinée étrange, qu'un mariage heureux comme le vôtre, dût être de si peu de durée après un amour réciproque plein de merveilles. Je souhaite avec vous que le ciel vous réunisse bientôt. Assurez-vous cependant que je garderai religieusement le secret que vous venez de me confier. J'aurai le plus grand plaisir du monde d'être la seule qui vous connoisse pour ce que vous êtes dans le grand royaume de l'isle d'Ébène, pendant que vous le gouvernerez aussi dignement que vous avez déjà commencé. Je vous demandois de l'amour, et présentement je vous déclare que je serai la plus contente du monde si vous ne dédaignez pas de m'accorder votre amitié. » Après ces paroles, les deux princesses s'embrassèrent tendrement, et après mille témoignages d'amitié réciproque, elles se couchèrent.

Selon la coutume du pays, il falloit faire voir publiquement la marque de la consommation du mariage. Les deux princesses trouvèrent le moyen de remédier à cette difficulté. Ainsi, les femmes de la princesse Haïatalnefous furent trompées le lendemain matin, et trompèrent le roi Armanos, la reine sa femme, et toute la cour. De la sorte, la princesse Baodure continua de gouverner tranquillement, à la satisfaction du roi et de tout le royaume…

La sultane Scheherazade n'en dit pas davantage pour cette nuit, à cause de la clarté du jour qui se faisoit apercevoir. Elle poursuivit, la nuit suivante, et dit au sultan des Indes :

CCXXV^e NUIT
SUITE DE L'HISTOIRE DU PRINCE CAMARALZAMAN, DEPUIS SA SÉPARATION D'AVEC LA PRINCESSE BADOURE.

SIRE, pendant qu'en l'isle d'Ébène les choses étoient entre la princesse Badoure, la princesse Haïatalnefous et le roi Armanos avec la reine, la cour et les peuples du royaume, dans l'état que votre Majesté a pu le comprendre à la fin de mon dernier discours, le prince Camaralzaman étoit toujours dans la ville des idolâtres, chez le jardinier qui lui avoit donné retraite.

Un jour de grand matin que le prince se préparoit à travailler au jardin, selon sa coutume, le bon homme de jardinier l'en empêcha. « Les idolâtres, lui dit-il, ont aujourd'hui une grande fête ; et comme ils s'abstiennent de tout travail pour la passer en des assemblées et en des réjouissances publiques, ils ne veulent pas aussi que les Musulmans travaillent ; et les Musulmans, pour se maintenir dans leur amitié, se font un divertissement d'assister à leurs spectacles qui méritent d'être vus. Ainsi, vous n'avez qu'à vous reposer aujourd'hui. Je vous laisse ici ; et comme le temps approche que le vaisseau marchand, dont je vous ai parlé, doit faire le voyage de l'isle d'Ébène, je vais voir quelques amis, et m'informer d'eux du jour qu'il mettra à la voile, et en même temps je ménagerai votre embarquement. » Le jardinier mit son plus bel habit, et sortit.

Quand le prince Camaralzaman se vit seul, au lieu de prendre part à la joie publique qui retentissoit dans toute la ville, l'inaction où il étoit lui fit rappeler avec plus de violence que jamais, le triste souvenir de sa chère princesse. Recueilli en lui-même, il soupiroit et gémissoit en se promenant dans le jardin, lorsque le bruit que deux oiseaux faisoient sur un arbre, l'obligèrent de lever la tête et de s'arrêter.

Camaralzaman vit avec surprise que ces oiseaux se battoient cruellement à coups de bec, et qu'en peu de momens, l'un des deux tomba mort au pied de l'arbre. L'oiseau qui étoit demeuré vainqueur, reprit son vol et disparut.

Dans le moment, deux autres oiseaux plus grands, qui avoient vu le combat de loin, arrivèrent d'un autre côté, se posèrent, l'un à la tête, l'autre aux pieds du mort, le regardèrent quelque temps en remuant la tête d'une manière qui marquoit leur douleur, et lui creusèrent une fosse avec leurs griffes, dans laquelle ils l'enterrèrent.

Dès que les deux oiseaux eurent rempli la fosse de la terre qu'ils avoient ôtée, ils s'envolèrent, et peu de temps après, ils revinrent en tenant au bec, l'un part une aile, et l'autre par un pied, l'oiseau meurtrier qui faisoit des cris effroyables et de grands efforts pour s'échapper. Ils l'apportèrent sur la sépulture de l'oiseau qu'il avoit sacrifié à sa rage ; et là, en le sacrifiant à la juste vengeance de l'assassinat qu'il avoit commis, ils lui arrachèrent la vie à coups de bec. Ils lui ouvrirent enfin le ventre, en tirèrent les entrailles, laissèrent le corps sur la place et s'envolèrent.

Camaralzaman demeura dans une grande admiration tout le temps que dura un spectacle si surprenant. Il s'approcha de l'arbre où la scène s'étoit passée, et en jetant les yeux sur les entrailles dispersées, il aperçut quelque chose de rouge qui sortoit de l'estomac que les oiseaux vengeurs avoient déchiré. Il ramassa l'estomac, et en tirant dehors ce qu'il avoit vu de rouge, il trouva que c'étoit le talisman de la princesse Badoure sa bien-aimée, qui lui avoit coûté tant de regrets, d'ennuis, de soupirs depuis que cet oiseau le lui avoit enlevé. « Cruel, s'écria-t-il aussitôt en regardant l'oiseau, tu te plaisois à faire du mal, et j'en dois moins me plaindre de celui que tu m'as fait ! Mais autant que tu m'en as fait, autant je souhaite du bien à ceux qui m'ont vengé de toi en vengeant la mort de leur semblable. »

Il n'est pas possible d'exprimer l'excès de la joie du prince Camaralzaman. « Chère princesse, s'écria-t-il encore, ce moment fortuné qui me rend ce qui vous étoit si précieux, est sans doute un présage qui m'annonce que je vous retrouverai de même, et peut-être plus tôt que je ne pense ! Béni soit le ciel qui m'envoie ce bonheur, et qui me donne en même temps l'espérance du plus grand que je puisse souhaiter. »

En achevant ces mots, Camaralzaman baisa le talisman, l'enveloppa et le lia soigneusement autour de son bras. Dans son affliction extrême, il avoit passé presque toutes les nuits à se tourmenter et sans fermer l'œil. Il dormit tranquillement celle qui suivit une si heureuse aventure ; et le lendemain, quand il eut pris son habit de travail dès qu'il fut jour, il alla prendre l'ordre du jardinier, qui le pria de mettre à bas et de déraciner un certain vieil arbre qui ne portoit plus de fruit.

Camaralzaman prit une coignée, et alla mettre la main à l'œuvre. Comme il coupoit une branche de la racine, il donna un coup sur quelque chose qui résista, et qui fit un grand bruit. En écartant la terre, il découvrit une grande plaque de bronze, sous laquelle il trouva un escalier de dix degrés. Il descendit aussitôt ; et quand il fut au bas, il vit un caveau de deux à trois toises en quarré, où il compta cinquante grands vases de bronze, rangés à l'entour chacun avec un couvercle. Il les découvrit tous l'un après l'autre, et il n'y en eut pas un qui ne fût plein de poudre d'or. Il sortit du caveau extrêmement joyeux de la découverte d'un trésor si riche, remit la plaque sur l'escalier, et acheva de déraciner l'arbre, en attendant le retour du jardinier.

Le jardinier avoit appris le jour de devant, que le vaisseau qui faisoit le voyage de l'isle d'Ébène chaque année, devoit partir dans très-peu de jours ; mais on n'avoit pu lui dire le jour précisément, et on l'avoit remis au lendemain. Il y étoit allé, et il revint avec un visage qui marquoit la bonne nouvelle qu'il avoit à annoncer à Camaralzaman. « Mon fils, lui dit-il (car par le privilége de son grand âge, il avoit coutume de le traiter ainsi), réjouissez-vous et tenez-vous prêt à partir dans trois jours : le vaisseau fera voile ce jour-là sans faute, et je suis convenu de votre embarquement et de votre passage avec le capitaine. »

« Dans l'état où je suis, reprit Camaralzaman, vous ne pouviez m'annoncer rien de plus agréable. En revanche, j'ai aussi à vous faire part d'une nouvelle qui doit vous réjouir. Prenez la peine de venir avec moi, et vous verrez la bonne fortune que le ciel vous envoie. »

Camaralzaman mena le jardinier à l'endroit où il avoit déraciné l'arbre, le fit descendre dans le caveau ; et quand il lui eut fait voir la quantité de vases, remplis de poudre d'or qu'il y avoit, il lui témoigna sa joie de ce que Dieu récompensoit enfin la vertu et toutes les peines qu'il avoit prises depuis tant d'années.

« Comment l'entendez-vous, reprit le jardinier ? Vous imaginez-vous donc que je veuille m'approprier ce trésor ? Il est tout à vous, et je n'y ai aucune prétention. Depuis quatre-vingts ans que mon père est mort, je n'ai fait autre chose que de remuer la terre de ce jardin sans l'avoir découvert. C'est une marque qu'il vous étoit destiné, puisque Dieu a permis que vous le trouvassiez ; il convient à un prince comme vous plutôt qu'à moi, qui suis sur le bord de ma fosse, et qui n'ai plus besoin de rien. Dieu vous l'envoie à propos dans le temps que vous allez vous rendre dans les états qui doivent vous appartenir, où vous en ferez un bon usage. »

Le prince Camaralzaman ne voulut pas céder au jardinier en générosité, et ils eurent une grande contestation là-dessus. Il lui protesta enfin qu'il n'en prendroit rien absolument s'il n'en retenoit la moitié pour sa part. Le jardinier se rendit, et ils se partagèrent à chacun vingt-cinq vases.

Le partage fait : « Mon fils, dit le jardinier à Camaralzaman, ce n'est pas assez, il s'agit présentement d'embarquer ces richesses sur le vaisseau, et de les emporter avec vous si secrètement que personne n'en ait connoissance, autrement vous courriez risque de les perdre. Il n'y a pas d'olives dans l'isle d'Ébène, et celles qu'on y porte d'ici, sont d'un grand débit. Comme vous le savez, j'en ai une bonne provision de celles que je recueille dans mon jardin ; il faut que vous preniez cinquante pots, que vous les remplissiez de poudre d'or à moitié, et le reste d'olives par-dessus, et nous les ferons porter au vaisseau lorsque vous vous embarquerez. »

Camaralzaman suivit ce bon conseil, et employa le reste de la journée à accommoder les cinquante pots[2] ; et comme il craignoit que le talisman de la princesse Badoure qu'il portoit au bras, ne lui échappât, il eut la précaution de le mettre dans un de ces pots, et d'y faire une marque pour le reconnoître. Quand il eut achevé de mettre les pots en état d'être transportés, comme la nuit approchoit, il se retira avec le jardinier, et en s'entretenant il lui raconta le combat des deux oiseaux et les circonstances de cette aventure qui lui avoit fait retrouver le talisman de la princesse Badoure, dont il ne fut pas moins surpris que joyeux pour l'amour de lui.

Soit à cause de son grand âge, ou qu'il se fût donné trop de mouvement ce jour-là, le jardinier passa une mauvaise nuit ; son mal augmenta le jour suivant, et il se trouva encore plus mal le troisième au matin. Dès qu'il fut jour, le capitaine du vaisseau en personne et plusieurs matelots vinrent frapper à la porte du jardin. Ils demandèrent à Camaralzaman qui leur ouvrit, où étoit le passager qui devoit

---

[2] Cette particularité se trouve encore à-peu-près de même dans le roman de Pierre de Provence et de la belle Maguelone.

s'embarquer sur le vaisseau. « C'est moi-même, répondit-il. Le jardinier qui a demandé passage pour moi, est malade et ne peut vous parler ; ne laissez pas d'entrer, et emportez, je vous prie, les pots d'olives que voilà avec mes hardes, et je vous suivrai dès que j'aurai pris congé de lui. »

Les matelots se chargèrent des pots et des hardes, en quittant Camaralzaman : « Ne manquez pas de venir incessamment, lui dit le capitaine ; le vent est bon et je n'attends que vous pour mettre à la voile. »

Dès que le capitaine et les matelots furent partis, Camaralzaman rentra chez le jardinier pour prendre congé de lui, et le remercier de tous les bons offices qu'il lui avoit rendus ; mais il le trouva qui agonisoit, et il eut à peine obtenu de lui qu'il fît sa profession de foi, selon la coutume des bons Musulmans, à l'article de la mort, qu'il le vit expirer.

Dans la nécessité où étoit le prince Camaralzaman d'aller s'embarquer, il fit toutes les diligences possibles pour rendre les derniers devoirs au défunt. Il lava son corps, il l'ensevelit, après lui avoir fait une fosse dans le jardin (car, comme les Mahométans n'étoient que tolérés dans cette ville d'idolâtres, ils n'avoient pas de cimetière public), il l'enterra lui seul, et il n'eut achevé que vers la fin du jour. Il partit sans perdre de temps pour s'aller embarquer ; il emporta même la clef du jardin avec lui, afin de faire plus de diligence, dans le dessein de la porter au propriétaire au cas qu'il pût le faire, ou de la donner à quelque personne de confiance en présence de témoins, pour la lui mettre entre les mains. Mais en arrivant au port, il apprit que le vaisseau avoit levé l'ancre, il y avoit déjà du temps, et même qu'on l'avoit perdu de vue. On ajouta qu'il n'avoit mis à la voile qu'après l'avoir attendu trois grandes heures…

Scheherazade vouloit poursuivre ; mais la clarté du jour dont elle s'aperçut, l'obligea de cesser de parler. Elle reprit la même histoire de Camaralzaman la nuit suivante, et dit au sultan des Indes :

CCXXVI^e NUIT.

SIRE, le prince Camaralzaman, comme il est aisé de juger, fut dans une affliction extrême de se voir contraint de rester encore dans un pays où il n'avoit et ne vouloit avoir aucune habitude, et d'attendre une autre année pour réparer l'occasion qu'il venoit de perdre. Ce qui le désoloit davantage, c'est qu'il s'étoit dessaisi du talisman de la princesse Badoure, et qu'il le tint pour perdu. Il n'eut pas d'autre parti à prendre cependant que de retourner au jardin d'où il étoit sorti, de le prendre à louage du propriétaire à qui il appartenoit, et de continuer de le cultiver, en déplorant son malheur et sa mauvaise fortune. Comme il ne pouvoit supporter la fatigue de le cultiver seul, il prit un garçon à gages ; et afin de ne pas perdre l'autre partie du trésor qui lui revenoit par la mort du jardinier, qui étoit mort sans héritier, il mit la poudre d'or dans cinquante autres pots, qu'il acheva de remplir d'olives, pour les embarquer avec lui dans le temps.

Pendant que le prince Camaralzaman recommençoit une nouvelle année de peine, de douleur et d'impatience, le vaisseau continuoit sa navigation avec un vent très-favorable ; et il arriva heureusement à la capitale de l'isle d'Ébène.

Comme le palais étoit sur le bord de la mer, le nouveau roi ou plutôt la princesse Badoure qui aperçut le vaisseau dans le temps qu'il alloit entrer au port avec toutes ses bannières, demanda quel vaisseau c'étoit, et on lui dit qu'il venoit tous les ans de la ville des idolâtres dans la même saison, et qu'ordinairement il étoit chargé de riches marchandises.

La princesse, toujours occupée du souvenir de Camaralzaman au milieu de l'éclat qui l'environnoit, s'imagina que Camaralzaman pouvoit y être embarqué, et la pensée lui vint de le prévenir et d'aller au-devant de lui, non pas pour se faire connoître (car elle se doutoit bien qu'il ne la reconnoîtroit pas), mais pour le remarquer et prendre les mesures qu'elle jugeroit à propos pour leur reconnoissance mutuelle. Sous prétexte de s'informer elle-même des marchandises, et même de voir la première et de choisir les plus précieuses qui lui conviendroient, elle commanda qu'on lui amenât un cheval. Elle se rendit au port accompagnée de plusieurs officiers qui se trouvèrent près d'elle ; et elle y arriva dans le temps que le capitaine venoit de débarquer. Elle le fit venir, et voulut savoir de lui d'où il venoit, combien il y avoit de temps qu'il étoit parti, quelles bonnes ou mauvaises rencontres il avoit faites dans sa navigation, s'il n'amenoit pas quelqu'étranger de distinction, et sur-tout de quoi son vaisseau étoit chargé ?

Le capitaine satisfit à toutes ces demandes ; et quant aux passagers, il assura qu'il n'y avoit que des marchands qui avoient coutume de venir, et qu'ils apportoient des étoffes très-riches de différens pays, des toiles des plus fines, peintes et non peintes, des pierreries, du musc, de l'ambre-gris, du camphre, de la civette, des épiceries, des drogues pour la médecine, des olives et plusieurs autres choses.

La princesse Badoure aimoit les olives passionnément. Dès qu'elle en eut entendu parler : « Je retiens tout ce que vous en avez, dit-elle au capitaine, faites-les débarquer incessamment, que j'en fasse le marché. Pour ce qui est des autres marchandises, vous avertirez les marchands de m'apporter ce qu'ils ont de plus beau avant de le faire voir à personne. »

« Sire, reprit le capitaine, qui la prenoit pour le roi de l'isle d'Ébène, comme elle l'étoit en effet sous l'habit qu'elle en portoit, il y en a cinquante pots fort grands ; mais ils appartiennent à un marchand qui est demeuré à terre. Je l'avois averti moi-même, et je l'attendis longtemps. Comme je vis qu'il ne venoit pas, et que son retardement m'empêchoit de profiter du bon vent, je perdis la patience et je mis à la voile. » « Ne laissez pas de les faire débarquer, dit la princesse, cela ne nous empêchera pas d'en faire le marché. »

Le capitaine envoya sa chaloupe au vaisseau, et elle revint bientôt chargée des pots d'olives. La princesse demanda combien les cinquante pots pouvoient valoir dans l'isle d'Ébène. « Sire, répondit le capitaine, le marchand est fort pauvre : votre Majesté ne lui fera pas une grâce considérable quand elle lui en donnera mille pièces d'argent. »

« Afin qu'il soit content, reprit la princesse, et en considération de ce que vous me dites de sa pauvreté, on vous en comptera mille pièces d'or que vous aurez soin de lui donner. » Elle donna ordre pour le paiement ; et après qu'elle eut fait emporter les pots en sa présence, elle retourna au palais.

Comme la nuit approchoit, la princesse Badoure se retira d'abord dans le palais intérieur, alla à l'appartement de la princesse Haïatalnefous, et se fit apporter les cinquante pots d'olives. Elle en ouvrit un pour lui en faire goûter, et pour en goûter elle-même, et le versa dans un plat. Son étonnement fut des plus grands, quand elle vit les olives mêlées avec de la poudre d'or. « Quelle aventure, quelle merveille, s'écria-t-elle ! » Elle fit ouvrir et vuider les autres pots en sa présence par les femmes d'Haïatalnefous, et son admiration augmenta à mesure qu'elle vit que les olives de chaque pot étoient mêlées avec la poudre d'or. Mais quand on vint à vuider celui où Camaralzaman avoit mis son talisman, et qu'elle l'eut aperçu, elle en fut si fort surprise qu'elle s'évanouit.

La princesse Haïatalnefous et ses femmes secoururent la princesse Badoure, et la firent revenir à force de lui jeter de l'eau sur le visage. Lorsqu'elle eut repris tous ses sens, elle prit le talisman et le baisa à plusieurs reprises. Mais comme elle ne vouloit rien dire devant les femmes de la princesse, qui ignoroient son déguisement, et qu'il étoit temps de se coucher, elle les congédia. « Princesse, dit-elle à Haïatalnefous dès qu'elles furent seules, après ce que je vous ai raconté de mon histoire, vous aurez bien connu sans doute que c'est à la vue de ce talisman que je me suis évanouie. C'est le mien, et celui qui nous a arrachés l'un de l'autre, le prince Camaralzaman mon cher mari et moi. Il a été la cause d'une séparation si douloureuse pour l'un et pour l'autre ; il va être, comme j'en suis persuadée, celle de notre réunion prochaine. »

Le lendemain dès qu'il fut jour, la princesse Badoure envoya appeler le capitaine du vaisseau. Quand il fut venu : « Éclaircissez-moi davantage, lui dit-elle, touchant le marchand à qui appartenoient les olives que j'achetai hier. Vous me disiez, ce me semble, que vous l'aviez laissé à terre dans la ville des idolâtres : pouvez-vous me dire ce qu'il y faisoit ? »

« Sire, répondit le capitaine, je puis en assurer votre Majesté, comme d'une chose que je sais par moi-même. J'étois convenu de son embarquement avec un jardinier extrêmement âgé, qui me dit que je le trouverois à son jardin où il travailloit sous lui, et dont il m'enseigna l'endroit : c'est ce qui m'a obligé de dire à votre Majesté qu'il étoit pauvre. J'ai été le chercher et l'avertir moi-même dans ce jardin de venir s'embarquer, et je lui ai parlé. »

« Si cela est ainsi, reprit la princesse Badoure, il faut que vous remettiez à la voile dès aujourd'hui, que vous retourniez à la ville des idolâtres, et que vous m'ameniez ici ce garçon jardinier qui est mon débiteur ; sinon je vous déclare que je confisquerai non-seulement les marchandises qui vous appartiennent, et celles des marchands qui sont venus sur votre bord, mais même que votre vie et celle des marchands m'en répondront. Dès-à-présent on va par mon ordre apposer le sceau aux magasins où elles sont, qui ne sera levé quand vous m'aurez livré l'homme que je vous demande. C'est ce que j'avois à vous dire : allez, et faites ce que je vous commande. »

Le capitaine n'eut rien à répliquer à ce commandement, dont l'inexécution devoit être d'un très-grand dommage à ses affaires et à celles des marchands. Il le leur signifia, et ils ne s'empressèrent pas moins que lui à faire embarquer incessamment les provisions de vivres et d'eau dont il avoit besoin pour le voyage. Cela s'exécuta avec tant de diligence, qu'il mit à la voile le même jour.

Le vaisseau eut une navigation très-heureuse, et le capitaine prit si bien ses mesures, qu'il arriva de nuit devant la ville des idolâtres. Quand il s'en fut approché aussi près qu'il le jugea à propos, il ne fit pas jeter l'ancre ; mais pendant que le vaisseau demeura en panne, il s'embarqua dans sa chaloupe, et alla descendre à terre en un endroit un peu éloigné du port, d'où il se rendit au jardin de Camaralzaman avec six matelots des plus résolus.

Camaralzaman ne dormoit pas alors ; sa séparation d'avec la belle princesse de la Chine, sa femme, l'affligeoit à son ordinaire, et il détestoit le moment où il s'étoit laissé tenter par la curiosité, non pas de manier, mais même de toucher sa ceinture. Il passoit ainsi les momens consacrés au repos, lorsqu'il entendit frapper à la porte du jardin. Il y alla promptement à demi habillé ; et il n'eut pas plutôt ouvert, que sans lui dire mot, le capitaine et les matelots se saisirent de lui, le conduisirent à la chaloupe par force, et le menèrent au vaisseau qui remit à la voile dès qu'il y fut embarqué.

Camaralzaman qui avoit gardé le silence jusqu'alors, de même que le capitaine et les matelots, demanda au capitaine qu'il avoit reconnu, quel sujet il avoit de l'enlever avec tant de violence. « N'êtes-vous pas débiteur du roi de l'isle d'Ébène, lui demanda le capitaine à son tour ? » « Moi, débiteur du roi de l'isle d'Ébène, reprit Camaralzaman avec étonnement ! Je ne le connois pas ; jamais je n'ai eu affaire avec lui, et jamais je n'ai mis le pied dans son royaume. » « C'est ce que vous devez savoir mieux que moi, repartit le capitaine. Vous lui parlerez vous-même ; demeurez ici cependant, et prenez patience… »

Sheherazade fut obligée de mettre fin à son discours en cet endroit, pour donner lieu au sultan des Indes de se lever et de se rendre à ses fonctions ordinaires. Elle le reprit la nuit suivante, et lui parla en ces termes :

CCXXVII^e NUIT.

SIRE, le prince Camaralzaman fut enlevé de son jardin de la manière que je fis remarquer hier à votre Majesté. Le vaisseau ne fut pas moins heureux à le porter à l'isle d'Ébène, qu'il l'avoit été à l'aller prendre dans la ville des idolâtres. Quoiqu'il fût déjà nuit lorsqu'il mouilla dans le port, le capitaine ne laissa pas néanmoins de débarquer d'abord, et de mener le prince Camaralzaman au palais, où il demanda à être présenté au roi.

La princesse Badoure qui s'étoit déjà retirée dans le palais intérieur, ne fut pas plutôt avertie de son retour et de l'arrivée de Camaralzaman, qu'elle sortit pour lui parler. D'abord elle jeta les yeux sur le prince Camaralzaman pour qui elle avoit versé tant de larmes depuis leur séparation, et elle le reconnut sous son méchant habit. Quant au prince qui trembloit devant un roi, comme il le croyoit, à qui il avoit à répondre d'une dette imaginaire, il n'eut pas seulement la pensée que ce pût être celle qu'il desiroit si ardemment de retrouver. Si la princesse eût suivi son inclination, elle eût couru à lui, et se fût fait connoître en l'embrassant ; mais elle se retint, et elle crut qu'il étoit de l'intérêt de l'un et de l'autre de soutenir encore quelque temps le personnage du roi avant de se découvrir. Elle se contenta de le recommander à un officier qui étoit présent, et de le charger de prendre soin de lui et de le bien traiter jusqu'au lendemain.

Quand la princesse Badoure eut bien pourvu à ce qui regardoit le prince Camaralzaman, elle se tourna du côté du capitaine pour reconnoître le service important qu'il lui avoit rendu, en chargeant un autre officier d'aller sur-le-champ lever le sceau qui avoit été apposé à ses marchandises et à celles de ses marchands, et le renvoya avec le présent d'un riche diamant qui le récompensa beaucoup au-delà de la dépense du voyage qu'il venoit de faire. Elle lui dit même qu'il n'avoit qu'à garder les mille pièces d'or payées pour les pots d'olives, et qu'elle sauroit bien s'en accommoder avec le marchand qu'il venoit d'amener.

Elle rentra enfin dans l'appartement de la princesse de l'isle d'Ébène à qui elle fit part de sa joie, en la priant néanmoins de lui garder encore le secret, et en lui faisant confidence des mesures qu'elle jugeoit à propos de prendre avant de se faire connoître au prince Camaralzaman, et de le faire connoître lui-même pour ce qu'il étoit. « Il y a, ajouta-t-elle, une si grande distance d'un jardinier à un grand prince, tel qu'il est, qu'il y auroit du danger à le faire passer en un moment du dernier état du peuple à un si haut degré, quelque justice qu'il y ait à le faire. » Bien loin de lui manquer de fidélité, la princesse de l'isle d'Ébène entra dans son dessein. Elle l'assura qu'elle y contribueroit elle-même avec un très-grand plaisir, qu'elle n'avoit qu'à l'avertir de ce qu'elle souhaiteroit qu'elle fit.

Le lendemain la princesse de la Chine, sous le nom, l'habit et l'autorité de roi de l'isle d'Ébène, après avoir pris soin de faire mener le prince Camaralzaman au bain, de grand matin, et de lui faire prendre un habit d'émir ou gouverneur de province, le fit introduire dans le conseil, où il attira les yeux de tous les seigneurs qui étoient présens, par sa bonne mine et par l'air majestueux de toute sa personne.

La princesse Badoure elle-même fut charmée de le revoir aussi aimable qu'elle l'avoit vu tant de fois, et cela l'anima davantage à faire son éloge en plein conseil. Après qu'il eut pris sa place au rang des émirs par son ordre : « Seigneur, dit-elle en s'adressant aux autres émirs, Camaralzaman que je vous donne aujourd'hui pour collègue, n'est pas indigne de la place qu'il occupe parmi vous : je lai connu suffisamment dans mes voyages pour en répondre ; et je puis assurer qu'il se fera connoître à vous-mêmes, autant par sa valeur et mille autres belles qualités, que par la grandeur de son génie. »

Camaralzaman fut extrêmement étonné quand il eut entendu que le roi de l'isle d'Ébène, qu'il étoit bien éloigné de prendre pour une femme, encore moins pour sa chère princesse, l'avoit nommé et assuré qu'il le connoissoit ; et comme il étoit certain qu'il ne s'étoit rencontré avec lui en aucun droit, il fut encore plus étonné des louanges excessives qu'il venoit de recevoir.

Ces louanges néanmoins prononcées par une bouche pleine de

majesté, ne le déconcertèrent pas ; il les reçut avec une modestie qui fit voir qu'il les méritoit, mais qu'elles ne lui donnoient pas de vanité. Il se prosterna devant le trône du roi, et en se relevant : « Sire, dit-il, je n'ai point de termes pour remercier votre Majesté du grand honneur qu'elle me fait, encore moins de tant de bontés. Je ferai tout ce qui sera en mon pouvoir pour les mériter. »

En sortant du conseil, ce prince fut conduit par un officier dans un grand hôtel que la princesse Badoure avoit déjà fait meubler exprès pour lui. Il y trouva des officiers et des domestiques prêts à recevoir ses commandemens, et une écurie garnie de très-beaux chevaux, le tout pour soutenir la dignité d'émir dont il venoit d'être honoré ; et quand il fut dans son cabinet, son intendant lui présenta un coffre-fort plein d'or pour sa dépense. Moins il pouvoit concevoir par quel endroit lui venoit ce grand bonheur, plus il en étoit dans l'admiration ; et jamais il n'eut la pensée que la princesse de la Chine en fût la cause.

Au bout de deux ou trois jours la princesse Badoure, pour donner au prince Camaralzaman plus d'accès près de sa personne, et en même temps plus de distinction, le gratifia de la charge de grand trésorier qui venoit de vaquer. Il s'acquitta de cet emploi avec tant d'intégrité, en obligeant cependant tout le monde, qu'il s'acquit non-seulement l'amitié de tous les seigneurs de la cour, mais même qu'il gagna le cœur de tout le peuple par sa droiture et par ses largesses.

Camaralzaman eût été le plus heureux de tous les hommes de se voir dans une si haute faveur auprès d'un roi étranger, comme il se l'imaginoit, et d'être auprès de tout le monde dans une considération qui augmentoit tous les jours, s'il eût possédé sa princesse. Au milieu de son bonheur il ne cessoit de s'affliger de n'apprendre d'elle aucune nouvelle dans un pays où il sembloit qu'elle devoit avoir passé depuis le temps qu'il s'étoit séparé d'avec elle d'une manière si affligeante pour l'un et pour l'autre. Il auroit pu se douter de quelque chose, si la princesse Badoure eût conservé le nom de Camaralzaman qu'elle avoit pris avec son habit ; mais elle l'avoit changé en montant sur le trône, et s'étoit donné celui d'Armanos pour faire honneur à l'ancien roi son beau-père. De la sorte on ne la connoissoit plus que sous le nom de roi Armanos le jeune, et il n'y avoit que quelques courtisans qui se souvinssent du nom de Camaralzaman dont elle se faisoit appeler en arrivant à la cour de l'isle d'Ébène. Camaralzaman n'avoit pas encore eu assez de familiarité avec eux pour s'en instruire ; mais à la fin il pouvoit l'avoir.

Comme la princesse Badoure craignoit que cela n'arrivât, et qu'elle étoit bien aise que Camaralzaman ne fût redevable de sa reconnoissance qu'à elle seule, elle résolut de mettre fin à ses propres tourmens et à ceux qu'elle savoit qu'il souffroit. En effet, elle avoit remarqué que toutes les fois qu'elle s'entretenoit avec lui des affaires qui dépendoient de sa charge, il poussoit de temps en temps des soupirs qui ne pouvoient s'adresser qu'à elle. Elle vivoit elle-même dans une contrainte dont elle étoit résolue de se délivrer sans différer plus long-temps. D'ailleurs l'amitié des seigneurs, le zèle et l'affection du peuple, tout contribuoit à lui mettre la couronne de l'isle d'Ébène sur la tête sans obstacle.

La princesse Badoure n'eût pas plutôt pris cette résolution de concert avec la princesse Haïatalnefous, qu'elle prit le prince Camaralzaman en particulier le même jour : « Camaralzaman, lui dit-elle, j'ai à m'entretenir avec vous d'une affaire de longue discussion, sur laquelle j'ai besoin de votre conseil. Comme je ne vois pas que je puisse le faire plus commodément que la nuit, venez ce soir et avertissez qu'on ne vous attende pas, j'aurai soin de vous donner un lit. »

Camaralzaman ne manqua pas de se trouver au palais à l'heure que la princesse Badoure lui avoit marquée. Elle le fit entrer avec elle dans le palais intérieur ; et après qu'elle eut dit au chef des eunuques, qui se préparoit à la suivre, qu'elle n'avoit point besoin de son service, et qu'il tînt seulement la porte fermée, elle le mena dans un autre appartement que celui de la princesse Haïatalnefous, où elle avoit coutume de coucher.

Quand le prince et la princesse furent dans la chambre où il y avoit un lit, et que la porte fut fermée, la princesse tira le talisman d'une petite boîte, et en le présentant à Camaralzaman : « Il n'y a pas long-temps, lui dit-elle, qu'un astrologue m'a fait présent de ce talisman ; comme vous êtes habile en toutes choses, vous pourrez bien me dire à quoi il est propre. »

Camaralzaman prit le talisman, et s'approcha d'une bougie pour le considérer. Dès qu'il l'eut reconnu avec une surprise qui fit plaisir à la princesse : « Sire, s'écria-t-il, votre Majesté me demande à quoi ce talisman est propre ? Hélas, il est propre à me faire mourir de douleur et de chagrin, si je ne trouve bientôt la princesse la plus charmante et la plus aimable qui ait jamais paru sous le ciel, à qui il a appartenu et dont il m'a causé la perte ! Il me l'a causée par une aventure étrange, dont le récit toucheroit votre Majesté de compassion pour un mari et pour un amant infortuné comme moi, si elle vouloit se donner la patience de l'entendre. »

« Vous m'en entretiendrez une autre fois, reprit la princesse ; mais je suis bien aise, ajouta-t-elle, de vous dire que j'en sais déjà quelque chose : je reviens à vous, attendez-moi un moment. »

En disant ces paroles, la princesse Badoure entra dans un cabinet où elle quitta le turban royal, et après avoir pris en peu de momens une coiffure et un habillement de femme, avec la ceinture qu'elle avoit le jour de leur séparation, elle rentra dans la chambre.

Le prince Camaralzaman reconnut d'abord sa chère princesse, courut à elle, et en l'embrassant tendrement : « Ah, s'écria-t-il, que je suis obligé au roi de m'avoir surpris si agréablement ! » « Ne vous attendez pas à revoir le roi, reprit la princesse en l'embrassant à son tour les larmes aux yeux : en me voyant vous voyez le roi. Asseyons-nous, que je vous explique cette énigme. »

Ils s'assirent, et la princesse raconta au prince la résolution qu'elle avoit prise dans la prairie ou ils avoient campé ensemble la dernière fois, dès qu'elle eut connu qu'elle l'attendroit inutilement ; de quelle manière elle l'avoit exécutée jusqu'à son arrivée à l'isle d'Ébène, où elle avoit été obligée d'épouser la princesse Haïatalnefous, et d'accepter la couronne que le roi Armanos lui avoit offerte en conséquence de son mariage ; comment la princesse, dont elle lui exagéra le mérite, avoit reçu la déclaration qu'elle lui avoit faite de son sexe, et enfin l'aventure du talisman trouvé dans un des pots d'olives et de poudre d'or qu'elle avoit achetés, qui lui avoit donné lieu de l'envoyer prendre dans la ville des idolâtres.

Quand la princesse Badoure eut achevé, elle voulut que le prince lui apprît par quelle aventure le talisman avoit été cause de leur séparation ; il la satisfit, et quand il eut fini, il se plaignit à elle d'une manière obligeante de la cruauté qu'elle avoit eue de le faire languir si long-temps. Elle lui en apporta les raisons dont nous avons parlé ; après quoi, comme il étoit fort tard, ils se couchèrent...

Scheherazade s'interrompit à ces dernières paroles, à cause du jour qu'elle voyoit paroître ; elle poursuivit, la nuit suivante, et dit au sultan des Indes :

CCXXVIII^e NUIT.

SIRE, la princesse Badoure et le prince Camaralzaman se levèrent le lendemain dès qu'il fut jour. Mais la princesse quitta l'habillement royal pour reprendre l'habit de femme, et lorsqu'elle fut habillée, elle envoya le chef des eunuques prier le roi Armanos, son beau-père, de prendre la peine de venir à son appartement.

Quand le roi Armanos fut arrivé, sa surprise fut fort grande de voir une dame qui lui étoit inconnue, et le grand trésorier à qui il n'appartenoit pas d'entrer dans le palais intérieur, non plus qu'à aucun seigneur de la cour. En s'asseyant, il demanda où étoit le roi.

« Sire, reprit la princesse, hier j'étois le roi, et aujourd'hui je ne suis que princesse de la Chine, femme du véritable prince Camaralzaman, fils véritable du roi Schahzaman. Si votre Majesté veut bien se donner la patience d'entendre notre histoire de l'un et de l'autre, j'espère qu'elle ne me condamnera pas de lui avoir fait une tromperie si innocente. » Le roi Armanos lui donna audience, l'écouta avec étonnement depuis le commencement jusqu'à la fin.

En achevant : « Sire, ajouta la princesse, quoique dans notre religion les femmes s'accommodent peu de la liberté qu'ont les maris de prendre plusieurs femmes, si néanmoins votre Majesté consent à donner la princesse Haïatalnefous sa fille, en mariage au prince Camaralzaman, je lui cède de bon cœur le rang et la qualité de reine qui lui appartient de droit, et me contente du second rang. Quand cette préférence ne lui appartiendroit pas, je ne laisserois pas de la lui accorder après l'obligation que je lui ai du secret qu'elle m'a gardé avec tant de générosité. Si votre Majesté s'en remet à son consentement, je l'ai déjà prévenue là-dessus, et je suis caution qu'elle en sera très-contente. »

Le roi Armanos écouta le discours de la princesse Badoure avec admiration ; et quand elle eut achevé : « Mon fils, dit-il au prince Camaralzaman en se tournant de son côté, puisque la princesse Badoure votre femme, que j'avois regardée jusqu'à présent comme mon gendre par une tromperie dont je ne puis me plaindre, m'assure qu'elle veut bien partager votre lit avec ma fille, il ne me reste plus que de savoir si vous voulez bien l'épouser aussi, et accepter la couronne que la princesse Badoure mériteroit de porter toute sa vie, si elle n'aimoit mieux la quitter pour l'amour de vous. » « Sire, répondit le prince Camaralzaman, quelque passion que j'aie de revoir le roi mon père, les obligations que j'ai à votre Majesté et à la princesse Haïatalnefous, sont si essentielles, que je ne puis lui rien refuser. »

Camaralzaman fut proclamé roi, et marié le même jour avec de grandes magnificences, et fut très-satisfait de la beauté, de l'esprit et de l'amour de la princesse Haïatalnefous.

Dans la suite, les deux reines continuèrent de vivre ensemble avec la même amitié et la même union qu'auparavant, et furent très-satisfaites de l'égalité que le roi Camaralzaman gardoit à leur égard, en partageant son lit avec elles alternativement.

Elles lui donnèrent chacune un fils la même année, presqu'en même temps ; et la naissance des deux princes fut célébrée avec de grandes réjouissances. Camaralzaman donna le nom d'Amgiad[3] au premier dont la reine Badoure étoit accouchée, et celui d'Assad[4] à celui que la reine Haïatalnefous avoit mis au monde.

---

[3] Très-glorieux.
[4] Très-heureux.

HISTOIRE DES
PRINCES AMGIAD ET ASSAD.

LES deux princes furent élevés avec grand soin, et lorsqu'ils furent en âge, ils n'eurent que le même gouverneur, les mêmes précepteurs dans les sciences et dans les beaux-arts que le roi Camaralzaman voulut qu'on leur enseignât, et que le même maître dans chaque exercice. La forte amitié qu'ils avoient l'un pour l'autre dès leur enfance, avoit donné lieu à cette uniformité qui l'augmenta davantage.

En effet, lorsqu'ils furent en âge d'avoir chacun une maison séparée, ils étoient unis si étroitement, qu'ils supplièrent le roi Camaralzaman leur père de leur en accorder une seule pour tous deux. Ils l'obtinrent, et ainsi ils eurent les mêmes officiers, les mêmes domestiques, les mêmes équipages, le même appartement et la même table. Insensiblement, Camaralzaman avoit pris une si grande confiance en leur capacité et en leur droiture, que lorsqu'ils eurent atteint l'âge de dix-huit à vingt ans, il ne faisoit pas difficulté de les charger du soin de présider au conseil alternativement toutes les fois qu'il faisoit des parties de chasse de plusieurs jours.

Comme les deux princes étoient également beaux et bien faits, dès leur enfance les deux reines avoient conçu pour eux une tendresse incroyable, de manière néanmoins que la princesse Badoure avoit plus de penchant pour Assad, fils de la reine Haïatalnefous, que pour Amgiad son propre fils, et que la reine Haïatalnefous en avoit plus pour Amgiad que pour Assad, qui étoit le sien.

Les reines ne prirent d'abord ce penchant que pour une amitié qui procédoit de l'excès de celle qu'elles conservoient toujours l'une pour l'autre. Mais à mesure que les princes avancèrent en âge, elle se tourna peu-à-peu en une forte inclination, et cette inclination en un amour des plus violens, lorsqu'ils parurent à leurs yeux avec des grâces qui achevèrent de les aveugler. Toute l'infamie de leur passion leur étoit connue ; elles firent aussi de grands efforts pour y résister ; mais la familiarité avec laquelle elles les voyoient tous les jours, et l'habitude de les admirer dès leur enfance, de les caresser, dont il n'étoit plus en leur pouvoir de se défaire, les embrasèrent d'amour à un point qu'elles en perdirent le sommeil, le boire et le manger. Pour leur malheur, et pour le malheur des princes mêmes, les princes accoutumés à leurs manières n'eurent pas le moindre soupçon de cette flamme détestable.

Comme les deux reines ne s'étoient pas fait un secret de leur passion, et qu'elles n'avoient pas le front de le déclarer de bouche au prince que chacune aimoit en particulier, elles convinrent de s'en expliquer chacune par un billet ; et pour l'exécution d'un dessein si pernicieux, elles profitèrent de l'absence du roi Camaralzaman pour une chasse de trois ou quatre jours.

Le jour du départ du roi, le prince Amgiad présida au conseil, et rendit la justice jusqu'à deux ou trois heures après midi. À la sortie du conseil, comme il rentroit dans le palais, un eunuque le prit en particulier, et lui présenta un billet de la part de la reine Haïatalnefous. Amgiad le prit et le lut avec horreur. « Quoi, perfide, dit-il à l'eunuque en achevant de lire et en tirant le sabre, est-ce là la fidélité que tu dois à ton maître et à ton roi ? » En disant ces paroles, il lui trancha la tête.

Après cette action, Amgiad transporté de colère, alla trouver la reine Badoure, sa mère, d'un air qui marquoit son ressentiment, lui montra le billet, et l'informa du contenu, après lui avoir dit de quelle part il venoit. Au lieu de l'écouter, la reine Badoure se mit en colère elle-même. « Mon fils, reprit-elle, ce que vous me dites, est une calomnie et une imposture : la reine Haïatalnefous est sage, et je vous trouve bien hardi de me parler contr'elle avec cette insolence. » Le prince s'emporta contre la reine sa mère à ces paroles. « Vous êtes toutes plus méchantes les unes que les autres, s'écria-t-il ! Si je n'étois retenu par le respect que je dois au roi mon père, ce jour seroit le dernier de la vie d'Haïatalnefous. »

La reine Badoure pouvoit bien juger de l'exemple de son fils Amgiad, que le prince Assad, qui n'étoit pas moins vertueux, ne recevroit pas plus favorablement la déclaration semblable qu'elle avoit à lui faire. Cela ne l'empêcha pas de persister dans un dessein si abominable, et elle lui écrivit aussi un billet le lendemain, qu'elle confia à une vieille qui avoit entrée dans le palais.

La vieille prit aussi son temps de rendre le billet au prince Assad à la sortie du conseil, où il venoit de présider à son tour. Le prince le prit, et en le lisant, il se laissa emporter à la colère si vivement, que sans se donner le temps d'achever, il tira son sabre et punit la vieille comme elle le méritoit. Il courut à l'appartement de la reine Haïatalnefous, sa mère, le billet à la main ; il voulut le lui montrer, mais elle ne lui en donna pas le temps, ni même celui de parler. « Je sais ce que vous me voulez, s'écria-t-elle, et vous êtes aussi impertinent que votre frère Amgiad. Retirez-vous, et ne paroissez jamais devant moi. »

Assad demeura interdit à ces paroles, auxquelles il ne s'étoit pas attendu, et elles le mirent dans un transport dont il fut sur le point de donner des marques funestes ; mais il se retint et se retira sans répliquer, de crainte qu'il ne lui échappât de dire quelque chose d'indigne de sa grandeur d'âme. Comme le prince Amgiad avoit eu la retenue de ne lui rien dire du billet qu'il avoit reçu le jour d'auparavant, et que ce que la reine sa mère venoit de lui dire, lui faisoit comprendre qu'elle n'étoit pas moins criminelle que la reine Badoure, il alla lui faire un reproche obligeant de sa discrétion, et mêler sa douleur avec la sienne.

Les deux reines au désespoir d'avoir trouvé dans les deux princes une vertu qui devoit les faire rentrer en elles-mêmes, renoncèrent à tous les sentimens de la nature et de mère, et concertèrent ensemble de les faire périr. Elles firent accroire à leurs femmes qu'ils avoient entrepris de les forcer : elles en firent toutes les feintes par leurs larmes, par leurs cris et par les malédictions qu'elles leur donnoient, et se couchèrent dans un même lit, comme si la résistance qu'elles feignirent aussi d'avoir faite, les eût réduites aux abois…

Mais, Sire, dit ici Scheherazade, le jour paroît et m'impose silence. Elle se tut, et la nuit suivante elle poursuivit la même histoire, et dit au sultan des Indes :

CCXXIX^e NUIT.

SIRE, nous laissâmes hier les deux reines dénaturées, dans la résolution détestable de perdre les deux princes leurs fils. Le lendemain, le roi Camaralzaman à son retour de la chasse, fut dans un grand étonnement de les trouver couchées ensemble, éplorées, et dans un état qu'elles surent si bien contrefaire, qu'il le toucha de compassion. Il leur demanda avec empressement ce qui leur étoit arrivé.

À cette demande, les dissimulées reines redoublèrent leurs gémissemens et leurs sanglots ; et après qu'il les eut bien pressées, la reine Badoure prit enfin la parole : « Sire, dit-elle, la juste douleur dont nous sommes affligées est telle, que nous ne devrions plus voir le jour après l'outrage que les princes vos fils nous ont fait par une brutalité qui n'a pas d'exemple. Par un complot indigne de leur naissance, votre absence leur a donné la hardiesse et l'insolence d'attenter à notre honneur. Que votre Majesté nous dispense d'en dire davantage ; notre affliction suffira pour lui faire comprendre le reste. »

Le roi fit appeler les deux princes, et il leur eût ôté la vie de sa propre main si l'ancien roi Armanos, son beau-père, qui étoit présent, ne lui eût retenu le bras. « Mon fils, dit-il, que pensez-vous faire ! Voulez-vous ensanglanter vos mains et votre palais de votre propre sang ? Il y a d'autres moyens de les punir, s'il est vrai qu'ils soient criminels. » Il tâcha de l'appaiser, et il le pria de bien examiner s'il étoit certain qu'ils eussent commis le crime dont on les accusoit.

Camaralzaman put bien gagner sur lui-même de n'être pas le bourreau de ses propres enfans ; mais après les avoir fait arrêter, il fit venir sur le soir un émir nommé Giondar, qu'il chargea d'aller leur ôter la vie hors de la ville, de tel côté, et si loin qu'il lui plairoit, et de ne pas revenir qu'il n'apportât leurs habits pour marque de l'exécution de l'ordre qu'il lui donnoit.

Giondar marcha toute la nuit, et le lendemain matin quand il eut mis pied à terre, il signifia aux princes, les larmes aux jeux, l'ordre qu'il avoit. « Princes, leur dit-il, cet ordre est bien cruel, et c'est pour moi une mortification des plus sensibles d'avoir été choisi pour en être l'exécuteur : plût à Dieu que je pusse m'en dispenser ! » « Faites votre devoir, reprirent les princes ; nous savons bien que vous n'êtes pas la cause de notre mort : nous vous la pardonnons de bon cœur. »

En disant ces paroles, les princes s'embrassèrent, et se dirent le dernier adieu avec tant de tendresse, qu'ils furent long-temps sans se séparer. Le prince Assad se mit le premier en état de recevoir le coup de la mort. « Commencez par moi, dit-il, Giondar ; que je n'aie pas la douleur de voir mourir mon cher frère Amgiad. » Amgiad s'y opposa, et Giondar ne put, sans verser des larmes plus qu'auparavant, être témoin de leur contestation, qui marquoit combien leur amitié étoit sincère et parfaite.

Ils terminèrent enfin ce différend si touchant ; et ils prièrent Giondar de les lier ensemble, et de les mettre dans la situation la plus commode pour leur donner le coup de la mort en même temps, « Ne refusez pas, ajoutèrent-ils, de donner cette consolation de mourir ensemble à deux frères infortunés qui, jusqu'à leur innocence, n'ont rien eu que de commun depuis qu'ils sont au monde. »

Giondar accorda aux deux princes ce qu'ils souhaitoient : il les lia ; et quand il les eut mis dans l'état qu'il crut le plus à son avantage pour ne pas manquer de leur couper la tête d'un seul coup, il leur demanda s'ils avoient quelque chose à lui commander avant de mourir.

« Nous ne vous prions que d'une seule chose, répondirent les deux princes : c'est de bien assurer le roi notre père, à votre retour, que nous mourons innocens, mais que nous ne lui imputons pas l'effusion de notre sang. En effet, nous savons qu'il n'est pas bien informé de la vérité du crime dont nous sommes accusés. » Giondar leur promit qu'il n'y manqueroit pas, et en même temps il tira son sabre. Son cheval, qui étoit lié à un arbre près de lui, épouvanté de cette action et de l'éclat du sabre, rompit sa bride, s'échappa, et se mit à courir de toute sa force par la campagne.

C'étoit un cheval de grand prix et richement harnaché, que Giondar auroit été bien tâché de perdre. Troublé de cet accident, au lieu de couper la tête aux princes, il jeta le sabre et courut après le cheval pour le rattraper.

Le cheval, qui étoit vigoureux, fit plusieurs caracoles devant

Giondar, et il le mena jusqu'à un bois où il se jeta. Giondar l'y suivit, et le hennissement du cheval éveilla un lion qui dormoit ; le lion accourut, et au lieu d'aller au cheval, il vint droit à Giondar dès qu'il l'eut aperçu.

Giondar ne songea plus à son cheval : il fut dans un plus grand embarras pour la conservation de sa vie, en évitant l'attaque du lion, qui ne le perdit pas de vue et qui le suivoit de près au travers des arbres. « Dans cette extrémité, Dieu ne m'enverroit pas ce châtiment, disoit-il en lui-même, si les princes à qui l'on m'a commandé d'ôter la vie, n'étoient pas innocens ; et pour mon malheur, je n'ai pas mon sabre pour me défendre.»

Pendant l'éloignement de Giondar, les deux princes furent pressés également d'une soif ardente, causée par la frayeur de la mort, nonobstant leur résolution généreuse de subir l'ordre cruel du roi leur père. Le prince Amgiad fit remarquer au prince son frère qu'ils n'étoient pas loin d'une source d'eau, et lui proposa de se délier et d'aller boire. «Mon frère, reprit le prince Assad, pour le peu de temps que nous avons à vivre, ce n'est pas la peine d'étancher notre soif, nous la supporterons bien encore quelques momens. »

Sans avoir égard à cette remontrance, Amgiad se délia et délia le prince son frère malgré lui ; ils allèrent à la source ; et après qu'ils se furent rafraîchis, ils entendirent le rugissement du lion et de grands cris dans le bois où le cheval et Giondar étoient entrés. Amgiad prit aussitôt le sabre dont Giondar s'étoit débarrassé. « Mon frère, dit-il à Assad, courons au secours du malheureux Giondar ; peut-être arriverons-nous assez tôt pour le délivrer du péril où il est. »

Les deux princes ne perdirent pas de temps, et ils arrivèrent dans le même moment que le lion venoit d'abattre Giondar. Le lion qui vit que le prince Amgiad avancoit vers lui les sabre levé, lâcha sa prise et vint droit à lui avec furie ; le prince le reçut avec intrépidité, et lui donna un coup avec tant de force et d'adresse, qu'il le fit tomber mort.

Dès que Giondar eut connu que c'étoit aux deux princes qu'il devoit la vie, il se jeta à leurs pieds, et les remercia de la grande obligation qu'il leur avoit, en des termes qui marquoient sa parfaite reconnoissance. « Princes, leur dit-il en se relevant et en leur baisant les mains les larmes aux yeux, Dieu me garde d'attenter à votre vie, après le secours si obligeant et si éclatant que vous venez de me donner ! Jamais on ne reprochera à l'émir Giondar d'avoir été capable d'une si grande ingratitude. «

« Le service que nous vous avons rendu, reprirent les princes, ne doit pas vous empêcher d'exécuter votre ordre. Reprenons auparavant votre cheval, et retournons au lieu où vous nous aviez laissés, » Ils n'eurent pas de peine à reprendre le cheval qui avoit passé sa fougue et qui s'étoit arrêté. Mais quand ils furent de retour près de la source, quelques prières et quelqu'instance qu'ils fissent, ils ne purent jamais persuader à l'émir Giondar de les faire mourir. « La seule chose que je prends la liberté de vous demander, leur dit-il, et que je vous supplie de m'accorder, c'est de vous accommoder de ce que je puis vous partager de mon habit, de me donner chacun le vôtre, et de vous sauver si loin, que le roi votre père n'entende jamais parler de vous. »

Les princes furent contraints de se rendre à ce qu'il voulut ; et après qu'ils lui eurent donné leur habit l'un et l'autre, et qu'ils se furent couverts de ce qu'il leur donna du sien, l'émir Giondar leur donna ce qu'il avoit sur lui d'or et d'argent, et prit congé d'eux.

Quand l'émir Giondar se fut séparé d'avec les princes, il passa par le bois, où il teignit leurs habits du sang du lion, et continua son chemin jusqu'à la capitale de l'isle d'Ébène. À son arrivée, le roi Camaralzaman lui demanda s'il avoit été fidèle à exécuter l'ordre qu'il lui avoit donné. « Sire, répondit Giondar en lui présentant les habits des deux princes, en voici les témoignages ! »

« Dites-moi, reprit le roi, de quelle manière ils ont reçu le châtiment dont je les ai fait punir ? » « Sire, reprit-il, ils l'ont reçu avec une constance admirable, et avec une résignation aux décrets de Dieu qui marquoit la sincérité avec laquelle ils faisoient profession de leur religion, mais particulièrement avec un grand respect pour votre Majesté, et avec une soumission inconcevable à leur arrêt de mort. » « Nous mourons innocens, disoient-ils, mais nous n'en murmurons pas. Nous recevons notre mort de la main de Dieu, et nous la pardonnons au roi notre père : nous savons très-bien qu'il n'a pas été bien informé de la vérité. »

Camaralzaman, sensiblement touché de ce récit de l'émir Giondar, s'avisa de fouiller dans les poches des habits des deux princes, et il commença par celui d'Amgiad. Il y trouva un billet qu'il ouvrit et qu'il lut. Il n'eut pas plutôt connu que la reine Haïatalnefous l'avoit écrit, non-seulement à son écriture, mais même à un petit peloton de ses cheveux qui étoit dedans, qu'il frémit. Il fouilla dans celles d'Assad en tremblant, et le billet de la reine Badoure qu'il y trouva, le frappa d'un étonnement si prompt et si vif, qu'il s'évanouit

La sultane Scheherazade qui s'aperçut à ces derniers mots que le jour paroissoit, cessa de parler et garda le silence. Elle reprit la suite de l'histoire la nuit suivante, et dit au sultan des Indes :

CCXXX^e NUIT.

SIRE, jamais douleur ne fut égale à celle dont Camaralzaman donna des marques dès qu'il fut revenu de son évanouissement. « Qu'as-tu fait, père barbare, s'écria-t-il, tu as massacré tes propres enfans ? Enfans innocens ! Leur sagesse, leur modestie, leur obéissance, leur soumission à toutes tes volontés, leur vertu ne te parloient-elles pas assez pour leur défense ? Père aveuglé, mérites-tu que la terre te porte après un crime si exécrable ? Je me suis jeté moi-même dans cette abomination, et c'est le châtiment dont Dieu m'afflige pour n'avoir pas persévéré dans l'aversion contre les femmes avec laquelle j'étois né. Je ne laverai pas votre crime dans votre sang, comme vous le mériteriez, femmes détestables ; non, vous n'êtes pas dignes de ma colère. Mais que le ciel me confonde si jamais je vous revois. »

Le roi Camaralzaman fut très-religieux à ne pas contrevenir à son serment. Il fit passer les deux reines le même jour dans un appartement séparé, où elles demeurèrent sous bonne garde, et de sa vie il n'approcha d'elles.

Pendant gue le roi Camaralzaman s'affligeoit ainsi de la perte des princes ses fils, dont il étoit lui-même l'auteur par un emportement trop inconsidéré, les deux princes erroient par les déserts, en évitant d'approcher des lieux habités et la rencontre de toutes sortes de personnes ; ils ne vivoient que d'herbes et de fruits sauvages, et ne buvoient que de méchante eau de pluie qu'ils trouvoient dans des creux de rochers. Pendant la nuit, pour se garder des bêtes féroces, ils dormoient et veilloient tour-à-tour.

Au bout d'un mois, ils arrivèrent au pied d'une montagne affreuse, toute de pierre noire, et inaccessible comme il leur paroissoit. Ils aperçurent néanmoins un chemin frayé ; mais ils le trouvèrent si étroit et si difficile qu'ils n'osèrent hasarder de s'y engager. Dans l'espérance d'en trouver un moins rude, ils continuèrent de côtoyer la montagne, et marchèrent pendant cinq jours ; mais la peine qu'ils se donnèrent fut inutile : ils furent contraints de revenir à ce chemin qu'ils avoient négligé. Ils le trouvèrent si peu praticable, qu'ils délibérèrent long-temps avant de s'engager à monter. Ils s'encouragèrent enfin, et ils montèrent.

Plus les deux princes avançoient, plus il leur sembloit que la montagne étoit haute et escarpée, et ils furent tentés plusieurs fois d'abandonner leur entreprise. Quand l'un étoit las, et que l'autre s'en apercevoit, celui-ci s'arrêtoit, et ils reprenoient haleine ensemble. Quelquefois ils étoient tous deux si fatigués, que les forces leur manquoient : alors ils ne songeoient plus à continuer de monter, mais à mourir de fatigue et de lassitude. Quelques momens après sentant leurs forces un peu revenues, ils s'animoient et reprenoient leur chemin.

Malgré leur diligence, leur courage et leurs efforts, il ne leur fut pas possible d'arriver au sommet de tout le jour. La nuit les surprit, et le prince Assad se trouva si fatigué et si épuisé de forces, qu'il demeura tout court. « Mon frère, dit-il au prince Amgiad, je n'en puis plus, je vais rendre l'ame. » « Reposons-nous autant qu'il vous plaira, reprit Amgiad en s'arrêtant avec lui, et prenez courage. Vous voyez qu'il ne nous reste plus beaucoup à monter, et que la lune nous favorise. »

Après une bonne demi-heure de repos, Assad fit un nouvel effort ; ils arrivèrent enfin au haut de la montagne, où ils firent encore une pause. Amgiad se leva le premier, et en avançant, il vit un arbre à peu de distance. Il alla jusque-là, et trouva que c'étoit un grenadier chargé de grosses grenades, et qu'il y avoit une fontaine au pied. Il courut annoncer cette bonne nouvelle à Assad, et l'amena sous l'arbre près de la fontaine. Ils se rafraîchirent, chacun en mangeant une grenade ; après quoi ils s'endormirent.

Le lendemain matin, quand les princes furent éveillés : « Allons, mon frère, dit Amgiad à Assad, poursuivons notre chemin ; je vois que la montagne est bien plus aisée de ce côté que de l'autre, et nous n'avons qu'à descendre. » Mais Assad étoit tellement fatigué du jour précédent, qu'il ne lui fallut pas moins de trois jours pour se remettre entièrement. Ils les passèrent en s'entretenant, comme ils avoient déjà fait plusieurs fois, de l'amour désordonné de leurs mères, qui les avoit réduits à un état si déplorable. « Mais, disoient-ils, si Dieu s'est déclaré pour nous d'une manière si visible, nous devons supporter nos maux avec patience, et nous consoler par l'espérance qu'il nous en fera trouver la fin. »

Les trois jours passés, les deux frères se remirent en chemin ; et comme la montagne étoit de ce côté-là à plusieurs étages de grandes campagnes, ils mirent cinq jours avant d'arriver à la plaine. Ils découvrirent enfin une grande ville avec beaucoup de joie. « Mon frère, dit alors Amgiad à Assad, n'êtes-vous pas de même avis que moi, que vous demeuriez en quelqu'endroit hors de la ville où je viendrai vous retrouver, pendant que j'irai prendre langue et m'informer comment s'appelle cette ville, en quel pays nous sommes ; et en revenant, j'aurai soin d'apporter des vivres ? Il est bon de ne pas y entrer d'abord tous deux, au cas qu'il y ait du danger à craindre. »

« Mon frère, repartit Assad, j'approuve fort votre conseil, il est sage et plein de prudence ; mais si l'un de nous deux doit se séparer pour cela, jamais je ne souffrirai que ce soit vous, et vous permettrez que je m'en charge. Quelle douleur ne seroit-ce pas pour moi s'il vous arrivoit quelque chose ! »

« Mais mon frère, repartit Amgiad, la même chose que vous craignez pour moi, je dois la craindre pour vous. Je vous supplie de me laisser faire, et de m'attendre avec patience. » « Je ne le permettrai jamais, répliqua Assad ; et s'il m'arrive quelque chose, j'aurai la consolation de savoir que vous serez en sûreté. » Amgiad fut obligé de céder, et il s'arrêta sous des arbres au pied de la montagne.

LE PRINCE ASSAD ARRÊTÉ EN ENTRANT DANS LA VILLE

LE prince Assad prit de l'argent dans la bourse dont Amgiad étoit chargé, et continua son chemin jusqu'à la ville. Il ne fut pas un peu avancé dans la première rue, qu'il joignit un vieillard vénérable, bien mis, et qui avoit une canne à la main. Comme il ne douta pas que ce ne fût un homme de distinction, et qui ne voudroit pas le tromper, il l'aborda. « Seigneur, lui dit-il, je vous supplie de m'enseigner le chemin de la place publique. »

Le vieillard regarda le prince en souriant : « Mon fils, lui dit-il, apparemment que vous êtes étranger ? Vous ne me feriez pas cette demande si cela n'étoit. » « Oui, Seigneur, je suis étranger, reprit Assad. » « Soyez le bien venu, repartit le vieillard : notre pays est bien honoré de ce qu'un jeune homme bien fait comme vous a pris la peine de le venir voir. Dites-moi, quelle affaire avez-vous à la place publique ? »

« Seigneur, répliqua Assad, il y a près de deux mois qu'un frère que j'ai, et moi, nous sommes partis d'un pays fort éloigné d'ici. Depuis ce temps-là nous n'avons pas discontinué de marcher, et nous ne faisons que d'arriver aujourd'hui. Mon frère, fatigué d'un si long voyage, est demeuré au pied de la montagne, et je viens chercher des vivres pour lui et pour moi. »

« Mon fils, repartit encore le vieillard, vous êtes venu le plus à propos du monde, et je m'en réjouis pour l'amour de vous et de votre frère. J'ai fait aujourd'hui un grand régal à plusieurs de mes amis, dont il est resté une quantité de mets où personne n'a touché. Venez avec moi, je vous en donnerai bien à manger ; et quand vous aurez fait, je vous en donnerai encore pour vous et pour votre frère de quoi vivre plusieurs jours. Ne prenez donc pas la peine d'aller dépenser votre argent à la place, les voyageurs n'en ont jamais trop. Avec cela, pendant que vous mangerez, je vous informerai des particularités de notre ville mieux que personne. Une personne comme moi, qui a passé par toutes les charges les plus honorables avec distinction, ne doit pas les ignorer. Vous devez bien vous réjouir aussi de ce que vous vous êtes adressé à moi plutôt qu'à un autre ; car je vous dirai en passant que tous nos citoyens ne sont pas faits comme moi : il y en a, je vous assure, de bien méchans. Venez donc, je veux vous faire connoître la différence qu'il y a entre un honnête homme, comme je le suis, et bien des gens qui se vantent de l'être et ne le sont pas. »

« Je vous suis infiniment obligé, reprit le prince Assad, de la bonne volonté que vous me témoignez : je me remets entièrement à vous, et je suis prêt à aller où il vous plaira. »

Le vieillard, en continuant de marcher avec Assad à côté de lui, rioit en sa barbe ; et de crainte qu'Assad ne s'en aperçût, il l'entretenoit de plusieurs choses, afin qu'il demeurât dans la bonne opinion qu'il avoit conçue de lui. « Il faut avouer, lui disoit-il, que votre bonheur est grand de vous être adressé à moi plutôt qu'à un autre. Je loue Dieu de ce que vous m'avez rencontré : vous saurez pourquoi je vous dis cela quand vous serez chez moi. »

Le vieillard arriva enfin à sa maison, et introduisit Assad dans une grande salle où il vit quarante vieillards qui faisoient un cercle autour d'un feu allumé qu'ils adoroient.

À ce spectacle, le prince Assad n'eut pas moins d'horreur de voir des hommes assez dépourvus de bon sens pour rendre leur culte à la créature préférablement au créateur, que de frayeur de se voir trompé, et de se trouver dans un lieu si abominable.

Pendant qu'Assad étoit immobile de l'étonnement où il étoit, le rusé vieillard salua les quarante vieillards. « Dévots adorateurs du Feu, leur dit-il, voici un heureux jour pour nous. Où est Gazban, ajouta-t-il ? Qu'on le fasse venir. »

À ces paroles prononcées assez haut, un noir qui les entendit de dessous la salle, parut ; et ce noir, qui étoit Gazban, n'eut pas plutôt aperçu le désolé Assad, qu'il comprit pourquoi il avoit été appelé. Il courut à lui, le jeta par terre d'un soufflet qu'il lui donna, et le lia par les bras avec une diligence merveilleuse. Quand il eut achevé : « Mene-le là-bas, lui commanda le vieillard, et ne manque pas de dire à mes filles Bostane et Cavame de lui bien donner la bastonnade chaque jour, avec un pain le matin et un autre le soir pour toute nourriture : c'en est assez pour le faire vivre jusqu'au départ du vaisseau pour la mer bleue et pour la montagne du Feu ; nous en ferons un sacrifice agréable à notre divinité... »

La sultane Scheherazade ne passa pas outre pour cette nuit, à cause du jour qui paroissoit. Elle poursuivit, la nuit suivante, et dit au sultan des Indes :

CCXXXIe NUIT.

SIRE, dès que le vieillard eut donné l'ordre cruel par où j'achevai hier de parler, Gazban se saisit d'Assad en le maltraitant, le fit descendre sous la salle, et après l'avoir fait passer par plusieurs portes jusque dans un cachot où l'on descendoit par vingt marches, il l'attacha par les pieds à une chaîne des plus grosses et des plus pesantes. Aussitôt qu'il eut achevé, il alla avertir les filles du vieillard ; mais le vieillard leur parloit déjà lui-même. « Mes filles, leur dit-il, descendez là-bas, et donnez la bastonnade de la manière que vous savez au Musulman dont je viens de faire capture, et ne l'épargnez pas : vous ne pouvez mieux marquer que vous êtes de bonnes adoratrices du Feu. »

Bostane et Cavame, nourries dans la haine contre tous les Musulmans, reçurent cet ordre avec joie. Elles descendirent au cachot dès le même moment, dépouillèrent Assad, le bastonnèrent impitoyablement jusqu'au sang et jusqu'à lui faire perdre connoissance. Après cette exécution si barbare, elles mirent un pain et un pot d'eau près de lui, et se retirèrent.

Assad ne revint à lui que long-temps après, et ce ne fut que pour verser des larmes par ruisseaux en déplorant sa misère, avec la consolation néanmoins que ce malheur n'étoit pas arrivé à son frère Amgiad.

Le prince Amgiad attendit son frère Assad jusqu'au soir au pied de la montagne avec grande impatience. Quand il vit qu'il étoit deux, trois et quatre heures de nuit, et qu'il n'étoit pas venu, il pensa se désespérer. Il passa la nuit dans cette inquiétude désolante ; et dès qu'elle parut, il s'achemina vers la ville. Il fut d'abord très-étonné de ne voir que très-peu de Musulmans. Il arrêta le premier qu'il rencontra, et le pria de lui dire comment elle s'appeloit. Il apprit que c'étoit la ville des Mages, ainsi nommée à cause que les mages, adorateurs du Feu, y étoient en plus grand nombre, et qu'il n'y avoit que très-peu de Musulmans. Il demanda aussi combien on comptoit de là à l'isle d'Ébène ; et la réponse qu'on lui fit, fut que par mer il y avoit quatre mois de navigation, et une année de voyage par terre. Celui à qui il s'étoit adressé, le quitta brusquement après qu'il l'eut satisfait sur ces deux demandes, et continua son chemin parce qu'il étoit pressé.

Amgiad qui n'avoit mis qu'environ six semaines à venir de l'isle d'Ébène avec son frère Assad, ne pouvoit comprendre comment ils avoient fait tant de chemin en si peu de temps, à moins que ce ne fût par enchantement, ou que le chemin de la montagne par où ils étoient venus, ne fût un chemin plus court qui n'étoit point pratiqué à cause de sa difficulté. En marchant par la ville, il s'arrêta à la boutique d'un tailleur qu'il reconnut pour Musulman à son habillement, comme il avoit déjà reconnu celui à qui il avoit parlé. Il s'assit près de lui après qu'il l'eut salué, et lui raconta le sujet de la peine où il étoit.

Quand le prince Amgiad eut achevé : « Si votre frère, reprit le tailleur, est tombé entre les mains de quelque Mage, vous pouvez faire état de ne le revoir jamais. Il est perdu sans ressource ; et je vous conseille de vous en consoler, et de songer à vous préserver vous-même d'une semblable disgrâce. Pour cela, si vous voulez me croire, vous demeurerez avec moi, et je vous instruirai de toutes les ruses de ces Mages, afin que vous vous gardiez d'eux quand vous sortirez. » Amgiad, bien affligé d'avoir perdu son frère Assad, accepta l'offre, et remercia le tailleur mille fois de la bonté qu'il avoit pour lui.

HISTOIRE DU PRINCE AMGIAD ET D'UNE DAME DE LA VILLE DES MAGES.

LE prince Amgiad ne sortit pour aller par la ville, pendant un mois entier, qu'en la compagnie du tailleur ; il se hasarda enfin d'aller seul au bain. Au retour, comme il passoit par une rue où il n'y avoit personne, il rencontra une dame qui venoit à lui.

La dame qui vit un jeune homme très-bien fait, et tout frais sorti du bain, leva son voile et lui demanda où il alloit d'un air riant et en lui faisant les jeux doux. Amgiad ne put résister aux charmes qu'elle lui fit paroître. « Madame, répondit-il, je vais chez moi ou chez vous, cela est à votre choix. »

« Seigneur, répondit la dame avec un sourire agréable, les dames de ma sorte ne mènent pas les hommes chez elles, elles vont chez eux. »

Amgiad fut dans un grand embarras de cette réponse à laquelle il ne s'attendoit pas. Il n'osoit prendre la hardiesse de la mener chez son hôte qui s'en seroit scandalisé, et il auroit couru risque de perdre la protection dont il avoit besoin dans une ville où il avoit tant de précautions à prendre. Le peu d'habitude qu'il y avoit, faisoit aussi qu'il ne savoit aucun endroit où la conduire, et il ne pouvoit se résoudre de laisser échapper une si belle fortune. Dans cette incertitude il résolut de s'abandonner au hasard ; et sans répondre à la dame, il marcha devant elle et la dame le suivit.

Le prince Amgiad la mena long-temps de rue en rue, de carrefour en carrefour, de place en place, et ils étoient fatigués de marcher l'un et l'autre, lorsqu'il enfila une rue qui se trouva terminée par une grande porte fermée d'une maison d'assez belle apparence avec deux bancs, l'un d'un côté, l'autre de l'autre. Amgiad s'assit sur l'un comme pour reprendre haleine ; et la dame plus fatiguée que lui s'assit sur l'autre.

Quand la dame fut assise : « C'est donc ici votre maison, dit-elle au prince Amgiad ? » « Vous le voyez, madame, reprit le prince. » Pourquoi donc n'ouvrez-vous pas, repartit-elle ? Qu'attendez-vous ? « « Ma belle, répliqua Amgiad, c'est que je n'ai pas la clef, je l'ai laissée à mon esclave que j'ai chargé d'une commission d'où il ne peut pas être encore revenu. Et comme je lui ai commandé, après qu'il auroit fait cette commission, de m'acheter de quoi faire un bon dîné, je crains que nous ne l'attendions encore long-temps. »

La difficulté que le prince trouvoit à satisfaire sa passion, dont il commençoit à se repentir, lui avoit fait imaginer cette défaite dans l'espérance que la dame donneroit dedans, et que le dépit l'obligeroit de le laisser là et d'aller chercher fortune ailleurs, mais il se trompa.

« Voilà un impertinent esclave de se faire ainsi attendre, reprit la dame, je le châtierai moi-même, comme il le mérite, si vous ne le châtiez bien quand il sera de retour. Il n'est pas bienséant cependant que je demeure seule à une porte avec un homme. » En disant cela elle se leva, et ramassa une pierre pour rompre la serrure qui n'étoit que de bois, et fort foible, à la mode du pays.

Amgiad au désespoir de ce dessein voulut s'y opposer. « Madame, dit-il, que prétendez-vous faire ? De grâce donnez-vous quelques momens de patience. » « Qu'avez-vous à craindre, reprit-elle ? La maison n'est-elle pas à vous ? Ce n'est pas une grande affaire qu'une serrure de bois rompue : il est aisé d'en remettre une autre. » Elle rompit la serrure ; et dès que la porte fut ouverte, elle entra et marcha devant.

Amgiad se tint pour perdu quand il vit la porte de la maison forcée. Il hésita s'il devoit entrer ou s'évader pour se délivrer du danger qu'il croyoit indubitable, et il alloit prendre ce parti, lorsque la dame se retourna et vit qu'il n'entroit pas. « Qu'avez-vous, que vous n'entrez pas chez vous, lui dit-elle ? » « C'est, madame, répondit-il, que je regardois si mon esclave ne revenoit pas, et que je crains qu'il n'y ait rien de prêt. » « Venez, venez, reprit-elle, nous attendrons mieux ici que dehors, en attendant qu'il arrive. »

Le prince Amgiad entra bien malgré lui dans une cour spacieuse et proprement pavée. De la cour il monta par quelques degrés à un grand vestibule, où ils aperçurent, lui et la dame, une grande salle ouverte, très-bien meublée, et dans la salle une table de mets exquis avec une autre chargée de plusieurs sortes de beaux fruits, et un buffet garni de bouteilles de vin.

Quand Amgiad vit ces apprêts, il ne douta plus de sa perte. « C'est fait de toi, pauvre Amgiad, dit-il en lui-même, tu ne survivras pas long-temps à ton cher frère Assad. » La dame au contraire, ravie de ce spectacle agréable : « Eh quoi, Seigneur, s'écria-t-elle, vous craigniez qu'il n'y eût rien de prêt ! Vous voyez cependant que votre esclave a fait plus que vous ne croyiez. Mais, si je ne me trompe, ces préparatifs sont pour une autre dame que moi ? Cela n'importe : qu'elle vienne cette dame, je vous promets de n'en être pas jalouse. La grâce que je vous demande, c'est de vouloir bien souffrir que je la serve et vous aussi. »

Amgiad ne put s'empêcher de rire de la plaisanterie de la dame, tout affligé qu'il étoit. « Madame, reprit-il en pensant tout autre chose qui le désoloit dans l'ame, je vous assure qu'il n'est rien moins que ce que vous vous imaginez : ce n'est là que mon ordinaire bien simplement. » Comme il ne pouvoit se résoudre à se mettre à une table qui n'avoit pas été préparée pour lui, il voulut s'asseoir sur le sofa ; mais la dame l'en empêcha. « Que faites-vous, lui dit-elle ? Vous devez avoir faim après le bain : mettons-nous à table, mangeons et réjouissons-nous. »

Amgiad fut contraint de faire ce que la dame voulut : ils se mirent à table, et ils mangèrent. Après les premiers morceaux, la dame prit un verre et une bouteille, se versa à boire et but la première à la santé d'Amgiad. Quand elle eut bu, elle remplit le même verre, et le présenta à Amgiad qui lui fit raison.

Plus Amgiad faisoit réflexion sur son aventure, plus il étoit dans l'étonnement de voir que le maître de la maison ne paroissoit pas et même qu'une maison où tout étoit si propre et si riche, étoit sans un seul domestique. « Mon bonheur seroit bien extraordinaire, se disoit-il à lui-même, si le maître pouvoit ne pas venir que je ne fusse sorti de cette intrigue ! » Pendant qu'il s'entretenoit de ces pensées, et d'autres plus fâcheuses, la dame continuoit de manger, buvoit de temps en temps, et l'obligeoit de faire de même. Ils en étoient bientôt au fruit, lorsque le maître de la maison arriva.

C'étoit le grand écuyer du roi des Mages ; et son nom étoit Bahader. La maison lui appartenoit ; mais il en avoit une autre où il faisoit sa demeure ordinaire. Celle-ci ne lui servoit qu'à se régaler en particulier avec trois ou quatre amis choisis ; il y faisoit tout apporter de chez lui, et c'est ce qu'il avoit fait faire ce jour-là par quelques-uns de ses gens, qui ne faisoient que de sortir peu de temps avant qu'Amgiad et la dame arrivassent.

Bahader arriva sans suite et déguisé, comme il le faisoit presque ordinairement, et il venoit un peu avant l'heure qu'il avoit donnée à ses amis. Il ne fut pas peu surpris de voir la porte de sa maison forcée. Il entra sans faire de bruit ; et comme il eut entendu que l'on parloit et que l'on se réjouissoit dans la salle, il se coula le long du mur et avança la tête à demi à la porte pour voir quelles gens c'étoient. Comme il eut vu que c'étoient un jeune homme et une jeune dame qui mangeoient à la table qui n'avoit été préparée que pour ses amis et pour lui, et que le mal n'étoit pas si grand qu'il s'étoit imaginé d'abord, il résolut de s'en divertir.

La dame qui avoit le dos un peu tourné, ne pouvoit pas voir le grand écuyer ; mais Amgiad l'aperçut d'abord, et alors il avoit le verre à la main. Il changea de couleur à cette vue, les yeux attachés sur Bahader qui lui fit signe de ne dire mot et de venir lui parler.

Amgiad but et se leva. « Où allez-vous, lui demanda la dame ? » « Madame, lui dit-il, demeurez, je vous prie, je suis à vous dans le moment : une petite nécessité m'oblige de sortir. » Il trouva Bahader qui l'attendoit sous le vestibule, et qui le mena dans la cour pour lui parler sans être entendu de la dame…

Scheherazade s'aperçut à ces derniers mots qu'il étoit temps que le sultan des Indes se levât : elle se tut, et elle eut le temps de poursuivre la nuit suivante, et de lui parler en ces termes :

CCXXXII^e NUIT.

SIRE, quand Bahader et le prince Amgiad furent dans la cour, Bahader demanda au prince par quelle aventure il se trouvoit chez lui avec la dame, et pourquoi ils avaient forcé la porte de sa maison ?

« Seigneur, reprit Amgiad, je dois paroître bien coupable dans votre esprit ; mais si vous voulez bien avoir la patience de m'entendre, j'espère que vous me trouverez très-innocent. » Il poursuivit son discours, et lui raconta en peu de mots la chose comme elle étoit, sans rien déguiser ; et afin de le bien persuader qu'il n'étoit pas capable de commettre une action aussi indigne que de forcer une maison, il ne lui cacha pas qu'il étoit prince, non plus que la raison pour laquelle il se trouvoit dans la ville des Mages.

Bahader qui aimoit naturellement les étrangers, fut ravi d'avoir trouvé l'occasion d'en obliger un de la qualité et du rang d'Amgiad. En effet, à son air, à ses manières honnêtes, à son discours en termes choisis et ménagés, il ne douta nullement de sa sincérité. « Prince, lui dit-il, j'ai une joie extrême d'avoir trouvé lieu de vous obliger dans une rencontre aussi plaisante que celle que vous venez de me raconter. Bien loin de troubler la fête, je me ferai un très-grand plaisir de contribuer à votre satisfaction. Avant que de vous communiquer ce que je pense là-dessus, je suis bien aise de vous dire que je suis grand écuyer du roi, et que je m'appelle Bahader. J'ai un hôtel où je fais ma demeure ordinaire, et cette maison est un lieu où je viens quelquefois pour être plus en liberté avec mes amis. Vous avez fait accroire à votre belle, que vous aviez un esclave, quoique vous n'en ayez pas. Je veux être cet esclave ; et afin que cela ne vous fasse pas de peine, et que vous ne vous en excusiez pas, je vous répète que je le veux être absolument ; et vous en apprendrez bientôt la raison. Allez donc vous remettre à votre place, et continuez de vous divertir ; et quand je reviendrai dans quelque temps, et que je me présenterai devant vous en habit d'esclave, querellez-moi bien ; ne craignez pas même de me frapper : je vous servirai tout le temps que vous tiendrez table, et jusqu'à la nuit. Vous coucherez chez moi vous et la dame, et demain matin vous la renverrez avec honneur. Après cela, je tâcherai de vous rendre des services de plus de conséquence. Allez donc, et ne perdez pas de temps. » Amgiad voulut repartir ; mais le grand écuyer ne le permit pas, et il le contraignit d'aller retrouver la dame.

Amgiad fut à peine rentré dans la salle, que les amis que le grand écuyer avoit invités, arrivèrent. Il les pria obligeamment de vouloir bien l'excuser s'il ne les recevoit pas ce jour-là, en leur faisant entendre qu'ils en approuveroient la cause quand il les en auroit informés au premier jour. Dès qu'ils furent éloignés, il sortit, et il alla prendre un habit d'esclave.

Le prince Amgiad rejoignit la dame, le cœur bien content de ce que le hasard l'avoit conduit dans une maison qui appartenoit à un maître de si grande distinction, et qui en usoit si honnêtement avec lui. En se remettant à table : « Madame, lui dit-il, je vous demande mille pardons de mon incivilité et de la mauvaise humeur où je suis de l'absence de mon esclave ; le maraut me le paiera, je lui ferai voir s'il doit être dehors si long-temps. »

« Cela ne doit pas vous inquiéter, reprit la dame, tant pis pour lui ; s'il fait des fautes, il le paiera. Ne songeons plus à lui, songeons seulement à nous réjouir. »

Ils constinuèrent de tenir table avec d'autant plus d'agrément, qu'Amgiad n'étoit plus inquiet comme auparavant de ce qui arriveroit de l'indiscrétion de la dame, qui ne devoit pas forcer la porte, quand même la maison eût appartenu à Amgiad. Il ne fut pas moins de belle humeur que la dame, et ils se dirent mille plaisanteries en buvant plus qu'ils ne mangeoient, jusqu'à l'arrivée de Bahader déguisé en esclave.

Bahader entra comme un esclave, bien mortifié de voir que son maître étoit en compagnie et de ce qu'il revenoit si tard. Il se jeta à ses pieds en baisant la terre, pour implorer sa clémence ; et quand il se fut relevé, il demeura debout, les mains croisées, et les yeux baissés, en attendant qu'il lui commandât quelque chose.

« Méchant esclave, lui dit Amgiad avec un œil et un ton de colère, dis-moi s'il y a au monde un esclave plus méchant que toi ? Où as-tu été ? Qu'as-tu fait pour revenir à l'heure qu'il est ?

« Seigneur, reprit Bahader, je vous demande pardon, je viens de faire les commissions que vous m'avez données ; je n'ai pas cru que vous dussiez revenir de si bonne heure. »

« Tu es un maraut, repartit Amgiad, et je te rouerai de coups pour t'apprendre à mentir, et à manquer à ton devoir. » Il se leva, prit un bâton, et lui en donna deux ou trois coups assez légèrement ; après quoi il se remit à table.

La dame ne fut pas contente de ce châtiment, elle se leva à son tour, prit le bâton, et en chargea Bahader de tant de coups sans l'épargner, que les larmes lui en vinrent aux jeux. Amgiad, scandalisé au dernier point de la liberté qu'elle se donnoit, et de ce qu'elle maltraitoit un officier du roi, de cette importance, avoit beau crier que c'étoit assez, elle frappoit toujours : « Laissez-moi faire, disoit-elle, je veux me satisfaire, et lui apprendre à ne pas s'absenter si long-temps une autre fois. » Elle continuoit toujours avec tant de furie, qu'il fut contraint de se lever et de lui arracher le bâton, qu'elle ne lâcha qu'après beaucoup de résistance. Comme elle vit qu'elle ne pouvoit plus battre Bahader, elle se remit à sa place et lui dit mille injures.

Bahader essuya ses larmes, et demeura debout pour leur verser à boire. Lorsqu'il vit qu'ils ne buvoient et ne mangeoient plus, il desservit, il nettoya la salle, il mit toutes choses en leur lieu ; et dès qu'il fut nuit, il alluma les bougies. À chaque fois qu'il sortoit ou qu'il entroit, la dame ne manquoit pas de le gronder, de le menacer et de l'injurier, avec un grand mécontentement de la part d'Amgiad, qui vouloit le ménager, et n'osoit lui rien dire. À l'heure qu'il fut temps de se coucher, Bahader leur prépara un lit sur le sofa, et se retira dans une chambre, où il ne fut pas long-temps à s'endormir après une si longue fatigue.

Amgiad et la dame s'entretinrent encore une grosse demi-heure ; et avant de se coucher, la dame eut besoin de sortir. En passant sous le vestibule, comme elle eut entendu que Bahader ronfloit déjà, et qu'elle avoit vu qu'il y avoit un sabre dans la salle : « Seigneur, dit-elle à Amgiad en rentrant, je vous prie de faire une chose pour l'amour de moi. » De quoi s'agit-il pour votre service, reprit Amgiad ? » « Obligez-moi de prendre ce sabre, repartit-elle, et d'aller couper la tête à votre esclave. »

Amgiad fut extrêmement étonné de cette proposition que le vin faisoit faire à la dame, comme il n'en douta pas. « Madame, lui dit-il, laissons là mon esclave, il ne mérite pas que vous pensiez à lui : je l'ai châtié, vous l'avez châtié vous-même, cela suffit ; d'ailleurs, je suis très-content de lui, et il n'est pas accoutumé à ces sortes de fautes. »

« Je ne me paie pas de cela, reprit la dame enragée ; je veux que ce coquin meure ; et s'il ne meurt de votre main, il mourra de la mienne. » En disant ces paroles, elle mit la main sur le sabre, le tira hors du fourreau, et s'échappa pour exécuter son pernicieux dessein.

Amgiad la rejoignit sous le vestibule, et en la rencontrant : « Madame, lui dit-il, il faut vous satisfaire puisque vous le souhaitez : je serois fâché qu'un autre que moi ôtât la vie à mon esclave. » Quand elle lui eut remis le sabre : « Venez, suivez-moi, ajouta-t-il, et ne faisons pas de bruit de crainte qu'il ne s'éveille. » Ils entrèrent dans la chambre où étoit Bahader ; mais au lieu de le frapper, Amgiad porta le coup à la dame, et lui coupa la tête qui tomba sur Bahader...

Le jour avoit déjà commencé de paroître, lorsque Scheherazade en étoit à ces paroles ; elle s'en aperçut, et cessa de parler. Elle reprit son discours la nuit suivante, et dit au sultan Schahriar :

CCXXXIII^e NUIT.

SIRE, la tête de la dame eût interrompu le sommeil du grand écuyer, en tombant sur lui, quand le bruit du coup de sabre ne l'eût pas éveillé. Étonné de voir Amgiad avec le sabre ensanglanté et le corps de la dame par terre sans tête, il lui demanda ce que cela signifioit. Amgiad lui raconta la chose comme elle s'étoit passée, et en achevant : « Pour empêcher cette furieuse, ajouta-t-il, de vous ôter la vie, je n'ai point trouvé d'autre moyen que de la lui ravir à elle-même. »

« Seigneur, reprit Bahader plein de reconnoissance, des personnes de votre sang, et aussi généreuses, ne sont pas capables de favoriser des actions si méchantes. Vous êtes mon libérateur, et je ne puis assez vous en remercier. » Après qu'il l'eut embrassé, pour lui mieux marquer combien il lui étoit obligé : « Avant que le jour vienne, dit-il, il faut emporter ce cadavre hors d'ici, et c'est ce que je vais faire. » Amgiad s'y opposa, et dit qu'il l'emporteroit lui-même, puisqu'il avoit fait le coup. « Un nouveau venu en cette ville, comme vous, n'y réussiroit pas, reprit Bahader. Laissez-moi faire, demeurez ici en repos. Si je ne reviens pas avant qu'il soit jour, ce sera une marque que le guet m'aura surpris. En ce cas-là je vais vous faire par écrit une donation de la maison et de tous les meubles, vous n'aurez qu'à y demeurer. »

Dès que Bahader eut écrit et livré la donation au prince Amgiad, il mit le corps de la dame dans un sac avec la tête, chargea le sac sur ses épaules et marcha de rue en rue en prenant le chemin de la mer. Il n'en étoit pas éloigné lorsqu'il rencontra le juge de police qui faisoit sa ronde en personne. Les gens du juge l'arrêtèrent, ouvrirent le sac, et y trouvèrent le corps de la dame massacrée, et sa tête. Le juge qui reconnut le grand écuyer malgré son déguisement, le mena chez lui ; et comme il n'osa pas le faire mourir à cause de sa dignité, sans en parler au roi, il le lui mena le lendemain matin. La roi n'eut pas plutôt appris, au rapport du juge, la noire action qu'il avoit commise, comme il le croyoit selon les indices, qu'il le chargea d'injures. « C'est donc ainsi, s'écria-t-il, que tu massacres mes sujets pour les piller, et que tu jettes leur corps à la mer pour cacher ta tyrannie : qu'on les en délivre, et qu'on le pende. »

Quelque innocent que fût Bahader, il reçut cette sentence de mort avec toute la résignation possible, et ne dit pas un mot pour sa justification. Le juge le remmena ; et pendant qu'on préparoit la potence, il envoya publier par toute la ville la justice qu'on alloit faire à midi d'un meurtre commis par le grand écuyer.

Le prince Amgiad qui avoit attendu le grand écuyer inutilement, fut dans une consternation qu'on ne peut imaginer, quand il entendit ce cri de la maison où il étoit. « Si quelqu'un doit mourir pour la mort d'une femme aussi méchante, se dit-il à lui-même, ce n'est pas le grand écuyer ; c'est moi ; et je ne souffrirai pas que l'innocent soit puni pour le coupable. » Sans délibérer davantage il sortit, et se rendit à la place où se devoit faire l'exécution, avec le peuple qui y couroit de toutes parts.

Dès qu'Amgiad vit paroître le juge, qui amenoit Bahader à la potence, il alla se présenter à lui : « Seigneur, lui dit-il, je viens vous déclarer et vous assurer que le grand écuyer que vous conduisez à la mort, est très-innocent de la mort de cette dame. C'est moi qui ai commis le crime, si c'est en avoir commis un que d'avoir ôté la vie à une femme détestable qui vouloit l'ôter à un grand écuyer ; et voici comment la chose s'est passée. »

Quand le prince Amgiad eut informé le juge de quelle manière il avoit été abordé par la dame à la sortie du bain, comment elle avoit été cause qu'il étoit entré dans la maison de plaisir du grand écuyer, et de tout ce qui s'étoit passé jusqu'au moment qu'il avoit été contraint de lui couper la tête pour sauver la vie au grand écuyer, le juge sursit l'exécution, et le mena au roi avec le grand écuyer.

Le roi voulut être informé de la chose par Amgiad lui-même ; et Amgiad pour lui mieux faire comprendre son innocence et celle du grand écuyer, profita de l'occasion pour lui faire le récit de son histoire et de son frère Assad depuis le commencement jusqu'à leur arrivée et jusqu'au moment qu'il lui parloit.

Quand le prince eut achevé : « Prince, lui dit le roi, je suis ravi que cette occasion m'ait donné lieu de vous connoître : je ne vous donne pas seulement la vie avec celle de mon grand écuyer, que je loue de la bonne intention qu'il a eue pour vous, et que je rétablis dans sa charge ; je vous fais même mon grand visir pour vous consoler du traitement injuste, quoiqu'excusable, que le roi votre père vous a fait. À l'égard du prince Assad, je vous permets d'employer toute l'autorité que je vous donne pour le retrouver. »

Après qu'Amgiad eut remercié le roi de la ville et du pays des Mages, et qu'il eut pris possession de la charge de grand visir, il employa tous les moyens imaginables pour trouver le prince son frère.

Il fit promettre par les crieurs publics dans tous les quartiers de la ville, une grande récompense à ceux qui le lui ameneroient, ou même qui lui apprendroient quelque nouvelle. Il mit des gens en campagne ; mais quelque diligence qu'il pût faire, il n'eut pas la moindre nouvelle de lui.

SUITE DE L'HISTOIRE DU PRINCE ASSAD.

ASSAD cependant étoit toujours à la chaîne dans le cachot où il avoit été renfermé par l'adresse du rusé vieillard ; et Bostane et Cavame, filles du vieillard, le maltraitoient avec la même cruauté et la même inhumanité. La fête solennelle des adorateurs du Feu approcha. On équipa le vaisseau qui avoit coutume de faire le voyage de la montagne du Feu : on le chargea de marchandises par le soin d'un capitaine nommé Behram, grand zélateur de la religion des Mages. Quand il fut en état de remettre à la voile, Behram y fit embarquer Assad dans une caisse à moitié pleine de marchandises, avec assez d'ouverture entre les ais pour lui donner la respiration nécessaire, et fit descendre la caisse à fond de cale.

Avant que le vaisseau mît à la voile, le grand visir Amgiad, frère d'Assad, qui avoit été averti que les adorateurs du Feu avoient coutume de sacrifier un Musulman chaque année sur la montagne du Feu, et qu'Assad qui étoit peut-être tombé entre leurs mains, pourroit bien être destiné à cette cérémonie sanglante, voulut en faire la visite. Il y alla en personne, et fit monter tous les matelots et tous les passagers sur le tillac, pendant que ses gens firent la recherche dans tout le vaisseau ; mais on ne trouva pas Assad, il étoit trop bien caché.

La visite faite, le vaisseau sortit du port ; et quand il fut en pleine mer, Behram ordonna de tirer le prince Assad de la caisse, et le fit mettre à la chaîne pour s'assurer de lui, de crainte, comme il n'ignoroit pas qu'on alloit le sacrifier, que de désespoir il ne se précipitât dans la mer.

Après quelques jours de navigation, le vent favorable qui avoit toujours accompagné le vaisseau, devint contraire, et augmenta de manière qu'il excita une tempête des plus furieuses. Le vaisseau ne perdit pas seulement sa route : Behram et son pilote ne savoient plus même où ils étoient, et ils craignoient de rencontrer quelque rocher à chaque moment, et de s'y briser. Au plus fort de la tempête ils découvrirent terre, et Behram la reconnut pour l'endroit où étoit le port et la capitale de la reine Margiane, et il en eut une grande mortification.

En effet, la reine Margiane qui étoit Musulmane, étoit ennemie mortelle des adorateurs du Feu. Non-seulement elle n'en souffroit pas un seul dans ses états, elle ne permettoit même pas qu'aucun de leurs vaisseaux y abordât.

Il n'étoit plus au pouvoir de Behram cependant d'éviter d'aller border au port de la capitale de cette reine, à moins d'aller échouer et se perdre contre la côte qui étoit bordée de rochers affreux. Dans cette extrémité il tint conseil avec son pilote et avec ses matelots. « Enfans, dit-il, vous voyez la nécessité où nous sommes réduits. De deux choses l'une : ou il faut que nous soyons engloutis par les flots, ou que nous nous sauvions chez la reine Margiane ; mais sa haine implacable contre notre religion et contre ceux qui en font profession, vous est connue. Elle ne manquera pas de se saisir de notre vaisseau, et de nous faire ôter la vie à tous sans miséricorde. Je ne vois qu'un seul remède qui peut-être nous réussira. Je suis d'avis que nous ôtions de la chaîne le Musulman que nous avons ici, et que nous l'habillions en esclave. Quand la reine Margiane m'aura fait venir devant elle, et qu'elle me demandera quel est mon négoce, je lui répondrai que je suis marchand d'esclaves, que j'ai vendu tout ce que j'en avois, et que je n'en ai réservé qu'un seul pour me servir d'écrivain, à cause qu'il sait lire et écrire. Elle voudra le voir ; et comme il est bien fait, et que d'ailleurs il est de sa religion, elle en sera touchée de compassion, ne manquera pas de me proposer de le lui vendre, et, en cette considération, de nous souffrir dans son port jusqu'au premier beau temps. Si vous savez quelque chose de meilleur, dites-le-moi, je vous écouterai. » Le pilote et les matelots applaudirent à son sentiment qui fut suivi...

La sultane Scheherazade fut obligée d'en demeurer à ces derniers mots, à cause du jour qui se faisoit voir ; elle reprit le même conte la nuit suivante, et dit au sultan des Indes :

CCXXXIVᵉ NUIT.

SIRE, Behram fit ôter le prince Assad de la chaîne, et le fit habiller en esclave fort proprement, selon le rang d'écrivain de son vaisseau, sous lequel il vouloit le faire paroître devant la reine Margiane. Il fut à peine dans l'état qu'il le souhaitoit, que le vaisseau entra dans le port, où il fit jeter l'ancre.

Dès que la reine Margiane, qui avoit son palais situé du côté de la mer, de manière que le jardin s'étendoit jusqu'au rivage, eut vu que le vaisseau avoit mouillé, elle envoya avertir le capitaine de venir lui parler ; et pour satisfaire plutôt sa curiosité, elle vint l'attendre dans le jardin.

Behram qui s'étoit attendu à être appelé, débarqua avec le prince Assad, après avoir exigé de lui de confirmer qu'il étoit son esclave et son écrivain, et fut conduit devant la reine Margiane. Il se jeta à ses pieds ; et après lui avoir marqué la nécessité qui l'avoit obligé de se réfugier dans son port, il lui dit qu'il étoit marchand d'esclaves, qu'Assad qu'il avoit amené, étoit le seul qui lui restât, et qu'il gardoit pour lui servir d'écrivain.

Assad avoit plu à la reine Margiane du moment qu'elle l'avoit vu, et elle fut ravie d'apprendre qu'il fut esclave. Résolue à l'acheter à quelque prix que ce fût, elle demanda à Assad comment il s'appeloit.

« Grande reine, reprit le prince Assad les larmes aux yeux, votre Majesté me demande-t-elle le nom que je portois ci-devant, ou le nom que je porte aujourd'hui ? » « Comment, repartit la reine, est-ce que vous avez deux noms ? » « Hélas, il n'est que trop vrai, répliqua Assad ! Je m'appelois autrefois Assad (très-heureux), et aujourd'hui je m'appelle Môtar (destiné à être sacrifié). »

Margiane qui ne pouvoit pénétrer le vrai sens de cette réponse, l'appliqua à l'état de son esclavage, et connut en même temps qu'il avoit beaucoup d'esprit. « Puisque vous êtes écrivain, lui dit-elle ensuite, je ne doute pas que vous ne sachiez bien écrire : faites-moi voir de votre écriture. »

Assad muni d'une écritoire qu'il portoit à sa ceinture, et de papier, par les soins de Behram qui n'avoit pas oublié ces circonstances pour persuader à la reine ce qu'il vouloit qu'elle crût, se retira un peu à l'écart, et écrivit ces sentences, par rapport à sa misère :

« L'aveugle se détourne de la fosse où le clair-voyant se laisse tomber. — L'ignorant s'élève aux dignités par des discours qui ne signifient rien, le savant demeure dans la poussière avec son éloquence. — Le Musulman est dans la dernière misère avec toutes ses richesses, l'infidèle triomphe au milieu de ses biens. — On ne peut pas espérer que les choses changent : c'est un décret du Tout-Puissant qu'elles demeurent en cet état. »

Assad présenta le papier à la reine Margiane, qui n'admira pas moins la moralité des sentences, que la beauté du caractère ; et il n'en fallut pas davantage pour achever d'embraser son cœur, et de le toucher d'une véritable compassion pour lui. Elle n'eut pas plutôt achevé de le lire, qu'elle s'adressa à Behram : « Choisissez, lui dit-elle, de me vendre cet esclave, ou de m'en faire un présent ; peut-être trouverez-vous mieux votre compte de choisir le dernier. »

Behram reprit assez insolemment qu'il n'avoit pas de choix à faire, qu'il avoit besoin de son esclave, et qu'il vouloit le garder.

La reine Margiane, irritée de cette hardiesse, ne voulut point parler davantage à Behram ; elle prit le prince Assad par le bras, le fit marcher devant elle ; et en l'emmenant à son palais, elle envoya dire à Behram qu'elle feroit confisquer toutes ses marchandises, et mettre le feu à son vaisseau au milieu du port, s'il y passoit la nuit. Behram fut contraint de retourner à son vaisseau, bien mortifié, et de faire préparer toutes choses pour remettre à la voile, quoique la tempête ne fût pas encore entièrement appaisée.

La reine Margiane après avoir commandé en entrant dans son palais que l'on servît promptement le soupé, mena Assad à son appartement, où elle le fit asseoir près d'elle. Assad voulut s'en défendre, en disant que cet honneur n'appartenoit pas à un esclave.

« À un esclave, reprit la reine ! Il n'y a qu'un moment que vous l'étiez, mais vous ne l'êtes plus. Asseyez-vous près de moi, vous dis-je, et racontez-moi votre histoire ; car ce que vous avez écrit pour me faire voir de votre écriture, et l'insolence de ce marchand d'esclaves, me font comprendre qu'elle doit être extraordinaire. »

Le prince Assad obéit ; et quand il fut assis : « Puissante reine, dit-il, votre Majesté ne se trompe pas, mon histoire est véritablement extraordinaire, et plus qu'elle ne pourroit se l'imaginer. Les maux, les tourmens incroyables que j'ai soufferts, et le genre de mort auquel j'étois destiné, dont elle m'a délivré par sa générosité toute royale, lui feront connoître la grandeur de son bienfait que je n'oublierai jamais. Mais avant d'entrer dans ce détail qui fait horreur, elle voudra bien que je prenne l'origine de mes malheurs de plus haut. »

Après ce préambule qui augmenta la curiosité de Margiane, Assad commença par l'informer de sa naissance royale, de celle de son frère Amgiad, de leur amitié réciproque, de la passion condamnable de leurs belles-mères changée en une haine des plus odieuses, la source de leur étrange destinée. Il vint ensuite à la colère du roi leur père, à la manière presque miraculeuse de la conservation de leur vie, et enfin à la perte qu'il avoit faite de son frère, et à la prison si longue et si douloureuse d'où on ne l'avoit fait sortir que pour être immolé sur la montagne du Feu.

Quand Assad eut achevé son discours, la reine Margiane animée plus que jamais contre les adorateurs du Feu : « Prince, dit-elle, nonobstant l'aversion que j'ai toujours eue contre les adorateurs du Feu, je n'ai pas laissé d'avoir beaucoup d'humanité pour eux ; mais après le traitement barbare qu'ils vous ont fait, et leur dessein exécrable de faire une victime de votre personne à leur Feu, je leur déclare dès-à-présent une guerre implacable. » Elle vouloit s'étendre davantage sur ce sujet ; mais l'on servit, et elle se mit à table avec le prince Assad, charmée de le voir et de l'entendre, et déjà prévenue pour lui d'une passion dont elle se promettoit de trouver bientôt l'occasion de le faire apercevoir. « Prince, lui dit-elle, il faut vous bien récompenser de tant de jeûnes et de tant de mauvais repas que les impitoyables adorateurs du Feu vous ont fait faire : vous avez besoin de nourriture après tant de souffrances. » Et en lui disant ces paroles, et d'autres à-peu-près semblables, elle lui servoit à manger et lui faisoit verser à boire coup sur coup. Le repas dura long-temps, et le prince Assad but quelques coups plus qu'il ne pouvoit porter.

Quand la table fut levée, Assad eut besoin de sortir, et il prit son temps de manière que la reine ne s'en aperçut pas. Il descendit dans la cour, et comme il vit la porte du jardin ouverte, il y entra. Attiré par les beautés dont il étoit diversifié, s'y promena un espace de temps. Il alla enfin jusqu'à un jet d'eau qui en faisoit le plus grand agrément ; il s'y lava les mains et le visage pour se rafraîchir ; et en voulant se reposer sur le gazon dont il étoit bordé, il s'y endormit.

La nuit approchoit alors, et Behram qui ne vouloit pas donner lieu à la reine Margiane d'exécuter sa menace, avoit déjà levé l'ancre, bien fâché de la perte qu'il avoit faite d'Assad, et d'être frustré de l'espérance d'en faire un sacrifice. Il tâchoit néanmoins de se consoler sur ce que la tempête étoit cessée, et qu'un vent de terre le favorisoit pour s'éloigner. Dès qu'il se fut tiré hors du port avec l'aide de sa chaloupe, avant de la tirer dans le vaisseau : « Enfans, dit-il aux matelots qui étoient dedans, attendez, ne remontez pas : je vais vous faire donner des barils pour faire de l'eau, et je vous attendrai sur les bords. » Les matelots qui ne savoient pas où ils en pourroient faire, voulurent s'en excuser ; mais comme Behram avoit parlé à la reine dans le jardin, et qu'il avoit remarqué le jet d'eau : « Allez aborder devant le jardin du palais, reprit-il, passez par-dessus le mur qui n'est qu'à hauteur d'appui, vous trouverez à faire de l'eau suffisamment dans le bassin qui est au milieu du jardin. »

Les matelots allèrent aborder où Behram leur avoit marqué ; et après qu'ils se furent chargés chacun d'un baril sur l'épaule, en débarquant, ils passèrent aisément par-dessus le mur. En approchant du bassin, comme ils eurent aperçu un homme couché qui dormoit sur le bord, ils s'approchèrent de lui, et ils le reconnurent pour Assad. Ils se partagèrent ; et pendant que les uns firent quelques barils d'eau avec le moins de bruit qu'il leur fut possible, sans perdre le temps à les emplir tous, les autres environnèrent Assad, et l'observèrent pour l'arrêter au cas qu'il s'éveillât. Il leur donna tout le temps ; et dès que les barils furent pleins et chargés sur les épaules de ceux qui dévoient les emporter, les autres se saisirent de lui, et l'emmenèrent sans lui donner le temps de se reconnoître ; ils le passèrent par-dessus le mur, l'embarquèrent avec leurs barils, et le transportèrent au vaisseau à force de rames. Quand ils furent près d'aborder au vaisseau : « Capitaine, s'écrièrent-ils avec des éclats de joie, faites jouer vos haut-bois et vos tambours, nous vous ramenons votre esclave. »

Behram, qui ne pouvoit comprendre comment ses matelots avoient pu retrouver et reprendre Assad, et qui ne pouvoit aussi l'apercevoir dans la chaloupe à cause de la nuit, attendit avec impatience qu'ils fussent remontés sur le vaisseau pour leur demander ce qu'ils vouloient dire ; mais quand il l'eut vu devant ses yeux, il ne put se contenir de joie ; et sans s'informer comment ils s'y étoient pris pour faire une si belle capture, il le fit remettre à la chaîne ; et après avoir fait tirer la chaloupe dans le vaisseau en diligence, il fit force de voiles en reprenant la route de la montagne du Feu…

La sultane Scheherazade ne passa pas outre pour cette nuit ; elle poursuivit la suivante, et dit au sultan des Indes :

CCXXXV^e NUIT.

SIRE, j'achevai hier en faisant remarquer à votre Majesté que Behram avoit repris la route de la montagne du Feu, bien joyeux de ce que ses matelots avoient ramené le prince Assad.

La reine Margiane cependant étoit dans de grandes alarmes ; elle ne s'inquiéta pas d'abord quand elle se fut aperçu que le prince Assad étoit sorti. Comme elle ne douta pas qu'il ne dût revenir bientôt, elle l'attendit avec patience. Au bout de quelque temps qu'elle vit qu'il ne paroissoit pas, elle commença d'en être inquiète. Elle commanda à ses femmes de voir où il étoit ; elles le cherchèrent, et elles ne lui en apportèrent pas de nouvelles. La nuit vint, et elle le fit chercher à la lumière, mais aussi inutilement.

Dans l'impatience et dans l'alarme où la reine Margiane fut alors, elle alla le chercher elle-même à la lumière des flambeaux ; et comme elle eut aperçu que la porte du jardin étoit ouverte, elle y entra et le parcourut avec ses femmes. En passant près du jet d'eau et du bassin, elle remarqua une babouche[5] sur le bord du gazon, qu'elle fit ramasser, et elle la reconnut pour une des deux du prince, de même que ses femmes. Cela joint à l'eau répandue sur le bord du bassin, lui fit croire que Behram pourroit bien l'avoir fait enlever. Elle envoya savoir dans le moment s'il étoit encore au port ; et comme elle eut appris qu'il avoit fait voile un peu avant la nuit, qu'il s'étoit arrêté quelque temps sur les bords, et que sa chaloupe étoit venue faire de l'eau dans le jardin, elle envoya avertir le commandant de dix vaisseaux de guerre qu'elle avoit dans son port toujours équipés et prêts à partir au premier commandement, qu'elle vouloit s'embarquer en personne le lendemain à une heure de jour.

---

[5] Soulier du Levant.

Le commandant fit ses diligences : il assembla les capitaines, les autres officiers, les matelots, les soldats ; et tout fut embarqué à l'heure qu'elle avoit souhaité. Elle s'embarqua ; et quand son escadre fut hors du port et à la voile, elle déclara son intention au commandant. « Je veux, dit-elle, que vous fassiez force de voiles, et que vous donniez la chasse au vaisseau marchand qui partit de ce port hier au soir. Je vous l'abandonne si vous le prenez ; mais si vous ne le prenez pas, votre vie m'en répondra. »

Les dix vaisseaux donnèrent la chasse au vaisseau de Behram deux jours entiers, et ne virent rien. Ils le découvrirent le troisième jour à la pointe du jour ; et sur le midi, ils l'environnèrent de manière qu'il ne pouvoit pas échapper.

Dès que le cruel Behram eut aperçu les dix vaisseaux, il ne douta pas que ce ne fût l'escadre de la reine Margiane qui le poursuivoit, et alors il donnoit la bastonnade à Assad ; car depuis son embarquement dans son vaisseau au port de la ville des Mages, il n'avoit pas manqué un jour de lui faire ce même traitement : cela fit qu'il le maltraita plus que de coutume. Il se trouva dans un grand embarras quand il vit qu'il alloit être environné. De garder Assad, c'étoit se déclarer coupable ; de lui ôter la vie, il craignoit qu'il n'en parût quelque marque. Il le fit déchaîner ; et quand on l'eut fait monter du fond de cale où il étoit, et qu'on l'eut amené devant lui : « C'est toi, dit-il, qui es cause qu'on nous poursuit. » Et en disant ces paroles, il le jeta dans la mer.

Le prince Assad qui savoit nager, s'aida de ses pieds et de ses mains avec tant de courage, à la faveur des flots qui le secondoient, qu'il en eut assez pour ne pas succomber et pour gagner terre. Quand il fut sur le rivage, la première chose qu'il fit, fut de remercier Dieu de l'avoir délivré d'un si grand danger, et tiré encore une fois des mains des adorateurs du Feu. Il se dépouilla ensuite ; et après avoir bien exprimé l'eau de son habit, il l'étendit sur un rocher où il fut bientôt séché, tant par l'ardeur du soleil que par la chaleur du rocher qui en étoit échauffé.

Il se reposa cependant en déplorant sa misère, sans savoir en quel pays il étoit, ni de quel côté il tourneroit. Il reprit enfin son habit, et marcha sans trop s'éloigner de la mer, jusqu'à ce qu'il eut trouvé un chemin qu'il suivit. Il chemina plus de dix jours par un pays où personne n'habitoit, et où il ne trouvoit que des fruits sauvages et quelques plantes le long des ruisseaux, dont il vivoit. Il arriva enfin près d'une ville qu'il reconnut pour celle des Mages où il avoit été si fort maltraité, et où son frère Amgiad étoit grand visir. Il en eut de la joie ; mais il fit bien résolution de ne pas s'approcher d'aucun adorateur du Feu, mais seulement de quelques Musulmans ; car il se souvenoit d'y en avoir remarqué quelques-uns la première fois qu'il y étoit entré.

Comme il étoit tard, et qu'il savoit bien que les boutiques étoient déjà fermées, et qu'il trouveroit peu de monde dans les rues, il prit le parti de s'arrêter dans le cimetière qui étoit près de la ville, où il y avoit plusieurs tombeaux élevés en façon de mausolée. En cherchant, il en trouva un dont la porte étoit ouverte ; il y entra, résolu à y passer la nuit.

Revenons présentement au vaisseau de Behram. Il ne fut pas long-temps à être investi de tous les côtés par les vaisseaux de la reine Margiane, après qu'il eut jeté le prince Assad dans la mer. Il fut abordé par le vaisseau où étoit la reine, et à son approche, comme il n'étoit pas en état de faire aucune résistance, Behram fit plier les voiles pour marquer qu'il se rendoit.

La reine Margiane passa elle-même sur le vaisseau, et demanda à Behram où étoit l'écrivain qu'il avoit eu la témérité d'enlever ou de faire enlever dans son palais. « Reine, répondit Behram, je jure à votre Majesté qu'il n'est pas sur mon vaisseau ; elle peut le faire chercher, et connoître par-là mon innocence. »

Margiane fit faire la visite du vaisseau avec toute l'exactitude possible ; mais on ne trouva pas celui qu'elle souhaitoit si passionnément de trouver, autant parce qu'elle l'aimoit, que par la générosité qui lui étoit naturelle. Elle fut sur le point d'ôter la vie à Behram de sa propre main ; mais elle se retint, et elle se contenta de confisquer son vaisseau et toute sa charge, et de le renvoyer par terre avec tous ses matelots, en lui laissant sa chaloupe pour y aller aborder.

Behram, accompagné de ses matelots, arriva à la ville des Mages la même nuit qu'Assad s'étoit arrêté dans le cimetière, et retiré dans le tombeau. Comme la porte étoit fermée, il fut contraint de chercher aussi dans le cimetière quelque tombeau pour y attendre qu'il fût jour et qu'on l'ouvrit.

Par malheur pour Assad, Behram passa devant celui où il étoit. Il y entra, et il vit un homme qui dormoit la tête enveloppée dans son habit. Assad s'éveilla au bruit, et en levant la tête, il demanda qui c'étoit.

Behram le reconnut d'abord. « Ha, ha, dit-il, vous êtes donc celui qui êtes cause que je suis ruiné pour le reste de ma vie ! Vous n'avez pas été sacrifié cette année, mais vous n'échapperez pas de même l'année prochaine. » En disant ces paroles, il se jeta sur lui, lui mit son mouchoir sur la bouche pour l'empêcher de crier, et le fit lier par ses matelots.

Le lendemain matin, dès que la porte fut ouverte, il fut aisé à Behram de ramener Assad chez le vieillard qui l'avoit abusé avec tant de méchanceté, par des rues détournées où personne n'étoit encore levé. Dès qu'il y fut entré, il le fit descendre dans le même cachot d'où il avoit été tiré, et informa le vieillard du triste sujet de son retour, et du malheureux succès de son voyage. Le méchant vieillard n'oublia pas d'enjoindre à ses deux filles de maltraiter le prince infortuné plus qu'auparavant, s'il étoit possible.

Assad fut extrêmement surpris de se revoir dans le même lieu où il avoit déjà tant souffert ; et dans l'attente des mêmes tourmens dont il avoit cru être délivré pour toujours, il pleurait la rigueur de son destin, lorsqu'il vit entrer Bostane avec un bâton, un pain et une cruche d'eau. Il frémit à la vue de cette impitoyable, et à la seule pensée des supplices journaliers qu'il avoit encore à souffrir toute une année pour mourir ensuite d'une manière pleine d'horreur...

Mais le jour que la sultane Scheherazade vit paroître, comme elle en étoit à ces dernières paroles, l'obligea de s'interrompre. Elle reprit le même conte la nuit suivante, et dit au sultan des Indes :

CCXXXVI^e NUIT.

SIRE, Bostane traita le malheureux prince Assad aussi cruellement qu'elle l'avoit déjà fait dans sa première détention. Les lamentations, les plaintes, les instantes prières d'Assad qui la supplioit de l'épargner, jointes à ses larmes, furent si vives, que Bostane ne put s'empêcher d'en être attendrie et de verser des larmes avec lui. « Seigneur, lui dit-elle en lui recouvrant les épaules, je vous demande mille pardons de la cruauté avec laquelle je vous ai traité ci-devant, et dont je viens de vous faire sentir encore les effets. Jusqu'à présent je n'ai pu désobéir à un père injustement animé contre vous, et acharné à votre perte ; mais enfin je déteste et j'abhorre cette barbarie. Consolez-vous : vos maux sont finis, et je vais tâcher de réparer tous mes crimes, dont je connois l'énormité, par de meilleurs traitemens. Vous m'avez regardée jusqu'aujourd'hui comme une infidelle, regardez-moi présentement comme une Musulmane. J'ai déjà quelques instructions qu'une esclave de votre religion qui me sert m'a données ; j'espère que vous voudrez bien achever ce qu'elle a commencé. Pour vous marquer ma bonne intention, je demande pardon au vrai Dieu de toutes mes offenses par les mauvais traitemens que je vous ai faits, et j'ai confiance qu'il me fera trouver le moyen de vous mettre dans une entière liberté. »

Ce discours fut d'une grande consolation au prince Assad ; il rendit des actions de grâces à Dieu de ce qu'il avoit touché le cœur de Bostane ; et après qu'il l'eut bien remerciée des bons sentimens où elle étoit pour lui, il n'oublia rien pour l'y confirmer, non-seulement en achevant de l'instruire de la religion musulmane, mais même en lui faisant le récit de son histoire et de toutes ses disgrâces malgré le haut rang de sa naissance. Quand il fut entièrement assuré de sa fermeté dans la bonne résolution qu'elle avoit prise, il lui demanda comment elle feroit pour empêcher que sa sœur Cavame n'en eût connoissance, et ne vînt le maltraiter à son tour ? « Que cela ne vous chagrine pas, reprit Bostane, je saurai bien faire en sorte qu'elle ne se mêle plus de vous voir. «

En effet, Bostane sut toujours prévenir Cavame toutes les fois qu'elle vouloit descendre au cachot. Elle voyoit cependant fort souvent le prince Assad ; et au lieu de ne lui porter que du pain et de l'eau, elle lui portoit du vin et de bons mets qu'elle faisoit préparer par douze esclaves musulmanes qui la servoient. Elle mangeoit même de temps en temps avec lui, et faisoit tout ce qui étoit en son pouvoir pour le consoler.

Quelques jours après, Bostane étoit à la porte de la maison, lorsqu'elle entendit un crieur public qui publioit quelque chose. Comme elle n'entendoit pas ce que c'étoit, à cause que le crieur étoit trop éloigné, et qu'il approchoit pour passer devant la maison, elle rentra, et en tenant la porte à demi ouverte, elle vit qu'il marchoit devant le grand visir Amgiad, frère du prince Assad, accompagné de plusieurs officiers et de quantité de ses gens qui marchoient devant et après lui.

Le crieur n'étoit plus qu'à quelques pas de la porte, lorsqu'il répéta ce cri à haute voix :

« L'excellent et l'illustre grand visir, que voici en personne, cherche son cher frère qui s'est séparé d'avec lui il y a plus d'un an. Il est fait de telle et telle manière. Si quelqu'un le garde chez lui ou sait où il est, son Excellence commande qu'il ait à le lui amener ou à lui en donner avis, avec promesse de le bien récompenser. Si quelqu'un le cache, et qu'on le découvre, son Excellence déclare qu'elle le punira de mort, lui, sa femme, ses enfans et toute sa famille, et fera raser sa maison. »

Bostane n'eut pas plutôt entendu ces paroles, qu'elle ferma la porte au plus vîte, et alla trouver Assad dans le cachot. « Prince, lui dit-elle avec joie, vous êtes à la fin de vos malheurs ; suivez-moi, et venez promptement. » Assad qu'elle avoit ôté de la chaîne dès le premier jour qu'il avoit été ramené dans le cachot, la suivit jusque dans la rue, où elle cria : « Le voici, le voici. »

Le grand visir, qui n'étoit pas encore éloigné, se retourna. Assad le reconnut pour son frère, courut à lui et l'embrassa. Amgiad qui le reconnut aussi d'abord, l'embrassa de même très-étroitement, le fit monter sur le cheval d'un de ses officiers qui mit pied à terre, et le mena au palais en triomphe, où il le présenta au roi, qui le fit un de ses visirs.

Bostane qui n'avait pas voulu rentrer chez son père, dont la maison fut rasée dès le même jour, et qui n'avoit pas perdu le prince Assad de vue jusqu'au palais, fut envoyée à l'appartement de la reine. Le vieillard son père et Behram, amenés devant le roi avec leurs familles, furent condamnés à avoir la tête tranchée. Ils se jetèrent à ses pieds et implorèrent sa clémence. « Il n'y a pas de grâce pour vous, reprit le roi, que vous ne renonciez à l'adoration du Feu, et que vous n'embrassiez la religion musulmane. » Ils sauvèrent leur vie en prenant ce parti, de même que Cavame, sœur de Bostane, et leurs familles.

En considération de ce que Behram s'étoit fait Musulman, Amgiad qui voulut le récompenser de la perte qu'il avoit faite avant de mériter sa grâce, le fit un de ses principaux officiers, et le logea chez lui. Behram informé en peu de jours de l'histoire d'Amgiad, son bienfaiteur, et d'Assad, son frère, leur proposa de faire équiper un vaisseau, et de les remener au roi Camaralzaman, leur père. « Apparemment, leur dit-il, qu'il a reconnu votre innocence, et qu'il desire impatiemment de vous revoir. Si cela n'est pas, il ne sera pas difficile de la lui faire reconnoître avant de débarquer ; et s'il demeure dans son injuste prévention, vous n'aurez que la peine de revenir. »

Les deux frères acceptèrent l'offre de Behram ; ils parlèrent de leur dessein au roi, qui l'approuva, et donnèrent ordre à l'équipement d'un vaisseau. Behram s'y employa avec toute la diligence possible ; et quand il fut prêt à mettre à la voile, les princes allèrent prendre congé du roi un matin avant d'aller s'embarquer. Dans le temps qu'ils faisoient leurs complimens, et qu'ils remercioient le roi de ses bontés, on entendit un grand tumulte par toute la ville, et en même temps un officier vint annoncer qu'une grande armée s'approchoit, et que personne ne savoit quelle armée c'étoit.

Dans l'alarme que cette fâcheuse nouvelle donna au roi, Amgiad prit la parole : « Sire, lui dit-il, quoique je vienne de remettre entre les mains de votre Majesté la dignité de son premier ministre dont elle m'avoit honoré, je suis prêt néanmoins de lui rendre encore service ; et je la supplie de vouloir bien que j'aille voir qui est cet ennemi qui vient vous attaquer dans votre capitale, sans vous avoir déclaré la guerre auparavant. « Le roi l'en pria, et il partit sur-le-champ avec peu de suite.

Le prince Amgiad ne fut pas long-temps à découvrir l'armée qui lui parut puissante, et qui avançoit toujours. Les avant-coureurs qui avoient leurs ordres, le reçurent favorablement, et le menèrent devant la princesse, qui s'arrêta avec toute son armée pour lui parler. Le prince Amgiad lui fit une profonde révérence, et lui demanda si elle venoit comme amie ou comme ennemie ; et si elle venoit comme ennemie, quel sujet de plainte elle avoit contre le roi son maître ?

« Je viens comme amie, répondit la princesse, et je n'ai aucun sujet de mécontentement contre le roi des Mages. Ses états et les miens sont situés d'une manière qu'il est difficile que nous puissions avoir aucun démêlé ensemble. Je viens seulement demander un esclave nommé Assad, qui m'a été enlevé par un capitaine de cette ville qui s'appelle Behram, le plus insolent de tous les hommes ; et j'espère que votre roi me fera justice quand il saura que je suis Margiane. »

« Puissante reine, reprit le prince Amgiad, je suis le frère de cet esclave que vous cherchez avec tant de peine. Je l'avois perdu, et je l'ai retrouvé. Venez, je vous le livrerai moi-même, et j'aurai l'honneur de vous entretenir de tout le reste. Le roi mon maître sera ravi de vous voir. »

Pendant que l'armée de la reine Margiane campa au même endroit par son ordre, le prince Amgiad l'accompagna jusque dans la ville et jusqu'au palais, où il la présenta au roi, et après que le roi l'eut reçue comme elle le méritoit, le prince Assad qui étoit présent, et qui l'avoit reconnue dès qu'elle avoit paru, lui fit son compliment. Elle lui témoignoit la joie qu'elle avoit de le revoir, lorsqu'on vint apprendre au roi qu'une armée plus formidable que la première paroissoit d'un autre côté de la ville.

Le roi des Mages épouvanté plus que la première fois de l'arrivée d'une seconde armée plus nombreuse que la première, comme il en jugeoit lui-même par les nuages de poussière qu'elle excitoit à son approche, et qui couvroient déjà le ciel : « Amgiad, s'écria-t-il, où en sommes-nous ? Voilà une nouvelle armée qui va nous accabler. »

Amgiad comprit l'intention du roi : il monta à cheval et courut à toute bride au-devant de cette nouvelle armée. Il demanda aux premiers qu'il rencontra, à parler à celui qui la commandoit, et on le conduisit devant un roi qu'il reconnut à la couronne qu'il portoit sur la tête. De si loin qu'il l'aperçut, il mit pied à terre, et lorsqu'il fut près de lui, après qu'il se fut jeté la face en terre, il lui demanda ce qu'il souhaitoit du roi son maître.

« Je m'appelle Gaïour, reprit le roi, et je suis roi de la Chine. Le désir d'apprendre des nouvelles d'une fille nommée Badoure, que j'ai mariée depuis plusieurs années au prince Camaralzaman, fils du roi Schahzaman, roi des isles des Enfans de Khaledan, m'a obligé de sortir de mes états. J'avois permis à ce prince d'aller voir le roi son père, à la charge de venir me revoir d'année en année avec ma fille. Depuis tant de temps cependant, je n'en ai pas entendu parler. Votre roi obligeroit un père affligé de lui apprendre ce qu'il en peut savoir. »

Le prince Amgiad qui reconnut le roi son grand-père à ce discours, lui baisa la main avec tendresse, et en lui répondant : « Sire, dit-il, votre Majesté me pardonnera cette liberté quand elle saura que je la prends pour lui rendre mes respects comme à mon grand-père. Je suis fils de

Camaralzaman, aujourd'hui roi de l'isle d'Ébène, et de la reine Badoure dont elle est en peine ; et je ne doute pas qu'ils ne soient en parfaite santé sans leur royaume. »

Le roi de la Chine, ravi de voir son petit-fils, l'embrassa aussitôt très-tendrement ; et cette rencontre si heureuse et si peu attendue, leur tira des larmes de part et d'autre. Sur la demande qu'il fit au prince Amgiad du sujet qui l'avoit amené dans ce pays étranger, le prince lui raconta toute son histoire et celle du prince Assad son frère. Quand il eut achevé : « Mon fils, reprit le roi de la Chine, il n'est pas juste que des princes innocens comme vous, soient maltraités plus long-temps. Consolez-vous, je vous ramènerai vous et votre frère, et je ferai votre paix. Retournez, et faites part de mon arrivée à votre frère. »

Pendant que le roi de la Chine campa à l'endroit où le prince Amgiad l'avoit trouvé, le prince Amgiad retourna rendre réponse au roi des Mages qui l'attendoit avec grande impatience. Le roi fut extrêmement surpris d'apprendre qu'un roi aussi puissant que celui de la Chine, eût entrepris un voyage si long et si pénible, excité par le désir de voir sa fille, et qu'il fût si près de sa capitale. Il donna aussitôt les ordres pour le bien régaler, et se mit en état d'aller le recevoir.

Dans cet intervalle, on vit paroître une grande poussière d'un autre côté de la ville, et l'on apprit bientôt que c'étoit une troisième armée qui arrivoit. Cela obligea le roi de demeurer, et de prier le prince Amgiad d'aller voir encore ce qu'elle demandoit.

Amgiad partit, et le prince Assad l'accompagna cette fois. Ils trouvèrent que c'étoit l'armée de Camaralzaman, leur père, qui venoit les chercher. Il avoit donné des marques d'une si grande douleur de les avoir perdus, que l'émir Giondar à la fin lui avoit déclaré de quelle manière il leur avoit conservé la vie ; ce qui l'avoit fait résoudre de les aller chercher en quelque pays qu'ils fussent.

Ce père affligé embrassa les deux princes avec des ruisseaux de larmes de joie, qui terminèrent agréablement les larmes d'affliction qu'il versoit depuis si long-temps. Les princes ne lui eurent pas plutôt appris que le roi de la Chine, son beau-père, venoit d'arriver aussi le même jour, qu'il se détacha avec eux et avec peu de suite, et alla le voir en son camp. Ils n'avoient pas fait beaucoup de chemin, qu'ils aperçurent une quatrième armée qui s'avançoit en bel ordre, et paroissoit venir du côté de Perse.

Camaralzaman dit aux princes ses fils d'aller voir quelle armée c'étoit, et qu'il les attendroit. Ils partirent aussitôt, et à leur arrivée, ils furent présentés au roi à qui l'armée appartenoit. Après l'avoir salué profondément, ils lui demandèrent à quel dessein il s'étoit approché si près de la capitale du roi des Mages.

Le grand visir qui étoit présent, prit la parole : « Le roi à qui vous venez de parler, leur dit-il, est Schazaman, roi des isles des Enfans de Khaledan, qui voyage depuis long-temps dans l'équipage que vous voyez, en cherchant le prince Camaralzaman, son fils, qui est sorti de ses états il y a de longues années ; si vous en savez quelques nouvelles, vous lui ferez le plus grand plaisir du monde de l'en informer. »

Les princes ne répondirent autre chose, sinon qu'ils apporteroient la réponse dans peu de temps, et ils revinrent à toute bride annoncer à Camaralzaman que la dernière armée qui venoit d'arriver, étoit celle du roi Schahzaman, et que le roi son père y étoit en personne.

L'étonnement, la surprise, la joie, la douleur d'avoir abandonné le roi son père sans prendre congé de lui, firent un si puissant effet sur l'esprit du roi Camaralzaman, qu'il tomba évanoui dès qu'il eut appris qu'il étoit si près de lui ; il revint à la fin par l'empressement des princes Amgiad et Assad à le soulager ; et lorsqu'il se sentit assez de forces, il alla se jeter aux pieds du roi Schahzaman.

De long-temps il ne s'étoit vu une entrevue si tendre entre un père et un fils. Schahzaman se plaignit obligeamment au roi Camaralzaman de l'insensibilité qu'il avoit eue en s'éloignant de lui d'une manière si cruelle ; et Camaralzaman lui témoigna un véritable regret de la faute que l'amour lui avoit fait commettre.

Les trois rois et la reine Margiane demeurèrent trois jours à la cour du roi des Mages qui les régala magnifiquement. Ces trois jours furent aussi très-remarquables par le mariage du prince Assad avec la reine Margiane, et du prince Amgiad avec Bostane, en considération du service qu'elle avoit rendu au prince Assad. Les trois rois enfin et la reine Margiane avec Assad son époux, se retirèrent chacun dans leur royaume. Pour ce qui est d'Amgiad, le roi des Mages qui l'avoit pris en affection, et qui étoit déjà fort âgé, lui mit la couronne sur la tête ; et Amgiad mit toute son application à détruire le culte du Feu et à établir la religion musulmane dans ses états.

HISTOIRE DE
NOUREDDIN ET DE LA BELLE PERSIENNE.

LA ville de Balsora fut long-temps la capitale d'un royaume tributaire des califes. Le roi qui le gouvernoit du temps du calife Haroun Alraschild, s'appeloit Zineby ; et l'un et l'autre étoient cousins, fils de deux frères. Zineby n'avoit pas jugé à propos de confier l'administration de ses états à un seul visir ; il en avoit choisi deux, Khacan et Saouy.

Khacan étoit doux, prévenant, libéral, et se faisoit un plaisir d'obliger ceux qui avoient affaire à lui, en tout ce qui dépendoit de son pouvoir, sans porter préjudice à la justice qu'il étoit obligé de rendre. Il n'y avoit aussi personne à la cour de Balsora, ni dans la ville, ni dans tout le royaume, qui ne le respectât, et ne publiât les louanges qu'il méritoit.

Saouy étoit tout d'un autre caractère : il étoit toujours chagrin, et il rebutoit également tout le monde, sans distinction de rang ou de qualité. Avec cela, bien loin de se faire un mérite des grandes richesses qu'il possédoit, il étoit d'une avarice achevée, jusqu'à se refuser à lui-même les choses nécessaires. Personne ne pouvoit le souffrir, et jamais on n'avoit entendu dire de lui que du mal. Ce qui le rendoit plus haïssable, c'étoit la grande aversion qu'il avoit pour Khacan, et qu'en interprétant en mal tout le bien que faisoit ce digne ministre, il ne cessoit de lui rendre de mauvais offices auprès du roi.

Un jour, après le conseil, le roi de Balsora se délassoit l'esprit, et s'entretenoit avec ses deux visirs et plusieurs autres membres du conseil. La conversation tomba sur les femmes esclaves que l'on achète, et que l'on tient parmi nous à peu près au même rang que les femmes que l'on a en mariage légitime. Quelques-uns prétendoient qu'il suffisoit qu'une esclave que l'on achetoit fut belle et bien faite, pour se consoler des femmes que l'on est obligé de prendre par alliance ou par intérêt de famille, qui n'ont pas toujours une grande beauté, ni les autres perfections du corps en partage.

Les autres soutenoient, et Khacan étoit de ce sentiment, que la beauté et toutes les belles qualités du corps n'étoient pas les seules choses que l'on devoit rechercher dans une esclave, mais qu'il falloit qu'elles fussent accompagnées de beaucoup d'esprit, de sagesse, de modestie, d'agrément, et s'il se pouvoit, de plusieurs belles connoissances. La raison qu'ils en apportoient, est, disoient-ils, que rien ne convient davantage à des personnes qui ont de grandes affaires à administrer, qu'après avoir passé toute la journée dans une occupation si pénible, de trouver, en se retirant en leur particulier, une compagne dont l'entretien étoit également utile, agréable et divertissant. Car enfin, ajoutoient-ils, c'est ne pas différer des bêtes que d'avoir une esclave pour la voir simplement, et contenter une passion que nous avons commune avec elles.

Le roi se rangea du parti des derniers, et il le fit connoître en ordonnant à Khacan de lui acheter une esclave qui fût parfaite en beauté, qui eût toutes les belles qualités que l'on venoit de dire, et sur toutes choses, qui fût très-savante.

Saouy jaloux de l'honneur que le roi faisoit à Khacan, et qui avoit été de l'avis contraire : « Sire, reprit-il, il sera bien difficile de trouver une esclave aussi accomplie que votre Majesté la demande. Si on la trouve, ce que j'ai de la peine à croire, elle l'aura à bon marché, si elle ne lui coûte que dix mille pièces d'or. » « Saouy, repartit le roi, vous trouvez apparemment que la somme est trop grosse : elle peut l'être pour vous, mais elle ne l'est pas pour moi. » En même temps le roi ordonna à son grand-trésorier, qui étoit présent, d'envoyer les dix mille pièces d'or chez Khacan.

Dès que Khacan fut de retour chez lui, il fit appeler tous les courtiers qui se mêloient de la vente des femmes et des filles esclaves, et les chargea, dès qu'ils auroient trouvé une esclave telle qu'il la leur dépeignit, de venir lui en donner avis. Les courtiers, autant pour obliger le visir Khacan, que pour leur intérêt particulier, lui promirent de mettre tous leurs soins à en découvrir une selon qu'il la souhaitoit. Il ne se passoit guère de jours qu'on ne lui en amenât quelqu'une, mais il y trouvoit toujours quelques défauts.

Un jour de grand matin, que Khacan alloit au palais du roi, un courtier se présenta à l'étrier de son cheval avec grand empressement, et lui annonça qu'un marchand de Perse, arrivé le jour de devant fort tard, avoit une esclave à vendre d'une beauté achevée, au-dessus de toutes celles qu'il pouvoit avoir vues. « À l'égard de son esprit et de ses connoissances, ajouta-t-il, le marchand la garantit pour tenir tête à tout ce qu'il y a de beaux esprits et de savans au monde. »

Khacan joyeux de cette nouvelle, qui lui faisoit espérer d'avoir lieu de bien faire sa cour, lui dit de lui amener l'esclave à son retour du palais, et continua son chemin.

Le courtier ne manqua pas de se trouver chez le visir à l'heure marquée ; et Khacan trouva l'esclave belle, si fort au-delà de son attente, qu'il lui donna dès-lors le nom de belle Persienne. Comme il avoit infiniment d'esprit, et qu'il étoit très-savant, il eut bientôt connu par l'entretien qu'il eut avec elle, qu'il chercheroit inutilement une autre esclave qui la surpassât en aucune des qualités que le roi demandoit. Il demanda au courtier à quel prix le marchand de Perse l'avoit mise.

« Seigneur, répondit le courtier, c'est un homme qui n'a qu'une parole : il proteste qu'il ne peut la donner, au dernier mot, à moins de dix mille pièces d'or. Il m'a même juré que sans compter ses soins, ses peines, et le temps qu'il y a qu'il l'élève, il a fait à peu près la même dépense pour elle, tant en maîtres pour les exercices du corps, et pour l'instruire et lui former l'esprit, qu'en habits et en nourriture. Comme il la jugea digne d'un roi, dès qu'il l'eut achetée dans sa première enfance, il n'a rien épargné de tout ce qui pouvoit contribuer à la faire arriver à ce haut rang. Elle joue de toutes sortes d'instrumens, elle chante, elle danse ; elle écrit mieux que les écrivains les plus habiles ;

elle fait des vers ; il n'y a pas de livres enfin qu'elle n'ait lus. On n'a pas entendu dire que jamais esclave ait su autant de choses qu'elle en sait. »

Le visir Khacan, qui connoissoit le mérite de la belle Persienne beaucoup mieux que le courtier, qui n'en parloit que sur ce que le marchand lui en avoit appris, n'en voulut pas remettre le marché à un autre temps. Il envoya chercher le marchand par un de ses gens, où le courtier enseigna qu'on le trouveroit.

Quand le marchand de Perse fut arrivé : « Ce n'est pas pour moi que je veux acheter votre esclave, lui dit le visir Khacan, c'est pour le roi ; mais il faut que vous la lui vendiez à un meilleur prix que celui que vous y avez mis. »

« Seigneur, répondit le marchand, je me ferois un grand honneur d'en faire présent à sa Majesté, s'il appartenoit à un marchand comme moi d'en faire de cette conséquence. Je ne demande proprement que l'argent que j'ai déboursé pour la former et la rendre comme elle est. Ce que je puis dire, c'est que sa Majesté aura fait une acquisition dont elle sera très-contente. »

Le visir Khacan ne voulut pas marchander ; il fit compter la somme au marchand ; et le marchand avant de se retirer : « Seigneur, dit-il au visir, puisque l'esclave est destinée pour le roi, vous voudrez bien que j'aie l'honneur de vous dire qu'elle est extrêmement fatiguée du long voyage que je lui ai fait faire pour l'amener ici. Quoique ce soit une beauté qui n'a point de pareilles, ce sera néanmoins tout autre chose, si vous la gardez chez vous seulement une quinzaine de jours, et que vous donniez un peu de vos soins pour la faire bien traiter. Ce temps-là passé, lorsque vous la présenterez au roi, elle vous fera un honneur et un mérite, dont j'espère que vous me saurez quelque gré. Vous voyez même que le soleil lui a un peu gâté le teint ; mais dès qu'elle aura été au bain deux ou trois fois, et que vous l'aurez fait habiller de la manière que vous le jugerez à propos, elle sera si fort changée, que vous la trouverez infiniment plus belle. »

Khacan prit le conseil du marchand en bonne part, et résolut de le suivre. Il donna à la belle Persienne un appartement en particulier près celui de sa femme, qu'il pria de la faire manger avec elle, et de la regarder comme une dame qui appartenoit au roi. Il la pria aussi de lui faire faire plusieurs habits les plus magnifiques qu'il seroit possible, et qui lui conviendroient le mieux. Avant de quitter la belle Persienne : « Votre bonheur, lui dit-il, ne peut être plus grand que celui que je viens de vous procurer. Jugez-en vous-même : c'est pour le roi que je vous ai achetée, et j'espère qu'il sera beaucoup plus satisfait de vous posséder, que je ne le suis de m'être acquitté de la commission dont il m'a voit chargé. Ainsi je suis bien aise de vous avertir que j'ai un fils qui ne manque pas d'esprit, mais jeune, folâtre et entreprenant, et de vous bien garder de lui, lorsqu'il s'approchera de vous. » La belle Persienne le remercia de cet avis ; et après qu'elle l'eut bien assuré qu'elle en profiteroit, il se retira.

Noureddin, c'est ainsi que se nommoit le fils du visir Khacan, entroit librement dans l'appartement de sa mère, avec qui il avoit coutume de prendre ses repas. Il étoit très-bien fait de sa personne, jeune, agréable et hardi ; et comme il avoit infiniment d'esprit, et qu'il s'exprimoit avec facilité, il avoit un don particulier de persuader tout ce qu'il vouloit. Il vit la belle Persienne ; et dès leur première entrevue, quoiqu'il eut appris que son père l'avoit achetée pour le roi, et que son père le lui eut déclaré lui-même, il ne se fît pas néanmoins violence pour s'empêcher de l'aimer. Il se laissa entraîner par les charmes dont il fut frappé d'abord ; et l'entretien qu'il eut avec elle, lui fit prendre la résolution d'employer toute sorte de moyens pour l'enlever au roi.

De son côté, la belle Persienne trouva Noureddin très-aimable. « Le visir me fait un grand honneur, dit-elle en elle-même, de m'avoir achetée pour me donner au roi de Balsora. Je m'estimerois très-heureuse, quand il se contenteroit de ne me donner qu'à son fils. »

Noureddin fut très-assidu à profiter de l'avantage qu'il avoit de voir une beauté dont il étoit si amoureux, de s'entretenir, de rire et de badiner avec elle. Jamais il ne la quittoit que sa mère ne l'y eût contraint. « Mon fils, lui disoit-elle, il n'est pas bienséant à un jeune homme comme vous, de demeurer toujours dans l'appartement des femmes. Allez, retirez-vous, et travaillez à vous rendre digne de succéder un jour à la dignité de votre père. »

Comme il y avoit long-temps que la belle Persienne n'étoit allée au bain à cause du long voyage qu'elle venoit de faire, cinq ou six jours après qu'elle eut été achetée, la femme du visir Khacan eut soin de faire chauffer exprès pour elle celui que le visir avoit chez lui. Elle l'y envoya avec plusieurs de ses femmes esclaves à qui elle recommanda de lui rendre les mêmes services qu'à elle-même ; et au sortir du bain, de lui faire prendre un habit très-magnifique qu'elle lui avoit fait déjà faire. Elle y avoit pris d'autant plus de soin, qu'elle vouloit s'en faire un mérite auprès du visir son mari, et lui faire connoître combien elle s'intéressoit en tout ce qui pouvoit lui plaire. À la sortie du bain, la belle Persienne, mille fois plus belle qu'elle ne l'avoit paru à Khacan lorsqu'il l'avoit achetée, vint se faire voir à la femme de ce visir, qui eut de la peine à la reconnoître.

La belle Persienne lui baisa la main avec grâce, et lui dit : « Madame, je ne sais pas comment vous me trouvez avec l'habit que vous avez pris la peine de me faire faire. Vos femmes qui m'assurent qu'il me fait si bien, qu'elles ne me connoissent plus, sont apparemment des flatteuses : c'est à vous que je m'en rapporte. Si néanmoins elles disoient la vérité, ce seroit vous, Madame, à qui j'aurois toute l'obligation de l'avantage qu'il me donne. »

« Ma fille, reprit la femme du visir avec bien de la joie, vous ne devez pas prendre pour une flatterie ce que mes femmes vous ont dit : je m'y connois mieux qu'elles ; et sans parler de votre habit qui vous sied à merveille, vous apportez du bain une beauté si fort au-dessus de ce que vous étiez auparavant, que je ne vous reconnois plus moi-même ; si je croyois que le bain fût encore assez bon, j'irois en prendre ma part : je suis aussi bien dans un âge qui demande désormais que j'en fasse souvent provision. » « Madame, reprit la belle Persienne, je n'ai rien à répondre aux honnêtetés que vous avez pour moi, sans les avoir méritées. Pour ce qui est du bain, il est admirable ; et si vous avez dessein d'y aller, vous n'avez pas de temps à perdre. Vos femmes peuvent vous dire la même chose que moi. «

La femme du visir considéra qu'il y avoit plusieurs jours qu'elle n'étoit allée au bain, et voulut profiter de l'occasion. Elle le témoigna à ses femmes ; et ses femmes se furent bientôt munies de tout l'appareil qui lui étoit nécessaire. La belle Persienne se retira à son appartement ; et la femme du visir, avant de passer au bain, chargea deux petites esclaves de demeurer près d'elle, avec ordre de ne pas laisser entrer Noureddin, s'il venoit.

Pendant que la femme du visir Khacan étoit au bain, et que la belle Persienne étoit seule, Noureddin arriva ; et comme il ne trouva pas sa mère dans son appartement, il alla à celui de la belle Persienne, où il trouva les deux petites esclaves dans l'antichambre. Il leur demanda où étoit sa mère ; à quoi elles répondirent qu'elle étoit au bain. « Et la belle Persienne, reprit Noureddin, y est-elle aussi ? » « Elle en est revenue, repartirent les esclaves, et elle est dans sa chambre ; mais nous avons ordre de madame votre mère, de ne vous pas laisser entrer. »

La chambre de la belle Persienne n'étoit fermée que par une portière. Noureddin s'avança pour entrer, et les deux esclaves se mirent au-devant pour l'en empêcher. Il les prit par le bras l'une et l'autre, les mit hors de l'antichambre et ferma la porte sur elles. Elles coururent au bain en faisant de grands cris, et annoncèrent à leur dame en pleurant, que Noureddin étoit entré dans la chambre de la belle Persienne malgré elles, et qu'il les avoit chassées.

La nouvelle d'une si grande hardiesse causa à la bonne dame une mortification des plus sensibles. Elle interrompit son bain, et s'habilla avec une diligence extrême. Mais avant qu'elle eût achevé, et qu'elle arrivât à la chambre de la belle Persienne, Noureddin en étoit sorti, et il avoit pris la fuite.

La belle Persienne fut extrêmement étonnée de voir entrer la femme du visir tout en pleurs, et comme une femme qui ne se possédoit plus. « Madame, lui dit-elle, oserois-je vous demander d'où vient que vous êtes si affligée ? Quelle disgrâce vous est arrivée au bain, pour vous avoir obligée d'en sortir sitôt ? »

« Quoi, s'écria la femme du visir, vous me faites cette demande d'un esprit tranquille, après que mon fils Noureddin est entré dans votre chambre, et qu'il est demeuré seul avec vous ! Pouvoit-il nous arriver un plus grand malheur à lui et à moi ? »

« De grâce, madame, repartit la belle Persienne, quel malheur peut-il y avoir pour vous et pour Noureddin, dans ce que Noureddin a fait ? » « Comment, répliqua la femme du visir, mon mari ne vous a-t-il pas dit qu'il vous a achetée pour le roi ? Et ne vous avoit-il pas avertie de prendre garde que Noureddin n'approchât de vous ? »

« Je ne l'ai pas oublié, madame, reprit encore la belle Persienne ; mais Noureddin m'est venu dire que le visir son père avoit changé de sentiment, et qu'au lieu de me réserver pour le roi, comme il en avoit eu l'intention, il lui avoit fait présent de ma personne. Je l'ai cru, madame ; et esclave comme je suis, accoutumée aux lois de l'esclavage dès ma plus tendre jeunesse, vous jugez bien que je n'ai pu et que je n'ai pas dû m'opposer à sa volonté. J'ajouterai même que je l'ai fait avec d'autant moins de répugnance, que j'avois conçu une forte inclination pour lui, par la liberté que nous avons eue de nous voir. Je perds sans regret l'espérance d'appartenir au roi, et je m'estimerai très-heureuse de passer toute ma vie avec Noureddin. »

À ce discours de la belle Persienne : « Plût à Dieu, dit la femme du visir, que ce que vous me dites fût vrai, j'en aurois bien de la joie ! Mais croyez-moi : Noureddin est un imposteur ; il vous a trompée, et il n'est pas possible que son père lui ait fait le présent qu'il vous a dit. Qu'il est malheureux, et que je suis malheureuse ! Et que son père l'est davantage par les suites fâcheuses qu'il doit craindre, et que nous devons craindre avec lui ! Mes pleurs ni mes prières ne sont pas capables de le fléchir, ni d'obtenir son pardon. Son père va le sacrifier à son juste ressentiment, dès qu'il sera informé de la violence qu'il vous a faite. » En achevant ces paroles, elle pleura amèrement ; et ses esclaves qui ne craignoient pas moins qu'elle pour la vie de Noureddin, suivirent son exemple.

Le visir Khacan arriva quelques momens après, et fut dans un grand étonnement de voir sa femme et les esclaves en pleurs, et la belle Persienne fort triste. Il en demanda la cause ; et sa femme et les esclaves augmentèrent leurs cris et leurs larmes, au lieu de lui répondre. Leur silence l'étonna davantage ; et en s'adressant à sa femme : « Je veux absolument, lui dit-il, que vous me déclariez ce que vous avez à pleurer, et que vous me disiez la vérité. »

La dame désolée ne put se dispenser de satisfaire son mari : « Promettez-moi donc, Seigneur, reprit-elle, que vous ne me voudrez point de mal de ce que je vous dirai : je vous assure d'abord qu'il n'y a pas de ma faute. » Sans attendre sa réponse : « Pendant que j'étois au bain avec mes femmes, poursuivit-elle, votre fils est venu, et a pris ce malheureux temps pour faire accroire à la belle Persienne que vous ne vouliez plus la donner au roi, et que vous lui en aviez fait un présent. Je ne vous dis pas ce qu'il a fait après une fausseté si insigne, je vous le laisse à juger vous-même. Voilà le sujet de mon affliction pour l'amour de vous et pour l'amour de lui, pour qui je n'ai pas la confiance d'implorer votre clémence. »

Il n'est pas possible d'exprimer quelle fut la mortification du visir Khacan quand il eut entendu le récit de l'insolence de son fils Noureddin. « Ah, s'écria-t-il en se frappant cruellement, en se mordant les mains et en s'arrachant la barbe, c'est donc ainsi, malheureux fils, fils indigne de voir le jour, que tu jettes ton père dans le précipice, du plus haut degré de son bonheur ; que tu le perds, et que tu te perds toi-même avec lui ! Le roi ne se contentera pas de ton sang, ni du mien pour se venger de cette offense, qui attaque sa personne même. »

Sa femme voulut tâcher de le consoler. « Ne vous affligez pas, lui dit-elle, je ferai aisément dix mille pièces d'or d'une partie de mes pierreries : vous en achèterez une autre esclave qui sera plus belle et plus digne du roi. »

« Eh, croyez-vous, reprit le visir, que je sois capable de me tant affliger pour la perte de dix mille pièces d'or ? Il ne s'agit pas ici de cette perte, ni même de la perte de tous mes biens, dont je serois aussi peu touché. Il s'agit de celle de mon honneur, qui m'est plus précieux que tous les biens du monde. » « Il me semble néanmoins, Seigneur, repartit la dame, que ce qui se peut réparer par de l'argent, n'est pas d'une si grande conséquence. »

« Hé quoi, répliqua le visir, ne savez-vous pas que Saouy est mon ennemi capital ? Croyez-vous que dès qu'il aura appris cette affaire, il n'aille pas triompher de moi près du roi ? » « Votre Majesté, lui dira-t-il, ne parle que de l'affection et du zèle de Khacan pour son service ; il vient de faire voir cependant combien il est peu digne d'une si grande considération. Il a reçu dix mille pièces d'or pour lui acheter une esclave. Il s'est véritablement acquitté d'une commission si honorable ; et jamais personne n'a vu une si belle esclave ; mais au lieu de l'amener à votre Majesté, il a jugé plus à propos d'en faire un présent à son fils : Mon fils, lui a-t-il dit, prenez cette esclave, c'est pour vous : vous la méritez mieux que le roi. Son fils, continuera-t-il avec sa malice ordinaire, l'a prise, et il se divertit tous les jours avec elle. La chose est comme j'ai l'honneur de l'assurer à votre Majesté ; et votre Majesté peut s'en éclaircir par elle-même. » « Ne voyez-vous pas, ajouta le visir, que sur un tel discours les gens du roi peuvent venir forcer ma maison à tout moment et enlever l'esclave ? J'y ajoute tous les autres malheurs inévitables qui suivront. »

« Seigneur, répondit la dame à ce discours du visir son mari, j'avoue que la méchanceté de Saouy est des plus grandes, et qu'il est capable de donner à la chose le tour malin que vous venez de dire, s'il en avoit la moindre connoissance. Mais peut-il savoir, ni lui, ni personne, ce qui se passe dans l'intérieur de votre maison ? Quand on le soupçonneroit, et que le roi vous en parleroit, ne pouvez-vous pas dire qu'après avoir bien examiné l'esclave, vous ne l'avez pas trouvée aussi digne de sa Majesté qu'elle vous l'avoit paru d'abord ; que le marchand vous a trompé ; qu'elle est à la vérité d'une beauté incomparable, mais qu'il s'en faut beaucoup qu'elle ait autant d'esprit, et qu'elle soit aussi habile qu'on vous l'avoit vantée. Le roi vous en croira sur votre parole ; et Saouy aura la confusion d'avoir aussi peu réussi dans son pernicieux dessein, que tant d'autres fois qu'il a entrepris inutilement de vous détruire. Rassurez-vous donc ; et si vous voulez me croire, envoyez chercher les courtiers, marquez-leur que vous n'êtes pas content de la belle Persienne, et chargez-les de vous chercher une autre esclave. »

Comme ce conseil parut très-raisonnable au visir Khacan, il calma un peu ses esprits, et il prit le parti de le suivre ; mais il ne diminua rien de sa colère contre son fils Noureddin.

Noureddin ne parut point de toute la journée ; il n'osa même chercher un asile chez aucun des jeunes gens de son âge qu'il fréquentoit ordinairement, de crainte que son père ne l'y fît chercher. Il alla hors de la ville, et il se réfugia dans un jardin où il n'étoit jamais allé, et où il n'étoit pas connu. Il ne revint que fort tard, lorsqu'il savoit bien que son père étoit retiré, et se fit ouvrir par les femmes de sa mère, qui l'introduisirent sans bruit. Il sortit le lendemain avant que son père fût levé ; et il fut contraint de prendre les mêmes précautions un mois entier, avec une mortification très-sensible. En effet les femmes ne le flattoient pas : elles lui déclaroient franchement que le visir son père persistoit dans la même colère, et protestoit qu'il le tueroit s'il se présentoit devant lui.

La femme de ce ministre savoit par ses femmes que Noureddin revenoit chaque jour ; mais elle n'osoit prendre la hardiesse de prier son mari de lui pardonner. Elle la prit enfin : « Seigneur, lui dit-elle un jour, je n'ai osé jusqu'à présent prendre la liberté de vous parler de votre fils. Je vous supplie de me permettre de vous demander ce que vous prétendez faire de lui. Un fils ne peut être plus criminel envers un père, que Noureddin l'est envers vous. Il vous a privé d'un grand honneur et de la satisfaction de présenter au roi une esclave aussi accomplie que la belle Persienne, je l'avoue ; mais après tout quelle est votre intention ? Voulez-vous le perdre absolument ? Au lieu du mal auquel il ne faut plus que vous songiez, vous vous en attireriez un autre beaucoup plus grand à quoi vous ne pensez peut-être pas. Ne craignez-vous pas que le monde qui est malin, en cherchant pourquoi votre fils est éloigné de vous, n'en devine la véritable cause que vous voulez tenir si cachée ? Si cela arrivoit, vous seriez tombé justement dans le malheur que vous avez un si grand intérêt d'éviter. »

« Madame, reprit le visir, ce que vous dites là est de bon sens ; mais je ne puis me résoudre à pardonner à Noureddin, que je ne l'aie mortifié comme il le mérite. » « Il sera suffisamment mortifié, repartit la dame, quand vous aurez fait ce qui me vient en pensée. Votre fils entre ici chaque nuit, lorsque vous êtes retiré ; il y couche, et il en sort avant que vous soyez levé. Attendez-le ce soir jusqu'à son arrivée, et faites semblant de le vouloir tuer : je viendrai à son secours ; et en lui marquant que vous lui donnez la vie à ma prière, vous l'obligerez de prendre la belle Persienne à telle condition qu'il vous plaira. Il l'aime, et je sais que la belle Persienne ne le hait pas. »

Khacan voulut bien suivre ce conseil : ainsi avant qu'on ouvrît à Noureddin, lorsqu'il arriva à son heure ordinaire, il se mit derrière la porte ; et dès qu'on lui eut ouvert, il se jeta sur lui et le mit sous ses pieds. Noureddin tourna la tête, et reconnut son père le poignard à la main, prêt à lui ôter la vie.

La mère de Noureddin survint en ce moment, et en retenant le visir par le bras : « Qu'allez-vous faire, Seigneur, s'écria-t-elle ? » « Laissez-moi, reprit le visir, que je le tue ce fils indigne. » « Ah, Seigneur, reprit la mère, tuez-moi plutôt moi-même : je ne permettrai jamais que vous ensanglantiez vos mains dans votre propre sang ! » Noureddin profita de ce moment : « Mon père, s'écria-t-il les larmes aux yeux, j'implore votre clémence et votre miséricorde ; accordez-moi le pardon que je vous demande au nom de celui de qui vous l'attendez au jour que nous paroîtrons tous devant lui. »

Khacan se laissa arracher le poignard de la main ; et dès qu'il l'eut lâché, Noureddin se jeta à ses pieds, et les lui baisa pour marquer combien il se repentoit de l'avoir offensé. « Noureddin, lui dit-il, remerciez votre mère ; je vous pardonne à sa considération. Je veux bien même vous donner la belle Persienne ; mais à condition que vous me promettrez par serment de ne la pas regarder comme esclave, mais comme votre femme, c'est-à-dire, que vous ne la vendrez, et même que vous ne la répudierez jamais. Comme elle est sage et qu'elle a de l'esprit et de la conduite infiniment plus que vous, je suis persuadé qu'elle modérera ces emportemens de jeunesse qui sont capables de vous perdre. »

Noureddin n'eût osé espérer d'être traité avec une si grande indulgence. Il remercia son père avec toute la reconnoissance imaginable, et lui fit de très-bon cœur le serment qu'il souhaitoit. Ils furent très-contens l'un et l'autre, la belle Persienne et lui, et le visir fut très-satisfait de leur bonne union.

Le visir Khacan n'attendit pas que le roi lui parlât de la commission qu'il lui avoit donnée ; il avoit grand soin de l'en entretenir souvent, et de lui marquer les difficultés qu'il trouvoit à s'en acquitter à la satisfaction de sa Majesté ; il sut enfin le ménager avec tant d'adresse, qu'insensiblement il n'y songea plus. Saouy néanmoins avoit su quelque chose de ce qui s'étoit passé ; mais Khacan étoit si avant dans la faveur du roi, qu'il n'osa hasarder d'en parler.

Il y avoit plus d'un an que cette affaire si délicate s'étoit passée plus heureusement que ce ministre ne l'avoit cru d'abord, lorsqu'il alla au bain, et qu'une affaire pressante l'obligea d'en sortir encore tout échauffé ; l'air qui étoit un peu froid, le frappa, et lui causa une fluxion sur la poitrine, qui le contraignit de se mettre au lit avec une grosse fièvre. La maladie augmenta ; et comme il s'aperçut qu'il n'étoit pas loin du dernier moment de sa vie, il tint ce discours à Noureddin qui ne l'abandonnoit pas : « Mon fils, lui dit-il, je ne sais si j'ai fait le bon usage que je devois des grandes richesses que Dieu m'a données ; vous voyez qu'elles ne me servent de rien pour me délivrer de la mort. La seule chose que je vous demande en mourant, c'est que vous vous souveniez de la promesse que vous m'avez faite touchant la belle Persienne. Je meurs content avec la confiance que vous ne l'oublierez pas. »

Ces paroles furent les dernières que le visir Khacan prononça. Il expira peu de momens après, et il laissa un deuil inexprimable dans la maison, à la cour et dans la ville. Le roi le regretta comme un ministre sage, zélé et fidèle ; et toute la ville le pleura comme son protecteur et son bienfaiteur. Jamais on n'avoit vu de funérailles plus honorables à Balsora. Les visirs, les émirs, et généralement tous les grands de la cour s'empressèrent de porter son cercueil sur les épaules, les uns après les autres, jusqu'au lieu de sa sépulture ; et les plus riches jusqu'aux plus pauvres de la ville, l'y accompagnèrent en pleurs.

Noureddin donna toutes les marques de la grande affliction que la perte qu'il venoit de faire, devoit lui causer ; il demeura long-temps sans voir personne. Un jour enfin il permit qu'on laissât entrer un de ses amis intimes. Cet ami tâcha de le consoler ; et comme il le vit disposé à l'écouter, il lui dit qu'après avoir rendu à la mémoire de son père tout ce qu'il lui devoit, et satisfait pleinement à tout ce que demandoit la bienséance, il étoit temps qu'il parut dans le monde, qu'il vît ses amis, et qu'il soutînt le rang que sa naissance et son mérite lui avoient acquis. « Nous pécherions, ajouta-t-il, contre les lois de la nature, et même contre les lois civiles, si lorsque nos pères sont morts, nous ne leur rendions pas les devoirs que la tendresse exige de nous, et l'on nous regarderoit comme des insensibles. Mais dès que nous nous en sommes acquittés, et qu'on ne peut nous en faire aucun reproche, nous sommes obligés de reprendre le même train qu'auparavant, et de vivre dans le monde de la manière qu'on y vit. Essuyez donc vos larmes, et reprenez cet air de gaieté qui a toujours inspiré la joie partout où vous vous êtes trouvé. »

Le conseil de cet ami étoit très-raisonnable ; et Nourredin eût évité tous les malheurs qui lui arrivèrent, s'il l'eût suivi dans toute la régularité qu'il demandoit. Il se laissa persuader sans peine ; il régala même son ami ; et lorsqu'il voulut se retirer, il le pria de revenir le lendemain, et d'amener trois ou quatre de leurs amis communs. Insensiblement il forma une société de dix personnes à-peu-près de son âge, et il passoit le temps avec eux en des festins et des réjouissances continuelles. Il n'y avoit pas même de jour qu'il ne les renvoyât chacun avec un présent.

Quelquefois pour faire plus de plaisir à ses amis, Noureddin faisoit venir la belle Persienne : elle avoit la complaisance de lui obéir ; mais elle n'approuvoit pas cette profusion excessive. Elle lui en disoit son sentiment en liberté. « Je ne doute pas, lui disoit-elle, que le visir votre père ne vous ait laissé de grandes richesses ; mais si grandes qu'elles puissent être, ne trouvez pas mauvais qu'une esclave vous représente que vous en verrez bientôt la fin, si vous continuez de mener cette vie. On peut quelquefois régaler ses amis et se divertir avec eux ; mais qu'on en fasse une coutume journalière, c'est courir le grand chemin de la dernière misère. Pour votre honneur et pour votre réputation, vous feriez beaucoup mieux de suivre les traces de feu votre père, et de vous mettre en état de parvenir aux charges qui lui ont acquis tant de gloire. »

Noureddin écoutoit la belle Persienne en riant ; et quand elle avoit achevé : « Ma belle, reprenoit-il en continuant de rire, laissons là ce discours, ne parlons que de nous réjouir. Feu mon père m'a toujours tenu dans une grande contrainte : je suis bien aise de jouir de la liberté après laquelle j'ai tant soupiré avant sa mort. J'aurai toujours le temps de me réduire à la vie réglée dont vous me parlez ; un homme de mon âge doit se donner le loisir de goûter les plaisirs de la jeunesse. »

Ce qui contribua encore beaucoup à mettre les affaires de Noureddin en désordre, fut qu'il ne vouloit pas entendre parler de compter avec son maitre-d'hôtel. Il le renvoyoit chaque fois qu'il se présentoit avec son livre : « Va, va, lui disoit-il, je me fie bien à toi ; aie soin seulement que je fasse toujours bonne chère. »

« Vous êtes le maître, Seigneur, reprenoit le maitre-d'hôtel. Vous voudrez bien néanmoins que je vous fasse souvenir du proverbe qui dit, que qui fait grande dépense et ne compte pas, se trouve à la fin réduit à la mendicité sans s'en être aperçu. Vous ne vous contentez pas de la dépense si prodigieuse de votre table, vous donnez encore à toute main. Vos trésors ne peuvent y suffire, quand ils seroient aussi gros que des montagnes. » « Va, te dis-je, lui répétoit Noureddin, je n'ai pas besoin de tes leçons : continue de me faire manger, et ne te mets pas en peine du reste. »

Les amis de Noureddin cependant étoient fort assidus à sa table, et ne manquoient pas l'occasion de profiter de sa facilité. Ils le flattoient, ils le louoient, et faisoient valoir jusqu'à la moindre de ses actions les plus indifférentes. Sur-tout ils n'oublioient pas d'exalter tout ce qui lui appartenoit, et ils y trouvoient leur compte. « Seigneur, lui disoit l'un, je passois l'autre jour par la terre que vous avez en tel endroit ; rien n'est plus magnifique ni mieux meublé que la maison ; c'est un paradis de délices que le jardin qui l'accompagne. » « Je suis ravi qu'elle vous plaise, reprenoit Noureddin : qu'on m'apporte une plume, de l'encre et du papier, et que je n'en entende plus parler ; c'est pour vous, je vous la donne. » D'autres ne lui avoient pas plutôt vanté quelqu'une des maisons, des bains et des lieux publics à loger des étrangers, qui lui appartenoient, et lui rapportoient un gros revenu, qu'il leur en faisoit une donation. La belle Persienne lui représentoit le tort qu'il se faisoit ; au lieu de l'écouter, il continuoit de prodiguer ce qui lui restoit à la première occasion.

Noureddin enfin ne fit autre chose toute une année que de faire bonne chère, se donner du bon temps, et se divertir en prodiguant et dissipant les grands biens que ses prédécesseurs et le bon visir son père avoient acquis ou conservés avec beaucoup de soins et de peines. L'année ne faisoit que de s'écouler, que l'on frappa un jour à la porte de la salle où il étoit à table. Il avoit renvoyé ses esclaves, et il s'y étoit renfermé avec ses amis pour être en grande liberté.

Un des amis de Noureddin voulut se lever ; mais Noureddin le devança, et alla ouvrir lui-même (c'étoit son maître-d'hôtel) ; et

Noureddin, pour écouter ce qu'il vouloit, s'avança un peu hors de la salle et ferma la porte à demi.

L'ami qui avoit voulu se lever, et qui avoit aperçu le maitre-d'hôtel, curieux de savoir ce qu'il avoit à dire à Noureddin, fut se poster entre la portière et la porte, et entendit que le maître-d'hôtel tint ce discours : « Seigneur, dit-il à son maître, je vous demande mille pardons si je viens vous interrompre au milieu de vos plaisirs. Ce que j'ai à vous communiquer, vous est, ce me semble, de si grande importance, que je n'ai pas cru devoir me dispenser de prendre cette liberté. Je viens d'achever mes derniers comptes ; et je trouve que ce que j'avois prévu il y a long-temps, et dont je vous avois averti plusieurs fois, est arrivé, c'est-à-dire, Seigneur, que je n'ai plus une maille de toutes les sommes que vous m'avez données pour faire votre dépense. Les autres fonds que vous m'aviez assignés sont aussi épuisés ; et vos fermiers et ceux qui vous devoient des rentes, m'ont fait voir si clairement que vous avez transporté à d'autres ce qu'ils tenoient de vous, que je ne puis plus rien exiger d'eux sous votre nom. Voici mes comptes, examinez-les ; et si vous souhaitez que je continue de vous rendre mes services, assignez-moi d'autres fonds, sinon permettez-moi de me retirer. » Noureddin fut tellement surpris de ce discours, qu'il n'eut pas un mot à y répondre.

L'ami qui étoit aux écoutes et qui avoit tout entendu, rentra aussitôt, et fit part aux autres amis de ce qu'il venoit d'entendre. « C'est à vous, leur dit-il en achevant, de profiter de cet avis ; pour moi je vous déclare que c'est aujourd'hui le dernier jour que vous me verrez chez Noureddin. » « Si cela est, reprirent-ils, nous n'avons plus affaire chez lui, non plus que vous ; il ne nous y reverra pas davantage. »

Noureddin revint en ce moment ; et quelque bonne mine qu'il fit pour tâcher de remettre ses conviés en train, il ne put néanmoins si bien dissimuler, qu'ils ne s'aperçussent fort bien de la vérité de ce qu'ils venoient d'apprendre. Il s'étoit à peine remis à sa place, qu'un des amis se leva de la sienne : « Seigneur, lui dit-il, je suis bien fâché de ne pouvoir vous tenir compagnie plus long-temps : je vous supplie de trouver bon que je m'en aille. » « Quelle affaire vous oblige de nous quitter sitôt, reprit Noureddin ? » « Seigneur, reprit-il, ma femme est accouchée aujourd'hui ; vous n'ignorez pas que la présence d'un mari est toujours nécessaire dans une pareille rencontre. » Il fit une grande révérence, et partit. Un moment après un autre se retira, sur un autre prétexte. Les autres firent la même chose l'un après l'autre, jusqu'à ce qu'il ne resta pas un seul des dix amis, qui jusqu'alors avoient tenu si bonne compagnie à Noureddin.

Noureddin ne soupçonna rien de la résolution que ses amis avoient prise de ne plus le voir. Il alla à l'appartement de la belle Persienne, et il s'entretint seulement avec elle de la déclaration que son maître-d'hôtel lui avoit faite, avec de grands témoignages d'un véritable repentir du désordre où étoient ses affaires.

« Seigneur, lui dit la belle Persienne, permettez-moi de vous dire que vous n'avez voulu vous en rapporter qu'à votre propre sens ; vous voyez présentement ce qui vous est arrivé. Je ne me trompois pas lorsque je vous prédisois la triste fin à laquelle vous deviez vous attendre. Ce qui me fait de la peine, c'est que vous ne voyez pas tout ce qu'elle a de fâcheux. Quand je voulois vous en dire ma pensée, réjouissons-nous, me disiez-vous, et profitons du bon temps que la fortune nous offre pendant qu'elle nous est favorable, peut-être ne sera-t-elle pas toujours de si bonne humeur. Mais je n'avois pas tort de vous répondre que nous étions nous-mêmes les artisans de notre bonne fortune par une sage conduite. Vous n'avez pas voulu m'écouter, et j'ai été contrainte de vous laisser faire malgré moi. »

« J'avoue, repartit Noureddin, que j'ai tort de n'avoir pas suivi les avis si salutaires que vous me donniez avec votre sagesse admirable ; mais si j'ai mangé tout mon bien, vous ne considérez pas que ç'a été avec une élite d'amis que je connois depuis long-temps. Ils sont honnêtes et pleins de reconnoissance ; je suis sûr qu'ils ne m'abandonneront pas. » « Seigneur, répliqua la belle Persienne, si vous n'avez pas d'autre ressource qu'en la reconnoissance de vos amis, croyez-moi, votre espérance est mal fondée, et vous m'en direz des nouvelles avec le temps. »

« Charmante Persienne, dit à cela Noureddin, j'ai meilleure opinion que vous du secours qu'ils me donneront. Je veux les aller voir tous dès demain, avant qu'ils prennent la peine de venir à leur ordinaire, et vous me verrez revenir avec une bonne somme d'argent, dont ils m'auront secouru tous ensemble. Je changerai de vie comme j'y suis résolu, et je ferai profiter cet argent par quelque négoce. »

Noureddin ne manqua pas d'aller le lendemain chez ses dix amis, qui demeuroient dans une même rue ; il frappa à la première porte qui se présenta, où demeuroit un des plus riches. Une esclave vint, et avant d'ouvrir, elle demanda qui frappoit. « Dites à votre maître, répondit Noureddin, que c'est Noureddin, fils du feu visir Khacan. » L'esclave ouvrit, l'introduisit dans une salle, et entra dans la chambre où étoit son maître, à qui elle annonça que Noureddin venoit le voir. « Noureddin, reprit le maître avec un ton de mépris, et si haut que Noureddin l'entendit avec un grand étonnement ! Va, dis-lui que je n'y suis pas ; et toutes les fois qu'il viendra, dis lui-la même chose. » L'esclave revint, et donna pour réponse à Noureddin, qu'elle avoit cru que son maître y étoit, mais qu'elle s'étoit trompée.

Noureddin sortit avec confusion : « Ah le perfide, le méchant homme, s'écria-t-il ! Il me protestoit hier que je n'avois pas un meilleur ami que lui, et aujourd'hui il me traite si indignement ! » Il alla frapper à la porte d'un autre ami, et cet ami lui fit dire la même chose que le premier. Il eut la même réponse chez le troisième, et ainsi des autres jusqu'au dixième, quoiqu'ils fussent tous chez eux.

Ce fut alors que Noureddin rentra tout de bon en lui-même, et qu'il reconnut sa faute irréparable de s'être fondé si facilement sur l'assiduité de ces faux amis à demeurer attachés à sa personne, et sur leurs protestations d'amitié tout le temps qu'il avoit été en état de leur faire des régals somptueux, et de les combler de largesses et de bienfaits. «Il est bien vrai, dit-il en lui-même les larmes aux yeux, qu'un homme heureux comme je l'étois, ressemble à un arbre chargé de fruits : tant qu'il y a du fruit sur l'arbre, on ne cesse pas d'être à l'entour et d'en cueillir ; dès qu'il n'y en a plus, on s'en éloigne et on le laisse seul. » Il se contraignit tant qu'il fut hors de chez lui ; mais dès qu'il fut rentré, il s'abandonna tout entier à son affliction, et alla le témoigner à la belle Persienne.

Dès que la belle Persienne vit paroître l'affligé Noureddin, elle se douta qu'il n'avoit pas trouvé chez ses amis le secours auquel il s'étoit attendu. « Eh bien, Seigneur, lui dit-elle, êtes-vous présentement convaincu de la vérité de ce que je vous avois prédit ? » « Ah, ma bonne, s'écria-t-il, vous ne me l'aviez prédit que trop véritablement ! Pas un n'a voulu me reconnoître, me voir, me parler ! Jamais je n'eusse cru devoir être traité si cruellement par des gens qui m'ont tant d'obligations, et pour qui je me suis épuisé moi-même ! Je ne me possède plus, et je crains de commettre quelqu'action indigne de moi dans l'état déplorable et dans le désespoir où je suis, si vous ne m'aidez de vos sages conseils. » « Seigneur, reprit la belle Persienne, je ne vois pas d'autre remède à votre malheur, que de vendre vos esclaves et vos meubles, et de subsister là-dessus jusqu'à ce que le ciel vous montre quelqu'autre voie pour vous tirer de la misère »

Le remède parut extrêmement dur à Noureddin ; mais qu'eût-il pu faire dans la position où il étoit ? Il vendit premièrement ses esclaves, bouches alors inutiles, qui lui eussent fait une dépense beaucoup au-delà de ce qu'il étoit en état de supporter. Il vécut quelque temps sur l'argent qu'il en fit ; et lorsqu'il vint à manquer, il fit porter ses meubles à la place publique, où ils furent vendus beaucoup au-dessous de leur juste valeur, quoiqu'il y en eût de très-précieux qui avoient coûté des sommes immenses. Cela le fit subsister un long espace de temps ; mais enfin ce secours manqua, et il ne lui restoit plus de quoi faire d'autre argent : il en témoigna l'excès de sa douleur à la belle Persienne.

Noureddin ne s'attendoit pas à la réponse que lui fit cette sage personne. « Seigneur, lui dit-elle, je suis votre esclave, et vous savez que le feu visir votre père m'a achetée dix mille pièces d'or. Je sais bien que je suis diminuée de prix depuis ce temps-là ; mais aussi je suis persuadée que je puis être encore vendue une somme qui n'en sera pas éloignée. Croyez-moi, ne différez pas de me mener au marché, et de me vendre : avec l'argent que vous toucherez, qui sera très-considérable, vous irez faire le marchand en quelque ville où vous ne serez pas connu ; et par-là vous aurez trouvé le moyen de vivre, sinon dans une grande opulence, d'une manière au moins à vous rendre heureux et content. »

« Ah, charmante et belle Persienne, s'écria Noureddin, est-il possible que vous ayez pu concevoir cette pensée ? Vous ai-je donné si peu de marques de mon amour, que vous me croyiez capable de cette lâcheté indigne ? Pourrois-je le faire sans être parjure, après le serment que j'ai fait à feu mon père de ne vous jamais vendre ? Je mourrois plutôt que d'y contrevenir, et que de me séparer d'avec vous que j'aime, je ne dis pas autant, mais plus que moi-même. En me faisant une proposition si déraisonnable, vous me faites connoître qu'il s'en faut de beaucoup que vous m'aimiez autant que je vous aime. »

« Seigneur, reprit la belle Persienne, je suis convaincue que vous m'aimez autant que vous le dites ; et Dieu connoît si la passion que j'ai pour vous, est inférieure à la vôtre, et combien j'ai eu de répugnance à vous faire la proposition qui vous révolte si fort contre moi. Pour détruire la raison que vous m'apportez, je n'ai qu'à vous faire souvenir que la nécessité n'a pas de loi. Je vous aime à un point qu'il n'est pas possible que vous m'aimiez davantage ; et je puis vous assurer que je ne cesserai jamais de vous aimer de même, à quelque maître que je puisse appartenir. Je n'aurai pas même un plus grand plaisir au monde que de me réunir avec vous dès que vos affaires vous permettront de me racheter, comme je l'espère. Voilà, je l'avoue, une nécessité bien cruelle pour vous et pour moi ; mais après tout, je ne vois pas d'autres moyens de nous tirer de la misère vous et moi. »

Noureddin qui connoissoit fort bien la vérité de ce que la belle Persienne venoit de lui représenter, et qui n'avoit point d'autre ressource pour éviter une pauvreté ignominieuse, fut contraint de prendre le parti qu'elle lui avoit proposé. Ainsi il la mena au marché où l'on vendoit les femmes esclaves, avec un regret qu'on ne peut exprimer. Il s'adressa à un courtier nommé Hagi Hassan. « Hagi Hassan, lui dit-il, voici une esclave que je veux vendre ; vois, je te prie, le prix qu'on en voudra donner. »

Hagi Hassan fit entrer Noureddin et la belle Persienne dans une chambre ; et dès que la belle Persienne eut ôté le voile qui lui cachoit le visage : « Seigneur, dit Hagi Hassan à Noureddin avec admiration, me trompé-je ? N'est-ce pas l'esclave que le feu visir votre père acheta dix mille pièces d'or ? » Noureddin lui assura que c'étoit elle-même ; et Hagi Hassan, en lui faisant espérer qu'il en tireroit une grosse somme, lui promit d'employer tout son art à la faire acheter au plus haut prix qu'il lui seroit possible.

Hagi Hassan et Noureddin sortirent de la chambre, et Hagi Hassan y enferma la belle Persienne. Il alla ensuite chercher les marchands ; mais ils étoient tous occupés à acheter des esclaves grecques, africaines, tartares et autres, et il fut obligé d'attendre qu'ils eussent fait leurs achats. Dès qu'ils eurent achevé, et qu'à-peu-près ils se furent tous rassemblés : « Mes bons Seigneurs, leur dit-il avec une gaieté qui paroissoit sur son visage et dans ses gestes, tout ce qui est rond, n'est pas noisette ; tout ce qui est long, n'est pas figue ; tout ce qui est rouge, n'est pas chair, et tous les œufs ne sont pas frais. Je veux vous dire que vous avez bien vu et bien acheté des esclaves en votre vie ; mais vous n'en avez jamais vu une seule qui puisse entrer en comparaison avec celle que je vous annonce. C'est la perle des esclaves : venez, suivez-moi, que je vous la fasse voir. Je veux que vous me disiez vous-mêmes. à quel prix je dois la crier d'abord. »

Les marchands suivirent Hagi Hassan ; et Hagi Hassan leur ouvrit la porte de la chambre où étoit la belle. Persienne. Ils la virent avec surprise, et ils convinrent tout d'une voix qu'on ne pouvoit la mettre d'abord à un moindre prix que celui de quatre mille pièces d'or. Ils sortirent de la chambre ; et Hagi Hassan, qui sortit avec eux après avoir fermé la porte, cria à haute voix, sans s'en éloigner :

A QUATRE MILLE PIECES D'OR L'ESCLAVE PERSIENNE.

Aucun des marchands n'avoit encore parlé, et ils se consultoient eux-mêmes sur l'enchère qu'ils y devoient mettre, lorsque le visir Saouy parut. Comme il eut aperçu Noureddin dans la place : « Apparemment, dit-il en lui-même, que Noureddin fait encore de l'argent de quelques meubles (car il savoit qu'il en avoit vendu), et qu'il est venu acheter une esclave. » Il s'avance, et Hagi Hassan cria une seconde fois : À QUATRE MILLE PIECES D'OR L'ESCLAVE PERSIENNE.

Ce haut prix fit juger à Saouy que l'esclave devoit être d'une beauté toute particulière, et aussitôt il eut une forte envie de la voir. Il poussa son cheval droit à Hagi Hassan, qui étoit environné des marchands : « Ouvre la porte, lui dit-il, et fais-moi voir l'esclave. » Ce n'étoit pas la coutume de faire voir une esclave à un particulier, dès que les marchands l'avoient vue, et qu'ils la marchandoient. Mais les marchands n'eurent pas la hardiesse de faire valoir leur droit contre l'autorité du visir ; et Hagi Hassan ne put se dispenser d'ouvrir la porte, et de faire signe à la belle Persienne de s'approcher, afin que Saouy pût la voir sans descendre de son cheval.

Saouy fut dans une admiration inexprimable, quand il vit une esclave d'une beauté si extraordinaire. Il avoit déjà eu affaire avec le courtier, et son nom ne lui étoit pas inconnu : « Hagi Hassan, lui dit-il, n'est-ce pas à quatre mille pièces d'or que tu la cries ? » « Oui, Seigneur, répondit-il ; les marchands que vous voyez, sont convenus il n'y a qu'un moment, que je la criasse à ce prix-là. J'attends qu'ils en offrent davantage à l'enchère et au dernier mot. » « Je donnerai l'argent, reprit Saouy, si personne n'en offre davantage. » Il regarda aussitôt les marchands d'un œil qui marquoit assez qu'il ne prétendoit pas qu'ils enchérissent. Il étoit si redoutable à tout le monde, qu'ils se gardèrent bien d'ouvrir la bouche, même pour se plaindre sur ce qu'il entreprenoit sur leur droit.

Quand le visir Saouy eut attendu quelque temps, et qu'il vit qu'aucun des marchands n'enchérissoit : « Hé bien, qu'attends-tu, dit-il à Hagi Hassan ? Va trouver le vendeur, et conclus le marché avec lui à quatre mille pièces d'or, ou sache ce qu'il prétend faire. » Il ne savoit pas encore que l'esclave appartînt à Noureddin.

Hagi Hassan qui avoit déjà fermé la porte de la chambre, alla s'aboucher avec Noureddin : « Seigneur, lui dit-il, je suis bien fâché de venir vous annoncer une méchante nouvelle : votre esclave va être vendue pour rien. » « Pour quelle raison, reprit Noureddin ? » « Seigneur, repartit Hagi Hassan, la chose avoit pris d'abord un fort bon train. Dès que les marchands eurent vu votre esclave, ils me chargèrent, sans faire de façon, de la crier à quatre mille pièces d'or. Je l'ai criée à ce prix-là, et aussitôt le visir Saouy est venu, et sa présence a fermé la bouche aux marchands que je voyois disposés à la faire monter au moins au même prix qu'elle coûta au feu visir votre père. Saouy ne veut en donner que les quatre mille pièces d'or, et c'est bien malgré moi que je viens vous apporter une parole si déraisonnable. L'esclave est à vous, mais je ne vous conseillerai jamais de la lâcher à ce prix-là. Vous le connoissez, Seigneur, et tout le monde le connoît. Outre que l'esclave vaut infiniment davantage, il est assez méchant homme pour imaginer quelque moyen de ne vous pas compter la somme. »

« Hagi Hassan, répliqua Noureddin, je te suis obligé de ton conseil ; ne crains pas que je souffre que mon esclave soit vendue à l'ennemi de ma maison. J'ai grand besoin d'argent ; mais j'aimerois mieux mourir dans la dernière pauvreté, que de permettre qu'elle lui soit livrée. Je te demande une seule chose : comme tu sais tous les usages et tous les détours, dis-moi seulement ce que je dois faire pour l'en empêcher ? »

« Seigneur, répondit Hagi Hassan, rien n'est plus aisé. Faites semblant de vous être mis en colère contre votre esclave, et d'avoir juré que vous l'ameneriez au marché, mais que vous n'avez pas entendu la vendre, et que ce que vous en avez fait, n'a été que pour vous acquitter de votre serment. Cela satisfera tout le monde, et Saouy n'aura rien à vous dire. Venez donc ; et dans le moment que je la présenterai à Saouy, comme si c'étoit de votre consentement, et que le marché fût arrêté, reprenez-la en lui donnant quelques coups, et ramenez-la chez vous. » « Je te remercie, lui dit Noureddin, tu verras que je suivrai ton conseil. »

Hagi Hassan retourna à la chambre ; il l'ouvrit et entra ; et après avoir averti la belle Persienne en deux mots de ne pas s'alarmer de ce qui alloit arriver, il la prit par le bras et l'amena au visir Saouy qui étoit toujours devant la porte : « Seigneur, dit-il en la lui présentant, voilà l'esclave, elle est à vous ; prenez-la. »

Hagi Hassan n'avoit pas achevé ces paroles, que Noureddin s'étoit saisi de la belle Persienne ; il la tira à lui, en lui donnant un soufflet. « Venez-çà, impertinente, lui dit-il assez haut pour être entendu de tout le monde, et revenez chez moi. Votre méchante humeur m'avoit bien obligé de faire serment de vous amener au marché, mais non pas de vous vendre. J'ai encore besoin de vous, et je serai à temps d'en venir à cette extrémité, quand il ne me restera plus autre chose. »

Le visir Saouy fut dans une grande colère de cette action de Noureddin. « Misérable débauché, s'écria-t-il, veux-tu me faire accroire qu'il te reste autre chose à vendre que ton esclave ? » Il poussa son cheval en même temps droit à lui pour lui enlever la belle Persienne. Noureddin piqué au vif de l'affront que le visir lui faisoit, ne fit que lâcher la belle Persienne et lui dire de l'attendre ; et en se jetant sur la bride du cheval, il le fit reculer trois ou quatre pas en arrière : « Méchant barbon, dit-il alors au visir, je te ravirois l'ame sur l'heure, si je n'étois retenu par la considération de tout le monde que voilà. »

Comme le visir Saouy n'étoit aimé de personne, et qu'au contraire il étoit haï de tout le monde, il n'y en avoit pas un de tous ceux qui étoient présens, qui n'eût été ravi que Noureddin l'eût un peu mortifié. Ils lui témoignèrent par signes, et lui firent comprendre qu'il pouvoit se venger comme il lui plairoit, et que personne ne se mêleroit de leur querelle.

Saouy voulut faire un effort pour obliger Noureddin de lâcher la bride de son cheval ; mais Noureddin qui étoit un jeune homme fort et puissant, enhardi par la bienveillance des assistans, le tira à bas du cheval au milieu du ruisseau, lui donna mille coups, et lui mit la tête en sang contre le pavé. Dix esclaves qui accompagnoient Saouy voulurent tirer le sabre et se jeter sur Noureddin, mais les marchands se mirent audevant et les en empêchèrent. « Que prétendez-vous faire, leur dirent-ils ? Ne voyez-vous pas que si l'un est visir, l'autre est fils de visir ? Laissez-les vuider leur différend entr'eux. Peut-être se raccommoderont-ils un de ces jours ; et si vous aviez tué Noureddin, croyez-vous que votre maître, tout puissant qu'il est, pût vous garantir de la justice ? » Noureddin se lassa enfin de battre le visir Saouy ; il le laissa au milieu du ruisseau, reprit la belle Persienne, et retourna chez lui au milieu des acclamations du peuple qui le louoit de l'action qu'il venoit de faire.

Saouy meurtri de coups se releva, à l'aide de ses gens, avec bien de la peine, et il eut la dernière mortification de se voir tout gâté de fange et de sang. Il s'appuya sur les épaules de deux de ses esclaves, et dans cet état il alla droit au palais, à la vue de tout le monde, avec une confusion d'autant plus grande que personne ne le plaignoit. Quand il fut sous l'appartement du roi, il se mit à crier et à implorer sa justice d'une manière pitoyable. Le roi le fit venir ; et dès qu'il parut, il lui demanda qui l'avoit maltraité et mis dans l'état où il étoit ? « Sire, s'écria Saouy, il ne faut qu'être bien dans la faveur de votre Majesté, et avoir quelque part à ses sacrés conseils, pour être traité de la manière indigne dont elle voit qu'on vient de me traiter. » « Laissons-là ces discours, reprit le roi : dites-moi seulement la chose comme elle est, et qui est l'offenseur ? Je saurai bien le faire repentir s'il a tort. »

« Sire, dit alors Saouy, en racontant la chose tout à son avantage, j'étois allé au marché des femmes esclaves pour acheter moi-même une cuisinière dont j'ai besoin ; j'y suis arrivé, et j'ai trouvé qu'on y crioit une esclave à quatre mille pièces d'or. Je me suis fait amener l'esclave ; et c'est la plus belle qu'on ait vue et qu'on puisse jamais voir. Je ne l'ai pas eu plutôt considérée avec une satisfaction extrême, que j'ai demandé à qui elle appartenoit, et j'ai appris que Noureddin, fils du feu visir Khacan, vouloit la vendre. Votre Majesté se souvient, Sire, d'avoir fait compter dix mille pièces d'or à ce visir, il y a deux ou trois ans, et de l'avoir chargé de vous acheter une esclave pour cette somme. Il l'avoit employée à acheter celle-ci ; mais au lieu de l'amener à votre Majesté, il ne vous en jugea pas digne, et en fit présent à son fils. Depuis la mort du père, le fils a bu, mangé et dissipé tout ce qu'il avoit, et il ne lui est resté que cette esclave qu'il s'étoit enfin résolu à vendre, et que l'on vendoit en effet en son nom. Je l'ai fait venir, et sans lui parler de la prévarication, ou plutôt de la perfidie de son père envers votre Majesté : « Noureddin, lui ai-je dit le plus honnêtement du monde, les marchands, comme je l'apprends, ont mis d'abord votre esclave à quatre mille pièces d'or. Je ne doute pas qu'à l'envi l'un de l'autre ils ne la fassent monter à un prix beaucoup plus haut : croyez-moi, donnez-la-moi pour les quatre mille pièces d'or, et je vais l'acheter pour en faire un présent au roi notre seigneur et maître, à qui j'en ferai bien votre cour. Cela vous vaudra infiniment plus que ce que les marchands pourroient vous en donner. » Au lieu de répondre, en me rendant honnêteté pour honnêteté, l'insolent m'a regardé fièrement : « Méchant vieillard, m'a-t-il dit, je donnerois mon esclave à un juif pour rien, plutôt que de te la vendre. » « Mais, Noureddin, ai-je repris sans m'échauffer, quoique j'en eusse un grand sujet, vous ne considérez pas, quand vous parlez ainsi, que vous faites injure au roi, qui a fait votre père ce qu'il étoit, aussi bien qu'il m'a fait ce que je suis. » Cette remontrance qui devoit l'adoucir, n'a fait que l'irriter davantage : il s'est jeté aussitôt sur moi comme un furieux, sans aucune considération pour mon âge, encore moins pour ma dignité, m'a jeté à bas de mon cheval, m'a frappé tout le temps qu'il lui a plu, et m'a mis en l'état où votre Majesté me voit. Je la supplie de considérer que c'est pour ses intérêts que je souffre un affront si signalé. »

En achevant ces paroles, il baissa la tête et se tourna de côté pour laisser couler ses larmes en abondance.

Le roi abusé et animé contre Noureddin par ce discours plein d'artifice, laissa paroître sur son visage des marques d'une grande colère ; il se tourna du côté de son capitaine des gardes qui étoit auprès de lui : « Prenez quarante hommes de ma garde, lui dit-il, et quand vous aurez mis la maison de Noureddin au pillage, et que vous aurez donné les ordres pour la raser, amenez-le-moi avec son esclave. »

Le capitaine des gardes n'étoit pas encore hors de l'appartement du roi, qu'un huissier de la chambre qui entendit donner cet ordre, avoit déjà pris le devant. Il s'appeloit Sangiar, et il avoit été autrefois esclave du visir Khacan, qui l'avoit introduit dans la maison du roi, où il s'étoit avancé par degrés.

Sangiar plein de reconnoissance pour son ancien maître, et de zèle pour Noureddin qu'il avoit vu naître, et qui connoissoit depuis long-temps la haine de Saouy contre la maison de Khacan, n'avoit pu entendre l'ordre sans frémir. « L'action de Noureddin, dit-il en lui-même, ne peut pas être aussi noire que Saouy l'a racontée ; il a prévenu le roi, et le roi va faire mourir Noureddin sans lui donner le temps de se justifier. » Il fit une diligence si grande, qu'il arriva assez à temps pour l'avertir de ce qui venoit de se passer chez le roi, et lui donner lieu de se sauver avec la belle Persienne. Il frappa à la porte d'une manière qui obligea Noureddin, qui n'avoit plus de domestiques, il y avoit long-temps, de venir ouvrir lui-même sans différer. » Mon cher Seigneur, lui dit Sangiar, il n'y a plus de sûreté pour vous à Balsora ; partez et sauvez-vous sans perdre un moment. »

« Pourquoi cela, reprit Noureddin ? Qu'y a-t-il qui m'oblige si fort de partir ? » « Partez, vous dis-je, repartit Sangiar, et emmenez votre esclave avec vous. En deux mots, Saouy vient de faire entendre au roi, de la manière qu'il a voulu, ce qui s'est passé entre vous et lui ; et le capitaine des gardes vient après moi avec quarante soldats, se saisir de vous et d'elle. Prenez ces quarante pièces d'or pour vous aider à chercher un asile : je vous en donnerois davantage si j'en avois sur moi. Excusez-moi si je ne m'arrête pas davantage ; je vous laisse malgré moi pour votre bien et pour le mien, par l'intérêt que j'ai que le capitaine des gardes ne me voie pas. » Sangiar ne donna à Noureddin que le temps de le remercier, et se retira.

Noureddin alla avertir la belle Persienne de la nécessité où ils étoient l'un et l'autre de s'éloigner dans le moment ; elle ne fit que mettre son voile, et ils sortirent de la maison. Ils eurent le bonheur non-seulement de sortir de la ville sans que personne s'aperçût de leur évasion, mais même d'arriver à l'embouchure de l'Euphrate, qui n'étoit pas éloignée, et de s'embarquer sur un bâtiment prêt à lever l'ancre.

En effet, dans le temps qu'ils arrivèrent, le capitaine étoit sur le tillac au milieu des passagers : « Enfans, leur demandoit-il, êtes-vous tous ici ? Quelqu'un de vous a-t-il encore affaire, ou a-t-il oublié quelque chose à la ville ? » À quoi chacun répondit qu'ils y étoient tous, et qu'il pouvoit faire voile quand il lui plairoit. Noureddin ne fut pas plutôt embarqué qu'il demanda où le vaisseau alloit, et il fut ravi d'apprendre qu'il alloit à Bagdad. Le capitaine fit lever l'ancre, mit à la voile, et le vaisseau s'éloigna de Balsora avec un vent très-favorable.

Voici ce qui se passa à Balsora pendant que Noureddin échappoit à la colère du roi avec la belle Persienne :

Le capitaine des gardes arriva à la maison de Noureddin et frappa à la porte. Comme il vit que personne n'ouvroit, il la fit enfoncer, et aussitôt ses soldats entrèrent en foule ; ils cherchèrent par tous les coins et recoins, et ils ne trouvèrent ni Noureddin ni son esclave. Le capitaine des gardes fit demander et demanda lui-même aux voisins s'ils ne les avoient pas vus. Quand ils les eussent vus, comme il n'y en avoit pas un qui n'aimât Noureddin, il n'y en avoit pas un qui eût rien dit qui pût lui faire tort. Pendant que l'on pilloit et que l'on rasoit la maison, il alla porter cette nouvelle au roi. « Qu'on les cherche en quelqu'endroit qu'ils puissent être, dit le roi, je veux les avoir. » Le capitaine des gardes alla faire de nouvelles perquisitions, et le roi renvoya le visir Saouy avec honneur : « Allez, lui dit-il, retournez chez vous, et ne vous mettez pas en peine du châtiment de Noureddin ; je vous vengerai moi-même de son insolence. »

Afin de mettre tout en usage, le roi fit encore crier dans toute la ville, par les crieurs publics, qu'il donneroit mille pièces d'or à celui qui lui ameneroit Noureddin et son esclave, et qu'il feroit punir sévèrement celui qui les auroit cachés. Mais quelque soin qu'il prît et quelque diligence qu'il fît faire, il ne lui fut pas possible d'en avoir aucune nouvelle ; et le visir Saouy n'eut que la consolation de voir que le roi avoit pris son parti.

Noureddin et la belle Persienne cependant avançoient et faisoient leur route avec tout le bonheur possible. Ils abordèrent enfin à Bagdad ; et dès que le capitaine, joyeux d'avoir achevé son voyage, eut aperçu la ville : « Enfans, s'écria-t-il en parlant aux passagers, réjouissez-vous, la voilà, cette grande et merveilleuse ville, où il y a un concours général et perpétuel de tous les endroits du monde. Vous y trouverez une multitude de peuple innombrable, et vous n'y aurez pas le froid insupportable de l'hiver, ni les chaleurs excessives de l'été ; vous y jouirez d'un printemps qui dure toujours avec ses fleurs, et avec les fruits délicieux de l'automne. »

Quand le bâtiment eut mouillé un peu au-dessous de la ville, les passagers débarquèrent et se rendirent chacun où ils devoient loger. Noureddin donna cinq pièces d'or pour son passage, et débarqua aussi avec la belle Persienne. Mais il n'étoit jamais venu à Bagdad, et il ne savoit où aller prendre logement. Ils marchèrent long-temps le long des jardins qui bordoient le Tigre, et ils en côtoyèrent un qui étoit formé d'une belle et longue muraille. En arrivant au bout, ils détournèrent par une longue rue bien pavée, où ils aperçurent la porte du jardin avec une belle fontaine auprès.

La porte qui étoit très-magnifique, étoit fermée, avec un vestibule ouvert, où il y avoit un sofa de chaque côté. « Voici un endroit fort commode, dit Noureddin à la belle Persienne ; la nuit approche, et nous avons mangé avant de débarquer ; je suis d'avis que nous y passions la nuit, et demain matin nous aurons le temps de chercher à nous loger. Qu'en dites-vous ? » « Vous savez, Seigneur, répondit la belle Persienne, que je ne veux que ce que vous voulez ; ne passons pas plus loin si vous le souhaitez ainsi. » Ils burent chacun un coup à la fontaine, et montèrent sur un des deux sofas, où ils s'entretinrent quelque temps. Le sommeil les prit enfin, et ils s'endormirent au murmure agréable de l'eau.

Le jardin appartenoit au calife, et il y avoit au milieu un grand pavillon qu'on appeloit le pavillon des peintures, à cause que son principal ornement étoit des peintures à la persienne, de la main de plusieurs peintres de Perse que le calife avoit fait venir exprès. Le grand et superbe salon que ce pavillon formoit étoit éclairé par quatre-vingts fenêtres, avec un lustre à chacune, et les quatre-vingts lustres ne s'allumoient que lorsque le calife y venoit passer la soirée, et que le temps étoit si tranquille qu'il n'y avoit pas un souffle de vent. Ils faisoient alors une très-belle illumination qu'on apercevoit bien loin à la campagne de ce côté-là, et d'une grande partie de la ville.

Il ne demeuroit qu'un concierge dans ce jardin, et c'étoit un vieil officier fort âgé, nommé Scheich Ibrahim, qui occupoit ce poste où le calife l'avoit mis lui-même par récompense. Le calife lui avoit bien recommandé de n'y pas laisser entrer toutes sortes de personnes, et surtout de ne pas souffrir qu'on s'assît et qu'on s'arrêtât sur les deux sofas qui étoient à la porte en dehors, afin qu'ils fussent toujours propres, et châtier ceux qu'il y trouveroit.

Une affaire avoit obligé le concierge de sortir, et il n'étoit pas encore revenu. Il revint enfin, et il arriva assez de jour pour s'apercevoir d'abord que deux personnes dormoient sur un des sofas, l'un et l'autre la tête sous un linge, pour être à l'abri des cousins. « Bon, dit Scheich Ibrahim en lui-même, voilà des gens qui contreviennent à la défense du calife ; je vais leur apprendre le respect qu'ils lui doivent. » Il ouvrit la porte sans faire de bruit ; et un moment après, il revint avec une grosse canne à la main, le bras retroussé. Il alloit frapper de toute sa force sur l'un et sur l'autre ; mais il se retint. « Scheich Ibrahim, se dit-il à lui-même, tu vas les frapper, et tu ne considères pas que ce sont peut-être des étrangers qui ne savent où aller loger, et qui ignorent l'intention du calife ; il est mieux que tu saches auparavant qui ils sont. » Il leva le linge qui leur couvroit la tête avec une grande précaution, et il fut dans la dernière admiration de voir un jeune homme si bien fait et une jeune femme si belle. Il éveilla Noureddin en le tirant un peu par les pieds.

Noureddin leva aussitôt la tête ; et dès qu'il eut vu un vieillard à langue barbe blanche à ses pieds, il se leva sur son séant, se coulant sur les genoux ; et en lui prenant la main qu'il baisa : « Bon père, lui dit-il, que Dieu vous conserve ; souhaitez-vous quelque chose ? » « Mon fils, reprit Scheich Ibrahim, qui êtes-vous ? D'où êtes-vous ? « « Nous sommes des étrangers qui ne faisons que d'arriver, repartit Noureddin, et nous voulions passer ici la nuit jusqu'à demain. » « Vous seriez mal ici, répliqua Scheich Ibrahim ; venez, entrez, je vous donnerai à coucher plus commodément ; et la vue du jardin qui est très-beau, vous réjouira pendant qu'il fait encore un peu de jour. » « Et ce jardin est-il à vous, lui demanda Noureddin ? » « Vraiment oui, c'est à moi, reprit Scheich Ibrahim en souriant : c'est un héritage que j'ai eu de mon père ; entrez, vous dis-je, vous ne serez pas fâché de le voir. »

Noureddin se leva, en témoignant à Scheich Ibrahim combien il lui étoit obligé de son honnêteté, et entra dans le jardin avec la belle

Persienne. Scheich Ibrahim ferma la porte ; et en marchant devant eux, les mena dans un endroit d'où ils virent à-peu-près la disposition, la grandeur et la beauté du jardin d'un coup d'œil.

Noureddin avoit vu d'assez beaux jardins à Balsora ; mais il n'en avoit pas encore vu de comparables à celui-ci. Quand il eut bien tout considéré, et qu'il se fut promené dans quelques allées, il se tourna du côté du concierge qui l'accompagnoit, et lui demanda comment il s'appeloit. Dès qu'il lui eut répondu qu'il s'appeloit Scheich Ibrahim : « Scheich Ibrahim, lui dit-il, il faut avouer que voici un jardin merveilleux ; Dieu vous y conserve long-temps ! Nous ne pouvons assez vous remercier de la grâce que vous nous avez faite de nous faire voir un lieu si digne d'être vu ; il est juste que nous vous en témoignions notre reconnoissance par quelqu'endroit. Tenez, voilà deux pièces d'or : je vous prie de nous faire chercher quelque chose pour manger, afin que nous nous réjouissions ensemble. »

À la vue des deux pièces d'or, Scheich Ibrahim qui aimoit fort ce métal, sourit en sa barbe ; il les prit ; et en laissant Noureddin et la belle Persienne pour aller faire la commission, car il étoit seul : « Voilà de bonnes gens, dit-il en lui-même avec bien de la joie ; je me serois fait un grand tort à moi-même, si j'eusse eu l'imprudence de les maltraiter et de les chasser. Je les régalerai en prince avec la dixième partie de cet argent, et le reste me demeurera pour ma peine. »

Pendant que Scheich Ibrahim alla acheter de quoi souper autant pour lui que pour ses hôtes, Noureddin et la belle Persienne se promenèrent dans le jardin, et arrivèrent au pavillon des peintures qui étoit au milieu. Ils s'arrêtèrent d'abord à contempler sa structure admirable, sa grandeur et sa hauteur ; et après qu'ils en eurent fait le tour en le regardant de tous les côtés, ils montèrent à la porte du salon par un grand escalier de marbre blanc ; mais ils la trouvèrent fermée.

Noureddin et la belle Persienne ne faisoient que de descendre de l'escalier lorsque Scheich Ibrahim arriva chargé de vivres. « Scheich Ibrahim, lui dit Noureddin avec étonnement, ne nous avez-vous pas dit que ce jardin vous appartient ? » « Je l'ai dit, reprit Scheich Ibrahim, et je le dis encore. Pourquoi me faites-vous cette demande ? » « Et ce superbe pavillon, repartit Noureddin, est à vous aussi ? » Scheich Ibrahim ne s'attendoit pas à cette autre demande, et il en parut un peu interdit. « Si je dis qu'il n'est pas à moi, dit-il en lui-même, ils me demanderont aussitôt comment il se peut faire que je sois maître du jardin, et que je ne le sois point du pavillon ? » Comme il avoit bien voulu feindre que le jardin étoit à lui, il feignit la même chose à l'égard du pavillon. « Mon fils, repartit-il, le pavillon ne va pas sans le jardin : l'un et l'autre m'appartiennent. » « Puisque cela est, reprit alors

Noureddin, et que vous voulez bien que nous soyons vos hôtes cette nuit, faites-nous, je vous en supplie, la grâce de nous en faire voir le dedans : à juger du dehors, il doit être d'une magnificence extraordinaire. »

Il n'eût pas été honnête à Scheich Ibrahim de refuser à Noureddin la demande qu'il faisoit, après les avances qu'il avoit déjà faites. Il considéra de plus que le calife n'avoit pas envoyé l'avertir comme il avoit coutume ; et ainsi qu'il ne viendroit pas ce soir-là, et qu'il pouvoit même faire manger ses hôtes, et manger lui-même avec eux. Il posa les vivres qu'il avoit apportés sur le premier degré de l'escalier, et alla chercher la clef dans le logement où il demeuroit. Il revint avec de la lumière, et il ouvrit la porte.

Noureddin et la belle Persienne entrèrent dans le salon, et ils le trouvèrent si surprenant, qu'ils ne pouvoient se lasser d'en admirer la beauté et la richesse. En effet, sans parler des peintures, les sofas étoient magnifiques ; et avec les lustres qui pendoient à chaque fenêtre, il y avoit encore entre chaque croisée un bras d'argent chacun avec sa bougie ; et Noureddin ne put voir tous ces objets sans se ressouvenir de la splendeur dans laquelle il avoit vécu, et sans en soupirer.

Scheich Ibrahim cependant apporta les vivres, prépara la table sur un sofa ; et quand tout fut prêt, Noureddin, la belle Persienne et lui s'assirent et mangèrent ensemble. Quand ils eurent achevé, et qu'ils eurent lavé les mains, Noureddin ouvrit une fenêtre et appela la belle Persienne. « Approchez, lui dit-il, et admirez avec moi la belle vue et la beauté du jardin au clair de lune qu'il fait ; rien n'est plus charmant. » Elle s'approcha, et ils jouirent ensemble de ce spectacle, pendant que Scheich Ibrahim ôtoit la table.

Quand Scheich Ibrahim eut fait, et qu'il fut venu rejoindre ses hôtes, Noureddin lui demanda s'il n'avoit pas quelque boisson dont il voulût bien les régaler. « Quelle boisson voudriez-vous, reprit Scheich Ibrahim ? Est-ce du sorbet ? J'en ai du plus exquis ; mais vous savez bien, mon fils, qu'on ne boit pas le sorbet après le souper. »

« Je le sais bien, repartit Noureddin, ce n'est pas du sorbet que nous vous demandons ; c'est une autre boisson ; je m'étonne que vous ne m'entendiez pas. » « C'est donc du vin dont vous voulez parler, répliqua Scheich Ibrahim ? » « Vous l'avez deviné, lui dit Noureddin : si vous en avez, obligez-nous de nous en apporter une bouteille. Vous savez qu'on en boit après souper pour passer le temps jusqu'à ce qu'on se couche. »

« Dieu me garde d'avoir du vin chez moi, s'écria Scheich Ibrahim, et même d'approcher d'un lieu où il y en auroit ! Un homme comme moi, qui a fait le pèlerinage de la Mecque quatre fois, a renoncé au vin pour toute sa vie. »

« Vous nous feriez pourtant un grand plaisir de nous en trouver, reprit Noureddin ; et, si cela ne vous fait pas de peine, je vais vous enseigner un moyen, sans que vous entriez au cabaret, et sans que vous mettiez la main à ce qu'il contiendra. » « Je le veux bien à cette condition, repartit Scheich Ibrahim : dites-moi seulement ce qu'il faut que je fasse. »

« Nous avons vu un âne attaché à l'entrée de votre jardin, dit alors Noureddin ; c'est à vous apparemment, et vous devez vous en servir dans le besoin. Tenez, voilà encore deux pièces d'or ; prenez l'âne avec ses paniers, et allez au premier cabaret, sans vous en approcher qu'autant qu'il vous plaira ; donnez quelque chose au premier passant, et priez-le d'aller jusqu'au cabaret avec l'âne, d'y prendre deux cruches de vin, que l'on mettra, l'une dans un panier, et l'autre dans l'autre, et de vous ramener l'âne après qu'il aura payé le vin de l'argent que vous lui aurez donné. Vous n'aurez qu'à chasser l'âne devant vous jusqu'ici, et nous prendrons les cruches nous-mêmes dans les paniers. De cette manière, vous ne ferez rien qui doive vous causer la moindre répugnance. »

Les deux autres pièces d'or que Scheich Ibrahim venoit de recevoir, firent un puissant effet sur son esprit. « Ah, mon fils, s'écria-t-il quand Noureddin eut achevé, que vous l'entendez bien ! Sans vous, je ne me fusse jamais avisé de ce moyen pour vous faire avoir du vin sans scrupule. » Il les quitta pour aller faire la commission, et il s'en acquitta en peu de temps. Dès qu'il fut de retour, Noureddin descendit, tira les cruches des paniers, et les porta au salon.

Scheich Ibrahim ramena l'âne à l'endroit où il l'avoit pris ; et lorsqu'il fut revenu : « Scheich Ibrahim, lui dit Noureddin, nous ne pouvons assez vous remercier de la peine que vous avez bien voulu prendre ; mais il nous manque encore quelque chose. » « Et quoi, reprit Scheich Ibrahim, que puis-je faire encore pour votre service ? » « Nous n'avons pas de tasses, repartit Noureddin, et quelques fruits nous raccommoderoient bien, si vous en aviez. » « Vous n'avez qu'à parler, répliqua Scheich Ibrahim, il ne vous manquera rien de tout ce que vous pouvez souhaiter. »

Scheich Ibrahim descendit, et en peu de temps, il leur prépara une table couverte de belles porcelaines remplies de plusieurs sortes de fruits, avec des tasses d'or et d'argent à choisir ; et quand il leur eut demandé s'ils avoient besoin de quelqu'autre chose, il se retira sans vouloir rester, quoiqu'ils l'en priassent avec beaucoup d'instances.

Noureddin et la belle Persienne se remirent à table, et ils commencèrent par boire chacun un coup ; ils trouvèrent le vin excellent. « Hé bien, ma belle, dit Noureddin à la belle Persienne, ne sommes-nous pas les plus heureux du monde de ce que le hasard nous a amenés dans un lieu si agréable et si charmant ? Réjouissons-nous, et remettons-nous de la mauvaise chère de notre voyage. Mon bonheur peut-il être plus grand, que de vous avoir d'un côté, et la tasse de l'autre ? » Ils burent plusieurs autres fois, en s'entretenant agréablement, et en chantant chacun leur chanson.

Comme ils avoient la voix parfaitement belle l'un et l'autre, particulièrement la belle Persienne, leur chant attira Scheich Ibrahim, qui les entendit long-temps de dessus le perron avec un grand plaisir sans se faire voir. Il se fit voir enfin en mettant la tête à la porte : « Courage, Seigneur, dit-il à Noureddin qu'il croyoit déjà ivre, je suis ravi de vous voir dans cette joie. »

« Ah, Scheich Ibrahim, s'écria Noureddin en se tournant de son côté, que vous êtes un brave homme, et que nous vous sommes obligés ! Nous n'oserions vous prier de boire un coup ; mais ne laissez pas d'entrer. Venez, approchez-vous, et faites-nous au moins l'honneur de nous tenir compagnie. » « Continuez, continuez, reprit Scheich Ibrahim, je me contente du plaisir d'entendre vos belles chansons ! » Et en disant ces paroles il disparut.

La belle Persienne s'aperçut que Scheich Ibrahim s'étoit arrêté sur le perron, et elle en avertit Noureddin. « Seigneur, ajouta-t-elle, vous voyez qu'il témoigne une aversion pour le vin ; je ne désespérerois pas de lui en faire boire si vous vouliez faire ce que je vous dirois ? » « Et quoi, demanda Noureddin ? Vous n'avez qu'à dire, je ferai ce que vous voudrez. » « Engagez-le seulement à entrer et à demeurer avec nous, dit-elle ; quelque temps après, versez à boire et présentez-lui la tasse ; s'il vous refuse, buvez, et ensuite faites semblant de dormir, je ferai le reste. »

Noureddin comprit l'intention de la belle Persienne ; il appela Scheich Ibrahim qui reparut à la porte. « Scheich Ibrahim, lui dit-il, nous sommes vos hôtes, et vous nous avez accueillis le plus obligeamment du monde ; voudriez-vous nous refuser la prière que nous vous faisons de nous honorer de votre compagnie ? Nous ne vous demandons pas que vous buviez, mais seulement de nous faire le plaisir de vous voir. »

Scheich Ibrahim se laissa persuader : il entra, et s'assit sur le bord du sofa qui étoit le plus près de la porte. « Vous n'êtes pas bien là, et nous ne pouvons avoir l'honneur de vous voir, dit alors Noureddin ; approchez-vous, je vous en supplie, et asseyez-vous auprès de madame, elle le voudra bien. » « Je ferai donc ce qui vous plaît, dit Scheich Ibrahim » ; il s'approcha, et en souriant du plaisir qu'il alloit avoir d'être près d'une si belle personne, il s'assit à quelque distance de la belle Persienne. Noureddin la pria de chanter une chanson en considération de l'honneur que Scheich Ibrahim leur faisoit, et elle en chanta une qui le ravit en extase.

Quand la belle Persienne eut achevé de chanter, Noureddin versa du vin dans une tasse, et présenta la tasse à Scheich Ibrahim. « Scheich Ibrahim, lui dit-il, buvez un coup à notre santé, je vous en prie. » « Seigneur, reprit-il en se retirant en arrière, comme s'il eût en horreur de voir seulement du vin, je vous supplie de m'excuser : je vous ai déjà dit que j'ai renoncé au vin il y a long-temps. » « Puisqu'absolument vous ne voulez pas boire à notre santé, dit Noureddin, vous aurez donc pour agréable que je boive à la vôtre. »

Pendant que Noureddin buvoit, la belle Persienne coupa la moitié d'une pomme, et en la présentant à Scheich Ibrahim : « Vous n'avez pas voulu boire, lui dit-elle, mais je ne crois pas que vous fassiez la même difficulté de goûter de cette pomme qui est excellente ? » Scheich Ibrahim ne put la refuser d'une si belle main ; il la prit avec une inclination de tête, et la porta à la bouche. Elle lui dit quelques douceurs là-dessus, et Noureddin cependant se renversa sur le sofa, et fit semblant de dormir. Aussitôt la belle Persienne s'avança vers Scheich Ibrahim ; et en lui parlant fort bas : « Le voyez-vous, dit-elle, il n'en agit pas autrement toutes les fois que nous nous réjouissons ensemble ; il n'a pas plutôt bu deux coups, qu'il s'endort et me laisse seule ; mais je crois que vous voudrez bien me tenir compagnie pendant qu'il dormira. »

La belle Persienne prit une tasse, elle la remplit de vin ; et en la présentant à Scheich Ibrahim : « Prenez, lui dit-elle, et buvez à ma santé ; je vais vous faire raison. » Scheich Ibrahim fit de grandes difficultés, et il la pria bien fort de vouloir l'en dispenser ; mais elle le pressa si vivement, que vaincu par ses charmes et par ses instances, il prit la tasse et but sans rien laisser.

Le bon vieillard aimoit à boire le petit coup ; mais il avoit honte de le faire devant des gens qu'il ne connoissoit pas. Il alloit au cabaret en cachette comme beaucoup d'autres, et il n'avoit pas pris les précautions que Noureddin lui avoit enseignées pour aller acheter le vin. Il étoit allé le prendre sans façon chez un cabaretier où il étoit très-connu ; la nuit lui avoit servi de manteau, et il avoit épargné l'argent qu'il eût dû donner à celui qu'il eût chargé de faire la commission, selon la leçon de Noureddin.

Pendant que Scheich Ibrahim, après avoir bu, achevoit de manger la moitié de la pomme, la belle Persienne lui emplit une autre tasse, qu'il prit avec bien moins de difficulté : il n'en fit aucune à la troisième. Il buvoit enfin la quatrième, lorsque Noureddin cessa de faire semblant de dormir ; il se leva sur son séant, et en le regardant avec un grand éclat de rire : « Ha, ha, Scheich Ibrahim, lui dit-il, je vous y surprends ; vous m'avez dit que vous aviez renoncé au vin, et vous ne laissez pas d'en boire ! »

Scheich Ibrahim ne s'attendoit pas à cette surprise, et la rougeur lui en monta un peu au visage. Cela ne l'empêcha pas néanmoins d'achever de boire ; et quand il eut fait : « Seigneur, dit-il en riant, s'il y a péché dans ce que j'ai fait, il ne doit pas tomber sur moi, c'est sur madame : quel moyen de ne pas se rendre à tant de grâces ! »

La belle Persienne qui s'entendoit avec Noureddin, prit le parti de Scheich Ibrahim. « Scheich Ibrahim, lui dit-elle, laissez-le dire, et ne vous contraignez pas : continuez d'en boire et réjouissez-vous. » Quelques momens après, Noureddin se versa à boire, et en versa ensuite à la belle Persienne. Comme Scheich Ibrahim vit que Noureddin ne lui en versoit pas, il prit une tasse et la lui présenta : « Et moi, dit-il, prétendez-vous que je ne boive pas aussi bien que vous ? »

À ces paroles de Scheich Ibrahim, Noureddin et la belle Persienne firent un grand éclat de rire ; Noureddin lui versa à boire, et ils continuèrent de se réjouir, de rire et de boire jusqu'à près de minuit. Environ ce temps-là, la belle Persienne s'avisa que la table n'étoit éclairée que d'une chandelle. « Scheich Ibrahim, dit-elle au bon vieillard de concierge, vous ne nous avez apporté qu'une chandelle, et voilà tant de belles bougies ; faites-nous, je vous prie, le plaisir de les allumer, que nous y voyons clair. »

Scheich Ibrahim usa de la liberté que donne le vin, lorsqu'on en a la tête échauffée ; et afin de ne pas interrompre un discours dont il entretenoit Noureddin : « Allumez-les vous-même, dit-il à cette belle personne ; cela convient mieux à une jeunesse comme vous ; mais prenez garde de n'en allumer que cinq ou six, et pour cause ; cela suffira. » La belle Persienne se leva, alla prendre une bougie qu'elle vint allumer à la chandelle qui étoit sur la table, et alluma les quatre-vingts bougies, sans s'arrêter à ce que Scheich Ibrahim lui avoit dit.

Quelque temps après, pendant que Scheich Ibrahim entretenoit la belle Persienne sur un autre sujet, Noureddin à son tour le pria de vouloir bien allumer quelques lustres. Sans prendre garde que toutes les bougies étoient allumées : « Il faut, reprit Scheich Ibrahim, que vous soyez bien paresseux, ou que vous ayez moins de vigueur que moi, si vous ne pouvez les allumer vous-même. Allez, allumez-les, mais n'en allumez que trois. » Au lieu de n'en allumer que ce nombre, il les alluma tous, et ouvrit les quatre-vingts fenêtres, à quoi Scheich Ibrahim, attaché à s'entretenir avec la belle Persienne, ne fit pas de réflexion.

Le calife Haroun Alraschild n'étoit pas encore retiré alors ; il étoit dans un salon de son palais qui avançoit jusqu'au Tigre, et qui avoit vue du côté du jardin et du pavillon des peintures. Par hasard il ouvrit une fenêtre de ce côté-là ; et il fut extrêmement étonné de voir le pavillon tout illuminé, et d'autant plus qu'à la grande clarté, il crut d'abord que le feu étoit dans la ville. Le grand visir Giafar étoit encore avec lui, et il n'attendoit que le moment que le calife se retirât pour retourner chez lui. Le calife l'appela dans une grande colère : « Visir négligent, s'écria-t-il, viens-çà, approche-toi, regarde le pavillon des peintures, et dis-moi pourquoi il est illuminé à l'heure qu'il est, que je n'y suis pas ? »

Le grand visir trembla, à cette nouvelle, de la crainte qu'il eut que cela ne fût. Il s'approcha, et il trembla davantage dès qu'il eut vu que ce que le calife lui avoit dit étoit vrai. Il falloit cependant un prétexte pour l'appaiser. « Commandeur des croyans, lui dit-il, je ne puis dire autre chose là-dessus à votre Majesté, sinon qu'il y a quatre ou cinq jours que Scheich Ibrahim vint se présenter à moi ; il me témoigna qu'il avoit dessein de faire une assemblée des ministres de sa mosquée, pour une certaine cérémonie qu'il étoit bien aise de faire sous l'heureux règne de votre Majesté. Je lui demandai ce qu'il souhaitoit que je fisse pour son service en cette rencontre ; sur quoi il me supplia d'obtenir de votre Majesté qu'il lui fût permis de faire l'assemblée et la cérémonie dans le pavillon. Je le renvoiai en lui disant qu'il le pouvoit faire, et que je ne manquerois pas d'en parler à votre Majesté : je lui demande pardon de l'avoir oublié. Scheich Ibrahim apparemment, poursuivit-il, a choisi ce jour pour la cérémonie, et en régalant les ministres de sa mosquée, il a voulu sans doute leur donner le plaisir de cette illumination. »

« Giafar, reprit le calife d'un ton qui marquoit qu'il étoit un peu appaisé, selon ce que tu viens de me dire, tu as commis trois fautes qui ne sont point pardonnables. La première, d'avoir donné à Scheich Ibrahim la permission de faire cette cérémonie dans mon pavillon : un simple concierge n'est pas un officier assez considérable pour mériter tant d'honneur ; la seconde, de ne m'en avoir point parlé, et la troisième, de n'avoir pas pénétré dans la véritable intention de ce bonhomme. En effet, je suis persuadé qu'il n'en a pas eu d'autre que de voir s'il n'obtiendroit pas une gratification pour l'aider à faire cette dépense. Tu n'y as pas songé, et je ne lui donne pas le tort de se venger de ne l'avoir pas obtenue, par la dépense plus grande de cette illumination.»

Le grand visir Giafar, joyeux de ce que le calife prenoit la chose sur ce ton, se chargea avec plaisir des fautes qu'il venoit de lui reprocher, et il avoua franchement qu'il avoit tort de n'avoir pas donné quelques pièces d'or à Scheich Ibrahim. « Puisque cela est ainsi, ajouta le calife en souriant, il est juste que tu sois puni de ces fautes ; mais la punition en sera légère. C'est que tu passeras le reste de la nuit, comme moi, avec ces bonnes gens que je suis bien aise de voir. Pendant que je vais prendre un habit de bourgeois, va te déguiser de même avec Mesrour, et venez tous deux avec moi. » Le visir Giafar voulut lui représenter qu'il étoit tard, et que la compagnie se seroit retirée avant qu'il fût arrivé ; mais il repartit qu'il vouloit y aller absolument. Comme il n'étoit rien de ce que le visir lui avoit dit, le visir fut au désespoir de cette résolution ; mais il falloit obéir, et ne pas répliquer.

Le calife sortit donc de son palais déguisé en bourgeois, avec le grand visir Giafar et Mesrour, chef des eunuques, et marcha par les rues de Bagdad, jusqu'à ce qu'il arriva au jardin. La porte étoit ouverte par la négligence de Scheich Ibrahim, qui avoit oublié de la fermer en revenant d'acheter du vin. Le calife en fut scandalisé : « Giafar, dit-il au grand visir, que veut dire que la porte est ouverte à l'heure qu'il est ? Seroit-il possible que ce fût la coutume de Scheich Ibrahim de la laisser ainsi ouverte la nuit ? J'aime mieux croire que l'embarras de la fête lui a fait commettre cette faute. »

Le calife entra dans le jardin ; et quand il fut arrivé au pavillon, comme il ne vouloit pas monter au salon avant de savoir ce qui s'y passoit, il consulta avec le grand visir s'il ne devoit pas monter sur des arbres qui en étoient plus près, pour s'en éclaircir. Mais en regardant la porte du salon, le grand visir s'aperçut qu'elle étoit entr'ouverte, et l'en avertit. Scheich Ibrahim l'avoit laissée ainsi, lorsqu'il s'étoit laissé persuader d'entrer et de tenir compagnie à Noureddin et à la belle Persienne.

Le calife abandonna son premier dessein, il monta à la porte du salon sans faire de bruit ; et la porte étoit entr'ouverte, de manière qu'il pouvoit voir ceux qui étoient dedans sans être vu. Sa surprise fut des plus grandes, quand il eut aperçu une dame d'une beauté sans égale, et un jeune homme des mieux faits, avec Scheich Ibrahim assis à table avec eux. Scheich Ibrahim tenoit la tasse à la main : « Ma belle dame, disoit-il à la belle Persienne, un bon buveur ne doit jamais boire sans chanter la chansonnette auparavant. Faites-moi l'honneur de m'écouter : en voici une des plus jolies. »

Scheich Ibrahim chanta ; et le calife en fut d'autant plus étonné, qu'il avoit ignoré jusqu'alors qu'il bût du vin, et qu'il l'avoit cru un homme sage et posé, comme il le lui avoit toujours paru. Il s'éloigna de la porte avec la même précaution qu'il s'en étoit approché, et vint au grand visir Giafar qui étoit sur l'escalier, quelques degrés au-dessous du perron : « Monte, lui dit-il, et vois si ceux qui sont là-dedans, sont des ministres de mosquée, comme tu as voulu me le faire croire. »

Du ton dont le calife prononça ces paroles, le grand visir connut fort bien que la chose alloit mal pour lui. Il monta ; et en regardant par l'ouverture de la porte, il trembla de frayeur pour sa personne, quand il eut vu les mêmes trois personnes dans la situation et dans l'état où elles étoient. Il revint au calife tout confus, et il ne sut que lui dire. « Quel désordre, lui dit le calife, que des gens aient la hardiesse de venir se divertir dans mon jardin et dans mon pavillon ; que Scheich Ibrahim leur donne entrée, les souffre, et se divertisse avec eux ! Je ne crois pas néanmoins que l'on puisse voir un jeune homme et une jeune dame mieux faits et mieux assortis. Avant de faire éclater ma colère, je veux m'éclaircir davantage, et savoir qui ils peuvent être, et à quelle occasion ils sont ici ? » Il retourna à la porte pour les observer encore, et le visir qui le suivit, demeura derrière lui pendant qu'il avoit les yeux sur eux. Ils entendirent l'un et l'autre que Scheich Ibrahim disoit à la belle Persienne : « Mon aimable dame, y a-t-il quelque chose que vous puissiez souhaiter pour rendre notre joie de cette soirée plus accomplie ? » « Il me semble, reprit la belle Persienne, que tout iroit bien, si vous aviez un instrument dont je puisse jouer, et que vous voulussiez me l'apporter. » « Madame, reprit Scheich Ibrahim, savez-vous jouer du luth ? » « Apportez, lui dit la belle Persienne, je vous le ferai voir. »

Sans aller bien loin de sa place, Scheich Ibrahim tira un luth d'une armoire, et le présenta à la belle Persienne, qui commença à le mettre d'accord. Le calife cependant se tourna du côté du grand visir Giafar : « Giafar, lui dit-il, la jeune dame va jouer du luth : si elle joue bien, je lui pardonnerai, de même qu'au jeune homme pour l'amour d'elle ; pour toi, je ne laisserai pas de te faire pendre. » « Commandeur des croyans, reprit le grand visir, si cela est ainsi, je prie donc Dieu qu'elle joue mal. » « Pourquoi cela, repartit le calife ? » « Plus nous serons de monde, répliqua le grand visir, plus nous aurons lieu de nous consoler de mourir en belle et bonne compagnie. » Le calife qui aimoit les bons mots se mit à rire de cette repartie ; et en se retournant du côté de l'ouverture de la porte, il prêta l'oreille pour entendre jouer la belle Persienne.

La belle Persienne préludoit déjà d'une manière qui fit comprendre d'abord au calife qu'elle jouoit en maître. Elle commença ensuite de chanter un air, et elle accompagna sa voix qu'elle avoit admirable, avec le luth, et elle le fit avec tant d'art et de perfection, que le calife en fut charmé.

Dès que la belle Persienne eut achevé de chanter, le calife descendit de l'escalier, et le visir Giafar le suivit. Quand il fut au bas : « De ma vie, dit-il au visir, je n'ai entendu une plus belle voix, ni mieux jouer du luth : Isaac[6], que je croyois le plus habile joueur qu'il y eût au monde, n'en approche pas. J'en suis si content, que je veux entrer pour l'entendre jouer devant moi : il s'agit de savoir de quelle manière je le ferai. »

« Commandeur des croyans, reprit le grand visir, si vous y entrez et que Scheich Ibrahim vous reconnoisse, il en mourra de frayeur. » « C'est aussi ce qui me fait de la peine, repartit le calife, et je serois fâché d'être cause de sa mort, après tant de temps qu'il me sert. Il me vient une pensée qui pourra me réussir : demeure ici avec Mesrour, et attendez dans la première allée que je revienne. »

Le voisinage du Tigre avoit donné lieu au calife d'en détourner assez d'eau par-dessus une grande voûte bien terrassée, pour former une belle pièce d'eau, où ce qu'il y avoit de plus beau poisson dans le Tigre venoit se retirer. Les pêcheurs le savoient bien, et ils eussent fort souhaité d'avoir la liberté d'y pêcher ; mais le calife avoit défendu expressément à Scheich Ibrahim de souffrir qu'aucun en approchât. Cette même nuit néanmoins un pêcheur qui passoit devant la porte du jardin depuis que le calife y étoit entré, et qui l'avoit laissée ouverte comme il l'avoit trouvée, avoit profité de l'occasion, et s'étoit coulé dans le jardin jusqu'à la pièce d'eau.

Ce pêcheur avoit jeté ses filets, et il étoit près de les tirer au moment où le calife, qui après la négligence de Scheich Ibrahim, s'étoit douté de ce qui étoit arrivé, et vouloit profiter de cette conjoncture pour son dessein, vint au même endroit. Nonobstant son déguisement, le pêcheur le reconnut, et se jeta aussitôt à ses pieds en lui demandant pardon, et en s'excusant sur sa pauvreté. « Relève-toi, et ne crains rien, reprit le calife, tire seulement tes filets, que je voie le poisson qu'il y aura. »

Le pêcheur rassuré exécuta promptement ce que le calife souhaitoit, et il amena cinq ou six beaux poissons, dont le calife choisit les deux plus gros, qu'il fit attacher ensemble par la tête avec un brin d'arbrisseau. Il dit ensuite au pêcheur : « Donne-moi ton habit, et prends le mien. » L'échange se fit en peu de momens ; et dès que le calife fut habillé en pêcheur, jusqu'à la chaussure et au turban : « Prends tes filets, dit-il au pêcheur, et va faire tes affaires. »

Quand le pêcheur fut parti, fort content de sa bonne fortune, le calife prit les deux poissons à la main, et alla retrouver le grand visir Giafar et Mesrour. Il s'arrêta devant le grand visir ; et le grand visir ne le reconnut pas. « Que demandes-tu, lui dit-il ? Va, passe ton chemin. » Le calife se mit aussitôt à rire, et le grand visir le reconnut. « Commandeur

---

[6] C'étoit un excellent joueur de luth qui vivoit à Bagdad sous le règne de ce calife.

des croyans, s'écria-t-il, est-il possible que ce soit vous ? Je ne vous reconnoissois pas, et je vous demande mille pardons de mon incivilité. Vous pouvez entrer présentement dans le salon, sans craindre que Scheich Ibrahim vous reconnoisse. » « Restez donc encore ici, lui dit-il et à Mesrour, pendant que je vais faire mon personnage. »

Le calife monta au salon, et frappa à la porte. Noureddin qui l'entendit le premier, en avertit Scheich Ibrahim ; et Sheich Ibrahim demanda qui c'étoit. Le calife ouvrit la porte ; et en avançant seulement un pas dans le salon pour se faire voir : « Scheich Ibrahim, répondit-il, je suis le pêcheur Kerim : comme je me suis aperçu que vous régaliez de vos amis, et que j'ai péché deux beaux poissons dans le moment, je viens vous demander si vous n'en avez pas besoin. »

Noureddin et la belle Persienne furent ravis d'entendre parler de poisson. « Scheich Ibrahim, dit aussitôt la belle Persienne, je vous prie, faites-nous le plaisir de le faire entrer, que nous voyions son poisson. »

Scheich Ibrahim n'étoit plus en état de demander au prétendu pêcheur comment ni par où il étoit venu, il songea seulement à plaire à la belle Persienne. Il tourna donc la tête du côté de la porte avec bien de la peine, tant il avoit bu, et dit en bégayant au calife, qu'il prenoit pour un pêcheur : « Approche, bon voleur de nuit, approche qu'on te voie. »

Le calife s'avança en contrefaisant parfaitement bien toutes les manières d'un pêcheur, et présenta les deux poissons. « Voilà de fort beau poisson, dit la belle Persienne ; j'en mangerois volontiers, s'il étoit cuit et bien accommodé. » « Madame a raison, reprit Scheich Ibrahim, que veux-tu que nous fassions de ton poisson, s'il n'est accommodé ? Va, accommode-le toi-même, et apporte-le-nous : tu trouveras de tout dans ma cuisine. »

Le calife revint trouver le grand visir Giafar. « Giafar, lui dit-il, j'ai été fort bien reçu, mais ils demandent que le poisson soit accommodé. » « Je vais l'accommoder, reprit le grand visir ; cela sera fait dans un moment. » « J'ai si fort à cœur, repartit le calife, de venir à bout de mon dessein, que j'en prendrai bien la peine moi-même. Puisque je fais si bien le pêcheur, je puis bien faire aussi le cuisinier : je me suis mêlé de la cuisine dans ma jeunesse, et je ne m'en suis pas mal acquitté. » En disant ces paroles, il avoit pris le chemin du logement de Scheich Ibrahim, et le grand visir et Mesrour le suivoient.

Ils mirent la main à l'œuvre tous trois ; et quoique la cuisine de Scheich Ibrahim ne fût pas grande, comme néanmoins il n'y manquoit rien des choses dont ils avoient besoin, ils eurent bientôt accommodé le plat de poisson. Le calife le porta ; et en le servant, il mit aussi un citron devant chacun, afin qu'ils s'en servissent, s'ils le souhaitoient. Ils mangèrent d'un grand appétit, Noureddin et la belle Persienne particulièrement ; et le calife demeura debout devant eux.

Quand ils eurent achevé, Noureddin regarda le calife : « Pêcheur, lui dit-il, on ne peut pas manger de meilleur poisson, et tu nous as fait le plus grand plaisir du monde. » Il mit la main dans son sein en même temps, et il en tira sa bourse où il y avoit trente pièces d'or, le reste des quarante que Sangiar, huissier du roi de Balsora, lui avoit données avant son départ. « Prends, lui dit-il, je t'en donnerois davantage si j'en avois : je t'eusse mis à l'abri de la pauvreté, si je t'eusse connu avant que j'eusse dépensé mon patrimoine ; ne laisse pas de le recevoir d'aussi bon cœur que si le présent étoit beaucoup plus considérable. »

Le calife prit la bourse ; et en remerciant Noureddin, comme il sentit que c'étoit de l'or qui étoit dedans : « Seigneur, lui dit-il, je ne puis assez vous remercier de votre libéralité. On est bien heureux d'avoir affaire à d'honnêtes gens comme vous ; mais avant de me retirer, j'ai une prière à vous faire, que je vous supplie de m'accorder. Voilà un luth qui me fait connoître que madame en sait jouer. Si vous pouviez obtenir d'elle qu'elle me fît la grâce de jouer un air, je m'en retournerois le plus content du monde : c'est un instrument que j'aime passionnément. »

« Belle Persienne, dit aussitôt Noureddin en s'adressant à elle, je vous demande cette grâce, j'espère que vous ne me refuserez pas. » Elle prit le luth ; et après l'avoir accordé en peu de momens, elle joua et chanta un air qui enleva le calife. En achevant, elle continua de jouer sans chanter ; et elle le fit avec tant de force et d'agrément, qu'il fut ravi comme en extase.

Quand la belle Persienne eut cessé de jouer : « Ah, s'écria le calife, quelle voix, quelle main et quel jeu ! A-t-on jamais mieux chanté, mieux joué du luth ? Jamais on n'a rien vu ni entendu de pareil ! »

Noureddin, accoutumé de donner ce qui lui appartenoit à tous ceux qui en faisoient les louanges : « Pêcheur, reprit-il, je vois bien que tu t'y connois ; puisqu'elle te plaît si fort, c'est à toi, et je t'en fais présent. » En même temps il se leva, prit sa robe qu'il avoit quittée, et il voulut partir et laisser le calife, qu'il ne connoissoit que pour un pêcheur, en possession de la belle Persienne.

La belle Persienne, extrêmement étonnée de la libéralité de Noureddin, le retint : « Seigneur, lui dit-elle en le regardant tendrement, où prétendez-vous donc aller ? Remettez-vous à votre place, je vous en supplie, et écoutez ce que je vais jouer et chanter. » Il fit ce qu'elle souhaitoit ; et alors, en touchant le luth, et en le regardant les larmes aux yeux, elle chanta des vers qu'elle fit sur-le-champ, et elle lui reprocha vivement le peu d'amour qu'il avoit pour elle, puisqu'il l'abandonnoit si facilement à Kerim, et avec tant de dureté ; elle vouloit dire, sans s'expliquer davantage, à un pêcheur tel que Kerim, qu'elle ne connoissoit pas pour le calife non plus que lui. En achevant, elle posa le luth près d'elle, et porta son mouchoir au visage pour cacher ses larmes qu'elle ne pouvoit retenir.

Noureddin ne répondit pas un mot à ces reproches, et il marqua par son silence qu'il ne se repentoit pas de la donation qu'il avoit faite. Mais le calife surpris de ce qu'il venoit d'entendre, lui dit : « Seigneur, à ce que je vois, cette dame si belle, si rare, si admirable, dont vous venez de me faire présent avec tant de générosité, est votre esclave, et vous êtes son maître. » « Cela est vrai, Kerim, reprit Noureddin, et tu serois beaucoup plus étonné que tu ne le parois, si je te racontois toutes les disgrâces qui me sont arrivées à son occasion. » « Eh, de grâce, Seigneur, repartit le calife, en s'acquittant toujours fort bien du personnage du pêcheur, obligez-moi de me faire part de votre histoire. »

Noureddin qui venoit de faire pour lui d'autres choses de plus grande conséquence, quoiqu'il ne le regardât que comme pêcheur, voulut bien avoir encore cette complaisance. Il lui raconta toute son histoire, à commencer par l'achat que le visir son père avoit fait de la belle Persienne pour le roi de Balsora, et n'omit rien de ce qu'il avoit fait, et de tout ce qui lui étoit arrivé, jusqu'à son arrivée à Bagdad avec elle, et jusqu'au moment où il lui parloit.

Quand Noureddin eut achevé : « Et présentement où allez-vous, demanda le calife ? » « Où je vais, répondit-il ? Où Dieu me conduira. » « Si vous me croyez, reprit le calife, vous n'irez pas plus loin : il faut au contraire que vous retourniez à Balsora. Je vais vous donner un mot de lettre que vous donnerez au roi de ma part ; vous verrez qu'il vous recevra fort bien, dès qu'il l'aura lue, et que personne ne vous dira mot. »

« Kerim, repartit Noureddin, ce que tu me dis est bien singulier : jamais on n'a dit qu'un pêcheur comme toi ait eu correspondance avec un roi ! » « Cela ne doit pas vous étonner, répliqua le calife : nous avons fait nos études ensemble sous les mêmes maitres, et nous avons toujours été les meilleurs amis du monde. Il est vrai que la fortune ne nous a pas été également favorable ; elle l'a fait roi, et moi pêcheur ; mais cette inégalité n'a pas diminué notre amitié. Il a voulu me tirer hors de mon état avec tous les empressemens imaginables. Je me suis contenté de la considération qu'il a de ne me rien refuser de tout ce que je lui demande pour le service de mes amis : laissez-moi faire, et vous en verrez le succès. »

Noureddin consentit à ce que le calife voulut. Comme il y avoit dans le salon de tout ce qu'il falloit pour écrire, le calife écrivit cette lettre au roi de Balsora, au haut de laquelle, presque sur l'extrémité du papier, il ajouta cette formule en très-petits caractères : AU NOM DE DIEU TRES-

MISERICORDIEUX, pour marquer qu'il vouloit être obéi absolument.

LETTRE DU CALIFE HAROUN ALRASCHILD, AU ROI DE BALSORA.

« Haroun Alraschild, fils de Mahdi, envoie cette lettre à Mohammed Zinebi, son cousin. Dès que Noureddin, fils du visir Khacan, porteur de cette lettre, te l'aura rendue, et que tu l'auras lue, à l'instant dépouille-toi du manteau royal, mets-le-lui sur les épaules, et le fais asseoir à ta place, et n'y manque pas. Adieu. »

Le calife plia et cacheta la lettre, et sans dire à Noureddin ce qu'elle contenoit : « Tenez, lui dit-il, et allez vous embarquer incessamment sur un bâtiment qui va partir bientôt, comme il en part un chaque jour à la même heure ; vous dormirez quand vous serez embarqué. » Noureddin prit la lettre, et partit avec le peu d'argent qu'il avoit sur lui quand l'huissier Sangiar lui avoit donné sa bourse ; et la belle Persienne, inconsolable de son départ, se retira à part sur le sofa, et fondit en pleurs.

À peine Noureddin étoit sorti du salon, que Scheich Ibrahim qui avoit gardé le silence pendant tout ce qui venoit de se passer, regarda le calife, qu'il prenoit toujours pour le pêcheur Kerim : « Écoute, Kerim, lui dit-il, tu nous es venu apporter ici deux poissons qui valent bien vingt pièces de monnoie de cuivre au plus ; et pour cela on t'a donné une bourse et une esclave ; penses-tu que tout cela sera pour toi ? Je te déclare que je veux avoir l'esclave par moitié. Pour ce qui est de la bourse, montre-moi ce qu'il y a dedans ; si c'est de l'argent, tu en prendras une pièce pour toi ; et si c'est de l'or, je te prendrai tout, et je te donnerai quelques pièces de cuivre qui me restent dans ma bourse. »

Pour bien entendre ce qui va suivre, dit ici Scheherazade en s'interrompant, il est à remarquer qu'avant de porter au salon le plat de poisson accommodé, le calife avoit chargé le grand visir Giafar d'aller en diligence jusqu'au palais, pour lui amener quatre valets-de-chambre avec un habit, et de venir attendre de l'autre côté du pavillon, jusqu'à ce qu'il frappât des mains par une des fenêtres. Le grand visir s'étoit acquitté de cet ordre ; et lui et Mesrour, avec les quatre valets-de-chambre, attendoient au lieu marqué qu'il donnât le signal.

Je reviens à mon discours, ajouta la sultane. Le calife, toujours sous le personnage du pêcheur, répondit hardiment à Scheich Ibrahim : « Scheich Ibrahim, je ne sais pas ce qu'il y a dans la bourse : argent ou or, je le partagerai avec vous par moitié de très-bon cœur ; pour ce qui est de l'esclave, je veux l'avoir à moi seul. Si vous ne voulez pas vous en tenir aux conditions que je vous propose, vous n'aurez rien. »

Scheich Ibrahim emporté de colère à cette insolence, comme il la regardoit dans un pêcheur à son égard, prit une des porcelaines qui étoient sur la table, et la jeta à la tête du calife. Le calife n'eut pas de peine à éviter la porcelaine jetée par un homme pris de vin ; elle alla donner contre le mur où elle se brisa en plusieurs morceaux. Scheich Ibrahim plus emporté qu'auparavant, après avoir manqué son coup, prend la chandelle qui étoit sur la table, se lève en chancelant, et descend par un escalier dérobé pour aller chercher une canne.

Le calife profita de ce temps-là, et frappa des mains à une des fenêtres. Le grand visir, Mesrour, et les quatre valets-de-chambre furent à lui en un moment, et les valets-de-chambre lui eurent bientôt ôté l'habit de pêcheur, et mis celui qu'ils lui avoient apporté. Ils n'avoient pas encore achevé, et ils étoient occupés autour du calife qui étoit assis sur le trône qu'il avoit dans le salon, que Scheich Ibrahim animé par l'intérêt rentra avec une grosse canne à la main dont il se promettoit de bien régaler le prétendu pêcheur. Au lieu de le rencontrer des yeux, il aperçut son habit au milieu du salon, et il vit le calife assis sur son trône, avec le grand visir et Mesrour à ses côtés. Il s'arrêta à ce spectacle, et douta s'il étoit éveillé ou s'il dormoit. Le calife se mit à rire de son étonnement : « Scheich Ibrahim, lui dit-il, que veux-tu ? Que cherches-tu ? »

Scheich Ibrahim, qui ne pouvoit plus douter que ce ne fût le calife, se jeta aussitôt à ses pieds, la face et sa longue barbe contre terre. « Commandeur des croyans, s'écria-t-il, votre vil esclave vous a offensé, il implore votre clémence, et vous en demande mille pardons. » Comme les valets-de-chambre eurent achevé de l'habiller en ce moment, il lui dit en descendant de son trône : « Leve-toi, je te pardonne. »

Le calife s'adressa ensuite à la belle Persienne, qui avoit suspendu sa douleur dès qu'elle se fut aperçue que le jardin et le pavillon appartenoient à ce prince, et non pas à Scheich Ibrahim, comme Scheich Ibrahim l'avoit dissimulé, et que c'étoit lui-même qui s'étoit déguisé en pêcheur. « Belle Persienne, lui dit-il, levez-vous et suivez-moi. Vous devez connoître ce que je suis, après ce que vous venez de voir, et que je ne suis pas d'un rang à me prévaloir du présent que Noureddin m'a fait de votre personne avec une générosité qui n'a point de pareille. Je l'ai envoyé à Balsora pour y être roi, et je vous y enverrai pour être reine, dès que je lui aurai fait tenir les dépêches nécessaires pour son établissement. Je vais en attendant vous donner un appartement dans mon palais, où vous serez traitée selon votre mérite. »

Ce discours rassura et consola la belle Persienne par un endroit bien sensible ; et elle se dédommagea pleinement de son affliction, par la joie d'apprendre que Noureddin qu'elle aimoit passionnément, venoit d'être élevé à une si haute dignité. Le calife exécuta la parole qu'il venoit de lui donner : il la recommanda même à Zobéide sa femme, après qu'il lui eut fait part de la considération qu'il venoit d'avoir pour Noureddin.

Le retour de Noureddin à Balsora fut plus heureux et plus avancé de quelques jours qu'il n'eût été à souhaiter pour son bonheur. Il ne vit ni parent ni ami en arrivant ; il alla droit au palais du roi, et le roi donnoit audience. Il fendit la presse en tenant la lettre, la main élevée ; on lui fit place, et il la présenta. Le roi la reçut, l'ouvrit, et changea de couleur en la lisant. Il la baisa par trois fois ; et il alloit exécuter l'ordre du calife, lorsqu'il s'avisa de la montrer au visir Saouy, ennemi irréconciliable de Noureddin.

Saouy qui avoit reconnu Noureddin, et qui cherchoit en lui-même avec grande inquiétude à quel dessein il étoit venu, ne fut pas moins surpris que le roi, de l'ordre que la lettre contenoit. Comme il n'y étoit pas moins intéressé, il imagina en un moment le moyen d'éluder. Il fit semblant de ne l'avoir pas bien lue ; et pour la lire une seconde fois, il se tourna un peu de côté, comme pour chercher un meilleur jour. Alors, sans que personne s'en aperçût et sans qu'il y parût, à moins de regarder de bien près, il arracha adroitement la formule du haut de la lettre, qui marquait que le calife vouloit être obéi absolument, la porta à la bouche et l'avala.

Après une si grande méchanceté, Saouy se tourna du côté du roi, lui rendit la lettre ; et en parlant bas : « Hé bien, Sire, lui demanda-t-il, quelle est l'intention de votre Majesté ? » « De faire ce que le calife me commande, répondit le roi. » « Gardez-vous-en bien, Sire, reprit le méchant visir ; c'est bien là l'écriture du calife, mais la formule n'y est pas. » Le roi l'avoit fort bien remarquée ; mais dans le trouble où il étoit, il s'imagina qu'il s'étoit trompé quand il ne la vit plus.

« Sire, continua le visir, il ne faut pas douter que le calife n'ait accordé cette lettre à Noureddin, sur les plaintes qu'il lui est allé faire contre votre Majesté et contre moi, pour se débarrasser de lui ; mais il n'a pas entendu que vous exécutiez ce qu'elle contient. De plus, il est à considérer qu'il n'a pas envoyé un exprès avec la patente, sans quoi elle est inutile. On ne dépose pas un roi comme votre Majesté, sans cette formalité : un autre que Noureddin pourroit venir de même avec une fausse lettre ; cela ne s'est jamais pratiqué. Sire, votre Majesté peut s'en reposer sur ma parole, et je prends sur moi tout le mal qui peut en arriver. »

Le roi Zinebi se laissa persuader, et abandonna Noureddin à la discrétion du visir Saouy, qui l'emmena chez lui avec main-forte. Dès qu'il fut arrivé, il lui fit donner la bastonnade, jusqu'à ce qu'il demeurât comme mort ; et dans cet état il le fit porter en prison, où il demanda qu'on le mît dans le cachot le plus obscur et le plus profond, avec ordre au geôlier de ne lui donner que du pain et de l'eau.

Quand Noureddin, meurtri de coups, fut revenu à lui, et qu'il se vit dans ce cachot, il poussa des cris pitoyables en déplorant son malheureux sort : « Ah, pêcheur, s'écria-t-il, que tu m'as trompé, et que j'ai été facile à te croire ! Pouvois-je m'attendre à une destinée si cruelle, après le bien que je t'ai fait ! Dieu te bénisse néanmoins ; je ne puis croire que ton intention ait été mauvaise, et j'aurai patience jusqu'à la fin de mes maux. »

L'affligé Noureddin demeura dix jours entiers dans cet état, et le visir Saouy n'oublia pas qu'il l'y avoit fait mettre. Résolu à lui faire perdre la vie honteusement, il n'osa l'entreprendre de son autorité. Pour réussir dans son pernicieux dessein, il chargea plusieurs de ses esclaves de riches présens, et alla se présenter au roi à leur tête : « Sire, lui dit-il avec une malice noire, voilà ce que le nouveau roi supplie votre Majesté de vouloir bien agréer à son avènement à la couronne. »

Le roi comprit ce que Saouy vouloit lui faire entendre. « Quoi, reprit-il, ce malheureux vit-il encore ? Je croyois que tu l'avois fait mourir. » « Sire, repartit Saouy, ce n'est pas à moi qu'il appartient de faire ôter la vie à personne ; c'est à votre Majesté. » « Va, répliqua le roi, fais-lui couper le cou, je t'en donne la permission. » « Sire, dit alors Saouy, je suis infiniment obligé à votre Majesté de la justice qu'elle me rend. Mais comme Noureddin m'a fait si publiquement l'affront qu'elle n'ignore pas, je lui demande en grâce de vouloir bien que l'exécution s'en fasse devant le palais, et que les crieurs aillent l'annoncer dans tous les quartiers de la ville, afin que personne n'ignore que l'offense qu'il m'a faite, aura été pleinement réparée. » Le roi lui accorda ce qu'il demandoit ; et les crieurs en faisant leur devoir, répandirent une tristesse générale dans toute la ville. La mémoire toute récente des vertus du père, fit qu'on n'apprit qu'avec indignation qu'on alloit faire mourir le fils ignominieusement, à la sollicitation et par la méchanceté du visir Saouy.

Saouy alla en prison en personne, accompagné d'une vingtaine de ses esclaves, ministres de sa cruauté. On lui amena Noureddin, et il le fit monter sur un méchant cheval sans selle. Dès que Noureddin se vit livré entre les mains de son ennemi : « Tu triomphes, lui dit-il, et tu abuses de ta puissance ; mais j'ai confiance dans la vérité de ces paroles d'un de nos livres : « Vous jugez injustement ; et dans peu vous serez jugé vous-même. »

Le visir Saouy qui triomphoit véritablement en lui-même : « Quoi, insolent, reprit-il, tu oses m'insulter encore ! Va, je te le pardonne ; il arrivera ce qu'il pourra, pourvu que je t'aie vu couper le cou à la vue de tout Balsora. Tu dois savoir aussi ce que dit un autre de nos livres : « Qu'importe de mourir le lendemain de la mort de son ennemi ? »

Ce ministre implacable dans sa haine et dans son inimitié, environné d'une partie de ses esclaves armés, fit conduire Noureddin devant lui par les autres, et prit le chemin du palais. Le peuple fut sur le point de se jeter sur lui, et il l'eût lapidé, si quelqu'un eût commencé de donner l'exemple. Quand il l'eut mené jusqu'à la place du palais, à la vue de l'appartement du roi, il le laissa entre les mains du bourreau, et il alla se rendre près du roi qui étoit déjà dans son cabinet, prêt à repaître ses yeux avec lui du sanglant spectacle qui se préparoit.

La garde du roi et les esclaves du visir Saouy qui faisoient un grand cercle autour de Noureddin, eurent beaucoup de peine à contenir la populace, qui faisoit tous les efforts possibles, mais inutilement, pour les forcer, les rompre et l'enlever. Le bourreau s'approcha de lui : « Seigneur, lui dit-il, je vous supplie de me pardonner votre mort ; je ne suis qu'un esclave, et je ne puis me dispenser de faire mon devoir : à moins que vous n'ayez besoin de quelque chose, mettez-vous, s'il vous plait, en état ; le roi va me commander de frapper. »

« Dans ce moment si cruel, quelque personne charitable, dit le désolé Noureddin, en tournant la tête à droite et à gauche, ne voudroit-elle pas me faire la grâce de m'apporter de l'eau pour étancher ma soif ? » On en apporta un vase à l'instant, que l'on fit passer jusqu'à lui de main en main. Le visir Saouy qui s'aperçut de ce retardement, cria au bourreau de la fenêtre du cabinet du roi où il étoit : « Qu'attends-tu ? Frappe. » À ces paroles barbares et pleines d'inhumanité, toute la place retentit de vives imprécations contre lui ; et le roi, jaloux de son autorité, n'approuva pas cette hardiesse en sa présence, comme il le fit paroître en criant que l'on attendit. Il en eut une autre raison : c'est qu'en ce moment il leva les jeux vers une grande rue qui étoit devant lui, et qui aboutissoit à la place, et qu'il aperçut au milieu une troupe de cavaliers qui accouroient à toute bride. « Visir, dit-il aussitôt à Saouy, qu'est-ce que cela ? Regarde. » Saouy qui se douta de ce que ce pouvoit être, pressa le roi de donner le signal au bourreau. « Non, reprit le roi ; je veux savoir auparavant qui sont ces cavaliers. » C'étoit le grand visir Giafar avec sa suite, qui venoit de Bagdad en personne, de la part du calife.

Pour savoir le sujet de l'arrivée de ce ministre à Balsora, nous remarquerons qu'après le départ de Noureddin avec la lettre du calife, le calife ne s'étoit pas souvenu le lendemain, ni même plusieurs jours après, d'envoyer un exprès avec la patente dont il avoit parlé à la belle

Persienne. Il étoit dans le palais intérieur qui étoit celui des femmes ; et en passant devant un appartement, il entendit une très-belle voix ; il s'arrêta, et il n'eut pas plutôt entendu quelques paroles qui marquoient de la douleur pour une absence, qu'il demanda à un officier des eunuques qui le suivoit, qui étoit la femme qui demeuroit dans l'appartement ? L'officier répondit que c'étoit l'esclave du jeune seigneur qu'il avoit envoyé à Balsora pour être roi à la place de Mohammed Zinebi.

« Ah, pauvre Noureddin, fils de Khacan, s'écria aussitôt le calife, je t'ai bien oublié ! Vite, ajouta-t-il, qu'on me fasse venir Giafar incessamment. » Ce ministre arriva. « Giafar, lui dit le calife, je ne me suis pas souvenu d'envoyer la patente pour faire reconnoître Noureddin roi de Balsora. Il n'y a pas de temps pour la faire expédier ; prends du monde et des chevaux, et rends-toi à Balsora en diligence. Si Noureddin n'est plus au monde, et qu'on l'ait fait mourir, fais pendre le visir Saouy ; s'il n'est pas mort, amene-le-moi avec le roi et ce visir. »

Le grand visir Giafar ne se donna que le temps qu'il falloit pour monter à cheval, et il partit aussitôt avec un bon nombre d'officiers de sa maison. Il arriva à Balsora de la manière et dans le temps que nous avons remarqué. Dès qu'il entra dans la place, tout le monde s'écarta pour lui faire place, en criant grâce pour Noureddin ; et il entra dans le palais du même train jusqu'à l'escalier, où il mit pied à terre.

Le roi de Balsora qui avoit reconnu le premier ministre du calife, alla au-devant de lui et le reçut à l'entrée de son appartement. Le grand visir demanda d'abord si Noureddin vivoit encore, et s'il vivoit, qu'on le fît venir. Le roi répondit qu'il vivoit, et donna ordre qu'on l'amenât. Comme il parut bientôt, mais lié et garrotté, il le fit délier et mettre en liberté, et commanda qu'on s'assurât du visir Saouy, et qu'on le liât des mêmes cordes.

Le grand visir Giafar ne coucha qu'une nuit à Balsora ; il repartit le lendemain ; et, selon l'ordre qu'il avoit, il emmena avec lui Saouy, le roi de Balsora, et Noureddin. Quand il fut arrivé à Bagdad, il les présenta au calife ; et après qu'il lui eut rendu compte de son voyage, et particulièrement de l'état où il avoit trouvé Noureddin, et du traitement qu'on lui avoit fait par le conseil et l'animosité de Saouy, le calife proposa à Noureddin de couper la tête lui-même au visir Saouy. « Commandeur des croyans, reprit Noureddin, quelque mal que m'ait fait ce méchant homme, et qu'il ait tâché de faire à feu mon père, je m'estimerois le plus infâme de tous les hommes, si j'avois trempé mes mains dans son sang. » Le calife lui sut bon gré de sa générosité, et il fit faire cette justice par la main du bourreau.

Le calife voulut envoyer Noureddin à Balsora pour y régner ; mais

Noureddin le supplia de vouloir l'en dispenser. « Commandeur des croyans, reprit-il, la ville de Balsora me sera désormais dans une aversion si grande après ce qui m'y est arrivé, que j'ose supplier votre Majesté d'avoir pour agréable que je tienne le serment que j'ai fait de n'y retourner de ma vie. Je mettrois toute ma gloire à lui rendre mes services près de sa personne, si elle avoit la bonté de m'en accorder la grâce. » Le calife le mit au nombre de ses courtisans les plus intimes, lui rendit la belle Persienne, et lui fit de si grands biens, qu'ils vécurent ensemble jusqu'à la mort, avec tout le bonheur qu'ils pouvoient souhaiter.

Pour ce qui est du roi de Balsora, le calife se contenta de lui avoir fait connoître combien il devoit être attentif au choix qu'il faisoit des visirs, et le renvoya dans son royaume.

HISTOIRE DE BEDER, PRINCE DE PERSE, ET DE GIAUHARE, PRINCESSE DU ROYAUME DE SAMANDAL.

LA Perse est une partie de la terre de si grande étendue, que ce n'est pas sans raison que ses anciens rois ont porté le titre superbe de rois des rois. Autant qu'il y a de provinces, sans parler de tous les autres royaumes qu'ils avoient conquis, autant il y avoit de rois. Ces rois ne leur payoient pas seulement de gros tributs, ils leur étoient même aussi soumis que les gouverneurs le sont aux rois de tous les autres royaumes.

Un de ces rois qui avoit commencé son règne par d'heureuses et de grandes conquêtes, régnoit il y avoit de longues années, avec un bonheur et une tranquillité qui le rendoient le plus satisfait de tous les monarques. Il n'y avoit qu'un seul endroit par où il s'estimoit malheureux, c'est qu'il étoit fort âgé, et que de toutes ses femmes il n'y en avoit pas une qui lui eût donné un prince pour lui succéder après sa mort. Il en avoit cependant plus de cent, toutes logées magnifiquement et séparément, avec des femmes esclaves pour les servir, et des eunuques pour les garder. Malgré tous ces soins à les rendre contentes et à prévenir leurs désirs, aucune ne remplissoit son attente. On lui en amenoit souvent des pays les plus éloignés ; et il ne se contentoit pas de les payer, sans faire de prix, dès qu'elles lui agréoient, il combloit encore les marchands d'honneurs, de bienfaits et de bénédictions pour en attirer d'autres, dans l'espérance qu'enfin il auroit un fils de quelqu'une. Il n'y avoit pas aussi de bonnes œuvres qu'il ne fit pour fléchir le ciel. Il faisoit des aumônes immenses aux pauvres, de grandes largesses aux plus dévots de sa religion, et de nouvelles fondations toutes royales en leur faveur, afin d'obtenir par leurs prières ce qu'il souhaitoit si ardemment.

Un jour que selon la coutume pratiquée tous les jours par les rois ses prédécesseurs, lorsqu'ils étoient de résidence dans leur capitale, il tenoit l'assemblée de ses courtisans, où se trouvoient tous les ambassadeurs et tous les étrangers de distinction qui étoient à sa cour, où l'on s'entretenoit non pas de nouvelles qui regardoient l'état, mais de sciences, d'histoire, de littérature, de poésie et de toute autre chose capable de recréer l'esprit agréablement ; ce jour-là, dis-je, un eunuque vint lui annoncer qu'un marchand, qui venoit d'un pays très-éloigné avec une esclave qu'il lui amenoit, demandoit la permission de la lui faire voir. « Qu'on le fasse entrer et qu'on le place, dit le roi ; je lui parlerai après l'assemblée. » On introduisit le marchand, et on le plaça dans un endroit d'où il pouvoit voir le roi à son aise, et l'entendre parler familièrement avec ceux qui étoient le plus près de sa personne.

Le roi en usoit ainsi avec tous les étrangers qui dévoient lui parler, et il le faisoit exprès, afin qu'ils s'accoutumassent à le voir, et qu'en le voyant parler aux uns et aux autres avec familiarité et avec bonté, ils prissent la confiance de lui parler de même, sans se laisser surprendre par l'éclat et la grandeur dont il étoit environné, capable d'ôter la parole à ceux qui n'y auroient pas été accoutumés. Il le pratiquoit même à l'égard des ambassadeurs ; d'abord il mangeoit avec eux, et pendant le repas, il s'informoit de leur santé, de leur voyage et des particularités de leur pays. Cela leur donnoit de l'assurance auprès de sa personne, et ensuite il leur donnoit audience.

Quand l'assemblée fut finie, que tout le monde se fut retiré, et qu'il ne resta plus que le marchand, le marchand se prosterna devant le trône du roi, la face contre terre, et lui souhaita l'accomplissement de tous ses désirs. Dès qu'il se fut relevé, le roi lui demanda s'il étoit vrai qu'il lui eût amené une esclave, comme on le lui avoit dit, et si elle étoit belle ?

« Sire, répondit le marchand, je ne doute pas que votre Majesté n'en ait de très-belles, depuis qu'on lui en cherche dans tous les endroits du monde avec tant de soin ; mais je puis assurer sans craindre de trop priser ma marchandise, qu'elle n'en a pas encore vu une qui puisse entrer en concurrence avec elle, si l'on considère sa beauté, sa belle taille, ses agrémens et toutes les perfections dont elle est partagée. » « Où est-elle, reprit le roi ? Amène-la-moi. » « Sire, repartit le marchand, je l'ai laissée entre les mains d'un officier de vos eunuques ; votre Majesté peut commander qu'on la fasse venir. »

On amena l'esclave ; et dès que le roi la vit, il en fut charmé à la considérer seulement par sa taille belle et dégagée. Il entra aussitôt dans un cabinet où le marchand le suivit avec quelques eunuques. L'esclave avoit un voile de satin rouge rayé d'or, qui lui cachoit le visage. Le marchand le lui ôta, et le roi de Perse vit une dame qui surpassoit en beauté toutes celles qu'il avoit alors et qu'il avoit jamais eues. Il en devint passionnément amoureux dès ce moment, et il demanda au marchand combien il la vouloit vendre.

« Sire, répondit le marchand, j'en ai donné mille pièces d'or à celui qui me l'a vendue, et je compte que j'en ai déboursé autant depuis trois ans que je suis en voyage pour arriver à votre cour. Je me garderai bien de la mettre à prix à un si grand monarque : je supplie votre Majesté de la recevoir en présent, si elle lui agrée. » « Je te suis obligé, reprit le roi ; ce n'est pas ma coutume d'en user ainsi avec les marchands qui viennent de si loin dans la vue de me faire plaisir : je vais te faire compter dix mille pièces d'or. Seras-tu content ? »

« Sire, repartit le marchand, je me fusse estimé très-heureux si votre Majesté eût bien voulu l'accepter pour rien ; mais je n'ose refuser une si grande libéralité. Je ne manquerai pas de la publier dans mon pays et dans tous les lieux par où je passerai. » La somme lui fut comptée ; et avant qu'il se retirât, le roi le fit revêtir en sa présence d'une robe de brocard d'or.

Le roi fit loger la belle esclave dans l'appartement le plus magnifique après le sien, et lui assigna plusieurs matrones et autres femmes esclaves pour la servir, avec ordre de lui faire prendre le bain, de l'habiller d'un habit le plus magnifique qu'elles pussent trouver, et de se faire apporter les plus beaux colliers de perles et les diamans les plus fins, et autres pierreries les plus riches, afin qu'elle choisît elle-même ce qui lui conviendroit le mieux.

Les matrones officieuses, qui n'avoient autre attention que de plaire au roi, furent elles-mêmes ravies en admiration de la beauté de l'esclave. Comme elles s'y connoissoient parfaitement bien : « Sire, lui dirent-elles, si votre Majesté a la patience de nous donner seulement trois jours, nous nous engageons à la lui faire voir alors si fort au-dessus de ce qu'elle est présentement, qu'elle ne la reconnoîtra plus. » Le roi eut bien de la peine à se priver si long-temps du plaisir de la posséder entièrement. « Je le veux bien, reprit-il, mais à la charge que vous me tiendrez votre promesse. »

La capitale du roi de Perse étoit située dans une isle, et son palais qui étoit très-superbe étoit bâti sur le bord de la mer. Comme son appartement avoit vue sur cet élément, celui de la belle esclave, qui n'étoit pas éloigné du sien, avoit aussi la même vue ; et elle étoit d'autant plus agréable, que la mer battoit presque au pied des murailles.

Au bout de trois jours, la belle esclave parée et ornée magnifiquement, étoit seule dans sa chambre assise sur un sofa, et appuyée à une des fenêtres qui regardoit la mer, lorsque le roi, averti qu'il pouvoit la voir, y entra. L'esclave qui entendit que l'on marchoit dans sa chambre d'un autre air que les femmes qui l'avoient servie jusqu'alors, tourna aussitôt la tête pour voir qui c'étoit. Elle reconnut le roi ; mais sans en témoigner la moindre surprise, sans même se lever pour lui faire civilité et pour le recevoir, comme s'il eût été la personne du monde la plus indifférente, elle se remit à la fenêtre comme auparavant.

Le roi de Perse fut extrêmement étonné de voir qu'une esclave si belle et si bien faite, sût si peu ce que c'étoit que le monde. Il attribua ce défaut à la mauvaise éducation qu'on lui avoit donnée, et au peu de soin qu'on avoit pris de lui apprendre les premières bienséances. Il s'avança vers elle jusqu'à la fenêtre, où nonobstant la manière et la froideur avec laquelle elle venoit de le recevoir, elle se laissa regarder, admirer, et même caresser et embrasser autant qu'il le souhaita.

Entre ces caresses et ces embrassemens, ce monarque s'arrêta pour la regarder, ou plutôt pour la dévorer des yeux. « Ma toute belle, ma charmante, ma ravissante, s'écria-t-il, dites-moi, je vous prie, d'où vous venez, d'où sont et qui sont l'heureux père et l'heureuse mère qui ont mis au monde un chef-d'œuvre de la nature aussi surprenant que vous êtes ? Que je vous aime et que je vous aimerai ! Jamais je n'ai senti pour une femme ce que je sens pour vous ; j'en ai cependant bien vues, et j'en vois encore un grand nombre tous les jours ; mais jamais je n'ai vu tant de charmes tout à-la-fois qui m'enlèvent à moi-même pour me donner tout à vous. Mon cher cœur, ajoutoit-il, vous ne me répondez rien ; vous ne me faites même connoître par aucune marque que vous soyez sensible à tant de témoignages que je vous donne de mon amour extrême ; vous ne détournez pas même les yeux pour donner aux miens le plaisir de les rencontrer et de vous convaincre qu'on ne peut pas aimer plus que je vous aime. Pourquoi gardez-vous ce grand silence qui me glace ? D'où vient ce sérieux, ou plutôt cette tristesse qui m'afflige ? Regrettez-vous votre pays, vos parens, vos amis ? Hé quoi, un roi de Perse qui vous aime, qui vous adore, n'est-il pas capable de vous consoler et de vous tenir lieu de toute chose au monde ? »

Quelques protestations d'amour que le roi de Perse fît à l'esclave, et quoi qu'il pût dire pour l'obliger d'ouvrir la bouche et de parler, l'esclave demeura dans un froid surprenant, les yeux toujours baissés, sans les lever pour le regarder, et sans proférer une seule parole.

Le roi de Perse ravi d'avoir fait une action dont il étoit si content, ne la pressa pas davantage, dans l'espérance que le bon traitement qu'il lui feroit, la feroit changer. Il frappa des mains, et aussitôt plusieurs femmes entrèrent, à qui il commanda de faire servir le souper. Dès que l'on eut servi : « Mon cœur, dit-il à l'esclave, approchez-vous et venez souper avec moi. » Elle se leva de la place où elle étoit ; et quand elle fut assise vis-à-vis du roi, le roi la servit avant qu'il commençât de manger, et la servit de même à chaque plat pendant le repas. L'esclave mangea comme lui, mais toujours les yeux baissés, sans répondre un seul mot chaque fois qu'il lui demandoit si les mets étoient de son goût.

Pour changer de discours, le roi lui demanda comment elle s'appeloit, si elle étoit contente de son habillement, des pierreries dont elle étoit ornée, ce qu'elle pensoit de son appartement et de l'ameublement, et si la vue de la mer la divertissoit ; mais sur toutes ces demandes, elle garda le même silence, dont il ne savoit plus que penser. Il s'imagina que peut-être elle étoit muette. « Mais, disoit-il en lui-même, seroit-il possible que Dieu eût formé une créature si belle, si parfaite et si accomplie, et qu'elle eût un si grand défaut ? Ce seroit un grand dommage ! Avec cela, je ne pourrois m'empêcher de l'aimer comme je l'aime. »

Quand le roi se fut levé de table, il se lava les mains d'un côté, pendant que l'esclave se les lavoit de l'autre. Il prit ce temps-là pour demander aux femmes qui lui présentoient le bassin et la serviette, si elle leur avoit parlé. Celle qui prit la parole, lui répondit : « Sire, nous ne l'avons ni vue ni entendue parler plus que votre Majesté vient de le voir elle-même. Nous lui avons rendu nos services dans le bain ; nous l'avons peignée, coiffée, habillée dans sa chambre, et jamais elle n'a ouvert la bouche pour nous dire, cela est bien, je suis contente. Nous lui demandions, madame, n'avez-vous besoin de rien ? Souhaitez-vous quelque chose ? Demandez, commandez-nous. Nous ne savons si c'est mépris, affliction, bêtise, ou qu'elle soit muette : nous n'avons pu tirer d'elle une seule parole ; c'est tout ce que nous pouvons dire à votre Majesté. »

Le roi de Perse fut plus surpris qu'auparavant sur ce qu'il venoit d'entendre. Comme il crut que l'esclave pouvoit avoir quelque sujet d'affliction, il voulut essayer de la réjouir ; pour cela, il fit une assemblée de toutes les dames de son palais. Elles vinrent ; et celles qui savoient jouer des instrumens en jouèrent, et les autres chantèrent ou dansèrent, ou firent l'un et l'autre tout à-la-fois ; elles jouèrent enfin à plusieurs sortes de jeux qui réjouirent le roi. L'esclave seule ne prit aucune part à tous ces divertissemens ; elle demeura dans sa place toujours les yeux baissés, et avec une tranquillité dont toutes les dames ne furent pas moins surprises que le roi. Elles se retirèrent chacune à son appartement ; et le roi qui demeura seul, coucha avec la belle esclave.

Le lendemain, le roi de Perse se leva plus content qu'il ne l'avoit été de toutes les femmes qu'il eut jamais vues, sans en excepter aucune ; et plus passionné pour la belle esclave que le jour d'auparavant. Il le fit bien paroître : en effet, il résolut de ne s'attacher uniquement qu'à elle, et il exécuta sa résolution. Dès le même jour, il congédia toutes ses autres femmes avec les riches habits, les pierreries et les bijoux qu'elles avoient à leur usage, et chacune une grosse somme d'argent, libres de se marier à qui bon leur sembleroit, et il ne retint que les matrones et autres femmes âgées, nécessaires pour être auprès de la belle esclave. Elle ne lui donna pas la consolation de lui dire un seul mot pendant une année entière. Il ne laissa pas cependant d'être très-assidu auprès d'elle, avec toutes les complaisances imaginables, et de lui donner les marques les plus signalées d'une passion très-violente.

L'année étoit écoulée, et le roi assis un jour près de sa belle, lui protestoit que son amour au lieu de diminuer, augmentoit tous les jours avec plus de force. « Ma reine, lui disoit-il, je ne puis deviner ce que vous en pensez ; rien n'est plus vrai cependant, et je vous jure que je ne souhaite plus rien depuis que j'ai le bonheur de vous posséder. Je fais état de mon royaume, tout grand qu'il est, moins que d'un atôme, lorsque je vous vois, et que je puis vous dire mille fois que je vous aime. Je ne veux pas que mes paroles vous obligent de le croire ; mais vous ne pouvez en douter après le sacrifice que j'ai fait à votre beauté du grand nombre de femmes que j'avois dans mon palais. Vous pouvez vous en souvenir : il y a un an passé que je les renvoyai toutes, et je m'en repens aussi peu au moment que je vous en parle, qu'au moment que je cessai de les voir, et je ne m'en repentirai jamais. Rien ne manqueroit à ma satisfaction, à mon contentement et à ma joie, si vous me disiez seulement un mot pour me marquer que vous m'en avez quelque obligation. Mais comment pourriez-vous me le dire, si vous êtes muette ? Hélas, je ne crains que trop que cela ne soit ! Et quel moyen de ne le pas craindre après un an entier que je vous prie mille fois chaque jour de me parler, et que vous gardez un silence si affligeant pour moi ? S'il n'est pas possible que j'obtienne de vous cette consolation, fasse le ciel au moins que vous me donniez un fils pour me succéder après ma mort ! Je me sens vieillir tous les jours, et dès à présent j'aurois besoin d'en avoir un pour m'aider à soutenir le plus grand poids de ma couronne. Je reviens au grand désir que j'ai de vous entendre parler : quelque chose me dit en moi-même que vous n'êtes pas muette. Hé de grâce, madame, je vous en conjure, rompez cette longue obstination, dites-moi un mot seulement, après quoi je ne me soucie plus de mourir ! »

À ce discours, la belle esclave qui, selon sa coutume, avoit écouté le roi, toujours les yeux baissés, et qui ne lui avoit pas seulement donné lieu de croire qu'elle étoit muette, mais même qu'elle n'avoit jamais ri de sa vie, se mit à sourire. Le roi de Perse s'en aperçut avec une surprise qui lui fit faire une exclamation de joie ; et comme il ne douta pas qu'elle ne voulût parler, il attendit ce moment avec une attention et avec une impatience qu'on ne peut exprimer.

La belle esclave enfin rompit un si long silence, et elle parla. « Sire, dit-elle, j'ai tant de choses à dire à votre Majesté, en rompant mon silence, que je ne sais par où commencer. Je crois néanmoins qu'il est de mon devoir de la remercier d'abord de toutes les grâces et de tous les honneurs dont elle m'a comblée, et de demander au ciel qu'il la fasse prospérer, qu'il détourne les mauvaises intentions de ses ennemis, et ne permette pas qu'elle meure après m'avoir entendu parler, mais lui donne une longue vie. Après cela, Sire, je ne puis vous donner une plus grande satisfaction qu'en vous annonçant que je suis grosse : je souhaite avec vous que ce soit un fils. Ce qu'il y a, Sire, ajouta-t-elle, c'est que sans ma grossesse (je supplie votre Majesté de prendre ma sincérité en bonne part), j'étois résolue à ne jamais vous aimer, aussi bien qu'à garder un silence perpétuel, et que présentement je vous aime autant que je le dois. »

Le roi de Perse, ravi d'avoir entendu parler la belle esclave, et lui annoncer une nouvelle qui l'intéressoit si fort, l'embrassa tendrement. « Lumière éclatante de mes yeux, lui dit-il, je ne pouvois recevoir une plus grande joie que celle dont vous venez de me combler. Vous m'avez parlé, et vous m'avez annoncé votre grossesse ; je ne me sens pas moi-même après ces deux sujets de me réjouir que je n'attendois pas. »

Dans le transport de joie où étoit le roi de Perse, il n'en dit pas davantage à la belle esclave ; il la quitta, mais d'une manière à faire connoître qu'il alloit revenir bientôt. Comme il vouloit que le sujet de sa joie fut rendu public, il l'annonça à ses officiers, et fit appeler son grand visir. Dès qu'il fut arrivé, il le chargea de distribuer cent mille pièces d'or aux ministres de sa religion, qui faisoient vœu de pauvreté, aux hôpitaux et aux pauvres, en action de grâces à Dieu ; et sa volonté fut exécutée par les ordres de ce ministre.

Cet ordre donné, le roi de Perse vint retrouver la belle esclave. « Madame, lui dit-il, excusez-moi si je vous ai quittée si brusquement ; vous m'en avez donné l'occasion vous-même ; mais vous voudrez bien que je remette à vous entretenir une autre fois ; je désire de savoir de vous des choses d'une conséquence beaucoup plus grande. Dites-moi, je vous en supplie, ma chère âme, quelle raison si forte vous avez eue de me voir, de m'entendre parler, de manger et de coucher avec moi chaque jour toute une année, et d'avoir eu cette constance inébranlable, je ne dis point de ne pas ouvrir la bouche pour me parler, mais même de ne pas donner à comprendre que vous entendiez fort bien tout ce que je vous disois. Cela me passe, et je ne comprends pas comment vous avez pu vous contraindre jusqu'à ce point ; il faut que le sujet en soit bien extraordinaire. »

Pour satisfaire la curiosité du roi de Perse : « Sire, reprit cette belle personne, être esclave, être éloignée de son pays, avoir perdu l'espérance d'y retourner jamais, avoir le cœur percé de douleur de me voir séparée pour toujours d'avec ma mère, mon frère, nos parens, mes connoissances, ne sont-ce pas des motifs assez grands pour avoir gardé le silence que votre Majesté trouve si étrange ? L'amour de la patrie n'est pas moins naturel que l'amour paternel, et la perte de la liberté est insupportable à quiconque n'est pas assez dépourvu de bon sens pour n'en pas connoître le prix. Le corps peut bien être assujetti à l'autorité d'un maître qui a la force et la puissance en main ; mais la volonté ne peut pas être maîtrisée, elle est toujours à elle-même : votre Majesté en a vu un exemple en ma personne. C'est beaucoup que je n'aie pas imité une infinité de malheureux et de malheureuses que l'amour de la liberté réduit à la triste résolution de se procurer la mort en mille manières, par une liberté qui ne peut leur être ôtée. »

« Madame, reprit le roi de Perse, je suis persuadé de ce que vous me dites ; mais il m'avoit semblé jusqu'à présent qu'une personne belle, bien faite, de bon sens et de bon esprit comme vous, madame, esclave par sa mauvaise destinée, devoit s'estimer heureuse de trouver un roi pour maître. »

« Sire, repartit la belle esclave, quelque esclave que ce soit, comme je viens de le dire à votre Majesté, un roi ne peut maîtriser sa volonté. Comme votre Majesté parle néanmoins d'une esclave capable de plaire à un monarque et de s'en faire aimer, si l'esclave est d'un état inférieur, qu'il n'y ait pas de proportion, je veux croire qu'elle peut s'estimer heureuse dans son malheur. Quel bonheur cependant ? Elle ne laissera pas de se regarder comme une esclave arrachée d'entre les bras de son père et de sa mère, et peut-être d'un amant qu'elle ne laissera pas d'aimer toute sa vie. Mais si la même esclave ne cède en rien au roi qui l'a acquise, que votre Majesté elle-même juge de la rigueur de son sort, de sa misère, de son affliction, de sa douleur, et de quoi elle peut être capable ! »

Le roi de Perse étonné de ce discours : « Quoi, madame, répliqua-t-il, seroit-il possible, comme vous me le faites entendre, que vous fussiez d'un sang royal ? Éclaircissez-moi de grâce là-dessus, et n'augmentez pas davantage mon impatience. Apprenez-moi qui sont l'heureux père et l'heureuse mère d'un si grand prodige de beauté, qui sont vos frères, vos sœurs, vos parens, et surtout comment vous vous appelez. »

« Sire, dit alors la belle esclave, mon nom est Gulnare de la mer[7] ; mon père qui est mort, étoit un des plus puissans rois de la mer ; et en mourant, il laissa son royaume à un frère que j'ai, nommé Saleh[8], et à la reine ma mère. Ma mère est aussi princesse, fille d'un autre roi de la mer, très-puissant. Nous vivions tranquillement dans notre royaume, et dans une paix profonde, lorsqu'un ennemi envieux de notre bonheur, entra dans nos états avec une puissante armée, pénétra jusqu'à notre capitale, s'en empara, et ne nous donna que le temps de nous sauver dans un lieu impénétrable et inaccessible, avec quelques officiers fidèles qui ne nous abandonnèrent pas.

« Dans cette retraite, mon frère ne négligea pas de songer au moyen de chasser l'injuste possesseur de nos états ; et dans cet intervalle, il me prit un jour en particulier : « Ma sœur, me dit-il, les événemens des moindres entreprises sont toujours très-incertains ; je puis succomber dans celle que je médite pour rentrer dans nos états ; et je serois moins facile de ma disgrâce que de celle qui pourroit vous arriver. Pour la prévenir et vous en préserver, je voudrois bien vous voir mariée auparavant ; mais dans le mauvais état où sont nos affaires, je ne vois pas que vous puissiez vous donner à aucun de nos princes de la mer. Je souhaiterois que vous puissiez vous résoudre à entrer dans mon sentiment, qui est que vous épousiez un prince de la terre ; je suis prêt à y employer tous mes soins. De la beauté dont vous êtes, je suis sûr qu'il n'y en a pas un, si puissant qu'il soit, qui ne fût ravi de vous faire part de sa couronne. »

» Ce discours de mon frère me mit dans une grande colère contre lui.

« Mon frère, lui dis-je, du côté de mon père et de ma mère, je descends comme vous de rois et de reines de la mer, sans aucune alliance avec les rois de la terre ; je ne prétends pas me mésallier non plus qu'eux, et j'en ai fait le serment dès que j'ai eu assez de connoissance pour m'apercevoir de la noblesse et de l'ancienneté de notre maison. L'état où nous sommes réduits, ne m'obligera pas de changer de résolution ; et si vous avez à périr dans l'exécution de votre dessein, je suis prête à périr avec vous plutôt que de suivre un conseil que je n'attendois pas de votre part. »

» Mon frère entêté de ce mariage, qui ne me convenoit pas, à mon sens, voulut me représenter qu'il y avoit des rois de la terre qui ne céderoient pas à ceux de la mer. Cela me mit dans une colère et dans un emportement contre lui qui m'attirèrent des duretés de sa part, dont je

---
[7] Gulnare signifie en Persien, rose, ou fleur de grenadier.
[8] Saleh : ce mot signifie bon, en Arabe.

fus piquée au vif. Il me quitta aussi peu satisfait de moi que j'étois mal satisfaite de lui. Dans le dépit où j'étois, je m'élançai au fond de la mer, et j'allai aborder à l'isle de la Lune.

» Nonobstant le cuisant mécontentement qui m'avoit obligée de venir me jeter dans cette isle, je ne laissois pas d'y vivre assez contente, et je me retirois dans les lieux écartés où j'étois commodément. Mes précautions néanmoins n'empêchèrent pas qu'un homme de quelque distinction, accompagné de domestiques, ne me surprît comme je dormois, et ne m'emmenât chez lui. Il me témoigna beaucoup d'amour, il n'oublia rien pour me persuader d'y répondre. Quand il vit qu'il ne gagnoit rien par la douceur, il crut qu'il réussiroit mieux par la force ; mais je le fis si bien repentir de son insolence, qu'il résolut de me vendre, et il me vendit au marchand qui m'a amenée et vendue à votre Majesté. C'étoit un homme sage, doux et humain ; et dans le long voyage qu'il me fit faire, il ne me donna que des sujets de me louer de lui.

» Pour ce qui est de votre Majesté, continua la princesse Gulnare, si elle n'eût eu pour moi toutes les considérations dont je lui suis obligée ; si elle ne m'eût donné tant de marques d'amour, avec une sincérité dont je n'ai pu douter ; que sans hésiter elle n'eut pas chassé toutes ses femmes, je ne feins pas de le dire : je ne serois pas demeurée avec elle. Je me serois jetée dans la mer par cette fenêtre, où elle m'aborda la première fois qu'elle me vit dans cet appartement, et je serois allée retrouver mon frère, ma mère et mes parens. J'eusse même persévéré dans ce dessein, et je l'eusse exécuté, si après un certain temps j'eusse perdu l'espérance d'une grossesse. Je me garderois bien de le faire dans l'état où je suis. En effet, quoi que je pusse dire à ma mère et à mon frère, jamais ils ne voudroient croire que j'eusse été esclave d'un roi comme votre Majesté, et jamais aussi ils ne reviendroient de la faute que j'aurois commise contre mon honneur de mon consentement. Avec cela, Sire, soit un prince, ou une princesse que je mette au monde, ce sera un gage qui m'obligera de ne me séparer jamais d'avec votre Majesté. J'espère aussi qu'elle ne me regardera plus comme une esclave, mais comme une princesse qui n'est pas indigne de son alliance. »

C'est ainsi que la princesse Gulnare acheva de se faire connoître et de raconter son histoire au roi de Perse. « Ma charmante, mon adorable princesse, s'écria alors ce monarque, quelles merveilles viens-je d'entendre ! Quelle ample matière à ma curiosité, de vous faire des questions sur des choses si inouies ! Mais auparavant je dois bien vous remercier de votre bonté, et de votre patience à éprouver la sincérité et la constance de mon amour. Je ne croyois pas pouvoir aimer plus que je vous aimois. Depuis que je sais cependant que vous êtes une si grande princesse, je vous aime mille fois davantage. Que dis-je, princesse ! Madame, vous ne l'êtes plus : vous êtes ma reine et reine de Perse, comme j'en suis le roi, et ce titre va bientôt retentir dans tout mon royaume. Dès demain, madame, il retentira dans ma capitale avec des réjouissances non encore vues, qui feront connoître que vous l'êtes, et ma femme légitime. Cela seroit fait il y a long-temps, si vous m'eussiez tiré plus tôt de mon erreur, puisque dès le moment que je vous ai vue, j'ai été dans le même sentiment qu'aujourd'hui de vous aimer toujours, et de ne jamais aimer que vous. En attendant que je me satisfasse moi-même pleinement, et que je vous rende tout ce qui vous est dû, je vous supplie, madame, de m'instruire plus particulièrement de ces états et de ces peuples de la mer qui me sont inconnus. J'avois bien entendu parler d'hommes marins ; mais j'avois toujours pris ce que l'on m'en avoit dit pour des contes et des fables. Rien n'est plus vrai cependant, après ce que vous m'en dites ; et j'en ai une preuve bien certaine en votre personne, vous qui en êtes, et qui avez bien voulu être ma femme, et cela par un avantage dont un autre habitant de la terre ne peut se vanter que moi. Il y a une chose qui me fait de la peine, et sur laquelle je vous supplie de m'éclaircir ; c'est que je ne puis comprendre comment vous pouvez vivre, agir ou vous mouvoir dans l'eau sans vous noyer. Il n'y a que certaines gens parmi nous, qui ont l'art de demeurer sous l'eau ; ils y périroient néanmoins s'ils ne s'en retiroient au bout d'un certain temps, chacun selon leur adresse et leurs forces. »

« Sire, répondit la reine Gulnare, je satisferai votre Majesté avec bien du plaisir. Nous marchons au fond de la mer, de même que l'on marche sur la terre, et nous respirons dans l'eau, comme on respire dans l'air. Ainsi, au lieu de nous suffoquer, comme elle vous suffoque, elle contribue à notre vie. Ce qui est encore bien remarquable, c'est qu'elle ne mouille pas nos habits, et que quand nous venons sur la terre, nous en sortons sans avoir besoin de les sécher. Notre langage ordinaire est le même que celui dans lequel l'écriture gravée sur le sceau du grand prophète Salomon, fils de David, est conçue.

« Je ne dois pas oublier que l'eau ne nous empêche pas aussi de voir dans la mer : nous y avons les yeux ouverts sans en souffrir aucune incommodité. Comme nous les avons excellens, nous ne laissons pas nonobstant la profondeur de la mer, d'y voir aussi clair que l'on voit sur la terre. Il en est de même de la nuit : la lune nous éclaire, et les planètes et les étoiles ne nous sont pas cachées. J'ai déjà parlé de nos royaumes : comme la mer est beaucoup plus spacieuse que la terre, il y en a aussi en plus grand nombre, et de beaucoup plus grands. Ils sont divisés en provinces ; et dans chaque province il y a plusieurs grandes villes très-peuplées. Il y a enfin une infinité de nations, de mœurs et de coutumes différentes comme sur la terre.

» Les palais des vois et des princes sont superbes et magnifiques : il y en a de marbre de différentes couleurs ; de cristal de roche, dont la mer abonde ; de nacre de perle, de corail et d'autres matériaux plus précieux. L'or, l'argent et toutes sortes de pierreries y sont en plus grande abondance que sur la terre. Je ne parle pas des perles ; de quelque grosseur qu'elles soient sur la terre, on ne les regarde pas dans nos pays : il n'y a que les moindres bourgeoises qui s'en parent.

» Comme nous avons une agilité merveilleuse et incroyable de nous transporter où nous voulons en moins de rien, nous n'avons besoin, ni de chars, ni de montures. Il n'y a pas de roi néanmoins qui n'ait ses écuries et ses haras de chevaux marins ; mais ils ne s'en servent ordinairement que dans les divertissemens, dans les fêtes, et dans les réjouissances publiques. Les uns après les avoir bien exercés, se plaisent à les monter, et à faire paroître leur adresse dans les courses. D'autres les attellent à des chars de nacre de perle, ornés de mille coquillages de toutes sortes de couleurs les plus vives. Ces chars sont à découvert avec un trône, où les rois sont assis lorsqu'ils se font voir à leurs sujets. Ils sont adroits à les conduire eux-mêmes, et ils n'ont pas besoin de cochers. Je passe sous silence une infinité d'autres particularités très-curieuses, touchant les pays marins, ajouta la reine Gulnare, qui feroient un très-grand plaisir à votre Majesté ; mais elle voudra bien que je remette à l'en entretenir plus à loisir, pour lui parler d'une autre chose qui est présentement de plus d'importance. Ce que j'ai à lui dire, Sire, c'est que les couches des femmes de mer sont différentes des couches des femmes de terre ; et j'ai un sujet de craindre que les sages-femmes de ce pays ne m'accouchent mal. Comme votre Majesté n'y a pas moins d'intérêt que moi, sous son bon plaisir, je trouve à propos pour la sûreté de mes couches, de faire venir la reine ma mère avec des cousines que j'ai, et en même temps le roi mon frère, avec qui je suis bien aise de me réconcilier. Ils seront ravis de me revoir dès que je leur aurai raconté mon histoire, et qu'ils auront appris que je suis femme du puissant roi de Perse. Je supplie votre Majesté de me le permettre ; ils seront bien aises aussi de lui rendre leurs respects, et je puis lui promettre qu'elle aura de la satisfaction de les voir. »

« Madame, reprit le roi de Perse, vous êtes la maîtresse ; faites ce qu'il vous plaira, je tâcherai de les recevoir avec tous les honneurs qu'ils méritent. Mais je voudrois bien savoir par quelle voie vous leur ferez savoir ce que vous desirez d'eux, et quand ils pourront arriver, afin que je donne ordre aux préparatifs pour leur réception, et que j'aille moi-même au-devant d'eux. » « Sire, repartit la reine Gulnare, il n'est pas besoin de ces cérémonies ; ils seront ici dans un moment, et votre Majesté verra de quelle manière ils arriveront. Elle n'a qu'à entrer dans ce petit cabinet, et regarder par la jalousie.»

Quand le roi de Perse fut entré dans le cabinet, la reine Gulnare se fit apporter une cassolette avec du feu par une de ses femmes qu'elle renvoya, en lui disant de fermer la porte. Lorsqu'elle fut seule, elle prit un morceau de bois d'aloës dans une boîte. Elle le mit dans la cassolette ; et dès qu'elle vit paroître la fumée, elle prononça des paroles inconnues au roi de Perse, qui observoit avec grande attention tout ce qu'elle faisoit ; et elle n'avoit pas encore achevé, que l'eau de la mer se troubla. Le cabinet où étoit le roi, étoit disposé de manière qu'il s'en aperçut au travers de la jalousie, en regardant du côté des fenêtres qui étoient sur la mer.

La mer enfin s'entr'ouvrit à quelque distance ; et aussitôt il s'en éleva un jeune homme bien fait et de belle taille avec la moustache de verd de mer. Une dame déjà sur l'âge, mais d'un air majestueux, s'en éleva de même un peu derrière lui, avec cinq jeunes dames qui ne cédoient en rien à la beauté de la reine Gulnare.

La reine Gulnare se présenta aussitôt à une des fenêtres, et elle reconnut le roi son frère, la reine sa mère et ses parentes, qui la reconnurent de même. La troupe s'avança comme portée sur la surface de l'eau, sans marcher ; et quand ils furent tous sur le bord, ils s'élancèrent légèrement l'un après l'autre sur la fenêtre où la reine Gulnare avoit paru, et d'où elle s'étoit retirée pour leur faire place. Le roi Saleh, la reine sa mère, et ses parentes l'embrassèrent avec beaucoup de tendresse et les larmes aux yeux, à mesure qu'ils entrèrent.

Quand la reine Gulnare les eut reçus avec tout l'honneur possible, et qu'elle leur eut fait prendre place sur le sofa, la reine sa mère prit la parole : « Ma fille, lui dit-elle, j'ai bien de la joie de vous revoir, après une si longue absence, et je suis sûre que votre frère et vos parentes n'en ont pas moins que moi. Votre éloignement, sans en avoir rien dit à personne, nous a jetés dans une affliction inexprimable, et nous ne pourrions vous dire combien nous en avons versé de larmes. Nous ne savons autre chose du sujet qui peut vous avoir obligée de prendre un parti si surprenant, que ce que votre frère nous a rapporté de l'entretien qu'il avoit eu avec vous. Le conseil qu'il vous donna alors lui avoit paru avantageux pour votre établissement, dans l'état où vous étiez aussi bien que nous. Il ne falloit pas vous alarmer si fort, s'il ne vous plaisoit pas ; et vous voudrez bien que je vous dise que vous avez pris la chose tout autrement que vous ne le deviez. Mais laissons là ce discours qui ne feroit que renouveler des sujets de douleur et de plainte, que vous devez oublier avec nous ; et faites-nous part de tout ce qui vous est arrivé depuis un si long temps que nous ne vous avons vue, et de l'état où vous êtes présentement ; sur toute chose marquez-nous si vous êtes contente. »

La reine Gulnare se jeta aussitôt aux pieds de la reine sa mère ; et après qu'elle lui eut baisé la main en se relevant : « Madame, reprit-elle, j'ai commis une grande faute, je l'avoue, et je ne suis redevable qu'à votre bonté, du pardon que vous voulez bien m'en accorder. Ce que j'ai à vous dire, pour vous obéir, vous fera connoître que c'est en vain bien souvent qu'on a de la répugnance pour de certaines choses. J'ai éprouvé par moi-même que la chose à quoi ma volonté étoit la plus opposée, est justement celle où ma destinée m'a conduite malgré moi. » Elle lui raconta tout ce qui lui étoit arrivé depuis que le dépit l'avoit portée à se lever du fond de la mer pour venir sur la terre. Lorsqu'elle eut achevé en marquant qu'enfin elle avoit été vendue au roi de Perse, chez qui elle se trouvoit : « Ma sœur, lui dit le roi son frère, vous avez grand tort d'avoir souffert tant d'indignités, et vous ne pouvez vous en plaindre qu'à vous-même. Vous aviez le moyen de vous en délivrer, et je m'étonne de votre patience à demeurer si long-temps dans l'esclavage : levez-vous, et revenez avec nous au royaume que j'ai reconquis sur le fier ennemi qui s'en étoit emparé. »

Le roi de Perse qui entendit ces paroles du cabinet où il étoit, en fut dans la dernière alarme. « Ah, dit-il en lui-même, je suis perdu, et ma mort est certaine, si ma reine, si ma Gulnare écoute un conseil si pernicieux ! Je ne puis plus vivre sans elle, et l'on m'en veut priver ! » La reine Gulnare ne le laissa pas long-temps dans la crainte où il étoit.

« Mon frère, reprit-elle en souriant, ce que je viens d'entendre, me fait mieux comprendre que jamais, combien l'amitié que vous avez pour moi est sincère. Je ne pus supporter le conseil que vous me donniez de me marier à un prince de la terre. Aujourd'hui, peu s'en faut que je ne me mette en colère contre vous de celui que vous me donnez, de quitter l'engagement que j'ai avec le plus puissant et le plus renommé de tous les princes. Je ne parle pas de l'engagement d'une esclave avec un maître : il nous seroit aisé de lui restituer les dix mille pièces d'or que je lui ai coûté ; je parle de celui d'une femme avec un mari, et d'une femme qui ne peut se plaindre d'aucun sujet de mécontentement de sa part. C'est un monarque religieux, sage, modéré, qui m'a donné les marques d'amour les plus essentielles. Il ne pouvoit pas m'en donner une plus signalée, que de congédier, dès les premiers jours que je fus à lui, le grand nombre de femmes qu'il avoit pour ne s'attacher qu'à moi uniquement. Je suis sa femme, et il vient de me déclarer reine de Perse pour participer à ses conseils. Je dis de plus que je suis grosse, et que si j'ai le bonheur, avec la faveur du ciel, de lui donner un fils, ce sera un autre lien qui m'attachera à lui plus inséparablement. Ainsi, mon frère, poursuivit la reine Gulnare, bien loin de suivre votre conseil, toutes ces considérations, comme vous le voyez, ne m'obligent pas seulement d'aimer le roi de Perse autant qu'il m'aime, mais même de demeurer et de passer ma vie avec lui, plus par reconnoissance que par devoir. J'espère que ni ma mère, ni vous avec mes bonnes cousines, vous ne désapprouverez ma résolution, non plus que l'alliance que j'ai faite sans l'avoir cherchée, qui fait honneur également aux monarques de la mer et de la terre. Excusez-moi si je vous ai donné la peine de venir ici du plus profond des ondes pour vous en faire part, et avoir le bonheur de vous voir après une si longue séparation. »

« Ma sœur, reprit le roi Saleh, la proposition que je vous ai faite de revenir avec nous sur le récit de vos aventures, que je n'ai pu entendre sans douleur, n'a été que pour vous marquer combien nous vous aimons tous, combien je vous honore en particulier, et que rien ne nous touche davantage que tout ce qui peut contribuer à votre bonheur. Par ces mêmes motifs, je ne puis en mon particulier, qu'approuver une résolution si raisonnable et si digne de vous, après ce que vous venez de nous dire de la personne du roi de Perse votre époux, et des grandes obligations que vous lui avez. Pour ce qui est de la reine votre mère et la mienne, je suis persuadé qu'elle n'est pas d'un autre sentiment. »

Cette princesse confirma ce que le roi son fils venoit d'avancer. « Ma fille, reprit-elle, en s'adressant aussi à la reine Gulnare, je suis ravie que vous soyez contente, et je n'ai rien à ajouter à ce que le roi votre frère vient de vous témoigner. Je serois la première à vous condamner si vous n'aviez toute la reconnoissance que vous devez pour un monarque qui vous aime avec tant de passion, et qui a fait de si grandes choses pour vous. »

Autant le roi de Perse, qui étoit dans le cabinet, avoit été affligé par la crainte de perdre la reine Gulnare, autant il eut de joie de voir qu'elle étoit résolue à ne le pas abandonner. Comme il ne pouvoit plus douter de son amour après une déclaration si authentique, il l'en aima mille fois davantage, et il se promit bien de lui en marquer sa reconnoissance par tous les moyens qui seroient en son pouvoir.

Pendant que le roi de Perse s'entretenoit ainsi avec lui-même, la reine Gulnare avoit frappé des mains, et avoit commandé à des esclaves qui étoient entrés aussitôt, de servir la collation. Quand elle fut servie, elle invita la reine sa mère, le roi son frère et ses parentes à s'approcher et à manger. Mais ils eurent tous la même pensée, que sans en avoir demandé la permission, ils se trouveroient dans le palais d'un puissant roi, qui ne les avoit jamais vus, et qui ne les connoissoit pas, et qu'il y auroit une grande incivilité à manger à sa table sans lui. La rougeur leur en monta au visage ; et de l'émotion où ils en étoient, ils jetèrent des flammes par les narines et par la bouche, avec des yeux enflammés.

Le roi de Perse fut dans une frayeur inexprimable à ce spectacle, auquel il ne s'attendoit pas, et dont il ignoroit la cause. La reine Gulnare qui se douta de ce qui en étoit, et qui avoit compris l'intention de ses parens, ne fît que leur marquer, en se levant de sa place, qu'elle alloit revenir. Elle passa au cabinet, où elle rassura le roi par sa présence. « Sire, lui dit-elle, je ne doute pas que votre Majesté ne soit contente du témoignage que je viens de rendre des grandes obligations dont je lui suis redevable. Il n'a tenu qu'à moi de m'abandonner à leurs désirs, et de retourner avec eux dans nos états ; mais je ne suis pas capable d'une ingratitude dont je me condamnerois la première. » « Ah, ma reine, s'écria le roi de Perse, ne parlez pas des obligations que vous m'avez, vous ne m'en avez aucune ! Je vous en ai moi-même de si grandes, que jamais je ne pourrai vous en témoigner assez de reconnoissance. Je n'avois pas cru que vous m'aimassiez au point que je vois que vous m'aimez : vous venez de me le faire connoître de la manière la plus éclatante. » « Eh, Sire, reprit la reine Gulnare, pouvois-je en faire moins que ce que je viens de faire ? Je n'en fais pas encore assez après tous les honneurs que j'ai reçus, après tant de bienfaits dont vous m'avez comblée, après tant de marques d'amour auxquelles il n'est pas possible que je sois insensible ! Mais, Sire, ajouta la reine Gulnare, laissons là ce discours pour vous assurer de l'amitié sincère dont la reine ma mère et le roi mon frère vous honorent. Ils meurent de l'envie de vous voir, et de vous en assurer eux-mêmes. J'ai même pensé me faire une affaire avec eux, en voulant leur donner la collation avant de leur procurer cet honneur. Je supplie donc votre Majesté de vouloir bien entrer, et de les honorer de votre présence. »

« Madame, repartit le roi de Perse, j'aurai un grand plaisir à saluer des personnes qui vous appartiennent de si près ; mais ces flammes que j'ai vu sortir de leurs narines et de leur bouche, me donnent de la frayeur. » « Sire, répliqua la reine en riant, ces flammes ne doivent pas faire la moindre peine à votre Majesté : elles ne signifient autre chose que leur répugnance à manger de ses biens dans son palais, qu'elle ne les honore de sa présence, et ne mange avec eux. »

Le roi de Perse rassuré par ces paroles, se leva de sa place et entra dans la chambre avec la reine Gulnare ; et la reine Gulnare le présenta à la reine sa mère, au roi son frère et à ses parentes, qui se prosternèrent aussitôt la face contre terre. Le roi de Perse courut aussitôt à eux, les obligea de se relever, et les embrassa l'un après l'autre. Après qu'ils se furent tous assis, le roi Saleh prit la parole : « Sire, dit-il au roi de Perse, nous ne pouvons assez témoigner notre joie à votre Majesté de ce que la reine Gulnare ma sœur, dans sa disgrâce, a eu le bonheur de se trouver sous la protection d'un monarque si puissant. Nous pouvons l'assurer qu'elle n'est pas indigne du haut rang où il lui a fait l'honneur de l'élever. Nous avons toujours eu une si grande amitié et tant de tendresse pour elle, que nous n'avons pu nous résoudre à l'accorder à aucun des puissans princes de la mer, qui nous l'avoient demandée en mariage avant même qu'elle fût en âge. Le ciel vous la réservoit, Sire, et nous ne pouvons mieux le remercier de la faveur qu'il lui a faite, qu'en lui demandant d'accorder à votre Majesté la grâce de vivre de longues années avec elle, avec toute sorte de prospérités et de satisfactions. »

« Il falloit bien, reprit le roi de Perse, que le ciel me l'eût réservée comme vous le remarquez. En effet, la passion ardente dont je l'aime, me fait connoître que je n'avois jamais rien aimé avant de l'avoir vue. Je ne puis assez témoigner de reconnoissance à la reine sa mère, ni à vous, prince, ni à toute votre parenté, de la générosité avec laquelle vous consentez à me recevoir dans une alliance qui m'est si glorieuse. » En achevant ces paroles, il les invita à se mettre à table, et il s'y mit aussi avec la reine Gulnare. La collation achevée, le roi de Perse s'entretint avec eux bien avant dans la nuit ; et lorsqu'il fut temps de se retirer, il les conduisit lui-même chacun à l'appartement qu'il leur avoit fait préparer.

Le roi de Perse régala ses illustres hôtes par des fêtes continuelles, dans lesquelles il n'oublia rien de tout ce qui pouvoit faire paroître sa grandeur et sa magnificence ; et insensiblement il les engagea à demeurer à la cour jusqu'aux couches de la reine. Dès qu'elle en sentit les approches, il donna ordre à ce que rien ne lui manquât de toutes les choses dont elle pouvoit avoir besoin dans cette conjoncture. Elle accoucha enfin, et elle mit au monde un fils, avec une grande joie de la reine sa mère qui l'accoucha, et qui alla le présenter au roi dès qu'il fut dans ses premiers langes qui étoient magnifiques.

Le roi de Perse reçut ce présent avec une joie qu'il est plus aisé d'imaginer que d'exprimer. Comme le visage du petit prince son fils étoit plein et éclatant de beauté, il ne crut pas pouvoir lui donner un nom plus convenable que celui de Beder[9]. En action de grâces au ciel, il assigna de grandes aumônes aux pauvres ; il fit sortir les prisonniers hors des prisons ; il donna la liberté à tous ses esclaves de l'un et de l'autre sexe ; il fit distribuer de grosses sommes aux ministres et aux dévots de sa religion. Il fit aussi de grandes largesses à sa cour et au

---

[9] Pleine lune, en Arabe.

peuple, et l'on publia par son ordre des réjouissances de plusieurs jours par toute la ville.

Après que la reine Gulnare fut relevée de ses couches, un jour que le roi de Perse, la reine Gulnare, la reine sa mère, le roi Saleh son frère, et les princesses leurs parentes, s'entretenoient ensemble dans la chambre de la reine, la nourrice y entra avec le petit prince Beder qu'elle portoit entre ses bras. Le roi Saleh se leva aussitôt de sa place, courut au petit prince, et après l'avoir pris d'entre les bras de la nourrice dans les siens, il se mit à le baiser et à le caresser avec de grandes démonstrations de tendresse. Il fit plusieurs tours par la chambre en jouant, en le tenant en l'air entre ses mains ; et tout d'un coup, dans le transport de sa joie, il s'élança par une fenêtre qui étoit ouverte, et se plongea dans la mer avec le prince.

Le roi de Perse qui ne s'attendoit pas à ce spectacle, poussa des cris épouvantables, dans la croyance qu'il ne reverroit plus le prince son cher fils, ou s'il avoit à le revoir, qu'il ne le reverroit que noyé. Peu s'en fallut qu'il ne rendît l'âme au milieu de son affliction, de sa douleur et de ses pleurs. « Sire, lui dit la reine Gulnare d'un visage et d'un ton propre à le rassurer lui-même, que votre Majesté ne craigne rien. Le petit prince est mon fils, comme il est le vôtre, et je ne l'aime pas moins que vous l'aimez : vous voyez cependant que je n'en suis pas alarmée ; je ne le dois pas être aussi. En effet, il ne court aucun risque, et vous verrez bientôt reparoître le roi son oncle, qui le rapportera sain et sauf. Quoiqu'il soit né de votre sang, par l'endroit néanmoins par lequel il m'appartient, il ne laisse pas d'avoir le même avantage que nous, de pouvoir vivre également dans la mer et sur la terre. » La reine sa mère et les princesses ses parentes lui confirmèrent la même chose ; mais leurs discours ne firent pas un grand effet pour le guérir de sa frayeur : il ne lui fut pas possible d'en revenir tout le temps que le prince Beder ne parut plus à ses yeux.

La mer enfin se troubla, et l'on revit bientôt le roi Saleh qui s'en éleva avec le petit prince entre les bras, et qui, en se soutenant en l'air, rentra par la même fenêtre par laquelle il étoit sorti. Le roi de Perse fut ravi, et dans une grande admiration de revoir le prince Beder aussi tranquille que quand il avoit cessé de le voir. Le roi Saleh lui demanda : « Sire, votre Majesté n'a-t-elle pas eu une grande peur, quand elle m'a vu plonger dans la mer avec le prince mon neveu ? » « Ah, prince, reprit le roi de Perse, je ne puis vous l'exprimer ! Je l'ai cru perdu dès ce moment, et vous m'avez redonné la vie en me le rapportant. » « Sire, repartit le roi Saleh, je m'en étois douté, mais il n'y avoit pas le moindre sujet de crainte. Avant de me plonger, j'avois prononcé sur lui les paroles mystérieuses qui étoient gravées sur le sceau du grand roi

Salomon, fils de David. Nous pratiquons la même chose à l'égard de tous les enfans qui nous naissent dans les régions du fond de la mer ; et en vertu de ces paroles, ils reçoivent le même privilége que nous avons par-dessus les hommes qui demeurent sur la terre. Par ce que votre Majesté vient de voir, elle peut juger de l'avantage que le prince Beder a acquis par sa naissance du côté de la reine Gulnare ma sœur. Tant qu'il vivra, et toutes les fois qu'il le voudra, il lui sera libre de se plonger dans la mer, et de parcourir les vastes empires qu'elle renferme dans son sein. »

Après ces paroles, le roi Saleh qui avoit déjà remis le petit prince Beder entre les bras de sa nourrice, ouvrit une caisse qu'il étoit allé prendre dans son palais dans le peu de temps qu'il avoit disparu, et qu'il avoit apportée remplie de trois cents diamans gros comme des œufs de pigeon, d'un pareil nombre de rubis d'une grosseur extraordinaire, d'autant de verges d'émeraudes de la longueur d'un demi-pied, et de trente filets ou colliers de perles, chacun de dix. « Sire, dit-il au roi de Perse en lui faisant présent de cette caisse, lorsque nous avons été appelés par la reine ma sœur, nous ignorions en quel endroit de la terre elle étoit, et qu'elle eût l'honneur d'être l'épouse d'un si grand monarque : c'est ce qui a fait que nous sommes arrivés les mains vuides. Comme nous ne pouvons témoigner notre reconnoissance à votre Majesté, nous la supplions d'en agréer cette foible marque en considération des faveurs singulières qu'il lui a plu de lui faire, auxquelles nous ne prenons pas moins de part qu'elle-même. »

On ne peut exprimer quelle fut la surprise du roi de Perse, quand il vit tant de richesses renfermées dans un si petit espace. « Hé quoi, prince, s'écria-t-il, appelez-vous une foible marque de votre reconnoissance, lorsque vous ne me devez rien, un présent d'un prix inestimable ? Je vous déclare encore une fois que vous ne m'êtes redevables de rien, ni la reine votre mère, ni vous. Je m'estime trop heureux du consentement que vous avez donné à l'alliance que j'ai contractée avec vous. Madame, dit-il à la reine Gulnare en se tournant de son côté, le roi votre frère me met dans une confusion dont je ne puis revenir ; et je le supplierois de trouver bon que je refuse son présent, si je ne craignois qu'il ne s'en offensât : priez-le d'agréer que je me dispense de l'accepter. »

« Sire, repartit le roi Saleh, je ne suis pas surpris que votre Majesté trouve le présent extraordinaire : je sais qu'on n'est pas accoutumé sur la terre à voir des pierreries de cette qualité, et en si grand nombre tout à-la-fois. Mais si elle savoit que je sais où sont les minières d'où on les tire, et qu'il est en ma disposition d'en faire un trésor plus riche que tout ce qu'il y en a dans les trésors des rois de la terre, elle s'étonneroit que nous ayons pris la hardiesse de lui faire un présent de si peu de chose. Aussi nous vous supplions de ne le pas regarder par cet endroit, mais par l'amitié sincère qui nous oblige de vous l'offrir, et de ne nous pas donner la mortification de ne pas le recevoir de même. » Des manières si honnêtes obligèrent le roi de Perse à l'accepter, et il lui en fit de grands remercîmens, de même qu'à la reine sa mère.

Quelques jours après, le roi Saleh témoigna au roi de Perse que la reine sa mère, les princesses ses parentes, et lui, n'auroient pas un plus grand plaisir que de passer toute leur vie à sa cour ; mais comme il y avoit long-temps qu'ils étoient absens de leur royaume, et que leur présence y étoit nécessaire, ils le prioient de trouver bon qu'ils prissent congé de lui et de la reine Gulnare. Le roi de Perse leur marqua qu'il étoit bien fâché de ce qu'il n'étoit pas en son pouvoir de leur rendre la même civilité, en allant leur rendre visite dans leurs états. « Mais comme je suis persuadé, ajouta-t-il, que vous n'oublierez pas la reine Gulnare, et que vous la viendrez voir de temps en temps, j'espère que j'aurai l'honneur de vous revoir plus d'une fois. »

Il y eut beaucoup de larmes répandues de part et d'autre dans leur séparation. Le roi Saleh se sépara le premier ; mais la reine sa mère et les princesses furent obligées, pour le suivre, de s'arracher en quelque manière aux embrassemens de la reine Gulnare, qui ne pouvoit se résoudre à les laisser partir. Dès que cette troupe royale eut disparu, le roi de Perse ne put s'empêcher de dire à la reine Gulnare : « Madame, j'eusse regardé comme un homme qui eût voulu abuser de ma crédulité, celui qui eût entrepris de me faire passer pour véritables les merveilles dont j'ai été témoin, depuis le moment où votre illustre famille a honoré mon palais de sa présence. Mais je ne puis démentir mes yeux : je m'en souviendrai toute ma vie ; et je ne cesserai de bénir le ciel de ce qu'il vous a adressée à moi préférablement à tout autre prince. »

Le petit prince Beder fut nourri et élevé dans le palais, sous les yeux du roi et de la reine de Perse, qui le virent croître et augmenter en beauté avec une grande satisfaction. Il leur en donna beaucoup plus à mesure qu'il avança en âge, par son enjouement continuel, par ses manières agréables en tout ce qu'il faisoit, et par les marques de la justesse et de la vivacité de son esprit en tout ce qu'il disoit ; et cette satisfaction leur étoit d'autant plus sensible, que le roi Saleh son oncle, la reine sa grand'mère, et les princesses ses cousines, venoient souvent en prendre leur part. On n'eut point de peine à lui apprendre à lire et à écrire, et on lui enseigna avec la même facilité toutes les sciences qui convenoient à un prince de son rang.

Quand le prince de Perse eut atteint l'âge de quinze ans, il s'acquittoit déjà de tous ses exercices, avec infiniment plus d'adresse et de bonne grâce que ses maîtres. Avec cela il étoit d'une sagesse et d'une prudence admirable. Le roi de Perse qui avoit reconnu en lui, presque dès sa naissance, ces vertus si nécessaires à un monarque, qui l'avoit vu s'y fortifier jusqu'alors, et qui d'ailleurs s'apercevoit tous les jours des grandes infirmités de la vieillesse, ne voulut pas attendre que sa mort lui donnât lieu de le mettre en possession du royaume. Il n'eut pas de peine à faire consentir son conseil à ce qu'il souhaitoit là-dessus ; et les peuples apprirent sa résolution avec d'autant plus de joie, que le prince Beder étoit digne de les commander. En effet, comme il y avoit long-temps qu'il paroissoit en public, ils avoient eu tout le loisir de remarquer qu'il n'avoit pas cet air dédaigneux, fier et rebutant, si familier à la plupart des autres princes, qui regardent tout ce qui est au-dessous d'eux, avec une hauteur et un mépris insupportable. Ils savoient au contraire qu'il regardoit tout le monde avec une bonté qui invitoit à s'approcher de lui ; qu'il écoutoit favorablement ceux qui avoient à lui parler, qu'il leur répondoit avec une bienveillance qui lui étoit particulière, et qu'il ne refusoit rien à personne, pour peu que ce qu'on lui demandoit fût juste.

 Le jour de la cérémonie fut arrêté ; et ce jour-là, au milieu de son conseil qui étoit plus nombreux qu'à l'ordinaire, le roi de Perse, qui d'abord s'étoit assis sur son trône, en descendit, ôta sa couronne de dessus sa tête, la mit sur celle du prince Beder ; et après l'avoir aidé à monter à sa place, il lui baisa la main pour marque qu'il lui remettoit toute son autorité et tout son pouvoir ; après quoi il se mit au-dessous de lui, au rang des visirs et des émirs.

 Aussitôt les visirs, les émirs, et tous les officiers principaux vinrent se jeter aux pieds du nouveau roi, et lui prêtèrent le serment de fidélité chacun dans son rang. Le grand visir fit ensuite le rapport de plusieurs affaires importantes, sur lesquelles il prononça avec une sagesse qui fit l'admiration de tout le conseil. Il déposa ensuite plusieurs gouverneurs convaincus de malversation, et en mit d'autres à leur place, avec un discernement si juste et si équitable, qu'il s'attira les acclamations de tout le monde, d'autant plus honorables, que la flatterie n'y avoit aucune part. Il sortit ensuite du conseil ; et accompagné du roi son père, il alla à l'appartement de la reine Gulnare. La reine ne le vit pas plutôt avec la couronne sur la tête, qu'elle courut à lui et l'embrassa avec beaucoup de tendresse, en lui souhaitant un règne de longue durée.

 La première année de son règne, le roi Beder s'acquitta de toutes les fonctions royales avec une grande assiduité. Sur toutes choses il prit un grand soin de s'instruire de l'état des affaires, et de tout ce qui pouvoit contribuer à la félicité de ses sujets. L'année suivante, après qu'il eut laissé l'administration des affaires à son conseil, sous le bon plaisir de l'ancien roi, son père, il sortit de la capitale sous prétexte de prendre le divertissement de la chasse ; mais c'étoit pour parcourir toutes les provinces du royaume, afin d'y corriger les abus, d'établir le bon ordre et la discipline partout, et d'ôter aux princes ses voisins mal-intentionnés l'envie de rien entreprendre contre la sûreté et la tranquillité de ses états, en se faisant voir sur les frontières.

Il ne fallut pas moins de temps qu'une année entière à ce jeune roi pour exécuter un dessein si digne de lui. Il n'y avoit pas long-temps qu'il étoit de retour, lorsque le roi son père tomba malade si dangereusement, que d'abord il connut lui-même qu'il n'en releveroit pas. Il attendit le dernier moment de sa vie avec une grande tranquillité ; et l'unique soin qu'il eut, fut de recommander aux ministres et aux seigneurs de la cour du roi son fils, de persister dans la fidélité qu'ils lui avoient jurée ; et il n'y en eut pas un qui n'en renouvelât le serment avec autant de bonne volonté que la première fois. Il mourut enfin avec un regret très-sensible du roi Beder et de la reine Gulnare, qui firent porter son corps dans un superbe mausolée avec une pompe proportionnée à sa dignité.

Après que les funérailles furent achevées, le roi Beder n'eut pas de peine à suivre la coutume de Perse de pleurer les morts un mois entier, et de ne voir personne tout ce temps-là. Il eût pleuré son père toute sa vie, s'il eût écouté l'excès de son affliction, et s'il eût été permis à un grand roi de s'y abandonner tout entier. Dans cet intervalle, la reine, mère de la reine Gulnare, et le roi Saleh avec les princesses leurs parentes, arrivèrent, et prirent une grande part à leur affliction avant de leur parler de se consoler.

Quand le mois fut écoulé, le roi ne put se dispenser de donner entrée à son grand visir et à tous les seigneurs de sa cour, qui le supplièrent de quitter l'habit de deuil, de se faire voir à ses sujets, et de reprendre le soin des affaires comme auparavant. Il témoigna d'abord une si grande répugnance à les écouter, que le grand visir fut obligé de prendre la parole, et de lui dire : « Sire, il n'est pas besoin de représenter à votre Majesté qu'il n'appartient qu'à des femmes de s'opiniâtrer à demeurer dans un deuil perpétuel. Nous ne doutons pas qu'elle n'en soit très-persuadée, et que ce ne soit pas son intention de suivre leur exemple. Nos larmes ni les vôtres ne sont pas capables de redonner la vie au roi votre père, quand nous ne cesserions de pleurer toute notre vie. Il a subi la loi commune à tous les hommes, qui les soumet au tribut indispensable de la mort. Nous ne pouvons cependant dire absolument qu'il soit mort, puisque nous le revoyons en votre sacrée personne. Il n'a pas douté lui-même en mourant qu'il ne dût revivre en vous : c'est à votre Majesté à faire voir qu'il ne s'est pas trompé. »

Le roi Beder ne put résister à des instances si pressantes : il quitta l'habit de deuil dès ce moment ; et après qu'il eut repris l'habillement et les ornemens royaux, il commença de pourvoir aux besoins de son royaume et de ses sujets, avec la même attention qu'avant la mort du roi son père. Il s'en acquitta avec une approbation universelle ; et comme il étoit exact à maintenir l'observation des ordonnances de ses prédécesseurs, les peuples ne s'aperçurent pas qu'ils avoient changé de maître.

Le roi Saleh qui étoit retourné dans ses états de la mer avec la reine sa mère et les princesses, dès qu'il eut vu que le roi Beder avoit repris le gouvernement, revint seul au bout d'un an, et le roi Beder et la reine Gulnare furent ravis de le revoir. Un soir au sortir de table, après qu'on eut desservi et qu'on les eut laissés seuls, ils s'entretinrent de plusieurs choses.

Insensiblement le roi Saleh tomba sur les louanges du roi son neveu, et témoigna à la reine sa sœur combien il étoit satisfait de la sagesse avec laquelle il gouvernoit, qui lui avoit acquis une si grande réputation, non-seulement auprès des rois ses voisins, mais même jusqu'aux royaumes les plus éloignés. Le roi Beder qui ne pouvoit entendre parler de sa personne si avantageusement, et ne vouloit pas aussi par bienséance imposer silence au roi son oncle, se tourna de l'autre côté et fit semblant de dormir, en appuyant sa tête sur un coussin qui étoit derrière lui.

Des louanges qui ne regardoient que la conduite merveilleuse et l'esprit supérieur en toutes choses du roi Beder, le roi Saleh passa à celles du corps ; et il en parla comme d'un prodige qui n'avoit rien de semblable sur la terre, ni dans tous les royaumes de dessous les eaux de la mer dont il eut connoissance. « Ma sœur, s'écria-t-il tout d'un coup, tel qu'il est fait, et tel que vous le voyez vous-même, je m'étonne que vous n'ayez pas encore songé à le marier. Si je ne me trompe, cependant, il est dans sa vingtième année ; et à cet âge il n'est pas permis à un prince comme lui d'être sans femme. Je veux y penser moi-même, puisque vous n'y pensez pas, et lui donner pour épouse une princesse de nos royaumes qui soit digne de lui. »

« Mon frère, reprit la reine Gulnare, vous me faites souvenir d'une chose dont je vous avoue que je n'ai pas eu la moindre pensée jusqu'à présent. Comme il n'a pas encore témoigné qu'il eût aucun penchant pour le mariage, je n'y avois pas fait attention moi-même, et je suis bien aise que vous vous soyez avisé de m'en parler. Comme j'approuve fort de lui donner une de nos princesses, je vous prie de m'en donner quelqu'une, mais si belle et si accomplie, que le roi mon fils soit forcé de l'aimer. »

« J'en sais une, repartit le roi Saleh, en parlant bas ; mais avant de vous dire qui elle est, je vous prie de voir si le roi mon neveu dort, je vous dirai pourquoi il est bon que nous prenions cette précaution. La reine Gulnare se retourna ; et comme elle vit Beder dans la situation où il étoit, elle ne douta nullement qu'il ne dormît profondément. Le roi Beder cependant, bien loin de dormir, redoubla son attention pour ne rien perdre de ce que le roi son oncle avoit à dire avec tant de secret. « Il n'est pas besoin que vous vous contraigniez, dit la reine au roi son frère, vous pouvez parler librement sans craindre d'être entendu. »

« Il n'est pas à propos, reprit le roi Saleh, que le roi mon neveu ait sitôt connoissance de ce que j'ai à vous dire. L'amour, comme vous le savez, se prend quelquefois par l'oreille, et il n'est pas nécessaire qu'il aime de cette manière celle que j'ai à vous nommer. En effet, je vois de grandes difficultés à surmonter, non pas du côté de la princesse, comme je l'espère, mais du côté du roi son père. Je n'ai qu'à vous nommer la princesse Giauhare[10] et le roi de Samandal. »

« Que dites-vous, mon frère, repartit la reine Gulnare, la princesse Giauhare n'est-elle pas encore mariée ? Je me souviens de l'avoir vue peu de temps avant que je me séparasse d'avec vous ; elle avoit environ dix-huit mois, et dès-lors elle étoit d'une beauté surprenante. Il faut qu'elle soit aujourd'hui la merveille du monde, si sa beauté a toujours augmenté depuis ce temps-là. Le peu d'âge qu'elle a plus que le roi mon fils, ne doit pas nous empêcher de faire nos efforts pour lui procurer un parti si avantageux. Il ne s'agit que de savoir les difficultés que vous y trouvez, et de les surmonter. »

« Ma sœur, répliqua le roi Saleh, c'est que le roi de Samandal est d'une vanité si insupportable, qu'il se regarde au-dessus de tous les autres rois, et qu'il y a peu d'apparence de pouvoir entrer en traité avec lui sur cette alliance. J'irai moi-même néanmoins lui faire la demande de la princesse sa fille ; et s'il nous refuse, nous nous adresserons ailleurs où nous serons écoutés plus favorablement. C'est pour cela, comme vous le voyez, ajouta-t-il, qu'il est bon que le roi mon neveu ne sache rien de notre dessein, que nous ne soyons certains du consentement du roi de Samandal, de crainte que l'amour de la princesse Giauhare ne s'empare de son cœur, et que nous ne puissions réussir à la lui obtenir. » Ils s'entretinrent encore quelque temps sur le même sujet ; et avant de se séparer, ils convinrent que le roi Saleh retourneroit incessamment dans son royaume, et feroit la demande de la princesse Giauhare au roi de Samandal pour le roi de Perse.

La reine Gulnare et le roi Saleh qui croyoient que le roi Beder

---

[10] Giauhare, en Arabe, signifie pierre précieuse.

dormoit véritablement, l'éveillèrent quand ils voulurent se retirer ; et le roi Beder réussit fort bien à faire semblant de se réveiller, comme s'il eût dormi d'un profond sommeil. Il étoit vrai cependant qu'il n'avoit pas perdu un mot de leur entretien, et que le portrait qu'ils avoient fait de la princesse Giauhare, avoit enflammé son cœur d'une passion qui lui étoit toute nouvelle. Il se forma une idée de sa beauté, si avantageuse, que le désir de la posséder lui fit passer toute la nuit dans des inquiétudes qui ne lui permirent pas de fermer l'œil un moment.

Le lendemain le roi Saleh voulut prendre congé de la reine Gulnare et du roi son neveu. Le jeune roi de Perse qui savoit bien que le roi son oncle ne vouloit partir sitôt que pour aller travailler à son bonheur, sans perdre de temps, ne laissa pas de changer de couleur à ce discours. Sa passion étoit déjà si forte, qu'elle ne lui permettoit pas de demeurer sans voir l'objet qui la causoit, aussi long-temps qu'il jugeoit qu'il en mettroit à traiter de son mariage. Il prit la résolution de le prier de vouloir bien l'emmener avec lui ; mais comme il ne vouloit pas que la reine sa mère en sût rien, afin d'avoir occasion de lui en parler en particulier, il l'engagea à demeurer encore ce jour-là pour être d'une partie de chasse avec lui le jour suivant, résolu de profiter de cette occasion pour lui déclarer son dessein.

La partie de chasse se fit, et le roi Beder se trouva seul plusieurs fois avec son oncle ; mais il n'eut pas la hardiesse d'ouvrir la bouche pour lui dire un mot de ce qu'il avoit projeté. Au plus fort de la chasse, le roi Saleh s'étant séparé d'avec lui, et aucun de ses officiers ni de ses gens n'étant resté près de lui, il mit pied à terre près d'un ruisseau ; et après qu'il eut attaché son cheval à un arbre, qui faisoit un très-bel ombrage le long du ruisseau avec plusieurs autres qui le bordoient, il se coucha à demi sur le gazon et donna un libre cours à ses larmes, qui coulèrent en abondance, accompagnées de soupirs et de sanglots. Il demeura long-temps dans cet état, abymé dans ses pensées, sans proférer une seule parole.

Le roi Saleh cependant qui ne vit plus le roi son neveu, fut dans une grande peine de savoir où il étoit, et il ne trouvoit personne qui lui en donnât des nouvelles. Il se sépara d'avec les autres chasseurs ; et en le cherchant, il l'aperçut de loin. Il avoit remarqué dès le jour précédent, et encore plus clairement le même jour, qu'il n'avoit pas son enjouement ordinaire, qu'il étoit rêveur contre sa coutume, et qu'il n'étoit pas prompt à répondre aux demandes qu'on lui faisoit ; ou s'il y répondoit, qu'il ne le faisoit pas à propos. Mais il n'avoit pas eu le moindre soupçon de la cause de ce changement. Dès qu'il le vit dans la situation où il étoit, il ne douta pas qu'il n'eût entendu l'entretien qu'il avoit eu avec la reine Gulnare, et qu'il ne fût amoureux. Il mit pied à terre assez loin de lui ; après qu'il eut attaché son cheval à un arbre, il prit un grand détour, et s'en approcha sans faire de bruit, si près qu'il lui entendit prononcer ces paroles :

« Aimable princesse du royaume de Samandal, s'écrioit-il, on ne m'a fait sans doute qu'une foible ébauche de votre incomparable beauté. Je vous tiens encore plus belle, préférablement à toutes les princesses du monde, que le soleil n'est beau préférablement à la lune, et à tous les autres ensemble. J'irois dès ce moment vous offrir mon cœur, si je savois où vous trouver ; il vous appartient, et jamais princesse ne le possédera que vous. »

Le roi Saleh n'en voulut pas entendre davantage ; il s'avança, et en se faisant voir au roi Beder : « À ce que je vois, mon neveu, lui dit-il, vous avez entendu ce que nous disions avant-hier de la princesse Giauhare, la reine votre mère et moi. Ce n'étoit pas notre intention, et nous avons cru que vous donniez. » « Mon cher oncle, reprit le roi Beder, je n'en ai pas perdu une parole, et j'en ai éprouvé l'effet que vous aviez prévu, et que vous n'avez pu éviter. Je vous avois retenu exprès, dans le dessein de vous parler de mon amour avant votre départ ; mais la honte de vous faire un aveu de ma foiblesse, si c'en est une d'aimer une princesse si digne d'être aimée, m'a fermé la bouche. Je vous supplie donc, par l'amitié que vous avez pour un prince qui a l'honneur d'être votre allié de si près, d'avoir pitié de moi, et de ne pas attendre à me procurer la vue de la divine Giauhare, que vous ayiez obtenu le consentement du roi son père pour notre mariage, à moins que vous n'aimiez mieux que je meure d'amour pour elle avant de la voir. »

Ce discours du roi de Perse embarrassa fort le roi Saleh, qui lui représenta combien il étoit difficile qu'il lui donnât la satisfaction qu'il demandoit ; qu'il ne pouvoit le faire sans l'emmener avec lui ; et comme sa présence étoit nécessaire dans son royaume, que tout étoit à craindre s'il s'en absentoit, il le conjura de modérer sa passion jusqu'à ce qu'il eût mis les choses en état de pouvoir le contenter, en l'assurant qu'il y alloit employer toute la diligence possible, et qu'il viendroit lui en rendre compte dans peu de jours. Le roi de Perse n'écouta pas ces raisons : « Oncle cruel, repartit-il, je vois bien que vous ne m'aimez pas autant que je me l'étois persuadé, et que vous aimez mieux que je meure que de m'accorder la première prière que je vous ai faite de ma vie ! »

« Je suis prêt à faire voir à votre Majesté, répliqua le roi Saleh, qu'il n'y a rien que je ne veuille faire pour vous obliger ; mais je ne puis vous emmener avec moi, que vous n'en ayiez parlé à la reine votre mère. Que diroit-elle de vous et de moi ? Je le veux bien si elle y consent, et je joindrai mes prières aux vôtres. » « Vous n'ignorez pas, reprit le roi de Perse, que la reine ma mère ne voudra jamais que je l'abandonne, et cette excuse me fait mieux connoître la dureté que vous avez pour moi. Si vous m'aimez autant que vous voulez que je le croie, il faut que vous retourniez en votre royaume dès ce moment, et que vous m'emmeniez avec vous. »

Le roi Saleh forcé de céder à la volonté du roi de Perse, tira une bague qu'il avoit au doigt, où étoient gravés les mêmes noms mystérieux de Dieu, que sur le sceau de Salomon, qui avoient fait tant de prodiges par leur vertu. En la lui présentant : « Prenez cette bague, dit-il, mettez-la à votre doigt, et ne craignez ni les eaux de la mer, ni sa profondeur. » Le roi de Perse prit la bague ; et quand il l'eut mise au doigt : « Faites comme moi, lui dit encore le roi Saleh. » Et en même temps ils s'élevèrent en l'air légèrement, en avançant vers la mer qui n'étoit pas éloignée, où ils se plongèrent.

Le roi marin ne mit pas beaucoup de temps à arriver à son palais avec le roi de Perse son neveu, qu'il mena d'abord à l'appartement de la reine, à qui il le présenta. Le roi de Perse baisa la main de la reine sa grand'mère, et la reine l'embrassa avec une grande démonstration de joie. « Je ne vous demande pas des nouvelles de votre santé, lui dit-elle, je vois que vous vous portez bien, et j'en suis ravie ; mais je vous prie de m'en apprendre de celles de la reine Gulnare votre mère et ma fille. » Le roi de Perse se garda bien de lui dire qu'il étoit parti sans prendre congé d'elle ; il l'assura au contraire qu'il l'avoit laissée en parfaite santé, et qu'elle l'avoit chargé de lui bien faire ses complimens. La reine lui présenta ensuite les princesses ; et pendant qu'elle lui donna lieu de s'entretenir avec elles, elle entra dans un cabinet avec le roi Saleh, qui lui apprit l'amour du roi de Perse pour la princesse Giauhare, sur le seul récit de sa beauté, et contre son intention ; qu'il l'avoit amené sans avoir pu s'en défendre, et qu'il alloit aviser aux moyens de la lui procurer en mariage.

Quoique le roi Saleh, à proprement parler, fût innocent de la passion du roi de Perse, la reine néanmoins lui sut fort mauvais gré d'avoir parlé de la princesse Giauhare devant lui avec si peu de précaution. « Votre imprudence n'est point pardonnable, lui dit-elle : espérez-vous que le roi de Samandal, dont le caractère vous est si connu, aura plus de considération pour vous que pour tant d'autres rois à qui il a refusé sa fille avec un mépris si éclatant ? Voulez-vous qu'il vous renvoie avec la même confusion ? »

« Madame, reprit le roi Saleh, je vous ai déjà marqué que c'est contre mon intention que le roi mon neveu a entendu ce que j'ai raconté de la beauté de la princesse Giauhare, à la princesse ma sœur. La faute est faite, et nous devons songer qu'il l'aime très passionnément, et qu'il mourra d'affliction et de douleur si nous ne la lui obtenons, en quelque manière que ce soit. Je ne dois y rien oublier, puisque c'est moi, quoique innocemment, qui ai fait le mal, et j'employerai tout ce qui est en mon pouvoir pour y apporter le remède. J'espère, madame, que vous approuverez ma résolution d'aller trouver moi-même le roi de Samandal, avec un riche présent de pierreries, et lui demander la princesse sa fille pour le roi de Perse votre petit-fils. J'ai quelque confiance qu'il ne me refusera pas, et qu'il agréera de s'allier avec un des plus puissans monarques de la terre. »

« Il eût été à souhaiter, reprit la reine, que nous n'eussions pas été dans la nécessité de faire cette demande, dont il n'est pas sûr que nous ayions un succès aussi heureux que nous le souhaiterions ; mais comme il s'agit du repos et de la satisfaction du roi mon petit-fils, j'y donne mon consentement. Sur toutes choses, puisque vous connoissez l'humeur du roi de Samandal, prenez garde, je vous en supplie, de lui parler avec tous les égards qui lui sont dus, et d'une manière si obligeante, qu'il ne s'en offense pas. »

La reine prépara le présent elle-même, et le composa de diamans, de rubis, d'émeraudes et de files de perles, et les mit dans une cassette fort riche et fort propre. Le lendemain le roi Saleh prit congé d'elle et du roi de Perse, et partit avec une troupe choisie et peu nombreuse de ses officiers et de ses gens. Il arriva bientôt au royaume, à la capitale, et au palais du roi de Samandal ; et le roi de Samandal ne différa pas de lui donner audience, dès qu'il eut appris son arrivée. Il se leva de son trône dès qu'il le vit paroître ; et le roi Saleh qui voulut bien oublier ce qu'il étoit pour quelques momens, se prosterna à ses pieds, en lui souhaitant l'accomplissement de tout ce qu'il pouvoit désirer. Le roi de Samandal se baissa aussitôt pour le faire relever ; et après qu'il lui eut fait prendre place auprès de lui, il lui dit qu'il étoit le bien-venu, et lui demanda s'il y avoit quelque chose qu'il pût faire pour son service.

« Sire, répondit le roi Saleh, quand je n'aurois pas d'autres motifs que celui de rendre mes respects à un prince des plus puissans qu'il y ait au monde, et si distingué par sa sagesse et par sa valeur, je ne marquerois que foiblement à votre Majesté combien je l'honore. Si elle pouvoit pénétrer jusqu'au fond de mon cœur, elle connoîtroit la grande vénération dont il est rempli pour elle, et le désir ardent que j'ai de lui donner des témoignages de mon attachement. » En disant ces paroles, il prit la cassette des mains d'un de ses gens, l'ouvrit ; et en la lui présentant, il le supplia de vouloir bien l'agréer.

« Prince, reprit le roi de Samandal, vous ne faites pas un présent de cette considération, que vous n'ayiez une demande proportionnée à me faire. Si c'est quelque chose qui dépende de mon pouvoir, je me ferai un très-grand plaisir de vous l'accorder. Parlez, et dites-moi librement en quoi je puis vous obliger. »

« Il est vrai, Sire, repartit le roi Saleh, que j'ai une grâce à demander à votre Majesté, et je me garderois bien de la lui demander, s'il n'étoit en son pouvoir de me la faire. La chose dépend d'elle si absolument, que je la demanderois en vain à tout autre. Je la lui demande donc avec toutes les instances possibles, et je la supplie de ne me la pas refuser. » « Si cela est ainsi, répliqua le roi de Samandal, vous n'avez qu'à m'apprendre ce que c'est ; et vous verrez de quelle manière je sais obliger quand je le puis. »

« Sire, lui dit alors le roi Saleh, après la confiance que votre Majesté veut bien que je prenne sur sa bonne volonté, je ne dissimulerai pas davantage que je viens la supplier de nous honorer de son alliance, par le mariage de la princesse Giauhare son honorable fille, et de fortifier par-là la bonne intelligence qui unit les deux royaumes depuis si long-temps. »

À ce discours, le roi de Samandal fit de grands éclats de rire, en se laissant aller à la renverse sur le coussin où il avoit le dos appuyé et d'une manière injurieuse au roi Saleh : « Roi Saleh, lui dit-il d'un air de mépris, je m'étois imaginé que vous étiez un prince d'un bon sens, sage et avisé ; et votre discours au contraire me fait connoître combien je me suis trompé. Dites-moi, je vous prie, où étoit votre esprit quand vous vous êtes formé une chimère aussi grande que celle dont vous venez de me parler ? Avez-vous bien pu concevoir seulement la pensée d'aspirer au mariage d'une princesse fille d'un roi aussi grand et aussi puissant que je le suis ? Vous deviez mieux considérer auparavant la grande distance qu'il y a de vous à moi, et ne pas venir perdre en un moment l'estime que je faisois de votre personne. »

Le roi Saleh fut extrêmement offensé d'une réponse si outrageante, et il eut bien de la peine à retenir son juste ressentiment. « Que Dieu, Sire, reprit-il avec toute la modération possible, récompense votre Majesté comme elle le mérite ; elle voudra bien que j'aie l'honneur de lui dire que je ne demande pas la princesse sa fille en mariage pour moi. Quand cela seroit, bien loin que votre Majesté dût s'en offenser, ou la princesse elle-même, je croirois faire beaucoup d'honneur à l'un et à l'autre. Votre Majesté sait bien que je suis un des rois de la mer, comme elle ; que les rois mes prédécesseurs ne cèdent en rien par leur ancienneté à aucune des autres familles royales, et que le royaume que je tiens d'eux, n'est pas moins florissant, ni moins puissant que de leur temps. Si elle ne m'eût pas interrompu, elle eût bientôt compris que la grâce que je lui demande ne me regarde pas, mais le jeune roi de Perse, mon neveu, dont la puissance et la grandeur, non plus que les qualités personnelles, ne doivent pas lui être inconnues. Tout le monde reconnoît que la princesse Giauhare est la plus belle personne qu'il y ait sous les cieux ; mais il n'est pas moins vrai que le jeune roi de Perse est le prince le mieux fait et le plus accompli qu'il y ait sur la terre et dans tous les royaumes de la mer : les avis ne sont point partagés là-dessus. Ainsi, comme la grâce que je demande, ne peut tourner qu'à une grande gloire pour elle et pour la princesse Giauhare, elle ne doit pas douter que le consentement qu'elle donnera à une alliance si proportionnée, ne soit suivi d'une approbation universelle. La princesse est digne du roi de Perse, et le roi de Perse n'est pas moins digne d'elle. Il n'y a ni roi ni prince au monde qui puisse le lui disputer. »

Le roi de Samandal n'eût pas donné le loisir au roi Saleh de lui parler si long-temps, si l'emportement où il le mit, lui en eût laissé la liberté. Il fut encore du temps sans prendre la parole, après qu'il eut cessé, tant il étoit hors de lui-même. Il éclata enfin par des injures atroces et indignes d'un grand roi. « Chien, s'écria-t-il, tu oses me tenir ce discours, et proférer seulement le nom de ma fille devant moi ? Penses-tu que le fils de ta sœur Gulnare puisse entrer en comparaison avec ma fille ? Qui es-tu, toi ? Qui étoit ton père ? Qui est ta sœur, et qui est ton neveu ? Son père n'étoit-il pas un chien, et fils de chien comme toi ? Qu'on arrête l'insolent, et qu'on lui coupe le cou. »

Les officiers en petit nombre qui étoient autour du roi de Samandal, se mirent aussitôt en devoir d'obéir ; mais comme le roi Saleh étoit dans la force de son âge, léger et dispos, il s'échappa avant qu'ils eussent tiré le sabre, et il gagna la porte du palais, où il trouva mille hommes de ses parens et de sa maison, bien armés et bien équipés, qui ne faisoient que d'arriver. La reine sa mère avoit fait réflexion sur le peu de monde qu'il avoit pris avec lui ; et comme elle avoit pressenti la mauvaise réception que le roi de Samandal pouvoit lui faire, elle les avoit envoyés, et priés de faire grande diligence. Ceux de ses parens qui se trouvèrent à la tête, se surent bon gré d'être arrivés si à propos, quand ils le virent venir avec ses gens qui le suivoient dans un grand désordre, et qu'on le poursuivoit. « Sire, s'écrièrent-ils, au moment qu'il les joignoit, de quoi s'agit-il ? Nous voici prêts à vous venger : vous n'avez qu'à commander. »

Le roi Saleh leur raconta la chose en peu de mots, se mit à la tête d'une grosse troupe, pendant que les autres restèrent à la porte dont ils se saisirent, et retourna sur ses pas. Comme le peu d'officiers et de gardes qui l'avoient poursuivi s'étoient dissipés, il rentra dans l'appartement du roi de Samandal, qui fut d'abord abandonné des autres, et arrêté en même temps. Le roi Saleh laissa du monde suffisamment auprès de lui pour s'assurer de sa personne, et il alla d'appartement en appartement, en cherchant celui de la princesse Giauhare. Mais au premier bruit, cette princesse s'étoit élancée à la surface de la mer, avec les femmes qui s'étoient trouvées auprès d'elle, et s'étoit sauvée dans une isle déserte.

Comme ces choses se passoient au palais du roi de Samandal, des gens du roi Saleh qui avoient pris la fuite dès les premières menaces de ce roi, mirent la reine sa mère dans une grande alarme en lui annonçant le danger où ils l'avoient laissé. Le jeune roi Beder qui étoit présent à leur arrivée, en fut d'autant plus alarmé, qu'il se regarda comme la première cause de tout le mal qui en pouvoit arriver. Il ne se sentit pas assez de courage pour soutenir la présence de la reine sa grand'mère, après le danger où étoit le roi Saleh à son occasion. Pendant qu'il la vit occupée à donner les ordres qu'elle jugea nécessaires dans cette conjoncture, il s'élança du fond de la mer ; et comme il ne savoit quel chemin prendre pour retourner au royaume de Perse, il se sauva dans la même isle où la princesse Giauhare s'étoit sauvée.

Comme ce prince étoit hors de lui-même, il alla s'asseoir au pied d'un grand arbre qui étoit environné de plusieurs autres. Dans le temps qu'il reprenoit ses esprits, il entendit que l'on parloit : il prêta aussitôt l'oreille ; mais comme il étoit un peu trop éloigné pour rien comprendre de ce que l'on disoit, il se leva, et en s'avançant, sans faire de bruit, du côté d'où venoit le son des paroles, il aperçut entre des feuillages une beauté dont il fut ébloui. « Sans doute, dit-il en lui-même en s'arrêtant, et en la considérant avec admiration, que c'est la princesse Giauhare, que la frayeur a peut-être obligée d'abandonner le palais du roi son père ; si ce n'est pas elle, elle ne mérite pas moins que je l'aime de toute mon âme. » Il ne s'arrêta pas davantage, il se fit voir ; et en s'approchant de la princesse avec une profonde révérence : « Madame, lui dit-il, je ne puis assez remercier le ciel de la faveur qu'il me fait aujourd'hui d'offrir à mes yeux ce qu'il voit de plus beau. Il ne pouvoit m'arriver un plus grand bonheur que l'occasion de vous faire offre de mes très-humbles services. Je vous supplie, madame, de l'accepter : une personne comme vous ne se trouve pas dans cette solitude sans avoir besoin de secours. »

« Il est vrai, Seigneur, reprit la princesse Giauhare d'un air fort triste, qu'il est très-extraordinaire à une dame de mon rang de se trouver dans l'état où je suis. Je suis princesse, fille du roi de Samandal, et je m'appelle Giauhare. J'étois tranquillement dans son palais dans mon appartement, lorsque tout-à-coup j'ai entendu un bruit effroyable. On est venu m'annoncer aussitôt que le roi Saleh, je ne sais pour quel sujet, avoit forcé le palais, et s'étoit saisi du roi mon père, après avoir fait main-basse sur tous ceux de sa garde qui lui avoient fait résistance. Je n'ai eu que le temps de me sauver et de chercher ici un asile contre sa violence. »

Au discours de la princesse, le roi Beder eut de la confusion d'avoir abandonné la reine sa grand'mère si brusquement, sans attendre l'éclaircissement de la nouvelle qu'on lui avoit apportée. Mais il fut ravi que le roi son oncle se fût rendu maître de la personne du roi de Samandal ; il ne douta pas en effet que le roi de Samandal ne lui accordât la princesse pour avoir sa liberté. « Adorable princesse, reprit-il, votre douleur est très-juste, mais il est aisé de la faire cesser avec la captivité du roi votre père. Vous en tomberez d'accord lorsque vous saurez que je m'appelle Beder, que je suis roi de Perse, et que le roi Saleh est mon oncle. Je puis bien vous assurer qu'il n'a aucun dessein de s'emparer des états du roi votre père. Il n'a d'autre but que d'obtenir que j'aie l'honneur et le bonheur d'être son gendre, en vous recevant de sa main pour épouse. Je vous avois déjà abandonné mon cœur sur le seul récit de votre beauté et de vos charmes. Loin de m'en repentir, je vous supplie de le recevoir, et d'être persuadée qu'il ne brûlera jamais que pour vous. J'ose espérer que vous ne le refuserez pas, et que vous considérerez qu'un roi qui est sorti de ses états uniquement pour venir vous l'offrir, mérite de la reconnoissance. Souffrez donc, belle princesse, que j'aye l'honneur d'aller vous présenter à mon oncle. Le roi votre père n'aura pas sitôt donné son consentement à notre mariage, qu'il le laissera maître de ses états comme auparavant. »

La déclaration du roi Beder ne produisit pas l'effet qu'il en avoit attendu. La princesse ne l'avoit pas plutôt aperçu, qu'à sa bonne mine, à son air, et à la bonne grâce avec laquelle il l'avoit abordée, elle l'avoit regardé comme une personne qui ne lui eût pas déplu. Mais dès qu'elle eut appris par lui-même qu'il étoit la cause du mauvais traitement qu'on venoit de faire au roi son père, de la douleur qu'elle en avoit, de la frayeur qu'elle en avoit eue elle-même par rapport à sa propre personne, et de la nécessité où elle avoit été réduite de prendre la fuite, elle le regarda comme un ennemi avec qui elle ne devoit pas avoir de commerce. D'ailleurs, quelque disposition qu'elle eût à consentir elle-même au mariage qu'il desiroit, comme elle jugea qu'une des raisons que le roi son père pouvoit avoir de rejeter cette alliance, c'étoit que le roi Beder étoit né d'un roi de la terre, elle étoit résolue de se soumettre entièrement à sa volonté sur cet article. Elle ne voulut pas néanmoins témoigner rien de son ressentiment ; elle imagina seulement un moyen de se délivrer adroitement des mains du roi Beder ; et en faisant semblant de le voir avec plaisir : « Seigneur, reprit-elle avec toute l'honnêteté possible, vous êtes donc fils de la reine Gulnare, si célèbre par sa beauté singulière ? J'en ai bien de la joie ; je suis ravie de voir en vous un prince si digne d'elle. Le roi mon père a grand tort de s'opposer si fortement à nous unir ensemble. Il ne vous aura pas plutôt vu, qu'il n'hésitera pas à nous rendre heureux l'un et l'autre. » En disant ces paroles, elle lui présenta la main pour marque d'amitié.

Le roi Beder crut qu'il étoit au comble de son bonheur ; il avança la main, et prenant celle de la princesse, il se baissa pour la baiser par respect. La princesse ne lui en donna pas le temps.

« Téméraire, lui dit-elle en le repoussant et en lui crachant au visage faute d'eau, quitte cette forme d'homme, et prends celle d'un oiseau blanc, avec le bec et les pieds rouges. »

Dès qu'elle eut prononcé ces paroles, le roi Beder fut changé en oiseau de cette forme, avec autant de mortification que d'étonnement. « Prenez-le, dit-elle aussitôt à une de ses femmes, et portez-le dans l'isle Sèche. » Cette isle n'étoit qu'un rocher affreux où il n'y avoit pas une goutte d'eau.

La femme prit l'oiseau ; et en exécutant l'ordre de la princesse Giauhare, elle eut compassion de la destinée du roi Beder. « Ce seroit dommage, dit-elle en elle-même, qu'un prince si digne de vivre, mourût de faim et de soif. La princesse si bonne et si douce, se repentira peut-être elle-même d'un ordre si cruel, quand elle sera revenue de sa grande colère ; il vaut mieux que je le porte dans un lieu où il puisse mourir de sa belle mort. » Elle le porta dans une isle bien peuplée, et elle le laissa dans une campagne très-agréable, plantée de toutes sortes d'arbres fruitiers, et arrosée de plusieurs ruisseaux.

Revenons au roi Saleh. Après qu'il eut cherché lui-même la princesse Giauhare, et qu'il l'eut fait chercher par tout le palais sans la trouver, il fit enfermer le roi Samandal dans son propre palais, sous bonne garde ; et quand il eut donné les ordres nécessaires pour le gouvernement du royaume en son absence, il vint rendre compte à la reine sa mère de l'action qu'il venoit de faire. Il demanda où étoit le roi son neveu en arrivant, et il apprit avec une grande surprise et beaucoup de chagrin qu'il avoit disparu. « On est venu nous apprendre, lui dit la reine, le grand danger où vous étiez au palais du roi de Samandal ; et pendant que je donnois des ordres pour vous envoyer d'autres secours ou pour vous venger, il a disparu. Il faut qu'il ait été épouvanté d'apprendre que vous étiez en danger, et qu'il n'ait pas cru qu'il fût en sûreté avec nous. «

Cette nouvelle affligea extrêmement le roi Saleh, qui se repentit alors de la trop grande facilité qu'il avoit eue de condescendre au désir du roi Beder sans en parler auparavant à la reine Gulnare. Il envoya après lui de tous les côtés ; mais quelques diligences qu'il pût faire, on ne lui en apporta aucune nouvelle ; et au lieu de la joie qu'il s'étoit déjà faite d'avoir si fort avancé un mariage qu'il regardoit comme son ouvrage, la douleur qu'il eut de cet incident, auquel il ne s'attendoit pas, en fut plus mortifiante. En attendant qu'il apprit de ses nouvelles, bonnes ou mauvaises, il laissa son royaume sous l'administration de la reine, et alla gouverner celui du roi de Samandal, qu'il continua de faire garder avec beaucoup de vigilance, quoiqu'avec tous les égards dus à son caractère.

 Le même jour que le roi Saleh étoit parti pour retourner au royaume de Samandal, la reine Gulnare, mère du roi Beder, arriva chez la reine sa mère. Cette princesse ne s'étoit pas étonnée de n'avoir pas vu revenir le roi son fils le jour de son départ. Elle s'étoit imaginé que l'ardeur de la chasse, comme cela lui étoit arrivé quelquefois, l'avoit emporté plus loin qu'il ne se l'étoit proposé. Mais quand elle vit qu'il n'étoit pas revenu le lendemain, ni le jour d'après, elle en fut dans une alarme dont il étoit aisé de juger par la tendresse qu'elle avoit pour lui. Cette alarme fut beaucoup plus grande, quand elle eut appris des officiers qui l'avoient accompagné, et qui avoient été obligés de revenir après l'avoir cherché long-temps, lui et le roi Saleh son oncle sans les avoir trouvés, qu'il falloit qu'il leur fût arrivé quelque chose de fâcheux, ou qu'ils fussent ensemble en quelque endroit qu'ils ne pouvoient deviner ; qu'ils avoient bien trouvé leurs chevaux, mais que pour leurs personnes ils n'en avoient eu aucune nouvelle, quelques diligences qu'ils eussent faites pour en apprendre. Sur ce rapport elle avoit pris le parti de dissimuler et de cacher son affliction, et elle les avoit chargés de retourner sur leurs pas et de faire encore leurs diligences. Pendant ce temps-là elle avoit pris son parti ; et sans rien dire à personne, et après avoir dit à ses femmes qu'elle vouloit être seule, elle s'étoit plongée dans la mer pour s'éclaircir sur le soupçon qu'elle avoit que le roi Saleh pouvoit avoir emmené le roi de Perse avec lui.

 Cette grande reine eût été reçue par la reine sa mère avec un grand plaisir, si dès qu'elle l'eut aperçue, elle ne se fût doutée du sujet qui l'avoit amenée. « Ma fille, lui dit-elle, ce n'est pas pour me voir que vous venez ici, je m'en aperçois bien. Vous venez me demander des nouvelles du roi votre fils, et celles que j'ai à vous en donner, ne sont capables que d'augmenter votre affliction, aussi bien que la mienne. J'avois eu une grande joie de le voir arriver avec le roi son oncle ; mais je n'eus pas plutôt appris qu'il étoit parti sans vous en avoir parlé, que je pris part à la peine que vous en souffririez. » Elle lui fit ensuite le récit du zèle avec lequel le roi Saleh étoit allé faire lui-même la demande de la princesse Giauhare, et de ce qui en étoit arrivé, jusqu'au moment où le roi Beder avoit disparu. « J'ai envoyé du monde après lui, ajouta-t-elle ; et le roi mon fils, qui ne fait que de partir pour aller gouverner le royaume de Samandal, a fait aussi ses diligences de son côté, ça été sans succès jusqu'à présent, mais il faut espérer que nous le reverrons lorsque nous ne l'attendrons pas. »

La désolée Gulnare ne se paya pas d'abord de cette espérance ; elle regarda le roi son cher fils comme perdu, et elle pleura amèrement, en mettant toute la faute sur le roi son frère. La reine sa mère lui fit considérer la nécessité qu'il y avoit qu'elle fît des efforts pour ne pas succomber à sa douleur. « Il est vrai, lui dit-elle, que le roi votre frère ne devoit pas vous parler de ce mariage avec si peu de précaution, ni consentir jamais à emmener le roi mon petit-fils, sans vous en avertir auparavant. Mais comme il n'y a pas de certitude que le roi de Perse ait péri, vous ne devez rien négliger pour lui conserver son royaume. Ne perdez donc pas de temps, retournez à votre capitale : votre présence y est nécessaire ; et il ne vous sera pas difficile de tenir toutes choses dans l'état paisible où elles sont, en faisant publier que le roi de Perse a été bien aise de venir nous voir. »

Il ne falloit pas moins qu'une raison aussi forte que celle-là, pour obliger la reine Gulnare de s'y rendre. Elle prit congé de la reine sa mère, et elle fut de retour au palais de la capitale de Perse avant qu'on se fût aperçu qu'elle s'en étoit absentée. Elle dépêcha aussitôt des gens pour rappeler les officiers qu'elle avoit renvoyés à la quête du roi son fils, et leur annoncer qu'elle savoit où il étoit, et qu'on le reverroit bientôt. Elle en fit aussi répandre le bruit par toute la ville, et elle gouverna toutes choses de concert avec le premier ministre et le conseil, avec la même tranquillité que si le roi Beder eût été présent.

Pour revenir au roi Beder, que la femme de la princesse Giauhare avoit porté et laissé dans l'isle, comme nous l'avons dit, ce monarque fut dans un grand étonnement quand il se vit seul et sous la forme d'un oiseau. Il s'estima d'autant plus malheureux dans cet état, qu'il ne savoit où il étoit, ni en quelle partie du monde le royaume de Perse étoit situé. Quand il l'eût su, et qu'il eût assez connu la force de ses ailes pour hasarder à traverser tant de mers, et à s'y rendre, qu'eût-il gagné autre chose, que de se trouver dans la même peine et dans la même difficulté où il étoit, d'être connu non pas pour roi de Perse, mais même pour un homme ? Il fut contraint de demeurer où il étoit, de vivre de la même nourriture que les oiseaux de son espèce, et de passer la nuit sur un arbre.

Au bout de quelques jours, un paysan fort adroit à prendre des oiseaux aux filets, arriva à l'endroit où il étoit, et eut une grande joie quand il eut aperçu un si bel oiseau, d'une espèce qui lui étoit inconnue, quoiqu'il y eut de longues années qu'il chassoit aux filets. Il employa toute l'adresse dont il étoit capable, et il prit si bien ses mesures qu'il prit l'oiseau. Ravi d'une si bonne capture, qui, selon l'estime qu'il en fit, devoit lui valoir plus que beaucoup d'autres oiseaux ensemble de ceux qu'il prenoit ordinairement, à cause de la rareté, il le mit dans une cage et le porta à la ville. Dès qu'il fut arrivé au marché, un bourgeois l'arrêta, et lui demanda combien il vouloit vendre l'oiseau ?

Au lieu de répondre à cette demande, le paysan demanda au bourgeois à son tour, ce qu'il en prétendoit faire quand il l'auroit acheté ? « Bon homme, reprit le bourgeois, que veux-tu que j'en fasse, si je ne le fais rôtir pour le manger ? » « Sur ce pied-là, repartit le paysan, vous croiriez l'avoir bien acheté si vous m'en aviez donné la moindre pièce d'argent. Je l'estime bien davantage : et ce ne seroit pas pour vous, quand vous m'en donneriez une pièce d'or. Je suis bien vieux, mais depuis que je me connois, je n'en ai pas encore vu un pareil. Je vais en faire un présent au roi : il en connoîtra mieux le prix que vous. »

Au lieu de s'arrêter au marché, le paysan alla au palais où il s'arrêta devant l'appartement du roi. Le roi étoit près d'une fenêtre d'où il voyoit tout ce qui se passoit dans la place. Comme il eut aperçu le bel oiseau, il envoya un officier des eunuques avec ordre de le lui acheter. L'officier vint au paysan, et lui demanda combien il vouloit le vendre. « Si c'est pour sa Majesté, reprit le paysan, je la supplie d'agréer que je lui en fasse un présent, et je vous prie de le lui porter. » L'officier porta l'oiseau au roi, et le roi le trouva si singulier, qu'il chargea l'officier de porter dix pièces d'or au paysan, qui se retira très-content ; après quoi il mit l'oiseau dans une cage magnifique, et lui donna du grain et de l'eau dans des vases précieux.

Le roi qui étoit prêt à monter à cheval pour aller à la chasse, et qui n'avoit pas eu le temps de bien voir l'oiseau, se le fit apporter dès qu'il fut de retour. L'officier apporta la cage ; et afin de le mieux considérer, le roi l'ouvrit lui-même, et prit l'oiseau sur sa main. En le regardant avec une grande admiration, il demanda à l'officier s'il l'avoit vu manger ? « Sire, reprit l'officier, votre Majesté peut voir que le vase de sa mangeaille est encore plein, et je n'ai pas remarqué qu'il y ait touché. » Le roi dit qu'il falloit lui en donner de plusieurs sortes, afin qu'il choisit celle qui lui conviendroit.

Comme on avoit déjà mis la table, on servit dans le temps que le roi prescrivit cet ordre. Dès qu'on eut posé les plats, l'oiseau battit des ailes, s'échappa de la main du roi, vola sur la table, où il se mit à becqueter sur le pain et sur les viandes, tantôt dans un plat et tantôt dans un autre. Le roi en fut si surpris, qu'il envoya l'officier des eunuques avertir la reine de venir voir cette merveille. L'officier raconta la chose à la reine en peu de mots, et la reine vint aussitôt. Mais dès qu'elle eut vu l'oiseau, elle se couvrit le visage de son voile, et voulut se retirer. Le roi étonné de cette action, d'autant plus qu'il n'y avoit que des eunuques dans la chambre, et des femmes qui l'avoient suivie, lui demanda la raison qu'elle avoit d'en user ainsi ?

« Sire, répondit la reine, votre Majesté n'en sera pas étonnée, quand elle aura appris que cet oiseau n'est pas un oiseau comme elle se l'imagine, et que c'est un homme. » « Madame, reprit le roi plus étonné qu'auparavant, vous voulez vous moquer de moi sans doute ? Vous ne me persuaderez pas qu'un oiseau soit un homme. » « Sire, Dieu me garde de me moquer de votre Majesté ! Rien n'est plus vrai que ce que j'ai l'honneur de lui dire, et je l'assure que c'est le roi de Perse qui se nomme Beder, fils de la célèbre Gulnare, princesse d'un des plus grands royaumes de la mer, neveu de Saleh, roi de ce royaume, et petit-fils de la reine Farasche, mère de Gulnare et de Saleh ; et c'est la princesse Giauhare, fille du roi de Samandal, qui l'a ainsi métamorphosé. » Afin que le roi n'en pût pas douter, elle lui raconta comment et pourquoi la princesse Giauhare s'étoit ainsi vengée du mauvais traitement que le roi Saleh avoit fait au roi de Samandal son père.

Le roi eut d'autant moins de peine à ajouter foi à tout ce que la reine lui raconta de cette histoire, qu'il savoit qu'elle étoit une magicienne des plus habiles qu'il y eût jamais eu au monde, et que comme elle n'ignoroit rien de tout ce qui s'y passoit, il étoit d'abord informé par son moyen des mauvais desseins des rois ses voisins contre lui, et les prévenoit. Il eut compassion du roi de Perse, et il pria la reine avec instance de rompre l'enchantement qui le retenoit sous cette forme.

La reine y consentit avec beaucoup de plaisir : « Sire, dit-elle au roi, que votre Majesté prenne la peine d'entrer dans son cabinet avec l'oiseau, je lui ferai voir en peu de momens un roi digne de la considération qu'elle a pour lui. » L'oiseau qui avoit cessé de manger, pour être attentif à l'entretien du roi et de la reine, ne donna pas au roi la peine de le prendre ; il passa le premier dans le cabinet, et la reine y rentra bientôt après avec un vase plein d'eau à la main. Elle prononça sur le vase des paroles inconnues au roi, jusqu'à ce que l'eau commençât à bouillonner ; elle en prit aussitôt dans la main, et en la jetant sur l'oiseau :

« Par la vertu des paroles saintes et mystérieuses que je viens de prononcer, dit-elle, et au nom du Créateur du ciel et de la terre, qui ressuscite les morts et maintient l'univers dans son état, quitte cette forme d'oiseau, et reprends celle que tu as reçue de ton Créateur. »

La reine avoit à peine achevé ces paroles, qu'au lieu de l'oiseau, le roi vit paroître un jeune prince de belle taille, dont le bel air et la bonne mine le charmèrent. Le roi Beder se prosterna d'abord, et rendit grâces à Dieu de celle qu'il venoit de lui faire. Il prit la main du roi en se relevant, et la baisa, pour lui marquer sa parfaite reconnoissance ; mais le roi l'embrassa avec bien de la joie, et lui témoigna combien il avoit de satisfaction de le voir. Il voulut aussi remercier la reine ; mais elle étoit déjà retirée à son appartement. Le roi le fit mettre à table avec lui, et après le repas, il le pria de lui raconter comment la princesse Giauhare avoit eu l'inhumanité de transformer en oiseau un prince aussi aimable qu'il l'étoit, et le roi de Perse le satisfit d'abord. Quand il eut achevé, le roi indigné du procédé de la princesse, ne put s'empêcher de la blâmer. « Il étoit louable à la princesse de Samandal, reprit-il, de n'être pas insensible au traitement qu'on avoit fait au roi son père ; mais qu'elle ait poussé la vengeance à un si grand excès contre un prince qui ne devoit pas en être accusé, c'est de quoi elle ne se justifiera jamais auprès de personne. Mais laissons ce discours, et dites-moi en quoi je puis vous obliger davantage. »

« Sire, repartit le roi Beder, l'obligation que j'ai à votre Majesté, est si grande, que je devrois demeurer toute ma vie auprès d'elle pour lui en témoigner ma reconnoissance ; mais puisqu'elle ne met pas de bornes à sa générosité, je la supplie de vouloir bien m'accorder un de ses vaisseaux pour me remener en Perse, où je crains que mon absence, qui n'est déjà que trop longue, n'ait causé du désordre, et même que la reine ma mère à qui j'ai caché mon départ, ne soit morte de douleur, dans l'incertitude où elle doit avoir été de ma vie ou de ma mort. »

Le roi lui accorda ce qu'il demandoit de la meilleure grâce du monde ; et sans différer, il donna l'ordre pour l'équipement d'un vaisseau le plus fort et le meilleur voilier qu'il eut dans sa flotte nombreuse. Le vaisseau fut bientôt fourni de tous ses agrès, de matelots, de soldats, de provisions et de munitions nécessaires ; et dès que le vent fut favorable, le roi Beder s'y embarqua, après avoir pris congé du roi, et l'avoir remercié de tous les bienfaits dont il lui étoit redevable.

Le vaisseau mit à la voile avec le vent en poupe, qui le fit avancer considérablement dans sa route dix jours sans discontinuer ; l'onzième jour, il devint un peu contraire ; il augmenta, et enfin il fut si violent, qu'il causa une tempête furieuse. Le vaisseau ne s'écarta pas seulement de sa route, il fut encore si fortement agité, que tous ses mâts se rompirent, et que porté au gré du vent, il donna sur une sèche, et s'y brisa.

La plus grande partie de l'équipage fut submergée d'abord ; les uns se fièrent à la force de leurs bras pour se sauver à la nage, et les autres se prirent à quelque pièce de bois, ou à une planche. Beder fut des derniers ; et emporté tantôt par les courans, et tantôt par les vagues, dans une grande incertitude de sa destinée, il s'aperçut enfin qu'il étoit près de terre, et peu loin d'une ville de grande apparence. Il profita de ce qui lui restoit de force pour y aborder, et il arriva enfin si près du rivage, où la mer étoit tranquille, qu'il toucha le fond. Il abandonna aussitôt la pièce de bois qui lui avoit été d'un si grand secours. Mais en s'avançant dans l'eau pour gagner la grève, il fut fort surpris de voir accourir de toutes parts des chevaux, des chameaux, des mulets, des ânes, des bœufs, des vaches, des taureaux, et d'autres animaux qui bordèrent le rivage, et se mirent en état de l'empêcher d'y mettre le pied. Il eut toutes les peines du monde à vaincre leur obstination et à se faire passage. Quand il en fut venu à bout, il se mit à l'abri de quelques rochers, jusqu'à ce qu'il eut un peu repris haleine, et qu'il eut séché son habit au soleil.

Lorsque ce prince voulut s'avancer pour entrer dans la ville, il eut encore la même difficulté avec les mêmes animaux, comme s'ils eussent voulu le détourner de son dessein, et lui faire comprendre qu'il y avoit du danger pour lui.

Le roi Beder entra dans la ville, et il y vit plusieurs rues belles et spacieuses, mais avec un grand étonnement de ce qu'il ne rencontroit personne. Cette grande solitude lui fit considérer que ce n'étoit pas sans sujet que tant d'animaux avoient fait tout ce qui étoit en leur pouvoir pour l'obliger de s'en éloigner plutôt que d'entrer. En avançant néanmoins, il remarqua plusieurs boutiques ouvertes, qui lui firent connoître que la ville n'étoit pas aussi dépeuplée qu'il se l'étoit imaginé. Il s'approcha d'une de ces boutiques où il y avoit plusieurs sortes de fruits exposés en vente d'une manière fort propre, et salua un vieillard qui y étoit assis.

Le vieillard qui étoit occupé à quelque chose, leva la tête ; et comme il vit un jeune homme qui marquoit quelque chose de grand, il lui demanda d'un air qui témoignoit beaucoup de surprise, d'où il venoit, et quelle occasion l'avoit amené ? Le roi Beder le satisfit en peu de mots, et le vieillard lui demanda encore s'il n'avoit rencontré personne en son chemin ? « Vous êtes le premier que j'aie vu, repartit le roi, et je ne puis comprendre qu'une ville si belle et de tant d'apparence soit déserte comme elle l'est. » « Entrez, ne demeurez pas davantage à la porte, répliqua le vieillard ; peut-être vous en arriveroit-il quelque mal. Je satisferai votre curiosité à loisir, et je vous dirai la raison pourquoi il est bon que vous preniez cette précaution. »

Le roi Beder ne se le fit pas dire deux fois, il entra et s'assit près du vieillard ; mais comme le vieillard avoit compris par le récit de sa disgrâce, que le prince avoit besoin de nourriture, il lui présenta d'abord de quoi reprendre des forces, et quoique le roi Beder l'eut prié de lui expliquer pourquoi il avoit pris la précaution de le faire entrer, il ne voulut néanmoins lui rien dire qu'il n'eût achevé de manger. C'est qu'il craignoit que les choses fâcheuses qu'il avoit à lui dire, ne l'empêchassent de manger tranquillement. En effet, quand il vit qu'il ne mangeoit plus : « Vous devez bien remercier Dieu, lui dit-il, de ce que vous êtes venu jusque chez moi sans aucun accident. » « Eh, pour quel sujet, reprit le roi Beder alarmé et effrayé ? » « Il faut que vous sachiez, repartit le vieillard, que cette ville s'appelle la Ville des Enchantemens, et qu'elle est gouvernée, non pas par un roi, mais par une reine ; et cette reine, qui est la plus belle personne de son sexe dont on ait jamais entendu parler, est aussi magicienne, mais la plus insigne et la plus dangereuse que l'on puisse connoître. Vous en serez convaincu quand vous saurez que tous ces chevaux, ces mulets et ces autres animaux que vous avez vus, sont autant d'hommes comme vous et comme moi, qu'elle a ainsi métamorphosés par son art diabolique. Autant de jeunes gens bien faits comme vous qui entrent dans la ville, elle a des gens apostés qui les arrêtent, et qui, de gré ou de force, les conduisent devant elle. Elle les reçoit avec un accueil des plus obligeans, elle les caresse, elle les régale : elle les loge magnifiquement, et elle leur donne tant de facilités pour leur persuader qu'elle les aime, qu'elle n'a pas de peine à y réussir ; mais elle ne les laisse pas jouir long-temps de leur bonheur prétendu ; il n'y en a pas un qu'elle ne métamorphose en quelqu'animal ou en quelqu'oiseau au bout de quarante jours, selon qu'elle le juge à propos. Vous m'avez parlé de tous ces animaux qui se sont présentés pour vous empêcher d'aborder à terre et d'entrer dans la ville ; c'est que ne pouvant vous faire comprendre d'une autre manière le danger auquel vous vous exposiez, ils faisoient ce qui étoit en leur pouvoir pour vous en détourner. »

 Ce discours affligea très-sensiblement le jeune roi de Perse. « Hélas, s'écria-t-il, à quelle extrémité suis-je réduit par ma mauvaise destinée ! Je suis à peine délivré d'un enchantement dont j'ai encore horreur, que je me vois exposé à quelqu'autre plus terrible. » Cela lui donna lieu de raconter son histoire au vieillard plus au long, de lui parler de sa naissance, de sa qualité, de sa passion pour la princesse de Samandal, et de la cruauté qu'elle avoit eue de le changer en oiseau, au moment qu'il venoit de la voir et de lui faire la déclaration de son amour.

 Quand ce prince eut achevé par le récit du bonheur qu'il avoit eu de trouver une reine qui avoit rompu cet enchantement, et par des témoignages de la peur qu'il avoit de retomber dans un plus grand malheur, le vieillard qui voulut le rassurer : « Quoique ce que je vous ai dit de la reine magicienne et de sa méchanceté, lui dit-il, soit véritable, cela ne doit pas néanmoins vous donner la grande inquiétude où je vois que vous en êtes. Je suis aimé de toute la ville, je ne suis pas même inconnu à la reine, et je puis dire qu'elle a beaucoup de considération pour moi. Ainsi c'est un grand bonheur pour vous que votre bonne fortune vous ait adressé à moi plutôt qu'à un autre. Vous êtes en sûreté dans ma maison, où je vous conseille de demeurer si vous l'agréez ainsi. Pourvu que vous ne vous en écartiez pas, je vous garantis qu'il ne vous arrivera rien qui puisse vous donner sujet de vous plaindre de ma mauvaise foi. De la sorte, il n'est pas besoin que vous vous contraigniez en quoi que ce soit. »

Le roi Beder remercia le vieillard de l'hospitalité qu'il exerçoit envers lui, et de la protection qu'il lui donnoit avec tant de bonne volonté. Il s'assit à l'entrée de la boutique ; et il n'y parut pas plutôt, que sa jeunesse et sa bonne mine attirèrent les yeux de tous les passans. Plusieurs s'arrêtèrent même, et firent compliment au vieillard sur ce qu'il avoit acquis un esclave si bien fait, comme ils se l'imaginoient. Et ils en paroissoient d'autant plus surpris, qu'ils ne pouvoient comprendre qu'un si beau jeune homme eût échappé à la diligence de la reine. « Ne croyez pas que ce soit un esclave, leur disoit le vieillard ; vous savez que je ne suis ni assez riche, ni d'une condition assez élevée, pour en avoir de cette beauté. C'est mon neveu, fils d'un frère que j'avois, qui est mort ; et comme je n'ai pas d'enfans, je l'ai fait venir pour me tenir compagnie. » Ils se réjouirent avec lui de la satisfaction qu'il devoit avoir de son arrivée ; mais en même temps ils ne purent s'empêcher de lui témoigner la crainte qu'ils avoient que la reine ne le lui enlevât. « Vous la connoissez, lui disoient-ils, et vous ne devez pas ignorer le danger auquel vous vous êtes exposé, après tous les exemples que vous en avez. Quelle douleur seroit la vôtre, si elle lui faisoit le même traitement qu'à tant d'autres que nous savons ! »

« Je vous suis bien obligé, reprenoit le vieillard, de la bonne amitié que vous me témoignez, et de la part que vous prenez à mes intérêts, et je vous en remercie avec toute la reconnoissance possible. Mais je me garderai bien de penser même que la reine voulût me faire le moindre déplaisir, après toutes les bontés qu'elle ne cesse d'avoir pour moi. Au cas qu'elle en apprenne quelque chose, et qu'elle m'en parle, j'espère qu'elle ne songera pas seulement à lui, dès que je lui aurai marqué qu'il est mon neveu. »

Le vieillard étoit ravi d'entendre les louanges qu'on donnoit au jeune roi de Perse ; il y prenoit part comme si véritablement il eût été son propre fils, et il conçut pour lui une amitié qui augmenta à mesure que le séjour qu'il fit chez lui, lui donna lieu de le mieux connoître. Il y avoit environ un mois qu'ils vivoient ensemble, lorsqu'un jour le roi Beder étant assis à l'entrée de la boutique à son ordinaire, la reine Labe, c'est ainsi que s'appeloit la reine magicienne, vint à passer devant la maison du vieillard avec grande pompe. Le roi Beder n'eut pas plutôt aperçu la tête des gardes qui marchoient devant elle, qu'il se leva, rentra dans la boutique, et demanda au vieillard son hôte ce que cela signifioit ? « C'est la reine qui va passer, reprit-il, mais demeurez et ne craignez rien. »

Les gardes de la reine Labe, habillés d'un habit uniforme, couleur pourpre, montés et équipés avantageusement, passèrent en quatre files, le sabre haut, au nombre de mille ; et il n'y eut pas un officier qui ne saluât le vieillard en passant devant sa boutique. Ils furent suivis d'un pareil nombre d'eunuques, habillés de brocard et mieux montés, dont les officiers lui firent le même honneur. Après eux, autant de jeunes demoiselles, presque toutes également belles, richement habillées et ornées de pierreries, venoient à pied d'un pas grave, avec la demi-pique à la main ; et la reine Labe paroissoit au milieu d'elles sur un cheval tout brillant de diamans, avec une selle d'or et une housse d'un prix inestimable. Les jeunes demoiselles saluèrent aussi le vieillard à mesure qu'elles passoient ; et la reine frappée de la bonne mine du roi Beder, s'arrêta devant la boutique. « Abdallah, lui dit-elle, c'est ainsi qu'il s'appeloit, dites-moi, je vous prie, est-ce à vous cet esclave si bien fait et si charmant ? Y a-t-il long-temps que vous avez fait cette acquisition ? »

Avant de répondre à la reine, Abdallah se prosterna contre terre, et en se relevant : « Madame, lui dit-il, c'est mon neveu, fils d'un frère que j'avois, qui est mort il n'y a pas long-temps. Comme je n'ai pas d'enfans, je le regarde comme mon fils, et je l'ai fait venir pour ma consolation, et pour recueillir après ma mort le peu de bien que je laisserai. »

La reine Labe, qui n'avoit encore vu personne de comparable au roi Beder, et qui venoit de concevoir une forte passion pour lui, songea sur ce discours à faire en sorte que le vieillard le lui abandonnât. « Bon père, reprit-elle, ne voulez-vous pas bien me faire l'amitié de m'en faire un présent ? Ne me refusez pas, je vous en prie. Je jure par le feu et par la lumière, que je le ferai si grand et si puissant, que jamais particulier au monde n'aura fait une si haute fortune. Quand j'aurois le dessein de faire du mal à tout le genre humain, il sera le seul à qui je me garderai bien d'en faire. J'ai confiance que vous m'accorderez ce que je vous demande ; et je fonde cette confiance plus encore sur l'amitié que je sais que vous avez pour moi, que sur l'estime que je fais et que j'ai toujours faite de votre personne. »

« Madame, reprit le bon Abdallah, je suis infiniment obligé à votre Majesté de toutes les bontés qu'elle a pour moi, et de l'honneur qu'elle veut faire à mon neveu. Il n'est pas digne d'approcher d'une si grande reine : je supplie votre Majesté de trouver bon qu'il s'en dispense. »

« Abdallah, répliqua la reine, je m'étois flattée que vous m'aimiez davantage ; et je n'eusse jamais cru que vous dussiez me donner une marque si évidente du peu d'état que vous faites de mes prières. Mais je jure encore une fois par le feu et par la lumière, et même par ce qu'il y a de plus sacré dans ma religion, que je ne passerai pas outre, que je n'aie vaincu votre opiniâtreté. Je comprends fort bien ce qui vous fait de la peine ; mais je vous promets que vous n'aurez pas le moindre sujet de vous repentir de m'avoir obligée si sensiblement. »

Le vieillard Abdallah eut une mortification inexprimable par rapport à lui et par rapport au roi Beder, d'être forcé de céder à la volonté de la reine : « Madame, reprit-il, je ne veux pas que votre Majesté ait lieu d'avoir si mauvaise opinion du respect que j'ai pour elle, ni de mon zèle pour contribuer à tout ce qui peut lui faire plaisir. J'ai une confiance entière dans sa parole, et je ne doute pas qu'elle ne me la tienne. Je la supplie seulement de différer à faire un si grand honneur à mon neveu, jusqu'au premier jour qu'elle repassera. » « Ce sera donc demain, repartit la reine. » Et en disant ces paroles, elle baissa la tête pour lui marquer l'obligation qu'elle lui avoit, et reprit le chemin de son palais.

Quand la reine Labe eut achevé de passer avec toute la pompe qui l'accompagnoit : « Mon fils, dit le bon Abdallah au roi Beder, qu'il s'étoit accoutumé d'appeler ainsi, afin de ne le pas faire connoître en parlant de lui en public, je n'ai pu, comme vous l'avez vu vous-même, refuser à la reine ce qu'elle m'a demandé avec la vivacité dont vous avez été témoin, afin de ne lui pas donner lieu d'en venir à quelque violence d'éclat ou secrète, en employant son art magique, et de vous faire autant par dépit contre vous que contre moi un traitement plus cruel et plus signalé, qu'à tous ceux dont elle a pu disposer jusqu'à présent, comme je vous en ai déjà entretenu. J'ai quelque raison de croire qu'elle en usera bien, comme elle me l'a promis, par la considération toute particulière qu'elle a pour moi. Vous l'avez pu remarquer vous-même par celle de toute sa cour, et par les honneurs qui m'ont été rendus. Elle seroit bien maudite du ciel, si elle me trompoit ; mais elle ne me tromperoit pas impunément, et je saurois bien m'en venger. »

Ces assurances, qui paroissoient fort incertaines, ne firent pas un grand effet sur l'esprit du roi Beder. « Après tout ce que vous m'avez raconté des méchancetés de cette reine, reprit-il, je ne vous dissimule pas combien je redoute de m'approcher d'elle. Je méprisérois peut-être tout ce que vous m'en avez pu dire, et je me laisserois éblouir par l'éclat de la grandeur qui l'environne, si je ne savois déjà par expérience ce que c'est que d'être à la discrétion d'une magicienne. L'état où je me suis trouvé par l'enchantement de la princesse Giauhare, et dont il semble que je n'ai été délivré que pour rentrer presqu'aussitôt dans un autre, me la fait regarder avec horreur. » Ses larmes l'empêchèrent d'en dire davantage, et firent connoître avec quelle répugnance il se voyoit dans la nécessité fatale d'être livré à la reine Labe.

« Mon fils, repartit le vieillard Abdallah, ne vous affligez pas : j'avoue qu'on ne peut pas faire un grand fondement sur les promesses, et même sur les sermens d'une reine si pernicieuse. Je veux bien que vous sachiez que tout son pouvoir ne s'étend pas jusqu'à moi. Elle ne l'ignore pas ; et c'est pour cela, préférablement à toute autre chose, qu'elle a tant d'égards pour moi. Je saurai bien l'empêcher de vous faire le moindre mal, quand elle seroit assez perfide pour oser entreprendre de vous en faire. Vous pouvez vous fier à moi ; et pourvu que vous suiviez exactement les avis que je vous donnerai avant que je vous abandonne à elle, je vous suis garant qu'elle n'aura pas plus de puissance sur vous que sur moi. »

La reine magicienne ne manqua pas de passer le lendemain devant la boutique du vieillard Abdallah, avec la même pompe que le jour d'auparavant, et le vieillard l'attendoit avec un grand respect. « Bon père, lui dit-elle en s'arrêtant, vous devez juger de l'impatience où je suis d'avoir votre neveu auprès de moi, par mon exactitude à venir vous faire souvenir de vous acquitter de votre promesse. Je sais que vous êtes homme de parole, et je ne veux pas croire que vous ayez changé de sentiment. »

Abdallah qui s'étoit prosterné dès qu'il avoit vu que la reine s'approchoit, se releva quand elle eut cessé de parler ; et comme il ne vouloit pas que personne entendit ce qu'il avoit à lui dire, il s'avança avec respect jusqu'à la tête de son cheval, et en lui parlant bas : « Puissante reine, dit-il, je suis persuadé que votre Majesté ne prend pas en mauvaise part la difficulté que je fis de lui confier mon neveu dès hier : elle doit avoir compris elle-même le motif que j'en ai eu. Je veux bien le lui abandonner aujourd'hui ; mais je la supplie d'avoir pour agréable de mettre en oubli tous les secrets de cette science merveilleuse qu'elle possède au souverain degré. Je regarde mon neveu comme mon propre fils ; et votre Majesté me mettroit au désespoir, si elle en usoit avec lui d'une autre manière qu'elle a eu la bonté de me le promettre. »

« Je vous le promets encore, repartit la reine, et je vous répète par le même serment qu'hier que vous et lui aurez tout sujet de vous louer de moi. Je vois bien que je ne vous suis pas encore assez connue, ajouta-t-elle, vous ne m'avez vue jusqu'à présent que le visage couvert ; mais comme je trouve votre neveu digne de mon amitié, je veux vous faire voir que je ne suis pas indigne de la sienne. » En disant ces paroles, elle laissa voir au roi Beder qui s'étoit approché avec Abdallah, une beauté incomparable ; mais le roi Beder en fut peu touché. « En effet, ce n'est pas assez d'être belle, dit-il en lui-même, il faut que les actions soient aussi régulières que la beauté est accomplie. »

Dans le temps que le roi Beder faisoit ces réflexions les yeux attachés sur la reine Labe, le vieillard Abdallah se tourna de son côté ; et en le prenant par la main, il le lui présenta : « Le voilà, madame, lui dit-il ; je supplie votre Majesté encore une fois de se souvenir qu'il est mon neveu, et de permettre qu'il vienne me voir quelquefois. » La reine le lui promit ; et pour lui marquer sa reconnoissance, elle lui fit donner un sac de mille pièces d'or qu'elle avoit fait apporter. Il s'excusa d'abord de le recevoir ; mais elle voulut absolument qu'il l'acceptât, et il ne put s'en dispenser. Elle avoit fait amener un cheval aussi richement harnaché que le sien, pour le roi de Perse. On le lui présenta ; et pendant qu'il mettoit le pied à l'étrier : « J'oubliois, dit la reine à Abdallah, de vous demander comment s'appelle votre neveu. » Comme il lui eut répondu qu'il se nommoit Beder (Pleine Lune) : « On s'est mépris, reprit-elle, on devoit plutôt le nommer Schems (Soleil). »

Dès que le roi Beder fut monté à cheval, il voulut prendre son rang derrière la reine ; mais elle le fit avancer à sa gauche, et voulut qu'il marchât à côté d'elle. Elle regarda Abdallah, et après avoir fait une inclination, elle reprit sa marche.

Au lieu de remarquer sur le visage du peuple une certaine satisfaction accompagnée de respect à la vue de sa souveraine, le roi Beder s'aperçut au contraire qu'on la regardoit avec mépris, et même que plusieurs faisoient mille imprécations contre elle. « La magicienne, disoient quelques-uns, a trouvé un nouveau sujet d'exercer sa méchanceté. Le ciel ne délivrera-t-il jamais le monde de sa tyrannie ? » « Pauvre étranger, s'écrioient d'autres, tu es bien trompé, si tu crois que ton bonheur durera long-temps : c'est pour rendre ta chute plus assommante qu'on t'élève si haut ! » Ces discours lui firent connoître que le vieillard Abdallah lui avoit dépeint la reine Labe telle qu'elle étoit en effet ; mais comme il ne dépendoit plus de lui de se retirer du danger où il étoit, il s'abandonna à la Providence, et à ce qu'il plairoit au Ciel de décider de son sort.

La reine magicienne arriva à son palais ; et quand elle eut mis pied à terre, elle se fit donner la main par le roi Beder, et entra avec lui, accompagnée de ses femmes et des officiers de ses eunuques. Elle lui fit voir elle-même tous les appartemens, où il n'y avoit qu'or massif, pierreries, et que meubles d'une magnificence singulière. Quand elle l'eut mené dans son cabinet, elle s'avança avec lui sur un balcon, d'où elle lui fit remarquer un jardin d'une beauté enchantée. Le roi Beder louoit tout ce qu'il voyoit avec beaucoup d'esprit, de manière néanmoins qu'elle ne pouvoit se douter qu'il fût autre chose que le neveu du vieillard Abdallah. Ils s'entretinrent de plusieurs choses indifférentes, jusqu'à ce qu'on vint avertir la reine que l'on avoit servi.

La reine et le roi Beder se levèrent, et allèrent se mettre à table. La table étoit d'or massif, et les plats de la même matière. Ils mangèrent, et ils ne burent presque pas jusqu'au dessert ; mais alors la reine se fit emplir sa coupe d'or d'excellent vin ; et après qu'elle eut bu à la santé du roi Beder, elle la fit remplir sans la quitter, et la lui présenta. Le roi Beder la reçut avec beaucoup de respect ; et par une inclination de tête fort bas, il lui marqua qu'il buvoit réciproquement à sa santé.

Dans le même temps dix femmes de la reine Labe entrèrent avec des instrumens, dont elles firent un agréable concert avec leurs voix, pendant qu'ils continuèrent de boire bien avant dans la nuit. À force de boire, enfin ils s'échauffèrent si fort l'un et l'autre, qu'insensiblement le roi Beder oublia que la reine étoit magicienne, et qu'il ne la regarda plus que comme la plus belle reine qu'il y eût au monde. Dès que la reine se fut aperçu qu'elle l'avoit amené au point qu'elle souhaitoit, elle fit signe aux eunuques et à ses femmes de se retirer. Ils obéirent, et le roi Beder et elle couchèrent ensemble.

Le lendemain la reine et le roi Beder allèrent au bain dès qu'ils furent levés ; et au sortir du bain, les femmes qui y avoient servi le roi, lui présentèrent du linge blanc et un habit des plus magnifiques. La reine, qui avoit pris aussi un autre habit plus magnifique que celui du jour d'auparavant, vint le prendre, et ils allèrent ensemble à son appartement. On leur servit un bon repas ; après quoi ils passèrent la journée agréablement à la promenade dans le jardin, et à plusieurs sortes de divertissemens.

La reine Labe traita et régala le roi Beder de cette manière pendant quarante jours, comme elle avoit coutume d'en user envers tous ses amans. La nuit du quarantième qu'ils étoient couchés, comme elle croyoit que le roi Beder dormoit, elle se leva sans faire de bruit ; mais le roi Beder qui étoit éveillé, et qui s'aperçut qu'elle avoit quelque dessein, fit semblant de dormir, et fut attentif à ses actions. Lorsqu'elle fut levée, elle ouvrit une caissette, d'où elle tira une boîte pleine d'une certaine poudre jaune. Elle prit de cette poudre, et en fit une traînée au travers de la chambre. Aussitôt cette traînée se changea en un ruisseau d'une eau très-claire, au grand étonnement du roi Beder. Il en trembla de frayeur ; et il se contraignit davantage à faire semblant qu'il dormoit, pour ne pas donner à connoître à la magicienne qu'il fût éveillé.

La reine Labe puisa de l'eau du ruisseau dans un vase, et en versa dans un bassin ou il y avoit de la farine, dont elle fit une pâte qu'elle pétrit fort long-temps ; elle y mit enfin de certaines drogues qu'elle prit en différentes boîtes, et elle en fit un gâteau qu'elle mit dans une tourtière couverte. Comme avant toute chose elle avoit allumé un grand feu, elle tira de la braise, mit la tourtière dessus, et pendant que le gâteau cuisoit, elle remit les vases et les boîtes dont elle s'étoit servie en leur lieu ; et à de certaines paroles qu'elle prononça, le ruisseau qui couloit au milieu de la chambre disparut. Quand le gâteau fut cuit, elle l'ôta de dessus la braise et le porta dans un cabinet ; après quoi elle revint coucher avec le roi Beder, qui sut si bien dissimuler, qu'elle n'eut pas le moindre soupçon qu'il eût rien vu de tout ce qu'elle venoit de faire.

Le roi Beder, à qui les plaisirs et les divertissemens avoient fait oublier le bon vieillard Abdallah, son hôte, depuis qu'il l'avoit quitté, se souvint de lui, et crut qu'il avoit besoin de son conseil, après ce qu'il avoit vu faire à la reine Labe pendant la nuit. Dès qu'il fut levé, il témoigna à la reine le désir qu'il avoit de l'aller voir, et la supplia de vouloir bien le lui permettre. « Hé quoi, mon cher Beder, reprit la reine, vous ennuyez-vous déjà, je ne dis pas de demeurer dans un palais si superbe, et où vous devez trouver tant d'agrémens, mais de la compagnie d'une reine qui vous aime si passionnément, et qui vous en donne tant de marques ? »

« Grande reine, reprit le roi Beder, comment pourrois-je m'ennuyer de tant de grâces et de tant de faveurs dont votre Majesté a la bonté de me combler ? Bien loin de cela, madame, je demande cette permission plutôt pour rendre compte à mon oncle des obligations infinies que j'ai à votre Majesté, que pour lui faire connoître que je ne l'oublie pas. Je ne désavoue pas néanmoins que c'est en partie pour cette raison : comme je sais qu'il m'aime avec tendresse, et qu'il y a quarante jours qu'il ne m'a vu, je ne veux pas lui donner lieu de penser que je ne réponds pas à ses sentimens pour moi, en demeurant plus long-temps sans le voir : » « Allez, repartit la reine, je le veux bien ; mais vous ne serez pas long-temps à revenir, si vous vous souvenez que je ne puis vivre sans vous. » Elle lui fit donner un cheval richement harnaché, et il partit.

Le vieillard Abdallah fut ravi ce revoir le roi Beder : sans avoir égard à sa qualité, il l'embrassa tendrement, et le roi Beder l'embrassa de même, afin que personne ne doutât qu'il ne fût son neveu. Quand ils se furent assis : « Hé bien, demanda Abdallah au roi, comment vous êtes-vous trouvé, et comment vous trouvez-vous encore avec cette infidelle, cette magicienne ? »

« Jusqu'à présent, reprit le roi Beder, je puis dire qu'elle a eu pour moi toutes sortes d'égards imaginables, et qu'elle a eu toute la considération et tout l'empressement possible pour mieux me persuader qu'elle m'aime parfaitement. Mais j'ai remarqué une chose cette nuit qui me donne un juste sujet de soupçonner que tout ce qu'elle a fait, n'est que dissimulation. Dans le temps qu'elle croyoit que je dormois profondément, quoique je fusse éveillé, je m'aperçus qu'elle s'éloigna de moi avec beaucoup de précaution, et qu'elle se leva. Cette précaution fit qu'au lieu de me rendormir, je m'attachai à l'observer, en feignant cependant que je dormois toujours. » En continuant son discours, il lui raconta comment et avec quelles circonstances il lui avoit vu faire le gâteau ; et en achevant : « Jusqu'alors, ajouta-t-il, j'avoue que je vous avois presque oublié, avec tous les avis que vous m'aviez donnés de ses méchancetés ; mais cette action me fait craindre qu'elle ne tienne ni les paroles qu'elle vous a données, ni ses sermens si solennels. J'ai songé à vous aussitôt ; et je m'estime heureux de ce qu'elle m'a permis de vous venir voir avec plus de facilité que je ne m'y étois attendu. »

« Vous ne vous êtes pas trompé, repartit le vieillard Abdallah avec un souris qui marquoit qu'il n'avoit pas cru lui-même qu'elle dût en user autrement ; rien n'est capable d'obliger la perfide à se corriger. Mais ne craignez rien, je sais le moyen de faire en sorte que le mal qu'elle veut vous faire retombe sur elle. Vous êtes entré dans le soupçon fort à propos, et vous ne pouviez mieux faire que de recourir à moi. Comme elle ne garde pas ses amans plus de quarante jours, et qu'au lieu de les renvoyer honnêtement, elle en fait autant d'animaux dont elle remplit ses forêts, ses parcs et la campagne, je pris dès hier les mesures pour empêcher qu'elle ne vous fasse le même traitement. Il y a trop long-temps que la terre porte ce monstre : il faut qu'elle soit traitée elle-même comme elle le mérite. »

En achevant ces paroles, Abdallah mit deux gâteaux entre les mains du roi Beder, et lui dit de les garder pour en faire l'usage qu'il alloit entendre. « Vous m'avez dit, continua-t-il, que la magicienne a fait un gâteau cette nuit : c'est pour vous en faire manger, n'en doutez pas ; mais gardez-vous d'en goûter. Ne laissez pas cependant d'en prendre quand elle vous en présentera, et au lieu d'en mettre à la bouche, faites en sorte de manger à la place, d'un des deux que je viens de vous donner, sans qu'elle s'en aperçoive. Dès qu'elle aura cru que vous aurez avalé du sien, elle ne manquera pas d'entreprendre de vous métamorphoser en quelqu'animal. Elle n'y réussira pas, et elle tournera la chose en plaisanterie, comme si elle n'eût voulu le faire que pour rire, et vous faire un peu de peur, pendant qu'elle en aura un dépit mortel dans l'âme, et qu'elle s'imaginera avoir manqué en quelque chose dans la composition de son gâteau. Pour ce qui est de l'autre gâteau, vous lui en ferez présent, et vous la presserez d'en manger. Elle en mangera, quand ce ne seroit que pour vous faire voir qu'elle ne se méfie pas de vous, après le sujet qu'elle vous aura donné de vous méfier d'elle. Quand elle en aura mangé, prenez un peu d'eau dans le creux de la main, et en la lui jetant au visage, dites-lui :

« Quitte cette forme, et prends celle de tel ou tel animal qu'il vous plaira. »

» Venez avec l'animal, je vous dirai ce qu'il faudra que vous fassiez. »

Le roi Beder marqua au vieillard Abdallah en des termes les plus expressifs, combien il lui étoit obligé de l'intérêt qu'il prenoit à empêcher qu'une magicienne si dangereuse n'eût le pouvoir d'exercer sa méchanceté contre lui ; et après qu'il se fut encore entretenu quelque temps avec lui, il le quitta et retourna au palais. En arrivant, il apprit que la magicienne l'attendoit dans le jardin avec grande impatience. Il alla la chercher, et la reine Labe ne l'eut pas plutôt aperçu, qu'elle vint à lui avec grand empressement. « Cher Beder, lui dit-elle, on a grande raison de dire que rien ne fait mieux connoître la force et l'excès de l'amour que l'éloignement de l'objet que l'on aime. Je n'ai pas eu de repos depuis que je vous ai perdu de vue, et il me semble qu'il y a des années que je ne vous ai vu. Pour peu que vous eussiez différé, je me préparois à vous aller chercher moi-même. »

« Madame, reprit le roi Beder, je puis assurer votre Majesté que je n'ai pas eu moins d'impatience de me rendre auprès d'elle ; mais je n'ai pu refuser quelques momens d'entretien à un oncle qui m'aime, et qui ne m'avoit pas vu depuis si long-temps. Il vouloit me retenir ; mais je me suis arraché à sa tendresse pour venir où l'amour m'appeloit ; et de la collation qu'il m'avoit préparée, je me suis contenté d'un gâteau que je vous ai apporté. » Le roi Beder qui avoit enveloppé l'un des deux gâteaux dans un mouchoir fort propre, le développa, et en le lui présentant : « Le voilà, madame, ajouta-t-il, je vous supplie de l'agréer. »

« Je l'accepte de bon cœur, repartit la reine en le prenant, et j'en mangerai avec plaisir pour l'amour de vous et de votre oncle mon bon ami ; mais auparavant je veux que pour l'amour de moi vous mangiez de celui-ci, que j'ai fait pendant votre absence. » « Belle reine, lui dit le roi Beder en le recevant avec respect, des mains comme celles de votre Majesté ne peuvent rien faire que d'excellent ; et elle me fait une faveur, dont je ne puis assez lui témoigner ma reconnoissance. »

Le roi Beder substitua adroitement à la place du gâteau de la reine, l'autre que le vieillard Abdallah lui avoit donné, et il en rompit un morceau qu'il porta à la bouche. « Ah, reine, s'écria-t-il en le mangeant, je n'ai jamais rien goûté de plus exquis ! » Comme ils étoient près d'un jet d'eau, la magicienne qui vit qu'il avoit avalé le morceau, et qu'il en alloit manger un autre, puisa de l'eau du bassin dans le creux de sa main, et en la lui jetant au visage :

« Malheureux, lui dit-elle, quitte cette figure d'homme, et prends celle d'un vilain cheval borgne et boiteux. »

Ces paroles ne firent pas d'effet, et la magicienne fut extrêmement étonnée de voir le roi Beder dans le même état, et donner seulement une marque de grande frayeur. La rougeur lui en monta au visage ; et comme elle vit qu'elle avoit manqué son coup : « Cher Beder, lui dit-elle, ce n'est rien, remettez-vous, je n'ai pas voulu vous faire de mal, je l'ai fait seulement pour voir ce que vous en diriez. Vous pouvez juger que je serois la plus misérable et la plus exécrable de toutes les femmes, si je commettois une action si noire, je ne dis pas seulement après les sermens que j'ai faits, mais même après les marques d'amour que je vous ai données. »

« Puissante reine, repartit le roi Beder, quelque persuadé que je sois que votre Majesté ne l'a fait que pour se divertir, je n'ai pu néanmoins me garantir de la surprise ! Quel moyen aussi de s'empêcher de n'avoir pas au moins quelqu'émotion à des paroles capables de faire un changement si étrange ? Mais, madame, laissons là ce discours, et puisque j'ai mangé de votre gâteau, faites-moi la grâce de goûter du mien. »

La reine Labe, qui ne pouvoit mieux se justifier qu'en donnant cette marque de confiance au roi de Perse, rompit un morceau de gâteau et le mangea. Dès qu'elle l'eut avalé, elle parut toute troublée et elle demeura comme immobile. Le roi Beder ne perdit pas de temps ; il prit de l'eau du même bassin, et en la lui jetant au visage :

« Abominable magicienne, s'écria-t-il, sors de cette figure, et change-toi en cavale. »

Au même moment, la reine Labe fut changée en une très-belle cavale ; et sa confusion fut si grande de se voir ainsi métamorphosée, qu'elle répandit des larmes en abondance. Elle baissa la tête jusqu'aux pieds du roi Beder, comme pour le toucher de compassion. Mais quand il eût voulu se laisser fléchir, il n'étoit pas en son pouvoir de réparer le mal qu'il lui avoit fait. Il mena la cavale à l'écurie du palais, où il la mit entre les mains d'un palefrenier pour la brider ; mais de toutes les brides que le palefrenier présenta à la cavale, pas une ne se trouva propre. Il fit seller et brider deux chevaux, un pour lui et l'autre pour le palefrenier, et il se fit suivre par le palefrenier jusque chez le vieillard Abdallah avec la cavale à la main.

Abdallah qui aperçut de loin le roi Beder et la cavale, ne douta pas que le roi Beder n'eût fait ce qu'il lui avoit recommandé. « Maudite magicienne, dit-il aussitôt en lui-même avec joie, le ciel enfin t'a châtiée comme tu le méritois. » Le roi Beder mit pied à terre en arrivant, et entra dans la boutique d'Abdallah, qu'il embrassa en le remerciant de tous les services qu'il lui avoit rendus. Il lui raconta de quelle manière le tout s'étoit passé, et lui marqua qu'il n'avoit pas trouvé de bride propre pour la cavale. Abdallah qui en avoit une à tout cheval, en brida la cavale lui-même ; et dès que le roi Beder eut renvoyé le palefrenier avec les deux chevaux : « Sire, lui dit-il, vous n'avez pas besoin de vous arrêter davantage en cette ville, montez la cavale et retournez en votre royaume. La seule chose que j'ai à vous recommander, c'est qu'au cas que vous veniez à vous défaire de la cavale, de vous bien garder de la livrer avec la bride. » Le roi Beder lui promit qu'il s'en souviendroit ; et après qu'il lui eut dit adieu, il partit.

Le jeune roi de Perse ne fut pas plutôt hors de la ville, qu'il ne se sentit pas de la joie d'être délivré d'un si grand danger, et d'avoir à sa disposition la magicienne, qu'il avoit eu un si grand sujet de redouter. Trois jours après son départ il arriva à une grande ville. Comme il étoit dans le faubourg, il fut rencontré par un vieillard de quelque considération qui alloit à pied à une maison de plaisance qu'il avoit. « Seigneur, lui dit le vieillard en s'arrêtant, oserois-je vous demander de quel côté vous venez ? » Il s'arrêta aussitôt pour le satisfaire ; et comme le vieillard lui faisoit plusieurs questions, une vieille survint qui s'arrêta pareillement, et se mit à pleurer en regardant la cavale avec de grands soupirs.

Le roi Beder et le vieillard interrompirent leur entretien, pour regarder la vieille, et le roi Beder lui demanda quel sujet elle avoit de pleurer ? « Seigneur, reprit-elle, c'est que votre cavale ressemble si parfaitement à une que mon fils avoit, et que je regrette encore pour l'amour de lui, que je croirois que c'est la même si elle n'étoit morte. Vendez-la-moi, je vous en supplie, je vous la paierai ce qu'elle vaut ; et avec cela, je vous en aurai une très-grande obligation. »

« Bonne mère, repartit le roi Beder, je suis fâché de ne pouvoir vous accorder ce que vous demandez, ma cavale n'est pas à vendre. » « Ah, Seigneur, insista la vieille, ne me refusez pas, je vous en conjure au nom de Dieu ! Nous mourrions de déplaisir, mon fils et moi, si vous ne nous accordiez pas cette grâce. » « Bonne mère, répliqua le roi Beder, je vous l'accorderois très-volontiers, si je m'étois déterminé à me défaire d'une si bonne cavale ; mais quand cela seroit, je ne crois pas que vous en voulussiez donner mille pièces d'or ; car en ce cas-là je ne l'estimerois pas moins. » « Pourquoi ne les donnerois-je pas, repartit la vieille ? Vous n'avez qu'à donner votre consentement à la vente, je vais vous les compter. »

Le roi Beder qui voyoit que la vieille étoit habillée assez pauvrement, ne put s'imaginer qu'elle fût en état de trouver une si grosse somme. Pour éprouver si elle tiendroit le marché : « Donnez-moi l'argent, lui dit-il, la cavale est à vous. » Aussitôt la vieille détacha une bourse qu'elle avoit autour de sa ceinture, et en la lui présentant : « Prenez la peine de descendre, lui dit-elle, que nous comptions si la somme y est ; au cas qu'elle n'y soit pas, j'aurai bientôt trouvé le reste, ma maison n'est pas loin. »

L'étonnement du roi Beder fut extrême, quand il vit la bourse : « Bonne mère, reprit-il, ne voyez-vous pas que ce que je vous en ai dit, n'est que pour rire ; je vous répète que ma cavale n'est pas à vendre. »

Le vieillard qui avoit été témoin de tout cet entretien, prit alors la parole : « Mon fils, dit-il au roi Beder, il faut que vous sachiez une chose, que je vois bien que vous ignorez, c'est qu'il n'est pas permis en cette ville de mentir en aucune manière sous peine de mort. Ainsi vous ne pouvez vous dispenser de prendre l'argent de cette bonne femme, et de lui livrer votre cavale, puisqu'elle vous en donne la somme que vous avez demandée. Vous ferez mieux de faire la chose sans bruit, que de vous exposer au malheur qui pourroit vous en arriver. »

Le roi Beder, bien affligé de s'être engagé dans cette méchante affaire avec tant d'inconsidération, mit pied à terre avec un grand regret. La vieille fut prompte à se saisir de la bride et à débrider la cavale, et encore plus à prendre dans la main de l'eau d'un ruisseau qui couloit au milieu de la rue, et de la jeter sur la cavale, en prononçant ces paroles : « Ma fille, quittez cette forme étrangère, et reprenez la vôtre. »

Le changement se fit en un moment ; et le roi Beder qui s'évanouit dès qu'il vit paroître la reine Labe devant lui, fût tombé par terre, si le vieillard ne l'eût retenu.

La vieille qui étoit mère de la reine Labe, et qui l'avoit instruite de tous les secrets de la magie, n'eut pas plutôt embrassé sa fille, pour lui témoigner sa joie, qu'en un instant elle fit paroître par un sifflement un génie hideux, d'une figure et d'une grandeur gigantesque. Le génie prit aussitôt le roi Beder sur une épaule, embrassa la vieille et la reine magicienne de l'autre, et les transporta en peu de momens au palais de la reine Labe, dans la Ville des Enchantemens.

La reine magicienne en furie fit de grands reproches au roi Beder, dès qu'elle fut de retour dans son palais : « Ingrat, lui dit-elle, c'est donc ainsi que ton indigne oncle et toi, vous m'avez donné des marques de reconnoissance, après tout ce que j'ai fait pour vous : je vous ferai sentir à l'un et à l'autre ce que vous méritez. » Elle ne lui en dit pas davantage ; mais elle prit de l'eau, et en la lui jetant au visage :

« Sors de cette figure, dit-elle, et prends celle d'un vilain hibou. »

Ces paroles furent suivies de l'effet ; et aussitôt elle commanda à une de ses femmes d'enfermer le hibou dans une cage, et de ne lui donner ni à boire ni à manger.

La femme emporta la cage ; et sans avoir égard à l'ordre de la reine Labe, elle y mit de la mangeaille et de l'eau ; et cependant comme elle étoit amie du vieillard Abdallah, elle envoya l'avertir secrètement de quelle manière la reine venoit de traiter son neveu, et de son dessein de les faire périr l'un et l'autre, afin qu'il donnât ordre à l'en empêcher, et qu'il songeât à sa propre conservation.

Abdallah vit bien qu'il n'y avoit pas de ménagement à prendre avec la reine Labe. Il ne fit que siffler d'une certaine manière ; et aussitôt un grand génie à quatre ailes se fit voir devant lui, et lui demanda pour quel sujet il l'avoit appelé ?

« L'Éclair, lui dit-il (c'est ainsi que s'appeloit ce génie), il s'agit de conserver la vie du roi Beder, fils de la reine Gulnare. Va au palais de la magicienne, et transporte incessamment à la capitale de Perse la femme pleine de compassion à qui elle a donné la cage en garde, afin qu'elle informe la reine Gulnare du danger où est le roi son fils, et du besoin qu'il a de son secours ; prends garde de ne la pas épouvanter en te présentant devant elle, et dis-lui bien de ma part ce qu'elle doit faire. »

L'Éclair disparut, et passa en un instant au palais de la magicienne. Il instruisit la femme, il l'enleva dans l'air, et la transporta à la capitale de Perse, où il la posa sur le toit en terrasse qui répondoit à l'appartement de la reine Gulnare. La femme descendit par l'escalier qui y conduisoit, et elle trouva la reine Gulnare et la reine Farasche sa mère, qui s'entretenoient du triste sujet de leur affliction commune. Elle leur fit une profonde révérence ; et par le récit qu'elle leur fit, elles connurent le besoin que le roi Beder avoit d'être secouru promptement.

À cette nouvelle, la reine Gulnare fut dans un transport de joie, qu'elle marqua en se levant de sa place et en embrassant l'obligeante femme, pour lui témoigner combien elle lui étoit obligée du service qu'elle venoit de lui rendre. Elle sortit aussitôt, et commanda qu'on fit jouer les trompettes, les timbales et les tambours du palais, pour annoncer à toute la ville que le roi de Perse arriveroit bientôt. Elle revint, et elle trouva le roi Saleh son frère, que la reine Farasche avoit déjà fait venir par une certaine fumigation. « Mon frère, lui dit-elle, le roi votre neveu, mon cher fils, est dans la Ville des Enchantemens, sous la puissance de la reine Labe. C'est à vous, c'est à moi, d'aller le délivrer ; il n'y a pas de temps à perdre. »

Le roi Saleh assembla une puissante armée des troupes de ses états marins, qui s'éleva bientôt de la mer. Il appela même à son secours les génies ses alliés, qui parurent avec une autre armée plus nombreuse que la sienne. Quand les deux armées furent jointes, il se mit à la tête avec la reine Farasche, la reine Gulnare et les princesses, qui voulurent avoir part à l'action. Ils s'élevèrent dans l'air, et ils fondirent bientôt sur le palais et sur la Ville des Enchantemens, où la reine magicienne, sa mère, et tous les adorateurs du Feu furent détruits en un clin-d'œil.

La reine Gulnare s'étoit fait suivre par la femme de la reine Labe, qui étoit venue lui annoncer la nouvelle de l'enchantement et de l'emprisonnement du roi son fils ; et elle lui avoit recommandé de n'avoir pas d'autre soin dans la mêlée, que d'aller prendre la cage et de la lui apporter. Cet ordre fut exécuté comme elle l'avoit souhaité. Elle tira le hibou dehors ; et en jetant sur lui de l'eau qu'elle se fit apporter :

« Mon cher fils, dit-elle, quittez cette figure étrangère, et prenez celle d'homme qui est la vôtre. »

Dans le moment la reine Gulnare ne vit plus le vilain hibou : elle vit le roi Beder son fils ; elle l'embrassa aussitôt avec un excès de joie. Ce qu'elle n'étoit pas en état de dire par ses paroles, dans le transport où elle étoit, ses larmes y suppléèrent d'une manière qui l'exprimoit avec beaucoup de force. Elle ne pouvoit se résoudre à le quitter, et il fallut que la reine Farasche le lui arrachât à son tour. Après elle, il fut embrassé de même par le roi son oncle, et par les princesses ses parentes.

Le premier soin de la reine Gulnare fut de faire chercher le vieillard Abdallah, à qui elle étoit obligée du recouvrement du roi de Perse. Dès qu'on le lui eut amené : « L'obligation que je vous ai, lui dit-elle, est si grande, qu'il n'y a rien que je ne sois prête à faire pour vous en marquer ma reconnoissance ; faites connoître vous-même en quoi je le puis : vous serez satisfait. » « Grande reine, reprit-il, si la dame que je vous ai envoyée, veut bien consentir à la foi de mariage que je lui offre, et que le roi de Perse veuille bien me souffrir à sa cour, je consacre de bon cœur le reste de mes jours à son service. » La reine Gulnare se tourna aussitôt du côté de la dame, qui étoit présente, et comme la dame fit connoître par une honnête pudeur qu'elle n'avoit pas de répugnance pour ce mariage, elle leur fit prendre la main l'un à l'autre, et le roi de Perse et elle prirent le soin de leur fortune.

Ce mariage donna lieu au roi de Perse de prendre la parole en l'adressant à la reine sa mère : « Madame, dit-il en souriant, je suis ravi du mariage que vous venez de faire ; il en reste un auquel vous devriez bien songer. » La reine Gulnare ne comprit pas d'abord de quel mariage il entendoit parler ; elle y pensa un moment ; et dès qu'elle l'eut compris : « C'est du vôtre dont vous voulez parler, reprit-elle, j'y consens très-volontiers. » Elle regarda aussitôt les sujets marins du roi son frère, et les génies qui étoient présens : « Partez, dit-elle, et parcourez tous les palais de la mer et de la terre, et venez nous donner avis de la princesse la plus belle et la plus digne du roi mon fils, que vous aurez remarquée. »

« Madame, repartit le roi Beder, il est inutile de prendre toute cette peine. Vous n'ignorez pas sans doute que j'ai donné mon cœur à la princesse de Samandal sur le simple récit de sa beauté : je l'ai vue, et je ne me suis pas repenti du présent que je lui ai fait. En effet, il ne peut pas y avoir ni sur la terre, ni sous les ondes une princesse qu'on puisse lui comparer. Il est vrai que sur la déclaration que je lui ai faite, elle m'a traité d'une manière qui eut pu éteindre la flamme de tout autre amant moins embrasé que moi de son amour ; mais elle est excusable, et elle ne pouvoit me traiter moins rigoureusement, après l'emprisonnement du roi son père, dont je ne laissois pas d'être la cause, quoiqu'innocent. Peut-être que le roi de Samandal aura changé de sentiment, et qu'elle n'aura plus de répugnance à m'aimer et à me donner sa foi dès qu'il y aura consenti. »

« Mon fils, répliqua la reine Gulnare, s'il n'y a que la princesse Giauhare au monde capable de vous rendre heureux, ce n'est pas mon intention de m'opposer à votre union, s'il est possible qu'elle se fasse. Le roi votre oncle n'a qu'à faire venir le roi de Samandal, et nous aurons bientôt appris s'il est toujours aussi peu traitable qu'il l'a été. »

Quelqu'étroitement que le roi de Samandal eût été gardé jusqu'alors depuis sa captivité par les ordres du roi Saleh, il avoit toujours été traité néanmoins avec beaucoup d'égards, et il s'étoit apprivoisé avec les officiers qui le gardoient. Le roi Saleh se fit apporter un réchaud avec du feu, et il y jeta une certaine composition en prononçant des paroles mystérieuses. Dès que la fumée commença à s'élever, le palais s'ébranla, et l'on vit bientôt paroître le roi de Samandal avec les officiers du roi Saleh qui l'accompagnoient. Le roi de Perse se jeta aussitôt à ses pieds, et en demeurant le genou en terre : « Sire, dit-il, ce n'est plus le roi Saleh qui demande à votre Majesté l'honneur de son alliance pour le roi de Perse ; c'est le roi de Perse lui-même qui la supplie de lui faire cette grâce. Je ne puis me persuader qu'elle veuille être la cause de la mort d'un roi qui ne peut plus vivre, s'il ne vit avec l'aimable princesse Giauhare. »

Le roi Samandal ne souffrit pas plus long-temps que le roi de Perse demeurât à ses pieds. Il l'embrassa, et en l'obligeant de se relever : « Sire, repartit-il, je serois bien fâché d'avoir contribué en rien à la mort d'un monarque si digne de vivre. S'il est vrai qu'une vie si précieuse ne puisse se conserver sans la possession de ma fille, vivez, Sire, elle est à vous. Elle a toujours été très-soumise à ma volonté ; je ne crois pas qu'elle s'y oppose. » En achevant ces paroles, il chargea un de ses officiers, que le roi Saleh avoit bien voulu qu'il eût auprès de lui, d'aller chercher la princesse Giauhare, et de l'amener incessamment.

La princesse Giauhare étoit toujours restée où le roi de Perse l'avoit rencontrée. L'officier l'y trouva, et on le vit bientôt de retour avec elle et avec ses femmes. Le roi de Samandal embrassa la princesse : « Ma fille, lui dit-il, je vous ai donné un époux : c'est le roi de Perse que voilà, le monarque le plus accompli qu'il y ait aujourd'hui dans tout l'univers. La préférence qu'il vous a donnée par-dessus toutes les autres princesses, nous oblige vous et moi de lui en marquer notre reconnoissance. »

« Sire, reprit la princesse Giauhare, votre Majesté sait bien que je n'ai jamais manqué à la déférence que je devois à tout ce qu'elle a exigé de mon obéissance. Je suis encore prête à obéir ; et j'espère que le roi de Perse voudra bien oublier le mauvais traitement que je lui ai fait : je le crois assez équitable pour ne l'imputer qu'à la nécessité de mon devoir. »

Les noces furent célébrées dans le palais de la Ville des Enchantemens, avec une solennité d'autant plus grande, que tous les amans de la reine magicienne, qui avoient repris leur première forme au moment qu'elle avoit cessé de vivre, et qui en étoient venus faire leurs remercîmens au roi de Perse, à la reine Gulnare et au roi Saleh, y assistèrent. Ils étoient tous fils de rois, ou princes, ou d'une qualité très-distinguée.

Le roi Saleh enfin conduisit le roi de Samandal dans son royaume, et le remit en possession de ses États. Le roi de Perse au comble de ses désirs, partit et retourna à la capitale de Perse avec la reine Gulnare, la reine Farasche et les princesses ; et la reine Farasche et les princesses y demeurèrent jusqu'à ce que le roi Saleh vînt les prendre, et les ramenât en son royaume sous les flots de la mer.

HISTOIRE
DE GANEM, FILS D'ABOU AIBOU, L'ESCLAVE D'AMOUR.

SIRE, dit Scheherazade au sultan des Indes, il y avoit autrefois à Damas un marchand, qui, par son industrie et par son travail, avoit amassé de grands biens dont il vivoit fort honorablement. Abou Aibou, c'étoit son nom, avoit un fils et une fille. Le fils fut d'abord appelé Ganem, et depuis surnommé l'Esclave d'Amour. Il étoit très-bien fait ; et son esprit qui étoit naturellement excellent, avoit été cultivé par de bons maîtres que son père avoit pris soin de lui donner. Et la fille fut nommée Force de cœurs[11], parce qu'elle étoit pourvue d'une beauté si parfaite, que tous ceux qui la voyoient, ne pouvoient s'empêcher de l'aimer.

Abou Aibou mourut. Il laissa des richesses immenses. Cent charges de brocards et d'autres étoffes de soie qui se trouvèrent dans son magasin, n'en faisoient que la moindre partie. Les charges étoient toutes faites, et sur chaque balle, on lisoit en gros caractères : POUR BAGDAD.

En ce temps-là Mohammed, fils de Soliman, surnommé Zinebi, régnoit dans la ville de Damas, capitale de Syrie. Son parent Haroun Alraschild qui faisoit sa résidence à Bagdad, lui avoit donné ce royaume à titre de tributaire.

Peu de temps après la mort d'Abou Aibou, Ganem s'entretenoit avec sa mère des affaires de leur maison ; et à propos des charges de marchandises qui étoient dans le magasin, il demanda ce que vouloit dire l'écriture qu'on lisoit sur chaque balle, « Mon fils, lui répondit sa mère, votre père voyageoit tantôt dans une province et tantôt dans une autre ; et il avoit coutume, avant son départ, d'écrire sur chaque balle le nom de la ville où il se proposoit d'aller. Il avoit mis toutes choses en état pour faire le voyage de Bagdad, et il étoit prêt à partir quand la mort… » Elle n'eut pas la force d'achever, un souvenir trop vif de la perte de son mari ne lui permit pas d'en dire davantage, et lui fit verser un torrent de larmes.

Ganem ne put voir sa mère attendrie, sans être attendri lui-même. Ils demeurèrent quelques momens sans parler ; mais il se remit enfin ; et lorsqu'il vit sa mère en état de l'écouter, il prit la parole : « Puisque mon père, dit-il, a destiné ces marchandises pour Bagdad, et qu'il n'est plus en état d'exécuter son dessein, je vais donc me disposer à faire ce voyage. Je crois même qu'il est à propos que je presse mon départ, de peur que ces marchandises ne dépérissent, ou que nous ne perdions l'occasion de les vendre avantageusement. »

La veuve d'Abou Aibou qui aimoit tendrement son fils, fut fort alarmée de cette résolution. « Mon fils, lui répondit-elle, je ne puis que vous louer de vouloir imiter votre père ; mais songez que vous êtes trop jeune, sans expérience et nullement accoutumé aux fatigues des voyages. D'ailleurs voulez-vous m'abandonner et ajouter une nouvelle douleur à celle dont je suis accablée ? Ne vaut-il pas mieux vendre ces marchandises aux marchands de Damas, et nous contenter d'un profit raisonnable, que de vous exposer à périr ? »

---

[11] En Arabe, Alcolomb.

Elle avoit beau combattre le dessein de Ganem par de bonnes raisons, il ne les pouvoit goûter. L'envie de voyager et de perfectionner son esprit par une entière connoissance des choses du monde, le sollicitoit à partir, et l'emporta sur les remontrances, les prières, et sur les pleurs même de sa mère. Il alla au marché des esclaves. Il en acheta de robustes, loua cent chameaux ; et s'étant enfin pourvu de toutes les choses nécessaires, il se mit en chemin avec cinq ou six marchands de Damas, qui alloient négocier à Bagdad.

Ces marchands suivis de tous leurs esclaves, et accompagnés de plusieurs autres voyageurs, composoient une caravane si considérable, qu'ils n'eurent rien à craindre de la part des Bédouins, c'est-à-dire des Arabes, qui n'ont d'autre profession que de battre la campagne, d'attaquer et piller les caravanes, quand elles ne sont pas assez fortes pour repousser leurs insultes. Ils n'eurent donc à essuyer que les fatigues ordinaires d'une longue route ; ce qu'ils oublièrent facilement à la vue de Bagdad, où ils arrivèrent heureusement.

Ils allèrent mettre pied à terre dans le khan le plus magnifique et le plus fréquenté de la ville ; mais Ganem qui vouloit être logé commodément et en particulier, n'y prit pas d'appartement ; il se contenta d'y laisser ses marchandises dans un magasin, afin qu'elles y fussent en sûreté. Il loua dans le voisinage une très-belle maison, richement meublée, où il y avoit un jardin fort agréable par la quantité de jets d'eau et de bosquets qu'on y voyoit.

Quelques jours après que ce jeune marchand se fut établi dans cette maison, et qu'il se fut entièrement remis de la fatigue du voyage, il s'habilla fort proprement, et se rendit au lieu public où s'assembloient les marchands pour vendre ou acheter des marchandises. Il étoit suivi d'un esclave qui portoit un paquet de plusieurs pièces d'étoffes et de toiles fines.

Les marchands reçurent Ganem avec beaucoup d'honnêteté ; et leur chef ou syndic à qui d'abord il s'adressa, prit et acheta tout le paquet au prix marqué par l'étiquette qui étoit attachée à chaque pièce d'étoffe. Ganem continua ce négoce avec tant de bonheur, qu'il vendoit toutes les marchandises qu'il faisoit porter chaque jour.

Il ne lui restoit plus qu'une balle, qu'il avoit fait tirer du magasin et apporter chez lui, lorsqu'un jour il alla au lieu public. Il en trouva toutes les boutiques fermées. La chose lui parut extraordinaire ; il en demanda la cause, et on lui dit qu'un des premiers marchands qui ne lui étoit pas inconnu étoit mort, et que tous ses confrères, suivant la coutume, étoient allés à son enterrement.

Ganem s'informa de la mosquée où se devoit faire la prière, ou d'où le corps devoit être porté au lieu de sa sépulture ; et quand on le lui eut enseigné, il renvoya son esclave avec son paquet de marchandises, et prit le chemin de la mosquée. Il y arriva que la prière n'étoit pas encore achevée, et on la faisoit dans une salle toute tendue de satin noir. On enleva le corps, que la parenté, accompagnée des marchands et de Ganem, suivit jusqu'au lieu de sa sépulture, qui étoit hors de la ville et fort éloigné. C'étoit un édifice de pierre en forme de dôme, destiné à recevoir les corps de toute la famille du défunt ; et comme il étoit fort petit, on avoit dressé des tentes à l'entour, afin que tout le monde fût à couvert pendant la cérémonie. On ouvrit le tombeau, et l'on posa le corps, puis on le referma. Ensuite l'iman et les autres ministres de la mosquée s'assirent en rond sur des tapis sous la principale tente, et récitèrent le reste des prières. Ils firent aussi la lecture des chapitres de l'Alcoran prescrits pour l'enterrement des morts. Les parens et les marchands, à l'exemple de ces ministres, s'assirent en rond derrière eux.

Il étoit presque nuit, lorsque tout fut achevé. Ganem qui ne s'étoit pas attendu à une si longue cérémonie, commençoit à s'inquiéter ; et son inquiétude augmenta, quand il vit qu'on servoit un repas en mémoire du défunt, selon l'usage de Bagdad. On lui dit même que les tentes n'avoient pas été tendues seulement contre les ardeurs du soleil, mais aussi contre le serein, parce que l'on ne s'en retourneroit à la ville que le lendemain. Ce discours alarma Ganem. « Je suis étranger, dit-il en lui-même, et je passe pour un riche marchand ; des voleurs peuvent profiter de mon absence et aller piller ma maison. Mes esclaves mêmes peuvent être tentés d'une si belle occasion ; ils n'ont qu'à prendre la fuite avec tout l'or que j'ai reçu de mes marchandises, où les irai-je chercher ? » Vivement occupé de ces pensées, il mangea quelques morceaux à la hâte, et se déroba finement à la compagnie.

Il précipita ses pas pour faire plus de diligence ; mais comme il arrive assez souvent que plus on est pressé, moins on avance, il prit un chemin pour un autre et s'égara dans l'obscurité, de manière qu'il étoit près de minuit quand il arriva à la porte de la ville. Pour surcroît de malheur, il la trouva fermée. Ce contre-temps lui causa une peine nouvelle, et il fut obligé de prendre le parti de chercher un endroit pour passer le reste de la nuit, et attendre qu'on ouvrît la porte. Il entra dans un cimetière si vaste, qu'il s'étendoit depuis la ville jusqu'au lieu d'où il venoit ; il s'avança jusqu'à des murailles assez hautes, qui entouroient un petit champ qui faisoit le cimetière particulier d'une famille, et où étoit un palmier. Il y avoit encore une infinité d'autres cimetières particuliers, dont on n'étoit pas exact à fermer les portes. Ainsi Ganem trouvant ouvert celui où il y avoit un palmier, y entra et ferma la porte après lui ; il se coucha sur l'herbe, et fit tout ce qu'il put pour s'endormir ; mais l'inquiétude où il étoit de se voir hors de chez lui, l'en empêcha. Il se leva ; et après avoir en se promenant passé et repassé plusieurs fois devant la porte, il l'ouvrit sans savoir pourquoi ; aussitôt il aperçut de loin une lumière qui sembloit venir à lui. À cette vue, la frayeur le saisit, il poussa la porte qui ne se fermoit qu'avec un loquet, et monta promptement au haut du palmier, qui, dans la crainte dont il étoit agité, lui parut le plus sûr asile qu'il pût rencontrer.

Il n'y fut pas plutôt, qu'à la faveur de la lumière qui l'avoit effrayé, il distingua et vit entrer dans le cimetière où il étoit, trois hommes qu'il reconnut pour des esclaves à leur habillement. L'un marchoit devant avec une lanterne, et les deux autres le suivoient chargés d'un coffre long de cinq à six pieds qu'ils portoient sur leurs épaules ; ils le mirent à terre, et alors un des trois esclaves dit à ses camarades : « Frères, si vous m'en croyez, nous laisserons là ce coffre, et nous reprendrons le chemin de la ville. » « Non, non, répondit un autre, ce n'est pas ainsi qu'il faut exécuter les ordres que notre maîtresse nous donne. Nous pourrions nous repentir de les avoir négligés : enterrons ce coffre, puisqu'on nous l'a commandé. » Les deux autres esclaves se rendirent à ce sentiment : ils commencèrent à remuer la terre avec des instrumens qu'ils avoient apportés pour cela ; et quand ils eurent fait une profonde fosse, ils mirent le coffre dedans, et le couvrirent de la terre qu'ils avoient ôtée. Ils sortirent du cimetière après cela et s'en retournèrent chez eux.

Ganem qui du haut du palmier avoit entendu les paroles que les esclaves avoient prononcées, ne savoit que penser de cette aventure ! Il jugea qu'il falloit que ce coffre renfermât quelque chose de précieux, et que la personne à qui il appartenoit, avoit ses raisons pour le faire cacher dans ce cimetière. Il résolut de s'en éclaircir sur-le-champ. Il descendit du palmier. Le départ des esclaves lui avoit ôté sa frayeur. Il se mit à travailler à la fosse, et il y employa si bien les pieds et les mains, qu'en peu de temps il vit le coffre à découvert ; mais il le trouva fermé d'un gros cadenas. Il fut très-mortifié de ce nouvel obstacle qui l'empêchoit de satisfaire sa curiosité. Cependant il ne perdit point courage ; et le jour venant à paroître sur ces entrefaites, lui fit découvrir dans le cimetière plusieurs gros cailloux. Il en choisit un avec quoi il n'eut pas beaucoup de peine à forcer le cadenas. Alors plein d'impatience il ouvrit le coffre. Au lieu d'y trouver de l'argent, comme il se l'étoit imaginé, Ganem fut dans une surprise que l'on ne peut exprimer d'y voir une jeune dame d'une beauté sans pareille. À son teint frais et vermeil, et plus encore à une respiration douce et réglée, il reconnut qu'elle étoit pleine de vie ; mais il ne pouvoit comprendre pourquoi, si elle n'étoit qu'endormie, elle ne s'étoit pas réveillée au bruit qu'il avoit fait en forçant le cadenas. Elle avoit un habillement si magnifique, des bracelets et des pendans d'oreille de diamans, avec un collier de perles fines si grosses, qu'il ne douta pas un moment que ce ne fût une dame des premières de la cour. À la vue d'un si bel objet, non-seulement la pitié et l'inclination naturelle à secourir les personnes qui sont en danger, mais même quelque chose de plus fort, que Ganem alors ne pouvoit pas bien démêler, le portèrent à donner à cette jeune beauté tout le secours qui dépendoit de lui.

Avant toutes choses, il alla fermer la porte du cimetière que les esclaves avoient laissée ouverte ; il revint ensuite prendre la dame entre ses bras. Il la tira hors du coffre et la coucha sur la terre qu'il avoit ôtée. La dame fut à peine dans cette situation et exposée au grand air, qu'elle éternua, et qu'avec un petit effort qu'elle fit en tournant la tête, elle rendit par la bouche une liqueur dont il parut qu'elle avoit l'estomac chargé ; puis entr'ouvrant et se frottant les yeux, elle s'écria d'une voix dont Ganem qu'elle ne voyoit pas, fut enchanté : « Fleur de jardin[12], Branche de corail[13], Canne de sucre[14], Lumière du jour[15], Étoile du matin[16], Délices du temps[17], parlez donc, où êtes-vous ? » C'étoient autant de noms de femmes esclaves qui avoient coutume de la servir. Elle les appeloit, et elle étoit fort étonnée de ce que personne ne répondoit. Elle ouvrit enfin les yeux ; et se voyant dans un cimetière, elle fut saisie de crainte. « Quoi donc, s'écria-t-elle plus fort qu'auparavant, les morts ressuscitent-ils ? Sommes-nous au jour du jugement ? Quel étrange changement du soir au matin ! »

Ganem ne voulut pas laisser la dame plus long-temps dans cette inquiétude. Il se présenta devant elle aussitôt avec tout le respect possible, et de la manière la plus honnête du monde. « Madame, lui dit-il, je ne puis vous exprimer que foiblement la joie que j'ai de m'être trouvé ici pour vous rendre le service que je vous ai rendu, et de pouvoir vous offrir tous les secours dont vous avez besoin dans l'état où vous êtes. »

Pour engager la dame à prendre toute confiance en lui, il lui dit premièrement qui il étoit, et par quel hasard il se trouvoit dans ce cimetière. Il lui raconta ensuite l'arrivée des trois esclaves, et de quelle manière ils avoient enterré le coffre. La dame qui s'étoit couvert le

---

[12] Zohorob Bostan.
[13] Schagrom Marglan.
[14] Cassabos Souccar.
[15] Nouronnohar.
[16] Nagmatos Sohi.
[17] Nouzhetos Zaman.

visage de son voile dès que Ganem s'étoit présenté, fut vivement touchée de l'obligation qu'elle lui avoit. « Je rends grâces à Dieu, lui dit-elle, de m'avoir envoyé un honnête homme comme vous pour me délivrer de la mort. Mais puisque vous avez commencé une œuvre si charitable, je vous conjure de ne la pas laisser imparfaite. Allez de grâce dans la ville chercher un muletier, qui vienne avec un mulet me prendre et me transporter chez vous dans ce même coffre ; car si j'allois avec vous à pied, mon habillement étant différent de celui des dames de la ville, quelqu'un y pourroit faire attention et me suivre ; ce qu'il m'est de la dernière importance de prévenir. Quand je serai dans votre maison, vous apprendrez qui je suis par le récit que je vous ferai de mon histoire ; et cependant soyez persuadé que vous n'avez pas obligé une ingrate. »

Avant que de quitter la dame, le jeune marchand tira le coffre hors de la fosse ; il la combla de terre, remit la dame dans le coffre et l'y renferma de telle sorte, qu'il ne paroissoit pas que le cadenas eût été forcé. Mais de peur qu'elle n'étouffât, il ne referma pas exactement le coffre, et y laissa entrer l'air. En sortant du cimetière, il tira la porte après lui ; et comme celle de la ville étoit ouverte, il eut bientôt trouvé ce qu'il cherchoit. Il revint au cimetière, où il aida le muletier à charger le coffre en travers sur le mulet ; et pour lui ôter tout soupçon, il lui dit qu'il étoit arrivé la nuit avec un autre muletier, qui, pressé de s'en retourner, avoit déchargé le coffre dans le cimetière.

Ganem, qui depuis son arrivée à Bagdad, ne s'étoit occupé que de son négoce, n'avoit pas encore éprouvé la puissance de l'amour. Il en sentit alors les premiers traits. Il n'avoit pu voir la jeune dame sans en être ébloui ; et l'inquiétude dont il se sentit agité en suivant de loin le muletier, et la crainte qu'il n'arrivât en chemin quelqu'accident qui lui fît perdre sa conquête, lui apprirent à démêler ses sentimens. Sa joie fut extrême, lorsqu'étant arrivé heureusement chez lui, il vit décharger le coffre. Il renvoya le muletier ; et ayant fait fermer par un de ses esclaves la porte de sa maison, il ouvrit le coffre, aida la dame à en sortir, lui présenta la main, et la conduisit à son appartement, en la plaignant de ce qu'elle devoit avoir souffert dans une si étroite prison. « Si j'ai souffert, dit-elle, j'en suis bien dédommagée par ce que vous avez fait pour moi, et par le plaisir que je sens à me voir en sûreté. »

L'appartement de Ganem, tout richement meublé qu'il étoit, attira moins les regards de la dame, que la taille et la bonne mine de son libérateur, dont la politesse et les manières engageantes lui inspirèrent une vive reconnoissance. Elle s'assit sur un sofa ; et pour commencer à faire connoître au marchand combien elle étoit sensible au service qu'elle en avoit reçu, elle ôta son voile. Ganem, de son côté, sentit toute la grâce qu'une dame si aimable lui faisoit de se montrer à lui le visage découvert, ou plutôt il sentit qu'il avoit déjà pour elle une passion violente. Quelqu'obligation qu'elle lui eût, il se crut trop récompensé par une faveur si précieuse.

La dame pénétra les sentimens de Ganem, et n'en fut pas alarmée, parce qu'il paroissoit fort respectueux. Comme il jugea qu'elle avoit besoin de manger, et ne voulant pas charger personne que lui-même du soin de régaler une hôtesse si charmante, il sortit suivi d'un esclave, et alla chez un traiteur ordonner un repas. De chez le traiteur il passa chez un fruitier, où il choisit les plus beaux et les meilleurs fruits. Il fit aussi provision d'excellent vin, et du même pain qu'on mangeoit au palais du calife.

Dès qu'il fut de retour chez lui, il dressa de sa propre main une pyramide de tous les fruits qu'il avoit achetés ; et les servant lui-même à la dame dans un bassin de porcelaine très-fine : « Madame, lui-dit-il, en attendant un repas plus solide et plus digne de vous, choisissez de grâce, prenez quelques-uns de ces fruits. » Il vouloit demeurer debout ; mais elle lui dit qu'elle ne toucheroit à rien qu'il ne fût assis, et qu'il ne mangeât avec elle. Il obéit ; et après qu'ils eurent mangé quelques morceaux, Ganem remarquant que le voile de la dame qu'elle avoit mis auprès d'elle sur le sofa, avoit le bord brodé d'une écriture en or, lui demanda de voir cette broderie. La dame mit aussitôt la main sur le voile et le lui présenta, en lui demandant s'il savoit lire. « Madame, répondit-il d'un air modeste, un marchand feroit mal ses affaires, s'il ne savoit au moins lire et écrire. » « Hé bien, reprit-elle, lisez les paroles qui sont écrites sur ce voile ; aussi-bien c'est une occasion pour moi de vous raconter mon histoire. »

Ganem prit le voile et lut ces mots : « Je suis à vous, et vous êtes à moi, ô descendant de l'oncle du prophète ! » Ce descendant de l'oncle du prophète étoit le calife Haroun Alraschild, qui régnoit alors, et qui descendoit d'Abbas, oncle de Mahomet.

Quand Ganem eut compris le sens de ces paroles : « Ah, madame, s'écria-t-il tristement, je viens de vous donner la vie, et voilà une écriture qui me donne la mort ! Je n'en comprends pas tout le mystère ; mais elle ne me fait que trop connoître que je suis le plus malheureux de tous les hommes. Pardonnez-moi, madame, la liberté que je prends de vous le dire. Je n'ai pu vous voir sans vous donner mon cœur ; vous n'ignorez pas vous-même qu'il n'a pas été en mon pouvoir de vous le refuser ; et c'est ce qui rend excusable ma témérité. Je me proposois de toucher le vôtre par mes respects, mes soins, mes complaisances, mes assiduités, mes soumissions, par ma constance ; et à peine j'ai conçu ce dessein flatteur, que me voilà déchu de toutes mes espérances. Je ne réponds pas de soutenir long-temps un si grand malheur. Mais quoi qu'il en puisse être, j'aurai la consolation de mourir tout à vous. Achevez, madame, je vous en conjure, achevez de me donner un entier éclaircissement sur ma triste destinée. »

Il ne put prononcer ces paroles sans répandre quelques larmes. La dame en fut touchée. Bien loin de se plaindre de la déclaration qu'elle venoit d'entendre, elle en sentit une joie secrète : car son cœur commençoit à se laisser surprendre. Elle dissimula toutefois ; et comme si elle n'eût pas fait d'attention au discours de Ganem : « Je me serois bien gardée, lui répondit-elle, de vous montrer mon voile, si j'eusse cru qu'il dût vous causer tant de déplaisir ; et je ne vois pas que les choses que j'ai à vous dire, doivent rendre votre sort aussi déplorable que vous vous l'imaginez. Vous saurez donc, poursuivit-elle, pour vous apprendre mon histoire, que je me nomme Tourmente[18] : nom qui me fut donné au moment de ma naissance, à cause que l'on jugea que ma vue causeroit un jour bien des maux. Il ne vous doit pas être inconnu, puisqu'il n'y a personne dans Bagdad qui ne sache que le calife Haroun Alraschild, mon souverain maître et le vôtre, a une favorite qui s'appelle ainsi. On m'amena dans son palais dès mes plus tendres années, et j'ai été élevée avec tout le soin que l'on a coutume d'avoir des personnes de mon sexe destinées à y demeurer. Je ne réussis pas mal dans tout ce qu'on prit la peine de m'enseigner ; et cela joint à quelques traits de beauté, m'attira l'amitié du calife, qui me donna un appartement particulier auprès du sien. Ce prince n'en demeura pas à cette distinction, il nomma vingt femmes pour me servir, avec autant d'eunuques ; et depuis ce temps-là il m'a fait des présens si considérables, que je me suis vue plus riche qu'aucune reine qu'il y ait au monde. Vous jugez bien par-là que Zobéïde, femme et parente du calife, n'a pu voir mon bonheur sans en être jalouse. Quoique Haroun ait pour elle toutes les considérations imaginables, elle a cherché toutes les occasions possibles de me perdre. Jusqu'à présent je m'étois assez bien garantie de ses piéges ; mais enfin j'ai succombé au dernier effort de la jalousie, et sans vous je serois à l'heure qu'il est dans l'attente d'une mort inévitable. Je ne doute pas qu'elle n'ait corrompu une de mes esclaves, qui me présenta hier au soir dans de la limonade une drogue qui cause un assoupissement si grand, qu'il est aisé de disposer de ceux à qui l'on en fait prendre ; et cet assoupissement est tel, que pendant sept ou huit heures rien n'est capable de le dissiper. J'ai d'autant plus de sujet de faire ce jugement, que j'ai le sommeil naturellement très-léger, et que je m'éveille au moindre bruit. Zobéïde,

---

[18] En Arabe, Fetnab.

pour exécuter son mauvais dessein, a pris le temps de l'absence du calife, qui depuis peu de jours est allé se mettre à la tête de ses troupes, pour punir l'audace de quelques rois ses voisins, qui se sont ligués pour lui faire la guerre. Sans cette conjoncture, ma rivale, toute furieuse qu'elle est, n'auroit osé rien entreprendre contre ma vie. Je ne sais ce qu'elle fera pour dérober au calife la connoissance de cette action ; mais vous voyez que j'ai un très-grand intérêt que vous me gardiez le secret. Il y va de ma vie ; je ne serois pas en sûreté chez vous, tant que le calife sera hors de Bagdad. Vous êtes intéressé vous-même à tenir mon aventure secrète ; car si Zobéïde apprenoit l'obligation que je vous ai, elle vous puniroit vous-même de m'avoir conservée. Au retour du calife, j'aurai moins de mesures à garder. Je trouverai moyen de l'instruire de tout ce qui s'est passé, et je suis persuadée qu'il sera plus empressé que moi-même à reconnoître un service qui me rend à son amour. »

Aussitôt que la belle favorite d'Haroun Alraschild eut cessé de parler, Ganem prit la parole : « Madame, lui dit-il, je vous rends mille grâces de m'avoir donné l'éclaircissement que j'ai pris la liberté de vous demander, et je vous supplie de croire que vous êtes ici en sûreté. Les sentimens que vous m'avez inspirés, vous répondent de ma discrétion. Pour celle de mes esclaves, j'avoue qu'il faut s'en défier. Ils pourroient manquer à la fidélité qu'ils me doivent, s'ils savoient par quel hasard et dans quel lieu j'ai eu le bonheur de vous rencontrer. Mais c'est ce qu'il leur est impossible de deviner. J'oserai même vous assurer qu'ils n'auront pas la moindre curiosité de s'en informer. Il est si naturel aux jeunes gens de chercher de belles esclaves, qu'ils ne seront nullement surpris de vous voir ici, dans l'opinion qu'ils auront que vous en êtes une, et que je vous ai achetée. Ils croiront encore que j'ai eu mes raisons pour vous amener chez moi de la manière qu'ils l'ont vu : ayez donc l'esprit en repos là-dessus, et soyez sûre que vous serez servie avec tout le respect qui est dû à la favorite d'un monarque aussi grand que le nôtre. Mais quelle que soit la grandeur qui l'environne, permettez-moi de vous déclarer, madame, que rien ne sera capable de me faire révoquer le don que je vous ai fait de mon cœur. Je sais bien que je n'oublierai jamais que ce qui appartient au maître est défendu à l'esclave. » Mais je vous aimois avant que vous m'eussiez appris que votre foi étoit engagée au calife ; il ne dépend pas de moi de vaincre une passion qui, quoiqu'encore naissante, a toute la force d'un amour fortifié par une parfaite réciprocité. Je souhaite que votre auguste et trop heureux amant vous venge de la malignité de Zobéïde, en vous rappelant auprès de lui, et quand vous vous verrez rendue à ses souhaits, que vous vous souveniez de l'infortuné Ganem, qui n'est pas moins votre conquête que le calife. Tout puissant qu'il est, ce prince, si vous n'êtes sensible qu'à la tendresse, je me flatte qu'il ne m'effacera point de votre souvenir. Il ne peut vous aimer avec plus d'ardeur que je vous aime ; et je ne cesserai point de brûler pour vous en quelque lieu du monde que j'aille expirer après vous avoir perdue. »

Tourmente s'aperçut que Ganem étoit pénétré de la plus vive douleur ; elle en fut attendrie ; mais voyant l'embarras où elle alloit se jeter en continuant la conversation sur cette matière, qui pouvoit insensiblement la conduire à faire paroître le penchant qu'elle se sentoit pour lui : « Je vois bien, lui dit-elle, que ce discours vous fait trop de peine, laissons-le, et parlons de l'obligation infinie que je vous ai. Je ne puis assez vous exprimer ma joie, quand je songe que sans votre secours je serois privée de la lumière du jour. »

Heureusement pour l'un et pour l'autre, on frappa à la porte en ce moment. Ganem se leva pour aller voir ce que ce pouvoit être, et il se trouva que c'étoit un des esclaves pour lui annoncer l'arrivée du traiteur. Ganem, qui, pour plus grande précaution, ne vouloit pas que les esclaves entrassent dans la chambre où étoit Tourmente, alla prendre ce que le traiteur avoit apprêté, et le servit lui-même à sa belle hôtesse qui, dans le fond de son âme, étoit ravie des soins qu'il avoit pour elle.

Après le repas, Ganem desservit comme il avoit servi ; et quand il eut remis toutes choses à la porte de la chambre entre les mains de ses esclaves : « Madame, dit-il à Tourmente, vous serez peut-être bien aise de reposer présentement. Je vous laisse ; et quand vous aurez pris quelque repos, vous me verrez prêt à recevoir vos ordres. » En achevant ces paroles il sortit et alla acheter deux femmes esclaves ; il acheta aussi deux paquets, l'un de linge fin, et l'autre de tout ce qui peut composer une toilette digne de la favorite du calife. Il mena chez lui les deux esclaves, et les présentant à Tourmente : « Madame, lui dit-il, une personne comme vous a besoin de deux filles au moins pour la servir ; trouvez bon que je vous donne celles-ci. »

Tourmente admira l'attention de Ganem : « Seigneur, lui dit-elle, je vois bien que vous n'êtes pas homme à faire les choses à demi. Vous augmentez par vos manières l'obligation que je vous ai, mais j'espère que je ne mourrai pas ingrate, et que le ciel me mettra bientôt en état de reconnoître toutes vos actions généreuses. »

Quand les femmes esclaves se furent retirées dans une chambre voisine où le jeune marchand les envoya, il s'assit sur le sofa où étoit Tourmente, mais à certaine distance d'elle pour lui marquer plus de respect. Il remit l'entretien sur sa passion, et dit des choses très-touchantes sur les obstacles invincibles qui lui ôtoient toute espérance. « Je n'ose même espérer, disoit-il, d'exciter par ma tendresse le moindre mouvement de sensibilité dans un cœur comme le vôtre, destiné au plus puissant prince du monde. Hélas, dans mon malheur ce seroit une consolation pour moi, si je pouvois me flatter que vous n'avez pu voir avec indifférence l'excès de mon amour ! » « Seigneur, lui répondit Tourmente… » « Ah, madame, interrompit Ganem à ce mot de seigneur ; c'est pour la seconde fois que vous me faites l'honneur de me traiter de seigneur ! La présence des femmes esclaves m'a empêché la première fois de vous dire ce que j'en pensois : au nom de Dieu, madame, ne me donnez point ce titre d'honneur, il ne me convient pas. Traitez-moi de grâce comme votre esclave. Je le suis, et je ne cesserai jamais de l'être. »

« Non, non, interrompit Tourmente à son tour, je me garderai bien de traiter ainsi un homme à qui je dois la vie. Je serois une ingrate, si je disois ou si je faisois quelque chose qui ne vous convînt pas. Laissez-moi donc suivre les mouvemens de ma reconnoissance, et n'exigez pas pour prix de vos bienfaits que j'en use mal-honnêtement avec vous. C'est ce que je ne ferai jamais. Je suis trop touchée de votre conduite respectueuse pour en abuser, et je vous avouerai que je ne vois point d'un œil indifférent tous les soins que vous prenez. Je ne vous en puis dire davantage. Vous savez les raisons qui me condamnent au silence. »

Ganem fut enchanté de cette déclaration : il en pleura de joie, et ne pouvant trouver de termes assez forts à son gré pour remercier Tourmente, il se contenta de lui dire que si elle savoit bien ce qu'elle devoit au calife, il n'ignoroit pas de son côté QUE CE QUI APPARTIENT AU MAITRE, EST DEFENDU A L'ESCLAVE !

Comme il s'aperçut que la nuit approchoit, il se leva pour aller chercher de la lumière. Il en apporta lui-même, et de quoi faire la collation, selon l'usage ordinaire de la ville de Bagdad, où après avoir fait un bon repas à midi, on passe la soirée à manger quelques fruits et à boire du vin, en s'entretenant agréablement jusqu'à l'heure de se retirer.

Ils se mirent tous deux à table. D'abord ils se firent des complimens sur les fruits qu'ils se présentoient l'un à l'autre. Insensiblement l'excellence du vin les engagea tous deux à boire ; et ils n'eurent pas plutôt bu deux ou trois coups, qu'ils se firent une loi de ne plus boire sans chanter quelque air auparavant. Ganem chantoit des vers qu'il composoit sur-le-champ et qui exprimoient la force de sa passion ; et Tourmente animée par son exemple, composoit et chantoit aussi des chansons qui avoient du rapport à son aventure, et dans lesqueles il y avoit toujours quelque chose que Ganem pouvoit expliquer favorablement pour lui. À cela près, la fidélité qu'elle devoit au calife y fut exactement gardée. La collation dura fort long-temps. La nuit étoit déjà fort avancée, qu'ils ne songeoient point encore à se séparer. Ganem toutefois se retira dans un autre appartement, et laissa Tourmente dans celui où elle étoit, où les femmes esclaves qu'il avoit achetées, entrèrent pour la servir.

Ils vécurent ensemble de cette manière pendant plusieurs jours. Le jeune marchand ne sortoit que pour des affaires de la dernière importance ; encore prenoit-il le temps que sa dame reposoit ; car il ne pouvoit se résoudre à perdre un seul des momens qu'il lui étoit permis de passer auprès d'elle. Il n'étoit occupé que de sa chère Tourmente, qui de son côté, entraînée par son penchant, lui avoua qu'elle n'avoit pas moins d'amour pour lui, qu'il en avoit pour elle. Cependant quelqu'épris qu'ils fussent l'un de l'autre, la considération du calife eut le pouvoir de les retenir dans les bornes qu'elle exigeoit d'eux. Ce qui rendoit leur passion plus vive.

Tandis que Tourmente, arrachée, pour ainsi dire, des mains de la mort, passoit si agréablement le temps chez Ganem, Zobéïde n'étoit pas sans embarras au palais d'Haroun Alraschild.

Les trois esclaves, ministres de sa vengeance, n'eurent pas plutôt enlevé le coffre, sans savoir ce qu'il y avoit dedans, ni même sans avoir la moindre curiosité de l'apprendre, comme gens accoutumés à exécuter aveuglément ses ordres, qu'elle devint la proie d'une cruelle inquiétude. Mille importunes réflexions vinrent troubler son repos. Elle ne put goûter un moment la douceur du sommeil ; elle passa la nuit à rêver aux moyens de cacher son crime. « Mon époux, disoit-elle, aime Tourmente plus qu'il n'a jamais aimé aucune de ses favorites. Que lui répondrai-je à son retour, lorsqu'il me demandera de ses nouvelles ? » Il lui vint dans l'esprit plusieurs stratagêmes ; mais elle n'en étoit pas contente : elle y trouvoit toujours des difficultés, et elle ne savoit à quoi se déterminer. Elle avoit auprès d'elle une vieille dame qui l'avoit élevée dès sa plus tendre enfance ; elle la fit venir dès la pointe du jour, et après lui avoir fait confidence de son secret : « Ma bonne mère, lui dit-elle, vous m'avez toujours aidée de vos bons conseils ; si jamais j'en ai eu besoin, c'est dans cette occasion-ci, où il s'agit de calmer mon esprit qu'un trouble mortel agite, et de me donner un moyen de contenter le calife. »

« Ma chère maîtresse, répondit la vieille dame, il eût beaucoup mieux valu ne vous pas mettre dans l'embarras où vous êtes ; mais comme c'est une affaire faite, il n'en faut plus parler. Il ne faut songer qu'au moyen de tromper le Commandeur des croyans, et je suis d'avis que vous fassiez tailler en diligence une pièce de bois en forme de cadavre ; nous l'envelopperons de vieux linges, et après l'avoir enfermée dans une bière, nous la ferons enterrer dans quelqu'endroit du palais ; ensuite, sans perdre temps, vous ferez bâtir une mausolée de marbre en dôme sur le lieu de la sépulture, et dresser une représentation que vous ferez couvrir d'un drap noir, et accompagner de grands chandeliers et de gros cierges à l'entour. Il y a encore une chose, poursuivit la vieille dame, qu'il est bon de ne pas oublier : il faudra que vous preniez le deuil, et que vous le fassiez prendre à vos femmes, aussi bien qu'à celles de Tourmente, à vos eunuques, et enfin à tous les officiers du palais. Quand le calife sera de retour, qu'il verra tout son palais en deuil, et vous-même, il ne manquera pas d'en demander le sujet. Alors vous aurez lieu de vous en faire un mérite auprès de lui, en disant que c'est à sa considération que vous avez voulu rendre les derniers devoirs à Tourmente, qu'une mort subite a enlevée. Vous lui direz que vous avez fait bâtir un mausolée, et qu'enfin vous avez fait à sa favorite tous les honneurs qu'il lui auroit rendus lui-même, s'il avoit été présent. Comme sa passion pour elle a été extrême, il ira sans doute répandre des larmes sur son tombeau. Peut-être aussi, ajouta la vieille, ne croira-t-il point qu'elle soit morte effectivement ? Il pourra vous soupçonner de l'avoir chassée du palais par jalousie, et regarder tout ce deuil comme un artifice pour le tromper et l'empêcher de la faire chercher. Il est à croire qu'il fera déterrer et ouvrir la bière, et il est sûr qu'il sera persuadé de sa mort, sitôt qu'il verra la figure d'un mort enseveli. Il vous saura bon gré de tout ce que vous aurez fait, il vous en témoignera de la reconnoissance. Quant à la pièce de bois, je me charge de la faire tailler moi-même par un charpentier de la ville, qui ne saura pas l'usage qu'on en veut faire. Pour vous, madame, ordonnez à cette femme de Tourmente, qui lui présenta hier la limonade, d'annoncer à ses compagnes qu'elle vient de trouver leur maîtresse morte dans son lit ; et, afin qu'elles ne songent qu'à la pleurer sans vouloir entrer dans sa chambre, qu'elle ajoute qu'elle vous en a donné avis, et que vous avez déjà donné ordre à Mesrour de la faire ensevelir et enterrer. »

D'abord que la vieille dame eut achevé de parler, Zobéïde tira un riche diamant de sa cassette, et le lui mettant au doigt et l'embrassant : « Ah, ma bonne mère, lui dit-elle toute transportée de joie, que je vous ai d'obligation ! Je ne me serois jamais avisée d'un expédient si ingénieux. Il ne peut manquer de réussir, et je sens que je commence à reprendre ma tranquillité. Je me remets donc sur vous du soin de la pièce de bois, et je vais donner ordre au reste. »

La pièce de bois fut préparée avec toute la diligence que Zobéïde pouvoit souhaiter, et portée ensuite par la vieille dame même à la chambre de Tourmente, où elle l'ensevelit comme un mort et la mit dans une bière ; puis Mesrour, qui fut trompé lui-même, fit enlever la bière et le fantôme de Tourmente, que l'on enterra avec les cérémonies accoutumées dans l'endroit que Zobéïde avoit marqué, et aux pleurs que versoient les femmes de la favorite, dont celle qui avoit présenté la limonade, encourageoit les autres par ses cris et ses lamentations.

Dès le même jour, Zobéïde fit venir l'architecte du palais et des autres maisons du calife ; et sur les ordres qu'elle lui donna, le mausolée fut achevé en très-peu de temps. Des princesses aussi puissantes que l'étoit l'épouse d'un prince qui commandoit du levant au couchant, sont toujours obéies à point nommé dans l'exécution de leurs volontés. Elle eut aussi bientôt pris le deuil avec toute sa cour, ce qui fut cause que la nouvelle de la mort de Tourmente se répandit dans toute la ville.

Ganem fut des derniers à l'apprendre ; car, comme je l'ai déjà dit, il ne sortoit presque point. Il l'apprit pourtant un jour. « Madame, dit-il à la belle favorite du calife, on vous croit morte dans Bagdad, et je ne doute pas que Zobéïde elle-même n'en soit bien persuadée. Je bénis le ciel d'être la cause et l'heureux témoin que vous vivez. Et plût à Dieu que, profitant de ce faux bruit, vous voulussiez lier votre sort au mien, et venir avec moi loin d'ici régner sur mon cœur ! Mais où m'emporte un transport trop doux ? Je ne songe pas que vous êtes née pour faire le bonheur du plus puissant prince de la terre, et que le seul Haroun Alraschild est digne de vous. Quand même vous seriez capable de me le sacrifier ; quand vous voudriez me suivre, devrois-je y consentir ? Non, je dois me souvenir sans cesse QUE CE QUI APPARTIENT AU MAITRE, EST DEFENDU A L'ESCLAVE. »

L'aimable Tourmente, quoique sensible aux tendres mouvemens qu'il faisoit paroître, gagnoit sur elle de n'y pas répondre. « Seigneur, lui dit-elle, nous ne pouvons empêcher Zobéïde de triompher. Je suis peu surprise de l'artifice dont elle se sert pour couvrir son crime ; mais laissons-la faire, je me flatte que ce triomphe sera bientôt suivi de douleur. Le calife reviendra, et nous trouverons moyen de l'informer secrètement de tout ce qui s'est passé. Cependant prenons plus de précautions que jamais pour qu'elle ne puisse apprendre que je vis : je vous en ai déjà dit les conséquences. »

Au bout de trois mois, le calife revint à Bagdad glorieux et vainqueur de tous ses ennemis. Impatient de revoir Tourmente et de lui faire hommage de ses nouveaux lauriers, il entra dans son palais. Il fut étonné de voir les officiers qu'il y avoit laissés, tous habillés de deuil. Il en frémit sans savoir pourquoi ; et son émotion redoubla, lorsqu'en arrivant à l'appartement de Zobéïde, il aperçut cette princesse qui venoit au-devant de lui en deuil, aussi bien que toutes les femmes de sa suite. Il lui demanda d'abord le sujet de ce deuil avec beaucoup d'agitation. « Commandeur des croyans, répondit Zobéïde, je l'ai pris pour Tourmente votre esclave, qui est morte si promptement, qu'il n'a pas été possible d'apporter aucun remède à son mal. » Elle voulut poursuivre, mais le calife ne lui en donna pas le temps. Il fut si saisi de cette nouvelle, qu'il en poussa un grand cri ; ensuite il s'évanouit entre les bras de Giafar, son visir, dont il étoit accompagné. Il revint pourtant bientôt de sa foiblesse ; et d'une voix qui marquoit son extrême douleur, il demanda où sa chère Tourmente avoit été enterrée. « Seigneur, lui dit Zobéïde, j'ai pris soin moi-même de ses funérailles, et n'ai rien épargné pour les rendre superbes. J'ai fait bâtir un mausolée de marbre sur le lieu de sa sépulture. Je vais vous y conduire si vous le souhaitez. »

Le calife ne voulut pas que Zobéïde prît cette peine, et se contenta de s'y faire mener par Mesrour. Il y alla dans l'état où il étoit, c'est-à-dire, en habit de campagne. Quand il vit la représentation couverte d'un drap noir, les cierges allumés tout autour, et la magnificence du mausolée, il s'étonna que Zobéïde eût fait les obsèques de sa rivale avec tant de pompe ; et comme il étoit naturellement soupçonneux, il se défia de la générosité de sa femme, et pensa que sa maîtresse pouvoit n'être pas morte ; que Zobéïde, profitant de sa longue absence, l'avoit peut-être chassée du palais, avec ordre à ceux qu'elle avoit chargés de sa conduite, de la mener si loin, que l'on n'entendît jamais parler d'elle. Il n'eut pas d'autre soupçon ; car il ne croyoit pas Zobéïde assez méchante pour avoir attenté à la vie de sa favorite.

Pour s'éclaircir par lui-même de la vérité, ce prince commanda qu'on ôtât la représentation, et fit ouvrir la fosse et la bière en sa présence ; mais dès qu'il eut vu le linge qui enveloppoit la pièce de bois, il n'osa passer outre. Ce religieux calife craignit d'offenser la religion en permettant que l'on touchât au corps de la défunte ; et cette scrupuleuse crainte l'emporta sur l'amour et sur la curiosité. Il ne douta plus de la mort de Tourmente. Il fit refermer la bière, remplir la fosse, et remettre la représentation en l'état où elle étoit auparavant.

Le calife se croyant obligé de rendre quelques soins au tombeau de sa favorite, envoya chercher les ministres de la religion, ceux du palais, et les lecteurs de l'Alcoran ; et tandis que l'on étoit occupé à les rassembler, il demeura dans le mausolée, où il arrosa de ses larmes la terre qui couvroit le fantôme de son amante. Quand tous les ministres qu'il avoit appelés furent arrivés, il se mit à la tête de la représentation, et eux se rangèrent à l'entour et récitèrent de longues prières, après quoi les lecteurs de l'Alcoran lurent plusieurs chapitres.

La même cérémonie se fit tous les jours pendant l'espace d'un mois, le matin et l'après-dîner, et toujours en présence du calife, du grand-visir Giafar, et des principaux officiers de la cour, qui tous étoient en deuil, aussi bien que le calife, qui, durant tout ce temp-là, ne cessa d'honorer de ses larmes la mémoire de Tourmente, et ne voulut entendre parler d'aucunes affaires.

Le dernier jour du mois, les prières et la lecture de l'Alcoran durèrent depuis le matin jusqu'à la pointe du jour suivant ; et enfin, lorsque tout fut achevé, chacun se retira chez soi. Haroun Alraschild, fatigué d'une si longue veille, alla se reposer dans son appartement, et s'endormit sur un sofa entre deux dames de son palais, dont l'une assise au chevet, et l'autre aux pieds de son lit, s'occupoient durant son sommeil à des ouvrages de broderie, et demeuroient dans un grand silence.

Celle qui étoit au chevet et qui s'appeloit Aube du jour[19], voyant le calife endormi, dit tout bas à l'autre dame : « Étoile du matin[20], car elle se nommoit ainsi, il y a bien des nouvelles. Le Commandeur des croyans, notre cher seigneur et maître, sentira une grande joie à son réveil, lorsqu'il apprendra ce que j'ai à lui dire. Tourmente n'est pas morte ; elle est en parfaite santé. » « Ô ciel ! s'écria d'abord Étoile du matin, toute transportée de joie, seroit-il bien possible que la belle, la charmante, l'incomparable Tourmente fût encore du monde ? » Étoile du matin prononça ces paroles avec tant de vivacité et d'un ton si haut, que le calife s'éveilla. Il demanda pourquoi on avoit interromipu son sommeil. « Ah, Seigneur, reprit Étoile du matin, pardonnez-moi cette indiscrétion ! Je n'ai pu apprendre tranquillement que Tourmente vit encore. J'en ai senti un transport que je n'ai pu retenir. » « Hé, qu'est-elle donc devenue, dit le calife, s'il est vrai qu'elle ne soit pas morte ? » « Commandeur des croyans, répondit Aube du jour, j'ai reçu ce soir d'un homme inconnu, un billet sans signature, mais écrit de la propre main de Tourmente, qui me mande sa triste aventure, et m'ordonne de vous en instruire. J'attendois pour m'acquitter de ma commission, que vous eussiez pris quelques momens de repos, jugeant que vous deviez en avoir besoin après la fatigue, et... » « Donnez, donnez-moi ce billet, interrompit avec précipitation le calife, vous avez mal à propos différé de me le remettre. »

Aube du jour lui présenta aussitôt le billet ; il l'ouvrit avec beaucoup d'impatience ; Tourmente y faisoit le détail de tout ce qui s'étoit passé ; mais elle s'étendoit un peu trop sur les soins que Ganem avoit d'elle. Le calife naturellement jaloux, au lieu d'être touché de l'inhumanité de Zobéïde, ne fut sensible qu'à l'infidélité qu'il s'imagina que Tourmente lui avoit faite. «Hé quoi, dit-il, après avoir lu le billet, il y a quatre mois que la perfide est avec un jeune marchand dont elle a l'effronterie de

---

[19] Nouronnihar
[20] Nagmatossobi

me vanter l'attention pour elle ! Il y a trente jours que je suis de retour à Bagdad, et elle s'avise aujourd'hui de me donner de ses nouvelles ! L'ingrate, pendant que je consume les jours à la pleurer, elle les passe à me trahir ! Allons, vengeons-nous d'une infidelle et du jeune audacieux qui m'outrage. » En achevant ces mots, ce prince se leva et entra dans une grande salle où il avoit coutume de se faire voir, et de donner audience aux seigneurs de sa cour. La première porte en fut ouverte, et aussitôt les courtisans qui attendoient ce moment, entrèrent. Le grand visir Giafar parut, et se prosterna devant le trône où le calife s'étoit assis. Ensuite il se releva et se tint debout devant son maître, qui lui dit d'un air à lui marquer qu'il vouloit être obéi promptement : « Giafar, ta présence est nécessaire pour l'exécution d'un ordre important dont je vais te charger. Prends avec toi quatre cents hommes de ma garde, et t'informe premièrement où demeure un marchand de Damas, nommé Ganem, fils d'Abou Aïbou. Quand tu le sauras, rends-toi à sa maison, et fais-la raser jusqu'aux fondemens ; mais saisistoi auparavant de la personne de Ganem, et me l'amène ici avec Tourmente mon esclave, qui demeure chez lui depuis quatre mois. Je veux la châtier, et faire un exemple du téméraire qui a eu l'insolence de me manquer de respect. »

Le grand visir, après avoir reçu cet ordre précis, fit une profonde révérence au calife, en se mettant la main sur la tête, pour marquer qu'il vouloit la perdre plutôt que de ne lui pas obéir, et puis il sortit. La première chose qu'il fit, fut d'envoyer demander au syndic des marchands d'étoffes étrangères et de toiles fines des nouvelles de Ganem, avec ordre sur-tout de s'informer de la rue et de la maison où il demeuroit. L'officier qu'il chargea de cet ordre, lui rapporta bientôt qu'il y avoit quelques mois qu'il ne paroissoit presque plus, et que l'on ignoroit ce qui pouvoit le retenir chez lui, s'il y étoit. Le même officier apprit aussi à Giafar l'endroit où demeuroit Ganem, et jusqu'au nom de la veuve qui lui avoit loué sa maison.

Sur ces avis auxquels on pouvoit se fier, ce ministre, sans perdre de temps, se mit en marche avec les soldats que le calife lui avoit ordonné de prendre ; il alla chez le juge de police dont il se fit accompagner ; et suivi d'un grand nombre de maçons et de charpentiers munis d'outils nécessaires pour raser une maison, il arriva devant celle de Ganem. Comme elle étoit isolée, il disposa les soldats à l'entour, pour empêcher que le jeune marchand ne lui échappât.

Tourmente et Ganem achevoient alors de dîner. La dame étoit assise près d'une fenêtre qui donnoit sur la rue. Elle entendit du bruit : elle regarda par la jalousie ; et voyant le grand visir qui s'approchoit avec toute sa suite, elle jugea qu'on n'en vouloit pas moins à elle qu'à Ganem. Elle comprit que son billet avoit été reçu ; mais elle ne s'étoit pas attendue à une pareille réponse, et elle avoit espéré que le calife prendroit la chose d'une autre manière. Elle ne savoit pas depuis quel temps ce prince étoit de retour ; et quoiqu'elle lui connût le penchant à la jalousie, elle ne craignoit rien de ce côté-là. Cependant la vue du grand visir et des soldats la fit trembler, non pour elle à la vérité, mais pour Ganem. Elle ne douta point qu'elle ne se justifiât, pourvu que le calife voulût bien l'entendre. À l'égard de Ganem qu'elle chérissoit moins par reconnoissance que par inclination, elle prévoyoit que son rival irrité voudroit le voir, et pourroit le condamner sur sa jeunesse et sa bonne mine. Prévenue de sa pensée, elle se retourna vers le jeune marchand : « Ah, Ganem, lui dit-elle, nous sommes perdus ! C'est vous et moi que l'on cherche. » Il regarda aussitôt par la jalousie, et fut saisi de frayeur, lorsqu'il aperçut les gardes du calife, le sabre nud, et le grand visir avec le juge de police à leur tête. À cette vue, il demeura immobile, et n'eut pas la force de prononcer une seule parole. « Ganem, reprit la favorite, il n'y a point de temps à perdre. Si vous m'aimez, prenez vite l'habit d'un de vos esclaves, et frottez-vous le visage et les bras de noir de cheminée. Mettez ensuite quelques uns de ces plats sur votre tête, on pourra vous prendre pour le garçon du traiteur, et on vous laissera passer. Si l'on vous demande où est le maître de la maison, répondez sans hésiter qu'il est au logis. » « Ah, Madame, dit à son tour Ganem, moins effrayé pour lui que pour Tourmente, vous ne songez qu'à moi ! Hélas, qu'allez-vous devenir ? » « Ne vous en mettez pas en peine, reprit-elle ; c'est à moi d'y songer. À l'égard de ce que vous laissez dans cette maison, j'en aurai soin, et j'espère qu'un jour tout vous sera fidellement rendu quand la colère du calife sera passée ; mais évitez sa violence. Les ordres qu'il donne dans ses premiers mouvemens, sont toujours funestes. » L'affliction du jeune marchand étoit telle, qu'il ne savoit à quoi se déterminer ; et il se seroit sans doute laissé surprendre par les soldats du calife, si Tourmente ne l'eût pressé de se déguiser. Il se rendit à ses instances : il prit un habit d'esclave, se barbouilla de suie ; et il étoit temps, car on frappa à la porte ; et tout ce qu'ils purent faire, ce fut de s'embrasser tendrement. Ils étoient tous deux si pénétrés de douleur, qu'il leur fut impossible de se dire un seul mot. Tels furent leurs adieux. Ganem sortit enfin avec quelques plats sur sa tête. On le prit effectivement pour un garçon traiteur, et on ne l'arrêta point. Au contraire, le grand visir qui le rencontra le premier, se rangea pour le laisser passer, étant fort éloigné de s'imaginer que ce fût celui qu'il cherchoit. Ceux qui étoient derrière le grand visir, lui firent place de même, et favorisèrent ainsi sa fuite. Il gagna une des portes de la ville en diligence, et se sauva.

    Pendant qu'il se déroboit aux poursuites du grand visir Giafar, ce ministre entra dans la chambre où étoit Tourmente assise sur un sofa, et où il y avoit une assez grande quantité de coffres remplis des hardes de Ganem, et de l'argent qu'il avoit fait de ses marchandises.

Dès que Tourmente vit entrer le grand visir, elle se prosterna la face contre terre ; et demeurant en cet état comme disposée à recevoir la mort : « Seigneur, dit-elle, je suis prête à subir l'arrêt que le Commandeur des croyans a prononcé contre moi ; vous n'avez qu'à me l'annoncer. » « Madame, lui répondit Giafar en se prosternant aussi jusqu'à ce qu'elle se fût relevée, à Dieu ne plaise que personne ose mettre sur vous une main profane ! Je n'ai pas dessein de vous faire le moindre déplaisir. Je n'ai point d'autre ordre que de vous supplier de vouloir bien venir au palais avec moi, et de vous y conduire avec le marchand qui demeure en cette maison. » « Seigneur, reprit la favorite en se levant, partons, je suis prête à vous suivre. Pour ce qui est du jeune marchand à qui je dois la vie, il n'est point ici. Il y a près d'un mois qu'il est allé à Damas, où ses affaires l'ont appelé ; et jusqu'à son retour, il m'a laissé en garde ces coffres que vous voyez. Je vous conjure de vouloir bien les faire porter au palais, et de donner ordre qu'on les mette en sûreté, afin que je tienne la promesse que je lui ai faite d'en avoir tout le soin imaginable. »

« Vous serez obéie, madame, répliqua Giafar. » Et aussitôt il fit venir des porteurs. Il leur ordonna d'enlever les coffres et de les porter à Mesrour.

D'abord que les porteurs furent partis, il parla à l'oreille du juge de police ; il le chargea du soin de faire raser la maison, et d'y faire auparavant chercher partout Ganem qu'il soupçonnoit d'être caché, quoi que lui eut dit Tourmente. Ensuite il sortit, et emmena avec lui cette jeune dame, suivie des deux femmes esclaves qui la servoient. À l'égard des esclaves de Ganem, on n'y fit pas d'attention. Ils se mêlèrent parmi la foule, et on ne sait ce qu'ils devinrent.

FIN DU TOME QUATRIÈME.

Tome V

AVERTISSEMENT[21].

LES deux contes par où finit le huitième tome, ne sont pas de l'ouvrage des MILLE ET UNE NUITS : ils y ont été insérés et imprimés à l'insu du Traducteur, qui n'a eu connoissance de l'infidélité qui lui a été faite, que quand ce tome eut été mis en vente. Ainsi le lecteur ne doit pas être surpris que l'histoire du *Dormeur éveillé* soit marquée comme racontée par Scheherazade, immédiatement après l'histoire de Ganem.

SUITE DE L'HISTOIRE DE GANEM,
FILS D'ABOU AÏBOU, L'ESCLAVE D'AMOUR.

GIAFAR fut à peine hors de la maison, que les maçons et les charpentiers commencèrent à la raser ; et ils firent si bien leur devoir, qu'en moins d'une heure il n'en resta aucun vestige. Mais le juge de police n'ayant pu trouver Ganem, quelque perquisition qu'il en eût faite, en fit donner avis au grand visir avant que ce ministre arrivât au palais. « Hé bien, lui dit Haroun Alraschild en le voyant entrer dans son cabinet, as-tu exécuté mes ordres ? » « Oui, Seigneur, répondit Giafar, la maison où demeuroit Ganem est rasée de fond en comble, et je vous amène Tourmente votre favorite : elle est à la porte de votre cabinet ; je vais la faire entrer, si vous me l'ordonnez. Pour le jeune marchand, on ne l'a pu trouver, Quoiqu'on l'ait cherché partout. Tourmente assure qu'il est parti pour Damas depuis un mois. »

Jamais emportement n'égala celui que le calife fit paroître, lorsqu'il apprit que Ganem lui étoit échappé. Pour sa favorite, prévenu qu'elle lui avait manqué de fidélité, il ne voulut ni la voir ni lui parler. « Mesrour, dit-il au chef des eunuques qui étoit présent, prends l'ingrate, la perfide Tourmente, et va l'enfermer dans la tour obscure. » Cette tour étoit dans l'enceinte du palais, et servoit ordinairement de prison aux favorites qui donnoient quelque sujet de plainte au calife.

---

[21] Cet avertissement est de M. Galland, On le trouve à la tête du neuvième volume de la première édition des Mille et une Nuits. La division des volumes de cette nouvelle édition, nous oblige de le placer en tête du tome cinquième. Nous ne l'avons conservé, que parce qu'il nous a paru nécessaire pour l'intelligence du préambule de l'histoire du Dormeur éveillé. Les deux contes qui ne se trouvent point dans le manuscrit de M. Galland, sont l'histoire du prince Zeyn Alasnam, et du roi des génies, et celle de Codadad, de ses frères et de la princesse de Deryabar.

Mesrour accoutumé à exécuter sans réplique les ordres de son maître, quelque violens qu'ils fussent, obéit à regret à celui-ci. Il en témoigna sa douleur à Tourmente, qui en fut d'autant plut affligée, qu'elle avoit compté que le calife ne refuseroit pas de lui parler. Il lui fallut céder à sa triste destinée, et suivre Mesrour qui la conduisit à la tour obscure où il la laissa.

Cependant le calife irrité renvoya son grand visir ; et n'écoutant que sa passion, écrivit de sa propre main la lettre qui suit, au roi de Syrie son cousin et son tributaire, qui demeuroit à Damas :

LETTRE DU CALIFE HAROUN ALRASCHILD, À MOHAMMED ZINEBI, ROI DE SYRIE.

« Mon cousin, cette lettre est pour vous apprendre qu'un marchand de Damas, nommé Ganem, fils d'Abou Aïbou, a séduit la plus aimable de mes esclaves, nommée Tourmente, et qu'il a pris la fuite. Mon intention est qu'après ma lettre reçue, vous fassiez chercher et saisir Ganem. Dès qu'il sera en votre puissance, vous le ferez charger de chaînes ; et pendant trois jours consécutifs, vous lui ferez donner cinquante coups de nerf de bœuf. Qu'il soit conduit ensuite par tous les quartiers de la ville, avec un crieur qui crie devant lui : VOILA LE PLUS LEGER DES CHATIMENS QUE LE COMMANDEUR DES CROYANS FAIT SOUFFRIR A CELUI QUI OFFENSE SON SEIGNEUR, ET SEDUIT UNE DE SES ESCLAVES. Après cela, vous me l'enverrez sous bonne garde. Ce n'est pas tout : je veux que vous mettiez sa maison au pillage ; et quand vous l'aurez fait raser, ordonnez que l'on en transporte les matériaux hors de la ville au milieu de la campagne. Outre cela, s'il a père, mère, sœurs, femmes, filles et autres parens, faites-les dépouiller ; et quand ils seront nus, donnez-les en spectacle trois jours de suite à toute la ville, avec défense, sous peine de la vie, de leur donner retraite. J'espère que vous n'apporterez aucun retardement à l'exécution de ce que je vous recommande.

HAROUN ALRASCHILD. »

Le calife, après avoir écrit cette lettre, en chargea un courrier, lui ordonnant de faire diligence, et de porter avec lui des pigeons, afin d'être plus promptement informé de ce qu'auroit fait Mohammed Zinebi.

Les pigeons de Bagdad ont cela de particulier, qu'en quelque lieu éloigné qu'on les porte, ils reviennent à Bagdad dès qu'on les a lâchés, sur-tout lorsqu'ils y ont des petits. On leur attache sous l'aile un billet roulé, et par ce moyen on a bientôt des nouvelles des lieux d'où l'on en veut savoir.

Le courrier du calife marcha jour et nuit pour s'accommoder à l'impatience de son maître ; et en arrivant à Damas, il alla droit au palais du roi Zinebi, qui s'assit sur son trône pour recevoir la lettre du calife. Le courrier l'ayant présentée, Mohammed la prit ; et reconnoissant l'écriture, il se leva par respect, baisa la lettre et la mit sur sa tête, pour marquer qu'il étoit prêt à exécuter avec soumission les ordres qu'elle pouvoit contenir. Il l'ouvrit, et sitôt qu'il l'eut lue, il descendit de son trône, et monta sans délai à cheval avec les principaux officiers de sa maison. Il fit aussi avertir le juge de police qui le vint trouver ; et suivi de tous les soldats de sa garde, il se rendit à la maison de Ganem.

Depuis que ce jeune marchand étoit parti de Damas, sa mère n'en avoit reçu aucune lettre. Cependant les autres marchands avec qui il avoit entrepris le voyage de Bagdad, étoient de retour. Ils lui dirent tous qu'ils avoient laissé son fils en parfaite santé ; mais comme il ne revenoit point, et qu'il négligeoit de donner lui-même de ses nouvelles, il n'en fallut pas davantage pour faire croire à cette tendre mère qu'il étoit mort. Elle se le persuada si bien, qu'elle en prit le deuil. Elle pleura Ganem comme si elle l'eût vu mourir, et qu'elle lui eût elle-même fermé les yeux. Jamais mère ne montra tant de douleur ; et loin de chercher à se consoler, elle prenoit plaisir à nourrir son affliction. Elle fit bâtir au milieu de la cour de sa maison un dôme, sous lequel elle mit une figure qui représentoit son fils et qu'elle couvrit elle-même d'un drap mortuaire. Elle passoit presque les jours et les nuits à pleurer sous ce dôme, de même que si le corps de son fils eût été enterré là ; et la belle Force des cœurs, sa fille, lui tenoit compagnie, et mêloit ses pleurs avec les siens.

Il y avoit déjà du temps qu'elles s'occupoient ainsi à s'affliger, et que le voisinage qui entendoit leurs cris et leurs lamentations, plaignoit des parens si tendres, lorsque Mohammed Zinebi vint frapper à la porte ; et une esclave du logis lui ayant ouvert, il entra brusquement en demandant où étoit Ganem, fils d'Abou Aïbou.

Quoique l'esclave n'eût jamais vu le roi Zinebi, elle jugea néanmoins à sa suite, qu'il devoit être un des principaux officiers de Damas. « Seigneur, lui répondit-elle, ce Ganem que vous cherchez, est mort. Ma maîtresse, sa mère, est dans le tombeau que vous voyez, où elle pleure actuellement sa perte. » Le roi, sans s'arrêter au rapport de l'esclave, fit faire par ses gardes une exacte perquisition de Ganem dans tous les endroits de la maison. Ensuite il s'avança vers le tombeau, où il vit la mère et la fille assises sur une simple natte auprès de la figure qui représentoit Ganem, et leurs visages lui parurent baignés de larmes. Ces pauvres femmes se couvrirent de leurs voiles aussitôt qu'elles aperçurent un homme à la porte du dôme. Mais la mère qui reconnut le roi de Damas, se leva et courut se prosterner à ses pieds. « Ma bonne dame, lui dit ce prince, je cherchois votre fils Ganem, est-il ici ? » « Ah, sire, s'écria-t-elle, il y a long-temps qu'il n'est plus ! Plût à Dieu que je l'eusse au moins enseveli de mes propres mains, et que j'eusse la consolation d'avoir ses os dans ce tombeau ! Ah, mon fils, mon cher fils !... » Elle voulut continuer ; mais elle fut saisie d'une si vive douleur, qu'elle n'en eut pas la force.

Zinebi en fut touché. C'étoit un prince d'un naturel fort doux et très-compatissant aux peines des malheureux. « Si Ganem est seul coupable, disoit-il en lui-même, pourquoi punir la mère et la sœur qui sont innocentes ? Ah, cruel Haroun Alraschild, à quelle mortification me réduis-tu, en me faisant ministre de ta vengeance, en m'obligeant à persécuter des personnes qui ne t'ont point offensé ! »

Les gardes que le roi avoit chargés de chercher Ganem, lui vinrent dire qu'ils avoient fait une recherche inutile. Il en demeura très-persuadé : les pleurs de ces deux femmes ne lui permettoient pas d'en douter. Il étoit au désespoir de se voir dans la nécessité d'exécuter les ordres du calife ; mais de quelque pitié qu'il se sentît saisi, il n'osoit se résoudre à tromper le ressentiment du calife. « Ma bonne dame, dit-il à la mère de Ganem, sortez de ce tombeau, vous et votre fille, vous n'y seriez pas en sûreté. » Elles sortirent, et en même temps, pour les mettre hors d'insulte, il ôta sa robe de dessus qui étoit fort ample, et les couvrit toutes deux, en leur commandant de ne pas s'éloigner de lui. Cela fait, il ordonna de laisser entrer la populace pour commencer le pillage, qui se fit avec une extrême avidité, et avec des cris dont la mère et la sœur de Ganem furent d'autant plus épouvantées, qu'elles en ignoroient la cause. On emporta les plus précieux meubles, des coffres pleins de richesses, des tapis de Perse et des Indes, des coussins garnis d'étoffes d'or et d'argent, des porcelaines ; enfin on enleva tout, on ne laissa dans la maison que les murs ; et ce fut un spectacle bien affligeant pour ces malheureuses dames de voir piller tous leurs biens, sans savoir pourquoi on les traitoit si cruellement.

Mohammed, après le pillage de la maison, donna ordre au juge de police de la faire raser avec le tombeau ; et pendant qu'on y travailloit, il emmena dans son palais Force des cœurs et sa mère. Ce fut là qu'il redoubla leur affliction, en leur déclarant les volontés du calife. « Il veut, leur dit-il, que je vous fasse dépouiller, et que je vous expose toutes nues aux yeux du peuple pendant trois jours. C'est avec une extrême répugnance que je fais exécuter cet arrêt cruel et plein d'ignominie. » Le roi prononça ces paroles d'un air qui faisoit connoître qu'il étoit effectivement pénétré de douleur et de compassion. Quoique la crainte d'être détrôné l'empêchât de suivre les mouvemens de sa pitié, il ne laissa pas d'adoucir en quelque façon la rigueur des ordres d'Haroun Alraschild, en faisant faire pour la mère de Ganem et pour Force des cœurs de grosses chemises sans manches d'un gros tissu de crin de cheval.

Le lendemain, ces deux victimes de la colère du calife furent dépouillées de leurs habits, et revêtues de leurs chemises de crin. On leur ôta aussi leurs coiffures, de sorte que leurs cheveux épars flottoient sur leurs épaules. Force des cœurs les avoit du plus beau blond du monde, et ils tomboient jusqu'à terre. Ce fut dans cet état qu'on les fit voir au peuple. Le juge de police, suivi de ses gens, les accompagnoit, et on les promena par toute la ville. Elles étoient précédées d'un crieur, qui de temps en temps disoit à haute voix : TEL EST LE CHATIMENT DE CEUX QUI SE SONT ATTIRE L'INDIGNATION DU COMMANDEUR DES CROYANS.

Pendant qu'elles marchoient ainsi dans les rues de Damas, les bras et les pieds nus, couvertes d'un si étrange habillement, et tâchant de cacher leur confusion sous leurs cheveux dont elles se couvroient le visage, tout le peuple fondoit en larmes.

Les dames sur-tout les regardant comme innocentes au travers des jalousies, et touchées principalement de la jeunesse et de la beauté de Force des cœurs, faisoient retentir l'air de cris effroyables à mesure qu'elles passoient sous leurs fenêtres. Les enfans même effrayés par ces cris et par le spectacle qui les causoit, mêloient leurs pleurs à cette désolation générale, et y ajoutoient une nouvelle horreur. Enfin, quand les ennemis de l'état auroient été dans la ville de Damas, et qu'ils y auroient tout mis à feu et à sang, on n'y auroit pas vu régner une plus grande consternation.

Il étoit presque nuit lorsque cette scène affreuse finit. On ramena la mère et la fille au palais du roi Mohammed. Comme elles n'étoient point accoutumées à marcher les pieds nus, elles se trouvèrent si fatiguées en arrivant, qu'elles demeurèrent long-temps évanouies. La reine de Damas vivement touchée de leur malheur, malgré la défense que le calife avoit faite de les secourir, leur envoya quelques-unes de ses femmes pour les consoler avec toute sorte de rafraîchissemens, et du vin pour leur faire reprendre des forces.

Les femmes de la reine les trouvèrent encore évanouies, et presque hors d'état de profiter du secours qu'elles leur apportoient. Cependant à force de soins, on leur fit reprendre leurs esprits. La mère de Ganem les remercia d'abord de leur honnêteté. « Ma bonne dame, lui dit une des femmes de la reine, nous sommes très-sensibles à vos peines ; et la reine de Syrie, notre maîtresse, nous a fait plaisir quand elle nous a chargées de vous secourir. Nous pouvons vous assurer que cette princesse prend beaucoup de part à vos malheurs, aussi bien que le roi son époux. » La mère de Ganem pria les femmes de la reine de rendre à cette princesse mille grâces pour elle et pour Force des cœurs ; et s'adressant ensuite à celle qui lui avoit parlé : « Madame, lui dit-elle, le roi ne m'a point dit pourquoi le Commandeur des croyans nous fait souffrir tant d'outrages ; apprenez-nous, de grâce, quels crimes nous avons commis. » « Ma bonne dame, répondit la femme de la reine, l'origine de votre malheur vient de votre fils Ganem ; il n'est pas mort ainsi que vous le croyez. On l'accuse d'avoir enlevé la belle Tourmente, la plus chérie des favorites du calife ; et comme il s'est dérobé par une prompte fuite à la colère de ce prince, le châtiment est tombé sur vous. Tout le monde condamne le ressentiment du calife ; mais tout le monde le craint, et vous voyez que le roi Zinebi lui-même n'ose contrevenir à ses ordres, de peur de lui déplaire. Ainsi, tout ce que nous pouvons faire, c'est de vous plaindre et de vous exhorter à prendre patience. »

« Je connois mon fils, reprit la mère de Ganem, je l'ai élevé avec grand soin, et dans le respect dû au Commandeur des croyans. Il n'a point commis le crime dont on l'accuse, et je réponds de son innocence. Je cesse donc de murmurer et de me plaindre, puisque c'est pour lui que je souffre, et qu'il n'est pas mort. Ah, Ganem, ajouta-t-elle, emportée par un mouvement mêlé de tendresse et de joie, mon cher fils Ganem, est-il possible que tu vives encore ? Je ne regrette plus mes biens ; et à quelqu'excès que puissent aller les ordres du calife, je lui en pardonne toute la rigueur, pourvu que le ciel ait conservé mon fils. Il n'y a que ma fille qui m'afflige : ses maux seuls font toute ma peine. Je la crois pourtant assez bonne sœur pour suivre mon exemple. »

À ces paroles, Force des cœurs qui avoit paru insensible jusque-là, se tourna vers sa mère, et lui jetant ses bras au cou : « Oui, ma chère mère, lui dit-elle, je suivrai toujours votre exemple, à quelqu'extrémité que puisse vous porter votre amour pour mon frère. »

La mère et la fille confondant ainsi leurs soupirs et leurs larmes, demeurèrent assez long-temps dans un embrassement si touchant. Cependant les femmes de la reine que ce spectacle attendrissoit fort, n'oublièrent rien pour engager la mère de Ganem à prendre quelque nourriture. Elle mangea un morceau pour les satisfaire, et Force des cœurs en fit autant.

Comme l'ordre du calife portoit que les parens de Ganem paroîtroient trois jours de suite aux yeux du peuple dans l'état qu'on a dit, Force des cœurs et sa mère servirent de spectacle le lendemain pour la seconde fois, depuis le matin jusqu'au soir ; mais ce jour-là et le jour suivant, les choses ne se passèrent pas de la même manière : les rues qui avoient été d'abord pleines de monde, devinrent désertes. Tous les marchands indignés du traitement que l'on faisoit à la veuve et à la fille d'Abou Aïbou, fermèrent leurs boutiques, et demeurèrent enfermés chez eux. Les dames, au lieu de regarder par leurs jalousies, se retirèrent dans le derrière de leurs maisons. Il ne se trouva pas une âme dans les places publiques par où l'on fit passer ces deux infortunées : il sembloit que tous les habitans de Damas eussent abandonné leur ville.

Le quatrième jour, le roi Mohammed Zinebi qui vouloit exécuter fidèlement les ordres du calife, quoiqu'il ne les approuvât point, envoya des crieurs dans tous les quartiers de la ville, publier une défense rigoureuse à tout citoyen de Damas ou étranger, de quelque condition qu'il fût, sous peine de la vie et d'être livré aux chiens pour leur servir de pâture après sa mort, de donner retraite à la mère et à la sœur de Ganem, ni de leur fournir un morceau de pain ni une seule goutte d'eau, en un mot, de leur prêter la moindre assistance, et d'avoir aucune communication avec elles.

Après que les crieurs eurent fait ce que le roi leur avoit ordonné, ce prince commanda qu'on mît la mère et la fille hors du palais, et qu'on leur laissât la liberté d'aller où elles voudroient. On ne les vit pas plutôt paroître, que tout le monde s'éloigna d'elles : tant la défense qui venoit d'être publiée avoit fait d'impression sur les esprits. Elles s'aperçurent bien qu'on les fuyoit ; mais comme elles en ignoroient la cause, elles en furent très-surprises ; et leur étonnement augmenta encore, lorsqu'en entrant dans la rue où parmi plusieurs personnes elles reconnurent quelques-uns de leurs meilleurs amis, elles les virent disparoître avec autant de précipitation que les autres. « Quoi donc, dit alors la mère de Ganem, sommes-nous pestiférées ? Le traitement injuste et barbare qu'on nous fait, doit-il nous rendre odieuses à nos concitoyens ? Allons, ma fille, poursuivit-elle, sortons au plus tôt de Damas ; ne demeurons plus dans une ville où nous faisons horreur à nos amis mêmes. »

En parlant ainsi, ces deux misérables dames gagnèrent une des extrémités de la ville, et se retirèrent dans une masure pour y passer la nuit. Là quelques Musulmans poussés par un esprit de charité et de compassion, les vinrent trouver dès que la fin du jour fut arrivée. Ils leur apportèrent des provisions, mais ils n'osèrent s'arrêter pour les consoler, de peur d'être découverts, et punis comme désobéissans aux ordres du calife.

Cependant le roi Zinebi avoit lâché le pigeon pour informer Haroun Alraschild de son exactitude. Il lui mandoit tout ce qui s'étoit passé, et le conjuroit de lui faire savoir ce qu'il vouloit ordonner de la mère et de la sœur de Ganem. Il reçut bientôt par la même voie la réponse du calife, qui lui écrivit qu'il les bannissoit pour jamais de Damas. Aussitôt le roi de Syrie envoya des gens dans la masure, avec ordre de prendre la mère et la fille, de les conduire à trois journées de Damas, et de les laisser là, en leur faisant défense de revenir dans la ville.

Les gens de Zinebi s'acquittèrent de leur commission ; mais moins exacts que leur maître à exécuter de point en point les ordres d'Haroun Alraschild, ils donnèrent par pitié à Force des cœurs et à sa mère quelques menues monnoies pour se procurer de quoi vivre, et à chacune un sac qu'ils leur passsèrent au cou, pour mettre leurs provisions.

Dans cette situation déplorable, elles arrivèrent au premier village. Les paysannes s'assemblèrent autour d'elles, et comme au travers de leur déguisement on ne laissoit pas de remarquer que c'étoient des personnes de quelque condition, on leur demanda ce qui les obligeoit à voyager ainsi sous un habillement qui paroissoit n'être pas leur habillement naturel. Au lieu de répondre à la question qu'on leur faisoit, elles se mirent à pleurer ; ce qui ne servit qu'à augmenter la curiosité des paysannes et à leur inspirer de la compassion. La mère de Ganem leur conta ce qu'elle et sa fille avoient souffert. Les bonnes villageoises en furent attendries, et tâchèrent de les consoler. Elles les régalèrent autant que leur pauvreté le leur permit. Elles leur firent quitter leurs chemises de crin de cheval qui les incommodoient fort, pour en prendre d'autres qu'elles leur donnèrent, avec des souliers, et de quoi se couvrir la tête pour conserver leurs cheveux.

De ce village, après avoir bien remercié ces paysannes charitables, Force des cœurs et sa mère s'avancèrent du côté d'Alep à petites journées. Elles avoient accoutumé de se retirer autour des mosquées, ou dans les mosquées mêmes, où elles passoient la nuit sur la natte, lorsque le pavé en étoit couvert ; autrement elles couchoient sur le pavé même, ou bien elles alloient loger dans les lieux publics destinés à servir de retraite aux voyageurs. À l'égard de la nourriture, elles n'en manquoient pas : elles rencontroient souvent de ces lieux où l'on fait des distributions de pain, de riz cuit et d'autre mets, à tous les voyageurs qui en demandent.

Enfin, elles arrivèrent à Alep ; mais elles ne voulurent pas s'y arrêter ; et continuant leur chemin vers l'Euphrate, elles passèrent ce fleuve, et entrèrent dans la Mésopotamie, qu'elles traversèrent jusqu'à Moussoul. De là, quelques peines qu'elles eussent déjà souffertes, elles se rendirent à Bagdad. C'étoit le lieu où tendoient leurs désirs, dans l'espérance d'y rencontrer Ganem, quoiqu'elles ne dussent pas se flatter qu'il fut dans une ville où le calife faisoit sa demeure ; mais elles l'espéroient, parce qu'elles le souhaitoient. Leur tendresse pour lui, malgré tous leurs malheurs, augmentoit au lieu de diminuer. Leurs discours rouloient ordinairement sur lui ; elles en demandoient même des nouvelles à tous ceux qu'elles rencontroient. Mais laissons là Force des cœurs et sa mère, pour revenir à Tourmente.

Elle étoit toujours enfermée très-étroitement dans la tour obscure, depuis le jour qui avoit été si funeste à Ganem et à elle. Cependant quelque désagréable que lui fût la prison, elle en étoit beaucoup moins affligée que du malheur de Ganem, dont le sort incertain lui causoit une inquiétude mortelle. Il n'y avoit presque pas de moment qu'elle ne le plaignit.

Une nuit que le calife se promenoit seul dans l'enceinte de son palais, ce qui lui arrivoit assez souvent, car c'étoit le prince du monde le plus curieux ; et quelquefois dans ses promenades nocturnes il apprenoit des choses qui se passoient dans le palais, et qui sans cela ne seroient jamais venues à sa connoissance. Une nuit donc, en se promenant il passa près de la tour obscure, et comme il crut entendre parler, il s'arrêta ; il s'approcha de la porte pour mieux écouter, et il ouït distinctement ces paroles, que Tourmente, toujours en proie au souvenir de Ganem, prononça d'une voix assez haute : « Ô Ganem, trop infortuné Ganem, où es-tu présentement ? Dans quel lieu ton destin déplorable t'a-il conduit ? Hélas, c'est moi qui t'ai rendu malheureux ! Que ne me laissois-tu périr misérablement, au lieu de me prêter un secours généreux ? Quel triste fruit as-tu recueilli de tes soins et de tes respects ? Le Commandeur des croyans qui devroit te récompenser, te persécute pour prix de m'avoir toujours regardée comme une personne réservée à son lit ; tu perds tous tes biens, et le vois obligé de chercher ton salut dans la fuite. Ah, calife, barbare calife, que direz-vous pour votre défense, lorsque vous vous trouverez avec Ganem devant le tribunal du juge souverain, et que les anges rendront témoignage de la vérité en votre présence ? Toute la puissance que vous avez aujourd'hui, et sous qui tremble presque toute la terre, n'empêchera pas que vous en soyez condamné et puni de votre injuste violence. » Tourmente cessa de parler à ces mots ; car ses soupirs et ses larmes l'empêchèrent de continuer.

Il n'en fallut pas davantage pour obliger le calife à rentrer en lui-même. Il vit bien que si ce qu'il venoit d'entendre étoit vrai, sa favorite étoit innocente, et qu'il avoit donné des ordres contre Ganem et sa famille avec trop de précipitation. Pour approfondir une chose où l'équité dont il se piquoit, paroissoit intéressée, il retourna aussitôt à son appartement, et dès qu'il y fut arrivé, il chargea Mesrour d'aller à la tour obscure, et de lui amener Tourmente.

Le chef des eunuques jugea par cet ordre, et encore plus à l'air du calife, que ce prince vouloit pardonner à sa favorite, et la rappeler auprès de lui ; il en fut ravi, car il aimoit Tourmente, et avoit pris beaucoup de part à sa disgrâce. Il vola sur-le-champ à la tour : « Madame, dit-il à la favorite d'un ton qui marquoit sa joie, prenez la peine de me suivre, j'espère que vous ne reviendrez plus dans cette vilaine tour ténébreuse ; le Commandeur des croyans veut vous entretenir, et j'en conçois un heureux présage. »

Tourmente suivit Mesrour, qui la mena et l'introduisit dans le cabinet du calife. D'abord elle se prosterna devant ce prince, et elle demeura dans cet état le visage baigné de larmes. « Tourmente, lui dit le calife, sans lui dire de se relever, il me semble que tu m'accuses de violence et d'injustice : qui est donc celui qui, malgré les égards et la considération qu'il a eus pour moi, se trouve dans une situation misérable ? Parle, tu sais combien je suis bon naturellement, et que j'aime à rendre justice. »

La favorite comprit par ce discours que le calife l'avoit entendue parler ; et profitant d'une si belle occasion de justifier son cher Ganem : « Commandeur des croyans, répondit-elle, s'il m'est échappé quelque parole qui ne soit point agréable à votre Majesté, je vous supplie très-humblement de me le pardonner. Mais celui dont vous voulez connoître l'innocence et la misère, c'est Ganem, le malheureux fils d'Abou Aïbou, marchand de Damas. C'est lui qui m'a sauvé la vie, et qui m'a donné un asile en sa maison. Je vous avouerai que dès qu'il me vit, peut-être forma-t-il la pensée de se donner à moi et l'espérance de m'engager à souffrir ses soins : j'en jugeai ainsi par l'empressement qu'il fit paroître à me régaler et à me rendre tous les services dont j'avois besoin dans l'état où je me trouvois. Mais sitôt qu'il apprit que j'avois l'honneur de vous appartenir : « Ah, madame, me dit-il, CE QUI APPARTIENT AU MAITRE EST DEFENDU A L'ESCLAVE. Depuis ce moment, je dois cette justice à sa vertu, sa conduite n'a point démenti ses paroles. Cependant vous savez, Commandeur des croyans, avec quelle rigueur vous l'avez traité, et vous en répondrez devant le tribunal de Dieu. »

Le calife ne sut point mauvais gré à Tourmente de la liberté qu'il y avoit dans ce discours. « Mais, reprit-il, puis-je me fier aux assurances que tu me donnes de la retenue de Ganem ? » « Oui, repartit-elle, vous le pouvez : je ne voudrois pas, pour toute chose au monde, vous déguiser la vérité ; et pour vous prouver que je suis sincère, il faut que je vous fasse un aveu qui vous déplaira peut-être, mais j'en demande pardon par avance à votre Majesté. » « Parle, ma fille, dit alors Haroun Alraschild, je te pardonne tout, pourvu que tu ne me caches rien. » « Hé bien, répliqua Tourmente, apprenez que l'attention respectueuse de Ganem, jointe à tous les bons offices qu'il m'a rendus, me firent concevoir de l'estime pour lui. Je passai même plus avant : vous connoissez la tyrannie de l'amour. Je sentis naître en mon cœur de tendres sentimens ; il s'en aperçut, mais loin de chercher à profiter de ma foiblesse, et malgré tout le feu dont il se sentoit brûler, il demeura toujours ferme dans son devoir ; et tout ce que sa passion pouvoit lui arracher, c'étoient ces termes que j'ai déjà dits à votre Majesté : CE QUI APPARTIENT AU MAITRE EST DEFENDU A L'ESCLAVE. »

Cette déclaration ingénue auroit peut-être aigri tout autre que le calife, mais ce fut ce qui acheva d'adoucir ce prince. Il ordonna à Tourmente de se relever ; et la faisant asseoir auprès de lui : « Raconte-moi, lui dit il, ton histoire depuis le commencement jusqu'à la fin. » Alors elle s'en acquitta avec beaucoup d'adresse et d'esprit. Elle passa légèrement sur ce qui regardoit Zobéïde : elle s'étendit davantage sur les obligations qu'elle avoit à Ganem, sur la dépense qu'il avoit faite pour elle ; et sur-tout elle vanta fort sa discrétion, voulant par-là faire comprendre au calife qu'elle s'étoit trouvée dans la nécessité de demeurer cachée chez Ganem pour tromper Zobéïde. Et elle finit enfin par la fuite du jeune marchand, à laquelle, sans déguisement, elle dit au calife qu'elle l'avoit forcé pour se dérober à sa colère.

Quand elle eut cessé de parler, ce prince lui dit : « Je crois tout ce que vous m'avez raconté ; mais pourquoi avez-vous tant tardé à me donner de vos nouvelles ? Falloit-il attendre un mois entier après mon retour, pour me faire savoir où vous étiez ? » « Commandeur des croyans, répondit Tourmente, Ganem sortoit si rarement de sa maison, qu'il ne faut pas vous étonner que nous n'ayons point appris les premiers votre retour. D'ailleurs Ganem qui s'étoit chargé de faire tenir le billet que j'ai écrit à Aube du jour, a été long-temps sans trouver le moment favorable de le remettre en main propre. »

« C'est assez, Tourmente, reprit le calife, je reconnois ma faute, et voudrois la réparer, en comblant de bienfaits ce jeune marchand de Damas. Vois donc ce que je puis faire pour lui ; demande-moi ce que tu voudras, je te l'accorderai. » À ces mots la favorite se jeta aux pieds du calife, la face contre terre, et se relevant : « Commandeur des croyans, dit-elle, après avoir remercié votre Majesté pour Ganem, je la supplie très-humblement de faire publier dans vos états, que vous pardonnez au fils d'Abou Aïbou, et qu'il n'a qu'à vous venir trouver. » « Je ferai plus, repartit ce prince : pour t'avoir conservé la vie, pour reconnoître la considération qu'il a eue pour moi, pour le dédommager de la perte de ses biens, et enfin pour réparer le tort que j'ai fait à sa famille, je te le donne pour époux. » Tourmente ne pouvoit trouver d'expressions assez fortes pour remercier le calife de sa générosité. Ensuite elle se retira dans l'appartement qu'elle occupoit avant sa cruelle aventure. Le même ameublement y étoit encore : on n'y avoit nullement touché. Mais ce qui lui fit plus de plaisir, ce fut d'y voir les coffres et les ballots de Ganem, que Mesrour avoit eu soin d'y faire porter.

Le lendemain, Haroun Alraschild donna ordre au grand visir de faire publier par toutes les villes de ses états, qu'il pardonnoit à Ganem, fils d'Abou Aïbou ; mais cette publication fut inutile ; car il se passa un temps considérable sans qu'on entendit parler de ce jeune marchand. Tourmente crut que sans doute il n'avoit pu survivre à la douleur de l'avoir perdue. Une affreuse inquiétude s'empara de son esprit ; mais comme l'espérance est la dernière chose qui abandonne les amans, elle supplia le calife de lui permettre de faire elle-même la recherche de Ganem ; ce qui lui ayant été accordé, elle prit une bourse de mille pièces d'or qu'elle tira de sa cassette, et sortit un matin du palais montée sur une mule des écuries du calife, très-richement enharnachée. Deux eunuques noirs l'accompagnoient, qui avoient de chaque côté la main sur la croupe de la mule.

Elle alla de mosquée en mosquée faire des largesses aux dévots de la religion musulmane, en implorant le secours de leurs prières pour l'accomplissement d'une affaire importante, d'où dépendoit, leur disoit-elle, le repos de deux personnes. Elle employa toute la journée et ses mille pièces d'or à faire des aumônes dans les mosquées, et sur le soir elle retourna au palais.

Le jour suivant elle prit une autre bourse de la même somme, et dans le même équipage elle se rendit à la joaillerie. Elle s'arrêta devant la porte, et sans mettre pied à terre, elle fit appeler le syndic par un des eunuques noirs. Le syndic qui étoit un homme très-charitable, et qui employoit plus des deux tiers de son revenu à soulager les pauvres étrangers, soit qu'ils fussent malades, ou mal dans leurs affaires, ne fit point attendre Tourmente, qu'il reconnut à son habillement pour une dame du palais. « Je m'adresse à vous, lui dit-elle en lui mettant sa bourse entre les mains, comme à un homme dont on vante dans la ville la piété. Je vous prie de distribuer ces pièces d'or aux pauvres étrangers que vous assistez ; car je n'ignore pas que vous faites profession de secourir les étrangers qui ont recours à votre charité. Je sais même que vous prévenez leurs besoins, et que rien n'est plus agréable pour vous que de trouver occasion d'adoucir leur misère. » « Madame, lui répondit le syndic, j'exécuterai avec plaisir ce que vous m'ordonnez ; mais si vous souhaitez d'exercer votre charité par vous-même, prenez la peine de venir jusque chez moi, vous y verrez deux femmes dignes de votre pitié. Je les rencontrai hier comme elles arrivoient dans la ville ; elles étoient dans un état pitoyable ; et j'en fus d'autant plus touché, qu'il me parut que c'étoient des personnes de condition. Au travers des haillons qui les couvroient, malgré l'impression que l'ardeur du soleil a faite sur leur visage, je démêlai un air noble que n'ont point ordinairement les pauvres que j'assiste. Je les menai toutes deux dans ma maison, et les mis entre les mains de ma femme, qui en porta d'abord le même jugement que moi. Elle leur fit préparer de bons lits par ses esclaves, pendant qu'elle-même s'occupoit à leur laver le visage et à leur faire changer de linge. Nous ne savons point encore qui elles sont, parce que nous voulons leur laisser prendre quelque repos avant que de les fatiguer par nos questions. »

Tourmente, sans savoir pourquoi, se sentit quelque curiosité de les voir. Le syndic se mit en devoir de la mener chez lui ; mais elle ne voulut pas qu'il prît cette peine, et elle s'y fit conduire par un esclave qu'il lui donna. Quand elle fut à la porte, elle mit pied à terre, et suivit l'esclave du syndic qui avoit pris les devans pour aller avertir sa maîtresse qui étoit dans la chambre de Force des cœurs et de sa mère ; car c'étoit d'elles dont le syndic venoit de parler à Tourmente.

La femme du syndic ayant appris par son esclave qu'une dame du palais étoit dans sa maison, voulut sortir de la chambre où elle étoit pour l'aller recevoir ; mais Tourmente qui suivoit de près l'esclave, ne lui en donna pas le temps et entra. La femme du syndic se prosterna devant elle, pour marquer le respect qu'elle avoit pour tout ce qui appartenoit au calife. Tourmente la releva, et lui dit : « Ma bonne dame, je vous prie de me faire parler aux deux étrangères qui sont arrivées à Bagdad hier au soir. » « Madame, répondit la femme du syndic, elles sont couchées dans ces deux petits lits que vous voyez l'un auprès de l'autre. » Aussitôt la favorite s'approcha de celui de la mère, et la considérant avec attention : « Ma bonne femme, lui dit-elle, je viens vous offrir mon secours. Je ne suis pas sans crédit dans cette ville, et je pourrai vous être utile à vous et à votre compagne. » « Madame, répondit la mère de Ganem, aux offres obligeantes que vous nous faites, je vois que le ciel ne nous a point encore abandonnées. Nous avions pourtant sujet de le croire, après les malheurs qui nous sont arrivés. » En achevant ces paroles, elle se mit à pleurer si amèrement, que Tourmente et la femme du syndic ne purent aussi retenir leurs larmes.

La favorite du calife, après avoir essuyé les siennes, dit à la mère de Ganem : « Apprenez-nous de grâce vos malheurs, et nous racontez votre histoire ; vous ne sauriez faire ce récit à des gens plus disposés que nous à chercher tous les moyens possibles de vous consoler. » « Madame, reprit la triste veuve d'Abou Aïbou, une favorite du Commandeur des croyans, une dame nommée Tourmente, cause toute notre infortune. » À ce discours la favorite se sentit frappée comme d'un coup de foudre ; mais dissimulant son trouble et son agitation, elle laissa parler la mère de Ganem, qui poursuivit de cette manière : « Je suis veuve d'Abou Aïbou, marchand de Damas ; j'avois un fils nommé Ganem, qui étant venu trafiquer à Bagdad, a été accusé d'avoir enlevé cette Tourmente. Le calife l'a fait chercher partout pour le faire mourir ; et ne l'ayant pu trouver, il a écrit au roi de Damas de faire piller et raser notre maison, et de nous exposer, ma fille et moi, trois jours de suite toutes nues aux yeux du peuple, et puis de nous bannir de Syrie à perpétuité. Mais avec quelqu'indignité qu'on nous ait traitées, je m'en consolerois si mon fils vivoit encore et que je puisse le rencontrer. Quel plaisir pour sa sœur et pour moi de le revoir ! Nous oublierions en l'embrassant la perte de nos biens, et tous les maux que nous avons soufferts pour lui. Hélas, je suis persuadée qu'il n'en est que la cause innocente, et qu'il n'est pas plus coupable envers le calife que sa sœur et moi. » « Non, sans doute, interrompit Tourmente en cet endroit, il n'est pas plus criminel que vous. Je puis vous assurer de son innocence, puisque cette même Tourmente dont vous avez tant à vous plaindre, c'est moi, qui, par la fatalité des astres, ai causé tous vos malheurs. C'est à moi que vous devez imputer la perte de votre fils, s'il n'est plus au monde ; mais si j'ai fait votre infortune, je puis aussi la soulager. J'ai déjà justifié Ganem dans l'esprit du calife : ce prince a fait publier par tous ses états qu'il pardonnoit au fils d'Abou Aïbou ; et ne doutez pas qu'il ne vous fasse autant de bien qu'il vous a fait de mal. Vous n'êtes plus ses ennemis. Il attend Ganem pour le récompenser du service qu'il m'a rendu, en unissant nos fortunes ; il me donne à lui pour épouse. Ainsi regardez-moi comme votre fille, et permettez-moi que je vous consacre une éternelle amitié. » En disant cela, elle se pencha sur la mère de Ganem, qui ne put répondre à ce discours, tant il lui causa d'étonnement. Tourmente la tint long-temps embrassée, et ne la quitta que pour courir à l'autre lit embrasser Force des cœurs, qui s'étant levée sur son séant pour la recevoir, lui tendit les bras.

Après que la charmante favorite du calife eut donné à la mère et à la fille toutes les marques de tendresse qu'elles pouvoient attendre de la femme de Ganem, elle leur dit : « Cessez de vous affliger l'une et l'autre, les richesses que Ganem avoit en cette ville, ne sont pas perdues ; elles sont au palais du calife dans mon appartement. Je sais bien que toutes les richesses du monde ne sauroient vous consoler sans Ganem : c'est le jugement que je fais de sa mère et de sa sœur, si je dois juger d'elles par moi-même. Le sang n'a pas moins de force que l'amour dans les grands cœurs. Mais pourquoi faut-il désespérer de le revoir ? Nous le retrouverons ; le bonheur de vous avoir rencontrées m'en fait concevoir l'espérance. Peut-être même que c'est aujourd'hui le dernier jour de vos peines, et le commencement d'un bonheur plus grand que celui dont vous jouissiez à Damas, dans le temps que vous y possédiez Ganem. »

Tourmente alloit poursuivre, lorsque le syndic des joailliers arriva : « Madame, lui dit-il, je viens de voir un objet bien touchant ! C'est un jeune homme qu'un chamelier amenoit à l'hôpital de Bagdad. Il étoit lié avec des cordes sur un chameau, parce qu'il n'avoit pas la force de se soutenir. On l'avoit déjà délié, et on étoit prêt à le porter à l'hôpital, lorsque j'ai passé par là. Je me suis approché du jeune homme, je l'ai considéré avec attention, et il m'a paru que son visage ne m'étoit pas tout-à-fait inconnu. Je lui ai fait des questions sur sa famille ; mais pour toute réponse, je n'en ai tiré que des pleurs et des soupirs. J'en ai eu pitié ; et connoissant par l'habitude que j'ai de voir des malades, qu'il étoit dans un pressant besoin d'être soigné, je n'ai pas voulu qu'on le mît à l'hôpital ; car je sais trop de quelle manière on y gouverne les malades, et je connois l'incapacité des médecins. Je l'ai fait apporter chez moi par mes esclaves, qui, dans une chambre particulière où je l'ai mis, lui donnent par mon ordre de mon propre linge, et le servent comme ils me serviroient moi-même. »

Tourmente tressaillit à ce discours du joaillier, et sentit une émotion dont elle ne pouvoit se rendre raison. « Menez-moi, dit-elle au syndic, dans la chambre de ce malade, je souhaite de le voir. » Le syndic l'y conduisit ; et tandis qu'elle y alloit, la mère de Ganem dit à Force des cœurs : « Ah, ma fille, quelque misérable que soit cet étranger malade, votre frère, s'il est encore en vie, n'est peut-être pas dans un état plus heureux ! »

La favorite du calife étant dans la chambre où étoit le malade, s'approcha du lit où les esclaves du syndic l'avoient déjà couché. Elle vit un jeune homme qui avoit les yeux fermés, le visage pâle, défiguré et tout couvert de larmes. Elle l'observa avec attention, son cœur palpitoit, elle crut reconnoître Ganem ; mais bientôt elle se défia du rapport de ses yeux. Si elle trouva quelque chose de Ganem dans l'objet qu'elle considéroit, il lui paroît d'ailleurs si différent, qu'elle n'osat s'imaginer que c'étoit lui qui s'offroit à sa vue. Ne pouvant toutefois résister à l'envie de s'en éclaircir : « Ganem, lui dit-elle d'une voix tremblante, est-ce vous que je vois ? » À ces mots elle s'arrêta pour donner au jeune homme le temps de répondre ; mais s'apercevant qu'il y paroissoit insensible : « Ah, Ganem, reprit-elle, ce n'est point à toi que je parle. Mon imagination trop pleine de ton image a prêté à cet étranger une trompeuse ressemblance. Le fils d'Abou Aïbou, quelque malade qu'il pût être, entendroit la voix de Tourmente. » Au nom de Tourmente, Ganem (car c'étoit effectivement lui) ouvrit les paupières, et tourna la tête vers la personne qui lui adressoit la parole ; et reconnoissant la favorite du calife : « Ah, madame, est-ce vous ? Par quel miracle ?… Il ne put achever. Il fut tout-à-coup saisi d'un transport de joie si vif, qu'il s'évanouit. Tourmente et le syndic s'empressèrent à le secourir ; mais dès qu'ils remarquèrent qu'il commençoit à revenir de son évanouissement, le syndic pria la dame de se retirer, de peur que sa vue n'irritât le mal de Ganem.

Ce jeune homme ayant repris ses esprits, regarda de tout côté ; et ne voyant pas ce qu'il cherchoit : « Belle Tourmente, s'écria-t-il, qu'êtes-vous devenue ? Vous êtes-vous en effet présentée à mes yeux, ou n'est-ce qu'une illusion ? » « Non, Seigneur, lui dit le syndic, ce n'est point une illusion : c'est moi qui ai fait sortir cette dame, mais vous la reverrez sitôt que vous serez en état de soutenir sa vue. Vous avez besoin de repos présentement ; et rien ne doit vous empêcher d'en prendre. Vos affaires ont changé de face, puisque vous êtes, ce me semble, ce Ganem à qui le Commandeur des croyans a fait publier dans Bagdad qu'il pardonnoit le passé. Qu'il vous suffise à l'heure qu'il est de savoir cela. La dame qui vient de vous parler, vous en instruira plus amplement. Ne songez donc qu'à rétablir votre santé ; pour moi, je vais y contribuer autant qu'il me sera possible. » En achevant ces mots, il laissa reposer Ganem, et alla lui faire préparer tous les remèdes qu'il jugea nécessaires pour réparer ses forces épuisées par la diète et par la fatigue.

Pendant ce temps-là, Tourmente étoit dans la chambre de Force des cœurs et de sa mère, où se passa la même scène à peu près ; car quand la mère de Ganem apprit que cet étranger malade que le syndic venoit de faire apporter chez lui, étoit Ganem lui-même, elle en eut tant de joie qu'elle s'évanouit aussi. Et lorsque par les soins de Tourmente et de la femme du syndic, elle fut revenue de sa foiblesse, elle voulut se lever pour aller voir son fils ; mais le syndic qui arriva sur ces entrefaites, l'en empêcha, en lui représentant que Ganem étoit si foible et si exténué, que l'on ne pouvoit sans intéresser sa vie, exciter en lui les mouvemens que doit causer la vue inopinée d'une mère et d'une sœur qu'on aime. Le syndic n'eut pas besoin de longs discours pour persuader la mère de Ganem. Dès qu'on lui dit qu'elle ne pouvoit entretenir son fils sans mettre en danger ses jours, elle ne fit plus d'instance pour l'aller trouver. Alors Tourmente prenant la parole : « Bénissons le ciel, dit-elle, de nous avoir tous rassemblés dans un même lieu. Je vais retourner au palais informer le calife de toutes ces aventures ; et demain matin je reviendrai vous joindre. » Après avoir parlé de cette manière, elle embrassa la mère et la fille, et sortit. Elle arriva au palais ; et dès qu'elle y fut, elle fit demander une audience particulière au calife. Elle l'obtint dans le moment. On l'introduisit dans le cabinet de ce prince ; il y étoit seul. Elle se jeta d'abord à ses pieds, la face contre terre, selon la coutume. Il lui dit de se relever ; et l'ayant fait asseoir, il lui demanda si elle avoit appris des nouvelles de Ganem ? « Commandeur des croyans, lui dit-elle, j'ai si bien fait, que je l'ai retrouvé avec sa mère et sa sœur ! » Le calife fut curieux d'apprendre comment elle avoit pu les rencontrer en si peu de temps. Elle satisfit sa curiosité, et lui dit tant de bien de la mère de Ganem et de Force des cœurs, qu'il eut envie de les voir aussi bien que le jeune marchand.

Si Haroun Alraschild étoit violent, et si, dans ses emportemens, il se portoit quelquefois à des actions cruelles, en récompense il étoit équitable et le plus généreux prince du monde, dès que sa colère étoit passée, et qu'on lui faisoit connoître son injustice. Ainsi, ne pouvant douter qu'il n'eût injustement persécuté Ganem et sa famille, et les ayant maltraités publiquement, il résolut de leur faire une satisfaction publique. « Je suis ravi, dit-il à Tourmente, de l'heureux succès de tes recherches ; j'en ai une extrême joie, moins pour l'amour de toi, qu'à cause de moi-même. Je tiendrai la promesse que j'ai faite : tu épouseras Ganem, et je déclare dès à présent que tu n'es plus mon esclave ; tu es libre. Va retrouver ce jeune marchand ; et dès que sa santé sera rétablie, tu me l'amèneras avec sa mère et sa sœur. »

Le lendemain de grand matin, Tourmente ne manqua pas de se rendre chez le syndic des joailliers, impatiente de savoir l'état de la santé de Ganem, et d'apprendre à la mère et à la fille les bonnes nouvelles qu'elle avoit à leur annoncer. La première personne qu'elle rencontra, fut le syndic, qui lui dit que Ganem avoit fort bien passé la nuit ; que son mal ne provenant que de mélancolie, et la cause en étant ôtée, il seroit bientôt guéri.

Effectivement, le fils d'Abou Aïbou se trouva beaucoup mieux. Le repos et les bons remèdes qu'il avoit pris, et plus que tout cela, la nouvelle situation de son esprit avoient produit un si bon effet, que le syndic jugea qu'il pouvoit sans péril voir sa mère, sa sœur et sa maîtresse, pourvu qu'on le préparât à les recevoir, parce qu'il étoit à craindre que ne sachant pas que sa mère et sa sœur fussent à Bagdad, leur vue ne lui causât trop de surprise et de joie. Il fut résolu que Tourmente entreroit d'abord toute seule dans la chambre de Ganem, et qu'elle feroit signe aux deux autres dames de paroître quand il en seroit temps.

Les choses étant ainsi réglées, Tourmente fut annoncée par le syndic au malade, qui fut si charmé de la revoir, que peu s'en fallut qu'il ne s'évanouît encore. « Hé bien, Ganem, lui dit-elle en s'approchant de son lit, vous retrouvez votre Tourmente, que vous vous imaginiez avoir perdue pour jamais. » « Ah, madame, interrompit-il avec précipitation, par quel miracle venez-vous vous offrir à mes yeux ? Je vous croyois au palais du calife. Ce prince vous a sans doute écoutée : vous avez dissipé ses soupçons, et il vous a redonné sa tendresse. » « Oui, mon cher Ganem, reprit Tourmente, je me suis justifiée dans l'esprit du Commandeur des croyans, qui, pour réparer le mal qu'il vous a fait souffrir, me donne à vous pour épouse. » Ces dernières paroles causèrent à Ganem une joie si vive, qu'il ne put d'abord s'exprimer que par ce silence tendre si connu des amans. Mais il le rompit enfin : « Ah, belle Tourmente, s'écria-t-il, puis-je ajouter foi au discours que vous me tenez ? Croirai-je qu'en effet le calife vous cède au fils d'Abou Aïbou ? » « Rien n'est plus véritable, repartit la dame : ce prince qui vous faisoit auparavant chercher pour vous ôter la vie, et qui, dans sa fureur, a fait souffrir mille indignités à votre mère et à votre sœur, souhaite de vous voir présentement, pour vous récompenser du respect que vous avez eu pour lui ; et il n'est pas douteux qu'il ne comble de bienfaits toute votre famille. »

Ganem demanda de quelle manière le calife avoit traité sa mère et sa sœur, ce que Tourmente lui raconta. Il ne put entendre ce récit sans pleurer, malgré la situation où la nouvelle de son mariage avec sa maîtresse avoit mis son esprit. Mais lorsque Tourmente lui dit qu'elles étoient actuellement à Bagdad et dans la maison même où il se trouvoit, il parut avoir une si grande impatience de les voir, que la favorite ne différa point à la satisfaire. Elle les appela ; elles étoient à la porte où elles n'attendoient que ce moment. Elles entrèrent, s'avancèrent vers Ganem, et l'embrassant tour-à-tour, elles le baisèrent à plusieurs reprises. Que de larmes furent répandues dans ces embrassemens ! Ganem en avoit le visage tout couvert, aussi bien que sa mère et sa sœur. Tourmente en versoit abondamment. Le syndic même et sa femme, que ce spectacle attendrissoit, ne pouvoient retenir leurs pleurs, ni se lasser d'admirer les ressorts secrets de la Providence, qui rassembloit chez eux quatre personnes que la fortune avoit si cruellement séparées.

Après qu'ils eurent tous essuyé leurs larmes, Ganem en arracha de nouvelles en foisant le récit de tout ce qu'il avoit souffert depuis le jour qu'il avoit quitté Tourmente, jusqu'au moment où le syndic l'avoit fait apporter chez lui. Il leur apprit que s'étant réfugié dans un petit village, il y étoit tombé malade ; que quelques paysans charitables en avoient eu soin, mais que ne guérissant point, un chamelier s'étoit chargé de l'amener à l'hôpital de Bagdad. Tourmente raconta aussi tous les ennuis de sa prison, comment le calife, après l'avoir entendu parler dans la tour, l'avoit fait venir dans son cabinet, et par quels discours elle s'étoit justifiée. Enfin, quand ils se furent instruits des choses qui leur étoient arrivées, Tourmente dit : « Bénissons le ciel qui nous a tous réunis, et ne songeons qu'au bonheur qui nous attend. Dès que la santé de Ganem sera rétablie, il faudra qu'il paroisse devant le calife avec sa mère et sa sœur ; mais comme elles ne sont pas en état de se montrer, je vais y mettre bon ordre : je vous prie de m'attendre un moment. »

En disant ces mots, elle sortit, alla au palais, et revint en peu de temps chez le syndic avec une bourse où il y avoit encore mille pièces d'or. Elle la donna au syndic, en le priant d'acheter des habits pour Force des cœurs et pour sa mère. Le syndic, qui étoit un homme de bon goût, en choisit de fort beaux, et les fit faire avec toute la diligence possible. Ils se trouvèrent prêts au bout de trois jours ; et Ganem se sentant assez fort pour sortir, s'y disposa. Mais le jour qu'il avoit pris pour aller saluer le calife, comme il s'y préparoit avec Force des cœurs et sa mère, on vit arriver chez le syndic le grand-visir Giafar.

Ce minisire étoit à cheval avec une grande suite d'officiers : « Seigneur, dit-il à Ganem en entrant, je viens ici de la part du Commandeur des croyans, mon maître et le vôtre. L'ordre dont je suis chargé est bien différent de celui dont je ne veux pas vous renouveler le souvenir : je dois vous accompagner et vous présenter au calife, qui souhaite de vous voir. » Ganem ne répondit au compliment du grand visir que par une très-profonde inclination de tête, et monta un cheval des écuries du calife qu'on lui présenta, et qu'il mania avec beaucoup de grâce. On fit monter la mère et la fille sur des mules du palais ; et tandis que Tourmente aussi montée sur une mule, les menoit chez le prince par un chemin détourné, Giafar conduisit Ganem par un autre, et l'introduisit dans la salle d'audience. Le calife y étoit assis sur son trône, environné des émirs, des visirs, des chefs des huissiers, et des autres courtisans arabes, persans, égyptiens, africains et syriens, de sa domination, sans parler des étrangers.

Quand le grand visir eut amené Ganem au pied du trône, ce jeune marchand fit sa révérence en se jetant la face contre terre ; et puis s'étant levé, il débita un beau compliment en vers, qui bien que composé sur-le-champ, ne laissa pas d'attirer l'approbation de toute la cour. Après son compliment, le calife le fit approcher et lui dit : « Je suis bien aise de te voir, et d'apprendre de toi-même où tu as trouvé ma favorite et tout ce que tu as fait pour elle. » Ganem obéit, et parut si sincère, que le calife fut convaincu de sa sincérité. Ce prince lui fit donner une robe fort riche, selon la coutume observée envers ceux à qui l'on donnoit audience. Ensuite il lui dit : « Ganem, je veux que tu demeures dans ma cour. » « Commandeur des croyans, répondit le jeune marchand, l'esclave n'a point d'autre volonté que celle de son maître, de qui dépendent sa vie et son bien. » Le calife fut très-satisfait de la réponse de Ganem, et lui donna une grosse pension. Ensuite ce prince descendit du trône, et se faisant suivre par Ganem et par le grand visir seulement, il entra dans son appartement.

Comme il ne doutoit pas que Tourmente n'y fût avec la mère et la fille d'Abou Aïbou, il ordonna qu'on les lui amenât. Elles se prosternèrent devant lui. Il les fit relever ; et il trouva Force des cœurs si belle, qu'après l'avoir considérée avec attention : « J'ai tant de douleur, lui dit-il, d'avoir traité si indignement vos charmes, que je leur dois une réparation qui surpasse l'offense que je leur ai faite. Je vous épouse, et par-là je punirai Zobéïde, qui deviendra la première cause de votre bonheur, comme elle l'est de vos malheurs passés. Ce n'est pas tout, ajouta-t-il en se tournant vers la mère de Ganem, madame, vous êtes encore jeune, et je crois que vous ne dédaignerez pas l'alliance de mon grand visir : je vous donne à Giafar ; et vous, Tourmente, à Ganem. Que l'on fasse venir un cadi et des témoins, et que les trois contrats soient dressés et signés tout-à-l'heure. » Ganem voulut repréter au calife que sa sœur seroit trop honorée d'être seulement au nombre de ses favorites, mais ce prince voulut épouser Force des cœurs.

Il trouva cette histoire si extraordinaire, qu'il fit ordonner à un fameux historien de la mettre par écrit avec toutes ses circonstances. Elle fut ensuite déposée dans son trésor, d'où plusieurs copies tirées sur cet original l'ont rendue publique.

Après que Scheherazade eut achevé l'histoire de Ganem, fils d'Abou Aïbou, le sultan des Indes témoigna qu'elle lui avoit fait plaisir. « Sire, dit alors la sultane, puisque cette histoire vous a diverti, je supplie très-humblement votre Majesté de vouloir bien entendre celle du prince Zeyn Alasnam, et du roi des Génies ; vous n'en serez pas moins content. » Schahriar y consentit ; mais comme le jour commençoit à paroître, on la remit à la nuit suivante. La sultane la commença de cette manière :

HISTOIRE
DU PRINCE ZEYN ALASNAM, ET DU ROI DES GÉNIES

UN roi de Balsora possédoit de grandes richesses. Il étoit aimé de ses sujets ; mais il n'avoit point d'enfans, et cela l'affligeoit beaucoup. Cependant il engagea par des présens considérables tous les saints personnages de ses états à demander au ciel un fils pour lui ; et leurs prières ne furent pas inutiles : la reine devint grosse, et accoucha très-heureusement d'un prince qui fut nommé Zeyn Alasnam, c'est-à-dire, l'Ornement des statues.

Le roi fit assembler tous les astrologues de son royaume, et leur ordonna de tirer l'horoscope de l'enfant. Ils découvrirent par leurs observations qu'il vivroit long-temps, qu'il seroit courageux, mais qu'il auroit besoin de courage pour soutenir avec fermeté les malheurs qui le menaçoient. Le roi ne fut point épouvanté de cette prédiction. « Mon fils, dit-il, n'est pas à plaindre, puisqu'il doit être courageux : il est bon que les princes éprouvent des disgrâces, l'adversité purifie leur vertu ; ils en savent mieux régner. »

Il récompensa les astrologues et les renvoya. Il fit élever Zeyn avec tout le soin imaginable. Il lui donna des maîtres, dès qu'il le vit en âge de profiter de leurs instructions. Enfin il se proposoit d'en faire un prince accompli, quand tout-à-coup ce bon roi tomba malade d'une maladie que ses médecins ne purent guérir. Se voyant au lit de la mort, il appela son fils, et lui recommanda, entr'autres choses, de s'attacher à se faire aimer plutôt qu'à se faire craindre de son peuple ; de ne point prêter l'oreille aux flatteurs, et d'être aussi lent à récompenser qu'à punir, parce qu'il arrivoit souvent que les rois séduits par de fausses apparences, accabloient de bienfaits les méchans, et opprimoient l'innocence.

Aussitôt que le roi fut mort, le prince Zeyn prit le deuil, qu'il porta durant sept jours. Le huitième, il monta sur le trône, ôta du trésor royal le sceau de son père pour y mettre le sien, et commença à goûter la douceur de régner. Le plaisir de voir tous ses courtisans fléchir devant lui, et se faire leur unique étude de lui prouver leur obéissance et leur zèle, en un mot, le pouvoir souverain eut trop de charmes pour lui. Il ne regarda que ce que ses sujets lui devoient, sans penser à ce qu'il devoit à ses sujets. Il se mit peu en peine de les bien gouverner. Il se plongea dans toutes sortes de débauches avec de jeunes voluptueux qu'il revêtit des premières charges de l'état. Il n'eut plus de règle. Comme il étoit naturellement prodigue, il ne mit aucun frein à ses largesses, et insensiblement ses femmes et ses favoris épuisèrent ses trésors.

La reine sa mère vivoit encore. C'étoit une princesse sage et prudente. Elle avoit essayé plusieurs fois inutilement d'arrêter le cours des prodigalités et des débauches du roi son fils, en lui représentant que s'il ne changeoit bientôt de conduite, non-seulement il dissiperoit ses richesses, mais qu'il aliéneroit même l'esprit de ses peuples, et causeroit une révolution qui lui coûteroit peut-être la couronne et la vie. Peu s'en fallut que ce qu'elle avoit prédit n'arrivât : les peuples commencèrent à murmurer contre le gouvernement ; et leurs murmures auroient infailliblement été suivis d'une révolte générale, si la reine n'eût eu l'adresse de la prévenir ; mais cette princesse informée de la mauvaise disposition des choses, en avertit le roi qui se laissa persuader enfin. Il confia le ministère à de sages vieillards qui surent bien retenir ses sujets dans le devoir.

Cependant Zeyn voyant toutes ses richesses consommées, se repentit de n'en avoir pas fait un meilleur usage. Il tomba dans une mélancolie mortelle, et rien ne pouvoit le consoler. Une nuit il vit en songe un vénérable vieillard qui s'avança vers lui, et lui dit d'un air riant :

« Ô Zeyn, sache qu'il n'y a pas de chagrin qui ne soit suivi de joie ; point de malheur qui ne traîne à sa suite quelque bonheur. Si tu veux voir la fin de ton affliction, lève-toi, pars pour l'Égypte, va-t-en au Caire : une grande fortune t'y attend. »

Le prince à son réveil fut frappé de ce songe. Il en parla fort sérieusement à la reine sa mère, qui n'en fit que rire. « Ne voudriez-vous point, mon fils, lui dit-elle, aller en Égypte sur la foi de ce beau songe ? » « Pourquoi non, madame, répondit Zeyn ? Pensez-vous que tous les songes soient chimériques ? Non, non, il y en a de mystérieux. Mes précepteurs m'ont raconté mille histoires qui ne me permettent pas d'en douter. D'ailleurs, quand je n'en serois pas persuadé, je ne pourrois me défendre d'écouter mon songe. Le vieillard qui m'est apparu, avoit quelque chose de surnaturel. Ce n'est point un de ces hommes que la seule vieillesse rend respectables : je ne sais quel air divin étoit répandu dans sa personne. Il étoit tel enfin qu'on nous représente le grand prophète ; et si vous voulez que je vous découvre ma pensée, je crois que c'est lui qui, touché de mes peines, veut les soulager. Je m'en fie à la confiance qu'il m'a inspirée ; je suis plein de ses promesses, et j'ai résolu de suivre sa voix. » La reine essaya de l'en détourner, mais elle n'en put venir à bout. Le prince lui laissa la conduite du royaume, sortit une nuit du palais fort secrètement, et prit la route du Caire sans vouloir être accompagné de personne.

Après beaucoup de fatigue et de peine, il arriva dans cette fameuse ville qui en a peu de semblables au monde, soit pour la grandeur, soit pour la beauté. Il alla descendre à la porte d'une mosquée, où se sentant accablé de lassitude, il se coucha. À peine fut-il endormi qu'il vit le même vieillard qui lui dit :

« Ô mon fils, je suis content de toi, tu as ajouté foi à mes paroles. Tu es venu ici sans que la longueur et les difficultés des chemins t'aient rebuté ; mais apprends que je ne t'ai fait faire un si long voyage que pour t'éprouver. Je vois que tu as du courage et de la fermeté. Tu mérites que je te rende le plus riche et le plus heureux prince de la terre. Retourne à Balsora ; tu trouveras dans ton palais des richesses immenses. Jamais roi n'en a tant possédé qu'il y en a. »

Le prince ne fut pas satisfait de ce songe. « Hélas, dit-il en lui-même après s'être réveillé, quelle étoit mon erreur ! Ce vieillard que je croyois notre grand prophète, n'est qu'un pur ouvrage de mon imagination agitée. J'en avois l'esprit si rempli, qu'il n'est pas surprenant que j'y aie rêvé une seconde fois. Retournons à Balsora. Que ferois-je ici plus long-temps ? Je suis bien heureux de n'avoir dit à personne qu'à ma mère le motif de mon voyage ; je deviendrois la fable de mes peuples, s'ils le savoient. »

Il reprit donc le chemin de son royaume ; et dès qu'il y fut arrivé, la reine lui demanda s'il revenoit content. Il lui conta tout ce qui s'étoit passé, et parut si mortifié d'avoir été trop crédule, que cette princesse, au lieu d'augmenter son ennui par des reproches ou par des railleries, le consola. « Cessez de vous affliger, mon fils, lui dit-elle : si Dieu vous destine des richesses, vous les acquerrez sans peine. Demeurez en repos ; tout ce que j'ai à vous recommander, c'est d'être vertueux. Renoncez aux délices de la danse, des orgues, et du vin couleur de pourpre ; fuyez tous ces plaisirs ; ils vous ont déjà pensé perdre. Appliquez-vous à rendre vos sujets heureux ; en faisant leur bonheur, vous assurerez le vôtre. »

Le prince Zeyn jura qu'il suivroit désormais tous les conseils de sa mère, et ceux des sages visirs dont elle avoit fait choix pour l'aider à soutenir le poids du gouvernement. Mais dès la première nuit qu'il fut de retour en son palais, il vit en songe pour la troisième fois le vieillard qui lui dit :

« Ô courageux Zeyn, le temps de ta prospérité est enfin venu. Demain matin, d'abord que tu seras levé, prends une pioche, et va fouiller dans le cabinet du feu roi : tu y découvriras un grand trésor. »

Le prince ne fut pas plutôt réveillé qu'il se leva. Il courut à l'appartement de la reine, et lui raconta avec beaucoup de vivacité le nouveau songe qu'il venoit de faire. « En vérité, mon fils, dit la reine en souriant, voilà un vieillard bien obstiné : il n'est pas content de vous avoir trompé deux fois ; êtes-vous d'humeur à vous y fier encore ? » « Non, madame, répondit Zeyn, je ne crois nullement ce qu'il m'a dit ; mais je veux par plaisir visiter le cabinet de mon père. » « Oh, je m'en doutois bien, s'écria la reine en éclatant de rire ; allez, mon fils, contentez-vous. Ce qui me console, c'est que la chose n'est pas si fatigante que le voyage d'Égypte. »

« Hé bien, madame, reprit le roi, il faut vous l'avouer, ce troisième songe m'a rendu ma confiance : il est lié aux deux autres. Car enfin examinons toutes les paroles du vieillard : il m'a d'abord ordonné d'aller en Égypte ; là, il m'a dit qu'il ne m'avoit fait faire ce voyage que pour m'éprouver.

« Retourne à Balsora, m'a-t-il dit ensuite ; c'est là que tu dois trouver des trésors. »

» Cette nuit il m'a marqué précisément l'endroit où ils sont. Ces trois songes, ce me semble, sont suivis, ils n'ont rien d'équivoque. Pas une circonstance qui embarrasse. Après tout, ils peuvent être chimériques ; mais j'aime mieux faire une recherche vaine, que de me reprocher toute ma vie d'avoir manqué peut-être de grandes richesses en faisant mal-à-propos l'esprit-fort. »

En achevant ces paroles, il sortit de l'appartement de la reine, se fit donner une pioche, et entra seul dans le cabinet du feu roi. Il se mit à piocher, et il leva plus de la moitié des carreaux du pavé sans apercevoir la moindre apparence de trésor. Il quitta l'ouvrage pour se reposer un moment, disant en lui-même : « J'ai bien peur que ma mère n'ait eu raison de se moquer de moi. » Néanmoins il reprit courage, et continua son travail. Il n'eut pas sujet de s'en repentir : il découvrit tout-à-coup une pierre blanche qu'il leva, et dessous il trouva une porte sur laquelle étoit caché un cadenas d'acier. Il le rompit à coups de pioche, et ouvrit la porte qui couvroit un escalier de marbre blanc. Il alluma aussitôt une bougie, et descendit par cet escalier dans une chambre parquetée de porcelaines de la Chine, et dont les lambris et le plafond étoient de cristal. Mais il s'attacha particulièrement à regarder quatre estrades, sur chacune desquelles il y avoit dix urnes de porphire. Il s'imagina qu'elles étoient pleines de vin. « Bon, dit-il, ce vin doit être bien vieux ; je ne doute pas qu'il ne soit excellent. » Il s'approcha de l'une de ces urnes, il en ôta le couvercle, et vit avec autant de surprise que de joie qu'elle étoit pleine de pièces d'or. Il visita les quatre autres l'une après l'autre, et les trouva pleines de sequins. Il en prit une poignée qu'il porta à la reine.

Cette princesse fut dans l'étonnement que l'on peut s'imaginer, quand elle entendit le rapport que le roi lui fit de tout ce qu'il avoit vu. « Ô mon fils, s'écria-t-elle, gardez-vous de dissiper follement tous ces biens, comme vous avez déjà fait ceux du trésor royal ! Que vos ennemis n'aient pas un si grand sujet de se réjouir ! » « Non, madame, répondit Zeyn, je vivrai désormais d'une manière qui ne vous donnera que de la satisfaction. »

La reine pria le roi son fils de la mener dans cet admirable souterrain, que le feu roi son mari avoit fait faire si secrètement qu'elle n'en avoit jamais ouï parler. Zeyn la conduisit au cabinet, l'aida à descendre l'escalier de marbre, et la fit entrer dans la chambre où étoient les urnes. Elle regarda toutes choses d'un œil curieux, et remarqua dans un coin une petite urne de la même matière que les autres. Le prince ne l'avoit point encore aperçue. Il la prit, et l'ayant ouverte, il trouva dedans une clef d'or. « Mon fils, dit alors la reine, cette clef enferme sans doute quelque nouveau trésor. Cherchons partout ; voyons si nous ne découvrirons point à quel usage elle est destinée. »

Ils examinèrent la chambre avec une extrême attention, et trouvèrent enfin une serrure au milieu d'un lambris. Ils jugèrent que c'étoit celle dont ils avoient la clef. Le roi en fit l'essai sur le champ. Aussitôt une porte s'ouvrit, et leur laissa voir une autre chambre au milieu de laquelle étoient neuf piédestaux d'or massif, dont huit soutenoient chacun une statue faite d'un seul diamant ; et ces statues jetoient tant d'éclat, que la chambre en étoit tout éclairée.

« Ô ciel, s'écria Zeyn tout surpris, où est-ce que mon père a pu trouver de si belles choses ? » Le neuvième piédestal redoubla son étonnement ; car il y avoit dessus une pièce de satin blanc sur laquelle étoient écrits ces mots :

« Ô mon cher fils, ces huit statues m'ont coûté beaucoup de peine à acquérir ! Mais quoiqu'elles soient d'une grande beauté, sache qu'il y en a une neuvième au monde qui les surpasse : elle vaut mieux toute seule que mille comme celles que tu vois. Si tu souhaites de t'en rendre possesseur, va dans la ville du Caire en Égypte. Il y a là un de mes anciens esclaves appelé Mobarec ; tu n'auras nulle peine à le découvrir : la première personne que tu rencontreras, t'enseignera sa demeure. Va le trouver ; dis-lui tout ce qui t'est arrivé. Il te connoîtra pour mon fils, et il te conduira jusqu'au lieu où est cette merveilleuse statue que tu acquerras avec le salut. »

Le prince, après avoir lu ces paroles, dit à la reine : « Je ne veux point manquer cette neuvième statue. Il faut que ce soit une pièce bien rare, puisque celles-ci toutes ensemble ne la valent pas. Je vais partir pour le grand Caire. Je ne crois pas, madame, que vous combattiez ma résolution. »

« Non, mon fils, répondit la reine, je ne m'y oppose point. Vous êtes sans doute sous la protection de notre grand prophète ; il ne permettra pas que vous périssiez dans ce voyage. Partez quand il vous plaira. Vos visirs et moi, nous gouvernerons bien l'état pendant votre absence. » Le prince fit préparer son équipage ; mais il ne voulut mener avec lui qu'un petit nombre d'esclaves seulement.

Il ne lui arriva nul accident sur la route. Il se rendit au Caire, où il demanda des nouvelles de Mobarec. On lui dit que c'étoit un des plus riches citoyens de la ville ; qu'il vivoit en grand seigneur, et que sa maison étoit ouverte particulièrement aux étrangers. Zeyn s'y fit conduire. Il frappa à la porte. Un esclave ouvra, et lui dit : « Que souhaitez-vous, et qui êtes-vous ? » « Je suis étranger, répondit le prince. J'ai ouï parler de la générosité du seigneur Mobarec, et je viens loger chez lui. » L'esclave pria Zeyn d'attendre un moment ; puis il alla dire cela à son maître, qui lui ordonna de faire entrer l'étranger. L'esclave revint à la porte et dit au prince qu'il étoit le bien venu.

Alors Zeyn entra, traversa une grande cour, et passa dans une salle magnifiquement ornée, où Mobarec qui l'attendoit, le reçut fort civilement et le remercia de l'honneur qu'il lui faisoit de vouloir bien prendre un logement chez lui. Le prince après avoir répondu à ce compliment, dit à Mobarec : « Je suis fils du feu roi de Balsora et je m'appelle Zeyn Alasnam. » « Ce roi, dit Mobarec, a été autrefois mon maître ; mais, Seigneur, je ne lui ai point connu de fils. Quel âge avez-vous ? » « J'ai vingt ans, répondit le prince. Combien y en a-t-il que vous avez quitté la cour de mon père ? » « Il y en a près de vingt-deux, dit Mobarec. Mais comment me persuaderez-vous que vous êtes son fils ? » « Mon père, repartit Zeyn, avoit sous son cabinet un souterrain, dans lequel j'ai trouvé quarante urnes de porphyre toutes pleines d'or. » « Et quelle autre chose y a-t-il encore, répliqua Mobarec ? » « Il y a, dit le prince, neuf piédestaux d'or massif, sur huit desquels sont huit statues de diamans ; et il y a sur le neuvième une pièce de satin blanc sur laquelle mon père a écrit ce qu'il faut que je fasse pour acquérir une nouvelle statue plus précieuse que les autres ensemble. Vous savez le lieu où est cette statue, parce qu'il est marqué sur le satin que vous m'y conduirez. »

Il n'eut pas achevé ces paroles, que Mobarec se jeta à ses genoux ; et lui baisant une de ses mains à plusieurs reprises : « Je rends grâces à Dieu, s'écria-t-il, de vous avoir fait venir ici. Je vous connois pour le fils du roi de Balsora. Si vous voulez aller au lieu où est la statue merveilleuse, je vous y mènerai. Mais il faut auparavant vous reposer ici quelques jours. Je donne aujourd'hui un festin aux grands du Caire. Nous étions à table, lorsqu'on m'est venu avertir de votre arrivée. Dédaignerez-vous, Seigneur, de venir vous réjouir avec nous ? » « Non, répondit Zeyn, je serai ravi d'être de votre festin. » Aussitôt Mobarec le conduisit sous un dôme où étoit la compagnie. Il le fit mettre à table, et commença de le servir à genoux. Les grands du Caire en furent surpris. Ils se disoient tout bas les uns aux autres : « Hé qui est donc cet étranger que Mobarec sert avec tant de respect ? »

Après qu'ils eurent mangé, Mobarec prit la parole : « Grands du Caire, dit-il, ne soyez pas étonnés de m'avoir vu servir de cette sorte ce jeune étranger. Sachez que c'est le fils du roi de Balsora mon maître. Son père m'acheta de ses propres deniers. Il est mort sans m'avoir donné la liberté. Ainsi je suis encore esclave ; et par conséquent tous mes biens appartiennent de droit à ce jeune prince son unique héritier. » Zeyn l'interrompit en cet endroit : « Ô Mobarec, lui dit-il, je déclare devant tous ces seigneurs, que je vous affranchis dès ce moment, et que je retranche de mes biens votre personne et tout ce que vous possédez ; voyez outre cela ce que vous voulez que je vous donne. » Mobarec à ce discours baisa la terre, et fit de grands remercîmens au prince. Ensuite on apporta le vin : ils en burent toute la journée ; et sur le soir les présens furent distribués aux convives qui se retirèrent.

Le lendemain, Zeyn dit à Mobarec : « J'ai pris assez de repos. Je ne suis point venu au Caire pour vivre dans les plaisirs. J'ai dessein d'avoir la neuvième statue. Il est temps que nous partions pour l'aller conquérir. » « Seigneur, répondit Mobarec, je suis prêt à céder à votre envie ; mais vous ne savez pas tous les dangers qu'il faut courir pour faire cette précieuse conquête. » « Quelque péril qu'il y ait, répliqua le prince, j'ai résolu de l'entreprendre. J'y périrai, ou j'en viendrai à bout. Tout ce qui arrive, c'est Dieu qui le fait arriver. Accompagnez-moi seulement, et que votre fermeté soit égale à la mienne. »

Mobarec le voyant déterminé à partir, appela ses domestiques, et leur ordonna d'apprêter les équipages. Ensuite le prince et lui firent l'ablution et la prière de précepte appelée Farz[22], après quoi ils se mirent en chemin. Ils remarquèrent sur leur route une infinité de choses rares et merveilleuses. Ils marchèrent pendant plusieurs jours, au bout desquels étant arrivés dans un séjour délicieux, ils descendirent de cheval. Alors Mobarec dit à tous les domestiques qui les suivoient : « Demeurez en cet endroit, et gardez soigneusement les équipages jusqu'à notre retour. » Puis il dit à Zeyn : « Allons, Seigneur, avançons-nous seuls ; nous sommes proche du lieu terrible où l'on garde la neuvième statue : vous allez avoir besoin de votre courage. »

Ils arrivèrent bientôt au bord d'un grand lac. Mobarec s'assit sur le rivage, en disant au prince : « Il faut que nous passions cette mer. » « Hé comment la pourrions-nous passer, répondit Zeyn ? Nous n'avons point de bateau. » « Vous en verrez paroître un dans le moment, reprit Mobarec ; le bateau enchanté du roi des Génies va venir vous prendre ; mais n'oubliez pas ce que je vais vous dire : il faut garder un profond silence ; ne parlez point au batelier ; quelque singulière que vous paroisse sa figure, quelque chose extraordinaire que vous puissiez remarquer, ne dites rien ; car je vous avertis que si vous prononcez un seul mot quand nous serons embarqués, la barque fondra sous les eaux. » « Je saurai bien me taire, dit le prince. Vous n'avez qu'à me prescrire tout ce que je dois faire, et je le ferai fort exactement. »

---

[22] Il n'y a pas de prière proprement appelée Farz. Les Mahométans comprennent sous ce nom les devoirs de droit divin, et qui sont d'une nécessité absolue pour être agréable à Dieu et à son prophète, tels que la prière, l'aumône, le jeûne, etc.

En parlant ainsi, il aperçut tout-à-coup sur le lac un bateau fait de bois de sandal rouge. Il avoit un mât d'ambre fin avec une banderole de satin bleu. Il n'y avoit dedans qu'un batelier dont la tête ressembloit à celle d'un éléphant, et son corps avoit la forme de celui d'un tigre. Le bateau s'étant approché du prince et de Mobarec, le batelier les prit avec sa trompe l'un après l'autre, et les mit dans son bateau. Ensuite il les passa de l'autre côté du lac en un instant. Il les reprit avec sa trompe, les posa sur le rivage, et disparut aussitôt avec sa barque.

« Nous pouvons présentement parler, dit Mobarec. L'isle où nous sommes, est celle du roi des Génies ; il n'y en a point de semblable dans le reste du monde. Regardez de tous côtés, prince, est-il un plus charmant séjour ? C'est sans doute une véritable image de ce lieu ravissant que Dieu destine aux fidèles observateurs de notre loi. Voyez les champs parés de fleurs et de toutes sortes d'herbes odorantes. Admirez ces beaux arbres, dont les fruits délicieux font plier les branches jusqu'à terre. Goûtez le plaisir que doivent causer ces chants harmonieux que forment dans les airs mille oiseaux de mille espèces inconnues dans les autres pays. » Zeyn ne pouvoit se lasser de considérer la beauté des choses qui l'environnoient ; et il en remarquoit de nouvelles à mesure qu'il s'avançoit dans l'isle.

Enfin, ils arrivèrent devant un palais de fines émeraudes, entouré d'un large fossé, sur les bords duquel, d'espace en espace, étoient plantés des arbres si hauts qu'ils couvroient de leur ombrage tout le palais. Vis-à-vis la porte qui étoit d'or massif, il y avoit un pont fait d'une seule écaille de poisson, quoiqu'il eût pour le moins six toises de long et trois de large. On voyoit à la tête du pont une troupe de Génies d'une hauteur démesurée, qui défendoient l'entrée du château avec de grosses massues d'acier de la Chine.

« N'allons pas plus avant, dit Mobarec, ces Génies nous assommeroient ; et si nous voulons les empêcher de venir à nous, il faut faire une cérémonie magique. » En même temps il tira d'une bourse qu'il avoit sous sa robe, quatre bandes de taffetas jaune. De l'une il entoura sa ceinture, et en mit une autre sur son dos ; il donna les deux autres au prince qui en fit le même usage. Après cela, Mobarec étendit sur la terre deux grandes nappes, au bord desquelles il répandit quelques pierreries avec du musc et de l'ambre. Il s'assit ensuite sur une de ces nappes, et Zeyn sur l'autre. Puis Mobarec parla dans ces termes au prince : « Seigneur, je vais présentement conjurer le roi des Génies qui habite le palais qui s'offre à nos yeux : puisse-t-il venir à nous sans colère ! Je vous avoue que je ne suis pas sans inquiétude sur la réception qu'il nous fera. Si notre arrivée dans son isle lui déplaît, il paroîtra sous la figure d'un monstre effroyable ; mais s'il approuve votre dessein, il se montrera sous la forme d'un homme de bonne mine. Dès qu'il sera devant nous, il faudra vous lever et le saluer sans sortir de votre nappe, parce que vous péririez infailliblement si vous en sortiez. Vous lui direz :

« Souverain maître des Génies, mon père, qui étoit votre serviteur, a été emporté par l'ange de la mort : puisse votre Majesté me protéger comme elle a toujours protégé mon père !

» Et si le roi des Génies, ajouta Mobarec, vous demande quelle grâce vous voulez qu'il vous accorde, vous lui répondrez :

« Sire, c'est la neuvième statue que je vous supplie très-humblement de me donner. »

Mobarec, après avoir instruit de la sorte le prince Zeyn, commença de faire des conjurations. Aussitôt leurs yeux furent frappés d'un long éclair qui fut suivi d'un coup de tonnerre. Toute l'isle se couvrit d'épaisses ténèbres ; il s'éleva un vent furieux ; l'on entendit ensuite un cri épouvantable ; la terre fut ébranlée, et l'on sentit un tremblement pareil à celui qu'Asrafyel[23] doit causer le jour du jugement.

Zeyn sentit quelqu'émotion, et commençoit à tirer de ce bruit un fort mauvais présage, lorsque Mobarec, qui savoit mieux que lui ce qu'il falloit penser, se prit à sourire, et lui dit : « Rassurez-vous, mon prince, tout va bien. » En effet, dans le moment le roi des Génies se fit voir sous la forme d'un bel homme. Il ne laissoit pas, toutefois, d'avoir dans son air quelque chose de farouche.

D'abord que le prince Zeyn l'aperçut, il lui fit le compliment que Mobarec lui avoit dicté. Le roi des Génies en sourit, et répondit : « Ô mon fils, j'aimois ton père, et toutes les fois qu'il me venoit rendre ses respects, je lui faisois présent d'une statue qu'il emportoit. Je n'ai pas moins d'amitié pour toi. J'obligeai ton père quelques jours avant sa mort, à écrire ce que tu as lu sur la pièce de satin blanc. Je lui promis de te prendre sous ma protection, et de te donner la neuvième statue qui surpasse en beauté celles que tu as. J'ai commencé à lui tenir parole. C'est moi que tu as vu en songe sous la forme d'un vieillard. Je t'ai fait découvrir le souterrain où sont les urnes et les statues. J'ai beaucoup de part à tout ce qui t'est arrivé, ou plutôt j'en suis la cause. Je sais ce qui t'a fait venir ici. Tu obtiendras ce que tu desires. Quand je n'aurois pas promis à ton père de te le donner, je te l'accorderois volontiers ; mais il faut auparavant que tu me jures par tout ce qui rend un serment inviolable, que tu reviendras dans cette isle, et que tu m'ameneras une

---

[23] Asrafyel, ou Asrafil : c'est l'ange qui, suivant les Mahométans, doit sonner de la trompette au son de laquelle tous les morts doivent ressusciter pour paroître au dernier jugement.

fille qui sera dans sa quinzième année, qui n'aura jamais connu d'homme, ni souhaité d'en connoître. Il faut de plus que sa beauté soit parfaite, et que tu sois si bien maître de toi, que tu ne formes même aucun désir de la posséder en la conduisant ici. »

Zeyn fit le serment téméraire qu'on exigeait de lui. « Mais, Seigneur, dit-il ensuite, je suppose que je sois assez heureux pour rencontrer une fille telle que vous la demandez, comment pourrai-je savoir que je l'aurai trouvée ? » « J'avoue, répondit le roi des Génies en souriant, que tu t'y pourrois tromper à la mine : cette connoissance passe les enfans d'Adam ; aussi n'ai-je pas dessein de m'en rapporter à toi là-dessus. Je te donnerai un miroir qui sera plus sûr que tes conjectures. Dès que tu auras vu une fille de quinze ans parfaitement belle, tu n'auras qu'à regarder dans ton miroir, tu y verras l'image de cette fille. La glace se conservera pure et nette si la fille est chaste ; et si au contraire la glace se ternit, ce sera une marque assurée que la fille n'aura pas toujours été sage, ou du moins qu'elle aura souhaité de cesser de l'être. N'oublie donc pas le serment que tu m'as fait ; garde-le en homme d'honneur ; autrement je t'ôterai la vie, quelque amitié que je me sente pour toi. » Le prince Zeyn Alasnam protesta de nouveau qu'il tiendroit exactement sa parole.

Alors le roi des Génies lui mit entre les mains un miroir, en disant : « Ô mon fils, tu peux t'en retourner quand tu voudras, voilà le miroir dont tu dois te servir ! » Zeyn et Mobarec prirent congé du roi des Génies, et marchèrent vers le lac. Le batelier à tête d'éléphant vint à eux avec sa barque, et les repassa de la même manière qu'il les avoit passés. Ils rejoignirent les personnes de leur suite, avec lesquelles ils retournèrent au Caire.

Le prince Alasnam se reposa quelques jours chez Mobarec. Ensuite il lui dit : « Partons pour Bagdad, allons-y chercher une fille pour le roi des Génies. » « Hé, ne sommes-nous pas au grand Caire, répondit Mobarec ? N'y trouverons-nous pas bien de belles filles ? » « Vous avez raison, reprit le prince ; mais comment ferons-nous pour découvrir les endroits où elles sont ? » « Ne vous mettez point en peine de cela, Seigneur, répliqua Mobarec ; je connois une vieille femme fort adroite, je la veux charger de cet emploi : elle s'en acquittera fort bien. »

Effectivement la vieille eut l'adresse de faire voir au prince un grand nombre de très-belles filles de quinze ans ; mais lorsqu'après les avoir regardées il venoit à consulter son miroir, la fatale pierre de touche de leur vertu, la glace, se ternissoit toujours. Toutes les filles de la cour et de la ville, qui se trouvèrent dans leur quinzième année, subirent l'examen l'une après l'autre ; et jamais la glace ne se conserva pure et nette.

Quand ils virent qu'ils ne pouvoient rencontrer des filles chastes au Caire, ils allèrent à Bagdad. Ils louèrent un palais magnifique dans un des plus beaux quartiers de la ville. Ils commencèrent à faire bonne chère. Ils tenoient table ouverte ; et après que tout le monde avoit mangé dans le palais, on portoit le reste aux Derviches qui par-là subsistoient commodément.

Or il y avoit dans le quartier un iman appelé Boubekir Muezin. C'étoit un homme vain, fier et envieux. Il haïssoit les gens riches, seulement parce qu'il étoit pauvre. Sa misère l'aigrissoit contre la prospérité de son prochain. Il entendit parler de Zeyn Alasnam et de l'abondance qui régnoit chez lui. Il ne lui en fallut pas davantage pour prendre ce prince en aversion. Il poussa même la chose si loin, qu'un jour dans la mosquée il dit au peuple après la prière du soir : « Ô mes frères, j'ai ouï dire qu'il est venu loger dans notre quartier un étranger qui dépense tous les jours des sommes immenses. Que sait-on ? Cet inconnu est peut-être un scélérat qui aura volé dans son pays des biens considérables, et il vient dans cette grande ville se donner du bon temps. Prenons-y garde, mes frères, si le calife apprend qu'il y a un homme de cette sorte dans notre quartier, il est à craindre qu'il ne nous punisse de ne l'en avoir pas averti. Pour moi, je vous déclare que je m'en lave les mains, et que s'il en arrive quelque accident, ce ne sera pas ma faute. » Le peuple qui se laisse aisément persuader, cria tout d'une voix à Boubekir : « C'est votre affaire, docteur ; faites savoir cela au conseil. Alors l'iman satisfait se retira chez lui, et se mit à composer un mémoire, résolu de le présenter le lendemain au calife.

Mais Mobarec qui avoit été à la prière, et qui avoit entendu comme les autres le discours du docteur, mit cinq cents sequins d'or dans un mouchoir, fit un paquet de plusieurs étoffes de soie, et s'en alla chez Boubekir. Le docteur lui demanda d'un ton brusque ce qu'il souhaitoit. « Ô docteur, lui répondit Mobarec d'un air doux en lui mettant entre les mains l'or et les étoffes, je suis votre voisin et votre serviteur : je viens de la part du prince Zeyn qui demeure en ce quartier. Il a entendu parler de votre mérite, et il m'a chargé de vous venir dire qu'il souhaitoit de faire connoissance avec vous. En attendant, il vous prie de recevoir ce petit présent. » Boubekir fut transporté de joie, et répondit à Mobarec : « De grâce, Seigneur, demandez bien pardon au prince pour moi. Je suis tout honteux de ne l'avoir point encore été voir ; mais je réparerai ma faute, et dès demain j'irai lui rendre mes devoirs. »

En effet, le jour suivant, après la prière du matin, il dit au peuple : « Sachez, mes frères, qu'il n'y a personne qui n'ait ses ennemis. L'envie attaque principalement ceux qui ont de grands biens. L'étranger dont je vous parlois hier au soir, n'est point un méchant homme, comme quelques gens mal intentionnés me l'ont voulu faire accroire ; c'est un jeune prince qui a mille vertus. Gardons-nous bien d'en aller faire quelque mauvais rapport au calife. »

Boubekir par ce discours ayant effacé de l'esprit du peuple l'opinion qu'il avoit donnée de Zeyn le soir précédent, s'en retourna chez lui. Il prit ses habits de cérémonie, et alla voir le jeune prince qui le reçut très-agréablement. Après plusieurs complimens de part et d'autre, Boubekir dit au prince : « Seigneur, vous proposez-vous d'être long-temps à Bagdad ? » « J'y demeurerai, lui répondit Zeyn, jusqu'à ce que j'aie trouvé une fille qui soit dans sa quinzième année, qui soit parfaitement belle, et si chaste qu'elle n'ait jamais connu d'homme, ni souhaité d'en connoître. » « Vous cherchez une chose assez rare, répliqua l'iman, et je craindrois fort que votre recherche ne fût inutile, si je ne savois pas où il y a une fille de ce caractère-là. Son père a été visir autrefois ; mais il a quitté la cour, et vit depuis long-temps dans une maison écartée où il se donne tout entier à l'éducation de sa fille. Je vais, Seigneur, si vous voulez, la lui demander pour vous : je ne doute pas qu'il ne soit ravi d'avoir un gendre de votre naissance. » « N'allons pas si vîte, repartit le prince : je n'épouserai point cette fille, que je ne sache auparavant si elle me convient. Pour sa beauté, je puis m'en fier à vous ; mais à l'égard de sa vertu, quelles assurances m'en pouvez-vous donner ? » « Hé quelles assurances en voulez-vous avoir, dit Boubekir ? » « Il faut que je la voie en face, répondit Zeyn ; je n'en veux pas davantage pour me déterminer. » « Vous, vous connoissez donc bien en physionomie, reprit l'iman en souriant ? Hé bien venez avec moi chez son père ; je le prierai de vous la laisser voir un moment en sa présence. »

Muezin conduisit le prince chez le visir, qui ne fut pas plutôt instruit de la naissance et du dessein de Zeyn, qu'il fit venir sa fille, et lui ordonna d'ôter son voile. Jamais une beauté si parfaite et si piquante ne s'étoit présentée aux yeux du jeune roi de Balsora, il en demeura surpris. Dès qu'il put éprouver si cette fille étoit aussi chaste que belle, il tira son miroir, et la glace se conserva pure et nette.

Quand il vit qu'il avoit enfin trouvé une jeune fille telle qu'il la souhaitoit, il pria le visir de la lui accorder. Aussitôt on envoya chercher le cadi qui vint. On fit le contrat et la prière du mariage. Après cette cérémonie, Zeyn mena le visir en sa maison, ou il le régala magnifiquement, et lui fit des présens considérables. Ensuite il envoya une infinité de joyaux à la mariée par Mobarec qui la lui amena chez lui, où les noces furent célébrées avec toute la pompe qui convenoit au rang de Zeyn. Quand tout le monde se fut retiré, Mobarec dit à son maître : « Allons, Seigneur, ne demeurons pas plus long-temps à Bagdad ; reprenons le chemin du Caire. Souvenez-vous de la promesse que vous avez faite au roi des Génies. » « Partons, répondit le prince ; il faut que je m'en acquitte avec fidélité. Je vous avouerai pourtant, mon cher Mobrarec, que si j'obéis au roi des Génies, ce n'est pas sans violence. La personne que je viens d'épouser est charmante, et je suis tenté de l'emmener à Balsora pour la placer sur le trône. » « Ah, Seigneur, répliqua Mobarec, gardez-vous bien de céder à votre envie ! Rendez-vous maître de vos passions ; et quelque chose qu'il vous en puisse coûter, tenez parole au roi des Génies. » « Hé bien, Mobarec, dit le prince, ayez donc soin de me cacher cette aimable fille. Que jamais elle ne s'offre à mes yeux ! Peut-être même ne l'ai-je que trop vue ! »

Mobarec fit faire les préparatifs du départ. Ils retournèrent au Caire, et de là prirent la route de l'isle du roi des Génies. Lorsqu'ils y furent, la fille qui avoit fait le voyage en litière et que le prince n'avoit point vue depuis le jour des noces, dit à Mobarec : « En quels lieux sommes-nous ? Serons-nous bientôt dans les états du prince mon mari ? » « Madame, répondit Mobarec, il est temps de vous détromper. Le prince Zeyn ne vous a épousée que pour vous tirer du sein de votre père. Ce n'est point pour vous rendre souveraine de Balsora qu'il vous a donné sa foi ; c'est pour vous livrer au roi des Génies qui lui a demandé une fille de votre caractère. » À ces mots elle se mit à pleurer amèrement, ce qui attendrit fort le prince et Mobarec. « Ayez pitié de moi, leur disoit-elle. Je suis une étrangère ; vous répondrez devant Dieu de la trahison que vous m'avez faite. »

Ses larmes et ses plaintes furent inutiles. On la présenta au roi des Génies, qui, après l'avoir regardée avec attention, dit à Zeyn : « Prince, je suis content de vous. La fille que vous m'avez amenée, est charmante et chaste ; et l'effort que vous avez fait pour me tenir parole, m'est agréable. Retournez dans vos états. Quand vous entrerez dans la chambre souterraine où sont les huit statues, vous y trouverez la neuvième que je vous ai promise : je vais l'y faire transporter par mes Génies. » Zeyn remercia le roi, et reprit la route du Caire avec Mobarec, mais il ne demeura pas long-temps dans cette ville : l'impatience de recevoir la neuvième statue lui fit précipiter son départ. Cependant il ne laissoit pas de penser souvent à la fille qu'il avoit épousée ; et se reprochant la tromperie qu'il lui avoit faite, il se regardoit comme la cause et l'instrument de son malheur. « Hélas, disoit-il en lui-même, je l'ai enlevée aux tendresses de son père pour la sacrifier à un Génie ! Ô beauté sans pareille, vous méritiez un meilleur sort ! »

Le prince Zeyn occupé de ces pensées, arriva enfin à Balsora, où ses sujets, charmés de son retour, firent de grandes réjouissances. Il alla d'abord rendre compte de son voyage à la reine sa mère, qui fut ravie d'apprendre qu'il avoit obtenu la neuvième statue. « Allons, mon fils, dit-elle, allons la voir, car elle est sans doute dans le souterrain, puisque le roi des Génies vous a dit que vous l'y trouveriez. » Le jeune roi et sa mère, tous deux pleins d'impatience de voir cette statue merveilleuse, descendirent dans le souterrain, et entrèrent dans la chambre des statues. Mais quelle fut leur surprise, lorsqu'au lieu d'une statue de diamans, ils aperçurent sur le neuvième piédestal une fille parfaitement belle, que le prince reconnut pour celle qu'il avoit conduite dans l'isle des Génies. « Prince, lui dit la jeune fille, vous êtes fort étonné de me voir ici ! Vous vous attendiez à trouver quelque chose de plus précieux que moi, et je ne doute point qu'en ce moment vous ne vous repentiez d'avoir pris tant de peine. Vous vous proposiez une plus belle récompense. » « Non, madame, répondit Zeyn, le ciel m'est témoin que j'ai plus d'une fois pensé manquer de foi au roi des Génies pour vous conserver à moi. De quelque prix que puisse être une statue de diamans, vaut-elle le plaisir de vous posséder ? Je vous aime mieux que tous les diamans et toutes les richesses du monde. »

Dans le temps qu'il achevoit de parler, on entendit un coup de tonnerre qui fit trembler le souterrain. La mère de Zeyn en fut épouvantée ; mais le roi des Génies qui parut aussitôt, dissipa sa frayeur. « Madame, lui dit-il, je protège et j'aime votre fils. J'ai voulu voir si à son âge il seroit capable de dompter ses passions. Je sais bien que les charmes de cette jeune personne l'ont frappé, et qu'il n'a pas tenu exactement la promesse qu'il m'avoit faite de ne point souhaiter sa possession ; mais je connois trop la fragilité de la nature humaine pour m'en offenser, et je suis charmé de sa retenue. Voilà cette neuvième statue que je lui destinois : elle est plus rare et plus précieuse que les autres ! Vivez, Zeyn, poursuivit-il en s'adressant au prince, vivez heureux avec cette jeune dame, c'est votre épouse ; et si vous voulez qu'elle vous garde une foi pure et constante, aimez-la toujours, mais aimez-la uniquement. Ne lui donnez point de rivale, et je réponds de sa fidélité. » Le roi des Génies disparut à ces paroles ; et Zeyn enchanté de la jeune dame, consomma son mariage dès le jour même, la fit proclamer reine de Balsora ; et ces deux époux, toujours fidèles, toujours amoureux, passèrent ensemble un grand nombre d'années.

La sultane des Indes n'eut pas plus tôt fini l'histoire du prince Zeyn Alasnam, qu'elle demanda la permission d'en commencer une autre ; ce que Schahriar lui ayant accordé pour la prochaine nuit, parce que le jour alloit bientôt paroître, cette princesse en fit le récit dans ces termes :

HISTOIRE DE
CODADAD ET DE SES FRÈRES.

CEUX qui ont écrit l'histoire du royaume de Dyarbekir, rapportent que dans la ville de Harran régnoit autrefois un roi très-magnifique et très-puissant. Il n'aimoit pas moins ses sujets qu'il en étoit aimé. Il avoit mille vertus, et il ne lui manquoit pour être parfaitement heureux que d'avoir un héritier. Quoiqu'il eût dans son sérail les plus belles femmes du monde, il ne pouvoit avoir d'enfans. Il en demandoit sans cesse au ciel ; et une nuit, pendant qu'il goûtoit la douceur du sommeil, un homme de bonne mine, ou plutôt un prophète, lui apparut et lui dit :

« Tes prières sont exaucées ; tu as enfin obtenu ce que tu desirois. Lève-toi aussitôt que tu seras réveillé, mets-toi en prières, et fais deux génuflexions ; après cela, va dans les jardins de ton palais, appelle ton jardinier, et lui ordonne de t'apporter une grenade ; manges-en tant de grains qu'il te plaira, et tes souhaits seront comblés. »

Le roi rappelant ce songe à son réveil, en rendit grâces au ciel. Il se leva, se mit en prières, fit deux génuflexions ; puis il alla dans les jardins, ou il prit cinquante grains de grenade qu'il compta l'un après l'autre, et qu'il mangea. Il avoit cinquante femmes qui partageoient son lit ; elles devinrent toutes grosses ; mais il y en eut une nommée Pirouzé, dont la grossesse ne parut point. Il conçut de l'aversion pour cette dame, il vouloit la faire mourir. « Sa stérilité, disoit-il, est une marque certaine que le ciel ne trouve pas Pirouzé digne d'être mère d'un prince. Il faut que je purge le monde d'un objet odieux au Seigneur. » Il formoit cette cruelle résolution ; mais son visir l'en détourna, en lui représentant que toutes les femmes n'étoient pas du même tempérament, et qu'il n'étoit pas impossible que Pirouzé fût grosse, quoique sa grossesse ne se déclarât point encore. « Hé bien, reprit le roi, qu'elle vive ; mais qu'elle sorte de ma cour, car je ne puis la souffrir. » « Que votre Majesté, répliqua le visir, l'envoie chez le prince Samer, votre cousin. » Le roi goûta cet avis ; il envoya Pirouzé à Samarie avec une lettre, par laquelle il mandoit à son cousin de la bien traiter ; et si elle étoit grosse, de lui donner avis de son accouchement.

Pirouzé ne fut pas arrivée dans ce pays-là, qu'on s'aperçut qu'elle étoit enceinte ; et enfin elle accoucha d'un prince plus beau que le jour. Le prince de Samarie écrivit aussitôt au roi de Harran pour lui faire part de l'heureuse naissance de ce fils, et l'en féliciter. Le roi en eut beaucoup de joie, et fit une réponse au prince Samer dans ces termes :

« Mon cousin, toutes mes autres femmes ont mis aussi au monde chacune un prince, de sorte que nous avons ici un grand nombre d'enfans. Je vous prie d'élever celui de Pirouzé, de lui donner le nom de

Codadad[24], et vous me l'enverrez quand je vous le manderai. »

Le prince de Samarie n'épargna rien pour l'éducation de son neveu. Il lui fit apprendre à monter à cheval, à tirer de l'arc, et toutes les autres choses qui conviennent aux fils des rois, si bien que Codadad à dix-huit ans pouvoit passer pour un prodige. Ce jeune prince se sentant un courage digne de sa naissance, dit un jour à sa mère : « Madame, je commence à m'ennuyer à Samarie ; je sens que j'aime la gloire, permettez-moi d'aller chercher les occasions d'en acquérir dans les périls de la guerre. Le roi de Harran, mon père, a des ennemis. Quelques princes ses voisins veulent troubler son repos. Que ne m'appelle-t-il à son secours ? Pourquoi me laisse-t-il dans l'enfance si long-temps ? Ne devrois-je pas être dans sa cour ? Pendant que tous mes frères ont le bonheur de combattre à ses côtés, faut-il que je passe ici ma vie dans l'oisiveté ? » « Mon fils, lui répondit Pirouzé, je n'ai pas moins d'impatience que vous de voir votre nom fameux. Je voudrois que vous vous fussiez déjà signalé contre les ennemis du roi votre père ; mais il faut attendre qu'il vous demande. » « Non, madame, répliqua Codadad, je n'ai que trop attendu. Je meurs d'envie de voir le roi, et je suis tenté de lui aller offrir mes services comme un jeune inconnu. Il les acceptera sans doute, et je ne me découvrirai qu'après avoir fait mille actions glorieuses : je veux mériter son estime avant qu'il me reconnoisse. » Pirouzé approuva cette généreuse résolution ; et de peur que le prince Samer ne s'y opposât, Codadad, sans la lui communiquer, sortit un jour de Samarie comme pour aller à la chasse.

Il étoit monté sur un cheval blanc, qui avoit une bride et des fers d'or, une selle avec une housse de satin bleu toute parsemée de perles. Il avoit un sabre dont la poignée étoit d'un seul diamant, et le fourreau de bois de sandal tout garni d'émeraudes et de rubis. Il portoit sur ses épaules son carquois et son arc ; et dans cet équipage qui relevoit merveilleusement sa bonne mine, il arriva dans la ville de Harran. Il trouva bientôt moyen de se faire présenter au roi, qui charmé de sa beauté, de sa taille avantageuse, ou peut-être entraîné par la force du sang, lui fit un accueil favorable, et lui demanda son nom et sa qualité. « Sire, répondit Codadad : je suis fils d'un émir du Caire. Le désir de voyager m'a fait quitter ma patrie ; et comme j'ai appris en passant par vos états que vous étiez en guerre avec quelques-uns de vos voisins, je suis venu dans votre cour pour offrir mon bras à votre Majesté. » Le roi l'accabla de caresses, et lui donna de l'emploi dans ses troupes.

Ce jeune prince ne tarda guère à faire remarquer sa valeur. Il s'attira l'estime des officiers, excita l'admiration des soldats ; et comme il

---

[24] Dieudonné.

n'avoit pas moins d'esprit que de courage, il gagna si bien les bonnes grâces du roi, qu'il devint bientôt son favori. Tous les jours les ministres et les autres courtisans ne manquoient point d'aller voir Codadad ; et ils recherchoient avec autant d'empressement son amitié, qu'ils négligeoient celle des autres fils du roi. Ces jeunes princes ne purent s'en apercevoir sans chagrin ; et s'en prenant à l'étranger, ils conçurent tous pour lui une extrême haine. Cependant le roi l'aimant de plus en plus tous les jours, ne se lassoit point de lui donner des marques de son affection. Il le vouloit avoir sans cesse auprès de lui. Il admiroit ses discours pleins d'esprit et de sagesse ; et pour faire voir jusqu'à quel point il le croyoit sage et prudent, il lui confia la conduite des autres princes, quoiqu'il fût de leur âge ; de manière que voilà Codadad gouverneur de ses frères.

Cela ne fit qu'irriter leur haine. « Comment donc, dirent-ils, le roi ne se contente pas d'aimer un étranger plus que nous, il veut encore qu'il soit notre gouverneur, et que nous ne fassions rien sans sa permission ? C'est ce que nous ne devons pas souffrir. Il faut nous défaire de cet étranger. » « Nous n'avons, disoit l'un, qu'à l'aller chercher tous ensemble, et le faire tomber sous nos coups. » « Non, non, disoit l'autre, gardons-nous bien de nous l'immoler nous-mêmes ; sa mort nous rendroit odieux au roi, qui, pour nous en punir, nous déclareroit tous indignes de régner. Perdons l'étranger adroitement. Demandons-lui permission d'aller à la chasse ; et quand nous serons loin de ce palais, nous prendrons le chemin d'une autre ville où nous irons passer quelque temps. Notre absence étonnera le roi, qui ne nous voyant pas revenir, perdra patience, et fera peut-être mourir l'étranger ; il le chassera du moins de sa cour pour nous avoir permis de sortir du palais. »

Tous les princes applaudirent à cet artifice. Ils allèrent trouver Codadad, et le prièrent de leur permettre d'aller prendre le divertissement de la chasse, en lui promettant de revenir le même jour. Le fils de Pirouzé donna dans le piège : il accorda la permission que ses frères lui demandoient. Ils partirent et ne revinrent point. Il y avoit déjà trois jours qu'ils étoient absens, lorsque le roi dit à Codadad : « Où sont les princes ? Il y a long-temps que je ne les ai vus. » « Sire, répondit-il, après avoir fait une profonde révérence, ils sont à la chasse depuis trois jours ; ils m'avoient pourtant promis qu'ils reviendroient plus tôt. » Le roi devint inquiet, et son inquiétude augmenta lorsqu'il vit que le lendemain les princes ne paroissoient point encore. Il ne put retenir sa colère : « Imprudent étranger, dit-il à Codadad, devois-tu laisser partir mes fils sans les accompagner ? Est-ce ainsi que tu t'acquittes de l'emploi dont je t'ai chargé ? Va les chercher tout-à-l'heure et me les amène ; autrement ta perte est assurée. »

Ces paroles glacèrent d'effroi le malheureux fils de Pirouzé. Il se revêtit de ses armes, monta promptement à cheval. Il sortit de la ville ; et comme un berger qui a perdu son troupeau, il chercha partout ses frères dans la campagne, il s'informa dans tous les villages si on ne les avoit point vus ; et n'en apprenant aucune nouvelle, il s'abandonna à la plus vive douleur. « Ah, mes frères, s'écria-t-il, qu'êtes-vous devenus ? Seriez-vous au pouvoir de nos ennemis ? Ne serois-je venu à la cour de Harran que pour causer au roi un déplaisir si sensible ? » Il étoit inconsolable d'avoir permis aux princes d'aller à la chasse, ou de ne les avoir point accompagnés.

Après quelques jours employés à une recherche vaine, il arriva dans une plaine d'une étendue prodigieuse, au milieu de laquelle il y avoit un palais bâti de marbre noir. Il s'en approcha, et vît à une fenêtre une dame parfaitement belle, mais parée de sa seule beauté ; car elle avoit les cheveux épars, des habits déchirés, et l'on remarquoit sur son visage toutes les marques d'une profonde affliction. Sitôt qu'elle aperçut Codadad, et qu'elle jugea qu'il pouvoit l'entendre, elle lui adressa ces paroles : « Ô jeune homme, éloigne-toi de ce palais funeste, ou bien tu te verras bientôt en la puissance du monstre qui l'habite. Un nègre qui se repaît de sang humain, fait ici sa demeure ; il arrête toutes les personnes que leur mauvaise fortune fait passer par cette plaine, et il les enferme dans de sombres cachots, d'où il ne les tire que pour les dévorer. »

« Madame, lui répondit Codadad, apprenez-moi qui vous êtes, et ne vous mettez point en peine du reste ? » « Je suis une fille de qualité du Caire, repartit la dame ; je passois bien près de ce château pour aller à Bagdad ; je rencontrai le nègre qui tua tous mes domestiques, et m'amena ici. Je voudrois n'avoir rien à craindre que la mort, mais pour comble d'infortune, ce monstre veut que j'aie de la complaisance pour lui ; et si dès demain je ne me rends pas sans effort à sa brutalité, je dois m'attendre à la dernière violence. Encore une fois, poursuivit-elle, sauve-toi, le nègre va bientôt revenir ; il est sorti pour poursuivre quelques voyageurs qu'il a remarqués de loin dans la plaine. Tu n'as pas de temps à perdre, et je ne sais pas même si par une prompte fuite tu pourras lui échapper. »

Elle n'eut pas achevé ces mots que le nègre parut. C'étoit un homme d'une grandeur démesurée et d'une mine effroyable. Il montoit un puissant cheval de Tartarie, et portoit un cimeterre si large et si pesant, que lui seul pouvoit s'en servir. Le prince l'ayant aperçu, fut étonné de sa taille monstrueuse. Il s'adressa au ciel pour le prier de lui être favorable ; ensuite il tira son sabre, et attendit de pied ferme le nègre, qui, méprisant un si foible ennemi, le somma de se rendre sans combattre ; mais Codadad fit connoître par sa contenance qu'il vouloit défendre sa vie, car il s'approcha de lui et le frappa rudement au genou. Le nègre se sentant blessé poussa un cri si effroyable, que toute la plaine en retentit. Il devint furieux, il écuma de rage, il se leva sur ses étriers, et voulut frapper à son tour Codadad de son redoutable cimeterre. Le coup fut porté avec tant de roideur, que c'étoit fait du jeune prince, s'il n'eût pas eu l'adresse de l'éviter en faisant faire un mouvement à son cheval. Le cimeterre fit dans l'air un horrible sifflement. Alors, avant que le nègre eut le temps de porter un second coup, Codadad lui en déchargea un sur le bras droit avec tant de force, qu'il le lui coupa. Le terrible cimeterre tomba avec la main qui le soutenoit, et le nègre aussitôt cédant à la violence du coup, vuida les étriers, et fit retentir la terre du bruit de sa chute. En même temps le prince descendit de son cheval, se jeta sur son ennemi, et lui coupa la tête. En ce moment, la dame dont les yeux avoient été témoins de ce combat, et qui faisoit encore au ciel des vœux ardens pour ce jeune héros qu'elle admiroit, fit un cri de joie, et dit à Codadad : « Prince (car la pénible victoire que vous venez de remporter, me persuade, aussi-bien que votre air noble, que vous ne devez pas être d'une condition commune), achevez votre ouvrage : le nègre a les clefs de ce château, prenez-les et venez me tirer de prison. » Le prince fouilla dans les poches du misérable qui étoit étendu sur la poussière, et y trouva plusieurs clefs.

Il ouvrit la première porte, et entra dans une grande cour, où il rencontra la dame qui venoit au-devant de lui. Elle voulut se jeter à ses pieds pour mieux lui marquer sa reconnoissance ; mais il l'en empêcha. Elle loua sa valeur, et l'éleva au-dessus de tous les héros du monde. Il répondit à ses complimens ; et comme elle lui parut encore plus aimable de près que de loin, je ne sais si elle sentoit plus de joie de se voir délivrée de l'affreux péril où elle avoit été, que lui d'avoir rendu cet important service à une si belle personne.

Leurs discours furent interrompus par des cris et des gémissemens. « Qu'entends-je, s'écria Codadad ? D'où partent ces voix pitoyables qui frappent mes oreilles ? » « Seigneur, dit la dame, en lui montrant du doigt une porte basse qui étoit dans la cour, elles viennent de cet endroit : il y a là je ne sais combien de malheureux que leur étoile a fait tomber entre les mains du nègre ; ils sont tous enchaînés, et chaque jour ce monstre en tiroit un pour le manger. »

« C'est un surcroît de joie pour moi, reprit le jeune prince, d'apprendre que ma victoire sauve la vie à ces infortunés. Venez, Madame, venez partager avec moi le plaisir de les mettre en liberté ; vous pouvez juger par vous-même de la satisfaction que nous allons leur causer. » À ces mots, ils s'avancèrent vers la porte du cachot. À mesure qu'ils en approchoient, ils entendoient plus distinctement les plaintes des prisonniers. Codadad en étoit pénétré. Impatient de terminer leurs peines, il mit promptement une de ces clefs dans la serrure. D'abord il ne mit pas celle qu'il falloit ; il en prit une autre, et au bruit qu'il fit, tous ces malheureux, persuadés que c'est le nègre qui venoit selon sa coutume leur apporter à manger et en même temps se saisir d'un de leurs compagnons, redoublèrent leurs cris et leurs gémissemens. On entendoit des voix lamentables qui sembloient sortir du centre de la terre.

Cependant le prince ouvrit la porte, et trouva un escalier assez roide, par où il descendit dans une vaste et profonde cave, qui recevoit un foible jour par un soupirail, et où il y avoit plus de cent personnes attachées à des pieux les mains liées. « Infortunés voyageurs, leur dit-il, misérables victimes qui n'attendez que le moment d'une mort cruelle, rendez grâces au ciel qui vous délivre aujourd'hui par le secours de mon bras ! J'ai tué l'horrible nègre dont vous deviez être la proie, et je viens briser vos fers. » Les prisonniers n'eurent pas sitôt entendu ces paroles, qu'ils poussèrent tous ensemble un cri mêlé de surprise et de joie. Codadad et la dame commencèrent à les délier ; et à mesure qu'ils les délioient, ceux qui se voyoient débarrassés de leurs chaînes, aidoient à défaire celles des autres ; de manière qu'en peu de temps ils furent tous en liberté.

Alors ils se mirent à genoux, et après avoir remercié Codadad de ce qu'il venoit de faire pour eux, ils sortirent de la cave ; et quand ils furent dans la cour, de quel étonnement fut frappé le prince, de voir parmi ces prisonniers, ses frères qu'il cherchoit, et qu'il n'espéroit plus rencontrer ! « Ah, princes, s'écria-t-il en les apercevant, ne me trompé-je point ? Est-ce vous en effet que je vois ? Puis-je me flatter que je pourrai vous rendre au roi votre père, qui est inconsolable de vous avoir perdus ! Mais n'en aura-t-il pas quelqu'un à pleurer ? Êtes-vous tous en vie ? Hélas, la mort d'un seul d'entre vous suffit pour empoisonner la joie que je sens de vous avoir sauvés ! »

Les quarante-neuf princes se firent tous reconnoître à Codadad qui les embrassa l'un après l'autre, et leur apprit l'inquiétude que leur absence causoit au roi. Ils donnèrent à leur libérateur toutes les louanges qu'il méritoit, aussi bien que les autres prisonniers, qui ne pouvoient trouver de termes assez forts à leur gré pour lui témoigner toute la reconnoissance dont ils se sentoient pénétrés. Codadad fit ensuite avec eux la visite du château, où il y avoit des richesses immenses, des toiles fines, des brocards d'or, des tapis de Perse, des satins de la Chine, et une infinité d'autres marchandises que le nègre avoit prises aux caravanes qu'il avoit pillées, et dont la plus grande partie appartenoit aux prisonniers que Codadad venoit de délivrer. Chacun reconnut son bien et le réclama. Le prince leur fit prendre leurs ballots, et partagea même entr'eux le reste des marchandises. Puis il leur dit : « Comment ferez-vous pour porter vos étoffes ? Nous sommes ici dans un désert, il n'y a pas d'apparence que vous trouviez des chevaux. » « Seigneur, répondit un des prisonniers, le nègre nous a volé nos chameaux avec nos marchandises ; peut-être sont-ils dans les écuries de ce château ? » « Cela n'est pas impossible, repartit Codadad ; il faut nous en éclaircir. » En même temps ils allèrent aux écuries, où non-seulement ils aperçurent les chameaux des marchands, mais même les chevaux des fils du roi de Harran ; ce qui les combla tous de joie. Il y avoit dans les écuries quelques esclaves noirs, qui, voyant tous les prisonniers délivrés, et jugeant par-là que le nègre avoit été tué, prirent l'épouvante et la fuite par des détours qui leur étoient connus. On ne songea point à les poursuivre. Tous les marchands ravis d'avoir recouvré leurs chameaux et leurs marchandises, avec leur liberté, se disposèrent à partir ; mais avant leur départ ils firent de nouveaux remercîmens à leur libérateur.

Quand ils furent partis, Codadad s'adressant à la dame, lui dit : « En quels lieux, madame, souhaitez-vous d'aller ? Où tendoient vos pas lorsque vous avez été surprise par le nègre ? Je prétends vous conduire jusqu'à l'endroit que vous avez choisi pour retraite, et je ne doute point que ces princes ne soient tous dans la même résolution. » Les fils du roi de Harran protestèrent à la dame qu'ils ne la quitteroient point qu'ils ne l'eussent rendue à ses parens.

« Princes, leur dit-elle, je suis d'un pays trop éloigné d'ici ; et outre que ce seroit abuser de votre générosité que de vous faire faire tant de chemin, je vous avouerai que je suis pour jamais éloignée de ma patrie. Je vous ai dit tantôt que j'étois une dame du Caire ; mais après les bontés que vous me témoignez, et l'obligation que je vous ai, Seigneur, ajouta-t-elle en regardant Codadad, j'aurois mauvaise grâce de vous déguiser la vérité. Je suis fille de roi. Un usurpateur s'est emparé du trône de mon père, après lui avoir ôté la vie ; et pour conserver la mienne, j'ai été obligée d'avoir recours à la fuite. » À cet aveu, Codadad et ses frères prièrent la princesse de leur conter son histoire, en l'assurant qu'ils prenoient toute la part possible à ses malheurs, et qu'ils étoient disposés à ne rien épargner pour la rendre plus heureuse. Après les avoir remerciés des nouvelles protestations de service qu'ils lui faisoient, elle ne put se dispenser de satisfaire leur curiosité, et elle commença de cette sorte le récit de ses aventures :

HISTOIRE
DE LA PRINCESSE DE DERYABAR.

« IL y a dans une isle une grande ville appelée Deryabar. Elle a été long-temps gouvernée par un roi puissant, magnifique et vertueux. Ce prince n'avoit point d'enfans, et cela seul manquoit à son bonheur. Il adressoit sans cesse des prières au ciel ; mais le ciel ne les exauça qu'à demi ; car la reine sa femme, après une longue attente, ne mit au monde qu'une fille.

» Je suis cette malheureuse princesse. Mon père eut plus de chagrin que de joie de ma naissance ; mais il se soumit à la volonté de Dieu. Il me fit élever avec tout le soin imaginable, résolu, puisqu'il n'avoit point de fils, à m'apprendre l'art de régner, et à me faire occuper sa place après lui.

» Un jour qu'il prenoit le divertissement de la chasse, il aperçut un âne sauvage. Il le poursuivit ; il se sépara du gros de la chasse ; et son ardeur l'emporta si loin, que, sans songer qu'il s'égaroit, il courut jusqu'à la nuit. Alors il descendit de cheval, et s'assit à l'entrée d'un bois dans lequel il avoit remarqué que l'âne s'étoit jeté. À peine le jour venoit de se fermer, qu'il aperçut entre les arbres une lumière qui lui fit juger qu'il n'étoit pas loin de quelque village. Il s'en réjouit dans l'espérance d'y aller passer la nuit, et d'y trouver quelqu'un qu'il pût envoyer aux gens de sa suite pour leur apprendre où il étoit. Il se leva, et marcha vers la lumière qui lui servoit de fanal pour se conduire.

» Il connut bientôt qu'il s'étoit trompé : cette lumière n'étoit autre chose qu'un feu allumé dans une cabane. Il s'en approche, et vit avec étonnement un grand homme noir, ou plutôt un géant épouvantable qui étoit assis sur un sofa. Le monstre avoit devant lui une grosse cruche de vin, et faisoit rôtir sur des charbons un bœuf qu'il venoit d'écorcher. Tantôt il portoit la cruche à sa bouche, et tantôt il dépeçoit ce bœuf et en mangeoit des morceaux. Mais ce qui attira le plus l'attention du roi mon père, fut une très-belle femme qu'il aperçut dans la cabane. Elle paroissoit plongée dans une profonde tristesse ; elle avoit les mains liées ; et l'on voyoit à ses pieds un petit enfant de deux ou trois ans, qui, comme s'il eût déjà senti les malheurs de sa mère, pleuroit sans relâche, et faisoit retentir l'air de ses cris.

» Mon père frappé de cet objet pitoyable, fut d'abord tenté d'entrer dans la cabane et d'attaquer le géant ; mais faisant réflexion que ce combat seroit inégal, il s'arrêta, et résolut, puisque ses forces ne suffisoient pas, de s'en défaire par surprise. Cependant le géant, après avoir vuidé la cruche et mangé plus de la moitié du bœuf, se tourna vers la femme, et lui dit : « Belle princesse, pourquoi m'obligez-vous par votre opiniâtreté à vous traiter avec rigueur ? Il ne tient qu'à vous d'être heureuse : vous n'avez qu'à prendre la résolution de m'aimer et de m'être fidèle, et j'aurai pour vous des manières plus douces. » « Ô Satyre affreux, répondit la dame, n'espère pas que le temps diminue l'horreur que j'ai pour toi ! Tu seras toujours un monstre à mes yeux ! » Ces mots furent suivis de tant d'injures, que le géant en fut irrité. « C'en est trop, s'écria-t-il d'un ton furieux, mon amour méprisé se convertit en rage ; ta haine excite enfin la mienne, je sens qu'elle triomphe de mes désirs, et que je souhaite ta mort avec plus d'ardeur que je n'ai souhaité ta possession. » En achevant ces paroles, il prit cette malheureuse femme par les cheveux, il la tint d'une main en l'air, et de l'autre tirant son sabre, il s'apprêta à lui couper la tête, lorsque le roi mon père décocha une flèche et perça l'estomac du géant, qui chancella et tomba aussitôt sans vie.

« Mon père entra dans la cabane ; il délia les mains de la femme, lui demanda qui elle étoit, et par quelle aventure elle se trouvoit là ? « Seigneur, lui répondit-elle, il y a sur le rivage de la mer quelques familles sarrazines qui ont pour chef un prince qui est mon mari. Ce géant que vous venez de tuer étoit un de ses principaux officiers. Ce misérable conçut pour moi une passion violente qu'il prit grand soin de cacher, jusqu'à ce qu'il pût trouver une occasion favorable d'exécuter le dessein qu'il forma de m'enlever. La fortune favorise plus souvent les entreprises injustes que les bonnes résolutions. Un jour le géant me surprit avec mon enfant dans un lieu écarté ; il nous enleva tous deux ; et pour rendre inutiles toutes les perquisitions qu'il jugeoit bien que mon mari feroit de ce rapt, il s'éloigna du pays qu'habitent les Sarrazins, et nous amena jusque dans ce bois où il me retient depuis quelques jours. Quelque déplorable pourtant que soit ma destinée, je ne laisse point de sentir une secrète consolation, quand je pense que ce géant, tout brutal et tout amoureux qu'il ait été, n'a point employé la violence pour obtenir ce que j'ai toujours refusé à ses prières. Ce n'est pas qu'il ne m'ait cent fois menacée qu'il en viendroit aux plus fâcheuses extrémités, s'il ne pouvoit vaincre autrement ma résistance ; et je vous avoue que tout-à-l'heure, quand j'ai excité sa colère par mes discours, j'ai moins craint pour ma vie que pour mon honneur. Voilà, Seigneur, continua la femme du prince des Sarrazins, voilà mon histoire ; et je ne doute point que vous ne me trouviez assez digne de pitié pour ne pas vous repentir de m'avoir si généreusement secourue. »

« Oui, madame, lui dit mon père, vos malheurs m'ont attendri ; j'en suis vivement touché ; mais il ne tiendra pas à moi que votre sort ne devienne meilleur. Demain, dès que le jour aura dissipé les ombres de la nuit, nous sortirons de ce bois, nous chercherons le chemin de la grande ville de Deryabar dont je suis le souverain ; et, si vous l'avez pour agréable, vous logerez dans mon palais, jusqu'à ce que le prince votre époux vous vienne réclamer. »

» La dame sarrazine accepta la proposition ; et le lendemain elle suivit le roi mon père, qui trouva à la sortie du bois tous ses officiers qui avoient passé la nuit à le chercher, et qui étoient fort en peine de lui. Ils furent aussi ravis de le retrouver, qu'étonnés de le voir avec une dame dont la beauté les surprit. Il leur conta de quelle manière il l'avoit rencontrée, et le péril qu'il avoit couru en s'approchant de la cabane, où sans doute il auroit perdu la vie si le géant l'eut aperçu. Un des officiers prit la dame en croupe, et un autre porta l'enfant.

» Ils arrivèrent dans cet équipage au palais du roi mon père, qui donna un logement à la belle sarrazine, et fit élever son enfant avec beaucoup de soin. La dame ne fut pas insensible aux bontés du roi : elle eut pour lui toute la reconnoissance qu'il pouvoit souhaiter. Elle avoit paru d'abord assez inquiète et impatiente de ce que son mari ne la réclamoit point ; mais peu à peu elle perdit son inquiétude : les déférences que mon père avoit pour elle, charmèrent son impatience ; et je crois qu'elle eût enfin su plus mauvais gré à la fortune de la rapprocher de ses parens, que de l'en avoir éloignée.

» Cependant le fils de cette dame devint grand ; il étoit fort bien fait, et comme il ne manquoit pas d'esprit, il trouva moyen de plaire au roi mon père, qui prit pour lui beaucoup d'amitié. Tous les courtisans s'en aperçurent, et jugèrent que ce jeune homme pourroit m'épouser. Dans cette pensée, et le regardant déjà comme héritier de la couronne, ils s'attachoient à lui, et chacun s'efforçoit de gagner sa confiance. Il pénétra le motif de leur attachement ; il s'en applaudit ; et oubliant la distance qui étoit entre nos conditions, il se flatta dans l'espérance qu'en effet mon père l'aimoit assez pour préférer son alliance à celle de tous les princes du monde. Il fit plus : le roi tardant trop à son gré à lui offrir ma main, il eut la hardiesse de la lui demander. Quelque châtiment que méritât son audace, mon père se contenta de lui dire qu'il avoit d'autres vues sur moi, et ne lui en fit pas plus mauvais visage. Le jeune homme fut irrité de ce refus : cet orgueilleux se sentit aussi choqué du mépris qu'on faisoit de sa recherche, que s'il eût demandé une fille du commun, ou qu'il eût été d'une naissance égale à la mienne. Il n'en demeura pas là : il résolut de se venger du roi ; et par une ingratitude dont il est peu d'exemples, il conspira contre lui, il le poignarda, et se fit proclamer roi de Deryabar, par un grand nombre de personnes mécontentes dont il sut ménager le chagrin. Son premier soin, dès qu'il se vit défait de mon père, fut de venir lui-même dans mon appartement à la tête d'une partie des conjurés. Son dessein étoit de m'ôter la vie, ou de m'obliger par force à l'épouser. Mais j'eus le temps de lui échapper : tandis qu'il étoit occupé à égorger mon père, le grand visir, qui avoit toujours été fidèle à son maître, vint m'arracher du palais, et me mit en sûreté dans la maison d'un de ses amis, où il me retint jusqu'à ce qu'un vaisseau secrètement préparé par ses soins, fût en état de faire voile. Alors je sortis de l'isle accompagnée seulement d'une gouvernante et de ce généreux ministre, qui aima mieux suivre la fille de son maître, et s'associer à ses malheurs, que d'obéir au tyran.

« Le grand visir se proposoit de me conduire dans les cours des rois voisins, d'implorer leur assistance, et de les exciter à venger la mort de mon père ; mais le ciel n'approuva pas une résolution qui nous paroissoit si raisonnable. Après quelques jours de navigation, il s'éleva une tempête si furieuse, que malgré l'art de nos matelots, notre vaisseau emporté par la violence des vents et des îlots, se brisa contre un rocher. Je ne m'arrêterai point à vous faire la description de notre naufrage ; je vous peindrois mal de quelle manière ma gouvernante, le grand visir et tous ceux qui m'accompagnoient, furent engloutis dans les abymes de la mer : la frayeur dont j'étois saisie, ne me permit pas de remarquer toute l'horreur de notre sort. Je perdis le sentiment ; et soit que j'eusse été portée par quelques débris du vaisseau sur la côte, soit que le ciel qui me réservoit à d'autres malheurs, eût fait un miracle pour me sauver, quand j'eus repris mes esprits, je me trouvai sur le rivage.

» Souvent les malheurs nous rendent injustes : au lieu de remercier Dieu de la grâce particulière que j'en recevois, je ne levai les yeux au ciel, que pour lui faire des reproches de m'avoir sauvée. Loin de pleurer le visir et ma gouvernante, j'enviois leur destinée, et peu-à-peu ma raison cédant aux affreuses images qui la troubloient, je pris la résolution de me jeter dans la mer. J'étois prête à m'y lancer, lorsque j'entendis derrière moi un grand bruit d'hommes et de chevaux. Je tournai aussitôt la tête pour voir ce que c'étoit, et je vis plusieurs cavaliers armés, parmi lesquels il y en avoit un monté sur un cheval arabe : celui-là portoit une robe brodée d'argent avec une ceinture de pierreries, et il avoit une couronne d'or sur la tête. Quand je n'aurois pas jugé à son habillement que c'étoit le maître des autres, je m'en serois aperçu à l'air de grandeur qui étoit répandu dans toute sa personne. C'étoit un jeune homme parfaitement bien fait, et plus beau que le jour. Surpris de voir en cet endroit une jeune dame seule, il détacha quelques-uns de ses officiers pour venir me demander qui j'étois. Je ne leur répondis que par des pleurs. Comme le rivage étoit couvert de débris de notre vaisseau, ils jugèrent qu'un navire venoit de se briser sur la côte, et que j'étois sans doute une personne échappée du naufrage. Cette conjecture et la vive douleur que je faisois paroître, irritèrent la curiosité des officiers qui commencèrent à me faire mille questions, en m'assurant que leur roi étoit un prince généreux, et que je trouverois dans sa cour de la consolation.

» Leur roi, impatient d'apprendre qui je pouvois être, s'ennuya d'attendre le retour de ses officiers : il s'approcha de moi ; il me regarda avec beaucoup d'attention ; et comme je ne cessois pas de pleurer et de m'affliger, sans pouvoir répondre à ceux qui m'interrogeoient, il leur défendit de me fatiguer davantage par leurs questions, et s'adressant à moi : « Madame, me dit-il, je vous conjure de modérer l'excès de votre affliction. Si le ciel en colère vous fait éprouver sa rigueur, faut-il pour cela vous abandonner au désespoir ? Ayez, je vous prie, plus de fermeté : la fortune qui vous persécute est inconstante ; votre sort peut changer. J'ose même vous assurer que si vos malheurs peuvent être soulagés, il le seront dans mes états. Je vous offre mon palais : vous demeurerez auprès de la reine ma mère, qui s'efforcera, par ses bons traitemens, d'adoucir vos peines. Je ne sais point encore qui vous êtes, mais je sens que je m'intéresse déjà pour vous. »

» Je remerciai le jeune roi de ses bontés ; j'acceptai les offres obligeantes qu'il me faisoit, et pour lui montrer que je n'en étois pas indigne, je lui découvris ma condition. Je lui peignis l'audace du jeune Sarrazin, et je n'eus besoin que de raconter simplement mes malheurs pour exciter sa compassion et celle de tous ses officiers qui m'écoutoient. Le prince, après que j'eus cessé de parler, reprit la parole, et m'assura de nouveau qu'il prenoit beaucoup de part à mon infortune. Il me conduisit ensuite à son palais, où il me présenta à la reine sa mère. Il fallut là recommencer le récit de mes aventures et renouveler les larmes. La reine se montra très-sensible à mes chagrins, et conçut pour moi une tendresse extrême. Le roi son fils de son côté devint éperdument amoureux de moi, et m'offrit bientôt sa couronne et sa main. J'étois encore si occupée de mes disgrâces, que le prince, tout aimable qu'il étoit, ne fit pas sur moi toute l'impression qu'il auroit pu faire dans un autre temps. Cependant pénétrée de reconnoissance, je ne refusai point de faire son bonheur : notre mariage se fit avec toute la pompe imaginable.

» Pendant que tout le monde étoit occupé à célébrer les noces de son souverain, un prince voisin et ennemi vint une nuit faire une descente dans l'isle avec un grand nombre de combattans : ce redoutable ennemi étoit le roi de Zanguebar ; il surprit tout le monde, et tailla en pièces tous les sujets du prince mon mari. Peu s'en fallut même qu'il ne nous prît tous deux ; car il étoit déjà dans le palais avec une partie de ses gens ; mais nous trouvâmes moyen de nous sauver et de gagner le bord de la mer, où nous nous jetâmes dans une barque de pêcheur que nous eûmes le bonheur de rencontrer. Nous voguâmes au gré des vents pendant deux jours, sans savoir ce que nous deviendrions ; le troisième, nous aperçûmes un vaisseau qui venoit à nous à toutes voiles. Nous nous en réjouîmes d'abord, parce que nous imaginâmes que c'étoit un vaisseau marchand qui pourroit nous recevoir ; mais nous fûmes dans un étonnement que je ne puis vous exprimer, lorsque s'étant approché de nous, dix ou douze corsaires armés parurent sur le tillac. Ils vinrent à l'abordage ; cinq ou six se jetèrent dans une barque, se saisirent de nous deux, lièrent le prince mon mari, et nous firent passer dans leur vaisseau, où d'abord ils m'ôtèrent mon voile. Ma jeunesse et mes traits les frappèrent : tous ces pirates témoignent qu'ils sont charmés de ma vue. Au lieu de tirer au sort, chacun prétend avoir la préférence, et que je devienne sa proie. Ils s'échauffent, ils en viennent aux mains, ils combattent comme des furieux. Le tillac en un moment est couvert de corps morts. Enfin, ils se tuèrent tous, à la réserve d'un seul qui se voyant maître de ma personne, me dit : « Vous êtes à moi : je vais vous conduire au Caire, pour vous livrer à un de mes amis, à qui j'ai promis une belle esclave. Mais, ajouta-t-il en regardant le roi mon époux, qui est cet homme-là ? Quels liens l'attachent à vous ? Sont-ce ceux du sang ou ceux de l'amour ? » « Seigneur, lui répondis-je, c'est mon mari. » « Cela étant, reprit le corsaire, il faut que je m'en défasse par pitié ; il souffriroit trop de vous voir entre les bras de mon ami. » À ces mots, il prit ce malheureux prince qui étoit lié, et le jeta dans la mer, malgré tous les efforts que je pus faire pour l'en empêcher. » Je poussai des cris effroyables à cette cruelle action ; et je me serois indubitablement précipitée dans les flots, si le pirate ne m'eût retenue. Il vit bien que je n'avois point d'autre envie ; c'est pourquoi il me lia avec des cordes au grand mât ; et puis mettant à la voile, il cingla vers la terre où il alla descendre. Il me détacha, me mena jusqu'à une petite ville, où il acheta des chameaux, des tentes et des esclaves, et prit ensuite la route du Caire, dans le dessein, disoit-il toujours, de m'aller présenter à son ami et de dégager sa parole.

» Il y avoit déjà plusieurs jours que nous étions en marche, lorsqu'en passant hier par cette plaine, nous aperçûmes le nègre qui habitoit ce château. Nous le prîmes de loin pour une tour ; et lorsqu'il fut près de nous, à peine pouvions-nous croire que ce fût un homme. Il tira son large cimeterre, et somma le pirate de se rendre prisonnier, avec tous ses esclaves et la dame qu'il conduisoit. Le corsaire avoit du courage, et secondé de tous ses esclaves qui promirent de lui être fidèles, il attaqua le nègre. Le combat dura long-temps ; mais enfin le pirate tomba sous les coups de son ennemi, aussi bien que tous ses esclaves, qui aimèrent mieux mourir que de l'abandonner. Après cela, le nègre m'emmena dans ce château, où il apporta le corps du pirate qu'il mangea à son souper. Sur la fin de cet horrible repas, il me dit, voyant que je ne faisois que pleurer : « Jeune dame, dispose-toi à combler mes désirs, au lieu de t'affliger ainsi. Cède de bonne grâce à la nécessité : je te donne jusqu'à demain à faire tes réflexions. Que je te revoie toute consolée de tes malheurs, et ravie d'être réservée à mon lit. » En achevant ces paroles, il me conduisit lui-même dans une chambre, et se coucha dans la sienne, après avoir fermé lui-même toutes les portes du château. Il les a ouvertes ce matin, et refermées aussitôt pour courir après quelques voyageurs qu'il a remarqués de loin ; mais il faut qu'ils lui soient échappés, puisqu'il revenoit seul et sans leurs dépouilles, lorsque vous l'avez attaqué. »

La princesse n'eut pas plutôt achevé le récit de ses aventures, que Codadad lui témoigna qu'il étoit vivement touché de ses malheurs : « Mais, Madame, ajouta-t-il, il ne tiendra qu'à vous de vivre désormais tranquillement. Les fils du roi de Harran vous offrent un asile dans la cour de leur père ; acceptez-le, de grâce ! Vous y serez chérie de ce prince et respectée de tout le monde ; et si vous ne dédaignez pas la foi de votre libérateur, souffrez que je vous la présente, et que je vous épouse devant tous ces princes ; qu'ils soient témoins de notre engagement. » La princesse y consentit ; et dès le jour même ce mariage se fit dans le château, où se trouvèrent toutes sortes de provisions : les cuisines étoient pleines de viandes et d'autres mets, dont le nègre avoit coutume de se nourrir lorsqu'il étoit rassasié de chair humaine. Il y avoit aussi beaucoup de fruits, tous excellens dans leurs espèces, et pour comble de délices, une grande quantité de liqueurs et de vins exquis.

Ils se mirent tous à table ; et après avoir bien mangé et bien bu, ils emportèrent tout le reste des provisions, et sortirent du château dans le dessein de se rendre à la cour du roi de Harran. Ils marchèrent plusieurs jours, campant dans les endroits les plus agréables qu'ils pouvoient trouver ; et ils n'étoient plus qu'à une journée de Harran, lorsque s'étant arrêtés et achevant de boire leur vin, comme gens qui ne se soucioient plus de le ménager, Codadad prit la parole : « Princes, dit-il, c'est trop long-temps vous cacher qui je suis ; vous voyez votre frère Codadad : je dois le jour, aussi-bien que vous, au roi de Harran. Le prince de Samarie m'a élevé, et la princesse Pirouzé est ma mère. Madame, ajouta-t-il en s'adressant à la princesse de Deryabar, pardon si je vous ai fait aussi un mystère de ma naissance. Peut-être qu'en vous la découvrant plus tôt, j'aurois prévenu quelques réflexions désagréables qu'un mariage que vous avez cru inégal vous a pu faire

faire. » « Non, Seigneur, lui répondit la princesse, les sentimens que vous m'avez d'abord inspirés, se sont fortifiés de moment en moment ; et pour faire mon bonheur, vous n'aviez pas besoin de cette origine que vous me découvrez. »

Les princes félicitèrent Codadad sur sa naissance, et lui en témoignèrent beaucoup de joie ; mais dans le fond de leur cœur, au lieu d'en être bien aises, leur haine pour un si aimable frère ne fit que s'augmenter. Ils s'assemblèrent la nuit, et se retirèrent dans un lieu écarté, pendant que Codadad et la princesse sa femme goûtoient sons leur tente la douceur du sommeil. Ces ingrats, ces envieux frères oubliant que sans le courageux fils de Pirouzé, ils seroient tous devenus la proie du nègre, résolurent entr'eux de l'assassiner. « Nous n'avons point d'autre parti à prendre, dit l'un de ces méchans, dès que le roi saura que cet étranger qu'il aime tant, est son fils, et qu'il a eu assez de force pour terrasser lui seul un géant que nous n'avons pu vaincre tous ensemble, il l'accablera de caresses, il lui donnera mille louanges, et le déclarera son héritier au mépris de tous ses autres fils, qui seront obligés de se prosterner devant leur frère et de lui obéir. »

À ces paroles il en ajouta d'autres qui firent tant d'impression sur tous ces esprits jaloux, qu'ils allèrent sur-le-champ trouver Codadad endormi. Ils le percèrent de mille coups de poignard ; et le laissant sans sentiment dans les bras de la princesse, ils partirent pour se rendre à la ville de Harran, où ils arrivèrent le lendemain.

Leur arrivée causa d'autant plus de joie au roi leur père, qu'il désespéroit de les revoir. Il leur demanda la cause de leur retardement ; mais ils se gardèrent bien de la lui dire ; ils ne firent aucune mention du nègre ni de Codadad, et dirent seulement que n'ayant pu résister à la curiosité de voir le pays, ils s'étoient arrêtés dans quelques villes voisines.

Cependant Codadad noyé dans son sang, et peu différent d'un homme mort, étoit sous sa tente avec la princesse sa femme, qui ne paroissoit guère moins à plaindre que lui. Elle remplissoit l'air de cris pitoyables ; elle s'arrachoit les cheveux, et mouillant de ses larmes le corps de son mari : « Ah, Codadad, s'écrioit-elle à tous momens, mon cher Codadad, est-ce toi que je vois prêt à passer chez les morts ! Quelles cruelles mains t'ont réduit en l'état où tu es ? Croirois-je que ce sont tes propres frères qui t'ont si impitoyablement déchiré, ces frères que ta valeur a sauvés ? Non, ce sont plutôt des démons, qui, sous des traits si chers, sont venus t'arracher la vie. Ah, barbares, qui que vous soyez, avez-vous bien pu payer d'une si noire ingratitude le service qu'il vous a rendu ? Mais pourquoi m'en prendre à tes frères, malheureux Codadad ? C'est à moi seule que je dois imputer ta mort :

tu as voulu joindre ta destinée à la mienne ; et toute l'infortune que je traîne après moi depuis que je suis sortie du palais de mon père, s'est répandue sur toi. Ô ciel, qui m'avez condamnée à mener une vie errante et pleine de disgrâces, si vous ne vouliez pas que j'aie d'époux, pourquoi souffrez-vous que j'en trouve ? En voilà deux que vous m'ôtez dans le temps que je commence à m'attacher à eux. »

C'étoit par de semblables discours, et de plus touchans encore, que la déplorable princesse de Deryabar exprimoit sa douleur en regardant l'infortuné Codadad qui ne pouvoit l'entendre. Il n'étoit pourtant pas mort ; et sa femme ayant pris garde qu'il respiroit encore, courut vers un gros bourg qu'elle aperçut dans la plaine, pour y chercher un chirurgien. On lui en enseigna un qui partit sur-le-champ avec elle ; mais quand ils furent sous la tente, ils n'y trouvèrent point Codadad ; ce qui leur fit juger que quelque bête sauvage l'avoit emporté pour le dévorer. La princesse recommença ses plaintes et ses lamentations de la manière du monde la plus pitoyable. Le chirurgien en fut attendri ; et ne voulant pas l'abandonner dans l'état affreux où il la voyoit, il lui proposa de retourner dans le bourg, et lui offrit sa maison et ses services.

Elle se laissa entraîner ; le chirurgien l'emmena chez lui ; et sans savoir encore qui elle étoit, la traita avec toute la considération et tout le respect imaginable. Il tâchoit par ses discours de la consoler ; mais il avoit beau combattre sa douleur, il ne faisoit que l'aigrir au lieu de la soulager. « Madame, lui dit-il un jour, apprenez-moi, de grâce, tous vos malheurs ; dites-moi de quel pays et de quelle condition vous êtes ? Peut-être que je vous donnerai de bons conseils, quand je serai instruit de toutes les circonstances de votre infortune. Vous ne faites que vous affliger, sans songer que l'on peut trouver des remèdes aux maux les plus désespérés. »

Le chirurgien parla avec tant d'éloquence, qu'il persuada la princesse ; elle lui raconta toutes ses aventures ; et lorsqu'elle en eut achevé le récit, le chirurgien reprit la parole : « Madame, dit-il, puisque les choses sont ainsi, permettez-moi de vous représenter que vous ne devez point vous abandonner à votre affliction ; vous devez plutôt vous armer de constance, et faire ce que le nom et le devoir d'une épouse exigent de vous ; vous devez venger votre mari. Je vais, si vous souhaitez, vous servir d'écuyer. Allons à la cour du roi de Harran ; ce prince est bon et très-équitable ; vous n'avez qu'à lui peindre avec de vives couleurs le traitement que le prince Codadad a reçu de ses frères, je suis persuadé qu'il vous fera justice. » « Je cède à vos raisons, répondit la princesse : oui, je dois entreprendre la vengeance de Codadad ; et puisque vous êtes assez obligeant et assez généreux pour vouloir m'accompagner, je suis prête à partir. Elle n'eut pas plutôt pris cette résolution, que le chirurgien fit préparer deux chameaux sur lesquels la princesse et lui se mirent en chemin, et se rendirent à la ville de Harran.

Ils allèrent descendre au premier caravansérail qu'ils rencontrèrent ; ils demandèrent à l'hôte des nouvelles de la cour. « Elle est, leur dit-il, dans une assez grande inquiétude. Le roi avoit un fils, qui, comme un inconnu, a demeuré près de lui fort long-temps, et l'on ne sait ce qu'est devenu ce jeune prince. Une femme du roi, nommée Pirouzé, en est la mère ; elle a fait faire mille perquisitions qui ont été inutiles. Tout le monde est touché de la perte de ce prince ; car il avoit beaucoup de mérite. Le roi a quarante-neuf autres fils, tous sortis de mères différentes ; mais il n'y en a pas un qui ait assez de vertu pour consoler le roi de la mort de Codadad. Je dis de la mort, parce qu'il n'est pas possible qu'il vive encore, puisqu'on ne l'a pu trouver, malgré toutes les recherches qu'on a faites. »

Sur le rapport de l'hôte, le chirurgien jugea que la princesse de Deryabar n'avoit point d'autre parti à prendre que d'aller se présenter à Pirouzé ; mais cette démarche n'étoit pas sans péril, et demandoit beaucoup de précautions. Il étoit à craindre que si les fils du roi de Harran apprenoient l'arrivée et le dessein de leur belle-sœur, ils ne la fissent enlever avant qu'elle pût parler à la mère de Codadad. Le chirurgien fit toutes ces réflexions, et se représenta ce qu'il risquoit lui-même ; c'est pourquoi voulant se conduire prudemment dans cette conjoncture, il pria la princesse de demeurer au caravansérail, pendant qu'il iroit au palais reconnoître les chemins par où il pourroit sûrement la faire parvenir jusqu'à Pirouzé.

Il alla donc dans la ville, et marchoit vers le palais comme un homme attiré seulement par la curiosité de voir la cour, lorsqu'il aperçut une dame montée sur une mule richement harnachée ; elle étoit suivie de plusieurs demoiselles aussi montées sur des mules, et d'un très-grand nombre de gardes et d'esclaves noirs. Tout le peuple se rangeoit en haie pour la voir passer, et la saluoit en se prosternant la face contre terre. Le chirurgien la salua de la même manière, et demanda ensuite à un Calender qui se trouva près de lui, si cette dame étoit femme du roi ? « Oui, frère, lui dit le Calender, c'est une de ses femmes, et celle qui est la plus honorée et la plus chérie du peuple, parce qu'elle est la mère du prince Codadad, dont vous devez avoir ouï parler. »

Le chirurgien n'en voulut pas savoir davantage : il suivit Pirouzé jusqu'à une mosquée, où elle entra pour distribuer des aumônes et assister aux prières publiques que le roi avoit ordonnées pour le retour de Codadad. Le peuple qui s'intéressoit extrêmement à la destinée de ce jeune prince, couroit en foule joindre ses vœux à ceux des prêtres, de sorte que la mosquée étoit remplie de monde. Le chirurgien fendit la presse, et s'avança jusqu'aux gardes de Pirouzé. Il entendit toutes les prières ; et lorsque cette princesse sortit, il aborda un des esclaves, et lui dit à l'oreille : « Frère, j'ai un secret important à révéler à la princesse Pirouzé ; ne pourrois-je point par votre moyen être introduit dans son appartement ? » « Si ce secret, répondit l'esclave, regarde le prince Codadad, j'ose vous promettre que dès aujourd'hui vous aurez d'elle l'audience que vous souhaitez ; mais si ce secret ne le regarde point, il est inutile que vous cherchiez à vous faire présenter à la princesse ; car elle n'est occupée que de son fils, et elle ne veut point entendre parler d'autre chose. » « Ce n'est que de ce cher fils que je veux l'entretenir, reprit le chirurgien. » « Cela étant, dit l'esclave, vous n'avez qu'à nous suivre jusqu'au palais et vous lui parlerez bientôt. »

Effectivement, lorsque Pirouzé fut retournée dans son appartement, cet esclave lui dit qu'un homme inconnu avoit quelque chose d'important à lui communiquer, et que le prince Codadad y étoit intéressé. Il n'eut pas plutôt prononcé ces paroles, que Pirouzé témoigna une vive impatience de voir cet homme inconnu. L'esclave le fit aussitôt entrer dans le cabinet de la princesse, qui écarta toutes ses femmes, à la réserve de deux pour qui elle n'avoit rien de caché. Dès qu'elle aperçut le chirurgien, elle lui demanda avec précipitation quelles nouvelles de Codadad il avoit à lui annoncer ? « Madame, lui répondit le chirurgien après s'être prosterné la face contre terre, j'ai une longue histoire à vous raconter, et des choses sans doute qui vous surprendront. » Alors il lui fit le détail de tout ce qui s'étoit passé entre Codadad et ses frères ; ce qu'elle écouta avec une attention avide ; mais quand il vint à parler de l'assassinat, cette tendre mère, comme si elle se fût sentie frappée des mêmes coups que son fils, tomba évanouie sur un sofa. Les deux femmes la secoururent promptement, et lui firent reprendre ses esprits. Le chirurgien continua son récit. Lorsqu'il eut achevé, cette princesse lui dit : « Allez retrouver la princesse de Deryabar, et annoncez-lui de ma part que le roi la reconnoîtra bientôt pour sa belle-fille ; et à votre égard, soyez persuadé que vos services seront bien récompensés. »

Après que le chirurgien fut sorti, Pirouzé demeura sur le sofa dans l'accablement qu'on peut s'imaginer ; et s'attendrissant au souvenir de Codadad : « Oh mon fils, disoit-elle, me voilà donc pour jamais privée de ta vue ! Lorsque je te laissai partir de Samarie pour venir dans cette cour, et que je reçus tes adieux, hélas, je ne croyois pas qu'une mort funeste t'attendît loin de moi ! Ô malheureux Codadad, pourquoi m'as-tu quittée ! Tu n'aurois pas, à la vérité, acquis tant de gloire, mais tu vivrois encore, et tu ne coûterois pas tant de pleurs à ta mère. » En disant ces paroles elle pleuroit amèrement, et ses deux confidentes touchées de sa douleur mêloient leurs larmes avec les siennes.

Pendant qu'elles s'affligeoient comme à l'envi toutes trois, le roi entra dans le cabinet ; et les voyant en cet état, il demanda à Pirouzé si elle avoit reçu de tristes nouvelles de Codadad ? « Ah, Seigneur, lui dit-elle, c'en est fait, mon fils a perdu la vie ! Et pour comble d'affliction, je ne puis lui rendre les honneurs de la sépulture ; car, selon toutes les apparences, des bêtes sauvages l'ont dévoré. » En même temps elle raconta tout ce que le chirurgien lui avoit appris : elle ne manqua pas de s'étendre sur la manière cruelle dont Codadad avoit été assassiné par ses frères.

Le roi ne donna pas le temps à Pirouzé d'achever son récit ; il se sentit enflammé de colère ; et cédant à son transport : « Madame, dit-il à la princesse, les perfides qui font couler vos larmes, et qui causent à leur père une douleur mortelle, vont éprouver un juste châtiment. » En parlant ainsi, ce prince, la fureur peinte en ses yeux, se rendit dans la salle d'audience où étoient ses courtisans, et ceux d'entre le peuple qui avoient quelque prière à lui faire. Ils furent tous étonnés de le voir paroître d'un air furieux : ils jugèrent qu'il étoit en colère contre son peuple ; leurs cœurs étoient glacés d'effroi. Il monta sur le trône ; et faisant approcher son grand visir : « Hassan, lui dit-il, j'ai un ordre à te donner ; va tout-à-l'heure prendre mille soldats de ma garde, et arrête tous les princes mes fils ; enferme-les dans la tour destinée à servir de prison aux assassins, et que cela soit fait dans un moment. » À cet ordre extraordinaire, tous ceux qui étoient présens frémirent ; et le grand visir, sans répondre un seul mot, mit la main sur sa tête pour marquer qu'il étoit prêt à obéir, et sortit de la salle pour aller s'acquitter d'un emploi dont il étoit fort surpris. Cependant le roi renvoya les personnes qui venoient lui demander audience, et déclara que d'un mois il ne vouloit entendre parler d'aucune affaire. Il étoit encore dans la salle quand le visir revint. « Hé bien, visir, lui dit ce prince, tous mes fils sont-ils dans la tour ? » « Oui, Sire, répondit le ministre, vous êtes obéi. » « Ce n'est pas tout, reprit le roi, j'ai encore un autre ordre à te donner. » En disant cela, il sortit de la salle d'audience, et retourna dans l'appartement de Pirouzé avec le visir qui le suivoit. Il demanda à cette princesse où étoit logée la veuve de Codadad. Les femmes de Pirouzé le dirent ; car le chirurgien ne l'avoit point oublié dans son récit. Alors le roi se tournant vers son ministre : « Va, lui dit-il, dans ce caravansérail, et amène ici une jeune princesse qui y loge ; mais traite-la avec tout le respect dû à une personne de son rang. »

Le visir ne fut pas long-temps à faire ce qu'on lui ordonnoit : il monta à cheval avec tous les émirs et les autres courtisans, et se rendit au caravansérail où étoit la princesse de Deryabar, à laquelle il exposa son ordre, et lui présenta de la part du roi une belle mule blanche qui avoit une selle et une bride d'or parsemée de rubis et d'émeraudes. Elle monta dessus ; et au milieu de tous ces seigneurs, elle prit le chemin du palais. Le chirurgien l'accompagnoit aussi monté sur un beau cheval tartare que le visir lui avoit fait donner. Tout le monde étoit aux fenêtres ou dans les rues, pour voir passer une si magnifique cavalcade ; et comme on répandoit que cette princesse que l'on conduisoit si pompeusement à la cour, étoit femme de Codadad, ce ne fut qu'acclamations. L'air retentit de mille cris de joie, qui se seroient sans doute tournés en gémissemens, si l'on avoit su la triste aventure de ce jeune prince : tant il étoit aimé de tout le monde !

La princesse de Deryabar trouva le roi qui l'attendoit à la porte du palais pour la recevoir. Il la prit par la main, et la conduisit à l'appartement de Pirouzé, où il se passa une scène fort touchante. La femme de Codadad sentit renouveler son affliction à la vue du père et de la mère de son mari, comme le père et la mère ne purent voir l'épouse de leur fils, sans en être fort agités. Elle se jeta aux pieds du roi ; et après les avoir baignés de larmes, elle fut saisie d'une si vive douleur, qu'elle n'eut pas la force de parler. Pirouzé n'étoit pas dans un état moins déplorable ; elle paroissoit pénétrée de ses déplaisirs ; et le roi frappé de ces objets touchans, s'abandonna à sa propre foiblesse. Ces trois personnes confondant leurs soupirs et leurs pleurs, gardèrent quelque temps un silence aussi tendre que pitoyable. Enfin la princesse de Deryabar étant revenue de son accablement, raconta l'aventure du château et le malheur de Codadad ; ensuite elle demanda justice de la trahison des princes. « Oui, madame, lui dit le roi, ces ingrats périront ; mais il faut auparavant faire publier la mort de Codadad, afin que le supplice de ses frères ne révolte pas mes sujets. D'ailleurs, quoique nous n'ayons pas le corps de mon fils, ne laissons pas de lui rendre les derniers devoirs. » À ces mots il s'adressa à son visir, et lui ordonna de faire bâtir un dôme de marbre blanc dans une belle plaine, au milieu de laquelle la ville de Harran est bâtie ; et cependant il donna dans son palais un très-bel appartement à la princesse de Deryabar, qu'il reconnut pour sa belle-fille.

Hassan fit travailler avec tant de diligence, et employa tant d'ouvriers, qu'en peu de jours le dôme fut bâti. On éleva dessous un tombeau sur lequel étoit une figure qui représentoit Codadad. Aussitôt que l'ouvrage fut achevé, le roi ordonna des prières et marqua un jour pour les obsèques de son fils.

Ce jour étant venu, tous les habitants de la ville se répandirent dans la plaine, pour voir la cérémonie qui se fit de cette manière :

Le roi suivi de son visir et des principaux seigneurs de sa cour, marcha vers le dôme ; et quand il y fut arrivé, il entra, et s'assit avec eux sur des tapis de satin, à fleurs d'or ; ensuite une grosse troupe de gardes à cheval, la tête basse et les yeux à demi fermés, s'approcha du dôme. Ils en firent le tour deux fois, gardant un profond silence ; mais à la troisième, ils s'arrêtèrent devant la porte, et dirent tous l'un après l'autre ces paroles à haute voix :

« Ô prince, fils du roi, si nous pouvions apporter quelque soulagement à ton mal, par le tranchant de nos cimeterres, et par la valeur humaine, nous te ferions voir la lumière ; mais le roi des rois a commandé, et l'ange de la mort a obéi ! »

À ces mots, ils se retirèrent pour faire place à cent vieillards qui étoient tous montés sur des mules noires, et qui portoient de longues barbes blanches. C'étoient des solitaires, qui pendant le cours de leur vie se tenoient cachés dans des grottes : ils ne se montroient jamais aux yeux des hommes, que pour assister aux obsèques des rois de Harran et des princes de sa maison. Ces vénérables personnages portoient sur leur tête chacun un gros livre qu'ils tenoient d'une main ; ils firent tous trois fois le tour du dôme sans rien dire ; ensuite s'étant arrêtés à la porte, l'un d'eux prononça ces mots :

« Ô prince, que pouvons-nous faire pour toi ? Si par la prière ou par la science on pouvoit te rendre la vie, nous frotterions nos barbes blanches à tes pieds, et nous réciterions des oraisons ; mais le roi de l'univers t'a enlevé pour jamais ! »

Ces vieillards, après avoir ainsi parlé, s'éloignèrent du dôme ; et aussitôt cinquante jeunes filles parfaitement belles s'en approchèrent ; elles montoient chacune un petit cheval blanc ; elles étoient sans voiles, et portoient des corbeilles d'or pleines de toutes sortes de pierres précieuses ; elles tournèrent aussi trois fois autour du dôme ; et s'étant arrêtées au même endroit que les autres, la plus jeune porta la parole, et dit :

« Ô prince, autrefois si beau, quels secours peux-tu attendre de nous ? Si nous pouvions te ranimer par nos attraits, nous nous rendrions tes esclaves ; mais tu n'es plus sensible à la beauté, et tu n'as plus besoin de nous ! »

Les jeunes filles s'étant retirées, le roi et ses courtisans se levèrent, et firent trois fois le tour de la représentation ; puis le roi prenant la parole, dit :

« Ô mon cher fils, lumière de mes yeux, je t'ai donc perdu pour toujours ! »

Il accompagna ces mots de soupirs, et arrosa le tombeau de ses larmes. Les courtisans pleurèrent à son exemple ; ensuite on ferma la porte du dôme, et tout le monde retourna à la ville. Le lendemain on fit des prières publiques dans les mosquées, et on les continua huit jours de suite.

Le neuvième, le roi résolut de faire couper la tête aux princes ses fils. Tout le peuple indigné du traitement qu'ils avoient fait au prince Codadad, sembloit attendre impatiemment leur supplice. On commença à dresser des échaffauds ; mais on fut obligé de remettre l'exécution à un autre temps, parce que tout-à-coup on apprit que les princes voisins qui avoient déjà fait la guerre au roi de Harran, s'avançoient avec des troupes plus nombreuses que la première fois, et qu'ils n'étoient pas même fort éloignés de la ville. Il y avoit déjà long-temps qu'on savoit qu'ils se préparoient à faire la guerre, mais on ne s'étoit point alarmé de leurs préparatifs. Cette nouvelle causa une consternation générale, et fournit une occasion de regretter de nouveau Codadad, parce que ce prince s'étoit signalé dans la guerre précédente contre ces mêmes ennemis. « Ah, disoient-ils, si le généreux Codadad vivoit encore, nous nous mettrions peu en peine de ces princes qui viennent nous surprendre. » Cependant le roi, au lieu de s'abandonner à la crainte, leva du monde à la hâte, forma une armée assez considérable ; et trop courageux pour attendre dans les murs que ses ennemis l'y revenoient chercher, il sortit et marcha au-devant d'eux. Les ennemis de leur côté ayant appris par leurs coureurs que le roi de Harran s'avançoit pour les combattre, s'arrêtèrent dans une plaine et mirent leur armée en bataille.

Le roi ne les eut pas plutôt aperçus, qu'il rangea aussi et disposa ses troupes au combat ; il fit sonner la charge, et attaqua avec une extrême vigueur : on lui résista de même. Il se répandit de part et d'autre beaucoup de sang, et la victoire demeura long-temps incertaine. Mais enfin elle alloit se déclarer pour les ennemis du roi de Harran, lesquels étant en plus grand nombre alloient l'envelopper, lorsqu'on vit paroître dans la plaine une grosse troupe de cavaliers qui s'approchoient des combattans en bon ordre. La vue de ces nouveaux soldats étonna les deux partis qui ne savoient ce qu'ils en devoient penser. Mais ils ne demeurèrent pas long-temps dans l'incertitude : ces cavaliers vinrent prendre en flanc les ennemis du roi de Harran, et les chargèrent avec tant de furie, qu'ils les mirent d'abord en désordre, et bientôt en déroute. Ils n'en demeurèrent pas là : ils les poursuivirent vivement, et les taillèrent en pièces presque tous.

Le roi de Harran qui avoit observé avec beaucoup d'attention tout ce qui s'étoit passé, avoit admiré l'audace de ces cavaliers dont le secours inopiné venoit de déterminer la victoire en sa faveur. Il avoit sur-tout été charmé de leur chef, qu'il avoit vu combattre avec une valeur extrême ; il souhaitoit de savoir le nom de ce héros généreux. Impatient de le voir et de le remercier, il chercha à le joindre ; il s'aperçut qu'il avançoit pour le prévenir. Ces deux princes s'approchèrent ; et le roi de Harran reconnoissant Codadad dans ce brave guerrier qui venoit de le secourir, ou plutôt de battre ses ennemis, il demeura immobile de surprise et de joie. « Seigneur, lui dit Codadad, vous avez sujet, sans doute, d'être étonné de voir paroître tout-à-coup devant votre Majesté un homme que vous croyiez peut-être sans vie. Je le serois si le ciel ne m'avoit pas conservé pour vous servir encore contre vos ennemis. » « Ah, mon fils, s'écria le roi, est-il bien possible que vous me soyez rendu ? Hélas, je désespérois de vous revoir ! » En disant cela, il tendit les bras au jeune prince qui se livra à un embrassement si doux.

« Je sais tout, mon fils, reprit le roi, après l'avoir tenu long-temps embrassé ; je sais de quel prix vos frères ont payé le service que vous leur avez rendu en les délivrant des mains du nègre ; mais vous serez vengé dès demain. Cependant allons au palais ; votre mère, à qui vous avez coûté tant de pleurs, m'attend pour se réjouir avec moi de la défaite de nos ennemis. Quelle joie nous lui causerons en lui apprenant que ma victoire est votre ouvrage ! » « Seigneur, dit Codadad, permettez-moi de vous demander comment vous avez pu être instruit de l'aventure du château ? Quelqu'un de mes frères, poussé par ses remords, vous l'auroit-il avouée ? » « Non, répondit le roi, c'est la princesse de Deryabar qui nous a informés de toutes choses ; car elle est venue dans mon palais, et elle n'y est venue que pour me demander justice du crime de vos frères. » Codadad fut transporté de joie en apprenant que la princesse sa femme étoit à la cour. « Allons, Seigneur, s'écria-t-il avec transport, allons trouver ma mère qui nous attend ; je brûle d'impatience d'essuyer ses larmes, aussi bien que celles de la princesse de Deryabar. »

Le roi reprit aussitôt le chemin de la ville avec son armée qu'il congédia ; il rentra victorieux dans son palais, aux acclamations du peuple qui le suivoit en foule, en priant le ciel de prolonger ses années, et portant jusqu'au ciel le nom de Codadad. Ces deux princes trouvèrent Pirouzé et sa belle-fille qui attendoient le roi pour le féliciter ; mais on ne peut exprimer tous les transports de joie dont elles furent agitées lorsqu'elles virent le jeune prince qui l'accompagnoit. Ce furent des embrassemens mêlés de larmes bien différentes de celles qu'elles avoient déjà répandues pour lui. Après que ces quatre personnes eurent cédé à tous les mouvemens que le sang et l'amour leur inspiroient, on demanda au fils de Pirouzé par quel miracle il étoit encore vivant ?

Il répondit qu'un paysan monté sur une mule, étant entré par hasard dans la tente où il étoit évanoui, le voyant seul et percé de coups, l'avoit attaché sur la mule et conduit à sa maison, et que là il avoit appliqué sur ses blessures certaines herbes mâchées qui l'avoient rétabli en peu de jours. « Lorsque je me sentis guéri, ajouta-t-il, je remerciai le paysan, et lui donnai tous les diamans que j'avois. Je m'approchai ensuite de la ville de Harran ; mais ayant appris sur la route que quelques princes voisins avoient assemblé des troupes et venoient fondre sur les sujets du roi, je me suis fait connoître dans les villages, et j'excitai le zèle de ses peuples à prendre sa défense. J'armai un grand nombre de jeunes gens ; et me mettant à leur tête, je suis arrivé dans le temps que les deux armées étoient aux mains. »

Quand il eut achevé de parler, le roi dit : « Rendons grâces à Dieu de ce qu'il a conservé Codadad ; mais il faut que les traîtres qui l'ont voulu tuer, périssent aujourd'hui. » « Seigneur, reprit le généreux fils de Pirouzé, tout ingrats et tout méchans qu'ils sont, songez qu'ils sont formés de votre sang : ce sont mes frères, je leur pardonne leur crime, et je vous demande grâce pour eux. »

Ces nobles sentimens arrachèrent des larmes au roi, qui fit assembler le peuple, et déclara Codadad son héritier. Il ordonna ensuite qu'on fit venir les princes prisonniers, qui étoient tous chargés de fers. Le fils de Pirouzé leur ôta leurs chaînes et les embrassa tous les uns après les autres, d'aussi bon cœur qu'il avoit fait dans la cour du château du nègre. Le peuple fut charmé du naturel de Codadad, et lui donna mille applaudissemens. Ensuite on combla de biens le chirurgien, pour reconnoître les services qu'il avoit rendus à la princesse de Deryabar.

La sultane Scheherazade avoit raconté l'histoire de Ganem avec tant d'agrémens, que le sultan des Indes, son époux, ne put s'empêcher de lui témoigner, une seconde fois, qu'il l'avoit entendue avec un très-grand plaisir.

« Sire, lui dit la sultane, je ne doute pas que votre Majesté n'ait eu bien de la satisfaction d'avoir vu le calife Haroun Alraschild changer de sentiment en faveur de Ganem, de sa mère et de sa sœur Force des cœurs, et je crois qu'elle doit avoir été touchée sensiblement des disgrâces des uns et des mauvais traitemens faits aux autres ; mais je suis persuadée que si votre Majesté vouloit bien entendre l'histoire du DORMEUR EVEILLE, au lieu de tous ces mouvemens d'indignation et de compassion que celle de Ganem doit avoir excités dans son cœur, et dont il est encore ému, celle-ci au contraire ne lui inspireroit que de la joie et du plaisir. »

Au seul titre de l'histoire dont la sultane venoit de lui parler, le sultan, qui s'en promettoit des aventures toutes nouvelles et toutes réjouissantes, eût bien voulu en entendre le récit dès le même jour ; mais il étoit temps qu'il se levât : c'est pourquoi il remit au lendemain à entendre la sultane Scheherazade, à qui cette histoire servit à se faire prolonger la vie encore plusieurs nuits et plusieurs jours. Ainsi, le jour suivant, après que Dinarzade l'eut éveillée, elle commença à la lui raconter en cette manière :

HISTOIRE
DU DORMEUR ÉVEILLÉ.

SOUS le règne du calife Haroun Alraschild, il y avoit à Bagdad un marchand fort riche, dont la femme étoit déjà vieille. Ils avoient un fils unique nommé Abou Hassan, âgé d'environ trente ans, qui avoit été élevé dans une grande retenue de toutes choses.

Le marchand mourut ; et Abou Hassan qui se vit seul héritier, se mit en possession des grandes richesses que son père avoit amassées pendant sa vie avec beaucoup d'épargne et avec un grand attachement à son négoce. Le fils, qui avoit des vues et des inclinations différentes de celles de son père, en usa aussi tout autrement. Comme son père ne lui avoit donné d'argent pendant sa jeunesse que ce qui suffisoit précisément pour son entretien, et qu'il avoit toujours porté envie aux jeunes gens de son âge qui n'en manquoient pas, et qui ne se refusoient aucun des plaisirs auxquels la jeunesse ne s'abandonne que trop aisément, il résolut de se signaler à son tour en faisant des dépenses proportionnées aux grands biens dont la fortune venoit de le favoriser. Pour cet effet, il partagea son bien en deux parts : l'une fut employée en acquisition de terres à la campagne, et de maisons dans la ville, et dont il se fit un revenu suffisant pour vivre à son aise, avec promesse de ne point toucher aux sommes qui en reviendroient, mais de les amasser à mesure qu'il les recevroit ; l'autre moitié, qui consistoit en une somme considérable en argent comptant, fut destinée à reparer tout le temps qu'il croyoit avoir perdu sous la dure contrainte où son père l'avoit retenu jusqu'à sa mort ; mais il se fit une loi indispensable, qu'il se promit à lui-même de garder inviolablement, de ne rien dépenser au-delà de cette somme, dans le déréglement de vie qu'il s'étoit proposé.

Dans ce dessein, Abou Hassan se fit en peu de jours une société de gens à-peu-près de son âge et de sa condition, et il ne songea plus qu'à leur faire passer le temps très-agréablement. Pour cet effet, il ne se contenta pas de les bien régaler les jours et les nuits, et de leur faire des festins splendides où les mets les plus délicieux et les vins les plus exquis étoient servis en abondance, il y joignit encore la musique en y appelant les meilleures voix de l'un et de l'autre sexe. La jeune bande de son côté le verre à la main, mêloit quelquefois ses chansons à celles des musiciens, et tous ensemble ils sembloient s'accorder avec tous les instrumens de musique dont ils étoient accompagnés. Ces fêtes étoient ordinairement terminées par des bals, où les meilleurs danseurs et baladins de l'un et de l'autre sexe de la ville de Bagdad étoient appelés. Tous ces divertissemens renouvelés chaque jour par des plaisirs nouveaux, jetèrent Abou Hassan dans des dépenses si prodigieuses, qu'il ne put continuer une si grande profusion au-delà d'une année. La grosse somme qu'il avoit consacrée à cette prodigalité, et l'année finirent ensemble. Dès qu'il eut cessé de tenir table, les amis disparurent ; il ne les rencontroit pas même en quelqu'endroit qu'il allât. En effet, ils le fuyoient dès qu'ils l'apercevoient ; et si par hasard il en joignoit quelqu'un et qu'il voulût l'arrêter, il s'excusoit sur différens prétextes.

Abou Hassan fut plus sensible à la conduite étrange de ses amis qui l'abandonnoient avec tant d'indignité et d'ingratitude, après toutes les démonstrations et les protestations d'amitié qu'ils lui avoient faites, qu'à tout l'argent qu'il avoit dépensé avec eux si mal-à-propos. Triste, rêveur, la tête baissée et avec un visage sur lequel un morne chagrin étoit dépeint, il entra dans l'appartement de sa mère, et il s'assit sur le bout du sofa, assez éloigné d'elle.

« Qu'avez-vous donc, mon fils, lui demanda sa mère en le voyant en cet état ? Pourquoi êtes-vous si changé, si abattu et si différent de vous-même ? Quand vous auriez perdu tout ce que vous avez au monde, vous ne seriez pas fait autrement. Je sais la dépense effroyable que vous avez faite ; et depuis que vous vous y êtes abandonné, je veux croire qu'il ne vous reste pas grand argent. Vous étiez maître de votre bien ; et si je ne me suis point opposée à votre conduite déréglée, c'est que je savois la sage précaution que vous aviez prise de conserver la moitié de votre bien. Après cela, je ne vois pas ce qui peut vous avoir plongé dans cette profonde mélancolie. »

Abou Hassan fondit en larmes à ces paroles ; et au milieu de ses pleurs et de ses soupirs : « Ma mère, s'écria-t-il, je connois enfin par une expérience bien douloureuse, combien la pauvreté est insupportable. Oui, je sens vivement que comme le coucher du soleil nous prive de la splendeur de cet astre, de même la pauvreté nous ôte toute sorte de joie. C'est elle qui fait oublier entièrement toutes les louanges qu'on nous donnoit et tout le bien que l'on disoit de nous avant d'y être tombés ; elle nous réduit à ne marcher qu'en prenant des mesures pour ne pas être remarqués, et à passer les nuits en versant des larmes de sang. En un mot, celui qui est pauvre n'est plus regardé, même par ses parens et par ses amis, que comme un étranger. Vous savez, ma mère, poursuivit-il, de quelle manière j'en ai usé avec mes amis depuis un an. Je leur ai fait toute la bonne chère que j'ai pu imaginer, jusqu'à m'épuiser ; et aujourd'hui que je n'ai plus de quoi la continuer, je m'aperçois qu'ils m'ont tous abandonné. Quand je dis que je n'ai plus de quoi continuer à leur faire bonne chère, j'entends parler de l'argent que j'avois mis à part pour l'employer à l'usage que j'en ai fait. Pour ce qui est de mon revenu, je rends grâces à Dieu de m'avoir inspiré de le réserver, sous la condition et sous le serment que j'ai fait de n'y pas toucher pour le dissiper si follement. Je l'observerai ce serment, et je sais le bon usage que je ferai de ce qui me reste si heureusement. Mais auparavant, je veux éprouver jusqu'à quel point mes amis, s'ils méritent d'être appelés de ce nom, pousseront leur ingratitude. Je veux les voir tous l'un après l'autre ; et quand je leur aurai représenté les efforts que j'ai faits pour l'amour d'eux, je les solliciterai de me faire entr'eux une somme qui serve en quelque façon à me relever de l'état malheureux où je me suis réduit pour leur faire plaisir. Mais je ne veux faire ces démarches, comme je vous ai déjà dit, que pour voir si je trouverai en eux quelque sentiment de reconnoissance. »

« Mon fils, reprit la mère d'Abou Hassan, je ne prétends pas vous dissuader d'exécuter votre dessein ; mais je puis vous dire par avance, que votre espérance est mal fondée. Croyez-moi : quoi que vous puissiez faire, il est inutile que vous en veniez à cette épreuve ; vous ne trouverez de secours qu'en ce que vous vous êtes réservé pardevers vous. Je vois bien que vous ne connoissiez pas encore ces amis qu'on appelle vulgairement de ce nom parmi les gens de votre sorte ; mais vous allez les connoître. Dieu veuille que ce soit de la manière que je le souhaite, c'est-à-dire, pour votre bien ! » « Ma mère, repartit Abou Hassan, je suis bien persuadé de la vérité de ce que vous me dites ; je serai plus certain d'un fait qui me regarde de si près, quand je me serai éclairci par moi-même de leur lâcheté et de leur insensibilité. »

Abou Hassan partit à l'heure même, et il prit si bien son temps, qu'il trouva tous ses amis chez eux. Il leur représenta le grand besoin où il étoit, et il les pria de lui ouvrir leur bourse pour le secourir efficacement. Il promit même de s'engager envers chacun d'eux en particulier, de leur rendre les sommes qu'ils lui auroient prêtées, dès que ses affaires seroient rétablies, sans néanmoins leur faire connoître que c'étoit en grande partie à leur considération qu'il s'étoit si fort incommodé, afin de les piquer davantage de générosité. Il n'oublia pas de les leurrer aussi de l'espérance de recommencer un jour avec eux la bonne chère qu'il leur avoit déjà faite.

Aucun de ses amis de bouteille ne fut touché des vives couleurs dont l'affligé Abou Hassan se servit pour tâcher de les persuader. Il eut même la mortification de voir que plusieurs lui dirent nettement qu'ils ne le connoissoient pas, et qu'ils ne se souvenoient pas même de l'avoir vu. Il revint chez lui le cœur pénétré de douleur et d'indignation. « Ah, ma mère, s'écria-t-il en rentrant dans son appartement, vous me l'aviez bien dit : au lieu d'amis, je n'ai trouvé que des perfides, des ingrats et des méchans, indignes de mon amitié ! C'en est fait, je renonce à la leur, et je vous promets de ne les revoir jamais. »

Abou Hassan demeura ferme dans la résolution de tenir sa parole. Pour cet effet, il prit les précautions les plus convenables pour en éviter les occasions ; et afin de ne plus tomber dans le même inconvénient, il promit avec serment de ne donner à manger de sa vie à aucun homme de Bagdad. Ensuite il tira le coffre-fort où étoit l'argent de son revenu, du lieu où il l'avoit mis en réserve, et il le mit à la place de celui qu'il venoit de vuider. Il résolut de n'en tirer pour sa dépense de chaque jour qu'une somme réglée et suffisante pour régaler honnêtement une seule personne avec lui à souper. Il fit encore serment que cette personne ne seroit pas de Bagdad, mais un étranger qui y seroit arrivé le même jour, et qu'il le renverroit le lendemain matin, après lui avoir donné le couvert une nuit seulement.

Selon ce projet, Abou Hassan avoit soin lui-même chaque matin de faire la provision nécessaire pour ce régal, et vers la fin du jour, il alloit s'asseoir au bout du pont de Bagdad, et dès qu'il voyoit un étranger, de quelqu'état ou condition qu'il fût, il l'abordoit civilement, et l'invitoit de même à lui faire l'honneur de venir souper et loger chez lui pour la première nuit de son arrivée ; et après l'avoir informé de la loi qu'il s'étoit faite, et de la condition qu'il avoit mise à son honnêteté, il l'emmenoit en son logis.

Le repas dont Abou Hassan régaloit son hôte n'étoit pas somptueux ; mais il y avoit suffisamment de quoi se contenter. Le bon vin sur-tout n'y manquoit pas. On faisoit durer le repas jusque bien avant dans la nuit ; et au lieu d'entretenir son hôte d'affaires d'état, de famille ou de négoce, comme il arrive fort souvent, il affectoit au contraire de ne parler que de choses indifférentes, agréables et réjouissantes. Il étoit naturellement plaisant, de belle humeur et fort divertissant ; et sur quelque sujet que ce fût, il savoit donner un tour à son discours capable d'inspirer la joie aux plus mélancoliques.

En renvoyant son hôte le lendemain matin : « En quelque lieu que vous puissiez aller, lui disoit Abou Hassan, Dieu vous préserve de tout sujet de chagrin. Quand je vous invitai hier à venir prendre un repas chez moi, je vous informai de la loi que je me suis imposée ; ainsi ne trouvez pas mauvais si je vous dis que nous ne boirons plus ensemble, et même que nous ne nous verrons plus ni chez moi ni ailleurs : j'ai mes raisons pour en user ainsi. Dieu vous conduise ! »

Abou Hassan étoit exact dans l'observation de cette règle ; il ne regardoit plus les étrangers qu'il avoit une fois reçus chez lui, et il ne leur parloit plus. Quand il les rencontroit dans les rues, dans les places ou dans les assemblées publiques, il faisoit semblant de ne les pas voir ; il se détournoit même, pour éviter qu'ils ne vinssent l'aborder ; enfin il n'avoit plus aucun commerce avec eux. Il y avoit du temps qu'il se gouvernoit de la sorte, lorsqu'un peu avant le coucher du soleil, comme il étoit assis à son ordinaire au bout du pont, le calife Haroun Alraschild vint à paroître, mais déguisé de manière qu'on ne pouvoit pas le reconnoître.

Quoique ce monarque eût des ministres et des officiers chefs de justice d'une grande exactitude à bien s'acquitter de leur devoir, il vouloit néanmoins prendre connoissance de toutes choses par lui-même. Dans ce dessein, comme nous l'avons déjà vu, il alloit souvent déguisé en différentes manières par la ville de Bagdad. Il ne négligeoit pas même les dehors ; et à cet égard, il s'étoit fait une coutume d'aller, chaque premier jour du mois, sur les grands chemins par où on abordoit à Bagdad, tantôt d'un côté, tantôt d'un autre. Ce jour-là, premier du mois, il parut déguisé en marchand de Moussoul qui venoit de débarquer de l'autre côté du pont, et suivi d'un esclave grand et puissant.

Comme le calife avoit dans son déguisement un air grave et respectable, Abou Hassan, qui le croyoit marchand de Moussoul, se leva de l'endroit où il étoit assis ; et après l'avoir salué d'un air gracieux, et lui avoir baisé la main : « Seigneur, lui dit-il, je vous félicite de votre heureuse arrivée ; je vous supplie de me faire l'honneur de venir souper avec moi, et de passer cette nuit en ma maison, pour tâcher de vous remettre de la fatigue de votre voyage. » Et afin de l'obliger davantage à ne lui pas refuser la grâce qu'il lui demandoit, il lui expliqua en peu de mots la coutume qu'il s'étoit faite de recevoir chez lui chaque jour, autant qu'il lui seroit possible, et pour une nuit seulement, le premier étranger qui se présenteroit à lui.

Le calife trouva quelque chose de si singulier dans la bizarrerie du goût d'Abou Hassan, que l'envie lui prit de le connoître à fond. Sans sortir du caractère de marchand, il lui marqua qu'il ne pouvoit mieux répondre à une si grande honnêteté à laquelle il ne s'étoit pas attendu à son arrivée à Bagdad, qu'en acceptant l'offre obligeante qu'il venoit de lui faire ; qu'il n'avoit qu'à lui montrer le chemin, et qu'il étoit tout prêt à le suivre.

Abou Hassan, qui ne savoit pas que l'hôte que le hasard venoit de lui présenter étoit infiniment au-dessus de lui, en agit avec le calife comme avec son égal. Il le mena à sa maison et le fit entrer dans une chambre meublée fort proprement, où il lui fit prendre place sur le sofa, l'endroit le plus honorable. Le souper étoit prêt, et le couvert étoit mis. La mère d'Abou Hassan, qui entendoit fort bien la cuisine, servit trois plats : l'un, au milieu, garni d'un bon chapon, flanqué de quatre gros poulets ; et les deux autres à côté qui servoient d'entrée : l'un d'une oie grasse, et l'autre de pigeonneaux en ragoût. Il n'y avoit rien de plus, mais ces viandes étoient bien choisies et d'un goût délicieux.

Abou Hassan se mit à table vis-à-vis de son hôte, et le calife et lui commencèrent à manger de bon appétit en prenant chacun ce qui étoit de son goût, sans parler et même sans boire, selon la coutume du pays. Quand ils eurent achevé de manger, l'esclave du calife leur donna à laver, et cependant la mère d'Abou Hassan desservit, et apporta le dessert qui consistoit en diverses sortes de fruits de la saison, comme raisins, pêches, pommes, poires et plusieurs sortes de pâtes d'amandes sèches. Sur la fin du jour on alluma les bougies, après quoi Abou Hassan fit mettre les bouteilles et les tasses près de lui, et prit soin que sa mère fît souper l'esclave du calife.

Quand le feint marchand de Moussoul, c'est-à-dire le calife, et Abou Hassan se furent remis à table, Abou Hassan avant de toucher au fruit, prit une tasse, se versa à boire le premier, et en la tenant à la main : « Seigneur, dit-il au calife, qui étoit, selon lui, un marchand de Moussoul, vous savez comme moi que le coq ne boit jamais qu'il n'appelle les poules pour venir boire avec lui : je vous invite donc à suivre mon exemple. Je ne sais ce que vous en pensez ; pour moi il me semble qu'un homme qui hait le vin et qui veut faire le sage, ne l'est pas. Laissons là ces sortes de gens avec leur humeur sombre et chagrine, et cherchons la joie ; elle est dans la tasse, et la tasse la communique à ceux qui la vuident. »

Pendant qu'Abou Hassan buvoit : « Cela me plaît, dit le calife en se saisissant de la tasse qui lui étoit destinée, et voilà ce qu'on appelle un brave homme. Je vous aime de cette humeur, et avec cette gaieté j'attends que vous m'en versiez autant. »

Abou Hassan n'eut pas plutôt bu, qu'en remplissant la tasse que le calife lui présentoit : « Goûtez, Seigneur, dit-il, vous le trouverez bon. »

« J'en suis bien persuadé, reprit le calife d'un air riant ; il n'est pas possible qu'un homme comme vous ne sache faire le choix des meilleures choses. »

Pendant que le calife buvoit : « Il ne faut que vous regarder, repartit Abou Hassan, pour s'apercevoir du premier coup d'œil, que vous êtes de ces gens qui ont vu le monde et qui savent vivre.

» Si ma maison, ajouta-t-il en vers arabes, étoit capable de sentiment, et qu'elle fût sensible au sujet de joie qu'elle a de vous posséder, elle le marqueroit hautement ; et en se prosternant devant vous, elle s'écrieroit : Ah, quel plaisir, quel bonheur de me voir honoré de la présence d'une personne si honnête et si complaisante, qu'elle ne dédaigne pas de prendre le couvert chez moi ! »

« Enfin, Seigneur, je suis au comble de ma joie, d'avoir fait aujourd'hui la rencontre d'un homme de votre mérite. »

Ces saillies d'Abou Hassan divertissoient fort le calife, qui avoit naturellement l'esprit très-enjoué, et qui se faisoit un plaisir de l'exciter à boire, en demandant souvent lui-même du vin, afin de le mieux connoître dans son entretien, par la gaieté que le vin lui inspiroit. Pour entrer en conversation, il lui demanda comment il s'appeloit, à quoi il s'occupoit, et de quelle manière il passoit la vie ? « Seigneur, répondit-il, mon nom est Abou Hassan. J'ai perdu mon père qui étoit marchand, non pas à la vérité des plus riches, mais au moins de ceux qui vivoient le plus commodément à Bagdad. En mourant, il me laissa une succession plus que suffisante pour vivre sans ambition selon mon état. Comme sa conduite à mon égard avoit été fort sévère, et que jusqu'à sa mort j'avois passé la meilleure partie de ma jeunesse dans une grande contrainte, je voulus tâcher de réparer le bon temps que je croyois avoir perdu. En cela néanmoins, poursuivit Abou Hassan, je me gouvernois d'une autre manière que ne font ordinairement tous les jeunes gens. Ils se livrent à la débauche sans considération, et ils s'y abandonnent jusqu'à ce que, réduits à la dernière pauvreté, ils fassent malgré eux une pénitence forcée pendant le reste de leurs jours. Afin de ne pas tomber dans ce malheur, je partageai tout mon bien en deux parts, l'une en fonds, et l'autre en argent comptant. Je destinai l'argent comptant pour les dépenses que je méditois, et je pris une ferme résolution de ne point toucher à mes revenus. Je fis une société de gens de ma connoissance et à-peu-près de mon âge ; et sur l'argent comptant que je dépensois à pleine main, je les régalois splendidement chaque jour, de manière que rien ne manquoit à nos divertissemens. Mais la durée n'en fut pas longue. Je ne trouvai plus rien au fond de ma cassette à la fin de l'année, et en même temps tous mes amis de table disparurent. Je les vis l'un après l'autre. Je leur représentai l'état malheureux où je me trouvais ; mais aucun ne m'offrit de quoi me soulager. Je renonçai donc à leur amitié, et en me réduisant à ne plus dépenser que mon revenu, je me retranchai à n'avoir plus de société qu'avec le premier étranger que je rencontrerois chaque jour à son arrivée à Bagdad, avec cette condition de ne le régaler que ce seul jour-là. Je vous ai informé du reste, et je remercie ma bonne fortune de m'avoir présenté aujourd'hui un étranger de votre mérite. »

Le calife fort satisfait de cet éclaircissement, dit à Abou Hassan : « Je ne puis assez vous louer du bon parti que vous avez pris, d'avoir agi avec tant de prudence en vous jetant dans la débauche, et de vous être conduit d'une manière qui n'est pas ordinaire à la jeunesse ; je vous estime encore d'avoir été fidèle à vous-même au point que vous l'avez été. Le pas étoit bien glissant, et je ne puis assez admirer comment, après avoir vu la fin de votre argent comptant, vous avez eu assez de modération pour ne pas dissiper votre revenu, et même votre fonds. Pour vous dire ce que j'en pense, je tiens que vous êtes le seul débauché à qui pareille chose est arrivée, et à qui elle arrivera peut-être jamais. Enfin, je vous avoue que j'envie votre bonheur. Vous êtes le plus heureux mortel qu'il y ait sur la terre, d'avoir chaque jour la compagnie d'un honnête homme avec qui vous pouvez vous entretenir si agréablement, et à qui vous donnez lieu de publier partout la bonne réception que vous lui faites. Mais ni vous ni moi, nous ne nous apercevons pas que c'est parler trop long-temps sans boire : buvez, et versez-m'en ensuite. » Le calife et Abou Hassan continuèrent de boire long-temps en s'entretenant de choses très-agréables.

La nuit étoit déjà fort avancée, et le calife en feignant d'être fort fatigué du chemin qu'il avoit fait, dit à Abou Hassan qu'il avoit besoin de repos. « Je ne veux pas aussi de mon côté, ajouta-t-il, que vous perdiez rien du vôtre pour l'amour de moi. Avant que nous nous séparions (car peut-être serai-je sorti demain de chez vous avant que vous soyez éveillé), je suis bien aise de vous marquer combien je suis sensible à votre honnêteté, à votre bonne chère et à l'hospitalité que vous avez exercée envers moi si obligeamment. La seule chose qui me fait de la peine, c'est que je ne sais par quel endroit vous en témoigner ma reconnoissance. Je vous supplie de me le faire connoître, et vous verrez que je ne suis pas un ingrat. Il ne se peut pas faire qu'un homme comme vous n'ait quelqu'affaire, quelque besoin, et ne souhaite enfin quelque chose qui lui feroit plaisir. Ouvrez votre cœur, et parlez-moi franchement. Tout marchand que je suis, je ne laisse pas d'être en état d'obliger par moi-même, ou par l'entremise de mes amis. »

À ces offres du calife, qu'Abou Hassan ne prenoit toujours que pour un marchand : « Mon bon Seigneur, reprit Abou Hassan, je suis très-persuadé que ce n'est point par compliment que vous me faites des avances si généreuses. Mais, foi d'honnête homme, je puis vous assurer que je n'ai ni chagrin, ni affaire, ni désir, et que je ne demande rien à personne. Je n'ai pas la moindre ambition, comme je vous l'ai déjà dit, et je suis très-content de mon sort. Ainsi, je n'ai qu'à vous remercier, non-seulement de vos offres si obligeantes, mais même de la complaisance que vous avez eue de me faire un si grand honneur, que celui de venir prendre un méchant repas chez moi. Je vous dirai néanmoins, poursuivit Abou Hassan, qu'une seule chose me fait de la peine, sans pourtant qu'elle aille jusqu'à troubler mon repos. Vous saurez que la ville de Bagdad est divisée par quartiers ; et que dans chaque quartier il y a une mosquée avec un iman pour faire la prière aux heures ordinaires, à la tête du quartier qui s'y assemble. L'iman est un grand vieillard, d'un visage austère et parfait hypocrite, s'il y en eut jamais au monde. Pour conseil, il s'est associé quatre autres barbons, mes voisins, gens à peu près de sa sorte, qui s'assemblent chez lui régulièrement chaque jour ; et dans leur conciliabule, il n'y a médisance, calomnie et malice qu'ils ne mettent en usage contre moi et contre tout le quartier, pour en troubler la tranquillité et y faire régner la dissention. Ils se rendent redoutables aux uns, ils menacent les autres. Ils veulent enfin se rendre les maîtres, et que chacun se gouverne selon leur caprice, eux qui ne savent pas se gouverner eux-mêmes. Pour dire la vérité, je souffre de voir qu'ils se mêlent de toute autre chose que de leur Alcoran, et qu'ils ne laissent pas vivre le monde en paix. »

« Hé bien, reprit le calife, vous voudriez apparemment trouver un moyen pour arrêter le cours de ce désordre ? » « Vous l'avez dit, repartit Abou Hassan ; et la seule chose que je demanderois à Dieu pour cela, ce seroit d'être calife à la place du Commandeur des croyans, Haroun Alraschild, notre souverain seigneur et maître, seulement pour un jour. » « Que feriez-vous si cela arrivoit, demanda le calife ? » « Je ferois une chose d'un grand exemple, répondit Abou Hassan, et qui donneroit de la satisfaction à tous les honnêtes gens. Je ferois donner cent coups de bâton sur la plante des pieds à chacun des quatre vieillards, et quatre cents à l'iman, pour leur apprendre qu'il ne leur appartient pas de troubler et de chagriner ainsi leurs voisins. »

Le calife trouva la pensée d'Abou Hassan fort plaisante ; et comme il étoit né pour les aventures extraordinaires, elle lui fit naître l'envie de s'en faire un divertissement tout singulier. « Votre souhait me plaît d'autant plus, dit le calife, que je vois qu'il part d'un cœur droit, et d'un homme qui ne peut souffrir que la malice des méchans demeure impunie. J'aurois un grand plaisir d'en voir l'effet ; et peut-être n'est-il pas aussi impossible que cela arrive, que vous pourriez vous l'imaginer. Je suis persuadé que le calife se dépouilleroit volontiers de sa puissance pour vingt-quatre heures entre vos mains, s'il étoit informé de votre bonne intention et du bon usage que vous en feriez. Quoique marchand étranger, je ne laisse pas néanmoins d'avoir du crédit pour y contribuer en quelque chose. »

« Je vois bien, repartit Abou Hassan, que vous vous moquez de ma folle imagination, et le calife s'en moqueroit aussi s'il avoit connoissance d'une telle extravagance. Ce que cela pourroit peut-être produire, c'est qu'il se feroit informer de la conduite de l'iman et de ses conseillers, et qu'il les feroit châtier. »

« Je ne me moque pas de vous, répliqua le calife : Dieu me garde d'avoir une pensée si déraisonnable pour une personne comme vous qui m'avez si bien régalé, tout inconnu que je vous suis ; et je vous assure que le calife ne s'en moqueroit pas. Mais laissons là ce discours : il n'est pas loin de minuit, et il est temps de nous coucher. »

« Brisons donc là notre entretien, dit Abou Hassan, je ne veux pas apporter obstacle à votre repos. Mais comme il reste encore du vin dans la bouteille, il faut, s'il vous plaît, que nous la vuidions ; après cela nous nous coucherons. La seule chose que je vous recommande, c'est qu'en sortant demain matin, au cas que je ne sois pas éveillé, vous ne laissiez pas la porte ouverte, mais que vous preniez la peine de la fermer. » Ce que le calife lui promit d'exécuter fidèlement.

Pendant qu'Abou Hassan parloit, le calife s'étoit saisi de la bouteille et des deux tasses. Il se versa du vin le premier en faisant connoître à Abou Hassan, que c'étoit pour le remercier. Quand il eut bu, il jeta adroitement dans la tasse d'Abou Hassan une pincée d'une poudre qu'il avoit sur lui, et versa par-dessus le reste de la bouteille. En la présentant à Abou Hassan : « Vous avez, dit-il, pris la peine de me verser à boire toute la soirée ; c'est bien la moindre chose que je doive faire que de vous en épargner la peine pour la dernière fois ; je vous prie de prendre cette tasse de ma main, et de boire ce coup pour l'amour de moi. »

Abou Hassan prit la tasse ; et pour marquer davantage à son hôte, avec combien de plaisir il recevoit l'honneur qu'il lui faisoit, il but, et il la vuida presque tout d'un trait. Mais à peine eut-il mis la tasse sur la table, que la poudre fît son effet. Il fut saisi d'un assoupissement si profond, que la tête lui tomba presque sur ses genoux d'une manière si subite, que le calife ne put s'empêcher d'en rire. L'esclave par qui il s'étoit fait suivre, étoit revenu dès qu'il avoit eu soupé, et il y avoit quelque temps qu'il étoit là tout prêt à recevoir ses commandemens. « Charge cet homme sur tes épaules, lui dit le calife ; mais prends garde de bien remarquer l'endroit où est cette maison, afin que tu le rapportes quand je te le commanderai. »

Le calife suivi de l'esclave qui étoit chargé d'Abou Hassan, sortit de la maison, mais sans fermer la porte comme Abou Hassan l'en avoit prié ; et il le fit exprès. Dès qu'il fut arrivé à son palais, il rentra par une porte secrète, et il se fît suivre par l'esclave jusqu'à son appartement, où tous les officiers de sa chambre l'attendoient. « Déshabillez cet homme, leur dit-il, et couchez-le dans mon lit, je vous dirai ensuite mes intentions. »

Les officiers déshabillèrent Abou Hassan, le revêtirent de l'habillement de nuit du calife, et le couchèrent selon son ordre. Personne n'étoit encore couché dans le palais. Le calife fit venir tous ses autres officiers et toutes les dames ; et quand ils furent tous en sa présence : « Je veux, leur dit-il, que tous ceux qui ont coutume de se trouver à mon lever, ne manquent pas de se rendre demain matin auprès de cet homme que voilà couché dans mon lit, et que chacun fasse auprès de lui, lorsqu'il s'éveillera, les mêmes fonctions qui s'observent ordinairement auprès de moi. Je veux aussi qu'on ait pour lui les mêmes égards que pour ma propre personne, et qu'il soit obéi en tout ce qu'il commandera. On ne lui refusera rien de tout ce qu'il pourra demander, et on ne le contredira en quoi que ce soit de ce qu'il pourra dire ou souhaiter. Dans toutes les occasions où il s'agira de lui parler ou de lui répondre, on ne manquera pas de le traiter de Commandeur des croyans. En un mot, je demande qu'on ne songe non plus à ma personne tout le temps qu'on sera près de lui, que s'il étoit véritablement ce que je suis, c'est-à-dire le calife et le Commandeur des croyans. Sur toutes choses, qu'on prenne bien garde de se méprendre en la moindre circonstance. »

Les officiers et les dames qui comprirent d'abord que le calife vouloit se divertir, ne répondirent que par une profonde inclination ; et dès-lors chacun de son côté se prépara à contribuer de tout son pouvoir, en tout ce qui seroit de sa fonction, à se bien acquitter de son personnage.

En rentrant dans son palais, le calife avoit envoyé appeler le grand visir Giafar, par le premier officier qu'il avoit rencontré ; et ce premier ministre venoit d'arriver. Le calife lui dit : « Giafar, je t'ai fait venir pour t'avertir de ne pas t'étonner quand tu verras demain en entrant à mon audience, l'homme que voilà couché dans mon lit, assis sur mon trône avec mon habit de cérémonie. Aborde-le avec les mêmes égards et le même respect que tu as coutume de me rendre, en le traitant aussi de Commandeur des croyans. Écoute, et exécute ponctuellement tout ce qu'il te commandera, comme si je te le commandois. Il ne manquera pas de faire des libéralités, et de te charger de la distribution : fais tout ce qu'il te commandera là-dessus, quand même il s'agiroit d'épuiser tous les coffres de mes finances. Souviens-toi d'avertir aussi mes émirs, mes huissiers et tous les autres officiers du dehors de mon palais, de lui rendre demain à l'audience publique les mêmes honneurs qu'à ma personne, et de dissimuler si bien, qu'il ne s'aperçoive pas de la moindre chose, qui puisse troubler le divertissement que je veux me donner. Va, retire-toi, je n'ai rien à t'ordonner davantage, et donne-moi la satisfaction que je te demande. »

Après que le grand visir se fut retiré, le calife passa dans un autre appartement ; et en se couchant, il donna à Mesrour, chef des eunuques, les ordres qu'il devoit exécuter de son côté, afin que tout réussît de la manière qu'il l'entendoit, pour remplir le souhait d'Abou Hassan, et voir comment il useroit de la puissance et de l'autorité de calife, dans le peu de temps qu'il l'avoit désiré. Sur toutes choses il lui enjoignit de ne pas manquer de venir l'éveiller à l'heure accoutumée, et avant qu'on éveillât Abou Hassan, parce qu'il vouloit y être présent.

Mesrour ne manqua pas d'éveiller le calife dans le temps qu'il lui avoit commandé. Dès que le calife fut entré dans la chambre où Abou Hassan dormoit, il se plaça dans un petit cabinet élevé, d'où il pouvoit voir par une jalousie tout ce qui s'y passoit sans être vu. Tous les officiers et toutes les dames qui devoient se trouver au lever d'Abou Hassan, entrèrent en même temps, et se postèrent chacun à sa place accoutumée, selon son rang, et dans un grand silence, comme si c'eût été le calife qui eût dû se lever, et prêts à s'acquitter de la fonction à laquelle ils étoient destinés.

Comme la pointe du jour avoit déjà commencé de paroître, et qu'il étoit temps de se lever pour faire la prière d'avant le lever du soleil, l'officier qui étoit le plus près du chevet du lit, approcha du nez d'Abou Hassan une petite éponge trempée dans du vinaigre.

Abou Hassan éternua aussitôt en tournant la tête sans ouvrir les yeux ; et avec un petit effort, il jeta comme de la pituite qu'on fut prompt à recevoir dans un petit bassin d'or, pour empêcher qu'elle ne tombât sur le tapis de pied et ne le gâtât. C'est l'effet ordinaire de la poudre que le calife lui avoit fait prendre, quand, à proportion de la dose, elle cesse, en plus ou en moins de temps, de causer l'assoupissement pour lequel on la donne.

En remettant la tête sur le chevet, Abou Hassan ouvrit les yeux, et autant que le peu de jour qu'il faisoit le lui permettoit, il se vit au milieu d'une grande chambre, magnifique et superbement meublée, avec un plafond à plusieurs enfoncemens de diverses figures, peints à l'arabesque, ornée de grands vases d'or massif, de portières et d'un tapis de pied or et soie, et environné de jeunes dames, dont plusieurs avoient différentes sortes d'instrumens de musique, prêtes à en toucher, toutes d'une beauté charmante, d'eunuques noirs, tous richement habillés et debout, dans une grande modestie. En jetant les jeux sur la couverture du lit, il vit qu'elle étoit de brocard d'or à fond rouge, rehaussée de perles et de diamans, et près du lit un habit de même étoffe et de même parure, et à côté de lui, sur un coussin, un bonnet de calife.

À ces objets si éclatans, Abou Hassan fut dans un étonnement et dans une confusion inexprimable. Il les regardoit tous comme dans un songe : songe si véritable à son égard, qu'il desiroit que ce n'en fût pas un ! « Bon, disoit-il en lui-même, me voilà calife ; mais, ajoutoit-il, un peu après en se reprenant, il ne faut pas que je me trompe, c'est un songe, effet du souhait dont je m'entretenois tantôt avec mon hôte. » Et il refermoit les yeux comme pour dormir.

En même temps un eunuque s'approcha : « Commandeur des croyans, lui dit-il respectueusement, que votre Majesté ne se rendorme pas, il est temps qu'elle se lève pour faire sa prière ; l'aurore commence à paroître. »

À ces paroles, qui furent d'une grande surprise pour Abou Hassan : « Suis-je éveillé, ou si je dors, disoit-il encore en lui-même ? Mais je dors, continuoit-il en tenant toujours les yeux fermés ; je ne dois pas en douter. »

Un moment après : « Commandeur des croyans, reprit l'eunuque, qui vit qu'il ne répondoit rien et ne donnoit aucune marque de vouloir se lever, votre Majesté aura pour agréable que je lui répète qu'il est temps qu'elle se lève, à moins qu'elle ne veuille laisser passer le moment de faire sa prière du matin ; le soleil va se lever, et elle n'a pas coutume d'y manquer. «

« Je me trompois, dit aussitôt Abou Hassan, je ne dors pas, je suis éveillé ; ceux qui dorment n'entendent pas, et j'entends qu'on me parle. » Il ouvrit encore les yeux ; et comme il étoit grand jour, il vit distinctement tout ce qu'il n'avoit aperçu que confusément. Il se leva sur son séant avec un air riant, comme un homme plein de joie de se voir dans un état si fort au-dessus de sa condition ; et le calife qui l'observoit sans être vu, pénétra dans sa pensée avec un grand plaisir.

Alors les jeunes dames du palais se prosternèrent la face contre terre devant Abou Hassan ; et celles qui tenoient des instrumens de musique, lui donnèrent le bon jour par un concert de flûtes douces, de haut-bois, de téorbes et d'autres instrumens harmonieux dont il fut enchanté et ravi en extase, de manière qu'il ne savoit où il étoit, et qu'il ne se possédoit pas lui-même. Il revint néanmoins à sa première idée, et il doutoit encore si tout ce qu'il voyoit et entendoit, étoit un songe ou une réalité. Il se mit les mains devant les yeux ; et en baissant la tête : « Que veut dire tout ceci, disoit-il en lui-même ? Où suis-je ? Que m'est-il arrivé ? Qu'est-ce que ce palais ? Que signifient ces eunuques, ces officiers si bien faits et si bien mis ; ces dames si belles, et ces musiciennes qui m'enchantent ? Est-il possible que je ne puisse distinguer si je rêve ou si je suis dans mon bon sens ? » Il ôte enfin les mains de devant ses jeux, les ouvre ; et en levant la tête, il vit que le soleil jetoit déjà ses premiers rayons au travers des fenêtres de la chambre où il étoit.

Dans ce moment, Mesrour, chef des eunuques, entra, se prosterna profondément devant Abou Hassan, et lui dit en se relevant : « Commandeur des croyans, votre Majesté me permettra de lui représenter qu'elle n'a pas coutume de se lever si tard, et qu'elle a laissé passer le temps de faire sa prière. À moins qu'elle n'ait passé une mauvaise nuit, et qu'elle ne soit indisposée, elle n'a plus que celui d'aller monter sur son trône pour tenir son conseil et se faire voir à l'ordinaire. Les généraux de ses armées, les gouverneurs de ses provinces, et les autres grands officiers de sa cour, n'attendent que le moment que la porte de la salle du conseil leur soit ouverte. »

Au discours de Mesrour, Abou Hassan fut comme persuadé qu'il ne dormoit pas, et que l'état où il se trouvoit n'étoit pas un songe. Il ne se trouva pas moins embarrassé que confus dans l'incertitude du parti qu'il prendroit. Enfin il regarda Mesrour entre les deux yeux, et d'un ton sérieux : « À qui donc parlez-vous, lui demanda-t-il, et qui est celui que vous appeliez Commandeur des croyans, vous que je ne connois pas ? Il faut que vous me preniez pour un autre. »

Tout autre que Mesrour se fût peut-être déconcerté à la demande d'Abou Hassan ; mais instruit par le calife, il joua merveilleusement bien son personnage. « Mon respectable Seigneur et maître, s'écria-t-il, votre Majesté me parle ainsi aujourd'hui apparemment pour m'éprouver : votre Majesté n'est-elle pas le Commandeur des croyans, le monarque du monde, de l'orient à l'occident, et le vicaire sur la terre du prophète envoyé de Dieu maître de ce monde terrestre et du céleste ? Mesrour, votre chétif esclave, ne l'a pas oublié depuis tant d'années qu'il a l'honneur et le bonheur de rendre ses respects et ses services à votre Majesté. Il s'estimeroit le plus malheureux des hommes, s'il avoit encouru votre disgrâce : il vous supplie donc très-humblement d'avoir la bonté de le rassurer ; il aime mieux croire qu'un songe fâcheux a troublé son repos cette nuit. »

Abou Hassan fit un si grand éclat de rire à ces paroles de Mesrour, qu'il se laissa aller à la renverse sur le chevet du lit, avec une grande joie du calife, qui en eût ri de même, s'il n'eût craint de mettre fin, dès son commencement, à la plaisante scène qu'il avoit résolu de se donner.

Abou Hassan, après avoir ri long-temps en cette posture, se remit sur son séant ; et en s'adressant à un petit eunuque noir comme Mesrour : « Écoute, lui dit-il, dis-moi qui je suis ? » « Seigneur, répondit le petit eunuque d'un air modeste, votre Majesté est le Commandeur des croyans, et le vicaire en terre du maître des deux mondes. » « Tu es un petit menteur, face de couleur de poix, reprit Abou Hassan. »

Abou Hassan appela ensuite une des dames qui étoit plus près de lui que les autres. « Approchez-vous, la belle, dit-il en lui présentant la main, tenez, mordez-moi le bout du doigt, que je sente si je dors ou si je veille. »

La dame qui savoit que le calife voyoit tout ce qui se passoit dans la chambre, fut ravie d'avoir occasion de faire voir de quoi elle étoit capable, quand il s'agissoit de le divertir. Elle s'approcha donc d'Abou Hassan avec tout le sérieux possible ; et en serrant légèrement entre ses dents le bout du doigt qu'il lui avoit avancé, elle lui fit sentir un peu de douleur.

En retirant la main promptement : « Je ne dors pas, dit aussitôt Abou Hassan, je ne dors pas certainement. Par quel miracle, suis-je donc devenu calife en une nuit ? Voilà la chose du monde la plus merveilleuse et la plus surprenante ! » En s'adressant ensuite à la même dame : « Ne me cachez pas la vérité, dit-il, je vous en conjure par la protection de Dieu, en qui vous avez confiance aussi bien que moi. Est-il bien vrai que je sois le Commandeur des croyans ? » « Il est si vrai, répondit la dame, que votre Majesté est le Commandeur des croyans, que nous avons sujet tous tant que nous sommes de vos esclaves, de nous étonner qu'elle veuille faire accroire qu'elle ne l'est pas. » « Vous êtes une menteuse, reprit Abou Hassan : je sais bien ce que je suis. »

Comme le chef des eunuques s'aperçut qu'Abou Hassan vouloit se lever, il lui présenta la main, et l'aida à se mettre hors du lit. Dès qu'il fut sur ses pieds, toute la chambre retentit du salut que tous les officiers et toutes les dames lui firent en même temps par une acclamation en ces termes : « Commandeur des croyans, que Dieu donne le bon jour à votre Majesté ! »

« Ah ciel, quelle merveille, s'écria alors Abou Hassan ! J'étois hier au soir Abou Hassan, et ce matin je suis le Commandeur des croyans ! Je ne comprends rien à un changement si prompt et si surprenant ! » Les officiers destinés à ce ministère l'habillèrent promptement ; et quand ils eurent achevé, comme les autres officiers, les eunuques et les dames s'étoient rangés en deux files jusqu'à la porte où il devoit entrer dans la chambre du conseil, Mesrour marcha devant, et Abou Hassan le suivit. La portière fut tirée, et la porte ouverte par un huissier. Mesrour entra dans la chambre du conseil, et marcha encore devant lui jusqu'au pied du trône, où il s'arrêta pour l'aider à monter, en le prenant d'un côté par-dessous l'épaule, pendant qu'un autre officier qui suivoit, l'aidoit de même à monter de l'autre.

Abou Hassan s'assit aux acclamations des huissiers, qui lui souhaitèrent toute sorte de bonheur et de prospérité ; et en se tournant à droite et à gauche, il vit les officiers des gardes rangés dans un bel ordre et en bonne contenance.

Le calife cependant qui étoit sorti du cabinet où il étoit caché au moment qu'Abou Hassan étoit entré dans la chambre du conseil, passa à un cabinet qui avoit aussi vue sur la même chambre, d'où il pouvoit voir et entendre tout ce qui se passoit au conseil quand son grand visir y présidoit à sa place, et que quelqu'incommodité l'empêchoit d'y être en personne. Ce qui lui plut d'abord, fut de voir qu'Abou Hassan le représentoit sur son trône presqu'avec autant de gravité que lui-même.

Dès qu'Abou Hassan eut pris place, le grand visir Giafar qui venoit d'arriver, se prosterna devant lui au pied du trône, se releva ; et en s'adressant à sa personne : « Commandeur des croyans, dit-il, que Dieu comble votre Majesté de ses faveurs en cette vie, la reçoive dans son paradis dans l'autre, et précipite ses ennemis dans les flammes de l'enfer. »

Abou Hassan, après tout ce qui lui étoit arrivé depuis qu'il étoit éveillé, et ce qu'il venoit d'entendre de la bouche du grand visir, ne douta plus qu'il ne fût calife, comme il avoit souhaité de l'être. Ainsi, sans examiner comment ou par quelle aventure un changement de fortune si peu attendu s'étoit fait, il prit sur-le-champ le parti d'en exercer le pouvoir. Aussi demanda-t-il au grand visir, en le regardant avec gravité, s'il avoit quelque chose à lui dire ?

« Commandeur des croyans, reprit le grand visir, les émirs, les visirs, et les autres officiers qui ont séance au conseil de votre Majesté, sont à la porte, et ils n'attendent que le moment où votre Majesté leur donnera la permission d'entrer et de venir lui rendre leurs respects accoutumés. » Abou Hassan dit aussitôt qu'on leur ouvrît ; et le grand visir en se retournant et en s'adressant au chef des huissiers qui n'attendoit que l'ordre : « Chef des huissiers, dit-il, le Commandeur des croyans commande que vous fassiez votre devoir. »

La porte fut ouverte, et en même temps les émirs et les principaux officiers de la cour, tous en habits de cérémonie magnifiques, entrèrent dans un bel ordre, s'avancèrent jusqu'au pied du trône, et rendirent leurs respects à Abou Hassan, chacun à son rang, le genou en terre et le front contre le tapis de pied, comme à la propre personne du calife, et le saluèrent en lui donnant le titre de Commandeur des croyans, selon l'instruction que le grand visir leur avoit donnée ; et ils prirent chacun leur place à mesure qu'ils s'étoient acquittés de ce devoir.

Quand la cérémonie fut achevée, et qu'ils se furent tous placés, il se fit un grand silence.

Alors le grand visir, toujours debout devant le trône, commença à faire son rapport de plusieurs affaires, selon l'ordre des papiers qu'il tenoit à la main. Les affaires, à la vérité, étoient ordinaires et de peu de conséquence. Abou Hassan néanmoins ne laissa pas de se faire admirer, même par le calife. En effet, il ne demeura pas court ; il ne parut pas même embarrassé sur aucune. Il prononça juste sur toutes, selon que le bon sens lui inspiroit, soit qu'il s'agît d'accorder ou de rejeter ce que l'on demandoit.

Avant que le grand visir eût achevé son rapport, Abou Hassan aperçut le juge de police qu'il connoissoit de vue, assis en son rang. « Attendez un moment, dit-il au grand visir en l'interrompant, j'ai un ordre qui presse à donner au juge de police. »

Le juge de police qui avoit les yeux sur Abou Hassan, et qui s'aperçut qu'Abou Hassan le regardoit particulièrement, s'entendant nommer, se leva aussitôt de sa place, et s'approcha gravement du trône, au pied duquel il se prosterna la face contre terre. « Juge de police, lui dit Abou Hassan après qu'il se fut relevé, allez sur l'heure et sans perdre de temps dans un tel quartier et dans une rue qu'il lui indiqua, il y a dans cette rue une mosquée où vous trouverez l'iman et quatre vieillards à barbe blanche ; saisissez-vous de leurs personnes, et faites donner à chacun des quatre vieillards cent coups de nerf de bœuf, et quatre cents à l'iman. Après cela, vous les ferez monter tous cinq chacun sur un chameau, vêtus de haillons, et la face tournée vers la queue du chameau. En cet équipage vous les ferez promener par tous les quartiers de la ville, précédés d'un crieur qui criera à haute voix :

« Voilà le châtiment de ceux qui se mêlent des affaires qui ne les regardent pas, et qui se font une occupation de jeter le trouble dans les familles de leurs voisins, et de leur causer tout le mal dont ils sont capables. »

» Mon intention est encore que vous leur enjoigniez de changer de quartier, avec défense de jamais remettre le pied dans celui d'où ils auront été chassés. Pendant que votre lieutenant leur fera faire la promenade que je viens de vous dire, vous reviendrez me rendre compte de l'exécution de mes ordres. »

Le juge de police mit la main sur sa tête, pour marquer qu'il alloit exécuter l'ordre qu'il venoit de recevoir, sous peine de la perdre lui-même s'il y manquoit. Il se prosterna une seconde fois devant le trône ; et après s'être relevé, il s'en alla.

Cet ordre donné avec tant de fermeté, fit au calife un plaisir d'autant plus sensible, qu'il connut par-là qu'Abou Hassan ne perdoit pas le temps de profiter de l'occasion pour châtier l'iman et les vieillards de son quartier, puisque la première chose à quoi il avoit pensé en se voyant calife, avoit été de les faire punir.

Le grand visir cependant continua de faire son rapport ; et il étoit prêt à finir, lorsque le juge de police de retour se présenta pour rendre compte de sa commission. Il s'approcha du trône ; et après la cérémonie ordinaire de se prosterner : « Commandeur des croyans, dit-il à Abou Hassan, j'ai trouvé l'iman et les quatre vieillards dans la mosquée que votre Majesté m'a indiquée ; et pour preuve que je me suis acquitté fidèlement de l'ordre que j'avois reçu de votre Majesté, en voici le procès-verbal signé de plusieurs témoins des principaux du quartier. » En même temps il tira un papier de son sein, et le présenta au calife prétendu.

Abou Hassan prit le procès-verbal, le lut tout entier, même jusqu'aux noms des témoins, tous gens qui lui étoient connus ; et quand il eut achevé : « Cela est bien, dit-il au juge de police en souriant, je suis content et vous m'avez fait plaisir : reprenez votre place. Des cagots, dit-il en lui-même avec un air de satisfaction, qui s'avisoient de gloser sur mes actions, et qui trouvoient mauvais que je reçusse et que je régalasse d'honnêtes gens chez moi, méritoient bien cette avanie et ce châtiment. » Le calife qui l'observoit, pénétra dans sa pensée, et sentit en lui-même une joie inconcevable d'une si belle expédition.

Abou Hassan s'adressa ensuite an grand visir : « Faites-vous donner par le grand trésorier, lui dit-il, une bourse de mille pièces de monnoie d'or, et allez au quartier où j'ai envoyé le juge de police, la porter à la mère d'un certain Abou Hassan surnommé le Débauché. C'est un homme connu dans tout le quartier sous ce nom ; il n'y a personne qui ne vous enseigne sa maison. Partez, et revenez promptement. »

Le grand visir Giafar mit la main sur sa tête, pour marquer qu'il alloit obéir ; et après s'être prosterné devant le trône, il sortit et s'en alla chez le grand trésorier qui lui délivra la bourse. Il la fit prendre par un des esclaves qui le suivoient, et s'en alla la porter à la mère d'Abou Hassan. Il la trouva, et lui dit que le calife lui envoyoit ce présent, sans s'expliquer davantage. Elle le reçut avec d'autant plus de surprise, qu'elle ne pouvoit imaginer ce qui pouvoit avoir obligé le calife de lui faire une si grande libéralité, et qu'elle ignoroit ce qui se passoit au palais.

Pendant l'absence du grand visir, le juge de police fît le rapport de plusieurs affaires qui regardoient sa fonction, et ce rapport dura jusqu'au retour du visir. Dès qu'il fut rentré dans la chambre du conseil, et qu'il eut assuré Abou Hassan qu'il s'étoit acquitté de l'ordre qu'il lui avoit donné, le chef des eunuques, c'est-à-dire Mesrour, qui étoit entré dans l'intérieur du palais après avoir accompagné Abou Hassan jusqu'au trône, revint, et marqua par un signe aux visirs, émirs, et à tous les officiers, que le conseil étoit fini, et que chacun pouvoit se retirer ; ce qu'ils firent après avoir pris congé, par une profonde révérence au pied du trône, dans le même ordre que quand ils étoient entrés. Il ne resta auprès d'Abou Hassan que les officiers de la garde du calife, et le grand visir.

Abou Hassan ne demeura pas plus long-temps sur le trône du calife ; il en descendit de la même manière qu'il y étoit monté, c'est-à-dire, aidé par Mesrour et par un autre officier des eunuques, qui le prirent par-dessous les bras, et qui l'accompagnèrent jusqu'à l'appartement d'où il étoit sorti. Il y entra, précédé du grand visir. Mais à peine eut-il fait quelques pas, qu'il témoigna avoir quelque besoin pressant. Aussitôt on lui ouvrit un cabinet fort propre qui étoit pavé de marbre, au lieu que l'appartement où il se trouvoit, étoit couvert de riches tapis de pied, ainsi que les autres appartermens du palais. On lui présenta une chaussure de soie brochée d'or, qu'on avoit coutume de mettre avant que d'y entrer. Il la prit ; et comme il n'en savoit pas l'usage, il la mit dans une de ses manches qui étoient fort larges.

Comme il arrive fort souvent que l'on rit plutôt d'une bagatelle que de quelque chose d'important, peu s'en fallut que le grand visir, Mesrour et tous les officiers du palais qui étoient près de lui, ne fissent un éclat de rire, par l'envie qui leur en prit, et ne gâtassent toute la fête ; mais ils se retinrent ; et le grand visir fut enfin obligé de lui expliquer qu'il devoit la chausser pour entrer dans ce cabinet de commodité.

Pendant qu'Abou Hassan étoit dans le cabinet, le grand visir alla trouver le calife qui s'étoit déjà placé dans un autre endroit pour continuer d'observer Abou Hassan sans être vu, et lui raconta ce qui venoit d'arriver, et le calife s'en fit encore un nouveau plaisir.

Abou Hassan sortit du cabinet ; Mesrour en marchant devant lui pour lui montrer le chemin, le conduisit dans l'appartement intérieur où le couvert étoit mis. La porte qui y donnoit communication, fut ouverte, et plusieurs eunuques coururent avertir les musiciennes que le faux calife approchoit. Aussitôt elles commencèrent un concert de voix et d'instrumens des plus mélodieux avec tant de charme pour Abou Hassan, qu'il se trouva transporté de joie et de plaisir, et ne savoit absolument que penser de ce qu'il voyoit et de ce qu'il entendoit. « Si c'est un songe, se disoit-il à lui-même, le songe est de longue durée ? Mais ce n'est pas un songe, continuoit-il, je me sens bien, je raisonne, je vois, je marche, j'entends. Quoi qu'il en soit, je me remets à Dieu sur ce qui en est. Je ne puis croire néanmoins que je ne sois pas le Commandeur des croyans : il n'y a qu'un Commandeur des croyans qui puisse être dans la splendeur où je suis. Les honneurs et les respects que l'on m'a rendus et que l'on me rend, les ordres que j'ai donnés et qui ont été exécutés, en sont des preuves suffisantes. »

Enfin Abou Hassan tint pour constant qu'il étoit le caiife et le Commandeur des croyans ; et il en fut pleinement convaincu, lorsqu'il se vit dans un salon très-magnifique et des plus spacieux. L'or mêlé avec les couleurs les plus vives y brilloit de toutes parts. Sept troupes de musiciennes, toutes plus belles les unes que les autres, entouroient ce salon ; et sept lustres d'or à sept branches pendoient de divers endroits du plafond, où l'or et l'azur ingénieusement mêlés faisoient un effet merveilleux. Au milieu étoit une table couverte de sept grands plats d'or massif qui embaumoient le salon de l'odeur des épiceries et de l'ambre, dont les viandes étoient assaisonnées. Sept jeunes dames debout, d'une beauté ravissante, vêtues d'habits de différentes étoffes les plus riches et les plus éclatantes en couleurs, environnoient cette table. Elles avoient chacune à la main un éventail, dont elles devoient se servir pour donner de l'air à Abou Hassan, pendant qu'il seroit à table.

Si jamais mortel fut charmé, ce fut Abou Hassan lorsqu'il entra dans ce magnifique salon. À chaque pas qu'il y faisoit, il ne pouvoit s'empêcher de s'arrêter pour contempler à loisir toutes les merveilles qui se présentoient à sa vue. Il se tournoit à tout moment de côté et d'autre, avec un plaisir très-sensible de la part du calife qui l'observoit très-attentivement. Enfin, il s'avança jusqu'au milieu et il se mit à table. Aussitôt les sept belles dames qui étoient à l'entour, agitèrent l'air toutes ensemble avec leurs éventails, pour rafraîchir le nouveau calife. Il les regardoit l'une après l'autre ; et après avoir admiré la grâce avec laquelle elles s'acquittoient de cet office, il leur dit avec un souris gracieux, qu'il croyoit qu'une seule d'entr'elles suffisoit pour lui donner tout l'air dont il auroit besoin ; et il voulut que les six autres se missent à table avec lui, trois à sa droite et les autres à sa gauche, pour lui tenir compagnie. La table étoit ronde, et Abou Hassan les fit placer tout autour, afin que de quelque côté qu'il jetât la vue, il ne pût rencontrer que des objets agréables et tout divertissans.

Les six dames obéirent et se mirent à table. Mais Abou Hassan s'aperçut bientôt qu'elles ne mangeoient point par respect pour lui. Ce qui lui donna occasion de les servir lui-même en les invitant et les pressant de manger dans des termes tout-à-fait obligeans. Il leur demanda ensuite comment elles s'appeloient, et chacune le satisfit sur sa curiosité. Leurs noms étoient COU D'ALBATRE, BOUCHE DE CORAIL, FACE DE LUNE, ECLAT DU SOLEIL, PLAISIR DES YEUX, DELICES DU CŒUR. Il fit aussi la même demande à la septième qui tenoit l'éventail, et elle lui répondit qu'elle s'appelloit CANNE DE SUCRE. Les douceurs qu'il leur dit à chacune sur leurs noms, firent voir qu'il avoit infiniment d'esprit ; et l'on ne peut croire combien cela servit à augmenter l'estime que le calife, qui n'avoit rien perdu de tout ce qu'il avoit dit sur ce sujet, avoit déjà conçue pour lui.

Quand les dames virent qu'Abou Hassan ne mangeoit plus : « Le

Commandeur des croyans, dit l'une en s'adressant aux eunuques qui étoient présens pour servir, veut passer au salon du dessert ; qu'on apporte à laver. » Elles se levèrent toutes de table en même temps, et elles prirent des mains des eunuques, l'une un bassin d'or, l'autre une aiguière de même métal, et la troisième une serviette, et se présentèrent le genou en terre devant Abou Hassan qui étoit encore assis, et lui donnèrent à laver. Quand il eut fait, il se leva, et à l'instant un eunuque tira la portière, et ouvrit la porte d'un autre salon où il devoit passer.

Mesrour, qui n'avoit pas abandonné Abou Hassan, marcha devant lui, et l'introduisît dans un salon de pareille grandeur à celui d'où il sortoit, mais orné de diverses peintures des plus excellens maîtres, et tout autrement enrichi de vases de l'un et de l'autre métal, de tapis de pied, et d'autres meubles plus précieux. Il y avoit dans ce salon sept troupes de musiciennes, autres que celles qui étoient dans le premier salon, et ces sept troupes ou plutôt ces sept chœurs de musique commencèrent un nouveau concert dès qu'Abou Hassan parut. Le salon étoit orné de sept autres grands lustres, et la table au milieu se trouva couverte de sept grands bassins d'or, remplis en pyramide de toutes sortes de fruits de la saison, les plus beaux, les mieux choisis et les plus exquis ; et à l'entour sept autres jeunes dames, chacune avec un éventail à la main, qui surpassoient les premières en beauté.

Ces nouveaux objets jetèrent Abou Hassan dans une admiration plus grande qu'auparavant, et firent qu'en s'arrêtant il donna des marques plus sensibles de sa surprise et de son étonnement. Il s'avança enfin jusqu'à la table ; et après qu'il s'y fut assis, et qu'il eut contemplé les sept dames à son aise l'une après l'autre, avec un embarras qui marquoit qu'il ne savoit à laquelle il devoit donner la préférence, il leur ordonna de quitter chacune leur éventail, de se mettre à table, et de manger avec lui, en disant que la chaleur n'étoit pas assez incommode pour avoir besoin de leur ministère.

Quand les dames se furent placées à la droite et à la gauche d'Abou Hassan, il voulut, avant toutes choses, savoir comment elles s'appeloient, et il apprit qu'elles avoient chacune un nom différent des noms des sept dames du premier salon, et que ces noms signifioient de même quelque perfection de l'ame ou de l'esprit, qui les distinguoit les unes d'avec les autres. Cela lui plut extrêmement ; et il le fit connoître par les bons mots qu'il dit encore à cette occasion, en leur présentant l'une après l'autre des fruits de chaque bassin. « Mangez cela pour l'amour de moi, dit-il à CHAINE DES CŒURS qu'il avoit à sa droite, en lui présentant une figue, et rendez plus supportables les chaînes que vous me faites porter depuis Je moment que je vous ai vue. » Et en présentant un raisin à TOURMENT DE L'AME : « Prenez ce raisin, dit-il, à la charge que vous ferez cesser bientôt les tourmens que j'endure pour l'amour de vous. » Et ainsi des autres dames. Et par ces endroits, Abou Hassan faisoit que le calife, qui étoit fort attaché à toutes ses actions et à toutes ses paroles, se savoit bon gré de plus en plus d'avoir trouvé en lui un homme qui le divertissoit si agréablement, et qui lui avoit donné lieu d'imaginer le moyen de le connoître plus à fond.

Quand Abou Hassan eut mangé de tous les fruits qui étoient dans les bassins, ce qui lui plut selon son goût, il se leva ; et aussitôt Mesrour, qui ne l'abandonnoit pas, marcha encore devant lui, et l'introduisit dans un troisième salon, orné, meublé et enrichi aussi magnifiquement que les deux premiers.

Abou Hassan y trouva sept autres chœurs de musique, et sept autres dames autour d'une table couverte de sept bassins d'or, remplis de confitures liquides de différentes couleurs et de plusieurs façons. Après avoir jeté les jeux de tout côté avec une nouvelle admiration, il s'avança jusqu'à la table au bruit harmonieux des sept chœurs de musique qui cessa dès qu'il s'y fut mis. Les sept dames s'y mirent aussi à ses côtés par son ordre ; et comme il ne pouvoit leur faire la même honnêteté de les servir qu'il avoit faite aux autres, il les pria de se choisir elles-mêmes les confitures qui seroient le plus à leur goût. Il s'informa aussi de leurs noms qui ne lui plurent pas moins que les noms des autres dames par leur diversité, et qui lui fournirent une nouvelle matière de s'entretenir avec elles, et de leur dire des douceurs qui leur firent autant de plaisir qu'au calife qui ne perdoit rien de tout ce qu'il disoit.

Le jour commençoit à finir, lorsqu'Abou Hassan fut conduit dans le quatrième salon. Il étoit orné, comme les autres, des meubles les plus magnifiques et les plus précieux. Il y avoit aussi sept grands lustres d'or qui se trouvèrent remplis de bougies allumées, et tout le salon éclairé par une quantité prodigieuse de lumières qui y faisoient un effet merveilleux et surprenant. On n'avoit rien vu de pareil dans les trois autres, parce qu'il n'en avoit pas été besoin. Abou Hassan trouva encore dans ce dernier salon, comme il avoit trouvé dans les trois autres, sept nouveaux chœurs de musiciennes, qui concertoient toutes ensemble d'une manière plus gaie que dans les autres salons, et qui sembloient inspirer une plus grande joie. Il y vit aussi sept autres dames qui étoient debout autour d'une table aussi couverte de sept bassins d'or remplis de gâteaux feuilletés, de toutes sortes de confitures sèches et de toutes autres choses propres à exciter à boire. Mais ce qu'Abou Hassan y aperçut, qu'il n'avoit pas vu aux autres salons, c'étoit un buffet de sept grands flacons d'argent pleins d'un vin des plus exquis, et de sept verres de cristal de roche d'un très-beau travail auprès de chaque flacon.

Jusque-là, c'est-à-dire dans les trois premiers salons, Abou Hassan n'avoit bu que de l'eau, selon la coutume qui s'observe à Bagdad, aussi-bien parmi le peuple et dans les ordres supérieurs qu'à la cour du calife, où l'on ne boit le vin ordinairement que le soir. Tous ceux qui en usent autrement, sont regardés comme des débauchés, et ils n'osent se montrer de jour. Cette coutume est d'autant plus louable, qu'on a besoin de tout son bon sens dans la journée pour vaquer aux affaires ; et que par-là, comme on ne boit du vin que le soir, on ne voit pas d'ivrognes en plein jour causer du désordre dans les rues de cette ville.

Abou Hassan entra donc dans ce quatrième salon, et il s'avança jusqu'à la table. Quand il s'y fut assis, il demeura un grand espace de temps comme en extase, à admirer les sept dames qui étoient autour de lui, et les trouva plus belles que celles qu'il avoit vues dans les autres salons. Il eut envie de savoir les noms de chacune en particulier. Mais comme le grand bruit de la musique, et surtout les tambours de basque, dont on jouoit à chaque chœur, ne lui permettoient pas de se faire entendre, il frappa des mains pour la faire cesser, et aussitôt il se fit un grand silence.

Alors en prenant par la main la dame qui étoit plus près de lui, à sa droite, il la fit asseoir ; et après lui avoir présenté d'un gâteau feuilleté, il lui demanda comment elle s'appeloit ? « Commandeur des croyans, répondit la dame, mon nom est BOUQUET DE PERLES. » « On ne pouvoit vous donner un nom plus convenable, reprit Abou Hassan, et qui fit mieux connoître ce que vous valez ; sans blâmer néanmoins celui qui vous l'a donné, je trouve que vos belles dents effacent la plus belle eau de toutes les perles qui soient au monde. BOUQUET DE PERLES, ajouta-t-il, puisque c'est votre nom, obligez-moi de prendre un verre et de m'apporter à boire de votre belle main. »

La dame alla aussitôt au buffet, et revint avec un verre plein de vin qu'elle présenta à Abou Hassan d'un air tout gracieux. Il le prit avec plaisir ; et la regardant passionnément : « BOUQUET DE PERLES, lui dit-il, je bois à votre santé ; je vous prie de vous en verser autant, et de me faire raison. » Elle courut vite au buffet, et revint le verre à la main ; mais avant de boire, elle chanta une chanson, qui ne le ravit pas moins par sa nouveauté que par les charmes d'une voix qui le surprit encore davantage.

Abou Hassanx, après avoir bu, choisit ce qui lui plut dans les bassins, et le présenta à une autre dame qu'il fit asseoir auprès de lui. Il lui demanda aussi son nom ? Elle répondit qu'elle s'appeloit ETOILE DU MATIN. « Vos beaux yeux, reprit-il, ont plus d'éclat et de brillant que l'étoile dont vous portez le nom. Allez, et faites-moi le plaisir de m'apporter à boire. » Ce qu'elle fit sur-le-champ de la meilleure grâce du monde. Il en usa de même envers la troisième dame qui se nommoit LUMIERE DU JOUR, et de même jusqu'à la septième, qui toutes lui versèrent à boire avec une satisfaction extrême du calife.

Quand Abou Hassan eut achevé de boire autant de coups qu'il y avoit de dames, BOUQUET DE PERLES, la première à qui il s'étoit adressé, alla au buffet, prit un verre qu'elle remplit de vin, après y avoir jeté une pincée de la poudre dont le calife s'étoit servi le jour précédent, et vint le lui présenter : « Commandeur des croyans, lui dit-elle, je supplie votre Majesté par l'intérêt que je prends à la conservation de sa santé, de prendre ce verre de vin, et de me faire la grâce, avant de le boire, d'entendre une chanson, laquelle, si j'ose me flatter, ne lui déplaira pas. Je ne l'ai faite que d'aujourd'hui, et je ne l'ai encore chantée à qui que ce soit. »

« Je vous accorde cette grâce avec plaisir, lui dit Abou Hassan en prenant le verre qu'elle lui présentoit, et je vous ordonne, en qualité de Commandeur des croyans, de me la chanter, persuadé que je suis qu'une belle personne comme vous n'en peut faire que de très-agréables et pleines d'esprit. » La dame prit un luth, et elle chanta la chanson en accordant sa voix au son de cet instrument avec tant de justesse, de grâce et d'expression, qu'elle tint Abou Hassan comme en extase, depuis le commencement jusqu'à la fin. Il la trouva si belle, qu'il la lui fit répéter une seconde fois, et il n'en fut pas moins charmé que la première fois.

Quand la dame eut achevé, Abou Hassan qui vouloit la louer comme elle le méritoit, vuida le verre auparavant tout d'un trait. Puis tournant la tête du côté de la dame comme pour lui parler, il en fut empêché par la poudre, qui fit son effet si subitement, qu'il ne fit qu'ouvrir la bouche en bégayant. Aussitôt ses yeux se fermèrent ; et en laissant tomber sa tête jusque sur la table comme un homme accablé de sommeil, il s'endormit aussi profondément qu'il avoit fait le jour précédent environ à la même heure, quand le calife lui eut fait prendre de la même poudre ; et dans le même instant une des dames qui étoit auprès de lui, fut assez diligente pour recevoir le verre qu'il laissa tomber de sa main. Le calife qui s'étoit donné lui-même ce divertissement avec une satisfaction au-delà de ce qu'il s'en étoit promis, et qui avoit été spectateur de cette dernière scène, aussi bien que de toutes les autres qu'Abou Hassan lui avoit données, sortit de l'endroit où il étoit, et parut dans le salon tout joyeux d'avoir si bien réussi dans ce qu'il avoit imaginé. Il commanda premièrement qu'on dépouillât Abou Hassan de l'habit de calife dont on l'avoit revêtu le matin, et qu'on lui remît celui dont il étoit habillé il y avoit vingt-quatre heures, quand l'esclave qui l'accompagnoit l'avoit apporté en son palais. Il fit appeler ensuite le même esclave ; et quand il se fut présenté : « Reprends cet homme, lui dit-il, et reporte-le chez lui sur son sofa sans faire de bruit ; et en te retirant, laisse de même la porte ouverte. »

L'esclave prit Abou Hassan, l'emporta par la porte secrète du palais, le remit chez lui comme le calife lui avoit ordonné, et revint en diligence lui rendre compte de ce qu'il avoit fait. « Abou Hassan, dit alors le calife, avoit souhaité d'être calife pendant un jour seulement, pour châtier l'iman de la mosquée de son quartier et les quatre scheikhs ou vieillards dont la conduite ne lui plaisoit pas ; je lui ai procuré le moyen de se satisfaire, et il doit être content sur cet article. »

Abou Hassan remis sur son sofa par l'esclave, dormit jusqu'au lendemain fort tard, et il ne s'éveilla que quand la poudre qu'on avoit jetée dans le dernier verre qu'il avoit bu, eut fait tout son effet. Alors en ouvrant les yeux, il fut fort surpris de se voir chez lui. « BOUQUET DE PERLES, ÉTOILE DU MATIN, AUBE DU JOUR, BOUCHE DE CORAIL, FACE DE LUNE, s'écria-t-il, en appelant les dames du palais qui lui avoient tenu compagnie, chacune par leur nom, autant qu'il put s'en souvenir, où êtes-vous ? Venez, approchez. »

Abou Hassan crioit de toute sa force. Sa mère qui l'entendit de son appartement, accourut au bruit ; et en entrant dans sa chambre : « Qu'avez-vous donc, mon fils, lui demanda-t-elle ? Que vous est-il arrivé ? »

À ces paroles Abou Hassan leva la tête, et en regardant sa mère fièrement et avec mépris : « Bonne femme, lui demanda-t-il à son tour, qui est donc celui que tu appelles ton fils ? »

« C'est vous-même, répondit la mère avec beaucoup de douceur. N'êtes-vous pas Abou Hassan mon fils ? Ce seroit la chose du monde la plus singulière, que vous l'eussiez oublié en si peu de temps. »

« Moi, ton fils ! Vieille exécrable, reprit Abou Hassan, tu ne sais ce que tu dis, et tu es une menteuse ! Je ne suis pas l'Abou Hassan que tu dis, je suis le Commandeur des croyans. »

« Taisez-vous, mon fils, repartit la mère ; vous n'êtes pas sage ; on vous prendroit pour un fou si l'on vous entendoit. »

« Tu es une vieille folle toi-même, répliqua Abou Hassan, et je ne suis pas fou comme tu le dis. Je te répète que je suis le Commandeur des croyans, et le vicaire en terre du maître des deux mondes. »

« Ah, mon fils, s'écria la mère, est-il possible que je vous entende proférer des paroles qui marquent une si grande aliénation d'esprit ? Quel malin génie vous obsède pour vous faire tenir un semblable discours ? Que la bénédiction de Dieu soit sur vous, et qu'il vous délivre de la malignité de Satan. Vous êtes mon fils Abou Hassan, et je suis votre mère. »

Après lui avoir donné toutes les marques qu'elle put imaginer pour le faire rentrer en lui-même, et lui faire voir qu'il étoit dans l'erreur : « Ne voyez-vous pas, continua-t-elle, que cette chambre où vous êtes est la vôtre, et non pas la chambre d'un palais digne d'un Commandeur des croyans, et que vous ne l'avez pas abandonnée depuis que vous êtes au monde en demeurant inséparablement avec moi ? Faites bien réflexion à tout ce que je vous dis ; et ne vous allez pas mettre dans l'imagination des choses qui ne sont pas et qui ne peuvent pas être. Encore une fois, mon fils, pensez-y sérieusement. »

Abou Hassan entendit paisiblement ces remontrances de sa mère, et les yeux baissés, et la main au bas du visage, comme un homme qui rentre en lui-même pour examiner la vérité de tout ce qu'il voit et de ce qu'il entend. « Je crois que vous avez raison, dit-il à sa mère quelques momens après, en revenant comme d'un profond sommeil, sans pourtant changer de posture : il me semble, que je suis Abou Hassan, que vous êtes ma mère, et que je suis dans ma chambre. Encore une fois, ajouta-t-il en jetant les yeux sur lui et sur tout ce qui se présentoit à sa vue, je suis Abou Hassan, je n'en doute plus ; et je ne comprends pas comment je m'étois mis cette rêverie dans la tête ! »

La mère crut de bonne foi que son fils étoit guéri du trouble qui agitoit son esprit et qu'elle attribuoit à un songe. Elle se préparoit même à en rire avec lui et à l'interroger sur ce songe, quand tout-à-coup il se mit sur son séant ; et en la regardant de travers : « Vieille sorcière, vieille magicienne, dit-il, tu ne sais ce que tu dis : je ne suis pas ton fils, et tu n'es pas ma mère. Tu te trompes toi-même, et tu veux m'en faire accroire. Je te dis que je suis le Commandeur des croyans, et tu ne me persuaderas pas le contraire. »

« De grâce, mon fils, recommandez-vous à Dieu, et abstenez-vous de tenir ce langage, de crainte qu'il ne vous arrive quelque malheur. Parlons plutôt d'autre chose ; et laissez-moi vous raconter ce qui arriva, hier dans notre quartier à l'iman de notre mosquée et à quatre scheikhs de nos voisins. Le juge de police les fit prendre ; et après leur avoir fait donner en sa présence à chacun je ne sais combien de coups de nerf de bœuf, il fit publier par un crieur que c'étoit là le châtiment de ceux qui se mêloient des affaires qui ne les regardoient pas, et qui se faisoient une occupation de jeter le trouble dans les familles de leurs voisins. Ensuite il les fit promener par tous les quartiers de la ville avec le même cri, et leur fit défense de remettre jamais le pied dans notre quartier. »

La mère d'Abou Hassan qui ne pouvoit s'imaginer que son fils eût eu quelque part à l'aventure qu'elle lui racontoit, avoit exprès changé de discours, et regardé le récit de cette affaire comme un moyen capable d'effacer l'impression fantastique où elle le voyoit, d'être le

Commandeur des croyans.

Mais il en arriva tout autrement ; et ce récit, loin d'effacer l'idée qu'il avoit toujours d'être le Commandeur des croyans, ne servit qu'à la lui rappeler et à la lui graver d'autant plus profondément dans son imagination, qu'en effet elle n'étoit pas fantastique, mais réelle.

Aussi, dès qu'Abou Hassan eut entendu ce récit : « Je ne suis plus ton fils, ni Abou Hassan, reprit-il ; je suis certainement le Commandeur des croyans, je ne puis plus en douter après ce que tu viens de me raconter toi-même. Apprends que c'est par mes ordres que l'iman et les quatre scheikhs ont été châtiés de la manière que tu m'as dit. Je suis donc véritablement le Commandeur des croyans, te dis-je ; et cesse de me dire que c'est un rêve. Je ne dors pas, et j'étois aussi éveillé que je le suis en ce moment que je te parle. Tu me lais plaisir de me confirmer ce que le juge de police à qui j'en avois donné l'ordre, m'en a rapporté, c'est-à-dire, que mon ordre a été exécuté ponctuellement ; et j'en suis d'autant plus réjoui, que cet iman et ces quatre scheikhs sont de francs hypocrites. Je voudrois bien savoir qui m'a porté en ce lieu-ci ? Dieu soit loué de tout ! Ce qu'il y a de vrai, c'est que je suis très-certainement le Commandeur des croyans ; et toutes tes raisons ne me persuaderont pas le contraire. »

La mère qui ne pouvoit deviner, ni même s'imaginer pourquoi son fils soutenoit si fortement et avec tant d'assurance, qu'il étoit le Commandeur des croyans, ne douta plus qu'il n'eût perdu l'esprit, en lui entendant dire des choses qui étoient dans son esprit au-delà de toute croyance, quoiqu'elles eussent leur fondement dans celui d'Abou Hassan. Dans cette pensée : « Mon fils, lui dit-elle, je prie Dieu qu'il ait pitié de vous, et qu'il vous fasse miséricorde. Cessez, mon fils, de tenir un discours si dépourvu de bon sens. Adressez-vous à Dieu ; demandez-lui qu'il vous pardonne, et vous fasse la grâce de parler comme un homme raisonnable. Que diroit-on de vous, si l'on vous entendoit parler ainsi ? Ne savez-vous pas que les murailles ont des oreilles ? »

De si belles remontrances, loin d'adoucir l'esprit d'Abou Hassan, ne servirent qu'à l'aigrir encore davantage. Il s'emporta contre sa mère avec plus de violence. « Vieille, lui dit-il, je t'ai déjà avertie de te taire : si tu continues davantage, je me lèverai, et je te traiterai de manière que tu t'en ressentiras tout le reste de tes jours. Je suis le calife, le Commandeur des croyans, et tu dois me croire quand je te le dis. »

Alors la bonne dame qui vit qu'Abou Hassan s'égaroit de plus en plus de son bon sens plutôt que d'y rentrer, s'abandonna aux pleurs et aux larmes ; et en se frappant le visage et la poitrine, elle faisoit des exclamations qui marquoient son étonnement et sa profonde douleur de voir son fils dans une si terrible aliénation d'esprit.

Abou Hassan, au lieu de s'appaiser et de se laisser toucher par les larmes de sa mère, s'oublia lui-même au contraire jusqu'à perdre envers elle le respect que la nature lui inspiroit. Il se leva brusquement, il se saisit d'un bâton ; et venant à elle la main levée comme un furieux : « Maudite vieille, lui dit-il dans son extravagance et d'un ton à donner de la terreur à tout autre qu'à une mère pleine de tendresse pour lui, dis-moi tout-à-l'heure qui je suis ? »

« Mon fils, répondit la mère en le regardant tendrement, bien loin de s'effrayer, je ne vous crois pas abandonné de Dieu jusqu'au point de ne pas connoître celle qui vous a mis au monde, et de vous méconnoître vous-même. Je ne feins pas de vous dire que vous êtes mon fils Abou Hassan, et que vous avez grand tort de vous arroger un titre qui n'appartient qu'au calife Haroun Alraschild, votre souverain seigneur et le mien, pendant que ce monarque nous comble de biens, vous et moi, par le présent qu'il m'envoya hier. En effet, il faut que vous sachiez que le grand visir Giafar prit la peine de venir hier me trouver ; et qu'en me mettant entre les mains une bourse de mille pièces d'or, il me dit de prier Dieu pour le Commandeur des croyans qui me faisoit ce présent. Et cette libéralité ne vous regarde-t-elle pas plutôt que moi qui n'ai plus que deux jours à vivre ? »

À ces paroles, Abou Hassan ne se posséda plus. Les circonstances de la libéralité du calife que sa mère venoit de lui raconter, lui marquoient qu'il ne se trompoit pas, et lui persuadoient plus que jamais qu'il étoit le calife, puisque le visir n'avoit porté la bourse que par son ordre, « Hé bien, vieille sorcière, s'écriat-il, seras-tu convaincue quand je te dirai que c'est moi qui t'ai envoyé ces mille pièces d'or par mon grand visir Giafar, qui n'a fait qu'exécuter l'ordre que je lui avois donné en qualité de Commandeur des croyans ? Cependant, au lieu de me croire, tu ne cherches qu'à me faire perdre l'esprit par tes contradictions, et en me soutenant avec opiniâtreté que je suis ton fils. Mais je ne laisserai pas long-temps ta malice impunie. » En achevant ces paroles, dans l'excès de sa frénésie, il fut assez dénaturé pour la maltraiter impitoyablement avec le bâton qu'il tenoit à la main.

La pauvre mère qui n'avoit pas cru que son fils passeroit si promptement des menaces aux actions, se sentant frappée, se mit à crier de toute sa force au secours ; et jusqu'à ce que les voisins fussent accourus, Abou Hassan ne cessoit de frapper, en lui demandant à chaque coup : « Suis-je Commandeur des croyans ? » À quoi la mère répondoit toujours ces tendres paroles : « Vous êtes mon fils. »

La fureur d'Abou Hassan commençoit un peu à se ralentir quand les voisins arrivèrent dans sa chambre. Le premier qui se présenta, se mit aussitôt entre sa mère et lui ; et après lui avoir arraché son bâton de la main : « Que faites-vous donc, Abou Hassan, lui dit-il ? Avez-vous perdu la crainte de Dieu et la raison ? Jamais un fils bien né comme vous, a-t-il osé lever la main sur sa mère ? Et n'avez-vous point de honte de maltraiter ainsi la vôtre, elle qui vous aime si tendrement ? » Abou Hassan encore tout plein de sa fureur, regarda celui qui lui parloit sans lui rien répondre ; et en jetant en même temps ses jeux égarés sur chacun des autres voisins qui l'accompagnoient : « Qui est cet Abou Hassan dont vous parlez, demanda-t-il ? Est-ce moi que vous appelez de ce nom ? »

Cette demande déconcerta un peu les voisins. « Comment, repartit celui qui venoit de lui parler, vous ne reconnoissez donc pas la femme que voilà pour celle qui vous a élevé, et avec qui nous vous avons toujours vu demeurer, en un mot, pour votre mère ? » « Vous êtes des impertinens, répliqua Abou Hassan, je ne la connois pas, ni vous non plus, et je ne veux pas la connoître. Je ne suis pas Abou Hassan, je suis le Commandeur des croyans ; et si vous l'ignorez, je vous le ferai apprendre à vos dépens. »

À ce discours d'Abou Hassan, les voisins ne doutèrent plus de l'aliénation de son esprit. Et pour empêcher qu'il ne se portât à des excès semblables à ceux qu'il venoit de commettre contre sa mère, ils se saisirent de sa personne malgré sa résistance, et ils le lièrent de manière qu'ils lui ôtèrent l'usage des bras, des mains et des pieds. En cet état et hors d'apparence de pouvoir nuire, ils ne jugèrent pas cependant à propos de le laisser seul avec sa mère. Deux de la compagnie se détachèrent, et allèrent en diligence à l'hôpital des fous avertir le concierge de ce qui se passoit. Il y vint aussitôt avec ses voisins, accompagné d'un bon nombre de ses gens, chargés de chaînes, de menottes et d'un nerf de bœuf. À leur arrivée, Abou Hassan qui ne s'attendoit à rien moins qu'à un appareil si affreux, fit de grands efforts pour se débarrasser ; mais le concierge qui s'étoit fait donner le nerf de bœuf, le mit bientôt à la raison par deux ou trois coups bien appliqués qu'il lui en déchargea sur les épaules. Ce traitement fut si sensible à Abou Hassan, qu'il se contint, et que le concierge et ses gens firent de lui ce qu'ils voulurent. Ils le chargèrent de chaînes et lui appliquèrent les menottes et les entraves ; et quand ils eurent achevé, ils le tirèrent hors de chez lui, et le conduisirent à l'hôpital des fous.

Abou Hassan ne fut pas plutôt dans la rue qu'il se trouva environné d'une grande foule de peuple. L'un lui donnoit un coup de poing, un autre un soufflet ; et d'autres le chargeoient d'injures, en le traitant de fou, d'insensé et d'extravagant.

À tous ces mauvais traitemens : « Il n'y a, disoit-il, de grandeur et de force qu'en Dieu très-haut et tout-puissant. On veut que je sois fou, quoique je sois dans mon bon sens ; je souffre cette injure et toutes ces indignités pour l'amour de Dieu. »

Abou Hassan fut conduit de cette manière jusqu'à l'hôpital des fous. On l'y logea, et on l'attacha dans une cage de fer ; et avant de l'y enfermer, le concierge endurci à cette terrible exécution, le régala sans pitié de cinquante coups de nerf de bœuf sur les épaules et sur le dos, et continua plus de trois semaines à lui faire le même régal chaque jour, en lui répétant ces mêmes mots chaque fois : « Reviens en ton bon sens, et dis si tu es encore le Commandeur des croyans ? »

« Je n'ai pas besoin de ton conseil, répondoit Abou Hassan, je ne suis pas fou ; mais si j'avois à le devenir, rien ne seroit plus capable de me jeter dans une si grande disgrâce, que les coups dont tu m'assommes. »

Cependant la mère d'Abou Hassan venoit voir son fils réglément chaque jour ; et elle ne pouvoit retenir ses larmes, en voyant diminuer de jour en jour son embonpoint et ses forces, et l'entendant se plaindre et soupirer des douleurs qu'il souffroit. En effet, il avoit les épaules, le dos et les côtés noircis et meurtris ; et il ne savoit de quel côté se tourner pour trouver du repos. La peau lui changea même plus d'une fois, pendant le temps qu'il fut retenu dans cette effroyable demeure. Sa mère vouloit lui parler pour le consoler, et pour tâcher de sonder s'il étoit toujours dans la même situation d'esprit sur sa prétendue dignité de calife et de Commandeur des croyans. Mais toutes les fois qu'elle ouvroit la bouche pour lui en toucher quelque chose, il la rebutoit avec tant de furie, qu'elle étoit contrainte de le laisser, et de s'en retourner inconsolable de le voir dans une si grande opiniâtreté.

Les idées fortes et sensibles qu'Abou Hassan avoit conservées dans son esprit, de s'être vu revêtu de l'habillement de calife, d'en avoir fait effectivement les fonctions, d'avoir usé de son autorité, d'avoir été obéi et traité véritablement en calife, et qui l'avoient persuadé à son réveil qu'il l'étoit véritablement, et l'avoient fait persister si long-temps dans cette erreur, commencèrent insensiblement à s'effacer de son esprit.

« Si j'étois calife et Commandeur des croyans, se disoit-il quelquefois à lui-même, pourquoi me serois-je trouvé chez moi en me réveillant, et revêtu de mon habit ordinaire ? Pourquoi ne me serois-je pas vu environné du chef des eunuques, de tant d'autres eunuques et d'une si grosse foule de belles dames ? Pourquoi le grand visir Giafar que j'ai vu à mes pieds, tant d'émirs, tant de gouverneurs de provinces, et tant d'autres officiers dont je me suis vu environné, m'auroient-ils abandonné ? Il y a long-temps, sans doute, qu'ils m'auroient délivré de l'état pitoyable où je suis, si j'avois quelqu'autorité sur eux. Tout cela n'a été qu'un songe, et je ne dois pas faire difficulté de le croire. J'ai commandé, il est vrai, au juge de police de châtier l'iman et les quatre vieillards de son conseil ; j'ai ordonné au grand visir Giafar de porter mille pièces d'or à ma mère, et mes ordres ont été exécutés. Cela m'arrête, et je n'y comprends rien. Mais combien d'autres choses y a-t-il que je ne comprends pas, et que je ne comprendrai jamais ? Je m'en remets donc entre les mains de Dieu qui sait et qui connoît tout. »

Abou Hassan étoit encore occupé de ces pensées et de ces sentimens, quand sa mère arriva. Elle le vit si exténué et si défait, qu'elle en versa des larmes plus abondamment qu'elle n'avoit encore fait jusqu'alors. Au milieu de ses sanglots, elle le salua du salut ordinaire, et Abou Hassan le lui rendit, contre sa coutume depuis qu'il étoit dans cet hôpital. Elle en prit un bon augure : « Hé bien, mon fils, lui dit-elle en essuyant ses larmes, comment vous trouvez-vous ? En quelle assiette est votre esprit ? Avez-vous renoncé à toutes vos fantaisies et aux propos que le démon vous avoit suggérés ? »

« Ma mère, répondit Abou Hassan d'un sens rassis et fort tranquille, et d'une manière qui peignoit la douleur qu'il ressentoit des excès auxquels il s'étoit porté contr'elle, je reconnois mon égarement, mais je vous prie de me pardonner le crime exécrable que je déteste, et dont je suis coupable envers vous. Je fais la même prière à nos voisins, à cause du scandale que je leur ai donné. J'ai été abusé par un songe, mais un songe si extraordinaire et si semblable à la vérité, que je puis mettre en fait que tout autre que moi, à qui il seroit arrivé, n'en auroit pas été moins frappé, et seroit peut-être tombé dans de plus grandes extravagances que vous ne m'en avez vu faire. J'en suis encore si fort troublé, au moment où je vous parle, que j'ai de la peine à me persuader que ce qui m'est arrivé en soit un : tant il a de ressemblance à ce qui se passe entre des gens qui ne dorment pas ! Quoiqu'il en soit, je le tiens et le veux tenir constamment pour un songe et pour une illusion. Je suis même convaincu que je ne suis pas ce fantôme de calife et de Commandeur des croyans, mais Abou Hassan votre fils. Oui, je suis le fils d'une mère que j'ai toujours honorée, jusqu'à ce jour fatal, dont le souvenir me couvre de confusion ; que j'honore et que j'honorerai toute ma vie comme je le dois. »

À ces paroles si sages et si sensées, les larmes de douleur, de compassion et d'affliction que la mère d'Abou Hassan versoit depuis si long-temps, se changèrent en larmes de joie, de consolation et d'amour tendre pour son cher fils qu'elle retrouvoit. « Mon fils, s'écria-t-elle toute transportée de plaisir, je ne me sens pas moins ravie de contentement et de satisfaction à vous entendre parler si raisonnablement, après ce qui s'est passé, que si je venois de vous mettre au monde une seconde fois. Il faut que je vous déclare ma pensée sur votre aventure, et que je vous fasse remarquer une chose à quoi vous n'avez peut-être pas pris garde. L'étranger que vous aviez amené un soir pour souper avec vous, s'en alla sans fermer la porte de votre chambre, comme vous lui aviez recommandé ; et je crois que c'est ce qui a donné occasion au démon d'y entrer et de vous jeter dans l'affreuse illusion où vous étiez. Ainsi, mon fils, vous devez bien remercier Dieu de vous en avoir délivré, et le prier de vous préserver de tomber davantage dans les piéges de l'esprit malin. »

« Vous avez trouvé la source de mon mal, répondit Abou Hassan ; et c'est justement cette nuit-là que j'eus ce songe qui me renversa la cervelle. J'avois cependant averti le marchand expressément de fermer la porte après lui ; et je connois à présent qu'il n'en a rien fait. Je suis donc persuadé avec vous que le démon a trouvé la porte ouverte, qu'il est entré, et qu'il m'a mis toutes ces fantaisies dans la tête. Il faut qu'on ne sache pas à Moussoul d'où venoit ce marchand, comme nous sommes bien convaincus à Bagdad que le démon vient causer tous ces songes fâcheux qui nous inquiètent la nuit quand on laisse les chambres où l'on couche ouvertes. Au nom de Dieu, ma mère, puisque par la grâce de Dieu, me voilà parfaitement revenu du trouble où j'étois, je vous supplie, autant qu'un fils peut supplier une aussi bonne mère que vous l'êtes, de me faire sortir au plus tôt de cet enfer, et de me délivrer de la main du bourreau qui abrégera mes jours infailliblement, si j'y demeure davantage. »

La mère d'Abou Hassan parfaitement consolée et attendrie de voir qu'Abou Hassan étoit revenu entièrement de sa folle imagination d'être calife, alla sur le champ trouver le concierge qui l'avoit amené, et qui l'avoit gouverné jusqu'alors ; et es qu'elle lui eut assuré qu'il étoit parfaitement bien rétabli dans son bon sens, il vint, l'examina, et le mit en liberté en sa présence.

Abou Hassan retourna chez lui, et il y demeura plusieurs jours, afin de rétablir sa santé par de meilleurs alimens que ceux dont il avoit été nourri dans l'hôpital des fous. Mais dès qu'il eut à-peu-près repris ses forces, et qu'il ne se ressentit plus des mcommodilés qu'il avoit souffertes par les mauvais traitemens qu'on lui avoit faits dans sa prison, commença à s'ennuyer de passer les soirées sans compagnie. C'est pourquoi il ne tarda pas à reprendre le même train de vie qu'auparavant ; c'est-à-dire qu'il recommença de faire chaque jour une provision suffisante pour régaler un nouvel hôte le soir.

Le jour qu'il renouvela la coutume d'aller, vers le coucher du soleil, au bout du pont de Bagdad, pour y arrêter le premier étranger qui se présenteroit, et le prier de lui faire l'honneur de venir souper avec lui, étoit le premier du mois, et le même jour, comme nous l'avons déjà dit, que le calife se divertissoit à aller déguisé hors de quelqu'une des portes par où on abordoit en cette ville, pour observer par lui-même s'il ne se passoit rien contre la bonne police, de la manière qu'il l'avoit établie et réglée dès le commencement de son règne.

Il n'y avoit pas long-temps qu'Abou Hassan étoit arrivé, et qu'il s'étoit assis sur un banc pratiqué contre le parapet, lorsqu'en jetant la vue jusqu'à l'autre bout du pont, il aperçut le calife qui venoit à lui déguisé en marchand de Moussoul, comme la première fois, et suivi du même esclave. Persuadé que tout le mal qu'il avoit souffert ne venoit que de ce que le calife, qu'il ne connoissoit que pour un marchand de Moussoul, avoit laissé la porte ouverte en sortant de sa chambre, il frémit en le voyant. « Que Dieu veuille me préserver, dit-il en lui-même ! Voilà, si je ne me trompe, le magicien qui m'a enchanté. » Il tourna aussitôt la tête du côté du canal de la rivière, en s'appuyant sur le parapet, afin de ne le pas voir, jusqu'à ce qu'il fût passé.

Le calife qui voulôit porter plus loin le plaisir qu'il s'étoit déjà donné à l'occasion d'Abou Hassan, avoit eu grand soin de se faire informer de tout ce qu'il avoit dit et fait le lendemain à son réveil, après l'avoir fait reporter chez lui, et de tout ce qui lui étoit arrivé. Il ressentit un nouveau plaisir de tout ce qu'il en apprit, et même du mauvais traitement qui lui avoit été fait dans l'hôpital des fous. Mais comme ce monarque étoit généreux et plein de justice, et qu'il avoit reconnu dans Abou Hassan un esprit propre à le réjouir plus long-temps ; et de plus, qu'il s'étoit douté qu'après avoir renoncé à sa prétendue dignité de calife, il reprendroit sa manière de vivre ordinaire, il jugea à propos, dans le dessein de l'attirer près de sa personne, de se déguiser le premier du mois en marchand de Moussoul, comme auparavant, afin de mieux exécuter ce qu'il avoit résolu à son égard. Il aperçut donc Abou Hassan, presqu'en même temps qu'il fut aperçu de lui ; et à son action, il comprit d'abord combien il étoit mécontent de lui, et que son dessein étoit de l'éviter. Cela fit qu'il côtoya le parapet où étoit Abou Hassan, le plus près qu'il put. Quand il fut proche de lui, il pencha la tête et il le regarda en face. « C'est donc vous, mon frère Abou Hassan, lui dit-il ! Je vous salue. Permettez-moi, je vous prie, de vous embrasser. »

« Et moi, répondit brusquement Abou Hassan, sans regarder le faux marchand de Moussoul, je ne vous salue pas : je n'ai besoin ni de votre salut, ni de vos embrassades. Passez votre chemin. »

« Hé quoi, reprit le calife, ne me reconnoissez-vous pas ? Ne vous souvient-il pas de la soirée que nous passâmes chez vous ensemble il y a aujourd'hui un mois, et pendant laquelle vous me fîtes l'honneur de me régaler avec tant de générosité ? » « Non, repartit Abou Hassan sur le même ton qu'auparavant, je ne vous connois pas, et je ne sais de quoi vous voulez me parler. Allez, encore une fois, et passez votre chemin. »

Le calife ne se rebuta pas de la brusquerie d'Abou Hassan. Il savoit bien qu'une des lois qu'Abou Hassan s'étoit imposées à lui-même, étoit de ne plus avoir de commerce avec l'étranger qu'il auroit une fois régalé : Abou Hassan le lui avoit déclaré, mais il vouloit bien faire semblant de l'ignorer. « Je ne puis croire, reprit-il, que vous ne me reconnoissiez pas : il n'y a pas assez long-temps que nous nous sommes vus, et il n'est pas possible que vous m'ayiez oublié si facilement. Il faut qu'il vous soit arrivé quelque malheur qui vous cause cette aversion pour moi. Vous devez vous souvenir cependant que je vous ai marqué ma reconnoissance par mes bons souhaits ; et même que sur certaine chose qui vous tenoit au cœur, je vous ai fait offre de mon crédit, qui n'est pas à mépriser. »

« J'ignore, repartit Abou Hassan, quel peut être votre crédit, et je n'ai pas le moindre désir de le mettre à l'épreuve ; mais je sais bien que vos souhaits n'ont abouti qu'à me faire devenir fou. Au nom de Dieu, vous dis-je encore une fois, passez votre chemin, et ne me chagrinez pas davantage. »

« Ah, mon frère Abou Hassan, répliqua le calife en l'embrassant, je ne prétends pas me séparer d'avec vous de cette manière ! Puisque ma bonne fortune a voulu que je vous aie rencontré une seconde fois, il faut que vous exerciez aussi une seconde fois la même hospitalité envers moi, que vous avez fait il y a un mois, et que j'aie l'honneur de boire encore avec vous. »

C'est de quoi Abou Hassan protesta qu'il sauroit fort bien se garder, « J'ai assez de pouvoir sur moi, ajouta-t-il, pour m'empêcher de me trouver davantage avec un homme comme vous, qui porte le malheur avec soi. Vous savez le proverbe qui dit : Prenez votre tambour sur les épaules, et délogez. Faites-vous-en l'application. Faut-il vous le répéter tant de fois ? Dieu vous conduise ! Vous m'avez causé assez de mal, je ne veux pas m'y exposer davantage. »

« Mon bon ami Abou Hassan, reprit le calife en l'embrassant encore une fois, vous me traitez avec une dureté à laquelle je ne me serois pas attendu. Je vous supplie de ne me pas tenir un discours si offensant, et d'être au contraire bien persuadé de mon amitié. Faites-moi donc la grâce de me raconter ce qui vous est arrivé, à moi qui ne vous ai souhaité que du bien, qui vous en souhaite encore, et qui voudrois trouver l'occasion de vous en faire, afin de réparer le mal que vous dites que je vous ai causé, si véritablement il y a de ma faute. » Abou Hassan se rendit aux instances du calife ; et après l'avoir fait asseoir auprès de lui : « Votre incrédulité et votre importunité, lui dit-il, ont poussé ma patience à bout. Ce que je vais vous raconter vous fera connoître si c'est à tort que je me plains de vous. »

 Le calife s'assit auprès d'Abou Hassan, qui lui fit le récit de toutes les aventures qui lui étoient arrivées depuis son réveil dans le palais, jusqu'à son second réveil dans sa chambre ; et il les lui raconta toutes comme un véritable songe qui étoit arrivé, avec une infinité de circonstances que le calife savoit aussi bien que lui, et qui renouvelèrent le plaisir qu'il s'en étoit fait. Il lui exagéra ensuite l'impression que ce songe lui avoit laissée dans l'esprit, d'être le calife et le Commandeur des croyans. « Impression, ajouta-t-il, qui m'avoit jeté dans des extravagances si grandes, que mes voisins avoient été contraints de me lier comme un furieux, et de me faire conduire à l'hôpital des fous, où j'ai été traité d'une manière qu'on peut appeler cruelle, barbare et inhumaine ; mais ce qui vous surprendra, et à quoi sans doute vous ne vous attendez pas, c'est que toutes ces choses ne me sont arrivées que par votre faute. Vous vous souvenez bien de la prière que je vous avois faite de fermer la porte de ma chambre en sortant de chez moi après le souper. Vous ne l'avez pas fait : au contraire, vous l'avez laissée ouverte, et le démon est entré, et m'a rempli la tête de ce songe qui, tout agréable qu'il m'avoit paru, m'a causé cependant tous les maux dont je me plains. Vous êtes donc cause par votre négligence, qui vous rend responsable de mon crime, que j'ai commis une chose horrible et détestable, en levant non-seulement les mains contre ma mère ; mais même il s'en est peu fallu que je ne lui aie fait rendre l'âme à mes pieds, en commettant un parricide, et cela pour un sujet qui me fait rougir de honte toutes les fois que j'y pense, puisque c'étoit à cause qu'elle m'appeloit son fils, comme je le suis en effet, et qu'elle ne vouloit pas me reconnoître pour le Commandeur des croyans, tel que je croyois l'être, et que je lui soutenois effectivement que je l'étois. Vous êtes encore cause du scandale que j'ai donné à mes voisins, quand, accourus aux cris de ma pauvre mère, ils me surprirent acharné à la vouloir assommer ; ce qui ne seroit point arrivé, si vous eussiez eu soin de fermer la porte de ma chambre en vous retirant, comme je vous en avois prié. Ils ne seroient pas entrés chez moi sans ma permission ; et, ce qui me fait plus de peine, ils n'auroient point été témoins de ma folie. Je n'aurois pas été obligé de les frapper en me défendant contr'eux, et ils ne m'auroient pas maltraité et lié, comme ils ont fait, pour me conduire et me faire enfermer dans l'hôpital des fous, où je puis vous assurer que chaque jour, pendant tout le temps que j'ai été détenu dans cet enfer, on n'a pas manqué de me bien régaler à grands coups de nerf de bœuf. »

 Abou Hassan racontoit au calife ses sujets de plainte avec beaucoup de chaleur et de véhémence. Le calife savoit mieux que lui tout ce qui s'étoit passé, et il étoit ravi en lui-même d'avoir si bien réussi dans ce qu'il avoit imaginé pour le jeter dans l'égarement où il le voyoit encore ; mais il ne put entendre ce récit fait avec tant de naïveté, sans faire un grand éclat de rire.

Abou Hassan qui croyoit son récit digne de compassion, et que tout le monde devoit y être aussi sensible que lui, se scandalisa fort de cet éclat de rire du faux marchand de Moussoul. « Vous moquez-vous de moi, lui dit-il, de me rire ainsi au nez, ou croyez-vous que je me moque de vous quand je vous parle très-sérieusement ? Voulez-vous des preuves réelles de ce que j'avance ? Tenez, voyez et regardez vous-même : vous me direz après cela si je me moque. » En disant ces paroles il se baissa ; et en se découvrant les épaules et le sein, il fit voir au calife les cicatrices et les meurtrissures que lui avoient causées les coups de nerf de bœuf qu'il avoit reçus.

Le calife ne put regarder ces objets sans horreur. Il eut compassion du pauvre Abou Hassan, et il fut très-fâché que la raillerie eût été poussée si loin. Il rentra aussitôt en lui-même ; et en embrassant Abou Hassan de tout son cœur : « Levez-vous, je vous en supplie, mon cher frère, lui dit-il d'un grand sérieux : venez, et allons chez vous ; je veux encore avoir l'avantage de me réjouir ce soir avec vous. Demain, s'il plaît à Dieu, vous verrez que tout ira le mieux du monde. »

Abou Hassan, malgré sa résolution, et contre le serment qu'il avoit fait de ne pas recevoir chez lui le même étranger une seconde fois, ne put résister aux caresses du calife, qu'il prenoit toujours pour un marchand de Moussoul. « Je le veux bien, dit-il au faux marchand ; mais, ajouta-t-il, à une condition que vous vous engagerez à tenir avec serment. C'est de me faire la grâce de fermer la porte de ma chambre en sortant de chez moi, afin que le démon ne vienne pas me troubler la cervelle, comme il a fait la première fois. » Le faux marchand promit tout. Ils se levèrent tous deux, et ils prirent le chemin de la ville. Le calife, pour engager davantage Abou Hassan : « Prenez confiance en moi, lui dit-il, je ne vous manquerai pas de parole, je vous le promets en homme d'honneur. Après cela vous ne devez pas hésiter à mettre votre assurance en une personne comme moi, qui vous souhaite toute sorte de biens et de prospérités, et dont vous verrez les effets. »

« Je ne vous demande pas cela, repartit Abou Hassan en s'arrêtant tout court ; je me rends de bon cœur à vos importunités, mais je vous dispense de vos souhaits, et je vous supplie au nom de Dieu de ne m'en faire aucun. Tout le mal qui m'est arrivé jusqu'à présent, n'a pris sa source, avec la porte ouverte, que de ceux que vous m'avez déjà faits. »

« Hé bien, répliqua le calife en riant en lui-même de l'imagination toujours blessée d'Abou Hassan, puisque vous le voulez ainsi, vous serez obéi, et je vous promets de ne vous en jamais faire. » « Vous me faites plaisir de me parler ainsi, lui dit Abou Hassan, et je ne vous demande autre chose ; je serai trop content, pourvu que vous teniez votre parole ; je vous tiens quitte de tout le reste. »

Abou Hassan et le calife suivi de son esclave, en s'entretenant ainsi, approchoient insensiblement du rendez-vous : le jour commençoit à finir lorsqu'ils arrivèrent à la maison d'Abou Hassan. Aussitôt il appela sa mère, et fit apporter de la lumière. Il pria le calife de prendre place sur le sofa, et il se mit près de lui. En peu de temps le souper fut servi sur la table qu'on avoit approchée près d'eux. Ils mangèrent sans cérémonie. Quand ils eurent achevé, la mère d'Abou Hassan vint desservir, mit le fruit sur la table, et le vin avec les tasses près de son fils ; ensuite elle se retira, et ne parut pas davantage.

Abou Hassan commença à se verser du vin le premier, et en versa ensuite au calife. Ils burent chacun cinq ou six coups, en s'entretenant de choses indifférentes. Quand le calife vit qu'Abou Hassan commençoit à s'échauffer, il le mit sur le chapitre de ses amours, et il lui demanda s'il n'avoit jamais aimé.

« Mon frère, répliqua familièrement Abou Hassan, qui croyoit parler à son hôte comme à son égal, je n'ai jamais regarde l'amour, ou le mariage, si vous voulez, que comme une servitude à laquelle j'ai toujours eu de la répugnance à me soumettre ; et jusqu'à présent je vous avouerai que je n'ai aimé que la table, la bonne chère, et sur-tout le bon vin ; en un mot, qu'à bien me divertir et à m'entretenir agréablement avec des amis. Je ne vous assure pourtant pas que je fusse indifférent pour le mariage ni incapable d'attachement, si je pouvois rencontrer une femme de la beauté et de la belle humeur de celle que je vis en songe cette nuit fatale que je vous reçus ici la première fois, et que pour mon malheur vous laissâtes la porte de ma chambre ouverte ; qui voulut bien passer les soirées à boire avec moi ; qui sut chanter, jouer des instrumens et m'entretenir agréablement ; qui ne s'étudia enfin qu'à me plaire et à me divertir. Je crois au contraire que je changerois toute mon indifférence en un parfait attachement pour une telle personne, et que je croirois vivre très-heureux avec elle. Mais où trouver une femme telle que je viens de vous la dépeindre, ailleurs que dans le palais du Commandeur des croyans, chez le grand visir Giafar, ou chez les seigneurs de la cour les plus puissans, à qui l'or et l'argent ne manquent pas pour s'en pourvoir ? J'aime donc mieux, m'en tenir à la bouteille ; c'est un plaisir à peu de frais qui m'est commun avec eux. » En disant ces paroles, il prit la tasse et il se versa du vin : « Prenez votre tasse, que je vous en verse aussi, dit-il au calife, et continuons de goûter un plaisir si charmant. »

Quand le calife et Abou Hassan eurent bu : « C'est grand dommage, reprit le calife, qu'un aussi galant homme que vous êtes, qui n'est pas indifférent pour l'amour, mène une vie si solitaire et si retirée. »

« Je n'ai pas de peine, repartit Abou Hassan à préférer la vie tranquille que vous voyez que je mène, à la compagnie d'une femme qui ne seroit peut-être pas d'une beauté à me plaire, et qui d'ailleurs me causeroit mille chagrins par ses imperfections et par sa mauvaise humeur. »

Ils poussèrent entr'eux la conversation assez loin sur ce sujet ; et le calife qui vit Abou Hassan au point où il le desiroit : « Laissez-moi faire, lui dit-il, puisque vous avez le bon goût de tous les honnêtes gens, je veux vous trouver votre fait, et il ne vous en coûtera rien. » À l'instant il prit la bouteille et la tasse d'Abou Hassan, dans laquelle il jeta adroitement une pincée de la poudre dont il s'étoit déjà servi, lui versa une rasade ; et en lui présentant la tasse : « Prenez, continua-t-il, et buvez d'avance à la santé de cette belle qui doit faire le bonheur de votre vie ; vous en serez content. »

Abou Hassan prit la tasse en riant ; et en branlant la tête : « Vaille que vaille, dit-il, puisque vous le voulez ! Je ne saurois commettre une incivilité envers vous, ni désobliger un hôte de votre mérite, pour une chose de peu de conséquence. Je vais donc boire à la santé de cette belle que vous me promettez, quoique, content de mon sort, je ne fasse aucun fondement sur votre promesse. »

Abou Hassan n'eut pas plutôt bu la rasade, qu'un profond assoupissement s'empara de ses sens comme les deux autres fois, et le calife fut encore le maître de disposer de lui à sa volonté. Il dit aussitôt à l'esclave qu'il avoit amené, de prendre Abou Hassan, de l'emporter au palais. L'esclave l'enleva ; et le calife, qui n'avoit pas dessein de renvoyer Abou Hassan comme la première fois, ferma la porte de la chambre en sortant.

L'esclave suivit avec sa charge, et quand le calife fut arrivé au palais, il fit coucher Abou Hassan sur un sofa dans le quatrième salon, d'où il l'avoit fait reporter chez lui assoupi et endormi il y avoit un mois. Avant de le laisser dormir, il commanda qu'on lui mît le même habit dont il avoit été revêtu par son ordre, pour lui faire faire le personnage de calife ; ce qui fut fait en sa présence ; ensuite il commanda à chacun de s'aller coucher, et ordonna au chef et aux autres officiers de la chambre, aux musiciennes et aux mêmes dames qui s'étoient trouvées dans ce salon lorsqu'il avoit bu le dernier verre de vin qui lui avoit causé l'assoupissement, de se trouver, sans faute, le lendemain à la pointe du jour à son réveil, et il enjoignit à chacun de bien faire son personnage.

Le calife alla se coucher, après avoir fait avertir Mesrour de venir l'éveiller avant qu'on entrât dans le même cabinet où il s'étoit déjà caché.

Mesrour ne manqua pas d'éveiller le calife précisément à l'heure qu'il lui avoit marquée. Il se fit habiller promptement, et sortit pour se rendre au salon, où Abou Hassan dormoit encore. Il trouva les officiers des eunuques, ceux de la chambre, les dames et les musiciennes à la porte, qui attendoient son arrivée. Il leur dit en peu de mots quelle étoit son intention ; puis il entra, et alla se placer dans le cabinet fermé de jalousies. Mesrour, tous les autres officiers, les dames et les musiciennes entrèrent après lui, et se rangèrent autour du sofa sur lequel Abou Hassan étoit couché ; de manière qu'ils n'empêchoient pas le calife de le voir, et de remarquer toutes ses actions.

Les choses ainsi disposées, dans le temps que la poudre du calife eut fait son effet, Abou Hassan s'éveilla sans ouvrir les yeux, et il jeta un peu de pituite qui fut reçue dans un petit bassin d'or, comme la première fois. Dans ce moment, les sept chœurs de musiciennes mêlèrent leurs voix toutes charmantes au son des haut-bois, des flûtes douces et autres instrumens, et firent entendre un concert très-agréable.

La surprise d'Abou Hassan fut extrême, quand il entendit une musique si harmonieuse ; il ouvrit les yeux, et elle redoubla lorsqu'il aperçut les dames et les officiers qui l'environnoient, et qu'il crut reconnoître. Le salon où il se trouvoit, lui parut le même que celui qu'il avoit vu dans son premier rêve ; il y remarquoit la même illumination, le même ameublement et les mêmes ornemens.

Le concert cessa, afin de donner lieu au calife d'être attentif à la contenance de son nouvel hôte, et à tout ce qu'il pourroit dire dans sa surprise. Les dames, Mesrour et tous les officiers de la chambre, en gardant ua grand silence, demeurèrent chacun dans leur place avec un grand respect. « Hélas, s'écria Abou Hassan en se mordant les doigts, et si haut que le calife l'entendit avec joie, me voilà retombé dans le même songe et dans la même illusion qu'il y a un mois : je n'ai qu'à m'attendre encore une fois aux coups de nerf de bœuf, à l'hôpital des fous et à la cage de fer. Dieu tout-puissant, ajouta-t-il, je me remets entre les mains de votre divine Providence ! C'est un malhonnête homme que je reçus chez moi hier au soir, qui est la cause de cette illusion et des peines que j'en pourrai souffrir. Le traitre et le perfide qu'il est, m'avoit promis avec serment qu'il fermeroit la porte de ma chambre en sortant de chez moi ; mais il ne l'a pas fait, et le diable y est entré, qui me bouleverse la cervelle par ce maudit songe de Commandeur des croyans, et par tant d'autres fantômes dont il me fascine les yeux. Que Dieu te confonde, Satan, et puisses-tu être accablé sous une montagne de pierres ! »

Après ces dernières paroles, Abou Hassan ferma les yeux, et demeura recueilli en lui-même, l'esprit fort embarrassé. Un moment après, il les ouvrit ; et en les jetant de côté et d'autre sur tous les objets qui se présentoient à sa vue : « Grand Dieu, s'écria-t-il encore une fois avec moins d'étonnement et en souriant, je me remets entre les mains de votre Providence, préservez-moi de la tentation de Satan ! » Puis en refermant les yeux ; « Je sais, continua-t-il, ce que je ferai ; je vais dormir jusqu'à ce que Satan me quitte et s'en retourne par où il est venu, quand je devrois attendre jusqu'à midi. »

On ne lui donna pas le temps de se rendormir, comme il venoit de se le proposer. FORCE DES CŒURS, une des dames qu'il avoit vue la première fois, s'approcha de lui ; et en s'asseyant sur le bord du sofa : « Commandeur des croyans, lui dit-elle respectueusement, je supplie votre Majesté de me pardonner si je prends la liberté de l'avertir de ne pas se rendormir, mais de faire ses efforts pour se réveiller et se lever, parce que le jour commence à paroître. » « Retire-toi, Satan, dit Abou Hassan en entendant cette voix. « Puis en regardant FORCE DES CŒURS : « Est-ce moi, lui dit-il, que vous appelez Commandeur des croyans ? Vous me prenez pour un autre certainement. »

« C'est à votre Majesté, reprit FORCE DES CŒURS, à qui je donne ce titre, qui lui appartient comme au souverain de tout ce qu'il y a au monde de Musulmans, dont je suis très-humblement esclave, et à qui j'ai l'honneur de parler. Votre Majesté veut se divertir, sans doute, ajouta-t-elle, en faisant semblant de s'être oubliée elle-même, à moins que ce ne soit un reste de quelque songe fâcheux ; mais si elle veut bien ouvrir les yeux, les nuages qui peuvent lui troubler l'imagination se dissiperont, et elle verra qu'elle est dans son palais, environnée de ses officiers et de toutes tant que nous sommes de ses escaves, prêtes à lui rendre nos services ordinaires. Au reste, votre Majesté ne doit pas s'étonner de se voir dans ce salon, et non pas dans son lit ; elle s'endormit hier si subitement, que nous ne voulûmes pas l'éveiller pour la conduire jusqu'à sa chambre, et nous nous contentâmes de la coucher commodément sur ce sofa. »

FORCE DES CŒURS dit tant d'autres choses à Abou Hassan, qui lui parurent vraisemblables, qu'enfin il se mit sur son séant. Il ouvrit les yeux, et il la reconnut, de même que BOUQUET DE PERLES et les autres dames qu'il avoit déjà vues. Alors elles s'approchèrent toutes ensemble, et FORCE DES CŒURS en reprenant la parole : « Commandeyr des croyans et vicaire du prophète en terre, dit-elle, votre Majesté aura pour agréable que nous l'avertissions encore qu'il est temps qu'elle se lève ; voilà le jour qui paroît. »

« Vous êtes des fâcheuses et des importunes, reprit Abou Hassan en se frottant les yeux ; je ne suis pas le Commandeur des croyans, je suis Abou Hassan, je le sais bien, et vous ne me persuaderez pas le contraire. » « Nous ne connoissons pas Abou Hassan dont votre Majesté nous parle, reprit FORCE DES CŒURS ; nous ne voulons pas même le connoître ; nous connoissons votre Majesté pour le Commandeur des croyans, et elle ne nous persuadera jamais qu'elle ne le soit pas. »

Abou Hassan jetoit les yeux de tout côté, et se trouvoit comme enchanté de se voir dans le même salon où il s'étoit déjà trouvé ; mais il attribuoit tout cela à un songe pareil à celui qu'il avoit eu, et dont il craignoit les suites fâcheuses. « Dieu me fasse miséricorde, s'écria-t-il en élevant les mains et les yeux, comme un homme qui ne sait où il en est ; je me remets entre ses mains ! Après ce que je vois, je ne puis douter que le diable qui est entré dans ma chambre, ne m'obsède et ne trouble mon imagination de toutes ces visions. » Le calife qui le voyoit et qui venoit d'entendre toutes ses exclamations, se mit à rire de si bon cœur, qu'il eut bien de la peine à s'empêcher d'éclater.

Abou Hassan cependant s'étoit couché, et il avoit refermé les yeux. « Commandeur des croyans, lui dit aussitôt FORCE DES CŒURS, puisque votre Majesté ne se lève pas après l'avoir avertie qu'il est jour, selon notre devoir, et qu'il est nécessaire qu'elle vaque aux affaires de l'empire, dont le gouvernement lui est confié, nous userons de la permission qu'elle nous a donnée en pareil cas. » En même temps elle le prit par un bras, et elle appela les autres dames, qui lui aidèrent à le faire sortir du lit, et le portèrent, pour ainsi dire, jusqu'au milieu du salon, où elles le mirent sur son séant. Elles se prirent ensuite chacune par la main, et elles dansèrent et sautèrent autour de lui au son de tous les instrumens et de tous les tambours de basque, que l'on faisoit retentir sur sa tête et autour de ses oreilles.

Abou Hassan se trouva dans une perplexité d'esprit inexprimable. « Serois-je véritablement calife et Commandeur des croyans, se disoit-il à lui-même ? » Enfin dans l'incertitude où il étoit, il vouloit dire quelque chose, mais le grand bruit de tous les instrumens l'empêchoit de se faire entendre. Il fit signe à BOUQUET DE PERLES et à ETOILE DU MATIN, qui se tenoient par la main en dansant autour de lui, qu'il vouloit parler. Aussitôt elles firent cesser la danse et les instrumens, et elles s'approchèrent de lui : « Ne mentez pas, leur dit-il fort ingénument, et dites-moi, dans la vérité, qui je suis. »

« Commandeur des croyans, répondit ETOILE DU MATIN, votre Majesté veut nous surprendre en nous faisant cette demande, comme si elle ne savoit pas elle-même qu'elle est le Commandeur des croyans et le vicaire en terre du prophète de Dieu, maître de l'un et de l'autre monde, de ce monde où nous sommes et du monde à venir après la mort. Si cela n'étoit pas, il faudroit qu'un songe extraordinaire lui eût fait oublier ce qu'elle est. Il pourroit bien en être quelque chose, si l'on considère que votre Majesté a dormi cette nuit plus long-temps qu'à l'ordinaire ; néanmoins, si votre Majesté veut bien me le permettre, je la ferai ressouvenir de ce qu'elle fit hier dans toute la journée. » Elle lui raconta donc son entrée au conseil, le châtiment de l'imam et des quatre vieillards par le juge de police ; le présent d'une bourse de pièces d'or envoyée par son visir à la mère d'un nommé Abou Hassan ; ce qu'il fit dans l'intérieur de son palais, et ce qui se passa aux trois repas qui lui furent servis dans les trois salons, jusqu'au dernier. « C'est dans ce dernier salon que votre Majesté, continua-t-elle en s'adressant à lui, après nous avoir fait mettre à table à ses côtés, nous fit l'honneur d'entendre nos chansons et de recevoir du vin de nos mains, jusqu'au moment où votre Majesté s'endormit de la manière que FORCE DES CŒURS vient de le raconter. Depuis ce temps, votre Majesté, contre sa coutume, a toujours dormi d'un profond sommeil jusqu'à présent qu'il est jour. BOUQUET DE PERLES, toutes les autres esclaves et tous les officiers qui sont ici, certifieront la même chose. Ainsi, que votre Majesté se mette donc en état de faire sa prière, car il en est temps. »

« Bon, bon, reprit Abou Hassan en branlant la tête, vous m'en feriez bien accroire si je voulois vous écouter. Et moi, continua-t-il, je vous dis que vous êtes toutes des folles, et que vous avez perdu l'esprit. C'est cependant un grand dommage, car vous êtes de jolies personnes. Apprenez que depuis que je ne vous ai vues, je suis allé chez moi ; que j'y ai fort maltraité ma mère ; qu'on m'a mené à l'hôpital des fous, où je suis resté malgré moi plus de trois semaines, pendant lesquelles le concierge n'a pas manqué de me régaler chaque jour de cinquante coups de nerf de bœuf. Et vous voudriez que tout cela ne fût qu'un songe ? Vous vous moquez. »

« Commandeur des croyans, repartit ETOILE DU MATIN, nous sommes prêtes, toutes tant que nous sommes, de jurer par ce que votre Majesté a de plus cher, que tout ce qu'elle nous dit n'est qu'un songe. Elle n'est pas sortie de ce salon depuis hier, et elle n'a pas cessé de dormir toute la nuit jusqu'à présent. »

La confiance avec laquelle cette dame assuroit à Abou Hassan, que tout ce qu'elle lui disoit étoit véritable, et qu'il n'étoit point sorti du salon depuis qu'il y étoit entré, le mit encore une fois dans un état à ne savoir que croire de ce qu'il étoit et de ce qu'il voyoit. Il demeura un espace de temps abymé dans ses pensées. « Ô ciel, disoit-il en lui-même, suis-je Abou Hassan ? Suis-je Commandeur des croyans ? Dieu tout-puissant, éclairez mon entendement : faites-moi connoître la vérité, afin que je sache à quoi m'en tenir. » Il découvrit ensuite ses épaules encore toutes livides des coups qu'il avoit reçus ; et en les montrant aux dames : « Voyez, leur dit-il, et jugez si de pareilles blessures peuvent venir en songe ou en dormant. À mon égard je puis vous assurer qu'elles ont été très-réelles ; et la douleur que j'en ressens encore, m'en est un sûr garant, qui ne me permet pas d'en douter. Si cela néanmoins m'est arrivé en dormant, c'est la chose du monde la plus extraordinaire et la plus étonnante ; et je vous avoue qu'elle me passe. »

Dans l'incertitude où étoit Abou Hassan de son état, il appela un des officiers du calife, qui étoit près de lui : « Approchez-vous, dit-il, et mordez-moi le bout de l'oreille, que je juge si je dors ou si je veille. » L'officier s'approcha, lui prit le bout de l'oreille entre les dents, et le serra si fort, qu'Abou Hassan fit un cri effroyable.

À ce cri, tous les instrumens de musique jouèrent en même temps, et les dames et les officiers se mirent à danser, à chanter et à sauter autour d'Abou Hassan avec un si grand bruit, qu'il entra dans une espèce d'enthousiasme qui lui fit faire mille folies. Il se mit à chanter comme les autres. Il déchira le bel habit de calife dont on l'avoit revêtu. Il jeta par terre le bonnet qu'il avoit sur la tête, et nu en chemise et en caleçon, il se leva brusquement, et se jeta entre deux dames qu'il prit par la main, et se mit à danser et à sauter avec tant d'action, de mouvement et de contorsions bouffonnes et divertissantes, que le calife ne put plus se contenir dans l'endroit où il étoit. La plaisanterie subite d'Abou Hassan le fit rire avec tant d'éclat, qu'il se laissa aller à la renverse, et se fit entendre par-dessus tout le bruit des instrumens de musique et des tambours de basque. Il fut si long-temps sans pouvoir se retenir, que peu s'en fallut qu'il ne s'en trouvât incommodé. Enfin, il se releva, et il ouvrit la jalousie. Alors en avançant la tête et en riant toujours : « Abou Hassan, Abou Hassan, s'écria-t-il, veux-tu donc me faire mourir à force de rire ? »

À la voix du calife tout le monde se tut, et le bruit cessa. Abou Hassan s'arrêta comme les autres, et tourna la tête du côté qu'elle s'étoit fait entendre. Il reconnut le calife, et en même temps le marchand de Moussoul. Il ne se déconcerta pas pour cela. Au contraire, il comprit dans ce moment qu'il étoit bien éveillé, et que tout ce qui lui étoit arrivé étoit très-réel, et non pas un songe. Il entra dans la plaisanterie et dans l'intention du calife : « Ha, ha, s'écria-t-il en le regardant avec assurance, vous voilà donc, marchand de Moussoul ! Quoi, vous vous plaignez que je vous fais mourir, vous qui êtes cause des mauvais traitemens que j'ai faits à ma mère, et de ceux que j'ai reçus pendant un si long-temps à l'hôpital des fous ; vous qui avez si fort maltraité l'iman de la mosquée de mon quartier, et les quatre scheikhs mes voisins ; car ce n'est pas moi, je m'en lave les mains ; vous qui m'avez causé tant de peines d'esprit et tant de traverses. Enfin, n'est-ce pas vous qui êtes l'agresseur, et ne suis-je pas l'offensé ? »

« Tu as raison, Abou Hassan, répondit le calife en continuant de rire ; mais pour te consoler et pour te dédommager de toutes tes peines, je suis prêt, et j'en prends Dieu à témoin, à te faire, à ton choix, telle réparation que tu voudras m'imposer. »

En achevant ces paroles, le calife descendit du cabinet, entra dans le salon. Il se fit apporter un de ses plus beaux habits, et commanda aux dames de faire la fonction des officiers de la chambre, et d'en revêtir Abou Hassan. Quand elles l'eurent habillé : « Tu es mon frère, lui dit le calife en l'embrassant ; demande-moi tout ce qui te peut faire plaisir, je le l'accorderai. »

« Commandeur des croyans, reprit Abou Hassan, je supplie votre Majesté de me faire la grâce de m'apprendre ce qu'elle a fait pour me démonter ainsi le cerveau, et quel a été son dessein ; cela m'importe présentement plus que toute autre chose, pour remettre entièrement mon esprit dans son assiette ordinaire. »

Le calife voulut bien donner cette satisfaction à Abou Hassan. « Tu dois savoir premièrement, lui dit-il, que je me déguise assez souvent, et particulièrement la nuit, pour connoître par moi-même si tout est dans l'ordre dans la ville de Bagdad ; et comme je suis bien aise de savoir aussi ce qui se passe aux environs, je me suis fixé un jour, qui est le premier de chaque mois, pour faire un grand tour au-dehors, tantôt d'un côté, tantôt de l'autre, et je reviens toujours par le pont. Je revenois de faire ce tour, le soir que tu m'invitas à souper chez toi. Dans notre entretien tu me marquas que la seule chose que tu desirois, c'étoit d'être calife et Commandeur des croyans l'espace de vingt-quatre heures seulement, pour mettre à la raison l'imam de la mosquée de ton quartier, et les quatre scheikhs ses conseillers. Ton désir me parut très-propre pour m'en donner un sujet de divertissement ; et dans cette vue j'imaginai sur-le-champ le moyen de te procurer la satisfaction que tu desirois. J'avois sur moi de la poudre qui fait dormir du moment qu'on l'a prise, à ne pouvoir se réveiller qu'au bout d'un certain temps. Sans que tu t'en aperçusses, j'en jetai une dose dans la dernière tasse que je te présentai, et tu bus. Le sommeil te prit dans le moment, et je te fis enlever et emporter à mon palais par mon esclave, après avoir laissé la porte de ta chambre ouverte en sortant. Il n'est pas nécessaire de te dire ce qui t'arriva dans mon palais à ton réveil et pendant la journée jusqu'au soir, où après avoir été bien régalé par mon ordre, une de mes esclaves qui te servoit, jeta une autre dose de la même poudre dans le dernier verre qu'elle te présenta, et que tu bus. Le grand assoupissement te prit aussitôt, et je te fis reporter chez toi par le même esclave qui t'avoit apporté, avec ordre de laisser encore la porte de ta chambre ouverte en sortant. Tu m'as raconté toi-même tout ce qui t'est arrivé le lendemain et les jours suivans. Je ne m'étois pas imaginé que tu dusses souffrir autant que tu as souffert en cette occasion ; mais, comme je m'y suis déjà engagé envers toi, je ferai toutes choses pour te consoler, et te donner lieu d'oublier tous tes maux. Vois donc ce que je puis faire pour te faire plaisir, et demande-moi hardiment ce que tu souhaites. »

« Commandeur des croyans, reprit Abou Hassan, quelque grands que soient les maux que j'ai soufferts, ils sont effacés de ma mémoire, du moment que j'apprends qu'ils me sont venus de la part de mon souverain seigneur et maître. À l'égard de la générosité dont votre Majesté s'offre de me faire sentir les effets avec tant de bonté, je ne doute nullement de sa parole irrévocable ; mais comme l'intérêt n'a jamais eu d'empire sur moi, puisqu'elle me donne cette liberté, la grâce que j'ose lui demander, c'est de me donner assez d'accès près de sa personne, pour avoir le bonheur d'être toute ma vie l'admirateur de sa grandeur. »

Ce dernier témoignage de désintéressement d'Abou Hassan acheva de lui mériter toute l'estime du calife. « Je te sais bon gré de ta demande, lui dit le calife ; je te l'accorde, avec l'entrée libre dans mon palais à toute heure, en quelqu'endroit que je me trouve. » En même temps il lui assigna un logement dans le palais. À l'égard de ses appointemens, il lui dit qu'il ne vouloit pas qu'il eût affaire à ses trésoriers, mais à sa personne même ; et sur-le-champ il lui fit donner par son trésorier particulier une bourse de mille pièces d'or. Abou Hassan fit de profonds remercîmens au calife, qui le quitta pour aller tenir conseil selon la coutume.

Abou Hassan prit ce temps-là pour aller au plutôt informer sa mère de tout ce qui se passoit, et lui apprendre sa bonne fortune.

Il lui fit connoître que tout ce qui lui étoit arrivé n'étoit point un songe ; qu'il avoit été calife, et qu'il en avoit réellement fait les fonctions pendant un jour entier, et reçu véritablement les honneurs ; qu'elle ne devoit pas douter de ce qu'il lui disoit, puisqu'il en avoit eu la confirmation de la propre bouche du calife même.

La nouvelle de l'histoire d'Abou Hassan ne tarda guère à se répandre dans toute la ville de Bagdad ; elle passa même dans les provinces voisines, et de là dans les plus éloignées, avec les circonstances toutes singulières et divertissantes dont elle avoit été accompagnée.

La nouvelle faveur d'Abou Hassan le rendoit extrêmement assidu auprès du calife. Comme il étoit naturellement de bonne humeur, et qu'il faisoit naître la joie partout où il se trouvoit, par ses bons mots et par ses plaisanteries, le calife ne pouvoit guère se passer de lui, et il ne faisoit aucune partie de divertissement sans l'y appeler ; il le menoit même quelquefois chez Zobeïde son épouse, à qui il avoit raconté son histoire, qui l'avoit extrêmement divertie. Zobeïde le goûtoit assez ; mais elle remarqua que toutes les fois qu'il accompagnoit le calife chez elle, il avoit toujours les yeux sur une de ses esclaves appelée Nouzhatoul-Aouadat[25] ; c'est pourquoi elle résolut d'en avertir le calife. « Commandeur des croyans, dit un jour la princesse au calife, vous ne remarquez peut-être pas comme moi, que toutes les fois qu'Abou Hassan vous accompagne ici, il ne cesse d'avoir les jeux sur Nouzhatoul-Aouadat, et qu'il ne manque jamais de la faire rougir. Vous ne doutez point que ce ne soit une marque certaine qu'elle ne le hait pas. C'est pourquoi, si vous m'en croyez, nous ferons un mariage de l'un et de l'autre. »

« Madame, reprit le calife, vous me faites souvenir d'une chose que je devrois avoir déjà faite. Je sais le goût d'Abou Hassan sur le mariage, par lui-même, et je lui avois toujours promis de lui donner une femme dont il auroit tout sujet d'être content. Je suis bien aise que vous m'en ayez parlé, et je ne sais comment la chose m'étoit échappée de la mémoire. Mais il vaut mieux qu'Abou Hassan ait suivi son inclination, par le choix qu'il a fait lui-même. D'ailleurs, puisque Nouzhatoul-Aouadat ne s'en éloigne pas, nous ne devons point hésiter sur ce mariage. Les voilà l'un et l'autre, ils n'ont qu'à déclarer s'ils y consentent. »

Abou Hassan se jeta aux pieds du calife et de Zobeïde, pour leur marquer combien il étoit sensible aux bontés qu'ils avoient pour lui. « Je ne puis, dit-il en se relevant, revoir une épouse de meilleures mains ; mais je n'ose espérer que Nouzhatoul-Aouadat veuille me donner la sienne, d'aussi bon cœur que je suis prêt à lui donner la mienne. » En achevant ces paroles, il regarda l'esclave de la princesse, qui témoigna assez de son côté par son silence respectueux, et par la rougeur qui lui montoit au visage, qu'elle étoit toute disposée à suivre la volonté du calife, et de Zobeïde sa maîtresse.

Le mariage se fit, et les noces furent célébrées dans le palais avec de grandes réjouissances, qui durèrent plusieurs jours. Zobeïde se fit un point d'honneur de faire de riches présens à son esclave, pour faire plaisir au calife ; et le calife de son côté, en considération de Zobeïde, en usa de même envers Abou Hassan.

---

[25] C'est-à-dire, divertissement qui rappelle, ou qui fait revenir.

La mariée fut conduite au logement que le calife avoit assigné à Abou Hassan son mari qui l'attendoit avec impatience. Il la reçut au bruit de tous les instrumens de musique, et des chœurs de musiciens et de musiciennes du palais, qui faisoient retentir l'air du concert de leurs voix et de leurs instrumens.

Plusieurs jours se passèrent en fêtes et en réjouissances accoutumées dans ces sortes d'occasions, après lesquels on laissa les nouveaux mariés jouir paisiblement de leurs amours. Abou Hassan et sa nouvelle épouse étoient charmés l'un de l'autre. Ils vivoient dans une union si parfaite, que hors le temps qu'ils employoient à faire leur cour, l'un au calife, et l'autre à la princesse Zobeïde, ils étoient toujours ensemble, et ne se quittoient point. Il est vrai que Nouzhatoul-Aouadat avoit toutes les qualités d'une femme capable de donner de l'amour et de l'attachement à Abou Hassan ; puisqu'elle étoit selon les souhaits sur lesquels il s'étoit expliqué au calife, c'est-à-dire, en état de lui tenir tête à table. Avec ces dispositions, ils ne pouvoient manquer de passer ensemble leur temps trèsagréablement. Aussi leur table étoit-elle toujours mise, et couverte, à chaque repas, des mets les plus délicats et les plus friands qu'un traiteur avoit soin de leur apprêter et de leur fournir. Le buffet étoit toujours chargé de vin le plus exquis, et disposé de manière qu'il étoit à la portée de l'un et de l'autre lorsqu'ils étoient à table. Là ils jouissoient d'un agréable tête-à-tête, et s'entretenoient de mille plaisanteries qui leur faisoient faire des éclats de rire, plus ou moins grands, selon qu'ils avoient mieux ou moins bien rencontré à dire quelque chose capable de les réjouir. Le repas du soir étoit particulièrement consacré à la joie. Ils ne s'y faisoient servir que des fruits excellens, des gâteaux et des pâtes d'amandes ; et à chaque coup devin qu'ils buvoient, ils s'excitoient l'un et l'autre par quelques chansons nouvelles, qui fort souvent étoient des impromptu faits à propos sur le sujet dont ils s'entretenoient. Ces chansons étoient aussi quelquefois accompagnées d'un luth, ou de quelqu'autre instrument dont ils savoient toucher l'un et l'autre.

Abou Hassan et Nouzhatoul-Aouadat passèrent ainsi un assez long espace de temps à faire bonne chère et à se bien divertir. Ils ne s'étoient jamais mis en peine de leur dépense de bouche ; et le traiteur qu'ils avoient choisi pour cela, avoit fait toutes les avances. Il étoit juste qu'il reçût quelque argent, c'est pourquoi il leur présenta le mémoire de ce qu'il avoit avancé. La somme se trouva très-forte. On y ajouta celle à quoi pouvoit monter la dépense déjà faite en habits de noces des plus riches étoffes pour l'un et pour l'autre, et en joyaux de très-grand prix pour la mariée ; et la somme se trouva si excessive, qu'ils s'aperçurent, mais trop tard, que de tout l'argent qu'ils avoient reçu des bienfaits du calife et de la princesse Zobéïde, en considération de leur mariage, il ne leur restoit précisément que ce qu'il falloit pour y satisfaire. Cela leur fit faire de grandes réflexions sur le passé, qui ne remédioient point au mal présent. Abou Hassan fut d'avis de payer le traiteur, et sa femme y consentit. Ils le firent venir et lui payèrent tout ce qu'ils lui devoient, sans rien témoigner de l'embarras où ils alloient se trouver sitôt qu'ils auroient fait ce paiement.

Le traiteur se retira fort content d'avoir été payé en belles pièces d'or à fleurs de coin : on n'en voyoit pas d'autres dans le palais du calife. Abou Hassan et Nouzhatoul-Aouadat ne le furent guère d'avoir vu le fond de leur bourse. Ils demeurèrent dans un grand silence, les yeux baissés, et fort embarrassés de l'état où ils se voyoient réduits dès la première année de leur mariage.

Abou Hassan se souvenoit bien que le calife en le recevant dans son palais, lui avoit promis de ne le laisser manquer de rien. Mais quand il considéroit qu'il avoit prodigué en si peu de temps les largesses de sa main libérale, outre qu'il n'étoit pas d'humeur à demander, il ne vouloit pas aussi s'exposer à la honte de déclarer au calife le mauvais usage qu'il en avoit fait, et le besoin où il étoit d'en recevoir de nouvelles. D'ailleurs, il avoit abandonné son bien de patrimoine à sa mère, sitôt que le calife l'avoit retenu près de sa personne, et il étoit fort éloigné de recourir à la bourse de sa mère, à qui il auroit fait connoître par ce procédé, qu'il étoit retombé dans le même désordre qu'après la mort de son père.

De son côté, Nouzhatoul-Aouadat, qui regardoit les libéralités de Zobéïde, et la liberté qu'elle lui avoit accordée en la mariant, comme une récompense plus que suffisante de ses services et de son attachement, ne croyoit pas être en droit de lui rien demander davantage.

Abou Hassan rompit enfin le silence ; et en regardant Nouzhatoul-Aouadat avec un visage ouvert : « Je vois bien, lui dit-il, que vous êtes dans le même embarras que moi, et que vous cherchez quel parti nous devons prendre dans une aussi fâcheuse conjoncture que celle-ci, où l'argent vient de nous manquer tout-à-coup, sans que nous l'ayons prévu. Je ne sais quel peut être votre sentiment ; pour moi, quoi qu'il puisse arriver, mon avis n'est pas de retrancher notre dépense ordinaire de la moindre chose, et je crois que de votre côté vous ne m'en dédirez pas. Le point est de trouver le moyen d'y fournir, sans avoir la bassesse d'en demander, ni moi au calife, ni vous à Zobéïde ; et je crois l'avoir trouvé. Mais pour cela, il faut que nous nous aidions l'un l'autre. »

Ce discours d'Abou Hassan plut beaucoup à Nouzhatoul-Aouadat, et lui donna quelque espérance. « Je n'étois pas moins occupée que vous de cette pensée, lui dit-elle, et si je ne m'en expliquois pas, c'est que je n'y voyois aucun remède. Je vous avoue que l'ouverture que vous venez de me faire, me fait le plus grand plaisir du monde. Mais puisque vous avez trouvé le moyen que vous dites, et que mon secours vous est nécessaire pour y réussir, vous n'avez qu'à me dire ce qu'il faut que je fasse, et vous verrez que je m'y emploierai de mon mieux. »

« Je m'attendois bien, reprit Abou Hassan, que vous ne me manqueriez pas dans cette affaire, qui vous touche autant que moi. Voici donc le moyen que j'ai imaginé pour faire en sorte que l'argent ne nous manque pas dans le besoin que nous en avons, au moins pour quelque temps. Il consiste dans une petite tromperie que nous ferons, moi au calife, et vous à Zobéïde, et qui, j'en suis sûr, les divertira, et ne nous sera pas infructueuse. Je vais vous dire quelle est la tromperie que j'entends : c'est que nous mourions tous deux. »

« Que nous mourions tous deux, interrompit Nouzhatoul-Aoaudat ! Mourez si vous voulez tout seul, pour moi, je ne suis pas lasse de vivre, et je ne prétends pas, ne vous en déplaise, mourir encore sitôt. Si vous n'avez pas d'autre moyen à me proposer que celui-là, vous pouvez l'exécuter vous-même ; car je vous assure que je ne m'en mêlerai point. »

« Vous êtes femme, repartit Abou Hassan, je veux dire d'une vivacité et d'une promptitude surprenante : à peine me donnez-vous le temps de m'expliquer. Écoutez-moi donc un moment avec patience, et vous verrez après cela que vous voudrez bien mourir de la même mort dont je prétends mourir moi-même. Vous jugez bien que je n'entends pas parler d'une mort véritable, mais d'une mort feinte. »

« Ah, bon pour cela, interrompit encore Nouzhatoul-Aouadat ; dès qu'il ne s'agira que d'une mort feinte, je suis à vous. Vous pouvez compter sur moi, vous serez témoin du zèle avec lequel je vous seconderai à mourir de cette manière ; car, pour vous le dire franchement, j'ai une répugnance invincible à vouloir mourir si tôt de la manière que je l'entendois tantôt. »

« Hé bien, vous serez satisfaite, continua Abou Hassan : voici comme je l'entends, pour réussir en ce que je me propose. Je vais faire le mort : aussitôt vous prendrez un linceul, et vous m'ensevelirez, comme si je l'étois effectivement. Vous me mettrez au milieu de la chambre à la manière accoutumée, avec le turban posé sur le visage, et les pieds tournés du côté de la Mecque, tout prêt à être porté au lieu de la sépulture. Quand tout sera ainsi disposé, vous ferez les cris et verserez les larmes ordinaires en de pareilles occasions, en déchirant vos habits, et vous arrachant les cheveux, ou du moins en feignant de vous les arracher, et vous irez tout en pleurs et les cheveux épars vous présenter à Zobéïde. La princesse voudra savoir le sujet de vos larmes ; et dès que vous l'en aurez informée par vos paroles entrecoupées de sanglots, elle ne manquera pas de vous plaindre, et de vous faire présent de quelque somme d'argent pour aider à faire les frais de mes funérailles, et d'une pièce de brocard pour me servir de drap mortuaire, afin de rendre mon enterrement plus magnifique, et pour vous faire un habit à la place de celui qu'elle verra déchiré. Aussitôt que vous serez de retour avec cet argent et cette pièce de brocard, je me lèverai du milieu de la chambre, et vous vous mettrez à ma place. Vous ferez la morte ; et après vous avoir ensevelie, j'irai de mon côté faire auprès du calife le même personnage que vous aurez fait chez Zobéïde ; et j'ose me promettre que le calife ne sera pas moins libéral à mon égard, que Zobéïde l'aura été envers vous. »

Quand Abou Hassan eut achevé d'expliquer sa pensée sur ce qu'il avoit projeté : « Je crois que la tromperie sera fort divertissante, reprit aussitôt Nouzhatoul-Aouadat, et je serai fort trompée si le calife et Zobéïde ne nous en savent bon gré. Il s'agit présentement de la bien conduire : à mon égard vous pouvez me laisser faire, je m'acquitterai de mon rôle, pour le moins, aussi bien que je m'attends que vous vous acquitterez du vôtre, et avec d'autant plus de zèle et d'attention, que j'aperçois comme vous le grand avantage que nous en devons remporter. Ne perdons point de temps. Pendant que je prendrai un linceul, mettez-vous en chemise et en caleçon ; je sais ensevelir aussi bien que qui que ce soit : car lorsque j'étois au service de Zobéïde, et que quelque esclave de mes compagnes venoit à mourir, j'avois toujours la commission de l'ensevelir. »

Abou Hassan ne tarda guère à faire ce que Nouzhatoul-Aouadat lui avoit dit. Il s'étendit sur le dos tout de son long sur le linceul qui avoit été mis sur le tapis de pied au milieu de la chambre, croisa ses bras, et se laissa envelopper de manière qu'il sembloit qu'il n'y avoit qu'à le mettre dans une bière, et l'emporter pour être enterré. Sa femme lui tourna les pieds du côté de la Mecque, lui couvrit le visage d'une mousseline des plus fines, et mit son turban par-dessus, de manière qu'il avoit la respiration libre. Elle se décoiffa ensuite, et les larmes aux yeux, les cheveux pendans et épars, en faisant semblant de se les arracher avec de grands cris, elle se frappoit les joues, et se donnoit de grands coups sur la poitrine, avec toutes les autres marques d'une vive douleur. En cet équipage elle sortit, et traversa une cour fort spacieuse, pour se rendre à l'appartement de la princesse Zobéïde.

Nouzhatoul-Aouadat faisoit des cris si perçans, que Zobéïde les entendit de son appartement. Elle commanda à ses femmes esclaves qui étoient alors auprès d'elle, de voir d'où pouvoient venir ces plaintes et ces cris qu'elle entendoit. Elles coururent vîte aux jalousies, et revinrent avertir Zobéïde que c'étoit Nouzhatoul-Aouadat qui s'avançoit tout éplorée. Aussitôt la princesse impatiente de savoir ce qui pouvoit lui être arrivé, se leva, et alla au-devant d'elle jusqu'à la porte de son antichambre.

Nouzhatoul-Aouadat joua ici son rôle en perfection. Dès qu'elle eut aperçu Zobéïde, qui tenoit elle-même la portière de son antichambre entr'ouverte, et qui l'attendoit, elle redoubla ses cris en s'avançant, s'arracha les cheveux à pleines mains, se frappa les joues et la poitrine plus fortement, et se jeta à ses pieds, en les baignant de ses larmes.

Zobéïde étonnée de voir son esclave dans une affliction si extraordinaire, lui demanda ce qu'elle avoit, et quelle disgrâce lui étoit arrivée ?

Au lieu de répondre, la fausse affligée continua ses sanglots quelque temps, en feignant de se faire violence pour les retenir. « Hélas, ma très-honorée dame et maîtresse, s'écria-t-elle enfin avec des paroles entrecoupées de sanglots, quel malheur plus grand et plus funeste pouvoit-il m'arriver, que celui qui m'oblige de venir me jeter aux pieds de votre Majesté, dans la disgrâce extrême où je suis réduite ! Que Dieu prolonge vos jours dans une santé parfaite, ma très-respectable princesse, et vous donne de longues et heureuses années ! Abou Hassan, le pauvre Abou Hassan, que vous avez honoré de vos bontés, que vous et le Commandeur des croyans, m'aviez donné pour époux, ne vit plus ! »

En achevant ces dernières paroles, Nouzhatoul-Aouadat redoubla ses larmes et ses sanglots, et se jeta encore aux pieds de la princesse. Zobéïde fut extrêmement surprise de cette nouvelle. « Abou Hassan est mort, s'écria-t-elle, cet homme si plein de santé, si agréable et si divertissant ! En vérité, je ne m'attendois pas à apprendre sitôt la mort d'un homme comme celui-là, qui promettoit une plus longue vie, et qui la méritoit si bien. » Elle ne put s'empêcher d'en marquer sa douleur par ses larmes. Ses femmes esclaves qui l'accompagnoient, et qui avoient eu plusieurs fois leur part des plaisanteries d'Abou Hassan, quand il étoit admis aux entretiens familiers de Zobéïde et du calife, témoignèrent aussi par leurs pleurs, leurs regrets de sa perte, et la part qu'elles y prenoient.

Zobéïde, ses femmes esclaves et Nouzhatoul-Aouadat demeurèrent un temps considérable le mouchoir devant les yeux à pleurer et à jeter des soupirs de cette prétendue mort. Enfin la princesse Zobéïde rompit le silence : « Méchante, s'écria-t-elle, en s'adressant à la fausse veuve, c'est peut être toi qui est cause de sa mort ! Tu lui auras donné tant de sujets de chagrin par ton humeur fâcheuse, qu'enfin tu seras venue à bout de le mettre au tombeau. »

Nouzhatoul-Aouadat témoigna recevoir une grande mortification du reproche que Zobéïde lui faisoit. « Ah, Madame, s'écria-t-elle, je ne crois pas avoir jamais donné à votre Majesté pendant tout le temps que j'ai eu le bonheur d'être son esclave, le moindre sujet d'avoir une opinion si désavantageuse de ma conduite envers un époux qui m'a été si cher ! Je m'estimerois la plus malheureuse de toutes les femmes, si vous en étiez persuadée. J'ai chéri Abou Hassan, comme une femme doit chérir un mari qu'elle aime passionnément ; et je puis dire sans vanité que j'ai eu toute la tendresse qu'il meritoit que j'eusse pour lui, par toutes les complaisances raisonnables qu'il avoit pour moi, et qui m'étoient un témoignage qu'il ne m'aimoit pas moins tendrement. Je suis persuadée qu'il me justifieroit pleinement là-dessus dans l'esprit de votre Majesté, s'il étoit encore au monde. Mais, Madame, ajouta-t-elle en renouvelant ses larmes, son heure étoit venue, et c'est la cause unique de sa mort. »

Zobéïde en effet avoit toujours remarqué dans son esclave une même égalité d'humeur, une douceur qui ne se démentoit jamais, une grande docilité, et un zèle en tout ce qu'elle faisoit pour son service, qui marquoit qu'elle agissoit plutôt par inclination que par devoir. Ainsi elle n'hésita point à l'en croire sur sa parole, et elle commanda à sa trésorière d'aller prendre dans son trésor une bourse de cent pièces de monnoie d'or, et une pièce de brocard.

La trésorière revint bientôt avec la bourse et la pièce de brocard, qu'elle mit par ordre de Zobéïde entre les mains de Nouzhatoul-Aouadat.

En recevant ce beau présent, elle se jeta aux pieds de la princesse, et lui en fit ses très-humbles remercîmens, avec une grande satisfaction dans l'âme d'avoir bien réussi. « Va, lui dit Zobéïde, fais servir la pièce de brocard de drap mortuaire sur la bière de ton mari, et emploie l'argent à lui faire des funérailles honorables et dignes de lui. Après cela, modère les transports de ton affliction ; j'aurai soin de toi. »

Nouzhatoul-Aouadat ne fut pas plutôt hors de la présence de Zobéïde, qu'elle essuya ses larmes avec une grande joie, et retourna au plutôt rendre compte à Abou Hassan du succès de son rôle.

En rentrant, Nouzhatoul-Aouadat fit un grand éclat de rire, en retrouvant Abou Hassan au même état qu'elle l'avoit laissé, c'est-à-dire, enseveli au milieu de la chambre. « Levez-vous, lui dit-elle toujours en riant, et venez voir le fruit de la tromperie que j'ai faite à Zobéïde. Nous ne mourrons pas encore de faim aujourd'hui. »

Abou Hassan se leva promptement, et se réjouit fort avec sa femme, en voyant la bourse et la pièce de brocard.

Nouzhatoul-Aouadat étoit si aise d'avoir si bien réussi dans la tromperie qu'elle venoit de faire à la princesse, qu'elle ne pouvoit contenir sa joie. « Ce n'est pas assez, dit-elle à son mari en riant : je veux faire la morte à mon tour, et voir si vous serez assez habile pour en tirer autant du calife que j'ai fait de Zobéïde. »

« Voilà justement le génie des femmes, reprit Abou Hassan ; on a bien raison de dire qu'elles ont toujours la vanité de croire qu'elles sont plus que les hommes, quoique le plus souvent elles ne fassent rien de bien que par leur conseil. Il feroit beau voir que je n'en fisse pas au moins autant que vous auprès du calife, moi qui suis l'inventeur de la fourberie ! Mais ne perdons pas le temps en discours inutiles ; faites la morte comme moi, et vous verrez si je n'aurai pas le même succès. »

Abou Hassan ensevelit sa femme, la mit au même endroit où il étoit, lui tourna les pieds du côté de la Mecque, et sortit de sa chambre tout en désordre, le turban mal accommodé, comme un homme qui est dans une grande affliction. En cet état, il alla chez le calife qui tenoit alors un conseil particulier avec le grand visir Giafar, et d'autres visirs en qui il avoit le plus de confiance. Il se présenta à la porte ; et l'huissier qui savoit qu'il avoit les entrées libres, lui ouvrit. Il entra le mouchoir d'une main devant les yeux, pour cacher les larmes feintes qu'il laissoit couler en abondance, en se frappant la poitrine de l'autre à grands coups, avec des exclamations qui exprimoient l'excès d'une grande douleur.

Le calife, qui étoit accoutumé à voir Abou Hassan avec un visage toujours gai, et qui n'inspiroit que la joie, fut fort surpris de le voir paroître devant lui en un si triste état. Il interrompit l'attention qu'il donnoit à l'affaire dont on parloit dans son conseil, pour lui demander la cause de sa douleur.

Commandeur des croyans, répondit Abou Hassan avec des sanglots et des soupirs réitérés, il ne pouvoit m'arriver un plus grand malheur que celui qui fait le sujet de mon affliction. Que Dieu laisse vivre votre Majesté sur le trône qu'elle remplit si glorieusement ! Nouzhatoul-Aouadat qu'elle m'avoit donnée en mariage par sa bonté, pour passer le reste de mes jours avec elle, hélas…

À cette exclamation, Abou Hassan fit semblant d'avoir le cœur si pressé, qu'il n'en dit pas davantage, et fondit en larmes.

Le calife qui comprit qu'Abou Hassan venoit lui annoncer la mort de sa femme, en parut extrêmement touché. « Dieu lui fasse miséricorde, dit-il d'un air qui marquoit combien il la regrettoit ! C'étoit une bonne esclave, et nous te l'avions donnée, Zobéïde et moi, dans l'intention de te faire plaisir ; elle méritoit de vivre plus long-temps. » Alors les larmes lui coulèrent des yeux, et il fut obligé de prendre son mouchoir pour les essuyer.

La douleur d'Abou Hassan, et les larmes du calife attirèrent celles du grand visir Giafar et des autres visirs. Ils pleurèrent tous la mort de Nouzhatoul-Aouadat, qui, de son côté, étoit dans une grande impatience d'apprendre comment Abou Hassan auroit réussi.

Le calife eut la même pensée du mari, que Zobéïde avoit eue de la femme, et il s'imagina qu'il étoit peut-être la cause de sa mort. » Malheureux, lui dit-il d'un ton d'indignation, n'est-ce pas toi qui as fait mourir ta femme par tes mauvais traitemens ? Ah, je n'en fais aucun doute ! Tu devois au moins avoir quelque considération pour la princesse Zobéïde, mon épouse, qui l'aimoit plus que ses autres esclaves, et qui a bien voulu s'en priver pour te l'abandonner. Voilà une belle marque de ta reconnoissance. »

« Commandeur des croyans, répondit Abou Hassan en faisant semblant de pleurer plus amèrement qu'auparavant, votre Majesté peut-elle avoir un seul moment la pensée qu'Abou Hassan, qu'elle a comblé de ses grâces et de ses bienfaits, et à qui elle a fait des honneurs auxquels il n'eût jamais osé aspirer, ait pu être capable d'une si grande ingratitude ? J'aimois Nouzhatoul-Aouadat, mon épouse, autant par tous ces endroits-là que par tant d'autres belles qualités qu'elle avoit, et qui étoient cause que j'ai toujours eu pour elle tout l'attachement, toute la tendresse et tout l'amour qu'elle méritoit. Mais, Seigneur, ajouta-t-il, elle devoit mourir, et Dieu n'a pas voulu me laisser jouir plus long-temps d'un bonheur que je tenois des bontés de votre Majesté et de Zobéïde, sa chère épouse. »

Enfin, Abou Hassan sut dissimuler si parfaitement sa douleur par toutes les marques d'une véritable affliction, que le calife, qui d'ailleurs n'avoit pas entendu dire qu'il eût fait fort mauvais ménage avec sa femme, ajouta foi à tout ce qu'il lui dit, et ne douta plus de la sincérité de ses paroles. Le trésorier du palais étoit présent, et le calife lui commanda d'aller au trésor, et de donner à Abou Hassan une bourse de cent pièces de monnoie d'or avec une belle pièce de brocard. Abou Hassan se jeta aussitôt aux pieds du calife pour lui marquer sa reconnoissance et le remercier de son présent. « Suis le trésorier, lui dit le calife : la pièce de brocard est pour servir de drap mortuaire à ta défunte, et l'argent pour lui faire des obsèques dignes d'elle. Je m'attends bien que tu lui donneras ce dernier témoignage de ton amour. »

Abou Hassan ne répondit à ces paroles obligeantes du calife, que par une profonde inclination, en se retirant. Il suivit le trésorier ; et aussitôt que la bourse et la pièce de brocard lui eurent été mises entre les mains, il retourna chez lui très-content et bien satisfait en lui-même d'avoir trouvé si promptement et si facilement de quoi suppléer à la nécessité où il s'étoit trouvé, et qui lui avoit causé tant d'inquiétudes.

Nouzhatoul-Aouadat fatiguée d'avoir été si long-temps dans une si grande contrainte, n'attendit pas qu'Abou Hassan lui dit de quitter la triste situation où elle étoit. Aussitôt qu'elle entendit ouvrir la porte, elle courut à lui : « Hé bien, lui dit-elle, le calife a-t-il été aussi facile à se laisser tromper que Zobéïde ? »

« Vous voyez, répondit Abou Hassan (en plaisantant et en lui montrant la bourse et la pièce de brocard), que je ne sais pas moins bien faire l'affligé pour la mort d'une femme qui se porte bien, que vous la pleureuse pour celle d'un mari qui est plein de vie. »

Abou Hassan cependant se doutoit bien que cette double tromperie ne manqueroit pas d'avoir des suites. C'est pourquoi il prévint sa femme autant qu'il put, sur tout ce qui pourroit en arriver, afin d'agir de concert, ajoutoit-il : « Mieux nous réussirons à jeter le calife et Zobéïde dans quelque sorte d'embarras, plus ils auront de plaisir à la fin ; et peut-être nous en témoigneront-ils leur satisfaction par quelques nouvelles marques de leur libéralité. » Cette dernière considération fut celle qui les encouragea plus qu'aucune autre à porter la feinte aussi loin qu'il leur seroit possible.

Quoiqu'il y eût encore beaucoup d'affaires à régler dans le conseil qui se tenoit, le calife néanmoins, dans l'impatience d'aller chez la princesse Zobéïde lui faire son compliment de condoléance sur la mort de son esclave, se leva peu de temps après le départ d'Abou Hassan, et remit le conseil à un autre jour. Le grand visir et les autres visirs prirent congé et ils se retirèrent.

Dès qu'ils furent partis, le calife dit à Mesrour, chef des eunuques de son palais, qui étoit presque inséparable de sa personne, et qui d'ailleurs étoit de tous ses conseils : « Suis-moi, et viens prendre part comme moi à la douleur de la princesse, sur la mort de Nouzhatoul-Aouadat son esclave. »

Ils allèrent ensemble à l'appartement de Zobéïde. Quand le calife fut à la porte, il entrouvrit la portière, et il aperçut la princesse assise sur un sofa, fort affligée, et les yeux encore tout baignés de larmes.

Le calife entra, et en avançant vers Zobéïde : « Madame, lui dit-il, il n'est pas nécessaire de vous dire combien je prends part à votre affliction, puisque vous n'ignorez pas que je suis aussi sensible à ce qui vous fait de la peine, que je le suis à tout ce qui vous fait plaisir : mais nous sommes tous mortels, et nous devons rendre à Dieu la vie qu'il nous a donnée, quand il nous la demande. Nouzhatoul-Aouadat votre esclave fidèle avoit véritablement des qualités qui lui ont fait mériter votre estime, et j'aprouve fort que vous lui en donniez encore des marques après sa mort. Considérez cependant que vos regrets ne lui redonneront pas la vie ; ainsi, Madame, si vous voulez m'en croire, et si vous m'aimez, vous vous consolerez de cette perte, et prendrez plus de soin d'une vie que vous savez m'être très-précieuse et qui fait tout le bonheur de la mienne. »

Si la princesse fut charmée des tendres sentimens qui accompagnoient le compliment du calife, elle fut d'ailleurs très-étonnée d'apprendre la mort de Nouzhatoul-Aouadat, à quoi elle ne s'attendoit pas. Cette nouvelle la jeta dans une telle surprise, qu'elle demeura quelque temps sans pouvoir répondre. Son étonnement redoubloit d'entendre une nouvelle si opposée à celle qu'elle venoit d'apprendre, et lui ôtoit la parole. Elle se remit, et en la reprenant enfin : « Commandeur des croyans, dit-elle d'un air et d'un ton qui marquoient encore son étonnement, je suis très-sensible à tous les tendres sentimens que vous marquez avoir pour moi ; mais permettez-moi de vous dire que je ne comprends rien à la nouvelle que vous m'apprenez de la mort de mon esclave : elle est en parfaite santé. Dieu nous conserve vous et moi, Seigneur ! Si vous me voyez affligée, c'est de la mort d'Abou Hassan son mari, votre favori, que j'estimois autant par la considération que vous aviez pour lui, que parce que vous avez eu la bonté de me le faire connoître, et qu'il m'a quelquefois divertie assez agréablement. Mais, Seigneur, l'insensibilité où je vous vois de sa mort, et l'oubli que vous en témoignez en si peu de temps après les témoignages que vous m'avez donnés à moi-même du plaisir que vous aviez de l'avoir auprès de vous, m'étonnent et me surprennent. Et cette insensibilité paroît davantage, par le change que vous me voulez donner, en m'annonçant la mort de mon esclave pour la sienne. »

Le calife qui croyoit être parfaitement bien informé de la mort de l'esclave, et qui avoit sujet de le croire, par ce qu'il avoit vu et entendu, se mit à rire et à hausser les épaules, d'entendre ainsi parler Zobéïde. « Mesrour, dit-il en se tournant de son côté et lui adressant la parole, que dis-tu du discours de la princesse ? N'est-il pas vrai que les dames ont quelquefois des absences d'esprit, qu'on ne peut que difficilement pardonner ? Car enfin tu as vu et entendu aussi bien que moi. » Et en se retournant du côté de Zobéïde : « Madame, lui dit-il, ne versez plus de larmes pour la mort d'Abou Hassan, il se porte bien. Pleurez plutôt la mort de votre chère esclave : il n'y a qu'un moment que son mari est venu dans mon appartement tout en pleurs et dans une affliction qui m'a fait de la peine, m'annoncer la mort de sa femme. Je lui ai fait donner une bourse de cent pièces d'or, avec une pièce de brocard, pour aider à le consoler et à faire les funérailles de la défunte. Mesrour que voilà, a été témoin de tout, et il vous dira la même chose. »

Ce discours du calife ne parut pas à la princesse un discours sérieux ;

elle crut qu'il lui en vouloit faire accroire. « Commandeur des croyans, reprit-elle, quoique ce soit votre coutume de railler, je vous dirai que ce n'est pas ici l'occasion de le faire : ce que je vous dis est très-sérieux. Il ne s'agit plus de la mort de mon esclave, mais de la mort d'Abou Hassan, son mari, dont je plains le sort, que vous devriez plaindre avec moi. »

« Et moi, Madame, repartit le calife en prenant son plus grand sérieux, je vous dis sans raillerie que vous vous trompez : c'est Nouzhatoul-Aouadat qui est morte, et Abou Hassan est vivant et plein de santé. »

Zobéïde fut piquée de la répartie sèche du calife. « Commandeur des croyans, répliqua-t-elle d'un ton vif, Dieu vous préserve de demeurer plus long-temps en cette erreur : vous me feriez croire que votre esprit ne seroit pas dans son assiette ordinaire. Permettez-moi de vous répéter encore que c'est Abou Hassan qui est mort, et que Nouzhatoul-Aouadat, mon esclave, veuve du défunt, est pleine de vie. Il n'y a pas plus d'une heure qu'elle est sortie d'ici. Elle y étoit venue toute désolée, et dans un état qui seul auroit été capable de me tirer les larmes, quand même elle ne m'auroit point appris, au milieu de mille sanglots, le juste sujet de son affliction. Toutes mes femmes en ont pleuré avec moi, et elles peuvent vous en rendre un témoignage assuré. Elles vous diront aussi que je lui ai fait présent d'une bourse de cent pièces d'or et d'une pièce de brocard ; et la douleur que vous avez remarquée sur mon visage en entrant, étoit autant causée par la mort de son mari que par la désolation où je venois de la voir. J'allois même envoyer vous faire mon compliment de condoléance dans le moment que vous êtes entré. »

À ces paroles de Zobéïde : « Voilà, Madame, une obstination bien étrange, s'écria le calife avec un grand éclat de rire ! Et moi je vous dis, continua-t-il en reprenant son sérieux, que c'est Nouzhatoul-Aouadat qui est morte. » « Non, vous dis-je, Seigneur, reprit Zobéïde à l'instant, et aussi sérieusement, c'est Abou Hassan qui est mort. Vous ne me ferez pas accroire ce qui n'est pas. »

De colère, le feu monta au visage du calife ; il s'assit sur le sofa assez loin de la princesse ; et, en s'adressant à Mesrour : « Va voir tout-à-l'heure, lui dit-il, qui est mort de l'un ou de l'autre, et viens me dire incessamment ce qui en est. Quoique je sois très-certain que c'est Nouzhatoul-Aouadat qui est morte, j'aime mieux néanmoins prendre cette voie que de m'opiniâtrer davantage sur une chose qui m'est parfaitement connue. »

Le calife n'avoit pas achevé, que Mesrour étoit parti. « Vous verrez, continua-t-il en adressant la parole à Zobéïde, dans un moment, qui a raison de vous ou de moi. »

« Pour moi, reprit Zobéïde, je sais bien que la raison est de mon côté ; et vous verrez vous-même que c'est Abou Hassan qui est mort, comme je l'ai dit. »

« Et moi, repartit le calife, je suis si certain que c'est Nouzhatoul-Aouadat, que je suis prêt à gager contre vous ce que vous voudrez, qu'elle n'est plus au monde, et qu'Abou Hassan se porte bien. »

« Ne pensez pas le prendre par-là, répliqua Zobéïde ; j'accepte la gageure. Je suis si persuadée de la mort d'Abou Hassan, que je gage volontiers ce que je puis avoir de plus cher contre ce que vous voudrez, de quelque peu de valeur qu'il soit. Vous n'ignorez pas ce que j'ai en ma disposition, ni ce que j'aime le plus selon mon inclination ; vous n'avez qu'à choisir et à proposer, je m'y tiendrai, de quelque conséquence que la chose soit pour moi. »

« Puisque cela est ainsi, dit alors le calife, je gage donc mon jardin de Délices, contre votre palais de Peintures : l'un vaut bien l'autre. » « Il ne s'agit pas de savoir, reprit Zobéïde, si votre jardin vaut mieux que mon palais : nous n'en sommes pas là-dessus. Il s'agit que vous ayiez choisi ce qu'il vous a plu de ce qui m'appartient, pour équivalent de ce que vous gagez de votre côté : je m'y tiens, et la gageure est arrêtée. Je ne serai pas la première à m'en dédire, j'en prends Dieu à témoin. » Le calife fit le même serment, et ils en demeurèrent là en attendant le retour de Mesrour. Pendant que le calife et Zobéïde contestoient si vivement et avec tant de chaleur sur la mort d'Abou Hassan ou de Nouzhatoul-Aouadat, Abou Hassan qui avoit prévu leur démêlé sur ce sujet, étoit fort attentif à tout ce qui pourroit en arriver. D'aussi loin qu'il aperçut Mesrour au travers de la jalousie contre laquelle il étoit assis en s'entretenant avec sa femme, et qu'il eut remarqué qu'il venoit droit à leur logis, il comprit aussitôt à quel dessein il étoit envoyé. Il dit à sa femme de faire la morte encore une fois, comme ils en étoient convenus, et de ne pas perdre de temps.

En effet, le temps pressoit, et c'est tout ce qu'Abou Hassan put faire avant l'arrivée de Mesrour que d'ensevelir sa femme, et d'étendre sur elle la pièce de brocard que le calife lui avoit fait donner. Ensuite il ouvrit la porte de son logis ; et le visage triste et abattu, en tenant son mouchoir devant les yeux, il s'assit à la tête de la prétendue défunte.

À peine eut-il achevé, que Mesrour se trouva dans sa chambre. Le spectacle funèbre qu'il aperçut d'abord, lui donna une joie secrète par rapport à l'ordre dont le calife l'avoit chargé. Sitôt qu'Abou Hassan l'aperçut, il s'avança au-devant de lui ; et en lui baisant la main par respect : « Seigneur, dit-il en soupirant et en gémissant, vous me voyez dans la plus grande affliction qui pouvoit jamais m'arriver par la mort de Nouzhatoul-Aouadat ma chère épouse, que vous honoriez de vos bontés. »

Mesrour fut attendri à ce discours, et il ne lui fut pas possible de refuser quelques larmes à la mémoire de la défunte. Il leva un peu le drap mortuaire du côté de la tête pour lui voir le visage qui étoit à découvert ; et en le laissant aller après l'avoir seulement entrevue : « Il n'y a pas d'autre Dieu que Dieu, dit-il avec un soupir profond ! Nous devons nous soumettre tous à sa volonté, et toute créature doit retourner à lui. Nouzhathoul-Aouadat ma bonne sœur, ajouta-t-il en soupirant, ton destin a été de bien peu de durée ! Dieu te fasse miséricorde ! » Il se tourna ensuite du côté d'Abou Hassan qui fondoit en larmes : « Ce n'est pas sans raison, lui dit-il, que l'on dit que les femmes sont quelquefois dans des absences d'esprit qu'on ne peut pardonner. Zobéïde, toute ma bonne maîtresse qu'elle est, est dans ce cas-là. Elle a voulu soutenir au calife, que c'étoit vous qui étiez mort, et non votre femme ; et quelque chose que le calife lui ait pu dire au contraire, pour la persuader, en lui assurant même la chose très-sérieusement, il n'a jamais pu y réussir. Il m'a même pris à témoin pour lui rendre témoignage de cette vérité, et la lui confirmer, puisque, comme vous le savez, j'étois présent quand vous êtes venu lui apprendre cette nouvelle affligeante ; mais tout cela n'a servi de rien. Ils en sont même venus à des obstinations l'un contre l'autre, qui n'auroient pas fini, si le calife, pour convaincre Zobéïde, ne s'étoit avisé de m'envoyer vers vous pour en savoir encore la vérité. Mais je crains fort de ne pas réussir ; car de quelque biais qu'on puisse prendre aujourd'hui les femmes, pour leur faire entendre les choses, elles sont d'une opiniâtreté insurmontable, quand une fois elles sont prévenues d'un sentiment contraire. »

« Que Dieu conserve le Commandeur des croyans dans la possession et dans le bon usage de son rare esprit, reprit Abou Hassan, toujours les larmes aux yeux, et avec des paroles entre-coupées de sanglots ! Vous voyez ce qui en est, et que je n'en ai pas imposé à sa Majesté. Et plût à Dieu, s'écria-t-il, pour mieux dissimuler, que je n'eusse pas eu l'occasion d'aller lui annoncer une nouvelle si triste et si affligeante ! Hélas, ajouta-t-il, je ne puis assez exprimer la perte irréparable que je fais aujourd'hui ! » « Cela est vrai, reprit Mesrour ; et je puis vous assurer que je prends beaucoup de part à votre affliction ; mais enfin il faut vous consoler, et ne vous point abandonner ainsi à votre douleur. Je vous quitte malgré moi pour m'en retourner vers le calife ; mais je vous demande en grâce, poursuivit-il, de ne pas faire enlever le corps que je ne sois revenu ; car je veux assister à son enterrement, et l'accompagner de mes prières. »

Mesrour étoit déjà sorti pour aller rendre compte de son message, quand Abou Hassan qui le conduisoit jusqu'à la porte, lui marqua qu'il ne méritoit pas l'honneur qu'il vouloit lui faire. De crainte que Mesrour ne revînt sur ses pas pour lui dire quelque autre chose, il le conduisit de l'œil pendant quelque temps, et lorsqu'il le vit assez éloigné, il rentra chez lui ; et en débarrassant Nouzhatoul-Aouadat de tout ce qui l'enveloppoit : « Voilà déjà, lui disoit-il, une nouvelle scène de jouée ; mais je m'imagine bien que ce ne sera pas la dernière ; et certainement la princesse Zobéïde ne s'en voudra pas tenir au rapport de Mesrour ; au contraire elle s'en moquera : elle a de trop fortes raisons pour y ajouter foi. Ainsi nous devons nous attendre à quelque nouvel événement. » Pendant ce discours d'Abou Hassan, Nouzhatoul-Aouadat eut le temps de reprendre ses habits ; ils allèrent tous deux se remettre sur le sofa contre la jalousie, pour tâcher de découvrir ce qui se passoit.

Cependant Mesrour arriva chez Zobéïde : il entra dans son cabinet en riant, et en frappant des mains, comme un homme qui avoit quelque chose d'agréable à annoncer.

Le calife étoit naturellement impatient : il vouloit être éclairci promptement de cette affaire ; d'ailleurs il étoit vivement piqué au jeu par le défi de la princesse ; c'est pourquoi, dès qu'il vit Mesrour : « Méchant esclave, s'écria-t-il, il n'est pas temps de rire. Tu ne dis mot ! Parle hardiment : qui est mort du mari ou de la femme ? »

« Commandeur des croyans, répondit aussitôt Mesrour, en prenant un air sérieux, c'est Nouzhatoul-Aouadat qui est morte, et Abou Hassan en est toujours aussi affligé qu'il l'a paru tantôt devant votre Majesté. »

Sans donner le temps à Mesrour de poursuivre, le calife l'interrompit : « Bonne nouvelle, s'écria-t-il avec un grand éclat de rire ; il n'y a qu'un moment que Zobéïde ta maîtresse, avoit à elle le palais des Peintures, il est présentement à moi. Nous en avions fait la gageure contre mon jardin des Délices depuis que tu es parti ; ainsi tu ne pouvois me faire un plus grand plaisir, j'aurai soin de t'en récompenser. Mais laissons cela : dis-moi de point en point ce que tu as vu ? »

« Commandeur des croyans, poursuivit Mesrour, en arrivant chez Abou Hassan, je suis entré dans sa chambre qui étoit ouverte ; je l'ai trouvé toujours très-affligé, et pleurant la mort de Nouzhatoul-Aouadat sa femme. Il étoit assis près de la tête de la défunte, qui étoit ensevelie au milieu de la chambre, les pieds tournés du côté de la Mecque, et couverte de la pièce de brocard dont votre Majesté a tantôt fait présent à Abou Hassan. Après lui avoir témoigné la part que je prenois à sa douleur, je me suis approché ; et en levant le drap mortuaire du côté de la tête, j'ai reconnu Nouzhatoul-Aouadat qui avoit déjà le visage enflé et tout changé. J'ai exhorté du mieux que j'ai pu Abou Hassan à se consoler, et en me retirant, je lui ai marqué que je voulois me trouver à l'enterrement de sa femme, et que je le priois d'attendre à faire enlever le corps, que je fusse venu. Voilà tout ce que je puis dire à votre Majesté sur l'ordre qu'elle m'a donné. »

Quand Mesrour eut achevé de faire son rapport : « Je ne t'en demandois pas davantage, lui dit le calife, en riant de tout son cœur ; et je suis très-content de ton exactitude. » Et en s'adressant à la princesse Zobéïde : « Hé bien, Madame, lui dit le calife, avez-vous encore quelque chose à dire contre une vérité si constante ? Croyez-vous toujours que Nouzhatoul-Aouadat soit vivante, et qu'Abou Hassan soit mort ; et n'avouez-vous pas que vous avez perdu la gageure ? »

Zobéïde ne demeura nullement d'accord que Mesrour eût rapporté la vérité. « Comment, Seigneur, reprit-elle, vous imaginez-vous donc que je m'en rapporte à cet esclave ? C'est un impertinent qui ne sait ce qu'il dit. Je ne suis ni aveugle ni insensée ; j'ai vu de mes propres yeux Nouzhatoul-Aouadat dans sa plus grande affliction. Je lui ai parlé moi-même, et j'ai bien entendu ce qu'elle m'a dit de la mort de son mari. »

« Madame, reprit Mesrour, je vous jure par votre vie, et par la vie du Commandeur des croyans, choses au monde qui me sont les plus chères, que Nonzhatoul-Aouadat est morte, et qu'Abou Hassan est vivant ! » « Tu mens, esclave vil et méprisable, lui répliqua Zobéïde tout en colère ; et je veux te confondre tout-à-l'heure. » Aussitôt elle appela ses femmes, en frappant des mains ; elles entrèrent à l'instant en grand nombre : « Venez-çà, leur dit la princesse ; dites-moi la vérité : Qui est la personne qui est venue me parler, peu de temps avant que le Commandeur des croyans arrivât ici ? » Les femmes répondirent toutes que c'étoit la pauvre affligée Nouzhatoul-Aouadat. « Et vous, ajouta-t-elle, en s'adressant à sa trésorière, que vous ai-je commandé de lui donner en se retirant ? » « Madame, répondit la trésorière, j'ai donné à Nouzhatoul-Aouadat, par l'ordre de votre Majesté, une bourse de cent pièces de monnoie d'or, et une pièce de brocard qu'elle a emportée avec elle. » « Hé bien, malheureux, esclave indigne, dit alors Zobéïde à Mesrour dans une grande indignation, que dis-tu à tout ce que tu viens d'entendre ? Qui penses-tu présentement que je doive croire, ou de toi ou de ma trésorière, et de mes autres femmes, et de moi-même ? »

Mesrour ne manquoit pas de raisons à opposer au discours de la princesse ; mais comme il craignoit de l'irriter encore davantage, il prit le parti de la retenue et demeura dans le silence, bien convaincu pourtant, par toutes les preuves qu'il en avoit, que Nouzhatoul-Aouadat étoit morte, et non pas Abou Hassan.

Pendant cette contestation entre Zobéïde et Mesrour, le calife qui avoit vu les témoignages apportés de part et d'autre, dont chacun se faisoit fort, et toujours persuadé du contraire de ce que disoit la princesse, tant par ce qu'il avoit vu lui-même en parlant à Abou Hassan, que par ce que Mesrour venoit de lui rapporter, rioit de tout son cœur de voir que Zobéïde étoit si fort en colère contre Mesrour. « Madame, pour le dire encore une fois, dit-il à Zobéïde, je ne sais pas qui est celui qui a dit que les femmes avoient quelquefois des absences d'esprit ; mais vous voulez bien que je vous dise que vous faites voir qu'il ne pouvoit rien dire de plus véritable. Mesrour vient tout fraîchement de chez Abou Hassan ; il vous dit qu'il a vu de ses propres yeux Nouzhatoul-Aouadat morte au milieu de la chambre, et Abou Hassan vivant assis auprès de la défunte ; et nonobstant son témoignage, qu'on ne peut pas raisonnablement récuser, vous ne voulez pas le croire ! C'est ce que je ne puis pas comprendre ! »

Zobéïde, sans vouloir entendre ce que le calife lui représentoit : « Commandeur des croyans, reprit-elle, pardonnez-moi, si je vous tiens pour suspect : je vois bien que vous êtes d'intelligence avec Mesrour pour me chagriner et pour pousser ma patience à bout. Et comme je m'aperçois que le rapport que Mesrour vous a fait est un rapport concerté avec vous, je vous prie de me laisser la liberté d'envoyer aussi quelque personne de ma part chez Abou Hassan, pour savoir si je suis dans l'erreur. »

Le calife y consentit, et la princesse chargea sa nourrice de cette importante commission. C'étoit une femme fort âgée, qui étoit toujours restée près de Zobéïde depuis son enfance, et qui étoit là présente parmi ses autres femmes. « Nourrice, lui dit-elle, écoute : va-t-en chez Abou Hassan, ou plutôt chez Nouzhatoul-Aouadat, puisqu'Abou Hassan est mort. Tu vois quelle est ma dispute avec le Commandeur des croyans et avec Mesrour ; il n'est pas besoin de te rien dire davantage : éclaircis-moi de tout ; et si tu me rapportes une bonne nouvelle, il y aura un beau présent pour toi. Va vite, et reviens incessamment. »

La nourrice partit avec une grande joie du calife, qui étoit ravi de voir Zobéïde dans ces embarras ; mais Mesrour, extrêmement mortifié de voir la princesse dans une si grande colère contre lui, cherchoit les moyens de l'appaiser, et de faire en sorte que le calife et Zobéïde fussent également contens de lui. C'est pourquoi il fut ravi dès qu'il vit que Zobéïde prenoit le parti d'envoyer sa nourrice chez Abou Hassan, parce qu'il étoit persuadé que le rapport qu'elle lui feroit ne manqueroit pas de se trouver conforme au sien, et qu'il serviroit à le justifier et à le remettre dans ses bonnes grâces.

Abou Hassan, cependant, qui étoit toujours en sentinelle à la jalousie, aperçut la nourrice d'assez loin : il comprit d'abord que c'étoit un message de la part de Zobéïde. Il appela sa femme ; et sans hésiter un moment sur le parti qu'ils avoient à prendre : « Voilà, lui dit-il, la nourrice de la princesse qui vient pour s'informer de la vérité ; c'est à moi à faire encore le mort à mon tour. »

Tout étoit préparé. Nouzhatoul-Aouadat ensevelit Abou Hassan promptement, jeta par-dessus lui la pièce de brocard que Zobéïde lui avoit donnée, et lui mit son turban sur le visage. La nourrice, dans l'empressement où elle étoit de s'acquitter de sa commission, étoit venue d'un assez bon pas. En entrant dans la chambre, elle aperçut Nouzhatoul-Aouadat assise à la tête d'Abou Hassan, tout échevelée et tout en pleurs, qui se frappoit les joues et la poitrine, en jetant de grands cris.

Elle s'approcha de la fausse veuve : « Ma chère Nouzhatoul-Aouadat, lui dit-elle d'un air fort triste, je ne viens pas ici troubler votre douleur, ni vous empêcher de répandre des larmes pour un mari qui vous aimoit si tendrement. » « Ah, bonne mère, interrompit pitoyablement la fausse veuve, vous voyez quelle est ma disgrâce, et de quel malheur je me trouve accablée aujourd'hui par la perte de mon cher Abou Hassan, que Zobéïde ma chère maîtresse et la vôtre, et le Commandeur des croyans, m'avoient donné pour mari ! Abou Hassan, mon cher époux, s'écria-t-elle encore, que vous ai-je fait pour m'avoir abandonnée si promptement ? N'ai-je pas toujours suivi vos volontés plutôt que les miennes ? Hélas, que deviendra la pauvre Nouzhatoul-Aouadat ? »

La nourrice étoit dans une surprise extrême de voir le contraire de ce que le chef des eunuques avoit rapporté au calife : « Ce visage noir de Mesrour, s'écria-t-elle avec exclamation en élevant les mains, mériteroit bien que Dieu le confondit d'avoir excité une si grande dissention entre ma bonne maîtresse et le Commandeur des croyans, par un mensonge aussi insigne que celui qu'il leur a fait ! Il faut, ma fille, ditelle en s'adressant à Nouzhatoul-Aouadat, que je vous dise la méchanceté et l'imposture de ce vilain Mesrour, qui a soutenu à notre bonne maîtresse, avec une effronterie inconcevable, que vous étiez morte, et qu'Abou Hassan étoit vivant ! »

« Hélas, ma bonne mère, s'écria alors Nouzhatoul-Aouadat, plût à Dieu qu'il eût dit vrai ! Je ne serois pas dans l'affliction où vous me voyez, et je ne pleurerois pas un époux qui m'étoit si cher. » En achevant ces dernières paroles, elle fondit en larmes, et elle marqua une plus grande désolation par le redoublement de ses pleurs et de ses cris.

La nourrice attendrie par les larmes de Nouzhatoul-Aouadat, s'assit auprès d'elle, et en les accompagnant des siennes, elle s'approcha insensiblement de la tête d'Abou Hassan, souleva un peu son turban, et lui découvrit le visage pour tâcher de le reconnoître. « Ah, pauvre Abou

Hassan, dit-elle en le recouvrant aussitôt, je prie Dieu qu'il vous fasse miséricorde ! Adieu, ma fille, dit-elle à Nouzhatoul-Aouadat ; si je pouvois vous tenir compagnie plus long-temps, je le ferois de bon cœur ; mais je ne puis m'arrêter davantage : mon devoir me presse d'aller incessamment délivrer notre bonne maîtresse de l'inquiétude affligeante où ce vilain noir l'a plongée par son impudent mensonge, en lui assurant même avec serment que vous étiez morte. »

À peine la nourrice de Zobéïde eut fermé la porte en sortant, que Nouzhatoul-Aouadat, qui jugeoit bien qu'elle ne reviendroit pas, tant elle avoit hâte de rejoindre la princesse, essuya ses larmes, débarrassa au plus tôt Abou Hassan de tout ce qui étoit autour de lui, et ils allèrent tous deux reprendre leurs places sur le sofa contre sa jalousie, en attendant tranquillement la fin de cette tromperie, et toujours prêts à se tirer d'affaire, de quelque côté qu'on voulût les prendre.

La nourrice de Zobéïde cependant, malgré sa grande vieillesse, avoit pressé le pas en revenant, encore plus qu'elle n'avoit fait en allant. Le plaisir de porter à la princesse une bonne nouvelle, et plus encore l'espérance d'une bonne récompense, la firent arriver en peu de temps ; elle entra dans le cabinet de la princesse presque hors d'haleine ; et en lui rendant compte de sa commission, elle raconta naïvement à Zobéïde tout ce qu'elle venoit de voir.

Zobéïde écouta le rapport de la nourrice avec un plaisir des plus sensibles, et elle le fit bien voir ; car dès qu'elle eut achevé, elle dit à sa nourrice d'un ton qui marquoit gain de cause : « Raconte donc la même chose au Commandeur des croyans, qui nous regarde comme dépourvues de bon sens, et qui, avec cela, voudroit nous faire accroire que nous n'avons aucun sentiment de religion, et que nous n'avons pas la crainte de Dieu. Dis-le à ce méchant esclave noir, qui a l'insolence de me soutenir une chose qui n'est pas, et que je sais mieux que lui. »

Mesrour qui s'étoit attendu que le voyage de la nourrice et le rapport qu'elle feroit, lui seroient favorables, fut vivement mortifié de ce qu'il avoit réussi tout au contraire. D'ailleurs, il se trouvoit piqué au vif de l'excès de la colère que Zobéïde avoit contre lui, pour un fait dont il se croyoit plus certain qu'aucun autre. C'est pourquoi il fut ravi d'avoir occasion de s'en expliquer librement avec la nourrice, plutôt qu'avec la princesse, à laquelle il n'osoit répondre, de crainte de perdre le respect. « Vieille sans dents, dit-il à la nourrice sans aucun ménagement, tu es une menteuse ; il n'est rien de tout ce que tu dis : j'ai vu de mes propres yeux Nouzhatoul-Aouadat étendue morte au milieu de sa chambre. »

« Tu es un menteur, et un insigne menteur toi-même, reprit la nourrice d'un ton insultant, d'oser soutenir une telle fausseté, à moi qui sors de chez Abou Hassan que j'ai vu étendu mort, à moi qui viens de quitter sa femme pleine de vie ! »

« Je ne suis pas un imposteur, repartit Mesrour ; c'est toi qui cherches à nous jeter dans l'erreur. »

« Voilà une grande effronterie, répliqua la nourrice, d'oser me démentir ainsi en présence de leurs Majestés, moi qui viens de voir de mes propres yeux la vérité de ce que j'ai l'honneur de leur avancer. »

« Nourrice, repartit encore Mesrour, tu ferois mieux de ne point parler : tu radotes. »

Zobéïde ne put supporter ce manquement de respect dans Mesrour, qui sans aucun égard, traitoit sa nourrice si injurieusement en sa présence. Ainsi, sans donner le temps à sa nourrice de répondre à cette injure atroce : « Commandeur des croyans, dit-elle au calife, je vous demande justice contre cette insolence qui ne vous regarde pas moins que moi. » Elle n'en put dire davantage, tant elle étoit outrée de dépit ; le reste fut étouffé par ses larmes.

Le calife qui avoit entendu toute cette contestation, la trouva fort embarrassante ; il avoit beau rêver, il ne savoit que penser de toutes ces contrariétés. La princesse de son côté, aussi bien que Mesrour, la nourrice et les femmes esclaves qui étoient là présentes, ne savoient que croire de cette aventure, et gardoient le silence. Le calife enfin prit la parole : « Madame, dit-il, en s'adressant à Zobéïde, je vois bien que nous sommes tous des menteurs, moi le premier, toi Mesrour, et toi nourrice : au moins il ne paroît pas que l'un soit plus croyable que l'autre ; ainsi levons-nous, et allons nous-mêmes sur les lieux reconnoître de quel côté est la vérité. Je ne vois pas un autre moyen de nous éclaircir de nos doutes, et de nous mettre l'esprit en repos. »

En disant ces paroles, le calife se leva, la princesse le suivit, et Mesrour, en marchant devant pour ouvrir la portière : « Commandeur des croyans, dit-il, j'ai bien de la joie que votre Majesté ait pris ce parti ; et j'en aurai une bien plus grande, quand j'aurai fait voir à la nourrice, non pas qu'elle radote, puisque cette expression a eu le malheur de déplaire à ma bonne maîtresse, mais que le rapport qu'elle lui a fait n'est pas véritable. »

La nourrice ne demeura pas sans réplique : « Tais-toi, visage noir, reprit-elle ; il n'y a ici personne que toi qui puisse radoter. »

Zobéïde qui étoit extraordinairement outrée contre Mesrour, ne put souffrir qu'il revînt à la charge contre sa nourrice. Elle prit encore son parti : « Méchant esclave, lui dit-elle, quoi que tu puisses dire, je maintiens que ma nourrice a dit la vérité ; pour toi, je ne te regarde que comme un menteur. »

« Madame, reprit Mesrour, si la nourrice est si fortement assurée que Nouzhatoul-Aouadat est vivante, et qu'Abou Hassan est mort, qu'elle gage donc quelque chose contre moi : elle n'oseroit. »

La nourrice fut prompte à la repartie : « Je l'ose si bien, lui dit-elle, que je te prends au mot. Voyons si tu oseras t'en dédire. »

Mesrour ne se dédit pas de sa parole : ils gagèrent, la nourrice et lui, en présence du calife et de la princesse, une pièce de brocard d'or à fleurons d'argent, au choix de l'un et de l'autre.

L'appartement d'où le calife et Zobéïde sortirent, quoiqu'assez éloigné, étoit néanmoins vis-à-vis du logement d'Abou Hassan et de Nouzhatoul-Aouadat. Abou Hassan qui les aperçut venir, précédés de Mesrour, et suivis de la nourrice et de la foule des femmes de Zobéïde, en avertit aussitôt sa femme, en lui disant qu'il étoit le plus trompé du monde, s'ils n'alloient être honorés de leur visite. Nouzhatoul-Aouadat regarda aussi par la jalousie, et elle vit la même chose. Quoique son mari l'eût avertie d'avance que cela pourroit arriver, elle en fut néanmoins fort surprise : « Que ferons nous, s'écria-t-elle ? Nous sommes perdus ! »

« Point du tout, ne craignez rien, reprit Abou Hassan d'un sang froid imperturbable ; avez-vous déjà oublié ce que nous avons dit là-dessus ? Faisons seulement les morts, vous et moi, comme nous l'avons déjà fait séparément, et comme nous en sommes convenus, et vous verrez que tout ira bien. Du pas dont ils viennent, nous serons accommodés avant qu'ils soient à la porte. »

En effet, Abou Hassan et sa femme prirent le parti de s'envelopper du mieux qu'il leur fut possible, et en cet état, après qu'ils se furent mis au milieu de la chambre, l'un près de l'autre, couverts chacun de leur pièce de brocard, ils attendirent en paix la belle compagnie qui leur venoit rendre visite.

Cette illustre compagnie arriva enfin. Mesrour ouvrit la porte, et le calife et Zobéïde entrèrent dans la chambre, suivis de tous leurs gens. Ils furent fort surpris, et ils demeurèrent comme immobiles à la vue de ce spectacle funèbre qui se présentoit à leurs yeux. Chacun ne savoit que penser d'un tel événement. Zobéïde enfin rompit le silence : « Hélas, dit-elle au calife, ils sont morts tous deux ! Vous avez tant fait, continua-t-elle en regardant le calife et Mesrour, à force de vous opiniâtrer à me faire accroire que ma chère esclave étoit morte, qu'elle l'est en effet, et sans doute ce sera de douleur d'avoir perdu son mari. »

« Dites plutôt, Madame, répondit le calife prévenu du contraire, que Nouzhatoul-Aouadat est morte la première, et que c'est le pauvre Abou Hassan qui a succombé à son affliction d'avoir vu mourir sa femme votre chère esclave ; ainsi vous devez convenir que vous avez perdu la gageure, et que votre palais des Peintures est à moi tout de bon. »

« Et moi, repartit Zobéïde animée par la contradiction du calife, je soutiens que vous avez perdu vous-même, et que votre jardin des Délices m'appartient. Abou Hassan est mort le premier, puisque ma nourrice vous a dit comme à moi, qu'elle a vu sa femme vivante qui pleuroit son mari mort. »

Cette contestation du calife et de Zobéïde en attira une autre. Mesrour et la nourrice étoient dans le même cas ; ils avoient aussi gagé, et chacun prétendoit avoir gagné. La dispute s'échauffoit violemment, et le chef des eunuques avec la nourrice étoient prêts à en venir à de grosses injures. Enfin le calife en réfléchissant sur tout ce qui s'étoit passé, convenoit tacitement que Zobéïde n'avoit pas moins de raison que lui, de soutenir qu'elle avoit gagné. Dans le chagrin où il étoit de ne pouvoir démêler la vérité de cette aventure, il s'avança près des deux corps morts, et s'assit du côté de la tête, en cherchant lui-même quelque expédient qui lui pût donner la victoire sur Zobéïde. « Oui, s'écria-t-il un moment après, je jure par le saint nom de Dieu, que je donnerai mille pièces d'or de ma monnoie à celui qui me dira qui est mort le premier des deux. »

À peine le calife eut achevé ces dernières paroles, qu'il entendit une voix de dessous le brocard qui couvroit Abou Hassan, qui lui cria : « Commandeur des croyans, c'est moi qui suis mort le premier ; donnez-moi les mille pièces d'or. » Et en même temps il vit Abou Hassan qui se débarrassoit de la pièce de brocard qui le couvroit, et qui se prosterna à ses pieds. Sa femme se développa de même, et alla pour se jeter aux pieds de Zobéïde, en se couvrant de sa pièce de brocard par bienséance ; mais Zobéïde fit un grand cri, qui augmenta la frayeur de tous ceux qui étoient là présens. La princesse enfin revenue de sa peur, se trouva dans une joie inexprimable de voir sa chère esclave ressuscitée presque dans le moment qu'elle étoit inconsolable de l'avoir vue morte. « Ah, méchante, s'écria-t-elle, tu es cause que j'ai bien souffert pour l'amour de toi en plus d'une manière ! Je te pardonne cependant de bon cœur, puisqu'il est vrai que tu n'es pas morte. »

Le calife, de son côté, n'avoit pas pris la chose si à cœur ; loin de s'effrayer en entendant la voix d'Abou Hassan, il pensa au contraire étouffer de rire en les voyant tous deux se débarrasser de tout ce qui les entouroit, et en entendant Abou Hassan demander très-sérieusement les mille pièces d'or qu'il avoit promises à celui qui lui diroit qui étoit mort le premier. « Quoi donc, Abou Hassan, lui dit le calife en éclatant encore de rire, as-tu donc conspiré à me faire mourir à force de rire ? Et d'où l'est venue la pensée de nous surprendre ainsi Zobéïde et moi par un endroit sur lequel nous n'étions nullement en garde contre toi ? »

« Commandeur des croyans, répondit Abou Hassan, je vais le déclarer sans dissimulation. Votre Majesté sait bien que j'ai toujours été fort porté à la bonne chère. La femme qu'elle m'a donnée, n'a point ralenti en moi cette passion ; au contraire, j'ai trouvé en elle des inclinations toutes favorables à l'augmenter. Avec de telles dispositions, votre Majesté jugera facilement que quand nous aurions eu un trésor aussi grand que la mer, avec tous ceux de votre Majesté, nous aurions bientôt trouvé le moyen d'en voir la fin ; c'est aussi ce qui nous est arrivé. Depuis que nous sommes ensemble, nous n'avons rien épargné pour nous bien régaler sur les libéralités de votre Majesté. Ce matin, après avoir compté avec notre traiteur, nous avons trouvé qu'en le satisfaisant, et en payant d'ailleurs ce que nous pouvions devoir, il ne nous restoit rien de tout l'argent que nous avions. Alors les réflexions sur le passé, et les résolutions de mieux faire à l'avenir, sont venues en foule occuper notre esprit et nos pensées ; nous avons fait mille projets que nous avons abandonnés ensuite. Enfin, la honte de nous voir réduits à un si triste état, et de n'oser le déclarer à votre Majesté, nous a fait imaginer ce moyen de suppléer à nos besoins, en vous divertissant par cette petite tromperie que nous prions votre Majesté de vouloir bien nous pardonner. »

Le calife et Zobéïde furent fort contens de la sincérité d'Abou Hassan ; ils ne parurent point fâchés de tout ce qui s'étoit passé ; au contraire, Zobéïde, qui avoit toujours pris la chose très-sérieusement, ne put s'empêcher de rire à son tour en songeant à tout ce qu'Abou Hassan avoit imaginé pour réussir dans son dessein. Le calife qui n'avoit presque pas cessé de rire, tant cette imagination lui paroissoit singulière : « Suivez-moi l'un et l'autre, dit-il à Abou Hassan et à sa femme en se levant ; je veux vous faire donner les mille pièces d'or que je vous ai promises, pour la joie que j'ai de ce que vous n'êtes pas morts. »

« Commandeur des croyans, reprit Zobéïde, contentez-vous, je vous prie, de faire donner mille pièces d'or à Abou Hassan ; vous les devez à lui seul. Pour ce qui regarde sa femme, j'en fais mon affaire. » En même temps elle commanda à sa trésorière qui l'accompagnoit, de faire donner aussi mille pièces d'or à Nouzhatoul-Aouadat, pour lui marquer, de son côté, la joie qu'elle avoit de ce qu'elle étoit encore en vie.

Par ce moyen, Abou Hassan et Nouzhatoul-Aouadat, sa chère femme, conservèrent long-temps les bonnes grâces du calife Haroun Alraschild et de Zobéïde son épouse, et acquirent de leurs libéralités de quoi pourvoir abondamment à tous leurs besoins pour le reste de leurs jours.

La sultane Scheherazade, en achevant l'histoire d'Abou Hassan, avoit promis au sultan Schahriar de lui en raconter une autre le lendemain, qui ne le divertiroit pas moins. Dinarzade, sa sœur, ne manqua pas de la faire souvenir avant le jour de tenir sa parole, et que le sultan lui avoit témoigné qu'il étoit prêt à l'entendre. Aussitôt Scheherazade, sans se faire attendre, lui raconta l'histoire qui suit, en ces termes :

HISTOIRE D'ALADDIN, OU LA LAMPE MERVEILLEUSE.

SIRE, dans la capitale d'un royaume de la Chine, très-riche et d'une vaste étendue, dont le nom ne me vient pas présentement à la mémoire, il y avoit un tailleur nommé Mustafa, sans autre distinction que celle que sa profession lui donnoit. Mustafa le tailleur étoit fort pauvre, et son travail lui produisoit à peine de quoi le faire subsister lui et sa femme, et un fils que Dieu leur avoit donné.

Le fils qui se nommoit Aladdin, avoit été élevé d'une manière très-négligée, et qui lui avoit fait contracter des inclinations vicieuses. Il étoit méchant, opiniâtre, désobéissant à son père et à sa mère. Sitôt qu'il fut un peu grand, ses parens ne le purent retenir à la maison ; il sortoit dès le matin, et il passoit les journées à jouer dans les rues et dans les places publiques, avec de petits vagabonds qui étoient même au-dessous de son âge.

Dès qu'il fut en âge d'apprendre un métier, son père, qui n'étoit pas en état de lui en faire apprendre un autre que le sien, le prit en sa boutique, et commença à lui montrer de quelle manière il devoit manier l'aiguille ; mais ni par douceur, ni par crainte d'aucun châtiment, il ne fut pas possible au père de fixer l'esprit volage de son fils : il ne put le contraindre à se contenir, et à demeurer assidu et attaché au travail, comme il le souhaitoit. Sitôt que Mustafa avoit le dos tourné, Aladdin s'échappoit, et il ne revenoit plus de tout le jour. Le père le châtioit ; mais Aladdin étoit incorrigible ; et à son grand regret, Mustafa fut obligé de l'abandonner à son libertinage. Cela lui fit beaucoup de peine ; et le chagrin de ne pouvoir faire rentrer ce fils dans son devoir, lui causa une maladie si opiniâtre, qu'il en mourut au bout de quelques mois.

La mère d'Aladdin qui vit que son fils ne prenoit pas le chemin d'apprendre le métier de son père, ferma la boutique, et fit de l'argent de tous les ustensiles de son métier, pour l'aider à subsister, elle et son fils, avec le peu qu'elle pourroit gagner à filer du coton.

Aladdin qui n'étoit plus retenu par la crainte d'un père, et qui se soucioit si peu de sa mère, qu'il avoit même la hardiesse de la menacer à la moindre remontrance qu'elle lui faisoit, s'abandonna alors à un plein libertinage. Il fréquentoit de plus en plus les enfans de son âge, et ne cessoit de jouer avec eux avec plus de passion qu'auparavant. Il continua ce train de vie jusqu'à l'âge de quinze ans, sans aucune ouverture d'esprit pour quoi que ce soit, et sans faire réflexion à ce qu'il pourroit devenir un jour. Il étoit dans cette situation, lorsqu'un jour qu'il jouoit au milieu d'une place avec une troupe de vagabonds, selon sa coutume, un étranger qui passoit par cette place, s'arrêta à le regarder.

Cet étranger étoit un magicien insigne, que les auteurs qui ont écrit cette histoire, nous font connoître sous le nom de magicien africain : c'est ainsi que nous l'appellerons, d'autant plus volontiers, qu'il étoit véritablement d'Afrique, et qu'il n'étoit arrivé que depuis deux jours.

Soit que le magicien africain, qui se connoissoit en physionomie, eût remarqué dans le visage d'Aladdin tout ce qui étoit absolument nécessaire pour l'exécution de ce qui avoit fait le sujet de son voyage, ou autrement, il s'informa adroitement de sa famille, de ce qu'il étoit, et de son inclination. Quand il fut instruit de tout ce qu'il souhaitoit, il s'approcha du jeune homme ; et en le tirant à part à quelques pas de ses camarades : « Mon fils, lui demanda-t-il, votre père ne s'appelle-t-il pas Mustafa le tailleur ? » « Oui, monsieur, répondit Aladdin ; mais il y a longtemps qu'il est mort. »

À ces paroles, le magicien africain se jeta au cou d'Aladdin, l'embrassa et le baisa par plusieurs fois les larmes aux yeux, accompagnées de soupirs. Aladdin qui remarqua ses larmes, lui demanda quel sujet il avoit de pleurer. « Ah, mon fils, s'écria le magicien africain, comment pourrois-je m'en empêcher ? Je suis votre oncle ; et votre père étoit mon bon frère. Il y a plusieurs années que je suis en voyage ; et dans le moment que j'arrive ici avec l'espérance de le revoir, et de lui donner de la joie de mon retour, vous m'apprenez qu'il est mort ! Je vous assure que c'est une douleur bien sensible pour moi de me voir privé de la consolation à laquelle je m'attendois ! Mais ce qui soulage un peu mon affliction, c'est que, autant que je puis m'en souvenir, je reconnois ses traits sur votre visage, et je vois que je ne me suis pas trompé en m'adressant à vous. » Il demanda à Aladdin, en mettant la main à la bourse, où demeuroit sa mère ? Aussitôt Aladdin satisfit à sa demande, et le magicien africain lui donna en même temps une poignée de menue monnoie, en lui disant : « Mon fils, allez trouver votre mère, faites-lui bien mes complimens, et dites-lui que j'irai la voir demain, si le temps me le permet, pour me donner la consolation de voir le lieu où mon bon frère a vécu si long-temps, et où il a fini ses jours. »

Dès que le magicien africain eut laissé le neveu qu'il venoit de se faire lui-même, Aladdin courut chez sa mère, bien joyeux de l'argent que son oncle venoit de lui donner. « Ma mère, lui dit-il en arrivant, je vous prie de me dire si j'ai un oncle. » « Non, mon fils, lui répondit la mère, vous n'avez point d'oncle du côté de feu votre père ni du mien. » « Je viens cependant, reprit Aladdin, de voir un homme qui se dit mon oncle du côté de mon père, puisqu'il étoit son frère, à ce qu'il m'a assuré ; il s'est même mis à pleurer et à m'embrasser quand je lui ai dit que mon père étoit mort. Et pour marque que je dis la vérité, ajouta-t-il en lui montrant la monnoie qu'il avoit reçue, voilà ce qu'il m'a donné. Il m'a aussi chargé de vous saluer de sa part, et de vous dire que demain, s'il en a le temps, il viendra vous saluer, pour voir en même temps la maison où mon père a vécu, et où il est mort. » « Mon fils, repartit la mère, il est vrai que votre père avoit un frère ; mais il y a long-temps qu'il est mort, et je ne lui ai jamais entendu dire qu'il en eût un autre. » Ils n'en dirent pas davantage touchant le magicien africain.

Le lendemain le magicien africain aborda Aladdin une seconde fois, comme il jouoit dans un autre endroit de la ville avec d'autres enfans. Il l'embrassa, comme il avoit fait le jour précédent ; et en lui mettant deux pièces d'or dans la main, il lui dit : « Mon fils, portez cela à votre mère, et dites-lui que j'irai la voir ce soir et qu'elle achète de quoi souper, afin que nous mangions ensemble ; mais auparavant enseignez-moi où je trouverai la maison. » Il la lui enseigna, et le magicien africain le laissa aller.

Aladdin porta les deux pièces d'or à sa mère ; et dès qu'il lui eut dit qu'elle étoit l'intention de son oncle, elle sortit pour les aller employer, et revint avec de bonnes provisions ; et comme elle étoit dépourvue d'une bonne partie de la vaisselle dont elle avoit besoin, elle alla en emprunter chez ses voisins. Elle employa toute la journée à préparer le souper ; et sur le soir, dès que tout fut prêt, elle dit à Aladdin : « Mon fils, votre oncle ne sait peut-être pas où est notre maison ; allez au-devant de lui et l'amenez, si vous le voyez. »

Quoiqu'Aladdin eût enseigné la maison au magicien africain, il étoit prêt néanmoins à sortir quand on frappa à la porte. Aladdin ouvrit, et il reconnut le magicien africain, qui entra chargé de bouteilles de vin et de plusieurs sortes de fruits qu'il apportoit pour le souper.

Après que le magicien africain eut mis ce qu'il apportoit entre les mains d'Aladdin, il salua sa mère et il la pria de lui montrer la place où son frère Mustafa avoit coutume de s'asseoir sur le sofa. Elle la lui montra ; et aussitôt il se prosterna, et il baisa cette place plusieurs fois les larmes aux jeux, en s'écriant : « Mon pauvre frère, que je suis malheureux de n'être pas arrivé assez à temps pour vous embrasser encore une fois avant votre mort ! » Quoique la mère d'Aladdin l'en priât, jamais il ne voulut s'asseoir à la même place : « Non, dit-il, je m'en garderai bien ; mais souffrez que je me mette ici vis-à-vis, afin que si je suis privé de la satisfaction de l'y voir en personne, comme père d'une famille qui m'est si chère, je puisse au moins l'y regarder comme s'il étoit présent. » La mère d'Aladdin ne le pressa pas davantage, et elle le laissa dans la liberté de prendre la place qu'il voulut.

Quand le magicien africain se fut assis à la place qu'il lui avoit plu de choisir, il commença de s'entretenir avec la mère d'Aladdin : « Ma bonne sœur, lui disoit-il, ne vous étonnez point de ne m'avoir pas vu tout le temps que vous avez été mariée avec mon frère Mustafa d'heureuse mémoire ; il y a quarante ans que je suis sorti de ce pays, qui est le mien aussi-bien que celui de feu mon frère. Depuis ce temps-là, après avoir voyagé dans les Indes, dans la Perse, dans l'Arabie, dans la Syrie, en Égypte, et séjourné dans les plus belles villes de ce pays-là, je passai en Afrique, où j'ai fait un plus long séjour. À la fin, comme il est naturel à l'homme, quelqu'éloigné qu'il soit du pays de sa naissance, de n'en perdre jamais la mémoire, non plus que de ses parens et de ceux avec qui il a été élevé, il m'a pris un désir si efficace de revoir le mien et de venir embrasser mon cher frère, pendant que je me sentois encore assez de force et de courage pour entreprendre un si long voyage, que je n'ai pas différé à faire mes préparatifs, et à me mettre en chemin. Je ne vous dis rien de la longueur du temps que j'y ai mis, de tous les obstacles que j'ai rencontrés, et de toutes les fatigues que j'ai souffertes pour arriver jusqu'ici ; je vous dirai seulement que rien ne m'a mortifié et affligé davantage dans tous mes voyages, que quand j'ai appris la mort d'un frère que j'avois toujours aimé, et que j'aimois d'une amitié véritablement fraternelle. J'ai remarqué de ses traits dans le visage de mon neveu votre fils, et c'est ce qui me l'a fait distinguer par-dessus tous les autres enfans avec lesquels il étoit. Il a pu vous dire de quelle manière j'ai reçu la triste nouvelle qu'il n'étoit plus au monde ; mais il faut louer Dieu de toutes choses ! Je me console de le retrouver dans un fils qui en conserve les traits les plus remarquables. »

Le magicien africain, qui s'aperçut que la mère d'Aladdin s'attendrissoit sur le souvenir de son mari, en renouvelant sa douleur, changea de discours ; et en se retournant du côté d'Aladdin, il lui demanda son nom. « Je m'appelle Aladdin, lui dit-il. » « Eh bien, Aladdin, reprit le magicien, à quoi vous occupez-vous ? Savez-vous quelque métier. »

À cette demande, Aladdin baissa les yeux, et fut déconcerté ; mais sa mère, en prenant la parole : « Aladdin, dit-elle, est un fainéant. Son père a fait tout son possible, pendant qu'il vivoit, pour lui apprendre son métier, et il n'a pu en venir à bout ; et depuis qu'il est mort, nonobstant tout ce que j'ai pu lui dire, et ce que je lui répète chaque jour, il ne fait autre métier que de faire le vagabond, et passer tout son temps à jouer avec les enfans, comme vous l'avez vu, sans considérer qu'il n'est plus enfant ; et si vous ne lui en faites honte, et qu'il n'en profite pas, je désespère que jamais il puisse rien valoir. Il sait que son père n'a laissé aucun bien ; et il voit lui-même qu'à filer du coton pendant tout le jour, comme je fais, j'ai bien de la peine à gagner de quoi nous avoir du pain. Pour moi, je suis résolue à lui fermer la porte un de ce jours, et à l'envoyer en chercher ailleurs. »

Après que la mère d'Aladdin eut achevé ces paroles en fondant en larmes, le magicien africain dit à Aladdin : « Cela n'est pas bien, mon neveu, il faut songer à vous aider vous-même, et à gagner votre vie. Il y a des métiers de plusieurs sortes ; voyez s'il n'y en pas quelqu'un pour lequel vous ayiez inclination plutôt que pour un autre. Peut-être que celui de votre père vous déplait, et que vous vous accommoderiez mieux d'un autre : ne dissimulez point ici vos sentimens, je ne cherche qu'à vous aider. » Comme il vit qu'Aladdin ne répondoit rien : « Si vous avez de la répugnance pour apprendre un métier, continua-t-il, et que vous vouliez être honnête homme, je vous lèverai une boutique garnie de riches étoffes et de toiles fines ; vous vous mettrez en état de les vendre ; et de l'argent que vous en ferez, vous achèterez d'autres marchandises, et de cette manière vous vivrez honorablement. Consultez-vous vous-même, et dites-moi franchement ce que vous en pensez ; vous me trouverez toujours prêt à tenir ma promesse. »

Cette offre flatta fort Aladdin, à qui le travail manuel déplaisoit d'autant plus, qu'il avoit assez de connoissance pour s'être aperçu que les boutiques de ces sortes de marchandises étoient propres et fréquentées, et que les marchands étoient bien habillés et fort considérés. Il marqua au magicien africain, qu'il regardoit comme son oncle, que son penchant étoit plutôt de ce côté-là que d'aucun autre, et qu'il lui seroit obligé toute sa vie du bien qu'il vouloit lui faire. « Puisque cette profession vous agrée, reprit le magicien africain, je vous menerai demain avec moi, et je vous ferai habiller proprement et richement, conformément à l'état d'un des plus gros marchands de cette ville ; et après-demain nous songerons à vous lever une boutique de la manière que je l'entends.

La mère d'Aladdin, qui n'avoit pas cru jusqu'alors que le magicien africain fût frère de son mari, n'en douta nullement après tout le bien qu'il promettoit de faire à son fils. Elle le remercia de ses bonnes intentions ; et après avoir exhorté Aladdin à se rendre digne de tous les biens que son oncle lui faisoit espérer, elle servit le souper. La conversation roula sur le même sujet pendant tout le repas, et jusqu'à ce que le magicien, qui vit que la nuit étoit avancée, prit congé de la mère et du fils, et se retira.

Le lendemain matin, le magicien africain ne manqua pas de revenir chez la veuve de Mustafa le tailleur, comme il l'avoit promis. Il prit Aladdin avec lui, et il le mena chez un gros marchand qui ne vendoit que des habits tout faits, de toutes sortes de belles étoffes, pour les différens âges et conditions. Il s'en fit montrer de convenables à la grandeur d'Aladdin ; et après avoir mis à part tous ceux qui lui plaisoient davantage, et rejeté les autres qui n'étoient pas de la beauté qu'il entendoit, il dit à Aladdin : « Mon neveu, choisissez dans tous ces habits celui que vous aimez le mieux. Aladdin, charmé des libéralités de son nouvel oncle, en choisit un ; le magicien l'acheta, avec tout ce qui devoit l'accompagner, et paya le tout sans marchander.

Lorsqu'Aladdin se vit ainsi habillé magnifiquement depuis les pieds jusqu'à la tête, il fit à son oncle tous les remercîmens imaginables ; et le magicien lui promit encore de ne le point abandonner, et de l'avoir toujours avec lui. En effet, il le mena dans les lieux les plus fréquentés de la ville, particulièrement dans ceux où étoient les boutiques des riches marchands ; et quand il fut dans la rue où étoient les boutiques des plus riches étoffes et des toiles fines, il dit à Aladdin : « Comme vous serez bientôt marchand comme ceux que vous voyez, il est bon que vous les fréquentiez, et qu'ils vous connoissent. » Il lui fit voir aussi les mosquées les plus belles et les plus grandes, le conduisit dans les khans où logeoient les marchands étrangers, et dans tous les endroits du palais du sultan où il étoit libre d'entrer. Enfin, après avoir parcouru ensemble tous les beaux endroits de la ville, ils arrivèrent dans le khan où le magicien avoit pris un appartement. Il s'y trouva quelques marchands avec lesquels il avoit commencé de faire connoissance depuis son arrivée, et qu'il avoit rassemblés exprès pour les bien régaler, et leur donner en même temps la connoissance de son prétendu neveu.

Le régal ne finit que sur le soir. Aladdin voulut prendre congé de son oncle pour s'en retourner ; mais le magicien africain ne voulut pas le laisser aller seul, et le reconduisit lui-même chez sa mère. Dès qu'elle eut aperçu son fils si bien habillé, elle fut transportée de joie ; et elle ne cessoit de donner mille bénédictions au magicien qui avoit fait une si grande dépense pour son enfant. « Généreux parent, lui dit-elle, je ne sais comment vous remercier de votre libéralité. Je sais que mon fils ne mérite pas le bien que vous lui faites, et qu'il en seroit tout à fait indigne, s'il n'en étoit reconnoissant, et s'il négligeoit de répondre à la bonne intention que vous avez de lui donner un établissement si distingué. En mon particulier, ajouta-t-elle, je vous en remercie encore de toute mon âme, et je vous souhaite une vie assez longue, pour être témoin de la reconnoissance de mon fils, qui ne peut mieux vous la témoigner qu'en se gouvernant selon vos bons conseils. »

« Aladdin, reprit le magicien africain, est un bon enfant ; il m'écoute assez, et je crois que nous en ferons quelque chose de bon. Je suis fâché d'une chose, de ne pouvoir exécuter demain ce que je lui ai promis. C'est jour de vendredi, les boutiques seront fermées, et il n'y aura pas lieu de songer à en louer une et à la garnir, pendant que les marchands ne penseront qu'à se divertir. Ainsi nous remettrons l'affaire à samedi ; mais je viendrai demain le prendre, et je le menerai promener dans les jardins, où le beau monde a coutume de se trouver. Il n'a peut-être encore rien vu des divertissemens qu'on y prend. Il n'a été jusqu'à présent qu'avec des enfans, il faut qu'il voie des hommes. » Le magicien africain prit enfin congé de la mère et du fils, et se retira. Aladdin cependant qui étoit déjà dans une grande joie de se voir si bien habillé, se fit encore un plaisir par avance de la promenade des jardins des environs de la ville. En effet, jamais il n'étoit sorti hors des portes, et jamais il n'avoit vu les environs, qui étoient d'une grande beauté et très-agréables.

Aladdin se leva et s'habilla le lendemain de grand matin, pour être prêt à partir quand son oncle viendroit le prendre. Après avoir attendu long-temps, à ce qu'il lui sembloit, l'impatience lui fit ouvrir la porte, et se tenir sur le pas, pour voir s'il ne le verroit point. Dès qu'il l'aperçut, il en avertit sa mère ; et en prenant congé d'elle, il ferma la porte, et courut à lui pour le joindre.

Le magicien africain fit beaucoup de caresses à Aladdin, quand il le vit. « Allons, mon cher enfant, lui dit-il d'un air riant, je veux vous faire voir aujourd'hui de belles choses. » Il le mena par une porte qui conduisoit à de grandes et belles maisons, ou plutôt à des palais magnifiques qui avoient chacun de très-beaux jardins dont les entrées étoient libres. À chaque palais qu'ils rencontroient, il demandoit à Aladdin s'il le trouvoit beau ; et Aladdin, en le prévenant, quand un autre se présentoit : « Mon oncle, disoit-il, en voici un plus beau que ceux que nous venons de voir. » Cependant ils avançoient toujours plus avant dans la campagne ; et le rusé magicien qui avoit envie d'aller plus loin pour exécuter le dessein qu'il avoit dans la tête, prit occasion d'entrer dans un de ces jardins. Il s'assit près d'un grand bassin, qui recevoit une très-belle eau par un muffle de lion de bronze, et feignit qu'il étoit las, afin de faire reposer Aladdin. « Mon neveu, lui dit-il, vous devez être fatigué aussi bien que moi ; reposons-nous ici pour reprendre des forces ; nous aurons plus de courage à poursuivre notre promenade. »

Quand ils furent assis, le magicien africain tira d'un linge attaché à sa ceinture, des gâteaux et plusieurs sortes de fruits dont il avoit fait provision, et il l'étendit sur le bord du bassin. Il partagea un gâteau entre lui et Aladdin ; et à l'égard des fruits, il lui laissa la liberté de choisir ceux qui seroient le plus à son goût. Pendant ce petit repas, il entretint son prétendu neveu de plusieurs enseignemens qui tendoient à l'exhorter de se détacher de la fréquentation des enfans, et de s'approcher plutôt des hommes sages et prudens, et de les écouter, et de profiter de leurs entretiens. « Bientôt, lui disoit-il, vous serez homme comme eux, et vous ne pouvez vous accoutumer de trop bonne heure à dire de bonnes choses à leur exemple. » Quand ils eurent achevé ce petit repas, ils se levèrent, et ils poursuivirent leur chemin au travers des jardins, qui n'étoient séparés les uns des autres que par de petits fossés qui en marquoient les limites, mais qui n'en empêchoient pas la communication. La bonne foi faisoit que les citoyens de cette capitale n'apportoient pas plus de précaution pour s'empêcher les uns les autres de se nuire. Insensiblement le magicien africain mena Aladdin assez loin au-delà des jardins, et le fit traverser des campagnes qui le conduisirent jusqu'assez près des montagnes.

Aladdin, qui de sa vie n'avoit fait tant de chemin, se sentit fort fatigué d'une si longue marche. « Mon oncle, dit-il au magicien africain, où allons-nous ? Nous avons laissé les jardins bien loin derrière nous, et je ne vois plus que des montagnes. Si nous avançons plus, je ne sais si j'aurai assez de force pour retourner jusqu'à la ville. » « Prenez courage, mon neveu, lui dit le faux oncle, je veux vous faire voir un autre jardin qui surpasse tous ceux que vous venez de voir ; il n'est pas loin d'ici, il n'y a qu'un pas ; et quand nous y serons arrivés, vous me direz vous-même si vous ne seriez pas fâché de ne l'avoir pas vu, après vous en être approché de si près. » Aladdin se laissa persuader, et le magicien le mena encore fort loin, en l'entretenant de différentes histoires amusantes, pour lui rendre le chemin moins ennuyeux, et la fatigue plus supportable.

Ils arrivèrent enfin entre deux montagnes d'une hauteur médiocre et à-peu-près égales, séparées par un vallon de très-peu de largeur. C'étoit là cet endroit remarquable où le magicien africain avoit voulu amener Aladdin pour l'exécution d'un grand dessein qui l'a voit fait venir de l'extrémité de l'Afrique jusqu'à la Chine. « Nous n'allons pas plus loin, dit-il à Aladdin : je veux vous faire voir ici des choses extraordinaires et inconnues à tous les mortels ; et quand vous les aurez vues, vous me remercierez d'avoir été témoin de tant de merveilles que personne au monde n'aura vues que vous ! Pendant que je vais battre le fusil, amassez de toutes les broussailles que vous voyez, celles qui seront les plus sèches, afin d'allumer du feu. »

Il y avoit une si grande quantité de ces broussailles, qu'Aladdin en eut bientôt fait un amas plus que suffisant, dans le temps que le magicien allumoit l'allumette. Il y mit le feu ; et dans le moment que les broussailles s'enflammèrent, le magicien africain y jeta d'un parfum qu'il avoit tout prêt. Il s'éleva une fumée fort épaisse. qu'il détourna de côté et d'autre, en prononçant des paroles magiques auxquelles Aladdin ne comprit rien.

Dans le même moment, la terre trembla un peu, et s'ouvrit en cet endroit devant le magicien et Aladdin, et fit voir à découvert une pierre d'environ un pied et demi en quarré, et d'environ un pied de profondeur, posée horizontalement, avec un anneau de bronze scellé dans le milieu, pour s'en servir à la lever. Aladdin effrayé de tout ce qui se passoit à ses yeux, eut peur, et il voulut prendre la fuite. Mais il étoit nécessaire à ce mystère, et le magicien le retint et le gronda fort, en lui donnant un soufflet si fortement appliqué, qu'il le jeta par terre, et que peu s'en fallut qu'il ne lui enfonçât les dents de devant dans la bouche, comme il y parut par le sang qui en sortit. Le pauvre Aladdin tout tremblant, et les larmes aux yeux : « Mon oncle, s'écria-t-il en pleurant, qu'ai-je donc fait pour avoir mérité que vous me frappiez si rudement ? » « J'ai mes raisons pour le faire, lui répondit le magicien. Je suis votre oncle, qui vous tient présentement lieu de père, et vous ne devez pas me répliquer. Mais, mon enfant, ajouta-t-il en se radoucissant, ne craignez rien : je ne demande autre chose de vous, que vous m'obéissiez exactement, si vous voulez bien profiter et vous rendre digne des grands avantages que je veux vous faire. » Ces belles promesses du magicien calmèrent un peu la crainte et le ressentiment d'Aladdin ; et lorsque le magicien le vit entièrement rassuré : « Vous avez vu, continua-t-il, ce que j'ai fait par la vertu de mon parfum et des paroles que j'ai prononcées. Apprenez donc présentement que sous cette pierre que vous voyez, il y a un trésor caché qui vous est destiné, et qui doit vous rendre un jour plus riche que les plus grands rois du monde. Cela est si vrai, qu'il n'y a personne au monde que vous à qui il soit permis de toucher cette pierre, et de la lever pour y entrer : il m'est même défendu d'y toucher, et de mettre le pied dans le trésor quand il sera ouvert. Pour cela, il faut que vous exécutiez de point en point ce que je vous dirai, sans y manquer : la chose est de grande conséquence et pour vous et pour moi. »

Aladdin, toujours dans l'étonnement de ce qu'il voyoit et de tout ce qu'il venoit d'entendre dire au magicien, de ce trésor qui devoit le rendre heureux à jamais, oublia tout ce qui s'étoit passé. « Hé bien, mon oncle, dit-il au magicien en se levant, de quoi s'agit-il ? Commandez, je suis tout prêt à obéir. » « Je suis ravi, mon enfant, lui dit le magicien africain en l'embrassant, que vous ayiez pris ce parti ; venez, approchez-vous, prenez cet anneau, et levez la pierre. » « Mais, mon oncle, reprit Aladdin, je ne suis pas assez fort pour la lever ; il faut donc que vous m'aidiez. » « Non, repartit le magicien africain, vous n'avez pas besoin de mon aide, et nous ne ferions rien vous et moi si je vous aidois : il faut que vous la leviez vous seul. Prononcez seulement le nom de votre père et de votre grand-père, en tenant l'anneau, et levez : vous verrez qu'elle viendra à vous sans peine. » Aladdin fît comme le magicien lui avoit dit : il leva la pierre avec facilité, et il la posa à côté.

Quand la pierre fut ôtée, un caveau de trois à quatre pieds de profondeur se fit voir avec une petite porte et des degrés pour descendre plus bas. « Mon fils, dit alors le magicien africain à Aladdin, observez exactement tout ce que je vais vous dire. Descendez dans ce caveau ; quand vous serez au bas des degrés que vous voyez, vous trouverez une porte ouverte qui vous conduira dans un grand lieu voûté et partagé en trois grandes salles l'une après l'autre. Dans chacune vous verrez à droite et à gauche quatre vases de bronze grands comme des cuves, pleins d'or et d'argent ; mais gardez-vous bien d'y toucher. Avant d'entrer dans la première salle, levez votre robe, et serrez-la bien autour de vous. Quand vous y serez entré, passez à la seconde sans vous arrêter, et de là à la troisième aussi sans vous arrêter. Sur toutes choses, gardez-vous bien d'approcher des murs, et d'y toucher même avec votre robe ; car si vous y touchiez, vous mourriez sur-le-champ. C'est pour cela que je vous ai dit de la tenir serrée autour de vous. Au bout de la troisième salle, il y a une porte qui vous donnera entrée dans un jardin planté de beaux arbres, tous chargés de fruits ; marchez tout droit, et traversez ce jardin par un chemin qui vous menera à un escalier de cinquante marches pour monter sur une terrasse. Quand vous serez sur la terrasse, vous verrez devant vous une niche, et dans la niche une lampe allumée ; prenez la lampe, éteignez-la ; et quand vous aurez jeté le lumignon et versé la liqueur, mettez-la dans votre sein, et apportez-la moi. Ne craignez pas de gâter votre habit : la liqueur n'est pas de l'huile, et la lampe sera sèche dès qu'il n'y en aura plus. Si les fruits du jardin vous font envie, vous pouvez en cueillir autant que vous en voudrez ; cela ne vous est pas défendu. »

En achevant ces paroles, le magicien africain tira un anneau qu'il avoit au doigt, et il le mit à l'un des doigts d'Aladdin, en lui disant que c'étoit un préservatif contre tout ce qui pourroit lui arriver de mal, en observant bien tout ce qu'il venoit de lui prescrire. « Allez, mon enfant, lui dit-il après cette instruction, descendez hardiment, nous allons être riches l'un et l'autre pour toute notre vie. »

Aladdin sauta légèrement dans le caveau, et il descendit jusqu'au bas des degrés : il trouva les trois salles dont le magicien africain lui avoit fait la description. Il passa au travers avec d'autant plus de précaution, qu'il appréhendoit de mourir s'il manquoit à observer soigneusement ce qui lui avoit été prescrit. Il traversa le jardin sans s'arrêter, monta sur la terrasse, prit la lampe allumée dans la niche, jeta le lumignon et la liqueur ; et en la voyant sans humidité comme le magicien le lui avoit dit, il la mit dans son sein ; il descendit de la terrasse, et il s'arrêta dans le jardin à en considérer les fruits qu'il n'avoit vus qu'en passant. Les arbres de ce jardin étoient tous chargés de fruits extraordinaires. Chaque arbre en portoit de différentes couleurs : il y en avoit de blancs, de luisans et transparens comme le cristal, de rouges, les uns plus chargés, les autres moins ; de verts, de bleus, de violets, de tirant sur le jaune, et de plusieurs autres sortes de couleurs. Les blancs étoient des perles ; les luisans et transparens, des diamans ; les rouges les plus foncés, des rubis ; les autres mioins foncés, des rubis balais ; les verts, des émeraudes ; les bleus, des turquoises ; les violets, des améthystes ; ceux qui tiroient sur le jaune, des saphirs ; et ainsi des autres. Et ces fruits étoient tous d'une grosseur et d'une perfection à quoi on n'avoit encore vu rien de pareil dans le monde. Aladdin qui n'en connoissoit ni le mérite ni la valeur, ne fut pas touché de la vue de ces fruits qui n'étoient pas de son goût, comme l'eussent été des figues, des raisins, et les autres fruits excellens qui sont communs dans la Chine. Aussi n'étoit-il pas encore dans un âge à en connoître le prix ; il s'imagina que tous ces fruits n'étoient que du verre coloré, et qu'ils ne valoient pas davantage. La diversité de tant de belles couleurs néanmoins, la beauté et la grosseur extraordinaire de chaque fruit, lui donna envie d'en cueillir de toutes les sortes. En effet, il en prit plusieurs de chaque couleur, et il en emplit ses deux poches et deux bourses toutes neuves que le magicien lui avoit achetées, avec l'habit dont il lui avoit fait présent, afin qu'il n'eût rien que de neuf ; et comme les deux bourses ne pouvoient tenir dans ses poches qui étoient déjà pleines, il les attacha de chaque côté à sa ceinture ; il en enveloppa même dans les plis de sa ceinture, qui étoit d'une étoffe de soie ample et à plusieurs tours, et il les accommoda de manière qu'ils ne pouvoient pas tomber ; il n'oublia pas aussi d'en fourrer dans son sein, entre la robe et la chemise autour de lui.

Aladdin ainsi chargé de tant de richesses, sans le savoir, reprit en diligence le chemin des trois salles, pour ne pas faire attendre trop long-temps le magicien africain ; et après avoir passé à travers avec la même précaution qu'auparavant, il remonta par où il étoit descendu, et se présenta à l'entrée du caveau où le magicien africain l'attendoit avec impatience. Aussitôt qu'Aladdin l'aperçut : « Mon oncle, lui dit-il, je vous prie de me donner la main pour m'aider à monter. » Le magicien africain lui dit : « Mon fils, donnez-moi la lampe auparavant, elle pourroit vous embarrasser. » « Pardonnez-moi, mon oncle, reprit Aladdin, elle ne m'embarrasse pas ; je vous la donnerai dès que je serai monté. » Le magicien africain s'opiniâtra à vouloir qu'Aladdin lui mît la lampe entre les mains avant de le tirer du caveau ; et Aladdin qui avoit embarrassé cette lampe avec tous ces fruits dont il s'étoit garni de tous côtés, refusa absolument de la donner, qu'il ne fût hors du caveau. Alors le magicien africain au désespoir de la résistance de ce jeune homme, entra dans une furie épouvantable : il jeta un peu de son parfum sur le feu qu'il avoit eu soin d'entretenir ; et à peine eut-il prononcé deux paroles magiques, que la pierre qui servoit à fermer l'entrée du caveau, se remit d'elle-même à sa place, avec la terre par-dessus, au même état qu'elle étoit à l'arrivée du magicien africain et d'Aladdin.

Il est certain que le magicien africain n'étoit pas frère de Mustafa le tailleur, comme il s'en étoit vanté, ni par conséquent oncle d'Aladdin. Il étoit véritablement d'Afrique, et il y étoit né ; et comme l'Afrique est un pays où l'on est plus entêté de la magie que partout ailleurs, il s'y étoit appliqué dès sa jeunesse ; et après quarante années ou environ d'enchantemens, d'opérations de géomance, de suffumigations et de lecture de livres de magie, il étoit enfin parvenu à découvrir qu'il y avoit dans le monde une lampe merveilleuse, dont la possession le rendroit plus puissant qu'aucun monarque de l'univers, s'il pouvoit en devenir le possesseur. Par une dernière opération de géomance, il avoit connu que cette lampe étoit dans un lieu souterrain au milieu de la Chine, à l'endroit et avec toutes les circonstances que nous venons de voir. Bien persuadé de la vérité de cette découverte, il étoit parti de l'extrémité de l'Afrique, comme nous l'avons dit ; et après un voyage long et pénible, il étoit arrivé à la ville qui étoit si voisine du trésor ; mais quoique la lampe fût certainement dans le lieu dont il avoit connoissance, il ne lui étoit pas permis néanmoins de l'enlever lui-même, ni d'entrer en personne dans le lieu souterrain où elle étoit. Il falloit qu'un autre y descendit, l'allât prendre, et la lui mît entre les mains. C'est pourquoi il s'étoit adressé à Aladdin qui lui avoit paru un jeune enfant sans conséquence, et très-propre à lui rendre ce service qu'il attendoit de lui, bien résolu, dès qu'il auroit la lampe dans ses mains, de faire la dernière suffumigation que nous avons dite, et de prononcer les deux paroles magiques qui devoient faire l'effet que nous avons vu, et sacrifier le pauvre Aladdin à son avarice et à sa méchanceté, afin de n'en avoir pas de témoin. Le soufflet donné à Aladdin, et l'autorité qu'il avoit prise sur lui, n'avoient pour but que de l'accoutumer à le craindre et à lui obéir exactement ; afin que lorsqu'il lui demanderoit cette fameuse lampe magique, il la lui donnât aussitôt ; mais il lui arriva tout le contraire de ce qu'il s'étoit proposé. Enfin il n'usa de sa méchanceté avec tant de précipitation, pour perdre le pauvre Aladdin, que parce qu'il craignit que s'il contestoit plus long-temps avec lui, quelqu'un ne vînt à les entendre, et ne rendît public ce qu'il vouloit tenir très-caché.

Quand le magicien africain vit ses grandes et belles espérances échouées à n'y revenir jamais, il n'eut pas d'autre parti à prendre que celui de retourner en Afrique ; c'est ce qu'il fit dès le même jour. Il prit sa route par des détours, pour ne pas rentrer dans la ville d'où il étoit sorti avec Aladdin. Il avoit à craindre en effet d'être observé par plusieurs personnes qui pouvoient l'avoir vu se promener avec cet enfant, et revenir sans lui.

Selon toutes les apparences, on ne devoit plus entendre parler d'Aladdin ; mais celui-là même qui avoit cru le perdre pour jamais, n'avoit pas fait attention qu'il lui avoit mis au doigt un anneau qui pouvoit servir à le sauver. En effet, ce fut cet anneau qui fut cause du salut d'Aladdin, qui n'en savoit nullement la vertu ; et il est étonnant que cette perte, jointe à celle de la lampe, n'ait pas jeté ce magicien dans le dernier désespoir. Mais les magiciens sont si accoutumés aux disgrâces et aux événemens contraires à leurs souhaits, qu'ils ne cessent tant qu'ils vivent, de se repaître de fumée, de chimères et de visions.

Aladdin qui ne s'attendoit pas à la méchanceté de son faux oncle, après les caresses et le bien qu'il lui avoit fait, fut dans un étonnement qu'il est plus aisé d'imaginer que de représenter par des paroles. Quand il se vit enterré tout vif, il appela mille fois son oncle, en criant qu'il étoit prêt à lui donner la lampe ; mais ses cris étoient inutiles, et il n'y avoit plus moyen d'être entendu ; ainsi il demeura dans les ténèbres et dans l'obscurité. Enfin, après avoir donné quelque relâche à ses larmes, il descendit jusqu'au bas de l'escalier du caveau pour aller chercher la lumière dans le jardin où il avoit déjà passé ; mais le mur qui s'étoit ouvert par enchantement, s'étoit refermé et rejoint par un autre enchantement. Il tâtonne devant lui à droite et à gauche par plusieurs fois, et il ne trouve plus de porte : il redouble ses cris et ses pleurs, et il s'asseoit sur les degrés du caveau, sans espoir de revoir jamais la lumière, et avec la triste certitude au contraire de passer des ténèbres où il étoit, dans celles d'une mort prochaine.

Aladdin demeura deux jours en cet état, sans manger et sans boire : le troisième jour enfin en regardant la mort comme inévitable, il éleva les mains en les joignant ; et avec une résignation entière à la volonté de Dieu il s'écria :

« Il n'y a de force et de puissance qu'en Dieu, le haut, le grand ! »

Dans cette action de mains jointes, il frotta sans y penser, l'anneau que le magicien africain lui avoit mis au doigt, et dont il ne connoissoit pas encore la vertu. Aussitôt un génie d'une figure énorme et d'un regard épouvantable s'éleva devant lui comme de dessous la terre, jusqu'à ce qu'il atteignît de la tête à la voûte, et dit à Aladdin ces paroles :

« Que veux-tu ? Me voici pret a t'obeir comme ton esclave, et l'esclave de tous ceux qui ont l'anneau au doigt, moi et les autres esclaves de l'anneau. »

En tout autre tempS et en toute autre occasion, Aladdin qui n'étoit pas accoutumé à de pareilles visions, eût pu être saisi de frayeur, et perdre la parole à la vue d'une figure si extraordinaire ; mais occupé uniquement du danger présent où il étoit, il répondit sans hésiter : « Qui que tu sois, fais-moi sortir de ce lieu, si tu en as le pouvoir. » À peine eut-il prononcé ces paroles, que la terre s'ouvrit, et qu'il se trouva hors du caveau, et à l'endroit justement où le magicien l'avoit amené.

On ne trouvera pas étrange qu'Aladdin, qui étoit demeuré si long-temps dans les ténèbres les plus épaisses, ait eu d'abord de la peine à soutenir le grand jour ; il y accoutuma ses yeux peu-à-peu ; et en regardant autour de lui, il fut fort surpris de ne pas voir d'ouverture sur la terre. Il ne put comprendre de quelle manière il se trouvoit si subitement hors de ses entrailles ; il n'y eut que la place où les broussailles avoient été allumées, qui lui fit reconnoître à-peu-près où étoit le caveau. Ensuite en se tournant du côté de la ville, il l'aperçut au milieu des jardins qui l'environnoient ; il reconnut le chemin par où le magicien africain l'avoit amené. Il le reprit en rendant grâces à Dieu de se revoir une autre fois au monde après avoir désespéré d'y revenir jamais. Il arriva jusqu'à la ville, et se traîna chez lui avec bien de la peine. En entrant chez sa mère, la joie de la revoir, jointe à la foiblesse dans laquelle il étoit de n'avoir pas mangé depuis près de trois jours, lui causèrent un évanouissement qui dura quelque temps. Sa mère qui l'avoit déjà pleuré comme perdu ou comme mort, en le voyant en cet état, n'oublia aucun de ses soins pour le faire revenir. Il revint enfin de son évanouissement ; et les premières paroles qu'il prononça, furent celles-ci : « Ma mère, avant toute chose, je vous prie de me donner à manger ; il y a trois jours que je n'ai pris quoi que ce soit. » Sa mère lui apporta ce qu'elle avoit, et en le mettant devant lui : « Mon fils, lui dit-elle, ne vous pressez pas ; cela est dangereux ; mangez peu-à-peu et à votre aise, et ménagez-vous dans le grand besoin que vous en avez. Je ne veux pas même que vous me parliez : vous aurez assez de temps pour me raconter ce qui vous est arrivé, quand vous serez bien rétabli. Je suis toute consolée de vous revoir, après l'affliction où je me suis trouvée depuis vendredi, et toutes les peines que je me suis données pour apprendre ce que vous étiez devenu, dès que j'eus vu qu'il étoit nuit, et que vous n'étiez pas revenu à la maison. »

Aladdin suivit le conseil de sa mère, il mangea tranquillement et peu-à-peu, et il but à proportion. Quand il eut achevé : « Ma mère, dit-il, j'aurois de grandes plaintes à vous faire sur ce que vous m'avez abandonné avec tant de facilité à la discrétion d'un homme qui avoit le dessein de me perdre, et qui tient à l'heure que je vous parle, ma mort si certaine, qu'il ne doute pas, ou que je ne suis plus en vie, ou que je ne doive la perdre au premier jour ; mais vous avez cru qu'il étoit mon oncle, et je l'ai cru comme vous. Eh pouvions-nous avoir d'autre pensée d'un homme qui m'accabloit de caresses et de biens, et qui me faisoit tant d'autres promesses avantageuses ? Sachez, ma mère, que ce n'est qu'un traître, un méchant, un fourbe ! Il ne m'a fait tant de bien et tant de promesses, qu'afin d'arriver au but qu'il s'étoit proposé de me perdre, comme je l'ai dit, sans que ni vous ni moi nous puissions en deviner la cause. De mon côté, je puis assurer que je ne lui ai donné aucun sujet qui méritât le moindre mauvais traitement. Vous le comprendrez vous-même par le récit fidèle que vous allez entendre de tout ce qui s'est passé depuis que je me suis séparé de vous, jusqu'à l'exécution de son pernicieux dessein. »

Aladdin commença à raconter à sa mère tout ce qui lui étoit arrivé avec le magicien, depuis le vendredi qu'il étoit venu le prendre pour le mener avec lui voir les palais et les jardins qui étoient hors de la ville ; ce qui lui arriva dans le chemin, jusqu'à l'endroit des deux montagnes où se devoit opérer le grand prodige du magicien ; comment avec un parfum jeté dans le feu et quelques paroles magiques, la terre s'était ouverte en un instant, et avoit fait voir l'entrée d'un caveau qui conduisoit à un trésor inestimable. Il n'oublia pas le soufflet qu'il avoit reçu du magicien, et de cruelle manière, après s'être un peu radouci, il l'avoit engagé par de grandes promesses, et en lui mettant son anneau au doigt, à descendre dans le caveau. Il n'omit aucune circonstance de tout ce qu'il avoit vu en passant et en repassant dans les trois salles, dans le jardin et sur la terrasse où il avoit pris la lampe merveilleuse, qu'il montra à sa mère en la retirant de son sein aussi bien que les fruits transparens et de différentes couleurs qu'il avoit cueillis dans le jardin en s'en retournant, auxquels il joignit deux bourses pleines qu'il donna à sa mère, et dont elle fît peu de cas. Ces fruits étoient cependant des pierres précieuses ! L'éclat, brillant comme le soleil, qu'ils rendoient à la faveur d'une lampe qui éclairoit la chambre, devoit faire juger de leur grand prix ; mais la mère d'Aladdin n'avoit pas sur cela plus de connoissance que son fils. Elle avoit été élevée dans une condition très-médiocre, et son mari n'avoit pas eu assez de biens pour lui donner de ces sortes de pierreries. D'ailleurs elle n'en avoit jamais vu à aucune de ses parentes ni de ses voisines. Ainsi il ne faut pas s'étonner si elle ne les regarda que comme des choses de peu de valeur, et bonnes tout au plus à récréer la vue par la variété de leurs couleurs ; ce qui fit qu'Aladdin les mit derrière un des coussins du sofa sur lequel il étoit assis. Il acheva le récit de son aventure, en lui disant, que quand il fut revenu, et qu'il se fut présenté à l'entrée du caveau, prêt à en sortir, sur le refus qu'il avoit fait au magicien de lui donner la lampe qu'il vouloit avoir, l'entrée du caveau s'étoit refermée en un instant, par la force du parfum que le magicien avoit jeté sur le feu qu'il n'avoit pas laissé éteindre, et des paroles qu'il avoit prononcées. Mais il n'en put dire davantage sans verser des larmes, en lui représentant l'état malheureux où il s'étoit trouvé lorsqu'il s'étoit vu enterré tout vivant dans le fatal caveau, jusqu'au moment qu'il en étoit sorti, et que pour ainsi dire il étoit revenu au monde par l'attouchement de son anneau, dont il ne connoissoit pas encore la vertu. Quand il eut fini ce récit : « Il n'est pas nécessaire de vous en dire davantage, dit-il à sa mère, le reste vous est connu. Voilà enfin quelle a été mon aventure, et quel est le danger que j'ai couru depuis que vous ne m'avez vu. »

La mère d'Aladdin eut la patience d'entendre, sans l'interrompre, ce récit merveilleux et surprenant, et en même temps si affligeant pour une mère qui aimoit son fils tendrement, malgré ses défauts. Dans les endroits néanmoins les plus touchans, et qui faisoient connoître davantage la perfidie du magicien africain, elle ne put s'empêcher de faire paroître combien elle le détestoit, par les marques de son indignation ; mais dès qu'Aladdin eut achevé, elle se déchaîna en mille injures contre cet imposteur : elle l'appela traître, perfide, barbare, assassin, trompeur, magicien, ennemi et destructeur du genre humain. « Oui, mon fils, ajouta-t-elle, c'est un magicien, et les magiciens sont des pestes publiques : ils ont commerce avec les démons par leurs enchantemens et par leurs sorcelleries. Béni soit Dieu, qui n'a pas voulu que sa méchanceté insigne eût son effet entier contre vous ! Vous devez bien le remercier de la grâce qu'il vous a faite ! La mort vous étoit inévitable, si vous ne vous fussiez souvenu de lui, et que vous n'eussiez imploré son secours. » Elle dit encore beaucoup de choses, en détestant toujours la trahison que le magicien avoit faite à son fils ; mais en parlant, elle s'aperçut qu'Aladdin, qui n'avoit pas dormi depuis trois jours, avoit besoin de repos. Elle le fit coucher ; et peu de temps après elle se coucha aussi.

Aladdin, qui n'avoit pris aucun repos dans le lieu souterrain où il avoit été enseveli à dessein qu'il y perdît la vie, dormit toute la nuit d'un profond sommeil, et ne se réveilla le lendemain que fort tard. Il se leva ; et la première chose qu'il dit à sa mère, ce fut qu'il avoit besoin de manger, et qu'elle ne pouvoit lui faire un plus grand plaisir que de lui donner à déjeûner. « Hélas, mon fils, lui répondit sa mère, je n'ai pas seulement un morceau de pain à vous donner, vous mangeâtes hier au soir le peu de provisions qu'il y avoit dans la maison ; mais donnez-vous un peu de patience, je ne serai pas long-temps à vous en apporter. J'ai un peu de fil de coton de mon travail ; je vais le vendre, afin de vous acheter du pain et quelque chose pour notre dîner. » « Ma mère, reprit Aladdin, réservez votre fil de coton pour une autre fois, et donnez-moi la lampe que j'apportai hier ; j'irai la vendre, et l'argent que j'en aurai servira à nous avoir de quoi déjeûner et dîner, et peut-être de quoi souper. »

La mère d'Aladdin prit la lampe où elle l'avoit mise. « La voilà, dit-elle à son fils ; mais elle est bien sale, pour peu qu'elle soit nettoyée, je crois qu'elle en vaudra quelque chose davantage. » Elle prit de l'eau et un peu de sable fin pour la nettoyer ; mais à peine eut-elle commencé à frotter cette lampe, qu'en un instant, en présence de son fils, un génie hideux et d'une grandeur gigantesque s'éleva et parut devant elle, et lui dit d'une voix tonnante :

« Que veux-tu ? Me voici pret a t'obeir, comme ton esclave, et de tous ceux qui ont la lampe a la main, moi avec les autres esclaves de la lampe ! »

La mère d'Aladdin n'étoit pas en état de répondre : sa vue n'a voit pu soutenir la figure hideuse et épouvantable du génie ; et sa frayeur avoit été si grande dès les premières paroles qu'il avoit prononcées, qu'elle étoit tombée évanouie.

Aladdin qui avoit déjà eu une apparition à-peu-près semblable dans le caveau, sans perdre de temps ni le jugement, se saisit promptement de la lampe, et en suppléant au défaut de sa mère, il répondit pour elle d'un ton ferme. « J'ai faim, dit-il au génie, apportez-moi de quoi manger. » Le génie disparut, et un instant après il revint chargé d'un grand bassin d'argent qu'il portoit sur sa tête, avec douze plats couverts de même métal, pleins d'excellens mets arrangés dessus, avec six grands pains blancs comme neige sur les plats, deux bouteilles de vin exquis, et deux tasses d'argent à la main. Il posa le tout sur le sofa, et aussitôt il disparut.

Cela se fit en si peu de temps, que la mère d'Aladdin n'étoit pas encore revenue de son évanouissement quand le génie disparut pour la seconde fois. Aladdin qui avoit déjà commencé de lui jeter de l'eau sur le visage, sans effet, se mit en devoir de recommencer pour la faire revenir ; mais soit que les esprits qui s'étoient dissipés, se fussent enfin réunis, ou que l'odeur des mets que le génie venoit d'apporter y eut contribué pour quelque chose, elle revint dans le moment. « Ma mère, lui dit Aladdin, cela n'est rien ; levez-vous, et venez manger : voici de quoi vous remettre le cœur, et en même temps de quoi satisfaire au grand besoin que j'ai de manger. Ne laissons pas refroidir de si bons mets, et mangeons. »

La mère d'Aladdin fut extrêmement surprise quand elle vit le grand bassin, les douze plats, les six pains, les deux bouteilles et les deux tasses, et qu'elle sentit l'odeur délicieuse qui exhaloit de tous ces plats. « Mon fils, demanda-t-elle à Aladdin, d'où nous vient cette abondance, et à qui sommes-nous redevables d'une si grande libéralité ? Le sultan anroit-il eu connoissance de notre pauvreté, et auroit-il eu compassion de nous ? » « Ma mère, reprit Aladdin, mettons-nous à table et mangeons, vous en avez besoin aussi bien que moi. Je vous dirai ce que vous me demandez, quand nous aurons déjeûné. » Ils se mirent à table, et ils mangèrent avec d'autant plus d'appétit, que la mère et le fils ne s'étoient jamais trouvés à une table si bien fournie.

Pendant le repas, la mère d'Aladdin ne pouvoit se lasser de regarder et d'admirer le bassin et les plats, quoiqu'elle ne sût pas trop distinctement s'ils étoient d'argent ou d'une autre matière, tant elle étoit peu accoutumée à en voir de pareils ; et, à proprement parler, sans avoir égard à leur valeur, qui lui étoit inconnue, il n'y avoit que la nouveauté qui la tenoit en admiration, et son fils Aladdin n'en avoit pas plus de connoissance qu'elle.

Aladdin et sa mère, qui ne croyoient faire qu'un simple déjeûner, se trouvèrent encore à table à l'heure du dîner : des mets si excellens les avoient mis en appétit ; et pendant qu'ils étoient chauds, ils crurent qu'ils ne feroient pas mal de joindre les deux repas ensemble, et de n'en pas faire à deux fois. Le double repas étant fini, il leur resta non-seulement de quoi souper, mais même assez de quoi en faire deux autres repas aussi forts le lendemain.

Quand la mère d'Aladdin eut desservi et mis à part les viandes auxquelles ils n'avoient pas touché, elle vint s'asseoir sur le sofa auprès de son fils. « Aladdin, lui dit-elle, j'attends que vous satisfassiez à l'impatience où je suis d'entendre le récit que vous m'avez promis. » Aladdin lui raconta exactement tout ce qui s'étoit passé entre le génie et lui pendant son évanouissement, jusqu'à ce qu'elle fût revenue à elle.

La mère d'Aladdin étoit dans un grand étonnement du discours de son fils et de l'apparition du génie : « Mais, mon fils, reprit-elle, que voulez-vous dire avec vos génies ? Jamais, depuis que je suis au monde, je n'ai entendu dire que personne de ma connoissance en eût vu. Par quelle aventure ce vilain génie est-il venu se présenter à moi ? Pourquoi s'est-il adressé à moi et non pas à vous, à qui il a déjà apparu dans le caveau du trésor ? »

« Ma mère, repartit Aladdin, le génie qui vient de vous apparoître n'est pas le même qui m'est apparu : ils se ressemblent en quelque manière par leur grandeur de géant ; mais ils sont entièrement différens par leur mine et par leur habillement ; aussi sont-ils à différens maîtres. Si vous vous en souvenez, celui que j'ai vu s'est dit esclave de l'anneau que j'ai au doigt, et celui que vous venez de voir s'est dit esclave de la lampe que vous aviez à la main. Mais je ne crois pas que vous l'ayez entendu : il me semble en effet que vous vous êtes évanouie dès qu'il a commencé à parler. »

« Quoi, s'écria la mère d'Aladdin, c'est donc votre lampe qui est cause que ce mauvais génie s'est adressé à moi plutôt qu'à vous ? Ah, mon fils, ôtez-la de devant mes jeux et la mettez où il vous plaira, je ne veux plus y toucher. Je consens plutôt qu'elle soit jetée ou vendue, que de courir le risque de mourir de frayeur en la touchant. Si vous me croyez, vous vous déferez aussi de l'anneau. Il ne faut pas avoir commerce avec des génies : ce sont des démons ; et notre prophète l'a dit. »

« Ma mère, avec votre permission, reprit Aladdin, je me garderai bien présentement de vendre, comme j'étois près de le faire tantôt, une lampe qui va nous être si utile à vous et à moi. Ne voyez-vous pas ce qu'elle vient de nous procurer ? Il faut qu'elle continue de nous fournir de quoi nous nourrir et nous entretenir. Vous devez juger comme moi que ce n'étoit pas sans raison que mon faux et méchant oncle s'étoit donné tant de mouvement, et avoit entrepris un si long et si pénible voyage, puisque c'étoit pour parvenir à la possession de cette lampe merveilleuse, qu'il avoit préférée à tout l'or et l'argent qu'il savoit être dans les salles, et que j'ai vu moi-même, comme il m'en avoit averti. Il savoit trop bien le mérite et la valeur de cette lampe, pour ne demander autre chose d'un trésor si riche. Puisque le hasard nous en a fait découvrir la vertu, faisons-en un usage qui nous soit profitable, mais d'une manière qui soit sans éclat, et qui ne nous attire pas l'envie et la jalousie de nos voisins. Je veux bien l'ôter de devant vos yeux, et la mettre dans un lieu où je la trouverai quand il en sera besoin, puisque les génies vous font tant de frayeur. Pour ce qui est de l'anneau, je ne saurois aussi me résoudre à le jeter : sans cet anneau vous ne m'eussiez jamais revu ; et si je vivois à l'heure qu'il est, ce ne seroit peut-être que pour peu de momens. Vous me permettrez donc de le garder, et de le porter toujours au doigt bien précieusement. Qui sait s'il ne m'arrivera pas quelqu'autre danger que nous ne pouvons prévoir ni vous ni moi, dont il pourra me délivrer ? » Comme le raisonnement d'Aladdin paroissoit assez juste, sa mère n'eut rien à y répliquer. « Mon fils, lui dit-elle, vous pouvez faire comme vous l'entendrez ; pour moi je ne voudrois pas avoir affaire avec des génies. Je vous déclare que je m'en lave les mains, et que je ne vous en parlerai pas davantage. »

    Le lendemain au soir après le souper, il ne resta rien de la bonne provision que le génie avoit apportée. Le jour suivant, Aladdin qui ne vouloit pas attendre que la faim le pressât, prit un des plats d'argent sous sa robe, et sortit du matin pour l'aller vendre. Il s'adressa à un juif qu'il rencontra dans son chemin ; il le tira à l'écart ; et en lui montrant le plat, il lui demanda s'il vouloit l'acheter ?

    Le juif rusé et adroit, prend le plat, l'examine ; et il n'eut pas plutôt connu qu'il étoit de bon argent, qu'il demanda à Aladdin combien il l'estimoit. Aladdin qui n'en connoissoit pas la valeur, et qui n'avoit jamais fait commerce de cette marchandise, se contenta de lui dire qu'il savoit bien lui-même ce que ce plat pouvoit valoir, et qu'il s'en rapportoit à sa bonne foi. Le juif se trouva embarrassé de l'ingénuité d'Aladdin. Dans l'incertitude où il étoit de savoir si Aladdin en connoissoit la matière et la valeur, il tira de sa bourse une pièce d'or qui ne faisoit au plus que la soixante-deuxième partie de la valeur du plat, et il la lui présenta. Aladdin prit la pièce avec un grand empressement, et dès qu'il l'eut dans la main, il se retira si promptement, que le juif, non content du gain exorbitant qu'il faisoit par cet achat, fut bien fâché de n'avoir pas pénétré qu'Aladdin ignoroit le prix de ce qu'il lui avoit vendu, et qu'il auroit pu lui en donner beaucoup moins. Il fut sur le point de courir après le jeune homme, pour tâcher de retirer quelque chose de sa pièce d'or ; mais Aladdin couroit, et il étoit déjà si loin, qu'il auroit eu de la peine à le joindre.

    Aladdin s'en retournant chez sa mère, s'arrêta à la boutique d'un boulanger, chez qui il fit la provision de pain pour sa mère et pour lui, et qu'il paya sur sa pièce d'or, que le boulanger lui changea. En arrivant il donna le reste à sa mère, qui alla au marché acheter les provisions nécessaires pour vivre tous les deux pendant quelques jours.

    Ils continuèrent ainsi à vivre de ménage, c'est-à-dire qu'Aladdin vendit tous les plats au juif l'un après l'autre jusqu'au douzième, de la même manière qu'il avoit fait le premier, à mesure que l'argent venoit à manquer dans la maison. Le juif qui avoit donné une pièce d'or du premier, n'osa lui offrir moins des autres, de crainte de perdre une si bonne aubaine : il les paya tous sur le même pied. Quand l'argent du dernier plat fut dépensé, Aladdin eut recours au bassin, qui pesoit lui seul dix fois autant que chaque plat. Il voulut le porter à son marchand ordinaire, mais son grand poids l'en empêcha. Il fut donc obligé d'aller chercher le juif qu'il amena chez sa mère ; et le juif, après avoir examiné le poids du bassin, lui compta sur-le-champ dix pièces d'or, dont Aladdin se contenta.

Tant que les dix pièces d'or durèrent, elles furent employées à la dépense journalière de la maison. Aladdin cependant, accoutumé à une vie oisive, s'étoit abstenu de jouer avec les jeunes gens de son âge, depuis son aventure avec le magicien africain. Il passoit les journées à se promener, ou à s'entretenir avec des gens avec lesquels il avoit fait connoissance. Quelquefois il s'arrêtoit dans les boutiques de gros marchands, où il prêtoit l'oreille aux entretiens de gens de distinction qui s'y arrêtoient, ou qui s'y trouvoient comme à une espèce de rendez-vous ; et ces entretiens peu-à-peu lui donnèrent quelque teinture de la connoissance du monde.

Quand il ne resta plus rien des dix pièces d'or, Aladdin eut recours à la lampe : il la prit à la main, chercha le même endroit que sa mère avoit touché ; et comme il l'eut reconnu à l'impression que le sable y avoit laissée, il la frotta comme elle avoit fait ; et aussitôt le même génie qui s'étoit déjà fait voir, se présenta devant lui ; mais comme Aladdin avoit frotté la lampe plus légèrement que sa mère, il lui parla aussi d'un ton plus radouci :

« QUE VEUX-TU, lui dit-il dans les mêmes termes qu'auparavant ? ME VOICI PRET A T'OBEIR COMME TON ESCLAVE, ET DE TOUS CEUX QUI ONT LA LAMPE A LA MAIN, MOI ET LES AUTRES ESCLAVES DE LA LAMPE, COMME MOI ! »

Aladdin lui dit : « J'ai faim, apporte-moi de quoi manger. » Le génie disparut, et peu de temps après il reparut, chargé d'un service de table pareil à celui qu'il avoit apporté la première fois ; il le posa sur le sofa, et dans le moment il disparut.

La mère d'Aladdin, avertie du dessein de son fils, étoit sortie exprès pour quelque affaire, afin de ne se pas trouver dans la maison dans le temps de l'apparition du génie. Elle rentra peu de temps après, vit la table et le buffet très-bien garnis, et demeura presqu'aussi surprise de l'effet prodigieux de la lampe, qu'elle l'avoit été la première fois. Aladdin et sa mère se mirent à table ; et après le repas il leur resta encore de quoi vivre largement les deux jours suivans.

Dès qu'Aladdin vit qu'il n'y avoit plus dans la maison ni pain ni autres provisions, ni argent pour en avoir, il prit un plat d'argent, et alla chercher le juif qu'il connoissoit, pour le lui vendre. En y allant il passa devant la boutique d'un orfèvre respectable par sa vieillesse, honnête homme, et d'une grande probité. L'orfèvre qui l'aperçut, l'appela et le fit entrer : « Mon fils, lui dit-il, je vous ai déjà vu passer plusieurs fois, chargé comme vous l'êtes à présent, vous joindre à un tel juif, et repasser peu de temps après sans être chargé. Je me suis imaginé que vous lui vendez ce que vous portez. Mais vous ne savez peut-être pas que ce juif est un trompeur, et même plus trompeur que les autres juifs, et que personne de ceux qui le connoissent ne veut avoir affaire à lui. Au reste, ce que je vous dis ici n'est que pour vous faire plaisir ; si vous voulez me montrer ce que vous portez présentement, et qu'il soit à vendre, je vous en donnerai fidèlement son juste prix, si cela me convient, sinon je vous adresserai à d'autres marchands qui ne nous tromperont pas. »

L'espérance de faire plus d'argent du plat fit qu'Aladdin le tira de dessous sa robe, et le montra à l'orfèvre. Le vieillard qui connut d'abord que le plat étoit d'argent fin, lui demanda s'il en a voit vendu de semblables au juif, et combien celui-ci les lui avoit payés ? Aladdin lui dit naïvement qu'il en avoit vendu douze, et qu'il n'avoit reçu du juif qu'une pièce d'or de chacun. « Ah, le voleur, s'écria l'orfèvre ! Mon fils, ajouta-t-il, ce qui est fait est fait : il n'y faut plus penser ; mais en vous faisant voir ce que vaut votre plat, qui est du meilleur argent dont nous nous servions dans nos boutiques, vous connoîtrez combien le juif vous a trompé. »

L'orfèvre prit la balance, il pesa le plat ; et après avoir expliqué à Aladdin ce que c'étoit qu'un marc d'argent, combien il valoit, et ses subdivisions, il lui fit remarquer que suivant le poids du plat, il valoit soixante-douze pièces d'or, qu'il lui compta sur-le-champ en espèces. « Voilà, dit-il, la juste valeur de votre plat. Si vous en doutez, vous pouvez vous adresser à celui de nos orfèvres qu'il vous plaira ; et s'il vous dit qu'il vaut davantage, je vous promets de vous en payer le double. Nous ne gagnons que la façon de l'argenterie que nous achetons ; et c'est ce que les juifs les plus équitables ne font pas. »

Aladdin remercia bien fort l'orfèvre du bon conseil qu'il venoit de lui donner, et dont il tiroit déjà un si grand avantage. Dans la suite il ne s'adressa plus qu'à lui pour vendre les autres plats, aussi bien que le bassin, dont la juste valeur lui fut toujours payée à proportion de son poids. Quoiqu'Aladdin et sa mère eussent une source intarissable d'argent en leur lampe, pour s'en procurer tant qu'ils voudroient, dès qu'il viendroit à leur manquer, ils continuèrent néanmoins de vivre toujours avec la même frugalité qu'auparavant, à la réserve de ce qu'Aladdin en mettoit à part pour s'entretenir honnêtement et pour se pourvoir des commodités nécessaires dans leur petit ménage. Sa mère de son côté ne prenoit la dépense de ses habits, que sur ce que lui valoit le coton qu'elle filoit. Avec une conduite si sobre, il est aisé de juger combien de temps l'argent des douze plats et du bassin, selon le prix qu'Aladdin les avoit vendus à l'orfèvre, devoit leur avoir duré. Ils vécurent de la sorte pendant quelques années, avec le secours du bon usage qu'Aladdin faisoit de la lampe de temps en temps.

Dans cet intervalle, Aladdin qui ne manquoit pas de se trouver avec beaucoup d'assiduité au rendez-vous des personnes de distinction, dans les boutiques des plus gros marchands de draps d'or et d'argent, d'étoffes de soie, de toiles les plus fines, et de joailleries, et qui se mêloit quelquefois dans leurs conversations, acheva de se former, et prit insensiblement toutes les manières du beau monde. Ce fut particulièrement chez les joailliers qu'il fut détrompé de la pensée qu'il avoit que les fruits transparens qu'il avoit cueillis dans le jardin où il étoit allé prendre la lampe, n'étoient que du verre coloré, et qu'il apprit que c'étoient des pierres de grand prix. À force de voir vendre et acheter de toutes sortes de ces pierreries dans leurs boutiques, il en apprit la connoissance et le prix ; et comme il n'en voyoit pas de pareilles aux siennes, ni en beauté ni en grosseur, il comprit qu'au lieu de morceaux de verre qu'il avoit regardés comme des bagatelles, il possédoit un trésor inestimable. Il eut la prudence de n'en parler à personne, pas même à sa mère ; et il n'y a pas de doute que son silence ne lui ait valu la haute fortune où nous verrons dans la suite qu'il s'éleva.

Un jour en se promenant dans un quartier de la ville, Aladdin entendit publier à haute voix un ordre du sultan, de fermer les boutiques et les portes des maisons, et de se renfermer chacun chez soi, jusqu'à ce que la princesse Badroulboudour, fille du sultan, fût passée pour aller au bain, et qu'elle en fût revenue.

Ce cri public fit naître à Aladdin la curiosité de voir la princesse à découvert ; mais il ne le pouvoit qu'en se mettant dans quelque maison de connoissance, et à travers d'une jalousie, ce qui ne le contentoit pas, parce que la princesse, selon la coutume, devoit avoir un voile sur le visage en allant au bain. Pour se satisfaire, il s'avisa d'un moyen qui lui réussit : il alla se placer derrière la porte du bain, qui étoit disposée de manière qu'il ne pouvoit manquer de la voir venir en face.

Aladdin n'attendit pas long-temps : la princesse parut, et il la vit venir au travers d'une fente assez grande pour voir sans être vu. Elle étoit accompagnée d'une grande foule de ses femmes et d'eunuques qui marchoient sur les côtés et à sa suite. Quand elle fut à trois ou quatre pas de la porte du bain, elle ôta le voile qui lui couvroit le visage, et qui la gênoit beaucoup ; et de la sorte elle donna lieu à Aladdin de la voir d'autant plus à son aise, qu'elle venoit droit à lui.

Jusqu'à ce moment, Aladdin n'avoit pas vu d'autres femmes le visage découvert, que sa mère qui étoit âgée, et qui n'avoit jamais eu d'assez beaux traits pour lui faire juger que les autres femmes fussent plus belles. Il pouvoit bien avoir entendu dire qu'il y en avoit d'une beauté surprenante ; mais quelques paroles qu'on emploie pour relever le mérite d'une beauté, jamais elles ne font l'impression que la beauté fait elle-même.

Lorsqu'Aladdin eut vu la princesse Badroulboudour, il perdit la pensée qu'il avoit que toutes les femmes dussent ressembler à peu près à sa mère ; ses sentimens se trouvèrent bien différens, et son cœur ne put refuser toutes ses inclinations à l'objet qui venoit de le charmer. En effet, la princesse étoit la plus belle brune que l'on pût voir au monde : elle avoit les yeux grands, à fleur de tête, vifs et brillans, le regard doux et modeste, le nez d'une juste proportion et sans défaut, la bouche petite, les lèvres vermeilles et toutes charmantes par leur agréable symétrie ; en un mot, tous les traits de son visage étoient d'une régularité accomplie. On ne doit donc pas s'étonner si Aladdin fut ébloui et presque hors de lui-même à la vue de l'assemblage de tant de merveilles qui lui étoient inconnues. Avec toutes ces perfections, la princesse avoit encore une riche taille, un port et un air majestueux, qui à le voir seulement, lui attiroient le respect qui lui étoit dû.

Quand la princesse fut entrée dans le bain, Aladdin demeura quelque temps interdit et comme en extase, en retraçant et en s'imprimant profondément l'idée d'un objet dont il étoit charmé et pénétré jusqu'au fond du cœur ; il rentra enfin en lui-même ; et en considérant que la princesse étoit passée, et qu'il garderoit inutilement son poste pour la revoir à la sortie du bain, puisqu'elle devoit lui tourner le dos et être voilée, il prit le parti de l'abandonner et de se retirer.

Aladdin, en rentrant chez lui, ne put si bien cacher son trouble et son inquiétude, que sa mère ne s'en aperçût. Elle fut surprise de le voir ainsi triste et rêveur contre son ordinaire ; elle lui demanda s'il lui étoit arrivé quelque chose, ou s'il se trouvoit indisposé ? Mais Aladdin ne lui fit aucune réponse, et il s'assit négligemment sur le sofa, où il demeura dans la même situation, toujours occupé à se retracer l'image charmante de la princesse Badroulboudour. Sa mère qui préparoit le soupé, ne le pressa pas davantage. Quand il fut prêt, elle le servit près de lui sur le sofa, et se mit à table ; mais comme elle s'aperçut que son fils n'y faisoit aucune attention, elle l'avertit de manger, et ce ne fut qu'avec bien de la peine qu'il changea de situation. Il mangea beaucoup moins qu'à l'ordinaire, les yeux toujours baissés, et avec un silence si profond qu'il ne fut pas possible à sa mère de tirer de lui la moindre parole sur toutes les demandes qu'elle lui fit pour tâcher d'apprendre le sujet d'un changement si extraordinaire.

Après le soupé elle voulut recommencer à lui demander le sujet d'une si grande mélancolie ; mais elle ne put en rien savoir, et il prit le parti de s'aller coucher, plutôt que de donner à sa mère la moindre satisfaction sur cela.

Sans examiner comment Aladdin épris de la beauté et des charmes de la princesse Badroulboudour, passa la nuit, nous remarquerons seulement que le lendemain, comme il étoit assis sur le sofa vis-à-vis de sa mère qui filoit du coton à son ordinaire, il lui parla en ces termes : « Ma mère, dit-il, je romps le silence que j'ai gardé depuis hier à mon retour de la ville ; il vous a fait de la peine, et je m'en suis bien aperçu. Je n'étois pas malade, comme il m'a paru que vous l'avez cru, et je ne le suis pas encore ; mais je ne puis vous dire ce que je sentois ; et ce que je ne cesse encore de sentir, est quelque chose de pire qu'une maladie. Je ne sais pas bien quel est ce mal, mais je ne doute pas que ce que vous allez entendre, ne vous le fasse connoître. On n'a pas su dans ce quartier, continua Aladdin, et ainsi vous n'avez pu le savoir, qu'hier la princesse Badroulboudour, fille du sultan, alla au bain l'après-dînée. J'appris cette nouvelle en me promenant par la ville. On publia un ordre de fermer les boutiques et de se retirer chacun chez soi, pour rendre à cette princesse l'honneur qui lui est dû, et lui laisser les chemins libres dans les rues par où elle devoit passer. Comme je n'étois pas éloigné du bain, la curiosité de la voir le visage découvert, me fit naître la pensée d'aller me placer derrière la porte du bain, en faisant réflexion qu'il pouvoit arriver qu'elle ôteroit son voile quand elle seroit près d'y entrer. Vous savez la disposition de la porte, et vous pouvez juger vous-même que je devois la voir à mon aise, si ce que je m'étois imaginé arrivoit. En effet, elle ôta son voile en entrant, et j'eus le bonheur de voir cette aimable princesse, avec la plus grande satisfaction du monde. Voilà, ma mère, le grand motif de l'état où vous me vîtes hier quand je rentrai, et le sujet du silence que j'ai gardé jusqu'à présent. J'aime la princesse d'un amour dont la violence est telle que je ne saurois vous l'exprimer ; et comme ma passion vive et ardente augmente à tout moment, je sens qu'elle ne peut être satisfaite que par la possession de l'aimable princesse Badroulboudour ; ce qui fait que j'ai pris la résolution de la faire demander en mariage au sultan. »

La mère d'Aladdin avoit écouté le discours de son fils avec assez d'attention jusqu'à ces dernières paroles ; mais quand elle eut entendu que son dessein étoit de faire demander la princesse Badroulboudour en mariage, elle ne put s'empêcher de l'interrompre par un grand éclat de rire. Aladdin voulut poursuivre, mais en l'interrompant encore : « Eh, mon fils, lui dit-elle, à quoi pensez-vous ? Il faut que vous ayez perdu l'esprit, pour me tenir un pareil discours ! »

« Ma mère, reprit Aladdin, je puis vous assurer que je n'ai pas perdu l'esprit, je suis dans mon bon sens. J'ai prévu les reproches de folie et d'extravagance que vous me faites, et ceux que vous pourriez me faire ; mais tout cela ne m'empêchera pas de vous dire encore une fois que ma résolution est prise de faire demander au sultan la princesse Badroulboudour en mariage. »

« En vérité, mon fils, repartit la mère très-sérieusement, je ne saurois m'empêcher de vous dire que vous vous oubliez entièrement ; et quand même vous voudriez exécuter cette résolution, je ne vois pas par qui vous oseriez faire faire cette demande au sultan ? » « Par vous-même, répliqua aussitôt le fils sans hésiter. » « Par moi, s'écria la mère d'un air de surprise et d'étonnement, et au sultan ! Ah, je me garderai bien de m'engager dans une pareille entreprise ! Et qui êtes-vous, mon fils, continua-t-elle, pour avoir la hardiesse de penser à la fille de votre sultan ? Avez-vous oublié que vous êtes fils d'un tailleur des moindres de sa capitale, et d'une mère dont les ancêtres n'ont pas été d'une naissance plus relevée ? Savez-vous que les sultans ne daignent pas donner leurs filles en mariage, même à des fils de sultans qui n'ont pas l'espérance de régner un jour comme eux ? »

« Ma mère, répliqua Aladdin, je vous ai déjà dit que j'ai prévu tout ce que vous venez de me dire, et je dis la même chose de tout ce que vous y pourrez ajouter : vos discours ni vos remontrances ne me feront pas changer de sentiment. Je vous ai dit que je ferois demander la princesse Badroulboudour en mariage par votre entremise : c'est une grâce que je vous demande avec tout le respect que je vous dois, et je vous supplie de ne me la pas refuser, à moins que vous n'aimiez mieux me voir mourir que de me donner la vie une seconde fois. »

La mère d'Aladdin se trouva fort embarrassée, quand elle vit l'opiniâtreté avec laquelle Aladdin persistoit dans un dessein si éloigné du bon sens. « Mon fils, lui dit-elle encore, je suis votre mère ; et comme une bonne mère qui vous ai mis au monde, il n'y a rien de raisonnable ni de convenable à mon état et au vôtre, que je ne sois prête à faire pour l'amour de vous. S'il s'agissoit de parler de mariage pour vous avec la fille de quelqu'un de nos voisins, d'une condition pareille ou approchante de la vôtre, je n'oublierois rien, et je m'emploierois de bon cœur en tout ce qui seroit de mon pouvoir ; encore pour y réussir faudroit-il que vous eussiez quelques biens ou quelques revenus, ou que vous sussiez un métier. Quand de pauvres gens comme nous veulent se marier, la première chose à quoi ils doivent songer, c'est d'avoir de quoi vivre. Mais sans faire réflexion sur la bassesse de votre naissance, sur le peu de mérite et de biens que vous avez, vous prenez votre vol jusqu'au plus haut degré de la fortune, et vos prétentions ne sont pas moindres que de vouloir demander en mariage et d'épouser la fille de votre souverain, qui n'a qu'à dire un mot pour vous précipiter et vous écraser. Je laisse à part ce qui vous regarde, c'est à vous à y faire les réflexions que vous devez, pour peu que vous ayiez de bon sens. Je viens à ce qui me touche. Comment une pensée aussi extraordinaire que celle de vouloir que j'aille faire la proposition au sultan de vous donner la princesse sa fille en mariage, a-t-elle pu vous venir dans l'esprit ? Je suppose que j'aie, je ne dis pas la hardiesse, mais l'effronterie d'aller me présenter devant sa Majesté pour lui faire une demande si extravagante, à qui m'adresserai-je pour m'introduire ? Croyez-vous que le premier à qui j'en parlerois, ne me traitât pas de folle, et ne me chassât pas indignement, comme je le mériterois ? Je suppose encore qu'il n'y ait pas de difficulté à se présenter à l'audience du sultan ; je sais qu'il n'y en a pas quand on s'y présente pour lui demander justice, et qu'il la rend volontiers à ses sujets, quand ils la lui demandent. Je sais aussi que quand on se présente à lui pour lui demander une grâce, il l'accorde avec plaisir, quand il voit qu'on l'a méritée et qu'on en est digne. Mais êtes-vous dans ce cas-là, et croyez-vous avoir mérité la grâce que vous voulez que je demande pour vous ? En êtes-vous digne ? Qu'avez-vous fait pour votre prince ou pour votre patrie, et en quoi vous êtes-vous distingué ? Si vous n'avez rien fait pour mériter une si grande grâce, et que d'ailleurs vous n'en soyez pas digne, avec quel front pourrois-je la demander ? Comment pourrois-je seulement ouvrir la bouche pour la proposer au sultan ? Sa présence toute majestueuse, et l'éclat de sa cour me fermeroient la bouche aussitôt, à moi qui tremblois devant feu mon mari votre père, quand j'avois à lui demander la moindre chose. Il y a une autre raison, mon fils, à quoi vous ne pensez pas, qui est qu'on ne se présente pas devant nos sultans sans un présent à la main, quand on a quelque grâce à leur demander. Les présens ont au moins cet avantage, que s'ils refusent la grâce, pour les raisons qu'ils peuvent avoir, ils écoutent au moins la demande et celui qui la fait, sans aucune répugnance. Mais quel présent avez-vous à faire ? Et quand vous auriez quelque chose qui fût digne de la moindre attention d'un si grand monarque, quelle proportion y auroit-il de votre présent avec la demande que vous voulez lui faire ? Rentrez en vous-même, et songez que vous aspirez à une chose qu'il vous est impossible d'obtenir. »

Aladdin écouta fort tranquillement tout ce que sa mère put lui dire pour tâcher de le détourner de son dessein ; et après avoir fait réflexion sur tous les points de sa remontrance, il prit enfin la parole, et il lui dit : « J'avoue, ma mère, que c'est une grande témérité à moi d'oser porter mes prétentions aussi loin que je fais, et une grande inconsidération d'avoir exigé de vous avec tant de chaleur et de promptitude, d'aller faire la proposition de mon mariage au sultan, sans prendre auparavant les moyens propres à vous procurer une audience et un accueil favorables. Je vous en demande pardon ; mais dans la violence de la passion qui me possède, ne vous étonnez pas si d'abord je n'ai pas envisagé tout ce qui peut servir à me procurer le repos que je cherche. J'aime la princesse Badroulboudour au-delà de ce que vous pouvez vous imaginer, ou plutôt je l'adore, et je persévère toujours dans le dessein de l'épouser : c'est une chose arrêtée et résolue dans mon esprit. Je vous suis obligé de l'ouverture que vous venez de me faire : je la regarde comme la première démarche qui doit me procurer l'heureux succès que je me promets. Vous me dites que ce n'est pas la coutume de se présenter devant le sultan sans un présent à la main, et que je n'ai rien qui soit digne de lui. Je tombe d'accord du présent, et je vous avoue que je n'y avois pas pensé. Mais quant à ce que vous me dites que je n'ai rien qui puisse lui être présenté, croyez-vous, ma mère, que ce que j'ai apporté le jour que je fus délivré d'une mort inévitable de la manière que vous savez, ne soit pas de quoi faire un présent très-agréable au sultan ? Je parle de ce que j'ai apporté dans les deux bourses et dans ma ceinture, et que nous avons pris, vous et moi, pour des verres colorés ; mais à présent je suis détrompé, et je vous apprends, ma mère, que ce sont des pierreries d'un prix inestimable, qui ne conviennent qu'à de grands monarques. J'en ai connu le mérite en fréquentant les boutiques de joailliers, et vous pouvez m'en croire sur ma parole. Toutes celles que j'ai vues chez nos marchands joailliers, ne sont pas comparables à celles que nous possédons, ni en grosseur, ni en beauté ; et cependant ils les font monter à des prix excessifs. À la vérité nous ignorons vous et moi le prix des nôtres. Quoi qu'il en puisse être, autant que je puis en juger par le peu d'expérience que j'en ai, je suis persuadé que le présent ne peut être que très-agréable au sultan. Vous avez une porcelaine assez grande et d'une forme très-propre pour les contenir ; apportez-la, et voyons l'effet qu'elles feront quand nous les y aurons arrangées selon leurs différentes couleurs. »

 La mère d'Aladdin apporta la porcelaine, et Aladdin tira les pierreries des deux bourses, et les arrangea dans la porcelaine. L'effet qu'elles firent au grand jour par la variété de leurs couleurs, par leur éclat et par leur brillant fut tel que la mère et le fils en demeurèrent presqu'éblouis : ils en furent dans un grand étonnement, car ils ne les avoient vues l'un et l'autre qu'à la lumière d'une lampe. Il est vrai qu'Aladdin les avoit vues chacune sur leur arbre, comme des fruits qui devoient faire un spectacle ravissant ; mais comme il étoit encore enfant, il n'avoit regardé ces pierreries que comme des bijoux propres à jouer ; et il ne s'en étoit chargé que dans cette vue, et sans autre connoissance.

Après avoir admiré quelque temps la beauté du présent, Aladdin reprit la parole : « Ma mère, dit-il, vous ne vous excuserez plus d'aller vous présenter au sultan, sous prétexte de n'avoir pas un présent à lui faire ; en voilà un, ce me semble, qui fera que vous serez reçue avec un accueil des plus favorables. »

Quoique la mère d'Aladdin, nonobstant la beauté et l'éclat du présent, ne le crût pas d'un prix aussi grand que son fils l'estimoit, elle jugea néanmoins qu'il pouvoit être agréé, et elle sentoit bien qu'elle n'avoit rien à lui répliquer sur ce sujet ; mais elle en revenoit toujours à la demande qu'Aladdin vouloit qu'elle fît au sultan, à la faveur du présent ; cela l'inquiétoit toujours fortement. « Mon fils, lui disoit-elle, je n'ai pas de peine à concevoir que le présent fera son effet, et que le sultan voudra bien me regarder de bon œil ; mais quand il faudra que je m'acquitte de la demande que vous voulez que je lui fasse, je sens bien que je n'en aurai pas la force, et que je demeurerai muette. Ainsi, non-seulement j'aurai perdu mes pas, mais même le présent, qui, selon vous, est d'une richesse si extraordinaire, et je reviendrois avec confusion vous annoncer que vous seriez frustré de votre espérance. Je vous l'ai déjà dit, et vous devez croire que cela arrivera ainsi. Mais, ajouta-t-elle, je veux que je me fasse violence pour me soumettre à votre volonté, et que j'aie assez de force pour oser faire la demande que vous voulez que je fasse, il arrivera très-certainement ou que le sultan se moquera de moi et me renverra comme une folle, ou qu'il se mettra dans une juste colère, dont immanquablement nous serons vous et moi les victimes. »

La mère d'Aladdin dit encore à son fils plusieurs autres raisons pour tâcher de le faire changer de sentiment ; mais les charmes de la princesse Badroulboudour avoient fait une impression trop forte dans son cœur pour le détourner de son dessein. Aladdin persista à exiger de sa mère qu'elle exécutât ce qu'il avoit résolu ; et autant par la tendresse qu'elle avoit pour lui, que par la crainte qu'il ne s'abandonnât à quelqu'extrémité fâcheuse, elle vainquit sa répugnance, et elle condescendit à la volonté de son fils.

Comme il étoit trop tard, et que le temps d'aller au palais pour se présenter au sultan ce jour-là, étoit passé, la chose fut remise au lendemain. La mère et le fils ne s'entretinrent d'autre chose le reste de la journée, et Aladdin prit un grand soin d'inspirer à sa mère tout ce qui lui vint dans la pensée pour la confirmer dans le parti qu'elle avoit enfin accepté, d'aller se présenter au sultan. Malgré toutes les raisons du fils, la mère ne pouvoit se persuader qu'elle pût jamais réussir dans cette affaire ; et véritablement il faut avouer qu'elle avoit tout lieu d'en douter. « Mon fils, dit-elle à Aladdin, si le sultan me reçoit aussi favorablement que je le souhaite pour l'amour de vous, s'il écoute tranquillement la proposition que vous voulez que je lui fasse, mais si après ce bon accueil il s'avise de me demander où sont vos biens, vos richesses et vos états, car c'est de quoi il s'informera avant toutes choses, plutôt que de votre personne ; si, dis-je, il méfait cette demande, que voulez-vous que je lui réponde ? »

« Ma mère, répondit Aladdin, ne nous inquiétons point par avance d'une chose qui peut-être n'arrivera pas. Voyons premièrement l'accueil que vous fera le sultan, et la réponse qu'il vous donnera. S'il arrive qu'il veuille être informé de tout ce que vous venez de dire, je verrai alors la réponse que j'aurai à lui faire. J'ai confiance que la lampe, par le moyen de laquelle nous subsistons depuis quelques années, ne me manquera pas dans le besoin. »

La mère d'Aladdin n'eut rien à répliquer à ce que son fils venoit de lui dire. Elle fit réflexion que la lampe dont il parloit, pouvoit bien servir à de plus grandes merveilles qu'à leur procurer simplement de quoi vivre. Cela la satisfit, et leva en même temps toutes les difficultés qui auroient pu encore la détourner du service qu'elle avoit promis de rendre à son fils auprès du sultan. Aladdin, qui pénétra dans la pensée de sa mère, lui dit : « Ma mère, au moins souvenez-vous de garder le secret ; c'est de là que dépend tout le bon succès que nous devons attendre vous et moi de cette affaire. » Aladdin et sa mère se séparèrent pour prendre quelque repos ; mais l'amour violent et les grands projets d'une fortune immense dont le fils avoit l'esprit tout rempli, l'empêchèrent de passer la nuit aussi tranquillement qu'il auroit bien souhaité. Il se leva avant la pointe du jour, et alla aussitôt éveiller sa mère. Il la pressa de s'habiller le plus promptement qu'elle pourroit, afin d'aller se rendre à la porte du palais du sultan, et d'y entrer à l'ouverture, au moment où le grand visir, les visirs subalternes et tous les grands officiers de l'état y entroient pour la séance du divan, où le sultan assistoit toujours en personne.

La mère d'Aladdin fit tout ce que son fils voulut. Elle prit la porcelaine où étoit le présent de pierreries, l'enveloppa dans un double linge, l'un très-fin et très-propre, l'autre moins fin, qu'elle lia par les quatre coins pour le porter plus aisément. Elle partit enfin, avec une grande satisfaction d'Aladdin, et elle prit le chemin du palais du sultan. Le grand visir, accompagné des autres visirs, et les seigneurs de la cour les plus qualifiés étoient déjà entrés quand elle arriva à la porte. La foule de tous ceux qui avoient des affaires au divan étoit grande. On ouvrit, et elle marcha avec eux jusqu'au divan. C'étoit un très-beau salon, profond et spacieux, dont l'entrée étoit grande et magnifique. Elle s'arrêta, et se rangea de manière qu'elle avoit en face le sultan, le grand visir, et les seigneurs qui avoient séance au conseil à droite et à gauche. On appela les parties les unes après les autres, selon l'ordre des requêtes qu'elles avoient présentées, et leurs affaires furent rapportées, plaidées et jugées jusqu'à l'heure ordinaire de la séance du divan. Alors le sultan se leva, congédia le conseil, et rentra dans son appartement, où il fut suivi par le grand visir. Les autres visirs et les ministres du conseil se retirèrent. Tous ceux qui s'y étoient trouvés pour des affaires particulières, firent la même chose, les uns contens du gain de leur procès, les autres mal satisfaits du jugement rendu contr'eux, et d'autres enfin avec l'espérance d'être jugés dans une autre séance.

FIN DU TOME CINQIÈME.

Tome VI

SUITE DE L'HISTOIRE D'ALADDIN, OU LA LAMPE MERVEILLEUSE.

LA mère d'Aladdin qui avoit vu le sultan se lever et se retirer, jugea bien qu'il ne reparoîtroit pas davantage ce jour-là, en voyant tout le monde sortir. Ainsi elle prit le parti de retourner chez elle. Aladdin qui la vit rentrer avec le présent destiné au sultan, ne sut d'abord que penser du succès de son voyage. Dans la crainte où il étoit qu'elle n'eût quelque chose de sinistre à lui annoncer, il n'avoit pas la force d'ouvrir la bouche pour lui demander quelle nouvelle elle lui apportoit. La bonne mère qui n'avoit jamais mis le pied dans le palais du sultan, et qui n'avoit pas la moindre connoissance de ce qui s'y pratiquoit ordinairement, tira son fils de l'embarras où il étoit, en lui disant avec une grande naïveté : « Mon fils, j'ai vu le sultan, et je suis bien persuadée qu'il m'a vue aussi. J'étois placée devant lui, et personne ne l'empêchoit de me voir ; mais il étoit si fort occupé par tous ceux qui lui parloient à droite et à gauche, qu'il me faisoit compassion de voir la peine et la patience qu'il se donnoit à les écouter. Cela a duré si long-temps, qu'à la fin je crois qu'il s'est ennuyé, car il s'est levé sans qu'on s'y attendît, et il s'est retiré assez brusquement, sans vouloir entendre quantité d'autres personnes qui étoient en rang pour lui parler à leur tour. Cela m'a fait cependant un grand plaisir. En effet, je commençois à perdre patience, et j'étois extrêmement fatiguée de demeurer debout si long-temps ; mais il n'y a rien de gâté : je ne manquerai pas d'y retourner demain ; le sultan ne sera peut-être pas si occupé. »

Quelqu'amoureux que fût Aladdin, il fut contraint de se contenter de cette excuse, et de s'armer de patience.

Il eut au moins la satisfaction de voir que sa mère avoit fait la démarche la plus difficile, qui étoit de soutenir la vue du sultan, et d'espérer qu'à l'exemple de ceux qui lui avoient parlé en sa présence, elle n'hésiteroit pas aussi à s'acquitter de la commission dont elle étoit chargée, quand le moment favorable de lui parler se présenteroit.

Le lendemain d'aussi grand matin que le jour précédent, la mère d'Aladdin alla encore au palais du sultan avec le présent de pierreries ; mais son voyage fut inutile : elle trouva la porte du divan fermée, et elle apprit qu'il n'y avoit de conseil que de deux jours l'un, et qu'ainsi il falloit qu'elle revînt le jour suivant. Elle s'en alla porter cette nouvelle à son fils, qui fut obligé de renouveler sa patience. Elle y retourna six autres fois aux jours marqués, en se plaçant toujours devant le sultan, mais avec aussi peu de succès que la première ; et peut-être qu'elle y seroit retournée cent autres fois aussi inutilement, si le sultan, qui la voyoit toujours vis-à-vis de lui à chaque séance, n'eût fait attention à elle. Cela est d'autant plus probable, qu'il n'y avoit que ceux qui avoient des requêtes à présenter qui approchoient du sultan, chacun à leur tour, pour plaider leur cause dans leur rang ; et la mère d'Aladdin n'étoit point dans ce cas-là.

Ce jour-là enfin, après la levée du conseil, quand le sultan fut rentré dans son appartement, il dit à son grand visir : « Il y a déjà quelque temps que je remarque une certaine femme qui vient règlement chaque jour que je tiens mon conseil, et qui porte quelque chose d'enveloppé dans un linge ; elle se tient debout depuis le commencement de l'audience jusqu'à la fin, et affecte de se mettre toujours devant moi. Savez-vous ce qu'elle demande ? »

Le grand visir qui n'en savoit pas plus que le sultan, ne voulut pas néanmoins demeurer court. « Sire, répondit-il, votre Majesté n'ignore pas que les femmes forment souvent des plaintes sur des sujets de rien : celle-ci apparemment vient porter sa plainte devant votre Majesté sur ce qu'on lui a vendu de la mauvaise farine, ou sur quelqu'autre tort d'aussi peu de conséquence. » Le sultan ne se satisfit pas de cette réponse. « Au premier jour du conseil, reprit-il, si cette femme revient, ne manquez pas de la faire appeler, afin que je l'entende. » Le grand visir ne lui répondit qu'en baisant la main et en la portant au-dessus de sa tête, pour marquer qu'il étoit prêt à la perdre s'il manquoit à exécuter l'ordre du sultan.

La mère d'Aladdin s'étoit déjà fait une habitude si grande de paroître au conseil devant le sultan, qu'elle comptoit sa peine pour rien, pourvu qu'elle fît connoître à son fils qu'elle n'oublioit rien de tout ce qui dépendoit d'elle pour lui complaire. Elle retourna donc au palais le jour du conseil ; et elle se plaça à l'entrée du divan vis-à-vis le sultan, à son ordinaire.

Le grand visir n'avoit encore commencé à rapporter aucune affaire quand le sultan aperçut la mère d'Aladdin. Touché de compassion de la longue patience dont il avoit été témoin : « Avant toutes choses, de crainte que vous ne l'oubliez, dit-il au grand visir, voilà la femme dont je vous parlois dernièrement ; faites-la venir, et commençons par l'entendre et par expédier l'affaire qui l'amène. » Aussitôt le grand visir montra cette femme au chef des huissiers qui étoit debout, prêt à recevoir ses ordres, et lui commanda d'aller la prendre et de la faire avancer.

Le chef des huissiers vint jusqu'à la mère d'Aladdin ; et au signe qu'il lui fit, elle le suivit jusqu'au pied du trône du sultan, où il la laissa pour aller se ranger à sa place près du grand visir.

La mère d'Aladdin, instruite par l'exemple de tant d'autres qu'elle avoit vu aborder le sultan, se prosterna le front contre le tapis qui couvroit les marches du trône, et elle demeura en cet état jusqu'à ce que le sultan lui commanda de se relever. Elle se leva, et alors : « Bonne femme, lui dit le sultan, il y a long-temps que je vous vois venir à mon divan, et demeurer à l'entrée depuis le commencement jusqu'à la fin : quelle affaire vous amène ici ? »

La mère d'Aladdin se prosterna une seconde fois, après avoir entendu ces paroles ; et quand elle fut relevée : « Monarque au-dessus des monarques du monde, dit-elle, avant d'exposer à votre Majesté le sujet extraordinaire et même presqu'incroyable, qui me fait paroître devant son trône sublime, je la supplie de me pardonner la hardiesse, pour ne pas dire l'impudence de la demande que je viens lui faire : elle est si peu commune, que je tremble, et que j'ai honte de la proposer à mon sultan. » Pour lui donner la liberté entière de s'expliquer, le sultan commanda que tout le monde sortît du divan, et qu'on le laissât seul avec son grand visir ; et alors il lui dit qu'elle pouvoit parler et s'expliquer sans crainte.

La mère d'Aladdin ne se contenta pas de la bonté du sultan, qui venoit de lui épargner la peine qu'elle eût pu souffrir en parlant devant tout le monde ; elle voulut encore se mettre à couvert de l'indignation qu'elle avoit à craindre de la proposition qu'elle devoit lui faire, et à laquelle il ne s'attendoit pas. « Sire, dit-elle en reprenant la parole, j'ose encore supplier votre Majesté, au cas qu'elle trouve la demande que j'ai à lui faire, offensante ou injurieuse en la moindre chose, de m'assurer auparavant de son pardon, et de m'en accorder la grâce. » « Quoi que ce puisse être, repartit le sultan, je vous le pardonne dès-à-présent, et il ne vous en arrivera pas le moindre mal : parlez hardiment. »

Quand la mère d'Aladdin eut pris toutes ses précautions, en femme qui redoutoit la colère du sultan sur une proposition aussi délicate que celle qu'elle avoit à lui faire, elle lui raconta fidèlement dans quelle occasion Aladdin avoit vu la princesse Badroulboudour, l'amour violent que cette vue fatale lui avoit inspiré, la déclaration qu'il lui en avoit faite, tout ce qu'elle lui avoit représenté pour le détourner d'une passion non moins injurieuse à sa Majesté, qu'à la princesse sa fille. « Mais, continua-t-elle, mon fils, bien loin d'en profiter et de reconnoître sa hardiesse, s'est obstiné à y persévérer jusqu'au point de me menacer de quelqu'action de désespoir si je refusois de venir demander la princesse en mariage à votre Majesté ; et ce n'a été qu'après m'être fait une violence extrême, que j'ai été contrainte d'avoir cette complaisance pour lui, de quoi je supplie encore une fois votre Majesté de m'accorder le pardon, non-seulement à moi, mais même à Aladdin mon fils, d'avoir eu la pensée téméraire d'aspirer à une si haute alliance. »

Le sultan écouta tout ce discours avec beaucoup de douceur et de bonté, sans donner aucune marque de colère ou d'indignation, et même sans prendre la demande en raillerie.

Mais avant de donner réponse à cette bonne femme, il lui demanda ce que c'étoit que ce qu'elle avoit apporté enveloppé dans un linge. Aussitôt elle prit le vase de porcelaine qu'elle avoit mis au pied du trône avant de se prosterner, elle le découvrit et le présenta au sultan.

On ne sauroit exprimer la surprise et l'étonnement du sultan, lorsqu'il vit rassemblé dans ce vase tant de pierreries si considérables, si précieuses, si parfaites, si éclatantes, et d'une grosseur telle qu'il n'en avoit point encore vu de pareilles. Il resta quelque temps dans une si grande admiration, qu'il en étoit immobile. Après être enfin revenu à lui, il reçu le présent des mains de la mère d'Aladdin, en s'écriant avec un transport de joie : « Ah, que cela est beau ! Que cela est riche ! » Après avoir admiré et manié presque toutes les pierreries l'une après l'autre, en les prisant chacune par l'endroit qui les distinguoit, il se tourna du côté de son grand visir ; et en lui montrant le vase : « Vois, dit-il, et conviens qu'on ne peut rien voir au monde de plus riche et de plus parfait. » Le visir en fut charmé. « Eh bien, continua le sultan, que dis-tu d'un tel présent ? N'est-il pas digne de la princesse ma fille, et ne puis-je pas la donner à ce prix-là à celui qui me la fait demander ? »

Ces paroles mirent le grand visir dans une étrange agitation. Il y avoit quelque temps que le sultan lui avoit fait entendre que son intention étoit de donner la princesse sa fille en mariage à un fils qu'il avoit. Il craignit, et ce n'étoit pas sans fondement, que le sultan, ébloui par un présent si riche et si extraordinaire, ne changeât de sentiment. Il s'approcha du sultan ; et en lui parlant à l'oreille : « Sire, dit-il, on ne peut disconvenir que le présent ne soit digne de la princesse ; mais je supplie votre Majesté de m'accorder trois mois avant de se déterminer : j'espère qu'avant ce temps-là, mon fils, sur qui elle a eu la bonté de me témoigner qu'elle avoit jeté les yeux, aura de quoi lui en faire un d'un plus grand prix que celui d'Aladdin, que votre Majesté ne connoît pas. » Le sultan, quoique bien persuadé qu'il n'étoit pas possible que son grand visir pût trouver à son fils de quoi faire un présent d'une aussi grande valeur à la princesse sa fille, ne laissa pas néanmoins de l'écouter, et de lui accorder cette grâce. Ainsi, en se retournant du côté de la mère d'Aladdin, il lui dit : « Allez, bonne femme, retournez chez vous, et dites à votre fils que j'agrée la proposition que vous m'avez faite de sa part, mais que je ne puis marier la princesse ma fille, que je ne lui aie fait faire un ameublement qui ne sera prêt que dans trois mois. Ainsi revenez en ce temps-là. »

La mère d'Aladdin retourna chez elle avec une joie d'autant plus grande, que, par rapport à son état, elle avoit d'abord regardé l'accès auprès du sultan comme impossible, et que d'ailleurs elle avoit obtenu une réponse si favorable, au lieu qu'elle ne s'étoit attendue qu'à un rebut qui l'auroit couverte de confusion. Deux choses firent juger à Aladdin, quand il vit entrer sa mère, qu'elle lui apportait une bonne nouvelle : l'une, qu'elle revenoit de meilleure heure qu'à l'ordinaire ; et l'autre, qu'elle avoit le visage gai et ouvert. « Hé bien, ma mère, lui dit-il, dois-je espérer ? Dois-je mourir de désespoir » ? Quand elle eut quitté son voile et qu'elle se fut assise sur le sofa avec lui : « Mon fils, dit-elle, pour ne vous pas tenir trop long-temps dans l'incertitude, je commencerai par vous dire, que bien loin de songer à mourir, vous avez tout sujet d'être content. » En poursuivant son discours elle lui raconta de quelle manière elle avoit eu audience avant tout le monde, ce qui étoit cause qu'elle étoit revenue de si bonne heure ; les précautions qu'elle avoit prises pour faire au sultan, sans qu'il s'en offensât, la proposition de mariage de la princesse Badroulboudour avec lui, et la réponse toute favorable que le sultan lui avoit faite de sa propre bouche. Elle ajouta que, autant qu'elle en pouvoit juger par les marques que le sultan en avoit données, le présent, sur toutes choses, avoit fait un puissant effet sur son esprit pour le déterminer à la réponse favorable qu'elle rapportoit. « Je m'y attendois d'autant moins, dit-elle encore, que le grand visir lui avoit parlé à l'oreille avant qu'il me la fît, et que je craignois qu'il ne le détournât de la bonne volonté qu'il pouvoit avoir pour vous. »

Aladdin s'estima le plus heureux des mortels eu apprenant cette nouvelle. Il remercia sa mère de toutes les peines qu'elle s'étoit données dans la poursuite de cette affaire, dont l'heureux succès étoit si important pour son repos. Et quoique dans l'impatience où il étoit de jouir de l'objet de sa passion, trois mois lui parussent d'une longueur extrême, il se disposa néanmoins à attendre avec patience, fondé sur la parole du sultan, qu'il regardoit comme irrévocable. Pendant qu'il comptoit non-seulement les heures, les jours et les semaines, mais même jusqu'aux momens, en attendant que le terme fût passé, environ deux mois s'étoient écoulés, quand la mère, un soir en voulant allumer la lampe, s'aperçut qu'il n'y avoit plus d'huile dans la maison. Elle sortit pour en aller acheter ; et en avançant dans la ville, elle vit que tout y étoit en fête. En effet, les boutiques au lieu d'être fermées, étoient ouvertes ; on les ornoit de feuillages, on y préparoit des illuminations, chacun s'efforçoit à qui le feroit avec plus de pompe et de magnificence pour mieux marquer son zèle. Tout le monde enfin donnoit des démonstrations de joie et de réjouissance. Les rues étaient même embarrassées par des officiers en habits de cérémonie, montés sur des chevaux richement harnachés et environnés d'un grand nombre de valets de pied qui alloient et venoient. Elle demanda au marchand chez qui elle achetoit son huile, ce que tout cela signifioit. « D'où venez-vous ma bonne dame, lui dit-il ? Ne savez-vous pas que le fils du grand visir épouse ce soir la princesse Badroulboudour, fille du sultan ? Elle va bientôt sortir du bain, et les officiers que vous voyez, s'assemblent pour lui faire cortège jusqu'au palais où se doit faire la cérémonie. »

La mère d'Aladdin ne voulut pas en apprendre davantage. Elle revint en si grande diligence, qu'elle rentra chez elle presque hors d'haleine. Elle trouva son fils qui ne s'attendoit à rien moins qu'à la fâcheuse nouvelle qu'elle lui apportoit. « Mon fils, s'écria-t-elle, tout est perdu pour vous ! Vous comptiez sur la belle promesse du sultan, il n'en sera rien. » Aladdin alarmé de ces paroles : « Ma mère, reprit-il, par quel endroit le sultan ne me tiendroit-il pas sa promesse ? Comment le savez-vous ? » « Ce soir, repartit la mère, le fils du grand visir épouse la princesse Badroulboudour dans le palais. » Elle lui raconta de quelle manière elle venoit de l'apprendre, par tant de circonstances, qu'il n'eut pas lieu d'en douter.

À cette nouvelle, Aladdin demeura immobile, comme s'il eût été frappé d'un coup de foudre. Tout autre que lui en eût été accablé ; mais une jalousie secrète l'empêcha d'y demeurer long-temps. Dans le moment il se souvint de la lampe qui lui avoit été si utile jusqu'alors ; et sans aucun emportement en vaines paroles contre le sultan, contre le grand visir, ou contre le fils de ce ministre, il dit seulement : « Ma mère, le fils du grand visir ne sera peut-être pas cette nuit aussi heureux qu'il se le promet. Pendant que je vais dans ma chambre pour un moment, préparez-nous à souper. »

La mère d'Aladdin comprit bien que son fils vouloit faire usage de la lampe pour empêcher, s'il étoit possible, que le mariage du fils du grand visir avec la princesse ne vînt jusqu'à la consommation, et elle ne se trompoit pas. En effet, quand Aladdin fut dans sa chambre, il prit la lampe merveilleuse qu'il y avoit portée, en l'ôtant devant les yeux de sa mère, après que l'apparition du génie lui eut fait une si grande peur ; il prit, dis-je, la lampe, et il la frotta au même endroit que les autres fois. À l'instant, le génie parut devant lui :

« Que veux-tu, dit-il à Aladdin ? Me voici pret a t'obeir comme ton esclave, et de tous ceux qui ont la lampe a la main, moi et les autres esclaves de la lampe ! »

« Écoute, lui dit Aladdin, tu m'as apporté jusqu'à présent de quoi me nourrir quand j'en ai eu besoin, il s'agit présentement d'une affaire de tout autre importance. J'ai fait demander en mariage au sultan la princesse Badroulboudour sa fille. Il me l'a promise, et il m'a demandé un délai de trois mois. Au lieu de tenir sa promesse, ce soir, avant le terme échu, il la marie au fils du grand visir : je viens de l'apprendre, et la chose est certaine. Ce que je te demande, c'est que, dès que le nouvel époux et la nouvelle épouse seront couchés, tu les enlèves, et que tu les apportes ici tous deux dans leur lit.

« Mon maitre, reprit le genie, je vais t'obeir. As-tu autre chose a me commander ? »

« Rien autre chose pour le présent, repartit Aladdin. » En même temps le génie disparut.

Aladdin revint trouver sa mère ; il soupa avec elle, avec la même tranquillité qu'il avoit coutume de le faire. Après le souper il s'entretint quelque temps avec elle du mariage de la princesse, comme d'une chose qui ne l'embarrassoit plus. Il retourna à sa chambre, et il laissa sa mère en liberté de se coucher. Pour lui il ne se coucha pas, mais il attendit le retour du génie, et l'exécution du commandement qu'il lui avoit fait.

Pendant ce temps-là tout avoit été préparé avec bien de la magnificence dans le palais du sultan pour la célébration des noces de la princesse, et la soirée se passa en cérémonies et en réjouissances jusque bien avant dans la nuit. Quand tout fut achevé, le fils du grand visir, au signal que lui fit le chef des eunuques de la princesse, s'échappa adroitement, et cet officier l'introduisit dans l'appartement de la princesse son épouse jusqu'à la chambre où le lit nuptial étoit préparé. Il se coucha le premier. Peu de temps après, la sultane, accompagnée de ses femmes et de celles de la princesse sa fille, amena la nouvelle épouse. Elle faisoit de grandes résistances selon la coutume des nouvelles mariées. La sultane aida à la déshabiller, la mit dans le lit comme par force ; et après l'avoir embrassée en lui souhaitant la bonne nuit, elle se retira avec toutes les femmes ; et la dernière qui sortit ferma la porte de la chambre.

À peine la porte de la chambre fut fermée, que le génie, comme esclave fidèle de la lampe, et exact à exécuter les ordres de ceux qui l'avoient à la main, sans donner le temps à l'époux de faire la moindre caresse à son épouse, enlève le lit avec l'époux et l'épouse, au grand étonnement de l'un et de l'autre, et en un instant le transporte dans la chambre d'Aladdin, où il le pose.

Aladdin qui attendait ce moment avec impatience, ne souffrit pas que le fils du grand visir demeurât couché avec la princesse. « Prends ce nouvel époux, dit-il au génie, enferme-le dans le privé, et reviens demain matin un peu après la pointe du jour. » Le génie enleva aussitôt le fils du grand visir hors du lit en chemise, et le transporta dans le lieu qu'Aladdin lui avoit dit, où il le laissa après avoir jeté sur lui un souffle qu'il sentit depuis la tête jusqu'aux pieds, et qui l'empêcha de remuer de la place.

Quelque grande que fût la passion d'Aladdin pour la princesse Badroulboudour, il ne lui tint pas néanmoins un long discours, lorsqu'il se vit seul avec elle. « Ne craignez rien, adorable princesse, lui dit-il d'un air tout passionné, vous êtes ici en sûreté, et quelque violent que soit l'amour que je ressens pour votre beauté et pour vos charmes, il ne me fera jamais sortir des bornes du profond respect que je vous dois. Si j'ai été forcé, ajouta-t-il, d'en venir à cette extrémité, ce n'a pas été dans la vue de vous offenser, mais pour empêcher qu'un injuste rival ne vous possédât, contre la parole donnée par le sultan votre père en ma faveur. »

La princesse qui ne savoit rien de ces particularités, fit fort peu d'attention à tout ce qu'Aladdin lui put dire. Elle n'étoit nullement en état de lui répondre. La frayeur et l'étonnement où elle étoit d'une aventure si surprenante et si peu attendue, l'avoient mise dans un tel état, qu'Aladdin n'en put tirer aucune parole. Aladdin n'en demeura pas là : il prit le parti de se déshabiller, et il se coucha à la place du fils du grand visir, le dos tourné du côté de la princesse, après avoir eu la précaution de mettre un sabre entre la princesse et lui, pour marquer qu'il mériteroit d'en être puni s'il attentoit à son honneur.

Aladdin content d'avoir ainsi privé son rival du bonheur dont il s'étoit flatté de jouir cette nuit-là, dormit assez tranquillement. Il n'en fut pas de même de la princesse Badroulboudour : de sa vie il ne lui étoit arrivé de passer une nuit aussi fâcheuse et aussi désagréable que celle-là ; et si l'on veut bien faire réflexion au lieu et à l'état où le génie avoit laissé le fils du grand visir, on jugera que ce nouvel époux la passa d'une manière beaucoup plus affligeante.

Le lendemain, Aladdin n'eut pas besoin de frotter la lampe pour appeler le génie. Il revint à l'heure qu'il lui avoit marquée, et dans le temps qu'il achevoit de s'habiller :

« ME VOICI, DIT-IL A ALADDIN. QU'AS-TU A ME COMMANDER ? »

« Va reprendre, lui dit Aladdin, le fils du grand visir où tu l'as mis ; viens le remettre dans ce lit, et reporte-le où tu l'as pris dans le palais du sultan. » Le génie alla relever le fils du grand visir de sentinelle, et Aladdin reprenoit son sabre quand il reparut. Il mit le nouvel époux près de la princesse, et en un instant il reporta le lit nuptial dans la même chambre du palais du sultan d'où il l'avoit apporté.

Il faut remarquer qu'en tout ceci le génie ne fut aperçu ni de la princesse, ni du fils du grand visir. Sa forme hideuse eut été capable de les faire mourir de frayeur. Ils n'entendirent même rien des discours entre Aladdin et lui ; et ils ne s'aperçurent que de l'ébranlement du lit et de leur transport d'un lieu à un autre : c'étoit bien assez pour leur donner la frayeur qu'il est aisé d'imaginer.

Le génie ne venoit que de poser le lit nuptial en sa place, quand le sultan, curieux d'apprendre comment la princesse sa fille avoit passé la première nuit de ses noces, entra dans la chambre pour lui souhaiter le bon jour. Le fils du grand visir morfondu du froid qu'il avoit souffert toute la nuit, et qui n'avoit pas encore eu le temps de se réchauffer, n'eut pas sitôt entendu qu'on ouvroit la porte, qu'il se leva, et passa dans une garderobe où il s'étoit déshabillé le soir.

Le sultan approcha du lit de la princesse, la baisa entre les deux yeux, selon la coutume, en lui souhaitant le bonjour, et lui demanda en souriant comment elle se trouvoit de la nuit passée ; mais en relevant la tête, et en la regardant avec plus d'attention, il fut extrêmement surpris de la voir dans une grande mélancolie, et de ce qu'elle ne lui marquoit ni par la rougeur qui eût pu lui monter au visage, ni par aucun autre signe, ce qui eût pu satisfaire sa curiosité. Elle lui jeta seulement un regard des plus tristes, d'une manière qui marquoit une grande affliction, ou un grand mécontentement. Il lui dit encore quelques paroles ; mais comme il vit qu'il n'en pouvoit tirer d'elle, il s'imagina qu'elle le faisoit par pudeur, et il se retira. Il ne laissa pas néanmoins de soupçonner qu'il y avoit quelque chose d'extraordinaire dans son silence ; ce qui l'obligea d'aller sur-le-champ à l'appartement de la sultane, à qui il fit le récit de l'état où il avoit trouvé la princesse, et de la réception qu'elle lui avoit faite. « Sire, lui dit la sultane, cela ne doit pas surprendre votre Majesté : il n'y a pas de nouvelle mariée qui n'ait la même retenue le lendemain de ses noces. Ce ne sera pas la même chose dans deux ou trois jours : alors elle recevra le sultan son père comme elle le doit. Je vais la voir, ajouta-t-elle, et je suis bien trompée, si elle me fait le même accueil. »

Quand la sultane fut habillée, elle se rendit à l'appartement de la princesse, qui n'étoit pas encore levée : elle s'approcha de son lit, et elle lui donna le bon jour, en l'embrassant ; mais sa surprise fut des plus grandes, non-seulement de ce qu'elle ne lui répondoit rien, mais même de ce qu'en la regardant, elle s'aperçut qu'elle étoit dans un grand abattement, qui lui fit juger qu'il lui étoit arrivé quelque chose qu'elle ne pénétroit pas. « Ma fille, lui dit la sultane, d'où vient que vous répondez si mal aux caresses que je vous fais ? Est-ce avec votre mère que vous devez faire toutes ces façons ? Et doutez-vous que je ne sois pas instruite de ce qui peut arriver dans une pareille circonstance que celle où vous êtes ? Je veux bien croire que vous n'ayez pas cette pensée, il faut donc qu'il vous soit arrivé quelqu'autre chose ; avouez-le-moi franchement, et ne me laissez pas plus long-temps dans une inquiétude qui m'accable. »

La princesse Badroulboudour rompit enfin le silence par un grand soupir : « Ah, madame et très-honorée mère, s'écria-t-elle, pardonnez-moi, si j'ai manqué au respect que je vous dois ! J'ai l'esprit si fortement occupé des choses extraordinaires qui me sont arrivées cette nuit, que je ne suis pas encore bien revenue de mon étonnement ni de mes frayeurs, et que j'ai même de la peine à me reconnoître moi-même. » Alors elle lui raconta avec les couleurs les plus vives, de quelle manière, un instant après qu'elle et son époux furent couchés, le lit avoit été enlevé et transporté en un moment dans une chambre mal-propre et obscure, où elle s'étoit vue seule et séparée de son époux, sans savoir ce qu'il étoit devenu, et où elle avoit vu un jeune homme, lequel, après lui avoir dit quelque paroles que la frayeur l'avoit empêchée d'entendre, s'étoit couché avec elle à la place de son époux, après avoir mis son sabre entr'elle et lui, et que son époux lui avoit été rendu, et le lit rapporté en sa place en aussi peu de temps. « Tout cela ne venoit que d'être fait, ajouta-t-elle, quand le sultan mon père est entré dans ma chambre ; j'étois si accablée de tristesse, que je n'ai pas eu la force de lui répondre une seule parole. Aussi je ne doute pas qu'il ne soit indigné de la manière dont j'ai reçu l'honneur qu'il m'a fait ; mais j'espère qu'il me pardonnera quand il saura ma triste aventure, et l'état pitoyable où je me trouve encore en ce moment. »

La sultane écouta fort tranquillement tout ce que la princesse voulut bien lui raconter ; mais elle ne voulut point y ajouter foi. « Ma fille, lui dit-elle, vous avez bien fait de ne point parler de cela au sultan votre père. Gardez-vous bien d'en rien dire à personne : on vous prendroit pour une folle, si on vous entendoit parler de la sorte. » « Madame, reprit la princesse, je puis vous assurer que je vous parle de bon sens ;

vous pourrez vous en informer à mon époux, il vous dira la même chose. » « Je m'en Informerai, repartit la sultane ; mais quand il m'en parleroit comme vous, je n'en serois pas plus persuadée que je le suis. Levez-vous cependant, et ôtez-vous cette imagination de l'esprit ; il feroit beau voir que vous troublassiez par une pareille vision les fêtes ordonnées pour vos noces, et qui doivent se continuer plusieurs jours dans ce palais et dans tout le royaume ! N'entendez-vous pas déjà les fanfares et les concerts de trompettes, de tymbales et de tambours ? Tout cela vous doit inspirer la joie et le plaisir, et vous faire oublier toutes les fantaisies dont vous venez de me parler. » En même temps la sultane appela les femmes de la princesse ; et après qu'elle l'eut fait lever, et qu'elle l'eut vue se mettre à sa toilette, elle alla à l'appartement du sultan ; elle lui dit que quelque fantaisie avoit passé véritablement par l'esprit de sa fille, mais que ce n'étoit rien. Elle fit appeler le fils du visir, pour savoir de lui quelque chose de ce que la princesse lui avoit dit ; mais le fils du visir qui s'estimoit infiniment honoré de l'alliance du sultan, avoit pris le parti de dissimuler. « Mon gendre, lui dit la sultane, dites-moi, êtes-vous dans le même entêtement que votre épouse ? » « Madame, reprit le fils du visir, oserois-je vous demander à quel sujet vous me faites cette demande ? » « Cela suffit, repartit la sultane, je n'en veux pas savoir davantage : vous êtes plus sage qu'elle. »

Les réjouissances continuèrent toute la journée dans le palais ; et la sultane qui n'abandonna pas la princesse, n'oublia rien pour lui inspirer la joie, et pour lui faire prendre part aux divertissemens qu'on lui donnoit par différentes sortes de spectacles ; mais elle étoit tellement frappée des idées de ce qui lui étoit arrivé la nuit, qu'il étoit aisé de voir qu'elle en étoit tout occupée. Le fils du grand visir n'étoit pas moins accablé de la mauvaise nuit qu'il avoit passée ; mais son ambition le fit dissimuler ; et à le voir, personne ne douta qu'il ne fût un époux très-heureux.

Aladdin qui étoit bien informé de ce qui se passoit au palais, ne douta pas que les nouveaux mariés ne dussent coucher encore ensemble, malgré la fâcheuse aventure qui leur étoit arrivée la nuit d'auparavant. Aladdin n'avoit point envie de les laisser en repos. Ainsi, dès que la nuit fut un peu avancée, il eut recours à la lampe. Aussitôt le génie parut, et fit à Aladdin le même compliment que les autres fois, en lui offrant son service. « Le fils du grand visir et la princesse Badroulboudour, lui dit Aladdin, doivent coucher encore ensemble cette nuit ; va, et du moment qu'ils seront couchés, apporte-moi le lit ici, comme hier. »

Le génie servit Aladdin avec autant de fidélité et d'exactitude que le jour précédent : le fils du grand visir passa la nuit aussi froidement et aussi désagréablement qu'il l'avoit déjà fait, et la princesse eut la même mortification d'avoir Aladdin pour compagnon de sa couche, le sabre posé entr'elle et lui. Le génie, suivant les ordres d'Aladdin, revint le lendemain, remit l'époux auprès de son épouse, enleva le lit avec les nouveaux mariés, et le reporta dans la chambre du palais où il l'avoit pris.

Le sultan, après la réception que la princesse Badroulboudour lui avoit faite le jour précédent, inquiet de savoir comment elle auroit passé la seconde nuit, et si elle lui feroit une réception pareille à celle qu'elle lui avoit déjà faite, se rendit à sa chambre d'aussi bon matin, pour en être éclairci. Le fils du grand visir, plus honteux et plus mortifié du mauvais succès de cette dernière nuit que de la première, à peine eut entendu venir le sultan, qu'il se leva avec précipitation, et se jeta dans la garderobe.

Le sultan s'avança jusqu'au lit de la princesse, en lui donnant le bon jour ; et après lui avoir fait les mêmes caresses que le jour précédent : « Hé bien, ma fille, lui dit-il, êtes-vous ce matin d'aussi mauvaise humeur que vous l'étiez hier ? Me direz-vous comment vous avez passé la nuit ? » La princesse garda le même silence, et le sultan s'aperçut qu'elle avoit l'esprit beaucoup moins tranquille, et qu'elle étoit plus abattue que la première fois. Il ne douta pas que quelque chose d'extraordinaire ne lui fût arrivé. Alors, irrité du mystère qu'elle lui en faisoit : « Ma fille, lui dit-il tout en colère et le sabre à la main, ou vous me direz ce que vous me cachez, ou je vais vous couper la tête tout-à-l'heure. »

La princesse, plus effrayée du ton et de la menace du sultan offensé, que de la vue du sabre nu, rompit enfin le silence : « Mon cher père et mon sultan, s'écria-t-elle les larmes aux yeux, je demande pardon à votre Majesté, si je l'ai offensée. J'espère de sa bonté et de sa clémence qu'elle fera succéder la compassion à la colère, quand je lui aurai fait le récit fidèle du triste et pitoyable état où je me suis trouvée toute cette nuit et toute la nuit passée. »

Après ce préambule qui appaisa et qui attendrit un peu le sultan, elle lui raconta fidèlement tout ce qui lui étoit arrivé pendant ces deux fâcheuses nuits, mais d'une manière si touchante qu'il en fut vivement pénétré de douleur, par l'amour et par la tendresse qu'il avoit pour elle. Elle finit par ces paroles : « Si votre Majesté a le moindre doute sur le récit que je viens de lui faire, elle peut s'en informer de l'époux qu'elle m'a donné. Je suis persuadée qu'il rendra à la vérité le même témoignage que je lui rends. »

Le sultan entra tout de bon dans la peine extrême qu'une aventure aussi surprenante devoit avoir causée à la princesse : « Ma fille, lui dit-il, vous avez grand tort de ne vous être pas expliquée à moi dès hier sur une affaire aussi étrange que celle que vous venez de m'apprendre, dans laquelle je ne prends pas moins d'intérêt que vous-même. Je ne vous ai pas mariée dans l'intention de vous rendre malheureuse, mais plutôt dans la vue de vous rendre heureuse et contente, et de vous faire jouir de tout le bonheur que vous méritez, et que vous pouviez espérer avec un époux qui m'avoit paru vous convenir. Effacez de votre esprit les idées fâcheuses de tout ce que vous venez de me raconter. Je vais mettre ordre à ce qu'il ne vous arrive pas davantage des nuits aussi désagréables et aussi peu supportables que celles que vous avez passées. »

Dès que le sultan fut rentré dans son appartement, il envoya appeler son grand visir : « Visir, lui dit-il, avez-vous vu votre fils, et ne vous a-t-il rien dit ? » Comme le grand visir lui eut répondu qu'il ne l'avoit pas vu, le sultan lui fit le récit de tout ce que la princesse Badroulboudour venoit de lui raconter. En achevant : « Je ne doute pas, ajouta-t-il, que ma fille ne m'ait dit la vérité ; je serai bien aise néanmoins d'en avoir la confirmation par le témoignage de votre fils : allez, et demandez-lui ce qui en est. »

Le grand visir ne différa pas d'aller joindre son fils ; il lui fit part de ce que le sultan venoit de lui communiquer, et il lui enjoignit de ne lui point déguiser la vérité, et de lui dire si tout cela étoit vrai ? « Je ne vous la déguiserai pas, mon père, lui répondit le fils, tout ce que la princesse a dit au sultan est vrai ; mais elle n'a pu lui dire les mauvais traitemens qui m'ont été faits en mon particulier, les voici : Depuis mon mariage j'ai passé deux nuits les plus cruelles qu'on puisse imaginer, et je n'ai pas d'expression pour vous décrire au juste et avec toutes leurs circonstances les maux que j'ai soufferts. Je ne vous parle pas de la frayeur que j'ai eue de me sentir enlever quatre fois dans mon lit, sans voir qui enlevoit le lit et le transportoit d'un lieu à un autre, et sans pouvoir imaginer comment cela s'est pu faire. Vous jugerez vous-même de l'état fâcheux où je me suis trouvé lorsque je vous dirai que j'ai passé deux nuits debout et nu en chemise dans une espèce de privé étroit, sans avoir la liberté de remuer de la place où j'étois posé, et sans pouvoir faire aucun mouvement, quoiqu'il ne parût devant moi aucun obstacle qui pût vraisemblablement m'en empêcher. Après cela, il n'est pas besoin de m'étendre plus au long pour vous faire le détail de mes souffrances. Je ne vous cacherai pas que cela ne m'a point empêché d'avoir pour la princesse mon épouse tous les sentimens d'amour, de respect et de reconnoissance qu'elle mérite ; mais je vous avoue de bonne foi qu'avec tout l'honneur et tout l'éclat qui rejaillit sur moi d'avoir épousé la fille de mon souverain, j'aimerois mieux mourir que de vivre plus long-temps dans une si haute alliance, s'il faut essuyer des traitemens aussi désagréables que ceux que j'ai déjà soufferts. Je ne doute point que la princesse ne soit dans les mêmes sentimens que moi ; et elle conviendra aisément que notre séparation n'est pas moins nécessaire pour son repos que pour le mien. Ainsi, mon père, je vous supplie par la même tendresse qui vous a porté à me procurer un si grand honneur, de faire agréer au sultan que notre mariage soit déclaré nul. »

Quelque grande que fût l'ambition du grand visir de voir son fils gendre du sultan, la ferme résolution néanmoins où il le vit de se séparer de la princesse, fit qu'il ne jugea pas à propos de lui proposer d'avoir encore patience au moins quelques jours pour éprouver si cette traverse ne finiroit point. Il le laissa, et il revint rendre réponse au sultan, à qui il avoua de bonne foi que la chose n'étoit que trop vraie, après ce qu'il venoit d'apprendre de son fils. Sans attendre même que le sultan lui parlât de rompre le mariage, à quoi il voyoit bien qu'il n'étoit que trop disposé, il le supplia de permettre que son fils se retirât du palais, et qu'il retournât auprès de lui, en prenant pour prétexte qu'il n'étoit pas juste que la princesse fût exposée un moment de plus à une persécution si terrible pour l'amour de son fils.

Le grand visir n'eut pas de peine à obtenir ce qu'il demandoit. Dès ce moment le sultan qui avoit déjà résolu la chose, donna ses ordres pour faire cesser les réjouissances dans son palais et dans la ville, et même dans toute l'étendue de son royaume, où il fit expédier des ordres contraires aux premiers ; et en très-peu de temps toutes les marques de joie et de réjouissances publiques cessèrent dans toute la ville et dans le royaume.

Ce changement subit et si peu attendu, donna occasion a bien des raisonnemens différens : on se demandoit les uns aux autres d'où pouvoit venir ce contre-temps ; et l'on n'en disoit autre chose, sinon qu'on avoit vu le grand visir sortir du palais, et se retirer chez lui accompagné de son fils, l'un et l'autre avec un air fort triste. Il n'y avoit qu'Aladdin qui en savoit le secret, et qui se réjouissoit en lui-même de l'heureux succès que l'usage de la lampe lui procuroit. Ainsi, comme il eut appris avec certitude que son rival avoit abandonné le palais, et que le mariage entre la princesse et lui étoit rompu absolument, il n'eut pas besoin de frotter la lampe davantage, et d'appeler le génie pour empêcher qu'il ne se consommât. Ce qu'il y a de particulier, c'est que ni le sultan, ni le grand visir, qui avoient oublié Aladdin et la demande qu'il avoit fait faire, n'eurent pas la moindre pensée qu'il pût avoir part à l'enchantement qui venoit de causer la dissolution du mariage de la princesse.

Aladdin cependant laissa écouler les trois mois que le sultan avoit marqués pour le mariage d'entre la princesse Badroulboudour et lui ; il en avoit compté tous les jours avec grand soin ; et quand ils furent achevés, dès le lendemain il ne manqua pas d'envoyer sa mère au palais pour faire souvenir le sultan de sa parole.

La mère d'Aladdin alla au palais comme son fils lui avoit dit, et elle se présenta à l'entrée du divan, au même endroit qu'auparavant. Le sultan n'eut pas plutôt jeté la vue sur elle, qu'il la reconnut, et se souvint en même temps de la demande qu'elle lui avoit faite, et du temps auquel il l'avoit remise. Le grand visir lui faisoit alors le rapport d'une affaire : « Visir, lui dit le sultan en l'interrompant, j'aperçois la bonne femme qui nous fit un si beau présent il y a quelques mois ; faites-la venir ; vous reprendrez votre rapport quand je l'aurai écoutée. » Le grand visir en jetant les yeux du côté de l'entrée du divan, aperçut aussi la mère d'Aladdin. Aussitôt il appela le chef des huissiers, et en la lui montrant, il lui donna ordre de la faire avancer.

La mère d'Aladdin s'avança jusqu'au pied du trône, où elle se prosterna selon la coutume. Après qu'elle se fut relevée, le sultan lui demanda ce qu'elle souhaitoit. « Sire, lui répondit-elle, je me présente encore devant le trône de votre Majesté, pour lui représenter au nom d'Aladdin mon fils, que les trois mois après lesquels elle l'a remis sur la demande que j'ai eu l'honneur de lui faire, sont expirés, et la supplier de vouloir bien s'en souvenir. »

Le sultan, en prenant un délai de trois mois pour répondre à la demande de cette bonne femme la première fois qu'il l'avoit vue, avoit cru qu'il n'entendroit plus parler d'un mariage qu'il regardoit comme peu convenable à la princesse sa fille, à regarder seulement la bassesse et la pauvreté de la mère d'Aladdin qui paroissoit devant lui dans un habillement fort commun. La sommation cependant qu'elle venoit de lui faire de tenir sa parole, lui parut embarrassante : il ne jugea pas à propos de lui répondre sur-le-champ ; il consulta son grand visir, et lui marqua la répugnance qu'il avoit à conclure le mariage de la princesse avec un inconnu, dont il supposoit que la fortune devoit être beaucoup au-dessous de la plus médiocre.

Le grand visir n'hésita pas à s'expliquer au sultan sur ce qu'il en pensoit. « Sire, lui dit-il, il me semble qu'il y a un moyen immanquable pour éluder un mariage si disproportionné, sans qu'Aladdin, quand même il seroit connu de votre Majesté, puisse s'en plaindre : c'est de mettre la princesse à un si haut prix, que ses richesses, quelles qu'elles puissent être, ne puissent y fournir. Ce sera le moyen de le faire désister d'une poursuite si hardie, pour ne pas dire si téméraire, à laquelle sans doute il n'a pas bien pensé avant de s'y engager. »

Le sultan approuva le conseil du grand visir. Il se tourna du côté de la mère d'Aladdin ; et après quelques momens de réflexion : « Ma bonne femme, lui dit-il, les sultans doivent tenir leur parole ; je suis prêt à tenir la mienne, et à rendre votre fils heureux par le mariage de la princesse ma fille ; mais comme je ne puis la marier que je ne sache l'avantage qu'elle y trouvera, vous direz à votre fils que j'accomplirai ma parole, dès qu'il m'aura envoyé quarante grands bassins d'or massif, pleins à comble des mêmes choses que vous m'avez déjà présentées de sa part, portés par un pareil nombre d'esclaves noirs, qui seront conduits par quarante autres esclaves blancs, jeunes, bien faits et de belle taille, et tous habillés très-magnifiquement : voilà les conditions auxquelles je suis prêt a lui donner la princesse ma fille. Allez, bonne femme, j'attendrai que vous m'apportiez sa réponse. »

La mère d'Aladdin se prosterna encore devant le trône du sultan, et elle se retira. Dans le chemin, elle rioit en elle-même de la folle imagination de son fils. « Vraiment, disoit-elle, où trouvera-t-il tant de bassins d'or, et une si grande quantité de ces verres colorés pour les remplir ? Retournera-t-il dans le souterrain dont l'entrée est bouchée, pour en cueillir aux arbres ? Et tous ces esclaves tournés comme le sultan les demande, où les prendra-t-il ? Le voilà bien éloigné de sa prétention ; et je crois qu'il ne sera guère content de mon ambassade. » Quand elle fut rentrée chez elle, l'esprit rempli de toutes ces pensées, qui lui faisoient croire qu'Aladdin n'avoit plus rien à espérer : « Mon fils, lui dit-elle, je vous conseille de ne plus penser au mariage de la princesse Badroulboudour. Le sultan, à la vérité, m'a reçue avec beaucoup de bonté, et je crois qu'il étoit bien intentionné pour vous ; mais le grand visir, si je ne me trompe, lui a fait changer de sentiment, et vous pouvez le présumer comme moi sur ce que vous allez entendre. Après avoir représenté à sa Majesté que les trois mois étoient expirés, et que je le priois de votre part de se souvenir de sa promesse, je remarquai qu'il ne me fit la réponse que je vais vous dire, qu'après avoir parlé bas quelque temps avec le grand visir. » La mère d'Aladdin fit un récit très-exact à son fils de tout ce que le sultan lui avoit dit, et des conditions auxquelles il consentiroit au mariage de la princesse sa fille avec lui. En finissant : « Mon fils, lui dit-elle, il attend votre réponse ; mais entre nous, continua-t-elle en souriant, je crois qu'il attendra long-temps. »

« Pas si long-temps que vous croiriez bien, ma mère, reprit Aladdin ; et le sultan se trompe lui-même s'il a cru, par ses demandes exorbitantes, me mettre hors d'état de songer à la princesse Badroulboudour. Je m'attendois à d'autres difficultés insurmontables, ou qu'il mettroit mon incomparable princesse à un prix beaucoup plus haut ; mais à présent je suis content, et ce qu'il me demande est peu de chose en comparaison de ce que je serois en état de lui donner pour en obtenir la possession. Pendant que je vais songer à le satisfaire, allez nous chercher de quoi dîner, et laissez-moi faire. »

Dès que la mère d'Aladdin fut sortie pour aller à la provision, Aladdin prit la lampe, et il la frotta : dans l'instant le génie se présenta devant lui ; et dans les mêmes termes que nous avons déjà rapportés, il lui demanda ce qu'il avoit à lui commander, en marquant qu'il étoit prêt à le servir. Aladdin lui dit : « Le sultan me donne la princesse sa fille en mariage ; mais auparavant il me demande quarante grands bassins d'or massif et bien pesans, pleins à comble des fruits du jardin où j'ai pris la lampe dont tu es esclave. Il exige aussi de moi que ces quarante bassins soient portés par autant d'esclaves noirs, précédés par quarante esclaves blancs, jeunes, bien faits, de belle taille, et habillés très-richement. Va, et amène-moi ce présent au plus tôt, afin que je l'envoie au sultan avant qu'il lève la séance du divan. » Le génie lui dit que son commandement alloit être exécuté incessamment ; et il disparut.

Très-peu de temps après le génie se fit revoir accompagné des quarante esclaves noirs, chacun chargé d'un bassin d'or massif du poids de vingt marcs sur la tête, pleins de perles, de diamans, de rubis et d'émeraudes mieux choisies, même pour la beauté et pour la grosseur, que celles qui avoient déjà été présentées au sultan ; chaque bassin étoit couvert d'une toile d'argent à fleurons d'or. Tous ces esclaves, tant noirs que blancs, avec les plats d'or, occupoient presque toute la maison, qui étoit assez médiocre, avec une petite cour sur le devant, et un petit jardin sur le derrière. Le génie demanda à Aladdin s'il étoit content, et s'il avoit encore quelqu'autre commandement à lui faire. Aladdin lui dit qu'il ne lui demandoit rien davantage, et il disparut aussitôt.

La mère d'Aladdin revint du marché ; et en entrant elle fut dans une grande surprise de voir tant de monde et tant de richesses. Quand elle se fut déchargée des provisions qu'elle apportoit, elle voulut ôter le voile qui lui couvroit le visage ; mais Aladdin l'en empêcha. « Ma mère, dit-il, il n'y a pas de temps à perdre : avant que le sultan achève de tenir le divan, il est important que vous retourniez au palais, et que vous y conduisiez incessamment le présent et la dot de la princesse Badroulboudour qu'il m'a demandés, afin qu'il juge par ma diligence et par mon exactitude, du zèle ardent et sincère que j'ai de me procurer l'honneur d'entrer dans son alliance. »

Sans attendre la réponse de sa mère, Aladdin ouvrit la porte sur la rue ; et il fit défiler successivement tous ces esclaves, en faisant toujours marcher un esclave blanc suivi d'un esclave noir, chargé d'un bassin d'or sur la tête, et ainsi jusqu'au dernier. Et après que sa mère fut sortie en suivant le dernier esclave noir, il ferma la porte, et il demeura tranquillement dans sa chambre avec l'espérance que le sultan, après ce présent tel qu'il l'avoit demandé, voudrait bien le recevoir enfin pour son gendre.

Le premier esclave blanc qui étoit sorti de la maison d'Aladdin, avoit fait arrêter tous les passans qui l'aperçurent ; et avant que les quatre-vingts esclaves, entremêlés de blancs et de noirs, eussent achevé de sortir, la rue se trouva pleine d'une grande foule de peuple qui accouroit de toutes parts pour voir un spectacle si magnifique et si extraordinaire. L'habillement de chaque esclave étoit si riche en étoffe et en pierreries, que les meilleurs connoisseurs ne crurent pas se tromper en faisant monter chaque habit à plus d'un million. La grande propreté, l'ajustement bien entendu de chaque habillement, la bonne grâce, le bel air, la taille uniforme et avantageuse de chaque esclave, leur marche grave à une distance égale les uns des autres, avec l'éclat des pierreries d'une grosseur excessive enchâssées autour de leurs ceintures d'or massif dans une belle symétrie, et les enseignes aussi de pierreries attachées à leurs bonnets qui étaient d'un goût tout particulier, mirent toute cette foule de spectateurs dans une admiration si grande, qu'ils ne pouvoient se lasser de les regarder et de les conduire des yeux aussi loin qu'il leur étoit possible. Mais les rues étoient tellement bordées de peuple, que chacun étoit contraint de rester dans la place où il se trouvoit.

Comme il falloit passer par plusieurs rues pour arriver au palais, cela fit qu'une bonne partie de la ville, gens de toutes sortes d'états et de conditions, furent témoins d'une pompe si ravissante. Le premier des quatre-vingts esclaves arriva à la porte de la première cour du palais ; et les portiers qui s'étoient mis en haie dès qu'ils s'étoient aperçu que cette file merveilleuse approchoit, le prirent pour un roi, tant il étoit richement et magnifiquement habillé ; ils s'avancèrent pour lui baiser le bas de sa robe ; mais l'esclave instruit par le génie, les arrêta, et il leur dit gravement : « Nous ne sommes que des esclaves ; notre maître paroîtra quand il en sera temps. »

Le premier esclave, suivi de tous les autres, avança jusqu'à la seconde cour qui étoit très-spacieuse, et où la maison du sultan étoit rangée pendant la séance du divan. Les officiers à la tête de chaque troupe, étoient d'une grande magnificence ; mais elle fut effacée à la présence des quatre-vingts esclaves porteurs du présent d'Aladdin, et qui en faisoient eux-mêmes partie. Rien ne parut si beau ni si éclatant dans toute la maison du sultan ; et tout le brillant des seigneurs de sa cour qui l'environnoient, n'étoit rien en comparaison de ce qui se présentent alors à sa vue.

Comme le sultan avoit été averti de la marche et de l'arrivée de ces esclaves, il avoit donné ses ordres pour les faire entrer. Ainsi, dès qu'ils se présentèrent, ils trouvèrent l'entrée du divan libre, et ils y entrèrent dans un bel ordre, une partie à droite, et l'autre à gauche. Après qu'ils furent tous entrés et qu'ils eurent formé un grand demi-cercle devant le trône du sultan, les esclaves noirs posèrent chacun le bassin qu'ils portoient sur le tapis de pied. Ils se prosternèrent tous ensemble en frappant du front contre le tapis. Les esclaves blancs firent la même chose en même temps. Ils se relevèrent tous ; et les noirs en le faisant, découvrirent adroitement les bassins qui étoient devant eux, et tous demeurèrent debout, les mains croisées sur la poitrine, avec une grande modestie.

La mère d'Aladdin, qui cependant s'étoit avancée jusqu'au pied du trône, dit au sultan, après s'être prosternée : « Sire, Aladdin mon fils n'ignore pas que ce présent qu'il envoie à votre Majesté, ne soit beaucoup au-dessous de ce que mérite la princesse Badroulboudour ; il espère néanmoins que votre Majesté l'aura pour agréable, et qu'elle voudra bien le faire agréer aussi à la princesse, avec d'autant plus de confiance, qu'il a tâché de se conformer à la condition qu'il lui a plu de lui imposer. »

Le sultan n'étoit pas en état de faire attention au compliment de la mère d'Aladdin. Le premier coup d'œil jeté sur les quarante bassins d'or, pleins à comble des joyaux les plus brillans, les plus éclatans, les plus précieux que l'on eût jamais vus au monde, et les quatre-vingts esclaves qui paroissoient autant de rois, tant par leur bonne mine que par la richesse et la magnificence surprenante de leur habillement, l'avoit frappé d'une manière qu'il ne pouvoit revenir de son admiration. Au lieu de répondre au compliment de la mère d'Aladdin, il s'adressa au grand visir, qui ne pouvoit comprendre lui-même d'où une si grande profusion de richesses pouvoit être venue. « Eh bien, visir, dit-il publiquement, que pensez-vous de celui, quel qu'il puisse être, qui m'envoie un présent si riche et si extraordinaire, et que ni moi ni vous ne connoissons pas ? Le croyez-vous indigne d'épouser la princesse Badroulboudour ma fille ? »

Quelque jalousie et quelque douleur qu'eut le grand visir de voir qu'un inconnu alloit devenir le gendre du sultan préférablement à son fils, il n'osa néanmoins dissimuler son sentiment. Il étoit trop visible que le présent d'Aladdin étoit plus que suffisant pour mériter qu'il fût reçu dans une si haute alliance. Il répondit donc au sultan, et en entrant dans son sentiment : « Sire, dit-il, bien loin d'avoir la pensée que celui qui fait à votre Majesté un présent si digne d'elle, soit indigne de l'honneur qu'elle veut lui faire, j'oserois dire qu'il mériteroit davantage, si je n'étois persuadé qu'il n'y a pas de trésor au monde assez riche pour être mis dans la balance avec la princesse fille de votre Majesté. » Les seigneurs de la cour qui étaient de la séance du conseil, témoignèrent par leurs applaudissemens que leurs avis n'étoient pas différens de celui du grand visir.

Le sultan ne différa plus, il ne pensa pas même à s'informer si Aladdin avoit les autres qualités convenables à celui qui pou voit aspirer à devenir son gendre. La seule vue de tant de richesses immenses, et la diligence avec laquelle Aladdin venoit de satisfaire à sa demande, sans avoir formé la moindre difficulté sur des conditions aussi exorbitantes que celles qu'il lui avoit imposées, lui persuadèrent aisément qu'il ne lui manquoit rien de tout ce qui pouvoit le rendre accompli et tel qu'il le desiroit. Ainsi, pour renvoyer la mère d'Aladdin avec la satisfaction qu'elle pouvoit désirer, il lui dit : « Bonne femme, allez dire à votre fils que je l'attends pour le recevoir à bras ouverts et pour l'embrasser ; et que plus il fera de diligence pour venir recevoir de ma main le don que je lui fais de la princesse ma fille, plus il me fera de plaisir. »

Dès que la mère d'Aladdin se fut retirée avec la joie dont une femme de sa condition peut être capable en voyant son fils parvenu à une si haute élévation contre son attente, le sultan mit fin à l'audience de ce jour ; et en se levant de son trône, il ordonna que les eunuques attachés au service de la princesse vinssent enlever les bassins pour les porter à l'appartement de leur maîtresse, où il se rendit pour les examiner avec elle à loisir ; et cet ordre fut exécuté sur-le-champ par les soins du chef des eunuques.

Les quatre-vingts esclaves blancs et noirs ne furent pas oubliés : on les fit entrer dans l'intérieur du palais ; et quelque temps après, le sultan qui venoit de parler de leur magnificence à la princesse Badroulboudour, commanda qu'on les fit venir devant l'appartement, afin qu'elle les considérât au travers des jalousies, et qu'elle connût que bien loin d'avoir rien exagéré dans le récit qu'il venoit de lui faire, il lui en avoit dit beaucoup moins que ce qui en était.

La mère d'Aladdin cependant arriva chez elle avec un air qui marquoit par avance la bonne nouvelle qu'elle apportoit à son fils. « Mon fils, lui dit-elle, vous avez tout sujet d'être content : vous êtes arrivé à l'accomplissement de vos souhaits contre mon attente, et vous savez ce que je vous en avois dit. Afin de ne vous pas tenir trop long-temps en suspens, le sultan, avec l'applaudissement de toute sa cour, a déclaré que vous êtes digne de posséder la princesse Badroulboudour. Il vous attend pour vous embrasser et pour conclure votre mariage. C'est à vous de songer aux préparatifs pour cette entrevue, afin qu'elle réponde à la haute opinion qu'il a conçue de votre personne ; mais après ce que j'ai vu des merveilles que vous savez faire, je suis persuadée que rien n'y manquera. Je ne dois pas oublier de vous dire encore que le sultan vous attend avec impatience. Ainsi ne perdez pas de temps à vous rendre auprès de lui. »

Aladdin, charmé de cette nouvelle, et tout plein de l'objet qui l'avoit enchanté, dit peu de paroles à sa mère, et se retira dans sa chambre. Là, après avoir pris la lampe qui lui avoit été si officieuse jusqu'alors en tous ses besoins et en tout ce qu'il avoit souhaité, il ne l'eut pas plutôt frottée, que le génie continua de marquer son obéissance, en paraissant d'abord sans se faire attendre. « Génie, lui dit Aladdin, je t'ai appelé pour me faire prendre le bain tout-à-l'heure ; et quand je l'aurai pris, je veux que tu me tiennes prêt un habillement le plus riche et le plus magnifique que jamais monarque ait porté. » Il eut à peine achevé de parler, que le génie, en le rendant invisible comme lui, l'enleva et le transporta dans un bain tout de marbre le plus fin, et de différentes couleurs les plus belles et Les plus diversifiées. Sans voir qui le servoit, il fut déshabillé dans un salon spacieux et d'une grande propreté. Du salon, on le fit entrer dans le bain, qui étoit d'une chaleur modérée ; et la il fut frotté et lavé avec plusieurs sortes d'eaux de senteur. Après l'avoir fait passer par tous les degrés de chaleur, selon les différentes pièces du bain, il en sortit ; mais tout autre que quand il y étoit entré : son teint se trouva frais, blanc, vermeil, et son corps beaucoup plus léger et plus dispos. Il rentra dans le salon, et il ne trouva plus l'habit qu'il y avoit laissé : le génie avoit eu soin de mettre en sa place celui qu'il lui avoit demandé. Aladdin fut surpris en voyant la magnificence de l'habit qu'on lui avoit substitué. Il s'habilla avec l'aide du génie, en admirant chaque pièce à mesure qu'il la prenoit : tant elles étoient toutes au-delà de ce qu'il auroit pu s'imaginer ! Quand il eut achevé, le génie le reporta chez lui dans la même chambre où il l'avoit pris. Alors il lui demanda s'il avoit autre chose à lui commander. « Oui, répondit Aladdin, j'attends de toi que tu m'amènes au plutôt un cheval, qui surpasse en beauté et en bonté le cheval le plus estimé qui soit dans l'écurie du sultan, dont la housse, la selle, la bride et tout le harnois vaille plus d'un million. Je demande aussi que tu me fasses venir en même temps vingt esclaves, habillés aussi richement et aussi lestement que ceux qui ont apporté le présent, pour marcher à mes côtés et à ma suite en troupe, et vingt autres semblables pour marcher devant moi en deux files. Fais venir aussi à ma mère six femmes esclaves pour la servir, chacune habillée aussi richement au moins que les femmes esclaves de la princesse Badroulboudour, et chargées chacune d'un habit complet aussi magnifique et aussi pompeux que pour la sultane. J'ai besoin de dix mille pièces d'or en dix bourses. Voilà, ajouta-il, ce que j'avois à te commander. Va, et fais diligence. »

Dès qu'Aladdin eut achevé de donner ses ordres au génie, le génie disparut, et bientôt après il se fit revoir avec le cheval, avec les quarante esclaves, dont dix portoient chacun une bourse de dix mille pièces d'or ; et avec six femmes esclaves, chargées sur la tête chacune d'un habit différent pour la mère d'Aladdin, enveloppé dans une toile d'argent, et le génie présenta le tout à Aladdin.

Des dix bourses, Aladdin n'en prit que quatre qu'il donna à sa mère, en lui disant que c'étoit pour s'en servir dans ses besoins. Il laissa les six autres entre les mains des esclaves qui les portoient, avec ordre de les garder, et de les jeter au peuple par poignées en passant par les rues, dans la marche qu'ils dévoient faire pour se rendre au palais du sultan. Il ordonna aussi qu'ils marcheroient devant lui avec les autres, trois à droite et trois à gauche. Il présenta enfin à sa mère les six femmes esclaves, en lui disant qu'elles étoient à elle, et qu'elle pouvoit s'en servir comme leur maîtresse, et que les habits qu'elles avoient apportés, étoient pour son usage.

Quand Aladdin eut disposé toutes ses affaires, il dit au génie en le congédiant, qu'il l'appelleroit quand il auroit besoin de son service, et le génie disparut aussitôt. Alors Aladdin ne songea plus qu'à répondre au plus tôt au désir que le sultan avoit témoigné de le voir. Il dépêcha au palais un des quarante esclaves, je ne dirai pas le mieux fait, ils l'étoient tous également, avec ordre de s'adresser au chef des huissiers, et de lui demander quand il pourroit avoir l'honneur d'aller se jeter aux pieds du sultan. L'esclave ne fut pas long-temps à s'acquitter de son message : il apporta pour réponse que le sultan l'attendoit avec impatience.

Aladdin ne différa pas de monter à cheval, et de se mettre en marche dans l'ordre que nous avons marqué. Quoique jamais il n'eût monté à cheval, il y parut néanmoins pour la première fois avec tant de bonne grâce, que le cavalier le plus expérimenté ne l'eût pas pris pour un novice. Les rues par où il passa, furent remplies presqu'en un moment d'une foule innombrable de peuple, qui faisoit retentir l'air d'acclamations, de cris d'admiration, et de bénédictions, chaque fois particulièrement que les six esclaves qui avoient les bourses, faisoient voler des poignées de pièces d'or en l'air à droite et à gauche. Ces acclamations néanmoins ne venoient pas de la part de ceux qui se poussoient et qui se baissoient pour ramasser de ces pièces, mais de ceux qui d'un rang au-dessus du menu peuple, ne pouvoient s'empêcher de donner publiquement à la libéralité d'Aladdin les louanges qu'elle méritoit. Non-seulement ceux qui se souvenoient de l'avoir vu jouer dans les rues dans un âge déjà avancé, comme vagabond, ne le reconnoissoient plus ; ceux même qui l'avoient vu il n'y avoit pas long-temps, avoient de la peine à le remettre : tant il avoit les traits changés ! Cela venoit de ce que la lampe avoit cette propriété de procurer par degrés à ceux qui la possédoient, les perfections convenables à l'état auquel ils parvenoient par le bon usage qu'ils en faisoient. On fit alors beaucoup plus d'attention à la personne d'Aladdin qu'à la pompe qui l'accompagnoit, que la plupart avoit déjà remarquée le même jour dans la marche des esclaves qui avoient porté ou accompagné le présent. Le cheval néanmoins fut admiré par les bons connoisseurs, qui surent en distinguer la beauté, sans se laisser éblouir ni par la richesse ni par le brillant des diamans et des autres pierreries dont il étoit couvert. Comme le bruit s'étoit répandu que le sultan lui donnoit la princesse Badroulboudour en mariage, personne, sans avoir égard à sa naissance, ne porta envie à sa fortune ni à son élévation : tant il en parut digne !

Aladdin arriva au palais, où tout étoit disposé pour le recevoir. Quand il fut à la seconde porte, il voulut mettre pied à terre, pour se conformer à l'usage observé par le grand visir, par les généraux d'armées et les gouverneurs de provinces du premier rang ; mais le chef des huissiers qui l'y attendoit par ordre du sultan, l'en empêcha et l'accompagna jusque près de la salle du conseil ou de l'audience, où il l'aida à descendre de cheval, quoiqu'Aladdin s'y opposât fortement, et ne le voulût pas souffrir ; mais il n'en fut pas le maître. Cependant les huissiers faisoient une double haie à l'entrée de la salle. Leur chef mit Aladdin à sa droite ; et après l'avoir fait passer au milieu, il le conduisit jusqu'au trône du sultan.

Dès que le sultan eut aperçu Aladdin, il ne fut pas moins étonné de le voir vêtu plus richement et plus magnifiquement qu'il ne l'avoit jamais été lui-même, que surpris de sa bonne mine, de sa belle taille, et d'un certain air de grandeur fort éloigné de l'état de bassesse dans lequel sa mère avoit paru devant lui. Son étonnement et sa surprise néanmoins ne l'empêchèrent pas de se lever, et de descendre deux ou trois marches de son trône assez promptement pour empêcher Aladdin de se jeter à ses pieds, et pour l'embrasser avec une démonstration pleine d'amitié. Après cette civilité, Aladdin voulut encore se jeter aux pieds du sultan, mais le sultan le retint par la main, et l'obligea de monter et de s'asseoir entre le visir et lui.

Alors Aladdin prit la parole : « Sire, dit-il, je reçois les honneurs que votre Majesté me fait, parce qu'elle a la bonté et qu'il lui plaît de me les faire ; mais elle me permettra de lui dire que je n'ai point oublié que je suis né son esclave, que je connois la grandeur de sa puissance, et que je n'ignore pas combien ma naissance me met au-dessous de la splendeur et de l'éclat du rang suprême où elle est élevée. S'il y a quelque endroit, continua-t-il, par où je puisse avoir mérité un accueil si favorable, j'avoue que je ne le dois qu'à la hardiesse qu'un pur hasard m'a fait naître, d'élever mes yeux, mes pensées et mes désirs jusqu'à la divine princesse qui fait l'objet de mes souhaits. Je demande pardon à votre Majesté de ma témérité ; mais je ne puis dissimuler que je mourrois de douleur, si je perdois l'espérance d'en voir l'accomplissement. »

« Mon fils, répondit le sultan en l'embrassant une seconde fois, vous me feriez tort de douter un seul moment de la sincérité de ma parole. Votre vie m'est trop chère désormais pour ne vous la pas conserver, en vous présentant le remède qui est en ma disposition. Je préfère le plaisir de vous voir et de vous entendre, à tous mes trésors joints avec les vôtres. »

En achevant ces paroles, le sultan fit un signal, et aussitôt on entendit l'air retentir du son des trompettes, des hautbois et des tymbales, et en même temps le sultan conduisit Aladdin dans un magnifique salon où on servit un superbe festin. Le sultan mangea seul avec Aladdin. Le grand visir et les seigneurs de la cour, chacun selon leur dignité et selon leur rang, les accompagnèrent pendant le repas. Le sultan qui avoit toujours les yeux sur Aladdin, tant il prenoit plaisir à le voir, fit tomber le discours sur plusieurs sujets différens. Dans la conversation qu'ils eurent ensemble pendant le repas, et sur quelque matière qu'il le mît, il parla avec tant de connoissance et de sagesse, qu'il acheva de confirmer le sultan dans la bonne opinion qu'il avoit conçue de lui d'abord.

Le repas achevé, le sultan fit appeler le premier juge de sa capitale, et lui commanda de dresser et de mettre au net sur-le-champ le contrat de mariage de la princesse Badroulboudour sa fille, et d'Aladdin. Pendant ce temps-là le sultan s'entretint avec Aladdin de plusieurs choses indifférentes, en présence du grand visir et des seigneurs de sa cour, qui admirèrent la solidité de son esprit, et la grande facilité qu'il avoit de parler et de s'énoncer, et les pensées fines et délicates dont il assaisonnoit son discours.

Quand le juge eut achevé le contrat dans toutes les formes requises, le sultan demanda à Aladdin s'il vouloit rester dans le palais pour terminer les cérémonies du mariage le même jour : « Sire, répondit Aladdin, quelqu'impatience que j'aie de jouir pleinement des bontés de votre Majesté, je la supplie de vouloir bien permettre que je les diffère jusqu'à ce que j'aie fait bâtir un palais, pour y recevoir la princesse selon son mérite et sa dignité. Je le prie pour cet effet de m'accorder une place convenable dans le sien, afin que je sois plus à portée de lui faire ma cour. Je n'oublierai rien pour faire en sorte qu'il soit achevé avec toute la diligence possible. » « Mon fils, lui dit le sultan, prenez tout le terrain que vous jugerez à propos ; le vuide est trop grand devant mon palais, et j'avois déjà songé moi-même à le remplir mais souvenez-vous que je ne puis assez tôt vous voir uni avec ma fille, pour mettre le comble à ma joie. » En achevant ces paroles il embrassa encore Aladdin, qui prit congé du sultan avec la même politesse que s'il eût été élevé et qu'il eût toujours vécu à la cour.

Aladdin remonta à cheval, et il retourna chez lui dans le même ordre qu'il étoit venu, au travers de la même foule, et aux acclamations du peuple qui lui souhaitoit toutes sortes de bonheur et de prospérité. Dès qu'il fut rentré et qu'il eut mis pied à terre, il se retira dans sa chambre en particulier ; il prit la lampe, et il appela le génie comme il avoit accoutumé. Le génie ne se fit pas attendre ; il parut, et il lui fit offre de ses services. « Génie, lui dit Aladdin, j'ai tout sujet de me louer de ton exactitude à exécuter ponctuellement tout ce que j'ai exigé de toi jusqu'à présent, par la puissance de cette lampe ta maîtresse. Il s'agit aujourd'hui, que pour l'amour d'elle, tu fasses paroître, s'il est possible, plus de zèle et plus de diligence que tu n'as encore fait. Je te demande donc qu'en aussi peu de temps que tu le pourras, tu me fasses bâtir vis-à-vis du palais du sultan, à une juste distance, un palais digne d'y recevoir la princesse Badroulboudour mon épouse. Je laisse à ta liberté le choix des matériaux, c'est-à-dire du porphire, du jaspe, de l'agate, du lapis et du marbre le plus fin, le plus varié en couleurs, et du reste de l'édifice ; mais j'entends qu'au plus haut de ce palais tu fasses élever un grand salon en dôme, à quatre faces égales, dont les assises ne soient d'autres matières que d'or et d'argent massif, posés alternativement, avec douze croisées, six à chaque face, et que les jalousies de chaque croisée, à la réserve d'une seule que je veux qu'on laisse imparfaite, soient enrichies, avec art et symétrie, de diamans, de rubis et d'émeraudes, de manière que rien de pareil en ce genre n'ait été vu dans le monde. Je veux aussi que ce palais soit accompagné d'une avant-cour, d'une cour, d'un jardin ; mais sur toute chose, qu'il y ait dans un endroit que tu me diras, un trésor bien rempli d'or et d'argent monnoyé. Je veux aussi qu'il y ait dans ce palais des cuisines, des offices, des magasins, des garde-meubles garnis de meubles précieux pour toutes les saisons, et proportionnés à la magnificence du palais ; des écuries remplies des plus beaux chevaux, avec leurs écuyers et leurs palefreniers, sans oublier un équipage de chasse. Il faut qu'il y ait aussi des officiers de cuisine et d'office, et des femmes esclaves, nécessaires pour le service de la princesse. Tu dois comprendre quelle est mon intention : va, et reviens quand cela sera fait. »

Le soleil venoit de se coucher quand Aladdin acheva de charger le génie de la construction du palais qu'il avoit imaginé. Le lendemain, à la petite pointe du jour, Aladdin, à qui l'amour de la princesse ne permettoit pas de dormir tranquillement, étoit à peine levé que le génie se présenta à lui : « Seigneur, dit-il, votre palais est achevé, venez voir si vous en êtes content. » Aladdin n'eut pas plutôt témoigné qu'il le vouloit bien, que le génie l'y transporta en un instant. Aladdin le trouva si fort au-dessus de son attente, qu'il ne pouvoit assez l'admirer. Le génie le conduisit en tous les endroits ; et partout il ne trouva que richesses, que propreté et que magnificence, avec des officiers et des esclaves, tous habillés selon leur rang et selon les services auxquels ils étoient destinés. Il ne manqua pas, comme une des choses principales, de lui faire voir le trésor, dont la porte fut ouverte par le trésorier, et Aladdin y vit des tas de bourses de différentes grandeurs, selon les sommes qu'elles contenoient, élevés jusqu'à la voûte, et disposés dans un arrangement qui faisoit plaisir à voir. En sortant, le génie l'assura de la fidélité du trésorier. Il le mena ensuite aux écuries ; et là il lui fit remarquer les plus beaux chevaux qu'il y eût au monde, et les palefreniers dans un grand mouvement, occupés à les panser. Il le fit passer ensuite par des magasins remplis de toutes les provisions nécessaires, tant pour les ornemens des chevaux que pour leur nourriture.

Quand Aladdin eut examiné tout le palais, d'appartement en appartement et de pièce en pièce, depuis le haut jusqu'au bas, et particulièrement le salon à vingt-quatre croisées, et qu'il y eut trouvé des richesses et de la magnificence, avec toutes sortes de commodités au-delà de ce qu'il s'en étoit promis, il dit au génie : « Génie, on ne peut être plus content que je le suis ; et j'aurois tort de me plaindre. Il reste une seule chose dont je ne t'ai rien dit, parce que je ne m'en étois pas avisé : c'est d'étendre depuis la porte du palais du sultan jusqu'à la porte de l'appartement destiné pour la princesse dans ce palais-ci, un tapis du plus beau velours, afin qu'elle marche dessus en venant du palais du sultan. » « Je reviens dans un moment, dit le génie. » Et comme il eut disparu, peu de temps après Aladdin fut étonné de voir ce qu'il avoit souhaité, exécuté, sans savoir comment cela s'étoit fait. Le génie reparut, et il reporta Aladdin chez lui dans le temps qu'on ouvroit la porte du palais du sultan.

Les portiers ou palais qui venoient d'ouvrir la porte, et qui avoient toujours eu la vue libre du côté où était alors le palais d'Aladdin, furent fort étonnés de la voir bornée, et de voir un tapis de velours qui venoit de ce côté-là jusqu'à là porte de celui du sultan. Ils ne distinguèrent pas bien d'abord ce que c'étoit ; mais leur surprise augmenta quand ils eurent aperçu distinctement le superbe palais d'Aladdin. La nouvelle d'une merveille si surprenante fut répandue dans tout le palais en très-peu de temps. Le grand visir qui étoit arrivé presqu'à l'ouverture de la porte du palais, n'avoit pas été moins surpris de cette nouveauté que les autres ; il en fit part au sultan le premier, mais il voulut lui faire passer la chose pour un enchantement. « Visir, reprit le sultan, pourquoi voulez-vous que ce soit un enchantement ? Vous savez aussi bien que moi que c'est le palais qu'Aladdin a fait bâtir parla permission que je lui en ai donnée en votre présence, pour loger la princesse ma fille. Après l'échantillon de ses richesses que nous avons vu, pouvons-nous trouver étrange qu'il ait fait bâtir ce palais en si peu de temps ? Il a voulu nous surprendre, et nous faire voir qu'avec de l'argent comptant on peut faire de ces miracles d'un jour à l'autre. Avouez avec moi que l'enchantement dont vous avez voulu parler, vient d'un peu de jalousie. » L'heure d'entrer au conseil l'empêcha de continuer ce discours plus long-temps.

Quand Aladdin eut été reporté chez lui, et qu'il eut congédié le génie, il trouva que sa mère étoit levée, et qu'elle commençoit à se parer d'un des habits qu'il lui avoit fait apporter. À peu près vers le temps que le sultan venoit de sortir du conseil, Aladdin disposa sa mère à aller au palais avec les mêmes femmes esclaves qui lui étoient venues par le ministère du génie. Il la pria, si elle voyoit le sultan, de lui marquer qu'elle venoit pour avoir l'honneur d'accompagner la princesse vers le soir, quand elle seroit en état de passer à son palais. Elle partit ; mais quoiqu'elle et ses femmes esclaves qui la suivoient fussent habillées en sultanes, la foule néanmoins fut d'autant moins grande à les voir passer, qu'elles étoient voilées, et qu'un surtout convenable couvroit la richesse et la magnificence de leurs habillemens. Pour ce qui est d'Aladdin, il monta à cheval ; et après être sorti de sa maison paternelle, pour n'y plus revenir, sans avoir oublié la lampe merveilleuse, dont le secours lui avoit été si avantageux pour parvenir au comble de son bonheur, il se rendit publiquement à son palais avec la même pompe qu'il étoit allé se présenter au sultan le jour de devant.

Dès que les portiers du palais du sultan eurent aperçu la mère d'Aladdin qui venoit, ils en avertirent le sultan. Aussitôt l'ordre fut donné aux troupes de trompettes, de timbales, de tambours, de fifres et de hautbois qui étoient déjà postées en différens endroits des terrasses du palais ; et en un moment l'air retentit de fanfares et de concerts qui annoncèrent la joie à toute la ville. Les marchands commencèrent à parer leurs boutiques de beaux tapis, de coussins et de feuillages, et à préparer des illuminations pour la nuit. Les artisans quittèrent leur travail, et le peuple se rendit avec empressement à la grande place, qui se trouva alors entre le palais du sultan et celui d'Aladdin. Ce dernier attira d'abord leur admiration, non tant à cause qu'ils étoient accoutumés à voir celui du sultan, que parce que celui du sultan ne pouvoit entrer en comparaison avec celui d'Aladdin ; mais le sujet de leur plus grand étonnement fut de ne pouvoir comprendre par quelle merveille inouie ils voyoient un palais si magnifique dans un lieu où le jour d'auparavant il n'y avoit ni matériaux ni fondemens préparés.

La mère d'Aladdin fut reçue dans le palais avec honneur, et introdite dans l'appartement de la princesse Badroulboudour par le chef des eunuques. Aussitôt que la princesse l'aperçut, elle alla l'embrasser, et lui fit prendre place sur son sofa ; et pendant que ses femmes achevoient de l'habiller et de la parer des joyaux les plus précieux dont Aladdin lui avoit fait présent, elle la fît régaler d'une collation magnifique. Le sultan qui venoit pour être auprès de la princesse sa fille le plus de temps qu'il pourroit, avant qu'elle se séparât d'avec lui pour passer au palais d'Aladdin, lui fit aussi de grands honneurs. La mère d'Aladdin avoit parlé plusieurs fois au sultan en public ; mais il ne l'avoit point encore vue sans voile, comme elle étoit alors. Quoiqu'elle fût dans un âge un peu avancé, on y observoit encore des traits qui faisoient assez connoître qu'elle avoit été du nombre des belles dans sa jeunesse. Le sultan qui l'avoit toujours vue habillée fort simplement, pour ne pas dire pauvrement, étoit dans l'admiration de la voir aussi richement et aussi magnifiquement vêtue que la princesse sa fille. Cela lui fit faire cette réflexion, qu'Aladdin étoit également prudent, sage et entendu en toutes choses.

Quand la nuit fut venue, la princesse prit congé du sultan son père. Leurs adieux furent tendres et mêlés de larmes ; ils s'embrassèrent plusieurs fois sans se rien dire, et enfin la princesse sortit de son appartement, et se mit en marche avec la mère d'Aladdin à sa gauche, et suivie de cent femmes esclaves, habillées d'une magnificence surprenante. Toutes les troupes d'instrumens qui n'avoient cessé de se faire entendre depuis l'arrivée de la mère d'Aladdin, s'étoient réunies et commençoient cette marche ; elles étoient suivies par cent chiaoux[26] et par un pareil nombre d'eunuques noirs en deux files, avec leurs officiers à leur tête. Quatre cents jeunes pages du sultan en deux bandes, qui marchoient sur les côtés, en tenant chacun un flambeau à la main, faisoient une lumière, qui, jointe aux illuminations, tant du palais du sultan que de celui d'Aladdin, suppléoit merveilleusement au défaut

---
[26] Espèce d'huissiers.

du jour.

Dans cet ordre, la princesse marcha sur le tapis étendu depuis le palais du sultan jusqu'au palais d'Aladdin ; et à mesure qu'elle avançoit, les instrumens qui étoient à la tête de la marche, en s'approchant et se mêlant avec ceux qui se faisoient entendre du haut des terrasses du palais d'Aladdin, formèrent un concert, qui, tout extraordinaire et confus qu'il paroissoit, ne laissoit pas d'augmenter la joie, non-seulement dans la place remplie d'un grand peuple, mais même dans les deux palais, dans toute la ville, et bien loin au dehors.

La princesse arriva enfin au nouveau palais, et Aladdin courut avec toute la joie imaginable à l'entrée de l'appartement qui lui étoit destiné, pour la recevoir. La mère d'Aladdin avoit eu soin de faire distinguer son fils à la princesse, au milieu des officiers qui l'environnoient ; et la princesse, en l'apercevant, le trouva si bien fait qu'elle en fut charmée. « Adorable princesse, lui dit Aladdin en l'abordant et en la saluant très-respectueusement, si j'avois le malheur de vous avoir déplu par la témérité que j'ai eue d'aspirer à la possession d'une si aimable princesse, fille de mon sultan, j'ose vous dire que ce seroit à vos beaux yeux et à vos charmes que vous devriez vous en prendre, et non pas à moi. » « Prince, que je suis en droit de traiter ainsi à présent, lui répondit la princesse, j'obéis à la volonté du sultan mon père ; et il me suffit de vous avoir vu, pour vous dire que je lui obéis sans répugnance. »

Aladdin, charmé d'une réponse si agréable et si satisfaisante pour lui, ne laissa pas plus long-temps la princesse debout après le chemin qu'elle venoit de faire, à quoi elle n'étoit point accoutumée ; il lui prit la main, qu'il baisa avec une grande démonstration de joie, et il la conduisit dans un grand salon éclairé d'une infinité de bougies, où, par les soins du génie, la table se trouva servie d'un superbe festin. Les plats étoient d'or massif, et remplis de viandes les plus délicieuses. Les vases, les bassins, les gobelets, dont le buffet étoit très-bien garni, étoient aussi d'or et d'un travail exquis. Les autres ornemens et tous les embellissemens du salon répondoient parfaitement à cette grande richesse. La princesse, enchantée de voir tant de richesses rassemblées dans un même lieu, dit à Aladdin : « Prince, je croyois que rien au monde n'étoit plus beau que le palais du sultan mon père ; mais à voir ce seul salon, je m'aperçois que je m'étois trompée. » « Princesse, répondit Aladdin en la faisant mettre à table à la place qui lui étoit destinée, je reçois une si grande honnêteté, comme je le dois ; mais je sais ce que je dois croire. »

La princesse Badroulboudour, Aladdin et la mère d'Aladdin se mirent à table ; et aussitôt un chœur d'instrumens les plus harmonieux, touchés et accompagnés de très-belles voix de femmes toutes d'une grande beauté, commença un concert qui dura sans interruption jusqu'à la fin du repas. La princesse en fut si charmée, qu'elle dit qu'elle n'avoit rien entendu de pareil dans le palais du sultan son père. Mais elle ne savoit pas que ces musiciennes étoient des fées choisies par le génie, esclave de la lampe.

Quand le soupé fut achevé, et que l'on eut desservi en diligence, une troupe de danseurs et de danseuses succédèrent aux musiciennes. Ils dansèrent plusieurs sortes de danses figurées, selon la coutume du pays, et ils finirent par un danseur et une danseuse, qui dansèrent seuls avec une légèreté surprenante, et firent paroître chacun à leur tour toute la bonne grâce et l'adresse dont ils étoient capables. Il étoit près de minuit quand, selon la coutume de la Chine dans ce temps-là, Aladdin se leva et présenta la main à la princesse Badroulboudour pour danser ensemble, et terminer ainsi les cérémonies de leurs noces. Ils dansèrent d'un si bon air, qu'ils firent l'admiration de toute la compagnie. En achevant, Aladdin ne quitta pas la main de la princesse, et ils passèrent ensemble dans l'appartement où le lit nuptial étoit préparé. Les femmes de la princesse servirent à la déshabiller, et la mirent au lit, et les officiers d'Aladdin en firent autant, et chacun se retira. Ainsi furent terminées les cérémonies et les réjouissances des noces d'Aladdin et de la princesse Badroulboudour.

Le lendemain, quand Aladdin fut éveillé, ses valets-de-chambre se présentèrent pour l'habiller. Ils lui mirent un habit différent de celui du jour des noces, mais aussi riche et aussi magnifique. Ensuite il se fit amener un des chevaux destinés pour sa personne. Il le monta, et se rendit au palais du sultan, au milieu d'une grosse troupe d'esclaves qui marchoient devant lui, à ses côtés et à sa suite. Le sultan le reçut avec les mêmes honneurs que la première fois, il l'embrassa ; et après l'avoir fait asseoir près de lui sur son trône, il commanda qu'on servît le déjeûner. « Sire, lui dit Aladdin, je supplie votre Majesté de me dispenser aujourd'hui de cet honneur : je viens la prier de me faire celui de venir prendre un repas dans le palais de la princesse, avec son grand visir et les seigneurs de sa cour. » Le sultan lui accorda cette grâce avec plaisir. Il se leva à l'heure même ; et comme le chemin n'étoit pas long, il voulut y aller à pied. Ainsi il sortit avec Aladdin à sa droite, le grand visir à sa gauche, et les seigneurs à sa suite, précédé par les chiaoux et par les principaux officiers de sa maison.

Plus le sultan approchoit du palais d'Aladdin, plus il étoit frappé de sa beauté. Ce fut toute autre chose quand il fut entré : ses acclamations ne cessoient pas à chaque pièce qu'il voyoit. Mais quand ils furent arrivés au salon à vingt-quatre croisées où Aladdin l'avoit invité à monter, qu'il en eut vu les ornemens, et sur-tout qu'il eut jeté les yeux sur les jalousies enrichies de diamans, de rubis et d'émeraudes, toutes pierres parfaites dans leur grosseur proportionnée, et qu'Aladdin lui eut fait remarquer que la richesse étoit pareille au-dehors, il en fut tellement surpris qu'il demeura comme immobile. Après avoir resté quelque temps en cet état : « Visir, dit-il à ce ministre qui étoit près de lui, est-il possible qu'il y ait en mon royaume, et si près de mon palais, un palais si superbe et que je l'aie ignoré jusqu'à présent ? » « Votre Majesté, reprit le grand visir, peut se souvenir qu'avant-hier elle accorda à Aladdin, qu'elle venoit de reconnoître pour son gendre, la permission de bâtir un palais vis-à-vis du sien ; le même jour au coucher du soleil il n'y avoit pas encore de palais en cette place ; et hier j'eus l'honneur de lui annoncer le premier que le palais étoit fait et achevé. » « Je m'en souviens, repartit le sultan ; mais jamais je ne me fusse imaginé que ce palais fût une des merveilles du monde. Où en trouve-t-on dans tout l'univers de bâtis d'assises d'or et d'argent massif, au lieu d'assises ou de pierre ou de marbre, dont les croisées aient des jalousies jonchées de diamans, de rubis et d'émeraudes ? Jamais au monde il n'a été fait mention de chose semblable ! »

Le sultan voulut voir et admirer la beauté des vingt-quatre jalousies. En les comptant, il n'en trouva que vingt-trois qui fussent de la même richesse, et il fut dans un grand étonnement de ce que la vingt-quatrième était demeurée imparfaite. « Visir, dit-il (car le grand visir se faisoit un devoir de ne pas l'abandonner), je suis surpris qu'un salon de cette magnificence soit demeuré imparfait par cet endroit. » « Sire, reprit le grand visir, Aladdin apparemment a été pressé, et le temps lui a manqué pour rendre cette croisée semblable aux autres ; mais on peut croire qu'il a les pierreries nécessaires, et qu'au premier jour il y fera travailler. »

Aladdin qui avoit quitté le sultan pour donner quelques ordres, vint le rejoindre en ces entrefaites : « Mon fils, lui dit le sultan, voici le salon le plus digne d'être admiré de tous ceux qui sont au monde. Une seule chose me surprend : c'est de voir que cette jalousie soit demeurée imparfaite. Est-ce par oubli, ajouta-t-il, par négligence, ou parce que les ouvriers n'ont pas eu le temps de mettre la dernière main à un si beau morceau d'architecture ? » « Sire, répondit Aladdin, ce n'est par aucune de ces raisons que la jalousie est restée dans l'état que votre Majesté la voit. La chose a été faite à dessein, et c'est par mon ordre que les ouvriers n'y ont pas touché : je voulois que votre Majesté eût la gloire de faire achever ce salon et le palais en même temps. Je la supplie de vouloir bien agréer ma bonne intention, afin que je puisse me souvenir de la faveur et de la grâce que j'aurai reçue d'elle. » « Si vous l'avez fait dans cette intention, reprit le sultan, je vous en sais bon gré ; je vais dès l'heure même donner les ordres pour cela. » En effet, il ordonna qu'on fît venir les joailliers les mieux fournis de pierreries, et les orfèvres les plus habiles de sa capitale.

Le sultan cependant descendit du salon, et Aladdin le conduisit dans celui où il avoit régalé la princesse Badroulboudour le jour des noces. La princesse arriva un moment après ; elle reçut le sultan son père d'un air qui lui fît connoître combien elle étoit contente de son mariage. Deux tables se trouvèrent fournies des mets les plus délicieux, et servies tout en vaisselle d'or. Le sultan se mit à la première, et mangea avec la princesse sa fille, Aladdin et le grand visir. Tous les seigneurs de la cour furent régalés à la seconde, qui étoit fort longue. Le sultan trouva les mets de bon goût, et il avoua que jamais il n'avoit rien mangé de plus excellent. Il dit la même chose du vin, qui étoit en effet très-délicieux. Ce qu'il admira davantage, furent quatre grands buffets garnis et chargés à profusion de flacons, de bassins et de coupes d'or massif, le tout enrichi de pierreries. Il fut charmé aussi des chœurs de musique qui étoient disposés dans le salon, pendant que les fanfares de trompettes accompagnées de timbales et de tambours, retentissoient au-dehors à une distance proportionnée, pour en avoir tout l'agrément.

Dans le temps que le sultan venoit de sortir de table, on l'avertit que les joailliers et les orfèvres qui avoient été appelés par son ordre, étoient arrivés. Il remonta au salon à vingt-quatre croisées ; et quand il y fut, il montra aux joailliers et aux orfèvres qui l'avoient suivi, la croisée qui etoit imparfaite : « Je vous ai fait venir, leur dit-il, afin que vous m'accommodiez cette croisée, et que vous la mettiez dans la même perfection que les autres ; examinez-les, et ne perdez pas de temps à me rendre celle-ci toute semblable. »

Les joailliers et les orfèvres examinèrent les vingt-trois autres jalousies avec une grande attention ; et après qu'ils eurent consulté ensemble, et qu'ils furent convenus de ce dont ils pouvoient contribuer chacun de leur côté, ils revinrent se présenter devant le sultan ; et le joaillier ordinaire du palais qui prit la parole, lui dit : « Sire, nous sommes prêts à employer nos soins et notre industrie pour obéir à votre Majesté ; mais entre tous tant que nous sommes de notre profession, nous n'avons pas de pierreries aussi précieuses ni en assez grand nombre pour fournir à un si grand travail. » « J'en ai, dit le sultan, et au-delà de ce qu'il en faudra ; venez à mon palais, je vous mettrai à même, et vous choisirez. »

Quand le sultan fut de retour à son palais, il fit apporter toutes ses pierreries, et les joailliers en prirent une très-grande quantité, particulièrement de celles qui venoient du présent d'Aladdin. Ils les employèrent sans qu'il parût qu'ils eussent beaucoup avancé. Ils revinrent en prendre d'autres à plusieurs reprises, et en un mois ils n'avoient pas achevé la moitié de l'ouvrage. Ils employèrent toutes celles du sultan, avec ce que le grand visir lui prêta des siennes ; et tout ce qu'ils purent faire avec tout cela, fut au plus d'achever la moitié de la croisée.

Aladdin qui connut que le sultan s'efforçoit inutilement de rendre la jalousie semblable aux autres, et que jamais il n'en viendroit à son honneur, fit venir les orfévres, et leur dit non-seulement de cesser leur travail, mais même de défaire tout ce qu'ils avoient fait, et de reporter au sultan toutes ses pierreries avec celles qu'il avoit empruntées du grand visir.

L'ouvrage que les joailliers et les orfévres avoient mis plus de six semaines à faire, fut détruit en peu d'heures. Ils se retirèrent, et laissèrent Aladdin seul dans le salon. Il tira la lampe qu'il avoit sur lui, et il la frotta. Aussitôt le génie se présenta : « Génie, lui dit Aladdin, je t'avois ordonné de laisser une des vingt-quatre jalousies de ce salon imparfaite, et tu avois exécuté mon ordre ; présentement je t'ai fait venir pour te dire que je souhaite que tu la rendes pareille aux autres. » Le génie disparut, et Aladdin descendit du salon. Peu de momens après comme il y fut remonté, il trouva la jalousie dans l'état où il l'avoit souhaité, et pareille aux autres.

Les joailliers et les orfévres cependant arrivèrent au palais, et furent introduits et présentés au sultan dans son appartement. Le premier joaillier, en lui présentant les pierreries qu'ils lui rapportoient, dit au sultan au nom de tous : « Sire, votre Majesté sait combien il y a de temps que nous travaillons de toute notre industrie à finir l'ouvrage dont elle nous a chargés. Il étoit déja fort avancé, lorsqu'Aladdin nous a obligés non-seulement de cesser, mais même de défaire tout ce que nous avions fait, et de lui rapporter ces pierreries et celles du grand visir. » Le sultan leur demanda si Aladdin ne leur en avoit pas dit la raison ; et comme ils lui eurent marqué qu'il ne leur en avoit rien témoigné, il donna ordre sur-le-champ qu'on lui amenât un cheval. On le lui amène, il le monte, et part sans autre suite que quelques-uns de ses gens, qui l'accompagnèrent à pied. Il arrive au palais d'Aladdin, et il va mettre pied à terre au bas de l'escalier qui conduisoit au salon à vingt-quatre croisées. Il y monte sans faire avertir Aladdin ; mais Aladdin s'y trouva fort a propos, et il n'eut que le temps de recevoir le sultan à la porte.

Le sultan, sans donner à Aladdin le temps de se plaindre obligeamment de ce que sa Majesté ne l'avoit pas fait avertir, et qu'elle l'avoit mis dans la nécessité de manquer à son devoir, lui dit : « Mon fils, je viens moi-même vous demander quelle raison vous avez de vouloir laisser imparfait un salon aussi magnifique et aussi singulier que celui de votre palais. »

Aladdin dissimula la véritable raison, qui étoit que le sultan n'étoit pas assez riche en pierreries pour faire une dépense si grande. Mais afin de lui faire connoître combien le palais, tel qu'il étoit, surpassoit non-seulement le sien, mais même tout autre palais qui fût au monde, puisqu'il n'avoit pu le parachever dans la moindre de ses parties, il lui répondit : « Sire, il est vrai que votre Majesté a vu ce salon imparfait ; mais je la supplie de voir présentement si quelque chose y manque. »

Le sultan alla droit à la fenêtre dont il avoit vu la jalousie imparfaite ; et quand il eut remarqué qu'elle étoit semblable aux autres, il crut s'être trompé. Il examina non-seulement les deux croisées qui étoient aux deux côtés, il les regarda même toutes l'une après l'autre, et quand il fut convaincu que la jalousie à laquelle il avoit fait employer tant de temps, et qui avoit coûté tant de journées d'ouvriers, venoit d'être achevée dans le peu de temps qui lui étoit connu, il embrassa Aladdin, et le baisa au front entre les deux yeux. « Mon fils, lui dit-il, rempli d'étonnement, quel homme êtes-vous, qui faites des choses si surprenantes, et presque en un clin d'œil ? Vous n'avez pas votre semblable au monde ; et plus je vous connois, plus je vous trouve admirable ! »

Aladdin reçut les louanges du sultan avec beaucoup de modestie, et il lui répondit en ces termes : « Sire, c'est une grande gloire pour moi de mériter la bienveillance et l'approbation de votre Majesté ! Ce que je puis lui assurer, c'est que je n'oublierai rien pour mériter l'une et l'autre de plus en plus. »

Le sultan retourna à son palais de la manière qu'il y étoit venu, sans permettre à Aladdin de l'y accompagner. En arrivant, il trouva le grand visir qui l'attendoit. Le sultan encore tout rempli d'admiration de la merveille dont il venoit d'être témoin, lui en fit le récit en des termes qui ne firent pas douter à ce ministre que la chose ne fût comme le sultan la racontoit ; mais qui confirmèrent le visir dans la croyance où il étoit déjà, que le palais d'Aladdin était l'effet d'un enchantement : croyance dont il avoit fait part au sultan presque dans le moment que ce palais venoit de paroître. Il voulut lui répéter la même chose. « Visir, lui dit le sultan en l'interrompant, vous m'avez déjà dit la même chose, mais je vois bien que vous n'avez pas encore mis en oubli le mariage de ma fille avec votre fils. »

Le grand visir vit bien que le sultan étoit prévenu : il ne voulut pas entrer en contestation avec lui, et il le laissa dans son opinion. Tous les jours réglément, dès que le sultan étoit levé, il ne manquoit pas de se rendre dans un cabinet d'où l'on découvroit tout le palais d'Aladdin, et il y alloit encore plusieurs fois, pendant la journée, pour le contempler et l'admirer.

Aladdin cependant ne demeuroit pas renfermé dans son palais : il avoit soin de se faire voir par la ville plus d'une fois chaque semaine ; soit qu'il allât faire sa prière tantôt dans une mosquée, tantôt dans une autre, ou que de temps en temps il allât rendre visite au grand visir, qui affectoit d'aller lui faire sa cour à certains jours réglés, ou qu'il fît l'honneur aux principaux seigneurs, qu'il régaloit souvent dans son palais, d'aller les voir chez eux. Chaque fois qu'il sortoit, il faisoit jeter par deux de ses esclaves qui marchoient en troupe autour de son cheval, des pièces d'or à poignées dans les rues et dans les places par où il passoit, et où le peuple se rendoit toujours en grande foule.

D'ailleurs, pas un pauvre ne se présentoit à la porte de son palais, qu'il ne s'en retournât content de la libéralité qu'on y faisoit par ses ordres.

Comme Aladdin avoit partagé son temps de manière qu'il n'y avoit pas de semaine qu'il n'allât à la chasse au moins une fois, tantôt aux environs de la ville, quelquefois plus loin, il exerçoit la même libéralité par les chemins et par les villages. Cette inclination généreuse lui fit donner par tout le peuple mille bénédictions, et il étoit ordinaire de ne jurer que par sa tête. Enfin, sans donner aucun ombrage au sultan, à qui il faisoit fort régulièrement sa cour, on peut dire qu'Aladdin s'étoit attiré par ses manières affables et libérales toute l'affection du peuple, et que généralement parlant, il étoit plus aimé que le sultan même. Il joignit à toutes ces belles qualités une valeur et un zèle pour le bien de l'état qu'on ne sauroit assez louer. Il en donna même des marques à l'occasion d'une révolte vers les confins du royaume. Il n'eut pas plutôt appris que le sultan levoit une armée pour la dissiper, qu'il le supplia de lui en donner le commandement. Il n'eut pas de peine à l'obtenir. Sitôt qu'il fut à la tête de l'armée, il la fit marcher contre les révoltés ; et il se conduisit en toute cette expédition avec tant de diligence, que le sultan apprit plus tôt que les révoltés avoient été défaits, châtiés ou dissipés, que son arrivée à l'armée. Cette action qui rendit son nom célèbre dans toute l'étendue du royaume, ne changea point son cœur. Il revint victorieux, mais aussi affable qu'il avoit toujours été. Il y avoit déjà plusieurs années qu'Aladdin se gouvernoit comme nous venons de le dire, quand le magicien qui lui avoit donné sans y penser, le moyen de s'élever à une si haute fortune, se souvint de lui en Afrique où il étoit retourné. Quoique jusqu'alors il se fût persuadé qu'Aladdin étoit mort misérablement dans le souterrain ou il l'avoit laissé, il lui vint néanmoins en pensée de savoir précisément quelle avoit été sa fin.

Comme il étoit grand géomancien, il tira d'une armoire un quarré en forme de boîte couverte dont il se servoit pour faire ses observations de géomance. Il s'asseoit sur son sofa, met le quarré devant lui, le découvre ; et après avoir préparé et égalé le sable, avec l'intention de savoir si Aladdin étoit mort dans le souterrain, il jette ses points, il en tire les figures, et il en forme l'horoscope. En examinant l'horoscope pour en porter jugement, au lieu de découvrir qu'Aladdin fût mort dans le souterrain, il découvre qu'il en étoit sorti, et qu'il vivoit sur terre dans une grande splendeur, puissamment riche, mari d'une princesse, honoré et respecté.

 Le magicien africain n'eut pas plutôt appris par les règles de son art diabolique, qu'Aladdin étoit dans cette grande élévation, que le feu lui en monta au visage. De rage il dit en lui-même : « Ce misérable fils de tailleur a découvert le secret et la vertu de la lampe ! J'avois cru sa mort certaine, et le voilà qu'il jouit du fruit de mes travaux et de mes veilles ! J'empêcherai qu'il n'en jouisse long-temps, ou je périrai. » Il ne fut pas long-temps à délibérer sur le parti qu'il avoit à prendre. Dès le lendemain matin il monta un barbe[27] qu'il avoit dans son écurie, et il se mit en chemin. De ville en ville et de province en province, sans s'arrêter qu'autant qu'il en étoit besoin pour ne pas trop fatiguer son cheval, il arriva à la Chine, et bientôt dans la capitale du sultan, dont Aladdin avoit épousé la fille. Il mit pied à terre dans un khan ou hôtellerie publique, où il prit une chambre à louage. Il y demeura le reste du jour et la nuit suivante, pour se remettre de la fatigue de son voyage.

 Le lendemain avant toute chose, le magicien africain voulut savoir ce que l'on disoit d'Aladdin. En se promenant par la ville, il entra dans le lieu le plus fameux et le plus fréquenté par les personnes de grande distinction, où l'on s'assembloit pour boire d'une certaine boisson chaude[28] qui lui étoit connue dès son premier voyage. Il n'y eut pas plutôt pris place, qu'on lui versa de cette boisson dans une tasse, et qu'on la lui présenta. En la prenant, comme il prêtait l'oreille à droite et à gauche, il entendit qu'on s'entretenoit du palais d'Aladdin. Quand il eut achevé, il s'approcha d'un de ceux qui s'en entretenoient ; et en prenant son temps, il lui demanda en particulier ce que c'étoit que ce palais dont on parloit si avantageusement ? « D'où venez-vous, lui dit celui à qui il s'étoit adressé ? Il faut que vous soyez bien nouveau venu, si vous n'avez pas vu, ou plutôt si vous n'avez pas encore entendu parler du palais du prince Aladdin ? » On n'appeloit plus autrement

---

[27] Cheval de cette partie de la côte d'Afrique, qu'on appelle la Barbarie.
[28] Du thé.

Aladdin depuis qu'il avoit épousé la princesse Badroulboudour. « Je ne vous dis pas, continua cet homme, que c'est une des merveilles du monde, mais que c'est la merveille unique qu'il y ait au monde : jamais on n'y a rien vu de si grand, de si riche, de si magnifique ! Il faut que vous veniez de bien loin, puisque vous n'en avez pas encore entendu parler ! En effet, on en doit parler par toute la terre, depuis qu'il est bâti. Voyez-le, et vous jugerez si je vous en aurai parlé contre la vérité. » « Pardonnez à mon ignorance, reprit le magicien africain, je ne suis arrivé que d'hier, et je viens véritablement de si loin, je veux dire de l'extrémité de l'Afrique, que la renommée n'en étoit pas encore venue jusque-là quand je suis parti. Et comme par rapport à l'affaire pressante qui m'amène, je n'ai eu autre vue dans mon voyage que d'arriver au plus tôt sans m'arrêter et sans faire aucune connoissance, je n'en savois que ce que vous venez de m'apprendre. Mais je ne manquerai pas de l'aller voir : l'impatience que j'en ai est si grande, que je suis prêt à satisfaire ma curiosité dès-à-présent, si vous vouliez bien me faire la grâce de m'en enseigner le chemin. »

Celui à qui le magicien africain s'étoit adressé, se fit un plaisir de lui enseigner le chemin par où il falloit qu'il passât pour avoir la vue du palais d'Aladdin ; et le magicien africain se leva et partit dans le moment. Quand il fut arrivé, et qu'il eut examiné le palais de près et de tous les côtés, il ne douta pas qu'Aladdin ne se fût servi de la lampe pour le faire bâtir. Sans s'arrêter à l'impuissance d'Aladdin, fils d'un simple tailleur, il savoit bien qu'il n'appartenoit de faire de semblables merveilles qu'à des génies esclaves de la lampe, dont l'acquisition lui avoit échappé. Piqué au vif du bonheur et de la grandeur d'Aladdin, dont il ne faisoit presque pas de différence d'avec celle du sultan, il retourna au khan où il avoit pris logement.

Il s'agissoit de savoir où étoit la lampe, si Aladdin la portoit avec lui, ou en quel lieu il la conservoit, et c'est ce qu'il falloit que le magicien découvrît par une opération de géomance. Dès qu'il fut arrivé où il logeoit, il prit son quarré et son sable, qu'il portoit en tous ses voyages. L'opération achevée, il connut que la lampe étoit dans le palais d'Aladdin ; et il eut une joie si grande de cette découverte, qu'à peine il se sentoit lui-même. « Je l'aurai cette lampe, dit-il, et je défie Aladdin de m'empêcher de la lui enlever, et de le faire descendre jusqu'à la bassesse d'où il a pris un si haut vol. »

Le malheur pour Aladdin voulut qu'alors il étoit allé à une partie de chasse pour huit jours, et qu'il n'y en avoit que trois qu'il étoit parti ; et voici de quelle manière le magicien africain en fut informé. Quand il eut fait l'opération qui venoit de lui donner tant de joie, il alla voir le concierge du khan, sous prétexte de s'entretenir avec lui ; et il en avoit un fort naturel, qu'il n'étoit pas besoin d'amener de bien loin. Il lui dit qu'il venoit de voir le palais d'Aladdin ; et après lui avoir exagéré tout ce qu'il y avoit remarqué de plus surprenant et tout ce qui l'avoit frappé davantage, et qui frappoit généralement tout le monde : « Ma curiosité, ajouta-t-il, va plus loin, et je ne serai pas satisfait que je n'aie vu le maître à qui appartient un édifice si merveilleux. » « Il ne vous sera pas difficile de le voir, reprit le concierge, il n'y a presque pas de jour qu'il n'en donne occasion, quand il est dans la ville ; mais il y a trois jours qu'il est dehors pour une grande chasse, qui en doit durer huit. »

Le magicien africain ne voulut pas en savoir davantage ; il prit congé du concierge ; et en se retirant : « Voilà le temps d'agir, dit-il en lui-même, je ne dois pas le laisser échapper. » Il alla à la boutique d'un faiseur et vendeur de lampes. « Maître, dit-il, j'ai besoin d'une douzaine de lampes de cuivre ; pouvez-vous me la fournir ? » Le vendeur lui dit qu'il en manquoit quelques-unes, mais que s'il vouloit se donner patience jusqu'au lendemain, il la fourniroit complète à l'heure qu'il voudroit. Le magicien le voulut bien ; il lui recommanda qu'elles fussent propres et bien polies ; après lui avoir promis qu'il le payeroit bien, il se retira dans son khan.

Le lendemain la douzaine de lampes fut livrée au magicien africain, qui les paya au prix qui lui fut demandé, sans en rien diminuer. Il les mit dans un panier dont il s'étoit pourvu exprès ; et avec ce panier au bras il alla vers le palais d'Aladdin, et quand il s'en fut approché, il se mit à crier :

« QUI VEUT CHANGER DES VIEILLES LAMPES POUR DES NEUVES ? »

À mesure qu'il avançoit, et d'aussi loin que les petits enfans qui jouoient dans la place l'entendirent, ils accoururent, et ils s'assemblèrent autour de lui avec de grandes huées, et le regardèrent comme un fou. Les passans rioient même de sa bêtise, à ce qu'ils s'imaginoient. « Il faut, disoient-ils, qu'il ait perdu l'esprit, pour offrir de changer des lampes neuves contre des vieilles. »

Le magicien africain ne s'étonna ni des huées des enfans, ni de tout ce qu'on pouvoit dire de lui ; et pour débiter sa marchandise, il continua de crier : « QUI VEUT CHANGER DE VIEILLES LAMPES POUR DES NEUVES ? »

Il répéta si souvent la même chose en allant et venant dans la place, devant le palais et à l'entour, que la princesse Badroulboudour, qui étoit alors dans le salon aux vingt-quatre croisées, entendit la voix d'un homme ; mais comme elle ne pouvoit distinguer ce qu'il crioit, à cause des huées des enfans qui le suivoient, et dont le nombre augmentait de moment en moment, elle envoya une de ses femmes esclaves qui l'approchoit de plus près, pour voir ce que c'étoit que ce bruit.

La femme esclave ne fut pas long-temps à remonter ; elle entra dans le salon avec de grands éclats de rire. Elle rioit de si bonne grâce, que la princesse ne put s'empêcher de rire elle-même en la regardant. « Hé bien, folle, dit la princesse, veux-tu me dire pourquoi tu ris ? » « Princesse, répondit la femme esclave en riant toujours, qui pourroit s'empêcher de rire en voyant un fou avec un panier au bras, plein de belles lampes toutes neuves, qui ne demande pas à les vendre, mais à les changer contre des vieilles ? Ce sont les enfans dont il est si fort environné qu'à peine peut-il avancer, qui font tout le bruit qu'on entend, en se moquant de lui. »

Sur ce récit, une autre femme esclave, en prenant la parole : « À propos de vieilles lampes, dit-elle, je ne sais si la princesse a pris garde qu'en voilà une sur la corniche ; celui à qui elle appartient ne sera pas fâché d'en trouver une neuve au lieu de cette vieille. Si la princesse le veut bien, elle peut avoir le plaisir d'éprouver si ce fou est véritablement assez fou pour donner une lampe neuve en échange d'une vieille, sans en rien demander de retour ? »

La lampe dont la femme esclave parloit, étoit la lampe merveilleuse dont Aladdin s'étoit servi pour s'élever au point de grandeur où il étoit arrivé ; et il l'avoit mise lui-même sur la corniche avant d'aller à la chasse, dans la crainte de la perdre, et il avoit pris la même précaution toutes les autres fois qu'il y étoit allé. Mais ni les femmes esclaves, ni les eunuques, ni la princesse même, n'y avoient pas fait attention une seule fois jusqu'alors pendant son absence ; hors du temps de la chasse, il la portoit toujours sur lui. On dira que la précaution d'Aladdin étoit bonne, mais au moins qu'il auroit dû enfermer la lampe. Cela est vrai, mais on a fait de semblables fautes de tout temps, ou en fait encore aujourd'hui, et l'on ne cessera d'en faire.

La princesse Badroulboudour qui ignoroit que la lampe fût aussi précieuse qu'elle l'étoit, et qu'Aladdin, sans parler d'elle-même, eût un intérêt aussi grand qu'il l'avoit qu'on n'y touchât pas et qu'elle fût conservée, entra dans la plaisanterie, et elle commanda à un eunuque de la prendre et d'en aller faire l'échange. L'eunuque obéit. Il descendit du salon ; et il ne fut pas plutôt sorti de la porte du palais, qu'il aperçut le magicien africain ; il l'appela ; et quand il fut venu à lui, et en lui montrant la vieille lampe : « Donne-moi, dit-il, une lampe neuve pour celle-ci. »

Le magicien africain ne douta pas que ce ne fût la lampe qu'il cherchoit ; il ne pouvoit pas y en avoir d'autres dans le palais d'Aladdin, où toute la vaisselle n'étoit que d'or ou d'argent ; il la prit promptement de la main de l'eunuque ; et après l'avoir fourrée bien avant dans son sein, il lui présenta son panier, et lui dit de choisir celle qui lui plairoit. L'eunuque choisit ; et après avoir laissé le magicien, il porta la lampe neuve à la princesse Badroulboudour ; mais l'échange ne fut pas plutôt fait, que les enfans firent retentir la place de plus grands éclats qu'ils n'avoient encore fait en se moquant, selon eux, de la bêtise du magicien.

Le magicien africain les laissa criailler tant qu'ils voulurent ; mais sans s'arrêter plus long-temps aux environs du palais d'Aladdin, il s'en éloigna insensiblement et sans bruit ; c'est-à-dire sans crier, et sans parier davantage de changer des lampes neuves pour des vieilles. Il n'en vouloit pas d'autres que celle qu'il emportait ; et son silence enfin fit que les enfans s'écartèrent, et qu'ils le laissèrent aller.

Dès qu'il fut hors de la place qui étoit entre les deux palais, il s'échappa par les rues les moins fréquentées ; et comme il n'avoit plus besoin des autres lampes ni du panier, il posa le panier et les lampes au milieu d'une rue où il vit qu'il n'y avoit personne. Alors dès qu'il eut enfilé une autre rue, il pressa le pas jusqu'à ce qu'il arrivât à une des portes de la ville. En continuant son chemin par le faubourg, qui étoit fort long, il fit quelques provisions avant qu'il en sortît. Quand il fut dans la campagne, il se détourna du chemin dans un lieu à l'écart, hors de la vue du monde, où il resta jusqu'au moment qu'il jugea à propos, pour achever d'exécuter le dessein qui l'avoit amené. Il ne regretta pas le barbe qu'il laissoit dans le khan où il avoit pris logement ; il se crut bien dédommagé par le trésor qu'il venoit d'acquérir.

Le magicien africain passa le reste de la journée dans ce lieu, jusqu'à une heure de nuit, que les ténèbres furent les plus obscures. Alors il tira la lampe de son sein, et il la frotta. À cet appel, le génie lui apparut.

« QUE VEUX-TU, lui demanda le génie ? Me voila prêt à t'obéir comme ton esclave et de tous ceux qui ont la lampe à la main, moi et ses autres esclaves. »

« Je te commande, reprit le magicien africain, qu'à l'heure même tu enlèves le palais que toi ou les autres esclaves de la lampe ont bâti dans cette ville, tel qu'il est, avec tout ce qu'il y a de vivant, et que tu le transportes avec moi en même temps dans un tel endroit de l'Afrique. » Sans lui répondre, le génie avec l'aide d'autres génies, esclaves de la lampe comme lui, le transportèrent en très-peu de temps, lui et son palais en son entier, au propre lieu de l'Afrique qui lui avoit été marqué. Nous laisserons le magicien africain et le palais avec la princesse Badroulboudour en Afrique, pour parler de la surprise du sultan.

Dès que le sultan fut levé, il ne manqua pas, selon sa coutume, de se rendre au cabinet ouvert, pour avoir le plaisir de contempler et d'admirer le palais d'Aladdin. Il jeta la vue du côté où il avoit coutume de voir ce palais, et il ne vit qu'une place vuide, telle qu'elle était avant qu'on l'y eût bâti. Il crut qu'il se trompoit, et il se frotta les yeux ; mais il ne vit rien de plus que la première fois, quoique le temps fût serein, le ciel net, et que l'aurore qui avoit commencé de paroître rendit tous les objets fort distincts. Il regarda par les deux ouvertures à droite et à gauche, et il ne vit que ce qu'il avoit coutume de voir par ces deux endroits. Son étonnement fut si grand, qu'il demeura long-temps dans la même place, les yeux tournés du côté où le palais avoit été, et où il ne le voyoit plus, en cherchant ce qu'il ne pouvoit comprendre, savoir : comment il se pouvoit faire qu'un palais aussi grand et aussi apparent que celui d'Aladdin, qu'il avoit vu presque chaque jour depuis qu'il avoit été bâti avec sa permission, et tout récemment le jour précédent, se fût évanoui de manière qu'il n'en paroissoit pas le moindre vestige. « Je ne me trompe pas, disoit-il en lui-même : il étoit dans la place que voilà ; s'il s'étoit écroulé, les matériaux paroîtroient en monceaux ; et si la terre l'avoit englouti, on en verroit quelque marque, de quelque manière que cela fût arrivé ! » Et quoique convaincu que le palais n'y étoit plus, il ne laissa pas néanmoins d'attendre encore quelque temps, pour voir si en effet il ne se trompoit pas. Il se retira enfin ; et après avoir regardé encore derrière lui avant de s'éloigner, il revint à son appartement ; il commanda qu'on lui fît venir le grand visir en toute diligence ; et cependant il s'assit, l'esprit agité de pensées si différentes, qu'il ne savoit quel parti prendre.

Le grand visir ne fit pas attendre le sultan : il vint même avec une si grande précipitation, que ni lui ni ses gens ne firent pas réflexion en passant, que le palais d'Aladdin n'étoit plus à sa place ; les portiers mêmes, en ouvrant la porte du palais, ne s'en étoient pas aperçu.

En abordant le sultan : « Sire, lui dit le grand-visir, l'empressement avec lequel votre Majesté m'a fait appeler, m'a fait juger que quelque chose de bien extraordinaire étoit arrivé, puisqu'elle n'ignore pas qu'il est aujourd'hui jour de conseil, et que je ne devois pas manquer de me rendre à mon devoir dans peu de momens. » « Ce qui est arrivé est véritablement extraordinaire, comme tu le dis, et tu vas en convenir. Dis-moi où est le palais d'Aladdin ? » « Le palais d'Aladdin, Sire, répondit le grand-visir avec étonnement ! Je viens de passer devant, il m'a semblé qu'il étoit à sa place : des bâtimens aussi solides que celui-là, ne changent pas de place si facilement. » « Va voir au cabinet, répondit le sultan, et tu viendras me dire si tu l'auras vu. »

Le grand visir alla au cabinet ouvert, et il lui arriva la même chose qu'au sultan. Quand il se fut bien assuré que le palais d'Aladdin n'étoit plus où il avoit été, et qu'il n'en paroissoit pas le moindre vestige, il revint se présenter au sultan. « Hé bien, as-tu vu le palais d'Aladdin, lui demanda le sultan ? » « Sire, répondit le grand visir, votre Majesté peut se souvenir que j'ai eu l'honneur de lui dire que ce palais, qui faisoit le sujet de son admiration avec ses richesses immenses, n'étoit qu'un ouvrage de magie et d'un magicien ; mais votre Majesté n'a pas voulu y faire attention. »

Le sultan qui ne pouvoit disconvenir de ce que le grand visir lui représentoit, entra dans une colère d'autant plus grande, qu'il ne pouvoit désavouer son incrédulité. « Ou est, dit-il, cet imposteur, ce scélérat, que je lui fasse couper la tête ? » « Sire, reprit le grand visir, il y a quelques jours qu'il est venu prendre congé de votre Majesté ; il faut lui envoyer demander où est son palais ; il ne doit pas l'ignorer » « Ce seroit le traiter avec trop d'indulgence, repartit le sultan ; va donner ordre à trente de mes cavaliers de me l'amener chargé de chaînes. » Le grand visir alla donner l'ordre du sultan aux cavaliers, et il instruisit leur officier de quelle manière ils devoient s'y prendre, afin qu'il ne leur échappât point. Ils partirent, et ils rencontrèrent Aladdin à cinq ou six lieues de la ville, qui revenoit en chassant. L'officier lui dit en l'abordant, que le sultan impatient de le revoir, les avoit envoyés pour le lui témoigner, et revenir avec lui en l'accompagnant.

Aladdin n'eut pas le moindre soupçon du véritable sujet qui avoit amené ce détachement de la garde du sultan ; il continua de revenir en chassant ; mais quand il fut à une demi-lieue de la ville, ce détachement l'environna, et l'officier, en prenant la parole, lui dit : « Prince Aladdin, c'est avec grand regret que nous vous déclarons l'ordre que nous avons du sultan de vous arrêter, et de vous mener à lui en criminel d'état ; nous vous supplions de ne pas trouver mauvais que nous nous acquittions de notre devoir, et de nous le pardonner. »

Cette déclaration fut un sujet de grande surprise à Aladdin, qui se sentoit innocent ; il demanda à l'officier s'il savoit de quel crime il étoit accusé ? À quoi il répondit que ni lui ni ses gens n'en savoient rien.

Comme Aladdin vit que ses gens étoient de beaucoup inférieurs au détachement, et même qu'ils s'éloignoient, il mit pied à terre. « Me voilà, dit-il, exécutez l'ordre que vous avez. Je puis dire néanmoins que je ne me sens coupable d'aucun crime, ni envers la personne du sultan, ni envers l'état. » On lui passa aussitôt au cou une chaîne fort grosse et fort longue, dont on le lia aussi par le milieu du corps, de manière qu'il n'avoit pas les bras libres. Quand l'officier se fut mis à la tête de sa troupe, un cavalier prit le bout de la chaîne ; et en marchant après l'officier il mena Aladdin, qui fut obligé de le suivre à pied ; et dans cet état il fut conduit vers la ville.

Quand les cavaliers furent entrés dans le faubourg, les premiers qui virent qu'on menoit Aladdin en criminel d'état, ne doutèrent pas que ce ne fût pour lui couper la tête. Comme il étoit aimé généralement, les uns prirent le sabre et d'autres armes, et ceux qui n'en avoient pas, s'armèrent de pierres, et ils suivirent les cavaliers. Quelques-uns qui étoient à la queue, firent volte-face, en faisant mine de vouloir les dissiper ; mais bientôt ils grossirent en si grand nombre, que les cavaliers prirent le parti de dissimuler, trop heureux s'ils pouvoient arriver jusqu'au palais du sultan sans qu'on leur enlevât Aladdin. Pour y réussir, selon que les rues étoient plus ou moins larges ils eurent grand soin d'occuper toute la largeur du terrain, tantôt en s'étendant, tantôt en se resserrant ; de la sorte ils arrivèrent à la place du palais, où ils se mirent tous sur une ligne, en faisant face à la populace armée, jusqu'à ce que leur officier et le cavalier qui menoit Aladdin, fussent entrés dans le palais, et que les portiers eussent fermé la porte, pour empêcher qu'elle n'entrât.

Aladdin fut conduit devant le sultan, qui l'attendoit sur le balcon, accompagné du grand visir ; et sitôt qu'il le vit, il commanda au bourreau, qui avoit eu ordre de se trouver là, de lui couper la tête, sans vouloir l'entendre, ni tirer de lui aucun éclaircissement.

Quand le bourreau se fut saisi d'Aladdin, il lui ôta la chaîne qu'il avoit au cou et autour du corps ; et après avoir étendu sur la terre un cuir teint du sang d'une infinité de criminels qu'il avoit exécutés, il l'y fit mettre à genoux, et lui banda les yeux. Alors il tira son sabre, il prit sa mesure pour donner le coup, en s'essayant et en faisant flamboyer le sabre en l'air par trois fois, et il attendit que le sultan lui donnât le signal pour trancher la tête d'Aladdin.

En ce moment, le grand visir aperçut que la populace qui avoit forcé les cavaliers, et qui avoit rempli la place, venoit d'escalader les murs du palais en plusieurs endroits, et commencent à les démolir pour faire brèche. Avant que le sultan donnât le signal, il lui dit : « Sire, je supplie votre Majesté de penser mûrement à ce qu'elle va faire. Elle va courir risque de voir son palais forcé ; et si ce malheur arrivoit, l'événement pourroit en être funeste. » « Mon palais forcé, reprit le sultan ! Qui peut avoir cette audace ? » « Sire, repartit le grand visir, que votre Majesté jette les yeux sur les murs de son palais et sur la place, elle connoîtra la vérité de ce que je lui dis. »

L'épouvante du sultan fut si grande quand il eut vu une émeute si vive et si animée, que dans le moment même il commanda au bourreau de remettre son sabre dans le fourreau, doter le bandeau des yeux d'Aladdin, et de le laisser libre. Il donna ordre aussi aux chiaoux de crier que le sultan lui faisoit grâce, et que chacun eût à se retirer.

Alors tous ceux qui étoient déjà montés au haut des murs du palais, témoins de ce qui venoit de se passer, abandonnèrent leur dessein. Ils descendirent en peu d'instans, et pleins de joie d'avoir sauvé la vie à un homme qu'ils aimoient véritablement, ils publièrent cette nouvelle à tous ceux qui étoient autour d'eux ; elle passa bientôt à toute la populace qui étoit dans la place du palais ; et les cris des chiaoux, qui annonçoient la même chose du haut des terrasses où ils étoient montés, achevèrent de la rendre publique. La justice que le sultan venoit de rendre à Aladdin en lui faisant grâce, désarma la populace, fit cesser le tumulte, et insensiblement chacun se retira chez lui.

Quand Aladdin se vit libre, il leva la tête du côté du balcon ; et comme il eut aperçu le sultan : « Sire, dit-il en élevant sa voix d'une manière touchante, je supplie votre Majesté d'ajouter une nouvelle grâce à celle qu'elle vient de me faire, c'est de vouloir bien me faire connoître quel est mon crime. » « Quel est ton crime, perfide, répondit le sultan, ne le sais-tu pas ? Monte jusqu'ici, continua-t-il, je te le ferai connoître. »

Aladdin monta, et quand il se fut présenté : « Suis-moi, lui dit le sultan, en marchant devant lui sans le regarder. Il le mena jusqu'au cabinet ouvert ; et quand il fut arrivé à la porte : « Entre, lui dit le sultan ; tu dois savoir où étoit ton palais, regarde de tous côtés, et dis-moi ce qu'il est devenu. »

Aladdin regarde, et ne voit rien ; il s'aperçoit bien de tout le terrain que son palais occupoit ; mais comme il ne pouvoit deviner comment il avoit pu disparoître, cet événement extraordinaire et surprenant le mit dans une confusion et dans un étonnement qui l'empêchèrent de pouvoir répondre un seul mot au sultan.

Le sultan impatient : « Dis-moi donc, répéta-t-il à Aladdin, où est ton palais, et où est ma fille ? » Alors Aladdin rompit le silence. « Sire, dit-il, je vois bien, et je l'avoue, que le palais que j'ai fait bâtir n'est plus à la place où il étoit, je vois qu'il a disparu, et je ne puis dire à votre Majesté où il peut être ; mais je puis l'assurer que je n'ai aucune part à cet événement. »

« Je ne me mets pas en peine de ce que ton palais est devenu, reprit le sultan, j'estime ma fille un million de fois davantage. Je veux que tu me la retrouves, autrement je te ferai couper la tête, et nulle considération ne m'en empêchera. »

« Sire, repartit Aladdin, je supplie votre Majesté de m'accorder quarante jours pour faire mes diligences ; et si dans cet intervalle je n'y réussis pas, je lui donne ma parole que j'apporterai ma tête au pied de son trône, afin qu'elle en dispose à sa volonté. » « Je t'accorde les quarante jours que tu me demandes, lui dit le sultan ; mais ne crois pas abuser de la grâce que je te fais, en pensant échapper à mon ressentiment : en quelqu'endroit de la terre que tu puisses être, je saurai bien te retrouver. »

Aladdin s'éloigna de la présence du sultan dans une grande humiliation et dans un état à faire pitié ; il passa au travers des cours du palais la tête baissée, sans oser lever les yeux, dans la confusion où il étoit ; et les principaux officiers de la cour, dont il n'avoit pas désobligé un seul, quoiqu'amis, au lieu de s'approcher de lui pour le consoler ou pour lui offrir une retraite chez eux, lui tournèrent le dos, autant pour ne le pas voir, qu'afin qu'il ne pût pas les reconnoître. Mais quand ils se fussent approchés de lui pour lui dire quelque chose de consolant, ou pour lui faire offre de service, il n'eussent plus reconnu Aladdin ; il ne se reconnoissoit pas lui-même, et il n'avoit plus la liberté de son esprit. Il le fit bien connoître quand il fut hors du palais : car sans penser à ce qu'il faisoit, il demandoit de porte en porte, et à tous ceux qu'il rencontrait, si l'on n'avoit pas vu son palais, ou si on ne pouvoit pas lui en donner des nouvelles ?

Ces demandes firent croire à tout le monde qu'Aladdin avoit perdu l'esprit. Quelques-uns n'en firent que rire ; mais les gens les plus raisonnables, et particulièrement ceux qui avoient eu quelque liaison d'amitié et de commerce avec lui, en furent véritablement touchés de compassion. Il demeura trois jours dans la ville, en allant tantôt d'un côté, tantôt d'un autre, et en ne mangeant que ce qu'on lui présentoit par charité, et sans prendre aucune résolution.

Enfin, comme il ne pouvoit plus, dans l'état malheureux où il se voyoit, rester dans une ville où il avoit fait une si belle figure, il en sortit, et il prit le chemin de la campagne. Il se détourna des grandes routes ; et après avoir traversé plusieurs campagnes dans une incertitude affreuse, il arriva enfin à l'entrée de la nuit au bord d'une rivière ; là il lui prit une pensée de désespoir : « Où irai-je chercher mon palais, dit-il en lui-même ? En quelle province, en quel pays, en quelle partie du monde le trouverai-je, aussi bien que ma chère princesse que le sultan me demande ? J amais je n'y réussirai ; il vaut donc mieux que je me délivre de tant de fatigues qui n'aboutiroient à rien, et de tous les chagrins cuisans qui me rongent. » Il alloit se jeter dans la rivière, selon la résolution qu'il venoit de prendre ; mais il crut en bon Musulman fidèle à sa religion, qu'il ne devoit pas le faire, sans avoir auparavant fait sa prière. En voulant s'y préparer, il s'approcha du bord de l'eau pour se laver les mains et le visage, suivant la coutume du pays ; mais comme cet endroit étoit un peu en pente, et mouillé par l'eau qui y battait, il glissa, et il seroit tombé dans la rivière s'il ne se fût retenu à un petit roc élevé hors de terre environ de deux pieds. Heureusement pour lui il portoit encore l'anneau que le magicien africain lui avoit mis au doigt avant qu'il descendît dans le souterrain pour aller enlever la précieuse lampe qui venoit de lui être enlevée. Il frotta cet anneau assez fortement contre le roc en se retenant ; dans l'instant le même génie qui lui étoit apparu dans ce souterrain où le magicien africain l'avoit enfermé, lui apparut encore :

« QUE VEUX-TU, lui dit le génie ? ME VOICI PRET A T'OBEIR COMME TON ESCLAVE ET DE TOUS CEUX QUI ONT L'ANNEAU AU DOIGT, MOI ET LES AUTRES ESCLAVES DE L'ANNEAU. »

Aladdin agréablement surpris par une apparition si peu attendue dans le désespoir où il étoit, répondit : « Génie, sauve-moi la vie une seconde fois, en m'enseignant où est le palais que j'ai fait bâtir, ou en faisant qu'il soit rapporté incessamment où il étoit. » « Ce que tu me demandes, reprit le génie, n'est pas de mon ressort : je ne suis esclave que de l'anneau, adresse-toi à l'esclave de la lampe. » « Si cela est, repartit Aladdin, je te commande donc par la puissance de l'anneau, de me transporter jusqu'au lieu où est mon palais, en quelqu'endroit de la terre qu'il soit, et de me poser sous les fenêtres de la princesse Badroulboudour. À peine eut-il achevé de parler, que le génie le transporta en Afrique, au milieu d'une prairie où étoit le palais, peu éloigné d'une grande ville, le posa précisément au-dessous des fenêtres de l'appartement de la princesse, où il le laissa. Tout cela se fit en un instant.

Nonobstant l'obscurité de la nuit, Aladdin reconnut fort bien son palais et l'appartement de la princesse
Badroulboudour ; mais comme la nuit étoit avancée, et que tout étoit tranquille dans le palais, il se retira un peu à l'écart, et il s'assit au pied d'un arbre. Là, rempli d'espérance, en faisant réflexion à son bonheur, dont il étoit redevable à un pur hasard, il se trouva dans une situation beaucoup plus paisible que depuis qu'il avoit été arrêté, amené devant le sultan, et délivré du danger présent de perdre la vie. Il s'entretint quelque temps dans ces pensées agréables ; mais enfin, comme il y avoit cinq ou six jours qu'il ne dormoit point, il ne put s'empêcher de se laisser aller au sommeil qui l'accabloit, et il s'endormit au pied de l'arbre où il étoit.

Le lendemain, dès que l'aurore commença à paroître, Aladdin fut éveillé agréablement, non-seulement par le ramage des oiseaux qui avoient passé la nuit sur l'arbre sous lequel il étoit couché, mais même sur les arbres touffus du jardin de son palais. Il jeta d'abord les yeux sur cet admirable édifice, et alors il se sentit une joie inexprimable d'être sur le point de s'en revoir bientôt le maître, et en même temps de posséder encore une fois sa chère princesse Badroulboudour. Il se leva, et se rapprocha de l'appartement de la princesse. Il se promena quelque temps sous ses fenêtres, en attendant qu'il fût jour chez elle et qu'on pût l'apercevoir. Dans cette attente il cherchoit en lui-même d'où pouvoit être venue la cause de son malheur ; et après avoir bien rêvé, il ne douta plus que toute son infortune ne vînt d'avoir quitté sa lampe de vue. Il s'accusa lui-même de négligence et du peu de soin qu'il avoit eu de ne s'en pas dessaisir un seul moment. Ce qui l'embarrassoit davantage, c'est qu'il ne pouvoit s'imaginer qui étoit le jaloux de son bonheur. Il l'eût compris d'abord, s'il eût su que lui et son palais se trouvoient alors en Afrique ; mais le génie, esclave de l'anneau, ne lui en avoit rien dit ; il ne s'en étoit point informé lui-même. Le seul nom de l'Afrique lui eût rappelé dans sa mémoire le magicien africain son ennemi déclaré.

La princesse Badroulboudour se levoit plus matin qu'elle n'avoit coutume depuis son enlèvement et son transport en Afrique par l'artifice du magicien africain, dont jusqu'alors elle avoit été contrainte de supporter la vue une fois chaque jour, parce qu'il étoit maître du palais ; mais elle l'avoit traité si durement chaque fois, qu'il n'avoit encore osé prendre la hardiesse de s'y loger. Quand elle fut habillée, une de ses femmes, en regardant au travers d'une jalousie, aperçoit Aladdin. Elle court aussitôt en avertir sa maîtresse. La princesse qui ne pouvoit croire cette nouvelle, vient vite se présenter à la fenêtre, et aperçoit Aladdin. Elle ouvre la jalousie. Au bruit que la princesse fait en l'ouvrant, Aladdin lève la tête, il la reconnoît ; et il la salue d'un air qui exprimoit l'excès de sa joie. « Pour ne pas perdre de temps, lui dit la princesse, on est allé vous ouvrir la porte secrète, entrez et montez. » Et elle ferma la jalousie.

La porte secrète étoit au-dessous de l'appartement de la princesse ; elle se trouva ouverte, et Aladdin monta à l'appartement de la princesse. Il n'est pas possible d'exprimer la joie que ressentirent ces deux époux de se revoir après s'être cru séparés pour jamais. Ils s'embrassèrent plusieurs fois, et se donnèrent toutes les marques d'amour et de tendresse qu'on peut s'imaginer, après une séparation aussi triste et aussi peu attendue que la leur. Après ces embrassemens, mêlés de larmes de joie, ils s'assirent ; et Aladdin en prenant la parole : « Princesse, dit-il, avant de vous entretenir de toute autre chose, je vous supplie au nom de Dieu, autant pour votre propre intérêt et pour celui du sultan votre respectable père, que pour le mien en particulier, de me dire ce qu'est devenue une vieille lampe que j'avois mise sur la corniche du salon à vingt-quatre croisées, avant d'aller à la chasse ? »

« Ah, cher époux, répondit la princesse, je m'étois bien douté que notre malheur réciproque venoit de cette lampe ; et ce qui me desole, c'est que j'en suis la cause de moi-même ! » « Princesse, reprit Aladdin, ne vous en attribuez pas la cause, elle est toute sur moi, et je devois avoir été plus soigneux de la conserver ; ne songeons qu'à réparer cette perte ; et pour cela faites-moi la grâce de me raconter comment la chose s'est passée, et en quelles mains elle est tombée ? »

Alors la princesse Badroulboudour raconta à Aladdin ce qui s'étoit passé dans l'échange de la lampe vieille pour la neuve, qu'elle fit apporter afin qu'il la vit ; et comme la nuit suivante, après s'être aperçu du transport du palais, elle s'étoit trouvée le matin dans le pays inconnu où elle lui parloit, et qui étoit l'Afrique, particularité qu'elle avoit apprise de la bouche même du traitre qui l'y avoit fait transporter par son art magique.

« Princesse, dit Aladdin en l'interrompant, vous m'avez fait connoître le traitre en me marquant que je suis en Afrique avec vous. Il est le plus perfide de tous les hommes. Mais ce n'est ni le temps, ni le lieu de vous faire une peinture plus ample de ses méchancetés. Je vous prie seulement de me dire ce qu'il a fait de la lampe, et où il l'a mise ? » « Il la porte dans son sein enveloppée bien précieusement, reprit la princesse, et je puis en rendre témoignage, puisqu'il l'en a tirée et l'a développée en ma présence, pour m'en faire un trophée. »

« Ma princesse, dit alors Aladdin, ne me sachez pas mauvais gré de tant de demandes dont je vous fatigue, elles sont également importantes pour vous et pour moi. Pour venir à ce qui m'intéresse plus particulièrement, apprenez-moi, je vous en conjure, comment vous vous trouvez du traitement d'un homme aussi méchant et aussi perfide ? » « Depuis que je suis en ce lieu, reprit la princesse, il ne s'est présenté devant moi qu'une fois chaque jour ; et je suis bien persuadée que le peu de satisfaction qu'il tire de ses visites, fait qu'il ne m'importune pas plus souvent. Tous les discours qu'il me tient chaque fois ne tendent qu'à me persuader de rompre la foi que je vous ai donnée, et de le prendre pour époux, en voulant me faire entendre que je ne dois pas espérer de vous revoir jamais ; que vous ne vivez plus, et que le sultan mon père vous a fait couper la tête. Il ajoute pour se justifier, que vous êtes un ingrat, que votre fortune n'est venue que de lui, et mille autres choses que je lui laisse dire. Et comme il ne reçoit de moi pour réponse que mes plaintes douloureuses et mes larmes, il est contraint de se retirer aussi peu satisfait que quand il arrive. Je ne doute pas néanmoins que son intention ne soit de laisser passer mes plus vives douleurs, dans l'espérance que je changerai de sentiment, et à la fin d'user de violence si je persévère à lui faire résistance. Mais, cher époux, votre présence a déjà dissipé mes inquiétudes. »

« Princesse, interrompit Aladdin, j'ai confiance que ce n'est pas en vain, puisqu'elles sont dissipées, et que je crois avoir trouvé le moyen de vous délivrer de votre ennemi et du mien. Mais pour cela il est nécessaire que j'aille à la ville. Je serai de retour vers le midi, et alors je vous communiquerai quel est mon dessein, et ce qu'il faudra que vous fassiez pour contribuer à le faire réussir. Mais afin que vous en soyez avertie, ne vous étonnez pas de me voir revenir avec un autre habit, et donnez ordre qu'on ne me fasse pas attendre à la porte secrète au premier coup que je frapperai. »

La princesse lui promit qu'on l'attendroit à la porte, et que l'on seroit prompt à lui ouvrir.

Quand Aladdin fut descendu de l'appartement de la princesse, et qu'il fut sorti par la même porte, il regarda de côté et d'autre, et il aperçut un paysan qui prenoit le chemin de la campagne.

Comme le paysan alloit au-delà du palais, et qu'il étoit un peu éloigné, Aladdin pressa le pas ; et quand il l'eut joint, il lui proposa de changer d'habit, et il fit tant que le paysan y consentit. L'échange se fit à la faveur d'un buisson ; et quand ils se furent séparés, Aladdin prit le chemin de la ville. Dès qu'il y fut rentré, il enfila la rue qui aboutissoit à la porte ; et se détournant par les rues les plus fréquentées, il arriva à l'endroit où chaque sorte de marchands et d'artisans avoit sa rue particulière. Il entra dans celle des droguistes ; et en s'adressant à la boutique la plus grande et la mieux fournie, il demanda au marchand s'il avoit une certaine poudre qu'il lui nomma ?

Le marchand, qui s'imagina qu'Aladdin étoit pauvre, à le regarder par son habit, et qu'il n'avoit pas assez d'argent pour la payer, lui dit qu'il en avoit, mais qu'elle étoit chère. Aladdin pénétra dans la pensée du marchand, il tira sa bourse, et en faisant voir de l'or, il demanda une demi-dragme de cette poudre. Le marchand la pesa, l'enveloppa, et en la présentant à Aladdin il en demanda une pièce d'or. Aladdin la lui mit entre les mains ; et sans s'arrêter dans la ville qu'autant de temps qu'il en fallut pour prendre un peu de nourriture, il revint à son palais. Il n'attendit pas à la porte secrète : elle lui fut ouverte d'abord, et il monta à l'appartement de la princesse Badroulboudour. « Princesse, lui dit-il, l'aversion que vous avez pour votre ravisseur, comme vous me l'avez témoigné, fera peut-être que vous aurez de la peine à suivre le conseil que j'ai à vous donner. Mais permettez-moi de vous dire qu'il est à propos que vous dissimuliez, et même que vous vous fassiez violence, si vous voulez vous délivrer de sa persécution, et donner au sultan votre père et mon seigneur, la satisfaction de vous revoir. Si vous voulez donc suivre mon conseil, continua Aladdin, vous commencerez dès-à-présent à vous habiller d'un de vos plus beaux habits ; et quand le magicien africain viendra, ne faites pas difficulté de le recevoir avec tout le bon accueil possible, sans affectation et sans contrainte, avec un visage ouvert, de manière néanmoins que s'il y reste quelque nuage d'affliction, il puisse apercevoir qu'il se dissipera avec le temps. Dans la conversation, donnez-lui à connoître que vous faites vos efforts pour m'oublier ; et afin qu'il soit persuadé davantage de votre sincérité, invitez-le à souper avec vous, et marquez-lui que vous seriez bien aise de goûter du meilleur vin de son pays ; il ne manquera pas de vous quitter pour en aller chercher. Alors en attendant qu'il revienne, quand le buffet sera mis, mettez dans un des gobelets pareils à celui dans lequel vous avez coutume de boire, la poudre que voici ; et en le mettant à part, avertissez celle de vos femmes qui vous donne à boire, de vous l'apporter plein de vin au signal que vous lui ferez, dont vous conviendrez avec elle, et de prendre bien garde de ne pas se tromper. Quand le magicien sera revenu, et que vous serez à table, après avoir mangé et bu autant de coups que vous le jugerez à propos, faites-vous apporter le gobelet où sera la poudre, et changez votre gobelet avec le sien ; il trouvera la faveur que vous lui ferez, si grande, qu'il ne la refusera pas : il boira même sans rien laisser dans le gobelet ; et à peine l'aura-t-il vuidé, que vous le verrez tomber à la renverse. Si vous avez de la répugnance à boire dans son gobelet, faites semblant de boire, vous le pouvez sans crainte : l'effet de la poudre sera si prompt, qu'il n'aura pas le temps de faire attention si vous buvez ou si vous ne buvez pas. »

Quand Aladdin eut achevé : « Je vous avoue, lui dit la princesse, que je me fais une grande violence, en consentant à faire au magicien les avances que je vois bien qu'il est nécessaire que je fasse ; mais quelle résolution ne peut-on pas prendre contre un cruel ennemi ? Je ferai donc ce que vous me conseillez, puisque de là mon repos ne dépend pas moins que le vôtre. » Ces mesures prises avec la princesse, Aladdin prit congé d'elle, et il alla passer le reste du jour aux environs du palais, en attendant la nuit pour se rapprocher de la porte secrète.

La princesse Badroulboudour inconsolable, non-seulement de se voir séparée d'Aladdin, son cher époux, qu'elle avoit aimé d'abord, et qu'elle continuoit d'aimer encore, plus par inclination que par devoir, mais même d'avec le sultan son père qu'elle chérissoit, et dont elle étoit tendrement aimée, étoit toujours demeurée dans une grande négligence de sa personne depuis le moment de cette douloureuse séparation. Elle avoit même, pour ainsi dire, oublié la propreté qui sied si bien aux personnes de son sexe, particulièrement après que le magicien africain se fut présenté à elle la première fois, et qu'elle eut appris par ses femmes, qui l'avoient reconnu, que c'étoit lui qui avoit pris la vieille lampe en échange de la neuve, et que par cette fourberie insigne, il lui fut devenu en horreur. Mais l'occasion d'en prendre vengeance, comme il le méritoit, et plus tôt qu'elle n'avoit osé l'espérer, fit qu'elle résolut de contenter Aladdin. Ainsi, dès qu'il se fut retiré, elle se mit à sa toilette, se fit coiffer par ses femmes, de la manière qui lui étoit la plus avantageuse, et elle prit un habit le plus riche et le plus convenable à son dessein. La ceinture dont elle se ceignit n'étoit qu'or et que diamans enchâssés, les plus gros et les mieux assortis ; et elle accompagna la ceinture d'un collier de perles seulement, dont les six de chaque côté étoient d'une telle proportion avec celle du milieu qui étoit la plus grosse et la plus précieuse, que les plus grandes sultanes et les plus grandes reines se seroient estimées heureuses d'en avoir un complet de la grosseur des deux plus petites de celui de la princesse. Les brasselets, entremêlés de diamans et de rubis, répondoient merveilleusement bien à la richesse de la ceinture et du collier.

Quand la princesse Badroulboudour fut entièrement habillée, elle consulta son miroir, prit l'avis de ses femmes sur tout son ajustement ; et après qu'elle eut vu qu'il ne lui manquoit aucun des charmes qui pouvoient flatter la folle passion du magicien africain, elle s'assit sur son sofa, en attendant qu'il arrivât.

Le magicien africain ne manqua pas de venir à son heure ordinaire. Dès que la princesse le vit entrer dans son salon aux vingt-quatre croisées ou elle l'attendoit, elle se leva avec tout son appareil de beauté et de charmes, et elle lui montra de la main la place honorable où elle attendoit qu'il se mît, pour s'asseoir en même temps que lui : civilité distinguée qu'elle ne lui avoit pas encore faite.

Le magicien africain plus ébloui de l'éclat des beaux yeux de la princesse, que du brillant des pierreries dont elle étoit ornée, fut fort surpris. Son air majestueux, et un certain air gracieux dont elle l'accueilloit, si opposé aux rebuts avec lesquels elle l'avoit reçu jusqu'alors, le rendit confus. D'abord il voulut prendre place sur le bord du sofa ; mais comme il vit que la princesse ne vouloit pas s'asseoir dans la sienne, qu'il ne se fût assis où elle souhaitoit, il obéit.

Quand le magicien africain fut placé, la princesse, pour le tirer de l'embarras où elle le voyoit, prit la parole en le regardant d'une manière à lui faire croire qu'il ne lui étoit plus odieux, comme elle l'avoit fait paroître auparavant, et elle lui dit : « Vous vous étonnerez, sans doute, de me voir aujourd'hui tout autre que vous ne m'avez vue jusqu'à présent ; mais vous n'en serez plus surpris quand je vous dirai que je suis d'un tempérament si opposé à la tristesse, à la mélancolie, aux chagrins et aux inquiétudes, que je cherche à les éloigner le plus tôt qu'il m'est possible, dès que je trouve que le sujet en est passé. J'ai fait réflexion sur ce que vous m'avez représenté du destin d'Aladdin ; et de l'humeur dont je connois mon père, je suis persuadée comme vous, qu'il n'a pu éviter l'effet terrible de son courroux. Ainsi, quand je m'opiniâtrerois à le pleurer toute ma vie, je vois bien que mes larmes ne le feroient pas revivre. C'est pour cela qu'après lui avoir rendu, même jusque dans le tombeau, les devoirs que mon amour demandoit que je lui rendisse, il m'a paru que je devois chercher tous les moyens de me consoler. Voilà les motifs du changement que vous voyez en moi. Pour commencer donc à éloigner tout sujet de tristesse, résolue à la bannir entièrement, et persuadée que vous voudrez bien me tenir compagnie, j'ai commandé qu'on nous préparât à souper. Mais comme je n'ai que du vin de la Chine, et que je me trouve en Afrique, il m'a pris une envie de goûter de celui qu'elle produit, et j'ai cru, s'il y en a, que vous en trouverez du meilleur. »

Le magicien africain qui avoit regardé comme impossible le bonheur de parvenir si promptement et si facilement à entrer dans les bonnes grâces de la princesse Badroulboudour, lui marqua qu'il ne trouvoit pas de termes assez forts pour lui témoigner combien il étoit sensible à ses bontés ; et en effet, pour finir au plutôt un entretien dont il eût eu peine à se tirer s'il s'y fût engagé plus avant, il se jeta sur le vin d'Afrique dont elle venoit de lui parler, et il lui dit que parmi les avantages dont l'Afrique pouvoit se glorifier, celui de produire d'excellent vin étoit un des principaux, particulièrement dans la partie où elle se trouvoit ; qu'il en avoit une pièce de sept ans qui n'étoit pas encore entamée, et que, sans le trop priser, c'étoit un vin qui surpassoit en bonté les vins les plus excellens du monde. « Si ma princesse, ajouta-t-il, veut me le permettre, j'irai en prendre deux bouteilles, et je serai de retour incessamment ? » « Je serois fâchée de vous donner cette peine, lui dit la princesse, il faudroit mieux que vous y envoyassiez quelqu'un. » « Il est nécessaire que j'y aille moi-même, repartit le magicien africain : personne que moi ne sait où est la clef du magasin, et personne que moi aussi n'a le secret de l'ouvrir. » « Si cela est ainsi, dit la princesse, allez donc et revenez promptement. Plus vous mettrez de temps, plus j'aurai d'impatience de vous revoir, et songez que nous nous mettrons à table dès que vous serez de retour. »

Le magicien africain plein d'espérance de son prétendu bonheur, ne courut pas chercher son vin de sept ans, il y vola plutôt, et il revint fort promptement. La princesse qui n'avoit pas douté qu'il ne fît diligence, avoit jeté elle-même la poudre qu'Aladdin lui avoit apportée, dans un gobelet qu'elle avoit mis à part, et elle venoit de faire servir. Ils se mirent à table vis-à-vis l'un de l'autre, de manière que le magicien avoit le dos tourné au buffet. En lui présentant ce qu'il y avoit de meilleur, la princesse lui dit : « Si vous voulez, je vous donnerai le plaisir des instrumens et des voix mais comme nous ne sommes que vous et moi, il me semble que la conversation nous donnera plus de plaisir. » Le magicien regarda ce choix de la princesse comme une nouvelle faveur.

Après qu'ils eurent mangé quelques morceaux, la princesse demanda à boire. Elle but à la santé du magicien ; et quand elle eut bu : « Vous aviez raison, dit-elle, de faire l'éloge de votre vin, jamais je n'en avois bu de si délicieux. » « Charmante princesse, répondit-il, en tenant à la main le gobelet qu'on venoit de lui présenter, mon vin acquiert une nouvelle bonté par l'approbation que vous lui donnez. » « Buvez à ma santé, reprit la princesse, vous trouverez vous-même que je m'y connois. » Il but à la santé de la princesse. Et en rendant le gobelet : « Princesse, dit-il, je me tiens heureux d'avoir réservé cette pièce pour une si bonne occasion ; j'avoue moi-même que je n'en ai bu de ma vie de si excellent en plus d'une manière. »

Quand ils eurent continué de manger et de boire trois autres coups, la princesse qui avoit achevé de charmer le magicien africain par ses honnêtetés et par ses manières tout obligeantes, donna enfin le signal à la femme qui lui donnait à boire, en disant en même temps qu'on lui apportât son gobelet plein de vin, qu'on remplît de même celui du magicien africain, et qu'on le lui présentât. Quand ils eurent chacun leur gobelet à la main : « Je ne sais, dit-elle au magicien africain, comment on en use chez vous quand on s'aime bien, et qu'on boit ensemble comme nous le faisons. Chez nous, à la Chine, l'amant et l'amante se présentent réciproquement à chacun leur gobelet, et de la sorte ils boivent à la santé l'un de l'autre. » En même temps elle lui présenta le gobelet qu'elle tenoit, en avançant l'autre main pour recevoir le sien. Le magicien africain se hâta de faire cet échange avec d'autant plus de plaisir, qu'il regarda cette faveur comme la marque la plus certaine de la conquête entière du cœur de la princesse, ce qui le mit au comble de son bonheur. Avant qu'il bût : « Princesse, dit-il le gobelet à la main, il s'en faut beaucoup que nos Africains soient aussi raffinés dans l'art d'assaisonner l'amour de tous ses agrémens que les Chinois ; et en m'instruisant d'une leçon que j'ignorois, j'apprends aussi à quel point je dois être sensible à la grâce que je reçois. Jamais je ne l'oublierai, aimable princesse : j'ai retrouvé en buvant dans votre gobelet, une vie dont votre cruauté m'eût fait perdre l'espérance, si elle eût continué. »

La princesse Badroulboudour qui s'ennuyoit du discours à perte de vue du magicien africain : « Buvons, dit-elle, en l'interrompant, vous reprendrez après ce que vous voulez me dire. » En même temps elle porta à la bouche le gobelet quelle ne toucha que du bout des lèvres, pendant que le magicien africain se pressa si fort de la prévenir, qu'il vuida le sien sans en laisser une goutte. En achevant de le vuider, comme il avoit un peu penché la tête en arrière pour montrer sa diligence, il demeura quelque temps en cet état, jusqu'à ce que la princesse, qui avoit toujours le bord du gobelet sur ses lèvres, vit que les yeux lui tournoient, et qu'il tomba sur le dos sans sentiment.

La princesse n'eut pas besoin de commander qu'on allât ouvrir la porte secrète à Aladdin. Ses femmes qui avoient le mot, s'étoient disposées d'espace en espace depuis le salon jusqu'au bas de l'escalier, de manière que le magicien africain ne fut pas plutôt tombé à la renverse, que la porte lui fut ouverte presque dans le moment.

Aladdin monta, et il entra dans le salon. Dès qu'il eut vu le magicien africain étendu sur le sofa, il arrêta la princesse Badroulboudour qui s'étoit levée, et qui s'avançoit pour lui témoigner sa joie en l'embrassant : « Princesse, dit-il, il n'est pas encore temps, obligez-moi de vous retirer à votre appartement, et faites qu'on me laisse seul, pendant que je vais travailler à vous faire retourner à la Chine avec la même diligence que vous en avez été éloignée. »

En effet, quand la princesse fut hors du salon avec ses femmes et ses eunuques, Aladdin ferma la porte ; et après qu'il se fut approché du cadavre du magicien afriquain, qui étoit demeuré sans vie, il ouvrit sa veste, et il en tira la lampe enveloppée de la manière que la princesse lui avoit marqué. Il la développa, et il la frotta. Aussitôt le génie se présenta avec son compliment ordinaire. « Génie lui dit Aladdin, je t'ai appelé, pour t'ordonner de la part de la lampe ta bonne maîtresse, que tu vois, de faire que ce palais soit reporté incessamment à la Chine, au même lieu et à la même place d'où il a été apporté ici. » Le génie, après avoir marqué par une inclination de tête, qu'il alloit obéir, disparut. En effet, le transport se fit, et on ne le sentit que par deux agitations fort légères : l'une, quand il fut enlevé du lieu où il étoit en Afrique, et l'autre, quand il fut posé à la Chine vis-à-vis le palais du sultan ; ce qui se fit dans un intervalle de très-peu de durée.

Aladdin descendit à l'appartement de la princesse ; et alors en l'embrassant : « Princesse, dit-il, je puis vous assurer que votre joie et la mienne seront complètes demain matin. » Comme la princesse n'avoit pas achevé de souper, et qu'Aladdin avoit besoin de manger, la princesse fit apporter du salon aux vingt-quatre croisées les mets qu'on y avoit servis, et auxquels ou n'avoit presque pas touché. La princesse et Aladdin mangèrent ensemble, et burent du bon vin vieux du magicien africain. Après quoi, sans parler de leur entretien, qui ne pouvoit être que très-satisfaisant, ils se retirèrent dans leur appartement.

Depuis l'enlèvement du palais d'Aladdin et de la princesse Badroulboudour, le sultan, père de cette princesse, étoit inconsolable de l'avoir perdue, comme il se l'étoit imaginé. Il ne dormoit presque ni nuit ni jour ; et au lieu d'éviter tout ce qui pouvoit l'entretenir dans son affliction, c'étoit au contraire ce qu'il cherchoint avec plus de soin. Ainsi, au lieu qu'auparavant il n'alloit que le matin au cabinet ouvert de son palais, pour se satisfaire par l'agrément de cette vue dont il ne pouvoit se rassasier, il y alloit plusieurs fois le jour renouveler ses larmes, et se plonger de plus en plus dans les profondes douleurs, par l'idée de ne voir plus ce qui lui avoit tant plu, et d'avoir perdu ce qu'il avoit de plus cher au monde. L'aurore ne faisoit encore que de paroître, lorsque le sultan vint à ce cabinet, le même matin que le palais d'Aladdin venoit d'être rapporté à sa place. En y entrant, il étoit si recueilli en lui-même et si pénétré de sa douleur, qu'il jeta les yeux d'une manière triste du côté de la place où il ne croyoit voir que l'air vuide, sans apercevoir le palais. Mais comme il vit que ce vuide étoit rempli, il s'imagina d'abord que c'étoit l'effet d'un brouillard. Il regarde avec plus d'attention, et il connoît à n'en pas douter, que c'étoit le palais d'Aladdin. Alors la joie et l'épanouissement du cœur succédèrent aux chagrins et à la tristesse. Il retourne à son appartement en pressant le pas, et il commande qu'on lui selle et qu'on lui amène un cheval. On le lui amène, il le monte, il part, et il lui semble qu'il n'arrivera pas assez tôt au palais d'Aladdin.

Aladdin qui avoit prévu ce qui pouvoit arriver, s'étoit levé dès la petite pointe du jour ; et dès qu'il eut pris un des habits les plus magnifiques de sa garde-robe, il étoit monté au salon aux vingt-quatre croisées, d'où il aperçut que le sultan venoit. Il descendit, et il fut assez à temps pour le recevoir au bas du grand escalier, et l'aider à mettre pied à terre. « Aladdin, lui dit le sultan, je ne puis vous parler que je n'aie vu et embrassé ma fille. »

Aladdin conduisit le sultan à l'appartement de la princesse Badroulboudour. Et la princesse qu'Aladdin en se levant a voit avertie de se souvenir qu'elle n'étoit plus en Afrique, mais dans la Chine et dans la ville capitale du sultan son père, voisine de son palais, venoit d'achever de s'habiller. Le sultan l'embrassa à plusieurs fois, le visage baigné de larmes de joie, et la princesse de son côté lui donna toutes les marques du plaisir extrême qu'elle avoit de le revoir.

Le sultan fut quelque temps sans pouvoir ouvrir la bouche pour parler : tant il étoit attendri d'avoir retrouvé sa chère fille, après l'avoir pleurée sincèrement comme perdue ; et la princesse de son côté étoit tout en larmes de la joie qu'elle avoit de revoir le sultan son père.

Le sultan prit enfin la parole : « Ma fille, dit-il, je veux croire que c'est la joie que vous avez de me revoir qui fait que vous me paraissez aussi peu changée que s'il ne vous étoit rien arrivé de fâcheux. Je suis persuadé néanmoins que vous avez beaucoup souffert. On n'est pas transporté dans un palais tout entier, aussi subitement que vous l'avez été, sans de grandes alarmes et de terribles angoisses. Je veux que vous me racontiez ce qui en est, et que vous ne me cachiez rien. »

La princesse se fit un plaisir de donner au sultan son père la satisfaction qu'il demandoit. « Sire, dit la princesse, si je parois si peu changée, je supplie votre Majesté de considérer que je commençai à respirer des hier de grand matin par la présence d'Aladdin mon cher époux et mon libérateur, que j'avois regardé et pleuré comme perdu pour moi, et que le bonheur que je viens d'avoir de l'embrasser, me remet à peu près dans la même assiette qu'auparavant. Toute ma peine néanmoins, à proprement parler, n'a été que de me voir arrachée à votre Majesté et à mon cher époux, non-seulement par rapport à mon inclination à l'égard de mon époux, mais même par l'inquiétude où j'étois sur les tristes effets du courroux de votre Majesté, auquel je ne doutois pas qu'il ne dût être exposé, tout innocent qu'il étoit. J'ai moins souffert de l'insolence de mon ravisseur qui m'a tenu des discours qui ne me plaisoient pas. Je les ai arrêtés par l'ascendant que j'ai su prendre sur lui. D'ailleurs j'étois aussi peu contrainte que je le suis présentement. Pour ce qui regarde le fait de mon enlèvement, Aladdin n'y a aucune part : j'en suis la cause moi seule, mais très-innocente. »

Pour persuader au sultan qu'elle disoit la vérité, elle lui fit le détail du déguisement du magicien africain en marchand de lampes neuves à changer contre des vieilles, et du divertissement qu'elle s'étoit donné en faisant l'échange de la lampe d'Aladdin dont elle ignoroit le secret et l'importance ; de l'enlèvement du palais et de sa personne après cet échange, et du transport de l'un et de l'autre en Afrique avec le magicien africain qui avoit été reconnu par deux de ses femmes et par l'eunuque qui avoit fait l'échange de la lampe, quand il avoit pris la hardiesse de venir se présenter à elle la première fois après le succès de son audacieuse entreprise, et de lui faire la proposition de l'épouser ; enfin de la persécution qu'elle avoit soufferte jusqu'à l'arrivée d'Aladdin ; des mesures qu'ils avoient prises conjointement pour lui enlever la lampe qu'il portoit sur lui ; comment ils y avoient réussi, elle particulièrement en prenant le parti de dissimuler avec lui, et enfin de l'inviter à souper avec elle ; jusqu'au gobelet mixtionné qu'elle lui avoit présenté. « Quant au reste, ajouta-t-elle, je laisse à Aladdin à vous en rendre compte. »

Aladdin eut peu de chose à dire au sultan : « Quand, dit-il, on m'eut ouvert la porte secrète, que j'eus monté au salon aux vingt-quatre croisées, et que j'eus vu le traitre étendu mort sur le sofa par la violence de la poudre ; comme il ne convenoit pas que la princesse restât davantage, je la priai de descendre à son appartement avec ses femmes et ses eunuques. Je restai seul ; et après avoir tiré la lampe du sein du magicien, je me servis du même secret dont il s'étoit servi pour enlever ce palais en ravissant la princesse. J'ai fait en sorte que le palais se trouve en sa place, et j'ai eu le bonheur de ramener la princesse à votre

Majesté, comme elle me l'avoit commandé. Je n'en impose pas à votre Majesté ; et si elle veut se donner la peine de monter au salon, elle verra le magicien puni comme il le méritoit. »

Pour s'assurer entièrement de la vérité, le sultan se leva et monta, et quand il eut vu le magicien africain mort, le visage déjà livide par la violence du poison, il embrassa Aladdin avec beaucoup de tendresse, en lui disant : « Mon fils, ne me sachez pas mauvais gré du procédé dont j'ai usé contre vous ; l'amour paternel m'y a forcé, et je mérite que vous me pardonniez l'excès où je me suis porté. » « Sire, reprit Aladdin, je n'ai pas le moindre sujet de plainte contre la conduite de votre Majesté, elle n'a fait que ce qu'elle devoit faire. Ce magicien, cet infâme, ce dernier des hommes, est la cause unique de ma disgrâce. Quand votre Majesté en aura le loisir, je lui ferai le récit d'une autre malice qu'il m'a faite, non moins noire que celle-ci, dont j'ai été préservé par une grâce de Dieu toute particulière. » « Je prendrai ce loisir exprès, repartit le sultan, et bientôt. Mais songeons à nous rejouir, et faites ôter cet objet odieux. »

Aladdin fit enlever le cadavre du magicien africain, avec ordre de le jeter à la voirie pour servir de pâture aux animaux et aux oiseaux. Le sultan cependant, après avoir commandé que les tambours, les timbales, les trompettes et les autres instrumens annonçassent la joie publique, fit proclamer une fête de dix jours en réjouissance du retour de la princesse Badroulboudonr et d'Aladdin avec son palais.

C'est ainsi qu'Aladdin échappa pour la seconde fois au danger presqu'inévitable de perdre la vie ; mais ce ne fut pas le dernier, il en courut un troisième dont nous allons rapporter les circonstances :

Le magicien africain avoit un frère cadet qui n'étoit pas moins habile que lui dans l'art magique ; on peut même dire qu'il le surpassoit en méchanceté et en artifices pernicieux. Comme ils ne demeuroient pas toujours ensemble ou dans la même ville, et que souvent l'un se trouvoit au levant, pendant que l'autre étoit au couchant, chacun de son côté, ils ne manquoient pas chaque année de s'instruire par la géomance, en quelle partie du monde ils étoient, en quel état ils se trouvoient, et s'ils n'avoient pas besoin du secours l'un de l'autre.

Quelque temps après que le magicien africain eut succombé dans son entreprise contre le bonheur d'Aladdin, son cadet qui n'avoit pas eu de ses nouvelles depuis un an, et qui n'étoit pas en Afrique, mais dans un pays très-éloigné, voulut savoir en quel endroit de la terre il étoit, comment il se portoit, et ce qu'il y faisoit. En quelque lieu qu'il allât, il portoit toujours avec lui son quarré géomantique aussi bien que son frère. Il prend ce quarré, il accommode le sable, il jette les points, il en tire les figures, et enfin il forme l'horoscope. En parcourant chaque figure il trouve que son frère n'étoit plus au monde ; qu'il avoit été empoisonné, et qu'il étoit mort subitement ; que cela étoit arrivé à la Chine, et que c'étoit dans une capitale de la Chine située en tel endroit ; et enfin, que celui par qui il avoit été empoisonné étoit un homme de basse naissance, qui avoit épousé une princesse fille d'un sultan.

Quand le magicien eut appris de la sorte quelle avoit été la triste destinée de son frère, il ne perdit pas de temps en des regrets qui ne lui eussent pas redonné la vie. La résolution prise sur le champ de venger sa mort, il monte à cheval, et il se met en chemin en prenant sa route vers la Chine. Il traverse plaines, rivières, montagnes, déserts ; et après une longue traite, sans s'arrêter en aucun endroit, avec des fatigues incroyables, il arriva enfin à la Chine, et peu de temps après à la capitale que la géomance lui avoit enseignée. Certain qu'il ne s'étoit pas trompé, et qu'il n'avoit pas pris un royaume pour un autre, il s'arrête dans cette capitale et il y prend logement.

Le lendemain de son arrivée, le magicien sort ; et en se promenant par la ville, non pas tant pour en remarquer les beautés qui lui étoient fort indifférentes, que dans l'intention de commencer à prendre des mesures pour l'éxecution de son dessein pernicieux, il s'introduisit dans les lieux les plus fréquentés, et il prêta l'oreille à ce que l'on disoit. Dans un lieu où l'on passoit le temps à jouer à plusieurs sortes de jeux, et où pendant que les uns jouoient, d'autres s'entretenoient, les uns des nouvelles et des affaires du temps, d'autres de leurs propres affaires, il entendit qu'on s'entretenoit et qu'on racontoit des merveilles de la vertu et de la piété d'une femme retirée du monde, nommée Fatime, et même de ses miracles. Comme il crut que cette femme pouvoit lui être utile à quelque chose dans ce qu'il méditoit, il prit à part un de ceux de la compagnie, et il le pria de vouloir bien lui dire plus particulièrement quelle étoit cette sainte femme, et quelle sorte de miracles elle faisoit ?

« Quoi, lui dit cet homme, vous n'avez pas encore vu cette femme ni entendu parler d'elle ? Elle fait l'admiration de toute la ville par ses jeûnes, par ses austérités et par le bon exemple qu'elle donne. À la réserve du lundi et du vendredi, elle ne sort pas de son petit hermitage ; et les jours qu'elle se fait voir par la ville, elle fait des biens infinis, et il n'y a personne affligé du mal de tête, qui ne reçoive la guérison par l'imposition de ses mains. »

Le magicien ne voulut pas en savoir davantage sur cet article ; il demanda seulement au même homme en quel quartier de la ville étoit l'hermitage de cette sainte femme. Cet homme le lui enseigna ; sur quoi, après avoir conçu et arrêté le dessein détestable dont nous allons parler bientôt, afin de le savoir plus sûrement, il observa toutes ses démarches le premier jour qu'elle sortit, après avoir fait cette enquête, sans la perdre de vue jusqu'au soir, qu'il la vit rentrer dans son hermitage. Quand il eut bien remarqué l'endroit, il se retira dans un des lieux que nous avons dit, où l'on buvoit d'une certaine boisson chaude, et où l'on pouvoit passer la nuit si l'on vouloit, particulièrement dans les grandes chaleurs, que l'on aime mieux en ces pays-là coucher sur la natte que dans un lit.

Le magicien après avoir contenté le maître du lieu, en lui payant le peu de dépense qu'il avoit faite, sortit vers le minuit, et il alla droit à l'hermitage de Fatime, la sainte femme : nom sous lequel elle étoit connue dans toute la ville. Il n'eut pas de peine à ouvrir la porte : elle n'étoit fermée qu'avec un loquet ; il le referma sans faire de bruit quand il fut entré, et il aperçut Fatime à la clarté de la lune, couchée à l'air, et qui dormoit sur un sofa garni d'une méchante natte, et appuyée contre sa cellule. Il s'approcha d'elle, et après avoir tiré un poignard qu'il portoit au côté, il l'éveilla.

En ouvrant les yeux, la pauvre Fatime fut fort étonnée de voir un homme prêt à la poignarder. En lui appuyant le poignard contre le cœur, prêt à l'y enfoncer : « Si tu cries, dit-il, ou si tu fais le moindre bruit, je te tue ; mais lève-toi, et fais ce que je te dirai. »

Fatime qui étoit couchée dans son habit, se leva en tremblant de frayeur. « Ne crains pas, lui dit le magicien, je ne demande que ton habit, donne-le-moi et prends le mien. Ils firent l'échange d'habit ; et quand le magicien se fut habillé de celui de Fatime, il lui dit : « Colore-moi le visage comme le tien, de manière que je te ressemble, et que la couleur ne s'efface pas. » Comme il vit qu'elle trembloit encore, pour la rassurer, et afin qu'elle fît ce qu'il souhaitoit avec plus d'assurance, il lui dit : « Ne crains pas, te dis-je encore une fois, je te jure parle nom de Dieu que je te donne la vie. » Fatime le fit entrer dans sa cellule, elle alluma sa lampe ; et en prenant d'une certaine liqueur dans un vase avec un pinceau, elle lui en frotta le visage, et lui assura que la couleur ne changeront pas et qu'il avoit le visage de la même couleur qu'elle, sans différence. Elle lui mit ensuite sa propre coiffure sur la tête, avec un voile, dont elle lui enseigna comment il falloit qu'il se cachât le visage en allant par la ville. Enfin, après qu'elle lui eut mis autour du cou un gros chapelet qui lui pendoit par-devant jusqu'au milieu du corps, elle lui mit a la main le même bâton qu'elle avoit coutume de porter ; et en lui présentant un miroir : « Regardez, dit-elle, vous verrez que vous me ressemblez on ne peut pas mieux. » Le magicien se trouva comme il l'avoit souhaité ; mais il ne tint pas à la bonne Fatime le serment qu'il lui avoit fait si solennellement. Afin qu'on ne vît pas de sang en la perçant de son poignard, il l'étrangla ; et quand il vit qu'elle avoit rendu l'ame, il traîna son cadavre par les pieds jusqu'à la citerne de l'hermitage, et il la jeta dedans.

Le magicien déguisé ainsi en Fatime la sainte femme, passa le reste de la nuit dans l'hermitage, après s'être souillé d'un meurtre si détestable. Le lendemain à une heure ou deux du matin, quoique dans un jour que la sainte femme n'avoit pas coutume de sortir, il ne laissa pas de le faire, bien persuadé qu'on ne l'interrogeroit pas là-dessus, et au cas qu'on l'interrogeât, prêt à répondre. Comme une des premières choses qu'il avoit faite en arrivant, avoit été d'aller reconnoître le palais d'Aladdin, et que c'étoit là qu'il avoit projeté de jouer son rôle, il prit son chemin de ce côté-là.

Dès qu'on eut aperçu la sainte femme, comme tout le peuple se l'imagina, le magicien fut bientôt environné d'une grande affluence de monde. Les uns se recommandoient à ses prières, d'autres lui baisoient la main, d'autres plus réservés ne lui baisoient que le bas de sa robe ; et d'autres, soit qu'ils eussent mal à la tête, ou que leur intention fût seulement d'en être préservés, s'inclinoient devant lui, afin qu'il leur imposât les mains ; ce qu'il faisoit en marmottant quelques paroles en guise de prières ; et il imitoit si bien la sainte femme, que tout le monde le prenoit pour elle. Après s'être arrêté souvent pour satisfaire ces sortes de gens qui ne recevoient ni bien ni mal de cette sorte d'imposition de mains, il arriva enfin dans la place du palais d'Aladdin, où, comme l'affluence fut plus grande, l'empressement fut aussi plus grand à qui s'approcheroit de lui. Les plus forts et les plus zélés fendoient la foule pour se faire place ; et de là s'élevèrent des querelles dont le bruit se fit entendre du salon aux vingt-quatre croisées où étoit la princesse Badroulboudour.

La princesse demanda ce que c'étoit que ce bruit ; et comme personne ne put lui en rien dire, elle commanda qu'on allât voir, et qu'on vînt lui en rendre compte. Sans sortir du salon, une de ses femmes regarda par une jalousie, et elle revint lui dire que le bruit venoit de la foule du monde qui environnoit la sainte femme pour se faire guérir du mal de tête par l'imposition de ses mains.

La princesse qui depuis longtemps avoit entendu dire beaucoup de bien de la sainte femme, mais qui ne l'avoit pas encore vue, eut la curiosité de la voir et de s'entretenir avec elle. Comme elle en eut témoigné quelque chose, le chef de ses eunuques qui étoit présent, lui dit que si elle le souhaitait, il étoit aisé de la faire venir, et qu'elle n'avoit qu'à commander. La princesse y consentit ; et aussitôt il détacha quatre eunuques, avec ordre d'amener la prétendue sainte femme.

Dès que les eunuques furent sortis de la porte du palais d'Aladdin, qu'on eut vu qu'ils venoient du côté où étoit le magicien déguisé, la foule se dissipa ; et quand il fut libre, et qu'il eut vu qu'ils venoient à lui, il fit une partie du chemin avec d'autant plus de joie qu'il voyoit que sa fourberie prenoit un bon chemin. Celui des eunuques qui prit la parole, lui dit : « Sainte femme, la princesse veut vous voir ; venez, suivez-nous. » « La princesse me fait bien de l'honneur, reprit la feinte Fatime, je suis prête à lui obéir. » Et en même temps elle suivit les eunuques, qui avoient déjà repris le chemin du palais.

Quand le magicien, qui sous un habit de sainteté, cachoit un cœur diabolique, eut été introduit dans le salon aux vingt-quatre croisées, et qu'il eut aperçu la princesse, il débuta par une prière qui contenoit une longue énumération de vœux et de souhaits pour sa santé, pour sa prospérité, et pour l'accomplissement de tout ce qu'elle pouvoit désirer. Il déploya ensuite toute sa rhétorique d'imposteur et d'hypocrite pour s'insinuer dans l'esprit de la princesse, sous le manteau d'une grande piété ; et il lui fut d'autant plus aisé de réussir, que la princesse qui étoit bonne naturellement, étoit persuadée que tout le monde étoit bon comme elle, ceux et celles particulièrement qui faisoient profession de servir Dieu dans la retraite.

Quand la fausse Fatime eut achevé sa longue harangue : « Ma bonne mère, lui dit la princesse, je vous remercie de vos bonnes prières, j'y ai grande confiance, et j'espère que Dieu les exaucera ; approchez-vous, asseyez-vous près de moi. » La fausse Fatime s'assit avec une modestie affectée ; et alors, en reprenant la parole : « Ma bonne mère, dit la princesse, je vous demande une chose qu'il faut que vous m'accordiez, ne me refusez pas, je vous en prie : c'est que vous demeuriez avec moi, afin que vous m'entreteniez de votre vie, et que j'apprenne de vous et par vos bons exemples, comment je dois servir Dieu. »

« Princesse, dit alors la feinte Fatime, je vous supplie de ne pas exiger de moi une chose à laquelle je ne puis consentir sans me détourner et me distraire de mes prières et de mes exercices de dévotion. » « Que cela ne vous fasse pas de peine, reprit la princesse, j'ai plusieurs appartemens qui ne sont pas occupés, vous choisirez celui qui vous conviendra le mieux, et vous y ferez tous vos exercices avec la même liberté que dans votre hermitage. »

Le magicien qui n'avoit d'autre but que de s'introduire dans le palais d'Aladdin, où il lui seroit plus aisé d'exécuter la méchanceté qu'il méditoit, en y demeurant sous les auspices et la protection de la princesse, que s'il eût été obligé d'aller et de venir de l'hermitage au palais, et du palais à l'hermitage, ne fit pas de plus grandes instances pour s'excuser d'accepter l'offre obligeante de la princesse. « Princesse, dit-il, quelque résolution qu'une femme pauvre et misérable comme je le suis, ait faite de renoncer au monde, à ses pompes et à ses grandeurs, je n'ose prendre la hardiesse de résister à la volonté et au commandement d'une princesse si pieuse et si charitable. »

Sur cette réponse du magicien, la princesse en se levant elle-même, lui dit : « Levez-vous, et venez avec moi, que je vous fasse voir les appartemens vuides que j'ai, afin que vous choisissiez. » Il suivit la princesse Badroulboudour ; et de tous les appartemens qu'elle lui fit voir, qui étoient très-propres et très-bien meublés, il choisit celui qui lui parut l'être moins que les autres, en disant par hypocrisie qu'il étoit trop bon pour lui, et qu'il ne le choisissoit que pour complaire à la princesse.

La princesse voulut remener le fourbe au salon aux vingt-quatre croisées, pour le faire dîner avec elle ; mais comme pour manger il eût fallu qu'il se fût découvert le visage qu'il avoit toujours eu voilé jusqu'alors, et qu'il craignit que la princesse ne reconnût qu'il n'étoit pas Fatime la sainte femme, comme elle le croyoit, il la pria avec tant d'instance de l'en dispenser, en lui représentant qu'il ne mangeoit que du pain et quelques fruits secs, et de lui permettre de prendre son petit repas dans son appartement, qu'elle le lui accorda. « Ma bonne mère, lui dit-elle, vous êtes libre, faites comme si vous étiez dans votre hermitage ; je vais vous faire apporter à manger ; mais souvenez-vous que je vous attends, dès que vous aurez pris votre repas. »

La princesse dîna, et la fausse Fatime ne manqua pas de venir la retrouver dès qu'elle eut appris par un eunuque qu'elle avoit prié de l'en avertir, qu'elle étoit sortie de table. « Ma bonne mère, lui dit la princesse, je suis ravie de posséder une sainte femme comme vous, qui va faire la bénédiction de ce palais. À propos de ce palais, comment le trouvez-vous ? Mais avant que je vous le fasse voir pièce par pièce, dites-moi premièrement ce que vous pensez de ce salon ? »

Sur cette demande la fausse Fatime, qui pour mieux jouer son rôle, avoit affecté jusqu'alors d'avoir la tête baissée, sans même la détourner pour regarder d'un côté ou de l'autre, la leva enfin, et parcourut le salon des yeux d'un bout jusqu'à l'autre ; et quand elle l'eut bien considéré : « Princesse, dit-elle, ce salon est véritablement admirable et d'une grande beauté. Autant néanmoins qu'en peut juger une solitaire, qui ne s'entend pas à ce qu'on trouve beau dans le monde, il me semble qu'il y manque une chose. » « Quelle chose, ma bonne mère, reprit la princesse Badroulboudour ? Apprenez-le-moi, je vous en conjure. Pour moi j'ai cru, et l'avois entendu dire ainsi, qu'il n'y manquoit rien. S'il y manque quelque chose, j'y ferai remédier. »

« Princesse, repartit la fausse Fatime avec une grande dissimulation, pardonnez-moi la liberté que je prends ; mon avis, s'il peut être de quelqu'importance, seroit, que si au haut et au milieu de ce dôme, il y avoit un œuf de roc suspendu, ce salon n'auroit point de pareil dans les quatre parties du monde, et votre palais seroit la merveille de l'univers. »

« La bonne mère, demanda la princesse, quel oiseau est-ce que le roc, et où pourroit-on en trouver un œuf ? » « Princesse, répondit la fausse Fatime, c'est un oiseau d'une grandeur prodigieuse, qui habite au plus haut du mont Caucase : l'architecte de votre palais peut vous en trouver un. »

Après avoir remercié la fausse Fatime de son bon avis, à ce qu'elle croyoit, la princesse Badroulboudour continua de s'entretenir avec elle sur d'autres sujets ; mais elle n'oublia pas l'œuf de roc, qui fit qu'elle compta bien d'en parler à Aladdin dès qu'il seroit revenu de la chasse. Il y avoit six jours qu'il y étoit allé ; et le magicien qui ne l'avoit pas ignoré, avoit voulu profiter de son absence. Il revint le même jour sur le soir, dans le temps que la fausse Fatime venoit de prendre congé de la princesse, et de se retirer à son appartement. En arrivant, il monta à l'appartement de la princesse, qui venoit d'y rentrer. Il la salua, et il l'embrassa ; mais il lui parut qu'elle le recevoit avec un peu de froideur. « Ma princesse, dit-il, je ne retrouve pas en vous la même gaieté que j'ai coutume d'y trouver. Est-il arrivé quelque chose pendant mon absence qui vous ait déplu et causé du chagrin ou du mécontentement ? Au nom de Dieu, ne me le cachez pas, il n'y a rien que je ne fasse pour vous le faire dissiper, s'il est en mon pouvoir ! » « C'est peu de chose, reprit la princesse, et cela me donne si peu d'inquiétude, que je n'ai pas cru qu'il eût rejailli sur mon visage pour vous en faire apercevoir. Mais puisque contre mon attente vous y apercevez quelqu'altération, je ne vous en dissimulerai pas la cause, qui est de très-peu de conséquence. J'avois cru avec vous, continua la princesse Badroulboudour, que notre palais étoit le plus superbe, le plus magnifique et le plus accompli qu'il y eût au monde. Je vous dirai néanmoins ce qui m'est venu dans la pensée après avoir bien examiné le salon aux vingt-quatre croisées. Ne trouvez-vous pas comme moi, qu'il n'y auroit plus rien à désirer, si un œuf de roc étoit suspendu au milieu de l'enfoncement du dôme ? » « Princesse, repartit Aladdin, il suffit que vous trouviez qu'il y manque un œuf de roc, pour que j'y trouve le même défaut. Vous verrez par la diligence que je vais apporter à le réparer, qu'il n'y a rien que je ne fasse pour l'amour de vous. »

Dans le moment, Aladdin quitta la princesse Badroulboudour, il monta au salon aux vingt-quatre croisées ; et là, après avoir tiré de son sein la lampe qu'il portoit toujours sur lui, en quelque lieu qu'il allât, depuis le danger qu'il avoit couru pour avoir négligé de prendre cette précaution, il la frotta. Aussitôt le génie se présenta devant lui. « Génie, lui dit Aladdin, il manque à ce dôme un œuf de roc suspendu au milieu de l'enfoncement ; je te demande au nom de lampe, que je tiens, que tu fasses en sorte que ce défaut soit réparé. »

Aladdin n'eut pas achevé de prononcer ces paroles, que le génie fit un cri si bruyant et si épouvantable, que le salon en fut ébranlé, et qu'Aladdin en chancela prêt à tomber de son haut. « Quoi, misérable, lui dit le génie d'une voix à faire trembler l'homme le plus assuré, ne te suffit-il pas que mes compagnons et moi nous ayons fait toute chose en ta considération, pour me demander, par une ingratitude qui n'a pas de pareille, que je t'apporte mon maître et que je le pende au milieu de la voûte de ce dôme ? Cet attentat mériteroit que vous fussiez réduits en cendre sur-le-champ, toi, ta femme et ton palais. Mais tu es heureux de n'en être pas l'auteur, et que la demande ne vienne pas directement de ta part. Apprends quel en est le véritable auteur : c'est le frère du magicien africain, ton ennemi, que tu as exterminé comme il le méritoit. Il est dans ton palais, déguisé sous l'habit de Fatime, la sainte femme, qu'il a assassinée ; et c'est lui qui a suggéré à ta femme de faire la demande pernicieuse que tu m'as faite. Son dessein est de te tuer ; c'est à toi d'y prendre garde. » Et en achevant ces mots il disparut.

Aladdin ne perdit pas une des dernières paroles du génie ; il avoit entendu parler de Fatime la sainte femme, et il n'ignoroit pas de quelle manière elle guérissoit le mal de tête, à ce que l'on prétendoit. Il revint à l'appartement de la princesse, et sans parler de ce qui venoit de lui arriver, il s'assit en disant qu'un grand mal de tête venoit de le prendre tout-à-coup, et en s'appuyant la main contre le front. La princesse commanda aussitôt qu'on fît venir la sainte femme ; et pendant qu'on alla l'appeler, elle raconta à Aladdin à quelle occasion elle se trouvoit dans le palais, où elle lui avoit donné un appartement.

La fausse Fatime arriva ; et dès qu'elle fut entrée : « Venez, ma bonne mère, lui dit Aladdin, je suis bien aise de vous voir, et de ce que mon bonheur veut que vous vous trouviez ici. Je suis tourmenté d'un furieux mal de tête qui vient de me saisir. Je demande votre secours par la confiance que j'ai en vos bonnes prières, et j'espère que vous ne me refuserez pas la grâce que vous faites à tant d'affligés de ce mal. » En achevant ces paroles, il se leva en baissant la tête ; et la fausse Fatime s'avança de son côté, mais en portant la main sur un poignard qu'elle avoit à sa ceinture sous sa robe. Aladdin qui l'observoit, lui saisit la main, avant qu'elle l'eût tiré, et en lui perçant le cœur du sien, il la jeta morte sur le plancher.

« Mon cher époux, qu'avez-vous fait, s'écria la princesse dans sa surprise ? Vous avez tué la sainte femme ! » « Non, ma princesse, répondit Aladdin sans s'émouvoir, je n'ai pas tué Fatime ; mais un scélérat qui m'alloit assassiner, si je ne l'eusse prévenu. C'est ce méchant homme que vous voyez, ajouta-t-il en le dévoilant, qui a étranglé Fatime que vous avez cru regretter en m'accusant de sa mort, et qui s'étoit déguisé sous son habit pour me poignarder. Et afin que vous le connoissiez mieux il étoit frère du magicien africain votre ravisseur. » Aladdin lui raconta ensuite par quelle voie il avoit appris ces particularités, après quoi il fit enlever le cadavre.

C'est ainsi qu'Aladdin fut délivré de la persécution des deux frères magiciens. Peu d'années après le sultan mourut dans une grande vieillesse. Comme il ne laissa pas d'enfans mâles, la princesse Badroulboudour en qualité de légitime héritière, lui succéda et communiqua la puissance suprême à Aladdin. Ils régnèrent ensemble de longues années, et laissèrent une illustre postérité.

« Sire, dit la sultane Scheherazade en achevant l'histoire des aventures arrivées à l'occasion de la lampe merveilleuse, votre Majesté, sans doute, aura remarqué dans la personne du magicien africain, un homme abandonné à la passion démesurée de posséder des trésors par des voies condamnables, qui lui en découvrirent d'immenses, dont il ne jouit point parce qu'il s'en rendit indigne. Dans Aladdin, elle voit au contraire un homme qui, d'une basse naissance, s'élève jusqu'à la royauté en se servant des mêmes trésors qui lui viennent sans les chercher, seulement à mesure qu'il en a besoin pour parvenir à la fin qu'il s'est proposée. Dans le sultan, elle aura appris combien un monarque bon, juste et équitable, court de dangers et risque même d'être détrôné, lorsque par une injustice criante, et contre toutes les règles de l'équité, il ose par une promptitude déraisonnable condamner un innocent sans vouloir l'entendre dans sa justification. Enfin elle aura eu horreur des abominations de deux scélérats magiciens, dont l'un sacrifie sa vie pour posséder des trésors, et l'autre sa vie et sa religion à la vengeance d'un scélérat comme lui, et qui comme lui aussi reçoit le châtiment de sa méchanceté. »

Le sultan des Indes témoigna à la sultane Scheherazade, son épouse, qu'il étoit très-satisfait des prodiges qu'il venoit d'entendre de la lampe merveilleuse, et que les contes qu'elle lui faisoit chaque nuit, lui faisoient beaucoup de plaisir. En effet, ils étoient divertissans et presque toujours assaisonnés d'une bonne morale. Il voyoit bien que la sultane les faisoit adroitement succéder les uns aux autres, et il n'étoit pas fâché qu'elle lui donnât occasion, par ce moyen, de tenir en suspens à son égard, l'exécution du serment qu'il avoit fait si solennellement de ne garder une femme qu'une nuit, et de la faire mourir le lendemain. Il n'avoit presque plus d'autre pensée que de voir s'il ne viendroit point à bout de lui en faire tarir le fond.

Dans cette intention, après avoir entendu la fin de l'histoire d'Aladdin et de Badroulboudour, toute différente de ce qui lui avoit été raconté jusqu'alors, dès qu'il fut éveillé, il prévint Dinarzade, et il l'éveilla lui-même, en demandant à la sultane qui venoit de s'éveiller aussi, si elle étoit à la fin de ses contes ?

« À la fin de mes contes, Sire, répondit la sultane en se récriant à cette demande ! J'en suis bien éloignée : le nombre en est si grand, qu'il ne me seroit pas possible à moi-même d'en dire le compte précisément à votre Majesté. Ce que je crains, Sire, c'est qu'à la fin votre Majesté ne s'ennuie et ne se lasse de m'entendre, plutôt que je manque de quoi l'entretenir sur cette matière. »

« Ôtez-vous cette crainte de l'esprit, reprit le sultan, et voyons ce que vous avez de nouveau à me raconter. »

La sultane Scheherazade, encouragée par ces paroles du sultan des Indes, commença de lui raconter une nouvelle histoire en ces termes : « Sire, dit-elle, j'ai entretenu plusieurs fois votre Majesté de quelques aventures arrivés au fameux calife Haroun Alraschild ; il lui en est arrivé grand nombre d'autres, dont celle que voici n'est pas moins digne de votre curiosité. »

LES AVENTURES DU CALIFE HAROUN ALRASCHILD.

QUELQUEFOIS, comme votre Majesté ne l'ignore pas, et comme elle peut l'avoir expérimenté par elle-même, nous sommes dans des transports de joie si extraordinaires, que nous communiquons d'abord cette passion à ceux qui nous approchent, ou que nous participons aisément à la leur. Quelquefois aussi nous sommes dans une mélancolie si profonde, que nous sommes insupportables à nous-mêmes et que bien loin d'en pouvoir dire la cause si on nous la demandoit, nous ne pourrions la trouver nous-mêmes si nous la cherchions.

Le calife étoit un jour dans cette situation d'esprit, quand Giafar, son grand visir, fidèle et aimé, vint se présenter devant lui. Ce ministre le trouva seul, ce qui lui arrivoit rarement ; et comme il s'aperçut en s'avançant, qu'il étoit enseveli dans une humeur sombre, et même qu'il ne levoit pas les yeux pour le regarder, il s'arrêta en attendant qu'il daignât les jeter sur lui.

Le calife enfin leva les yeux, et regarda Giafar ; mais il les détourna aussitôt, en demeurant dans la même posture, aussi immobile qu'auparavant.

Comme le grand-visir ne remarqua rien de fâcheux dans les yeux du calife qui le regardât personnellement, il prit la parole. « Commandeur des croyans, dit-il, votre Majesté me permet-elle de lui demander d'où peut venir la mélancolie qu'elle fait paroître, et dont il m'a toujours paru qu'elle étoit si peu susceptible ? » « Il est vrai, visir, répondit le calife en changeant de situation, que j'en suis peu susceptible ; et sans toi, je ne me serois pas aperçu de celle où tu me trouves, et dans laquelle je ne veux pas demeurer davantage. S'il n'y a rien de nouveau qui t'ait obligé de venir, tu me feras plaisir d'inventer quelque chose pour me la faire dissiper. »

« Commandeur des croyans, reprit le grand-visir Giafar, mon devoir seul m'a obligé de me rendre ici, et je prends la liberté de faire souvenir à votre Majesté qu'elle s'est imposé elle-même un devoir de s'éclaircir en personne de la bonne police qu'elle veut qui soit observée dans sa capitale et aux environs. C'est aujourd'hui le jour qu'elle a bien voulu se prescrire pour s'en donner la peine ; et c'est l'occasion la plus propre qui s'offre d'elle-même pour dissiper les nuages qui offusquent sa gaieté ordinaire. »

« Je l'avois oublié, répliqua le calife, et tu m'en fais ressouvenir fort à propos : va donc changer d'habit pendant que je ferai la même chose de mon côté. »

Ils prirent chacun un habit de marchand étranger ; et sous ce déguisement ils sortirent seuls par une porte secrète du jardin du palais qui donnoit sur la campagne. Ils firent une partie du circuit de la ville par les dehors, jusqu'aux bords de l'Euphrate, à une distance assez éloignée de la porte de la ville, qui étoit de ce côté-là, sans avoir rien observé qui fût contre le bon ordre. Ils traversèrent ce fleuve sur le premier bateau qui se présenta ; et après avoir achevé le tour de l'autre partie de la ville, opposée à celle qu'ils venoient de quitter, ils reprirent le chemin du pont qui en faisoit la communication.

Ils passèrent ce pont, au bout duquel ils rencontrèrent un aveugle assez âgé, qui demandoit l'aumône. Le calife se détourna et lui mit une pièce de monnoie d'or dans la main.

L'aveugle à l'instant lui prit la main et l'arrêta.

« Charitable personne, dit-il, qui que vous soyez, que Dieu a inspiré de me faire l'aumône, ne me refusez pas la grâce que je vous demande de me donner un soufflet : je l'ai mérité et même un plus grand châtiment. »

En achevant ces paroles, il quitta la main du calife pour lui laisser la liberté de lui donner le soufflet ; mais de crainte qu'il ne passât outre sans le faire, il le prit par son habit.

Le calife surpris de la demande et de l'action de l'aveugle : « Bonhomme, dit-il, je ne puis t'accorder ce que tu me demandes. Je me garderai bien d'effacer le mérite de mon aumône par le mauvais traitement que tu prétends que je te fasse. » Et en achevant ces paroles, il fit un effort pour faire quitter prise à l'aveugle.

L'aveugle qui s'étoit douté de la répugnance de son bienfaiteur, par l'expérience qu'il en avoit depuis long-temps, fit un plus grand effort pour le retenir.

« Seigneur, reprit-il, pardonnez-moi ma hardiesse et mon importunité ; donnez-moi, je vous prie, un soufflet, ou reprenez votre aumône ; je ne puis la recevoir qu'à cette condition, sans contrevenir à un serment solennel que j'en ai fait devant Dieu ; et si vous en saviez la raison, vous tomberiez d'accord avec moi, que la peine en est très-légère. »

Le calife, qui ne vouloit pas être retardé plus long-temps, céda à l'importunité de l'aveugle, et lui donna un soufflet assez léger. L'aveugle quitta prise aussitôt en le remerciant et en le bénissant. Le calife continua son chemin avec le grand visir ; mais à quelques pas de là, il dit au visir : « Il faut que le sujet qui a porté cet aveugle à se conduire ainsi avec tous ceux qui lui font l'aumône, soit un sujet grave. Je serois bien aise d'en être informé : ainsi retourne, et dis-lui qui je suis, qu'il ne manque pas de se trouver demain au palais, au temps de la prière de l'après-dînée, et que je veux lui parler. »

Le grand visir retourna sur ses pas, fit son aumône à l'aveugle ; et après lui avoir donné un soufflet, il lui donna l'ordre, et il revint rejoindre le calife.

Ils rentrèrent dans la ville, et en passant par une place, ils y trouvèrent grand nombre de spectateurs qui regardoient un homme jeune et bien mis, monté sur une cavale qu'il poussoit à toute bride autour de la place, et qu'il maltraitoit cruellement à coups de fouet et d'éperons, sans aucun relâche, de manière qu'elle étoit tout en écume et tout en sang.

Le calife étonné de l'inhumanité du jeune homme, s'arrêta pour demander si l'on savoit quel sujet il avoit de maltraiter ainsi sa cavale, et il apprit qu'on l'ignoroit, mais qu'il y avoit déjà quelque temps que chaque jour à la même heure il lui faisoit faire ce pénible exercice.

Ils continuèrent de marcher ; et le calife dit au grand visir de bien remarquer cette place, et de ne pas manquer de lui faire venir demain ce jeune homme à la même heure que l'aveugle.

Avant que le calife arrivât au palais, dans une rue par où y il avoit long-temps qu'il n'avoit passé, il remarqua un édifice nouvellement bâti, qui lui parut être l'hôtel de quelque seigneur de la cour. Il demanda au grand visir s'il savoit à qui il appartenoit ? Le grand visir répondit qu'il l'ignoroit, mais qu'il alloit s'en informer.

En effet, il interrogea un voisin qui lui dit que cette maison appartenoit à Gogia Hassan, surnommé Alhabbal, à cause de la profession de cordier, qu'il lui avoit vu lui-même exercer dans une grande pauvreté, et que sans savoir par quel endroit la fortune l'avoit favorisé, il avoit acquis de si grands biens, qu'il soutenoit fort honorablement et splendidement la dépense qu'il avoit faite à la faire bâtir.

Le grand visir alla rejoindre le calife, et lui rendit compte de ce qu'il venoit d'apprendre. « Je veux voir ce Gogia Hassan Alhabbal, lui dit le calife ; va lui dire qu'il se trouve aussi demain à mon palais à la même heure que les deux autres. » Le grand visir ne manqua pas d'exécuter les ordres du calife.

Le lendemain, après la prière de l'après-dînée, le calife entra dans son appartement ; et le grand visir y introduisit aussitôt les trois personnages dont nous avons parlé, et les présenta au calife.

Ils se prosternèrent tous trois devant le trône du sultan ; et quand ils furent relevés, le calife demanda à l'aveugle comment il s'appeloit ?

« Je me nomme Baba-Abdalla ; répondit l'aveugle. »

« Baba-Abdalla, reprit le calife, ta manière de demander l'aumône me parut hier si étrange, que si je n'eusse été retenu par de certaines considérations, je me fusse bien gardé d'avoir la complaisance que j'eus pour toi, je t'aurois empêché dès-lors de donner davantage au public le scandale que tu lui donnes. Je t'ai donc fait venir ici pour savoir de toi quel est le motif qui t'a poussé à faire un serment aussi indiscret que le tien ; et sur ce que tu vas me dire, je jugerai si tu as bien fait, et si je dois te permettre de continuer une pratique qui me paroît d'un très-mauvais exemple. Dis-moi donc, sans me rien déguiser, d'où t'est venue cette pensée extravagante : ne me cache rien, car je veux le savoir absolument. »

Baba-Abdalla, intimidé par cette réprimande, se prosterna une seconde fois le front contre terre devant le trône du calife ; et après s'être relevé : « Commandeur des croyans, dit-il aussitôt, je demande très-humblement pardon à votre Majesté de la hardiesse avec laquelle j'ai osé exiger d'elle et la forcer de faire une chose qui, à la vérité, paroît hors du bon sens. Je reconnois mon crime, mais comme je ne connoissois pas alors votre Majesté, j'implore sa clémence, et j'espère qu'elle aura égard à mon ignorance. Quant à ce qu'il lui plaît de traiter ce que je fais d'extravagance, j'avoue que c'en est une, et mon action doit paroître telle aux yeux des hommes ; mais à l'égard de Dieu, c'est une pénitence très-modique d'un péché énorme dont je suis coupable, et que je n'expierois pas, quand tous les mortels m'accableroient de soufflets les uns après les autres. C'est de quoi votre Majesté sera le juge elle-même, quand par le récit de mon histoire que je vais lui raconter, en obéissant à ses ordres, je lui aurai fait connoître quelle est cette faute énorme :

HISTOIRE DE L'AVEUGLE BABA-ABDALLA.

« COMMANDEUR des croyans, continua Baba-Abdalla, je suis né à Bagdad, avec quelques biens dont je devois hériter de mon père et de ma mère, qui moururent tous deux à peu de jours près l'un de l'autre. Quoique je fusse dans un âge peu avancé, je n'en usai pas néanmoins en jeune homme, qui les eût dissipés en peu de temps par des dépenses inutiles et dans la débauche. Je n'oubliai rien au contraire pour les augmenter par mon industrie, par mes soins et par les peines que je me donnois. Enfin, j'étois devenu assez riche pour posséder à moi seul quatre-vingts chameaux, que je louois aux marchands des caravanes, et qui me valaient de grosses sommes chaque voyage que je faisois en différens endroits de l'étendue de l'empire de votre Majesté, où je les accompagnois.

» Au milieu de ce bonheur, et avec un puissant désir de devenir encore plus riche, un jour comme je venois de Balsora à vuide, avec mes chameaux que j'y avois conduits chargés de marchandises d'embarquement pour les Indes, et que je les faisais paître dans un lieu fort éloigné de toute habitation, et où le bon pâturage m'avoit fait arrêter, un derviche à pied qui alloit à Balsora, vint m'aborder, et s'assit auprès de moi pour se délasser. Je lui demandai d'où il venait, et ou il alloit ? Il me fit les mêmes demandes ; et après qui nous eûmes satisfait notre curiosité de part et d'autre, nous mimes nos provisions en commun, et nous mangeâmes ensemble.

» En faisant notre repas, après nous être entretenus de plusieurs choses indifférentes, le derviche me dit que dans un lieu peu éloigné de celui où nous étions, il avoit connoissance d'un trésor plein de tant de richesses immenses, que quand mes quatre-vingts chameaux seroient chargés de l'or et des pierreries qu'on en pouvoit tirer, il ne paroîtroit presque pas qu'on en eût rien enlevé.

» Cette bonne nouvelle me surprit et me charma en même temps. La joie que je ressentis en moi-même, faisoit que je ne me possédois plus. Je ne croyois pas le derviche capable de m'en faire accroire ; ainsi je me jetai à son cou, en lui disant : « Bon derviche, je vois bien que vous vous souciez peu des biens du monde ; ainsi à quoi peut vous servir la connoissance de ce trésor ? Vous êtes seul, et vous ne pouvez en emporter très-peu de chose. Enseignez-moi où il est, j'en chargerai mes quatre-vingts chameaux, et je vous en ferai présent d'un en reconnoissance du bien et du plaisir que vous m'aurez fait. »

» J'offrois peu de chose, il est vrai, mais c'étoit beaucoup à ce qu'il me paroissoit, par rapport à l'excès d'avarice qui s'étoit emparé tout-à-coup de mon cœur, depuis qu'il m'avoit fait cette confidence ; et je regardois les soixante-dix-neuf charges qui devoient rester comme presque rien, en comparaison de celle dont je me privérois, en la lui abandonnant.

» Le derviche qui vit ma passion étrange pour les richesses, ne se scandalisant pourtant pas de l'offre déraisonnable que je venois de lui faire : « Mon frère, me dit-il sans s'émouvoir, vous voyez bien vous-même que ce que vous m'offrez n'est pas proportionné au bienfait que vous demandez de moi. Je pouvois me dispenser de vous parler du trésor et garder mon secret ; mais ce que j'ai bien voulu vous en dire, peut vous faire connoître la bonne intention que j'avois et que j'ai encore de vous obliger et de vous donner lieu de vous souvenir de moi à jamais, en faisant votre fortune et la mienne. J'ai donc une autre proposition plus juste et plus équitable à vous faire ; c'est à vous de voir si elle vous accommode. Vous dites, continua le derviche, que vous avez quatre-vingts chameaux ; je suis prêt à vous mener au trésor, nous les chargerons vous et moi d'autant d'or et de pierreries qu'ils en pouront porter, à condition que quand nous les aurons chargés, vous m'en céderez la moitié avec leur charge, et que vous retiendrez pour vous l'autre moitié ; après quoi nous nous séparerons, et les emmènerons où bon nous semblera, vous de votre côté, et moi du mien. Vous voyez que le partage n'a rien qui ne soit dans l'équité, et que si vous me faites grâce de quarante chameaux, vous aurez aussi par mon moyen de quoi en acheter un millier d'autres. »

» Je ne pouvois disconvenir que la condition que le derviche me proposoit, ne fût très-équitable. Sans avoir égard néanmoins aux grandes richesses qui pouvoient m'en revenir, en l'acceptant, je regardois comme une grande perte la cession de la moitié de mes chameaux, particulièrement quand je considérois que le derviche ne seroit pas moins riche que moi. Enfin je payois déjà d'ingratitude un bienfait purement gratuit que je n'avois pas encore reçu du derviche ; mais il n'y avoit pas à balancer : il falloit accepter la condition, ou me résoudre à me repentir toute ma vie d'avoir, par ma faute, perdu l'occasion de me faire une haute fortune.

» Dans le moment même je rassemblai mes chameaux, et nous partîmes ensemble. Après avoir marché quelque temps, nous arivâmes dans un vallon assez spacieux, mais dont l'entrée étoit fort étroite. Mes chameaux ne purent passer qu'un à un ; mais comme le terrain s'élargissoit, ils trouvèrent moyen d'y tenir tous ensemble sans s'embarrasser. Les deux montagnes qui formoient ce vallon en se terminant en un demicercle à l'extrémité, étoient si élevées, si scarpées et si impraticables, qu'il n'y avoit pas à craindre qu'aucun mortel nous pût jamais apercevoir.

» Quand nous fûmes arrivés entre ces deux montagnes : « N'allons pas plus loin, me dit le derviche, arrêtez vos chameaux, et faites-les coucher sur le ventre dans l'espace que vous voyez, afin que nous n'ayons pas de peine à les charger ; et quand vous aurez fait, je procéderai à l'ouverture du trésor. »

» Je fis ce que le derviche m'avoit dit, et je l'allai rejoindre aussitôt. Je le trouvai un fusil à la main qui amassoit un peu de bois sec pour faire du feu. Sitôt qu'il en eut fait, il y jeta du parfum en prononçant quelques paroles dont je ne compris pas bien le sens, et aussitôt une grosse fumée s'éleva en l'air. Il sépara cette fumée ; et dans le moment, quoique le roc qui étoit entre les deux montagnes, et qui s'élevoit fort haut en ligne perpendiculaire, parût n'avoir aucune apparence d'ouverture, il s'en fit une, grande au moins comme une espèce de porte à deux battans, pratiquée dans le même roc et de la même matière, avec un artifice admirable.

» Cette ouverture exposa à nos yeux, dans un grand enfoncement creusé dans ce roc, un palais magnifique, pratiqué plutôt par le travail des génies que par celui des hommes : car il ne paroissoit pas que des hommes eussent pu même s'aviser d'une entreprise si hardie et si surprenante.

« Mais, Commandeur des croyans, c'est après coup que je fais cette observation à votre Majesté ; car je ne la fis pas dans le moment. Je n'admirai pas même les richesses infinies que je voyois de tous côtés ; et sans m'arrêter à observer l'économie qu'on avoit gardée dans l'arrangement de tant de trésors, comme l'aigle fond sur sa proie, je me jetai sur le premier tas de monnoie d'or qui se présenta devant moi, et je commençai à en mettre dans un sac dont je m'étois déjà saisi, autant que je jugeai pouvoir en porter. Les sacs étoient grands, et je les eusse volontiers emplis tous ; mais il falloit les proportionner aux forces de mes chameaux.

» Le derviche fit la même chose que moi ; mais je m'aperçus qu'il s'attachoit plutôt aux pierreries ; et comme il m'en eut fait comprendre la raison, je suivis son exemple, et nous enlevâmes beaucoup plus de toute sorte de pierres précieuses que d'or monnoyé. Nous achevâmes enfin d'emplir tous nos sacs, et nous en chargeâmes les chameaux. Il ne restoit plus qu'à refermer le trésor et à nous en aller.

» Avant que de partir, le derviche rentra dans le trésor ; et comme il y avoit plusieurs grands vases d'orfévrerie de toutes sortes de façons, et d'autres matières précieuses, j'observai qu'il prit dans un de ces vases une petite boîte d'un certain bois qui m'étoit inconnu, et qu'il la mit dans son sein, après m'avoir fait voir qu'il n'y avoit qu'une espèce de pommade.

» Le derviche fit la même cérémonie pour fermer le trésor, qu'il avoit faite pour l'ouvrir ; et après avoir prononcé certaines paroles, la porte du trésor se referma, et le rocher nous parut aussi entier qu'auparavant.

» Alors nous partageâmes nos chameaux, que nous fîmes lever avec leurs charges. Je me mis à la tête des quarante que je m'étois réservés, et le derviche à la tête des autres que je lui a vois cédés.

» Nous défilâmes par où nous étions entrés dans le vallon, et nous marchâmes ensemble jusqu'au grand chemin où nous devions nous séparer, le derviche pour continuer sa route vers Balsora, et moi pour revenir à Bagdad. Pour le remercier d'un si grand bienfait, j'employai les termes les plus forts, et ceux qui pouvoient lui marquer davantage ma reconnoissance, de m'avoir préféré à tout autre mortel pour me faire part de tant de richesses. Nous nous embrassâmes tous deux avec bien de la joie ; et après nous être dit adieu, nous nous éloignâmes chacun de notre côté.

» Je n'eus pas fait quelques pas pour rejoindre mes chameaux, qui marchoient toujours dans le chemin où je les avois mis, que le démon de l'ingratitude et de l'envie s'empara de mon cœur. Je déplorois la perte de mes quarante chameaux, et encore plus les richesses dont ils étoient chargés. « Le derviche n'a pas besoin de toutes ces richesses, disois-je en moi-même, il est le maître des trésors, et il en aura tant qu'il voudra. » Ainsi je me livrai à la plus noire ingratitude, et je me déterminai tout-à-coup à lui enlever ses chameaux avec leurs charges.

» Pour exécuter mon dessein, je commençai par faire arrêter mes chameaux, ensuite je courus après le derviche, que j'appelois de toute ma force, pour lui faire comprendre que j'avois encore quelque chose à lui dire, et je lui fis signe de faire aussi arrêter les siens et de m'attendre. Il entendit ma voix, et il s'arrêta.

» Quand je l'eus rejoint : « Mon frère, lui dis-je, je ne vous ai pas eu plutôt quitté que j'ai considéré une chose a laquelle je n'avois pas pensé auparavant, et à laquelle peut-être n'avez-vous pas pensé vous-même. Vous êtes un bon derviche, accoutumé à vivre tranquillement, dégagé du soin des choses du monde, et sans autre embarras que celui de servir Dieu. Vous ne savez peut-être pas à quelle peine vous vous êtes engagé en vous chargeant d'un si grand nombre de chameaux. Si vous vouliez me croire, vous n'en emmèneriez que trente, et je crois que vous aurez encore bien de la difficulté à les gouverner. Vous pouvez vous en rapporter à moi, j'en ai l'expérience. »

« Je crois que vous avez raison, reprit le derviche, qui ne se voyoit pas en état de pouvoir me rien disputer ; et j'avoue, ajouta-t-il, que je n'y avois pas fait réflexion. Je commençois déjà à être inquiet sur ce que vous me représentez. Choisissez donc les dix qu'il vous plaira, emmenez-les, et allez à la garde de Dieu. »

» J'en mis à part dix ; et après les avoir détournés, je les mis en chemin pour aller se mettre à la suite des miens. Je ne croyois pas trouver dans le derviche une si grande facilité à se laisser persuader. Cela augmenta mon avidité, et je me flattai que je n'aurois pas plus de peine à en obtenir encore dix autres.

» En effet, au lieu de le remercier du riche présent qu'il venoit de me faire : « Mon frère, lui dis-je encore, par l'intérêt que je prends à votre repos, je ne puis me résoudre à me séparer d'avec vous, sans vous prier de considérer encore une fois combien trente chameaux chargés sont difficiles à mener, à un homme comme vous particulièrement qui n'êtes pas accoutumé à ce travail. Vous vous trouveriez beaucoup mieux si vous me faisiez une pareille grâce que celle que vous venez de me faire. Ce que je vous en dis, comme vous le voyez, n'est pas tant pour l'amour de moi et pour mon intérêt, que pour vous faire un plus grand plaisir. Soulagezvous donc de ces dix autres chameaux sur un homme comme moi, à qui il ne coûte pas plus de prendre soin de cent que d'un seul. »

» Mon discours fit l'effet que je souhaitois ; et le derviche me céda sans aucune résistance les dix chameaux que je lui demandois, de maniere qu'il ne lui en resta plus que vingt ; et je me vis maître de soixante charges, dont la valeur surpassoit les richesses de beaucoup de souverains. Il semble après cela que je devois être content.

» Mais, Commandeur des croyans, semblable à un hydropique, qui, plus il boit, plus il a soif, je me sentis plus enflammé qu'auparavant de l'envie de me procurer les vingt autres qui restoient encore au derviche.

» Je redoublai mes sollicitations, mes prières et mes importunités, pour faire condescendre le derviche à m'en accorder encore dix des vingt. Il se rendit de bonne grâce ; et quant aux dix autres qui lui restoient, je l'embrassai, je le baisai et je lui fis tant de caresses, en le conjurant de ne me les pas refuser, et de mettre par-là le comble à l'obligation que je lui aurois éternellement, qu'il me combla de joie en m'annonçant qu'il y consentoit.

« Faites-en un bon usage, mon frère, ajouta-t-il, et souvenez-vous que Dieu peut nous ôter les richesses comme il nous les donne, si nous ne nous en servons à secourir les pauvres qu'il se plaît à laisser dans l'indigence exprès pour donner lieu aux riches de mériter par leurs aumônes une plus grande récompense dans l'autre monde. »

» Mon aveuglement étoit si grand, que je n'étois pas en état de profiter d'un conseil si salutaire. Je ne me contentai pas de me revoir possesseur de mes quatre-vingts chameaux, et de savoir qu'ils étoient chargés d'un trésor inestimable qui devoit me rendre le plus fortuné des hommes. Il me vint dans l'esprit que la petite boîte de pommade dont le derviche s'étoit saisi et qu'il m'avoit montrée, pouvoit être quelque chose de plus précieux que toutes les richesses dont je lui étois redevable.

« L'endroit où le derviche l'a prise, disois-je en moi-même, et le soin qu'il a eu de s'en saisir, me fait croire qu'elle enferme quelque chose de mystérieux. »

» Cela me détermina à faire en sorte de l'obtenir. Je venois de l'embrasser en lui disant adieu : « À propos, lui dis-je en retournant à lui, que voulez-vous faire de cette petite boite de pommade ? Elle me paroît si peu de chose, ajoutai-je, qu'elle ne vaut pas la peine que vous l'emportiez, je vous prie de m'en faire présent. Aussi bien, un derviche comme vous qui a renoncé aux vanités du monde, n'a pas besoin de pommade. »

» Plût à Dieu qu'il me l'eût refusée cette boîte ! Mais quand il l'auroit voulu faire, je ne me possédois plus, j'étois plus fort que lui, et bien résolu à la lui enlever par force, afin que pour mon entière satisfaction, il ne fût pas dit qu'il eût emporté la moindre chose du trésor, quelque grande que fût l'obligation que je lui avois.

» Loin de me la refuser, le derviche la tira d'abord de son sein ; et en me la présentant de la meilleure grâce du monde : « Tenez, mon frère, me dit-il, la voilà ; qu'à cela ne tienne que vous ne soyez content. Si je puis faire davantage pour vous, vous n'avez qu'à demander, je suis prêt à vous satisfaire. »

» Quand j'eus la boîte entre les mains, je l'ouvris ; et en considérant la pommade : « Puisque vous êtes de si bonne volonté, lui-dis-je, et que vous ne vous lassez pas de m'obliger, je vous prie de vouloir bien me dire quel est l'usage particulier de cette pommade ? »

« L'usage en est surprenant et merveilleux, repartit le derviche. Si vous appliquez un peu de cette pommade autour de l'œil gauche et sur la paupière, elle fera paroître devant vos yeux tous les trésors qui sont cachés dans le sein de la terre ; mais si vous en appliquez de même à l'œil droit, elle vous rendra aveugle. »

» Je voulois avoir moi-même l'expérience d'un effet si admirable. « Prenez la boîte, dis-je au derviche en la lui présentant, et appliquez-moi vous-même de cette pommade à l'œil gauche : vous entendez cela mieux que moi. Je suis dans l'impatience d'avoir l'expérience d'une chose qui me paroît incroyable. »

» Le derviche voulut bien se donner cette peine ; il me fit fermer l'œil gauche, et m'appliqua la pommade. Quand il eut fait, j'ouvris l'œil, et j'éprouvai qu'il m'avoit dit la vérité. Je vis en effet un nombre infini de trésors remplis de richesses si prodigieuses et si diversifiées, qu'il ne me seroit pas possible d'en faire le détail au juste. Mais comme j'étois obligé de tenir l'œil droit fermé avec la main, et que cela me fatiguoit, je priai le derviche de m'appliquer aussi de cet pommade autour de cet œil.

« Je suis prêt à le faire, me dit le derviche, mais vous devez vous souvenir, ajouta-t-il, que je vous ai averti que si vous en mettez sur l'œil droit, vous deviendrez aveugle aussitôt. Telle est la vertu de cette pommade, il faut que vous vous y accommodiez. »

» Loin de me persuader que le derviche me dît la vérité, je m'imaginai au contraire qu'il y avoit encore quelque nouveau mystère qu'il vouloit me cacher.

« Mon frère, repris-je en souriant, je vois bien que vous voulez m'en faire accroire ; il n'est pas naturel que cette pommade fasse deux effets si opposés l'un à l'autre. »

« La chose est pourtant comme je vous le dis, repartit le derviche, en prenant le nom de Dieu à témoin, et vous devez m'en croire sur ma parole ; car je ne sais point déguiser la vérité. »

» Je ne voulus pas me fier à la parole du derviche, qui me parloit en homme d'honneur ; l'envie insurmontable de contempler à mon aise tous les trésors de la terre, et peut-être d'en jouir toutes les fois que je voudrois m'en donner le plaisir, fit que je ne voulus pas écouter ses remontrances ni me persuader d'une chose qui cependant n'étoit que trop vraie, comme je l'expérimentai bientôt après à mon grand malheur.

» Dans la prévention où j'étois, j'allai m'imaginer que si cette pommade avoit la vertu de me faire voir tous les trésors de la terre en l'appliquant sur l'œil gauche, elle avoit peut-être la vertu de les mettre à ma disposition en l'appliquant sur le droit. Dans cette pensée, je m'obstinai à presser le derviche de m'en appliquer lui-même autour de l'œil droit, mais il refusa constamment de le faire.

« Après vous avoir fait un si grand bien, mon frère, me dit-il, je ne puis me résoudre à vous faire un si grand mal. Considérez bien vous-même quel malheur est celui d'être privé de la vue, et ne me réduisez pas à la nécessité fâcheuse de vous complaire dans une chose dont vous aurez à vous repentir toute votre vie. »

» Je poussai mon opiniâtreté jusqu'au bout. « Mon frère, lui dis-je assez fermement, je vous prie de passer par-dessus toutes les difficultés que vous me faites ; vous m'avez accordé fort généreusement tout ce que je vous ai demandé jusqu'à présent ; voulez-vous que je me sépare de vous mal satisfait, pour une chose de si peu de conséquence ? Au nom de Dieu, accordez-moi cette dernière faveur. Quoi qu'il en arrive, je ne m'en prendrai pas à vous, et la faute en sera sur moi seul. »

» Le derviche fit toute la résistance possible ; mais comme il vit que j'étois en état de l'y forcer : « Puisque vous le voulez absolument, me dit-il, je vais vous contenter. »

» Il prit un peu de cette pommade fatale, et me l'appliqua donc sur l'œil droit, que je tenois fermé ; mais hélas, quand je vins à l'ouvrir, je ne vis que ténèbres épaisses de mes deux yeux, et je demeurai aveugle comme vous me voyez !

» Ah, malheureux derviche, m'écriai-je dans le moment, ce que vous m'avez prédit n'est que trop vrai ! Fatale curiosité, ajoutai-je, désir insatiable des richesses, dans quel abyme de malheurs m'allez-vous jeter ! Je sens bien à présent que je me les suis attirés ; mais vous, cher frère, m'écriai-je encore, en m'adressant au derviche, qui êtes si charitable et si bienfaisant, entre tant de secrets merveilleux dont vous avez la connoissance, n'en avez-vous pas quelqu'un pour me rendre la vue ? »

« Malheureux, me répondit alors le derviche, il n'a pas tenu à moi que tu n'aies évité ce malheur ; mais tu n'as que ce que tu mérites, et c'est l'aveuglement du cœur qui t'a attiré celui du corps ! Il est vrai que j'ai des secrets : tu l'as pu connoître dans le peu de temps que j'ai été avec toi ; mais je n'en ai pas pour te rendre la vue. Adresse-toi à Dieu, si tu crois qu'il y en ait un : il n'y a que lui qui puisse te la rendre. Il t'avoit donné des richesses dont tu étois indigne ; il te les a ôtées, et il va les donner par mes mains à des hommes qui n'en seront pas méconnoissans comme toi. »

» Le derviche ne m'en dit pas davantage, et je n'avois rien à lui répliquer. Il me laissa seul accablé de confusion, et plongé dans un excès de douleur qu'on ne peut exprimer ; et après avoir rassemblé mes quatre-vingts chameaux, il les emmena, et poursuivit son chemin jusqu'à Balsora.

» Je le priai de ne me point abandonner en cet état malheureux, et de m'aider du moins à me conduire jusqu'à la première caravane ; mais il fut sourd à mes prières et à mes cris. Ainsi privé de la vue et de tout ce que je possédois au monde, je serois mort d'affliction et de faim, si le lendemain une caravane qui revenoit de Balsora, ne m'eût bien voulu recevoir charitablement, et me remener à Bagdad.

» D'un état à m'égaler à des princes, sinon en forces et en puissance, au moins en richesses et en magnificence, je me vis réduit à la mendicité sans aucune ressource. Il fallut donc me résoudre à demander l'aumône, et c'est ce que j'ai fait jusqu'à présent ; mais pour expier mon crime envers Dieu, je m'imposai en même temps la peine d'un soufflet de la part de chaque personne charitable qui auroit compassion de ma misère.

» Voilà, Commandeur des croyans, le motif de ce qui parut hier si étrange à votre Majesté, et de ce qui doit m'avoir fait encourir son indignation ; je lui en demande pardon encore une fois comme son esclave, en me soumettant à recevoir le châtiment que j'ai mérité. Et si elle daigne prononcer sur la pénitence que je me suis imposée, je suis persuadé qu'elle l'a trouvera trop légère, et beaucoup au-dessous de mon crime. »

Quand l'aveugle eut achevé son histoire, le calife lui dit : « Baba Abdalla, ton péché est grand ; mais Dieu soit loué de ce que tu en as connu l'énormité, et de la pénitence publique que tu en as faite jusqu'à présent. C'est assez, il faut que dorénavant tu la continues dans le particulier, en ne cessant de demander pardon à Dieu dans chacune des prières auxquelles tu es obligé chaque jour par ta religion ; et afin que tu n'en sois pas détourné, par le soin de demander ta vie, je te fais une aumône ta vie durant de quatre dragmes d'argent par jour de ma monnoie, que mon grand visir te fera donner. Ainsi ne t'en retourne pas, et attends qu'il ait exécuté mon ordre. »

À ces paroles Baba-Abdalla se prosterna devant le trône du calife, et en se relevant il lui fit son remercîment, en lui souhaitant toute sorte de bonheur et de prospérité.

Le calife Haroun Alraschild, content de l'histoire de Baba-Abdalla et du derviche, s'adressa au jeune homme qu'il avoit vu maltraiter sa cavale, et il lui demanda son nom, comme il avoit fait à l'aveugle ? Le jeune homme lui dit qu'il s'appeloit Sidi Nouman.

« Sidi Nouman, lui dit alors le calife, j'ai vu exercer des chevaux toute ma vie, et souvent j'en ai exercé moi-même ; mais je n'en ai jamais vu pousser d'une manière aussi barbare que celle dont tu poussois hier ta cavale en pleine place, au grand scandale des spectateurs, qui en murmuroient hautement. Je n'en fus pas moins scandalisé qu'eux, et il s'en fallut peu que je ne me fisse connoître, contre mon intention, pour remédier à ce désordre. Ton air néanmoins ne me marque pas que tu sois un homme barbare et cruel. Je veux même croire que tu n'en uses pas ainsi sans sujet. Puisque je sais que ce n'est pas la première fois, et qu'il y a déjà bien du temps que chaque jour tu fais ce mauvais traitement à ta cavale, je veux savoir quel en est le sujet, et je t'ai fait venir ici afin que tu me l'apprennes. Sur-tout dis-moi la chose comme elle est et ne me déguise rien. »

Sidi Nouman comprit aisément ce que le calife exigeoit de lui. Ce récit lui faisoit de la peine : il changea de couleur plusieurs fois, et fit voir malgré lui combien étoit grand l'embarras où il se trouvoit. Il fallut pourtant se résoudre à en dire le sujet. Ainsi, avant que de parler, il se prosterna devant le trône du calife ; et après s'être relevé, il essaya de commencer pour satisfaire le calife ; mais il demeura comme interdit, moins frappé de la majesté du calife, devant lequel il paroissoit, que par la nature du récit qu'il avoit à lui faire.

Quelque impatience naturelle que le calife eût d'être obéi dans ses volontés, il ne témoigna néanmoins aucune aigreur du silence de Sidi Nouman : il vit bien qu'il falloit, ou qu'il manquât de hardiesse devant lui, ou qu'il fût intimidé du ton dont il lui avoit parlé, ou enfin que dans ce qu'il avoit à lui dire, il pouvoit y avoir des choses qu'il eût bien voulu cacher.

« Sidi Nouman, lui dit le calife pour le rassurer, reprends tes esprits, et fais état que ce n'est pas à moi que tu dois raconter ce que je te demande, mais à quelque ami qui t'en prie. S'il y a quelque chose dans ce récit qui te fasse de la peine, et dont tu croies que je pourrois être offensé, je te le pardonne dès-à-présent. Défais-toi donc de toutes tes inquiétudes ; parle-moi à cœur ouvert, et ne me dissimule rien, non plus qu'au meilleur de tes amis. »

Sidi Nouman, rassuré par les dernières paroles du calife, prit enfin la parole : « Commandeur des croyans, dit-il, quelque saisissement dont tout mortel doive être frappé à la seule approche de votre Majesté et de l'éclat de son trône, je me sens néanmoins assez de force pour croire que ce saisissement respectueux ne m'interdira pas la parole, jusqu'au point de manquer à l'obéissance que je lui dois, en lui donnant satisfaction sur toute autre chose que ce qu'elle exige de moi présentement. Je n'ose pas me dire le plus parfait des hommes ; je ne suis pas assez méchant pour avoir commis, et même pour avoir eu la volonté de commettre rien contre les lois qui puisse me donner lieu d'en redouter la sévérité. Quelque bonne néanmoins que soit mon intention, je reconnois que je ne suis pas exempt de pécher par ignorance, cela m'est arrivé. En ce cas-là je ne dis pas que j'aie confiance au pardon qu'il a plu à votre Majesté de m'accorder, sans m'avoir entendu. Je me soumets au contraire à sa justice, et à être puni, si je l'ai mérité. J'avoue que la manière dont je traite ma cavale depuis quelque temps, comme votre Majesté en a été témoin, est étrange, cruelle et de très-mauvais exemple ; mais j'espère qu'elle en trouvera le motif bien fondé, et qu'elle jugera que je suis plus digne de compassion que de châtiment. Mais je ne dois pas la tenir en suspens plus long-temps par un préambule ennuyeux. Voici ce qui m'est arrivé :

HISTOIRE DE SIDI NOUMAN.

« COMMANDEUR des croyans, continua Sidi Nouman, je ne parle pas à votre Majesté de ma naissance : elle n'est pas d'un assez grand éclat pour mériter qu'elle y fasse attention. Pour ce qui est des biens de la fortune, mes ancêtres par leur bonne économie, m'en ont laissé autant que j'en pouvois souhaiter pour vivre en honnête homme sans ambition, et sans être à charge à personne.

» Avec ces avantages, la seule chose que je pouvois désirer, pour rendre mon bonheur accompli, étoit de trouver une femme aimable, qui eût toute ma tendresse, et qui en m'aimant véritablement, voulût bien le partager avec moi ; mais il n'a pas plu à Dieu de me l'accorder. Au contraire, il m'en a donné une qui, dès le lendemain de mes noces, a commencé d'exercer ma patience d'une manière qui ne peut être concevable qu'à ceux qui auroient été exposés à une pareille épreuve.

» Comme la coutume veut que nos mariages se fassent sans voir et sans connoître celles que nous devons épouser, votre Majesté n'ignore pas qu'un mari n'a pas lieu de se plaindre, quand il trouve que la femme qui lui est échue, n'est pas laide à donner de l'horreur, qu'elle n'est pas contrefaite, et que les bonnes mœurs, le bon esprit et la bonne conduite corrigent quelque légère imperfection du corps qu'elle pourroit avoir.

» La première fois que je vis ma femme le visage découvert, après qu'on l'eut amenée chez moi avec les cérémonies ordinaires, je me réjouis de voir qu'on ne m'avoit pas trompé dans le rapport qu'on m'avoit fait de sa beauté : je la trouvai à mon gré, et elle me plut.

» Le lendemain de nos noces, on nous servit un dîné de plusieurs mets ; je me rendis où la table étoit mise ; et, comme je n'y vis pas ma femme, je la fis appeler. Après m'avoir fait attendre long-temps, elle arriva. Je dissimulai mon impatience, et nous nous mîmes à table.

Je commençai par le riz, que je pris avec une cuillère comme à l'ordinaire. « Ma femme au contraire, au lieu de se servir d'une cuillère, comme tout le monde fait, tira d'un étui qu'elle avoit dans sa poche, une espèce de cure-oreille, avec lequel elle commença à prendre du riz et à le porter à sa bouche grain à grain ; car il ne pouvoit pas en tenir davantage.

» Surpris de cette manière de manger : « Amine, lui dis-je, car c'étoit son nom, avez-vous appris dans votre famille a manger le riz de la sorte ? Le faites-vous ainsi parce que vous êtes une petite mangeuse, ou bien voulez-vous en compter les grains afin de n'en pas manger plus une fois que l'autre ? Si vous en usez ainsi par épargne et pour m'apprendre à ne pas être prodigue, vous n'avez rien à craindre de ce côté-là ; et je puis vous assurer que nous ne nous ruinerons jamais par cet endroit-là. Nous avons par la grâce de Dieu de quoi vivre aisément sans nous priver du nécessaire. Ne vous contraignez pas, ma chère Amine, et mangez comme vous me voyez manger. »

» L'air affable avec lequel je lui faisois ces remontrances, sembloit devoir m'attirer quelque réponse obligeante ; mais sans me dire un seul mot, elle continua toujours à manger de la même manière ; et afin de me faire plus de peine, elle ne mangea plus de riz que de loin en loin ; et au lieu de manger des autres mets avec moi, elle se contenta de porter à sa bouche de temps en temps un peu de pain émietté, à-peu-près autant qu'un moineau en eût pu prendre.

» Son opiniâtreté me scandalisa. Je m'imaginai néanmoins, pour lui faire plaisir et pour l'excuser, qu'elle n'étoit pas accoutumée à manger avec des hommes, encore moins avec un mari, devant qui on lui avoit peut-être enseigné qu'elle devoit avoir une retenue qu'elle poussoit trop loin par simplicité. Je crus aussi qu'elle pouvoit avoir déjeûné ; ou si elle ne l'avoit pas fait, qu'elle se réservoit pour manger seule en liberté. Ces considérations m'empêchèrent de lui rien dire davantage qui pût l'effaroucher, ou lui donner aucune marque de mécontentement. Après le dîné, je la quittai avec le même air que si elle ne m'eût pas donné sujet d'être très-mal satisfait de ses manières extraordinaires, et je la laissai seule.

» Le soir au souper ce fut la même chose ; le lendemain, et toutes les fois que nous mangions ensemble, elle se comportoit de la même manière. Je voyois bien qu'il n'étoit pas possible qu'une femme pût vivre du peu de nourriture qu'elle prenoit, et qu'il y avoit là-dessous quelque mystère qui m'étoit inconnu. Cela me fit prendre le parti de dissimuler. Je fis semblant de ne pas faire attention à ses actions, dans l'espérance qu'avec le temps elle s'accoutumeroit à vivre avec moi, comme je le souhaitois ; mais mon espérance étoit vaine, et je ne fus pas long-temps à en être convaincu.

» Une nuit qu'Amine me croyoit fort endormi, elle se leva tout doucement, et je remarquai qu'elle s'habilloit avec de grandes précautions pour ne pas faire de bruit, de crainte de m'éveiller. Je ne pouvois comprendre à quel dessein elle troubloit ainsi son repos ; et la curiosité de savoir ce qu'elle vouloit devenir, me fit feindre un profond sommeil. Elle acheva de s'habiller, et un moment après elle sortit de la chambre sans faire le moindre bruit.

» Dès qu'elle fut sortie, je me levai en jetant ma robe sur mes épaules ; j'eus le temps d'apercevoir par une fenêtre qui donnoit sur la cour, qu'elle ouvrit la porte de la rue, et qu'elle sortit.

» Je courus aussitôt à la porte, qu'elle avoit laissée entr'ouverte ; et à la faveur du clair de la lune, je la suivis, jusqu'à ce que je la vis entrer dans un cimetière qui étoit voisin de notre maison. Alors je gagnai le bout d'un mur qui se terminoit au cimetière ; et après m'être précautionné pour ne pas être vu, j'aperçus Amine avec une goule[29].

» Votre Majesté n'ignore pas que les goules de l'un et de l'autre sexe sont des démons errans dans les campagnes. Ils habitent d'ordinaire les bâtimens ruinés, d'où ils se jettent par surprise sur les passans qu'ils tuent et dont ils mangent la chair. Au défaut des passans, ils vont la nuit dans les cimetières, se repaître de celle des morts qu'ils déterrent.

» Je fus dans une surprise épouvantable, lorsque je vis ma femme avec cette goule. Elles déterrèrent un mort qu'on avoit enterré le même jour, et la goule en coupa des morceaux de chair à plusieurs reprises, qu'elles mangèrent ensemble, assises sur le bord de la fosse. Elles s'entretenoient fort tranquillement, en faisant un repas si cruel et si inhumain ; mais j'étois trop éloigné, et il ne me fut pas possible de rien comprendre de leur entretien, qui devoit être aussi étrange que leur repas, dont le souvenir me fait encore frémir.

» Quand elles eurent fini cet horrible repas, elles jetèrent le reste du cadavre dans la fosse qu'elles remplirent de la terre qu'elles en avoient ôtée. Je les laissai faire, et je regagnai en diligence notre maison. En entrant, je laissai la porte de la rue entr'ouverte comme je l'avois trouvée ; et après être rentré dans ma chambre, je me recouchai, et je fis semblant de dormir.

« Amine rentra peu de temps après, «ans faire de bruit ; elle se déshabilla, et elle se recoucha de même avec la joie, comme je me l'imaginai, d'avoir si bien réussi, sans que je m'en fusse aperçu.

» L'esprit rempli de l'idée d'une action aussi barbare et aussi abominable que celle dont je venois d'être témoin, avec la répugnance que j'avois de me voir couché près de celle qui l'avoit commise, je fus long-temps à pouvoir me rendormir. Je dormis pourtant ; mais d'un sommeil si léger, que la première voix qui se fit entendre pour appeler à la prière publique de la pointe du jour, me réveilla. Je m'habillai, et je me rendis à la mosquée.

» Après la prière, je sortis hors de la ville, et je passai la matinée à me promener dans les jardins, et à songer au parti que je prendrois pour obliger ma femme à changer de manière de vivre. Je rejetai toutes les voies de violence qui se présentèrent à mon esprit, et je résolus de n'employer que celles de la douceur, pour la retirer de la malheureuse

---

[29] Goule, ou Goul : ce sont, suivant la religion Mahométane, des espèces des larves, qui répondent aux Emuses des anciens, et qui n'en diffèrent qu'en ce que ces derniers étoient toujours du sexe féminin.

inclination qu'elle avoit. Ces pensées me conduisirent insensiblement jusque chez moi, où je rentrai justement à l'heure du dîné.

» Dès qu'Amine me vit, elle fit servir, et nous nous mîmes à table. Comme je vis qu'elle persistoit toujours à ne manger le riz que grain à grain : « Amine, lui dis-je avec toute la modération possible, vous savez combien j'eus lieu d'être surpris le lendemain de nos noces, quand je vis que vous ne mangiez que du riz en si petite quantité, et d'une manière dont tout autre mari que moi eût été offensé ; vous savez aussi que je me contentai de vous faire connaître la peine que cela me faisoit, en vous priant de manger aussi des autres viandes qui nous sont servies, et que l'on a soin d'accommoder de différentes manières, afin de tâcher de trouver votre goût. Depuis ce temps-là, vous avez vu notre table toujours servie de la même manière, en changeant pourtant quelques-uns des mets, afin de ne pas manger toujours des mêmes choses. Mes remontrances néanmoins ont été inutiles, et jusqu'à ce jour vous n'avez cessé d'en user de même, et de me faire la même peine. J'ai gardé le silence, parce que je n'ai pas voulu vous contraindre, et je serois fâché que ce que je vous en dis présentement vous fît la moindre peine ; mais, Amine, dites-moi, je vous en conjure, les viandes que l'on nous sert ici ne valent-elles pas mieux que de la chair de mort ? »

» Je n'eus pas plutôt prononcé ces dernières paroles, qu'Amine, qui comprit fort bien que je l'avois observée la nuit, entra dans une fureur qui surpasse l'imagination : son visage s'enflamma, les yeux lui sortirent presque hors de la tête, et elle écuma de rage !

» Cet état affreux où je la voyois, me remplit d'épouvante : je devins comme immobile, et hors d'état de me défendre de l'horrible méchanceté qu'elle méditoit contre moi, et dont votre Majesté va être surprise. Dans le fort de son emportement, elle prit un vase d'eau qu'elle trouva sous sa main, elle y plongea ses doigts, en marmottant entre ses dents quelques paroles que je n'entendis pas ; et en me jetant de cette eau au visage, elle me dit d'un ton furieux :

« MALHEUREUX, REÇOIS LA PUNITION DE TA CURIOSITE, ET DEVIENS CHIEN. »

» À peine Amine, que je n'avois pas encore connue pour magicienne, eut-elle vomi ces paroles diaboliques, que tout-à-coup je me vis changé en chien. L'étonnement et la surprise ou j'étois d'un changement si subit et si peu attendu, m'empêchèrent de songer d'abord à me sauver, ce qui lui donna le temps de prendre un bâton pour me maltraiter. En effet, elle m'en appliqua de si grands coups, que je ne sais comment je ne demeurai pas mort sur la place. Je crus échapper à sa rage en fuyant dans la cour, mais elle m'y poursuivit avec la même fureur, et de quelque souplesse que je pus me servir en courant de côté et d'autre pour les éviter, je ne fus pas assez adroit pour m'en défendre, et il fallut en essuyer beaucoup d'autres. Lassée enfin de me frapper et de me poursuivre, et au désespoir de ne m'avoir pas assommé, comme elle en avoit envie, elle imagina un nouveau moyen de le faire : elle entr'ouvrit la porte de la rue, afin de m'y écraser au moment où je la passerois pour m'enfuir. Tout chien que j'étois, je me doutai de son pernicieux dessein ; et comme le danger présent donne souvent de l'esprit pour se conserver la vie, je pris si bien mon temps, en observant sa contenance ses mouvemens, que je trompai sa vigilance, et que je passai assez vîte pour me sauver la vie et éluder sa méchanceté : j'en fus quitte pour avoir le bout de la queue un peu foulé.

» La douleur que j'en ressentis ne laissa pas de me faire crier et aboyer en courant le long de la rue, ce qui fit sortir sur moi quelques chiens, dont je reçus des coups de dents. Pour éviter leurs poursuites, je me jetai dans la boutique d'un vendeur de têtes, de langues et de pieds de mouton cuits, où je me sauvai.

» Mon hôte prit d'abord mon parti avec beaucoup de compassion, en chassant les chiens qui me poursuivoient, et qui vouloient pénétrer jusque dans sa maison. Pour moi, mon premier soin fut de me fourrer dans un coin où je me dérobai à leur vue. Je ne trouvai pas néanmoins chez lui l'asile et la protection que j'avois espérés. C'étoit un de ces superstitieux à outrance, qui sous prétexte que les chiens sont immondes, ne trouvent pas assez d'eau ni de savon pour laver leur habit, quand par hasard un chien les a touchés en passant près d'eux. Après que les chiens qui m'avoient donné la chasse furent retirés, il fit tout ce qu'il put à plusieurs fois, pour me chasser dès le même jour ; mais j'étois caché et hors de ses atteintes. Ainsi je passai la nuit dans sa boutique malgré lui, et j'avois besoin de ce repos pour me remettre du mauvais traitement qu'Amine m'avoit fait.

» Afin de ne pas ennuyer votre Majesté par des circonstances de peu de conséquence, je ne m'arrêterai pas à lui particulariser les tristes réflexions que je fis alors sur ma métamorphose ; je lui ferai remarquer seulement que le lendemain, mon hôte étant sorti avant le jour pour faire emplette, il revint chargé de têtes, de langues et de pieds de moutons, et qu'après avoir ouvert sa boutique, et pendant qu'il étaloit sa marchandise, je sortis de mon coin, et je m'en allois, lorsque je vis plusieurs chiens du voisinage, attirés par l'odeur de ces viandes, assemblés autour de la boutique de mon hôte, en attendant qu'il leur jetât quelque chose, je me mêlai avec eux en posture de suppliant.

» Mon hôte, autant qu'il me le parut, par la considération que je n'avois pas mangé depuis que je m'étois sauvé chez lui, me distingua en me jetant des morceaux plus gros et plus souvent qu'aux autres chiens. Quand il eut achevé ses libéralités, je voulus rentrer dans sa boutique, en le regardant et remuant la queue d'une manière qui pouvoit lui marquer que je le suppliois de me faire encore cette faveur ; mais il fut inflexible, et il s'opposa à mon dessein le bâton à la main, et d'un air si impitoyable, que je fus contraint de m'éloigner.

» À quelques maisons plus loin, je m'arrêtai devant la boutique d'un boulanger, qui tout au contraire du vendeur de têtes de moutons que la mélancolie dévoroit, me parut un homme gai et de bonne humeur, et qui l'étoit en effet. Il déjeûnoit alors ; et quoique je ne lui eusse donné aucune marque d'avoir besoin de manger, il ne laissa pas néanmoins de me jeter un morceau de pain. Avant que de me jeter dessus avec avidité comme font les autres chiens, je le regardai avec un signe de tête et un mouvement de queue, pour lui témoigner ma reconnoissance. Il me sut bon gré de cette espèce de civilité, et il sourit. Je n'avois pas besoin de manger ; cependant pour lui faire plaisir je pris le morceau de pain et je le mangeai assez lentement pour lui faire connoître que je le faisois par honneur. Il remarqua tout cela, et voulut bien me souffrir près de sa boutique. J'y demeurai assis et tourné du côté de la rue, pour lui marquer que pour le présent je ne lui demandois autre chose que sa protection.

» Il me l'accorda, et même il me fit des caresses qui me donnèrent l'assurance de m'introduire dans sa maison. Je le fis d'une manière à lui faire comprendre que ce n'étoit qu'avec sa permission. Il ne le trouva pas mauvais. Au contraire, il me montra un endroit où je pouvois me placer sans lui être incommode, et je me mis en possession de la place que je conservai tout le temps que je demeurai chez lui.

» J'y fus toujours fort bien traité ; et il ne déjeûnoit, dînoit et soupoit pas, que je n'eusse ma part à suffisance. De mon côté, j'avois pour lui toute l'attache et toute la fidélité qu'il pouvoit exiger de ma reconnoissance.

» Mes yeux étoient toujours attachés sur lui, et il ne faisoit pas un pas dans la maison que je ne fusse derrière lui à le suivre. Je faisois la même chose quand le temps lui permettait de faire quelque voyage dans la ville pour ses affaires. J'y étois d'autant plus exact, que je m'étois aperçu que mon attention lui plaisoit, et que souvent, quand il avoit dessein de sortir, sans me donner lieu de m'en apercevoir, il m'appeloit par le nom de Rougeau qu'il m'avoit donné.

» À ce nom, je m'élançois aussitôt de ma place dans la rue ; je sautois, je faisois des gambades et des courses devant la porte. Je ne cessois toutes ces caresses que quand il étoit sorti ; et alors je l'accompagnois fort exactement en le suivant ou en courant devant lui, et en le regardant de temps en temps pour lui marquer ma joie.

» Il y avoit déjà du temps que j'étois dans cette maison, lorsqu'un jour une femme vint acheter du pain. En le payant à mon hôte, elle lui donna une pièce d'argent fausse avec d'autres bonnes. Le boulanger qui s'aperçut de la pièce fausse, la rendit à la femme en lui en demandant une autre.

» La femme refusa de la reprendre, et prétendit qu'elle étoit bonne. Mon hôte soutint le contraire ; et dans la contestation : « La pièce, dit-il à cette femme, est si visiblement fausse, que je suis assuré que mon chien, qui n'est qu'une bête, ne s'y tromperoit pas. Viens-çà, Rougeau, dit-il aussitôt en m'appelant. » À sa voix, je sautai légèrement sur le comptoir ; et le boulanger en jetant devant moi les pièces d'argent : « Vois, ajouta-t-il, n'y a-t-il pas là une pièce fausse ? » Je regarde toutes ces pièces, et en mettant la patte dessus la fausse, je la séparai des autres en regardant mon maître, comme pour la lui montrer.

» Le boulanger qui ne s'en étoit rapporté à mon jugement que par manière d'acquit, et pour se divertir, fut extrêmement surpris de voir que j'avois si bien rencontré sans hésiter. La femme, convaincue de la fausseté de sa pièce, n'eut rien à dire, et fut obligée d'en donner une autre bonne à la place. Dès qu'elle fut partie, mon maitre appela ses voisins, et leur exagéra fort ma capacité en leur racontant ce qui s'étoit passé.

» Les voisins en voulurent avoir l'expérience, et de toutes les pièces fausses qu'ils me montrèrent mêlées avec d'autres de bon aloi, il n'y en eut pas une sur laquelle je ne misse la patte et que je ne séparasse d'avec les bonnes.

» La femme, de son côté, ne manqua pas de raconter à toutes les personnes de sa connoissance qu'elle rencontra dans son chemin, ce qui venoit de lui arriver. Le bruit de mon habileté à distinguer la fausse monnoie, se répandit en peu de temps, non-seulement dans le voisinage, mais même dans tout le quartier, et insensiblement dans toute la ville.

» Je ne manquois pas d'occupation toute la journée : il falloit contenter tous ceux qui venoient acheter du pain chez mon maître, et leur faire voir ce que je savois faire. C'était un attrait pour tout le monde, et l'on venoit des quartiers les plus éloignés de la ville pour éprouver mon habileté. Ma réputation procura à mon maître tant de pratiques, qu'à peine pouvoit-il suffire à les contenter. Cela dura longtemps, et mon maître ne put s'empêcher d'avouer à ses voisins et à ses amis que je lui valois un trésor.

» Mon petit savoir-faire ne manqua pas de lui attirer des jaloux. On dressa des embûches pour m'enlever, et il étoit obligé de me garder à vue. Un jour une femme attirée par cette nouveauté, vint acheter du pain comme les autres. Ma place ordinaire étoit alors sur le comptoir ;

elle y jeta six pièces d'argent devant moi, parmi lesquelles il y en avoit une fausse. Je la débrouillai d'avec les autres ; et en mettant la patte sur la pièce fausse, je la regardai comme pour lui demander si ce ne l'étoit pas là.

« Oui, me dit cette femme en me regardant de même, c'est la fausse, tu ne t'es pas trompé. »

» Elle continua long-temps à me regarder et à me considérer avec admiration pendant que je la regardois de même. Elle paya le pain qu'elle étoit venue acheter ; et quand elle voulut se retirer, elle me fit signe de la suivre à l'insu du boulanger.

» J'étois toujours attentif aux moyens de me délivrer d'une métamorphose aussi étrange que la mienne. J'avois remarqué l'attention avec laquelle cette femme m'avoit examiné. Je m'imaginai qu'elle avoit peut-être connu quelque chose de mon infortune et de l'état malheureux où j'étois réduit, et je ne me trompois pas. Je la laissai pourtant en aller, et je me contentai de la regarder. Après avoir fait deux ou trois pas, elle se retourna, et voyant que je ne faisois que la regarder sans bouger de ma place, elle me fit encore signe de la suivre.

» Alors, sans délibérer davantage, comme je vis que le boulanger étoit occupé à nettoyer son four pour une cuisson, et qu'il ne prenoit pas garde à moi, je sautai à bas du comptoir, et je suivis cette femme, qui me parut en être fort joyeuse.

» Après avoir fait quelque chemin, elle arriva à sa maison. Elle en ouvrit la porte ; et quand elle fut entrée : « Entre, me dit-elle, tu ne te repentiras pas de m'avoir suivie. » Quand je fus entré et qu'elle eut refermé la porte, elle me mena à sa chambre, où je vis une jeune demoiselle d'une grande beauté qui brodoit. C'étoit la fille de la femme charitable qui m'avoit amené, habile et expérimentée dans l'art magique, comme je le connus bientôt.

« Ma fille, lui dit la mère, je vous amène le chien fameux du boulanger, qui sait si bien distinguer la fausse monnoie d'avec la bonne. Vous savez que je vous ai dit ma pensée dès le premier bruit qui s'en est répandu, en vous témoignant que ce pouvoit bien être un homme changé en chien par quelque méchanceté. Aujourd'hui je me suis avisée d'aller acheter du pain chez ce boulanger. J'ai été témoin de la vérité qu'on a publiée, et j'ai eu l'adresse de me faire suivre par ce chien si rare qui fait la merveille de Bagdad. Qu'en dites-vous, ma fille ? Me suis-je trompée dans ma conjecture ? »

« Vous ne vous êtes pas trompée, ma mère, répondit la fille ; je vais vous le faire voir. »

» La demoiselle se leva ; elle prit un vase plein d'eau, dans lequel elle plongea la main ; et en me jetant de cette eau, elle dit :

« Si tu es né chien, demeure chien ; mais si tu es né homme, reprends la forme d'homme par la vertu de cette eau. »

» À l'instant l'enchantement fut rompu ; je perdis la figure de chien, et je me vis homme comme auparavant.

» Pénétré de la grandeur d'un pareil bienfait, je me jetai aux pieds de la demoiselle ; et après lui avoir baisé le bas de sa robe : « Ma chère libératrice, lui dis-je, je sens si vivement l'excès de votre bonté, qui n'a pas d'égal, envers un inconnu tel que je suis, que je vous supplie de m'apprendre vous-même ce que je puis faire pour vous en rendre dignement ma reconnoissance, ou plutôt disposez de moi comme d'un esclave qui vous appartient à juste titre : je ne suis plus à moi, je suis à vous ; et afin que vous connoissiez celui qui vous est acquis, je vous dirai mon histoire en peu de mots. »

» Alors, après lui avoir dit qui j'étois, je lui fis le récit de mon mariage avec Amine, de ma complaisance et de ma patience à supporter son humeur, de ses manières tout extraordinaires, et de l'indignité avec laquelle elle m'avoit traité par une méchanceté inconcevable ; et je finis en remerciant la mère du bonheur inexprimable qu'elle venoit de me procurer.

« Sidi Nouman, me dit la fille, ne parlons pas de l'obligation que vous dites que vous m'avez : la seule connoissance d'avoir fait plaisir à un honnête homme comme vous, me tient lieu de toute reconnoissance. Parlons d'Amine votre femme : je l'ai connue avant votre mariage ; et comme je savois qu'elle étoit magicienne, elle n'ignoroit pas aussi que j'avois quelque connoissance du même art, puisque nous avions pris des leçons de la même maîtresse. Nous nous rencontrions même souvent au bain. Mais comme nos humeurs ne s'accordoient pas, j'avois un grand soin d'éviter toute occasion d'avoir aucune liaison avec elle ; en quoi il m'a été d'autant moins difficile de réussir, que, par la même raison elle évitoit de son côté d'en avoir avec moi. Je ne suis donc pas surprise de sa méchanceté. Pour revenir à ce qui vous regarde, ce que je viens de faire pour vous, ne suffit pas ; je veux achever ce que j'ai commencé. En effet, ce n'est pas assez d'avoir rompu l'enchantement par lequel elle vous avoit exclus si méchamment de la société des hommes, il faut que vous l'en punissiez comme elle le mérite, en rentrant chez vous pour y reprendre l'autorité qui vous appartient, et je veux vous en donner le moyen. Entretenez-vous avec ma mère, je vais revenir. »

» Ma libératrice entra dans un cabinet ; et pendant qu'elle y resta, j'eus le temps de témoigner encore une fois à la mère combien je lui étois obligé, aussi-bien qu'à sa fille.

« Ma fille, me dit-elle, comme vous le voyez, n'est pas moins expérimentée dans l'art magique qu'Amine ; mais elle en fait un si bon usage, que vous seriez étonné d'apprendre tout le bien qu'elle a fait et qu'elle fait presque chaque jour par le moyen de la connoissance qu'elle en a. C'est pour cela que je l'ai laissée faire, et que je la laisse faire encore jusqu'à présent. Je ne le souffrirois pas si je m'apercevois qu'elle en abusât en la moindre chose. »

» La mère avoit commencé à me raconter quelques-unes des merveilles dont elle avoit été témoin, quand sa fille rentra avec une petite bouteille à la main.

« Sidi Nouman, me dit-elle, mes livres que je viens de consulter m'apprennent qu'Amine n'est pas chez vous à l'heure qu'il est, mais qu'elle doit y revenir incessamment. Ils m'apprennent aussi que la dissimulée fait semblant devant vos domestiques, d'être dans une grande inquiétude de votre absence ; et elle leur a fait accroire qu'en dînant avec vous, vous vous étiez souvenu d'une affaire qui vous avoit obligé de sortir sans différer ; qu'en sortant vous aviez laissé la porte ouverte, et qu'un chien étoit entré, et étoit venu jusque dans la salle où elle achevoit de diner, et qu'elle l'avoit chassé à grands coups de bâton. Retournez donc à votre maison sans perdre de temps avec la petite bouteille que voici, et que je vous mets entre les mains. Quand on vous aura ouvert, attendez dans votre chambre qu'Amine rentre : elle ne vous fera pas attendre long-temps. Dès qu'elle sera rentrée, descendez dans la cour, et présentez-vous à elle face à face. Dans la surprise où elle sera de vous revoir contre son attente, elle tournera le dos pour prendre la fuite ; alors jetez-lui de l'eau de cette bouteille que vous tiendrez prête ; et en la jetant, prononcez hardiment ces paroles :

« REÇOIS LE CHATIMENT DE TA MECHANCETE. »

» Je ne vous en dis pas davantage : vous en verrez l'effet. »

» Après ces paroles de ma bienfaitrice, que je n'oubliai pas, comme rien ne m'arrêtoit plus, je pris congé d'elle et de sa mère, avec tous les témoignages de la plus parfaite reconnoissance, et une protestation sincère que je me souviendrois éternellement de l'obligation que je leur avois, et je retournai chez moi.

» Les choses se passèrent comme la jeune magicienne me l'avoit prédit. Amine ne fut pas long-temps à rentrer. Comme elle s'avançoit, je me présentai à elle, l'eau dans la main prêt à la lui jeter. Elle fit un grand cri ; et comme elle se fut retournée pour regagner la porte, je lui jetai l'eau en prononçant les paroles que la jeune magicienne m'avoit enseignées ; et aussitôt elle fut changée en une cavale, et c'est celle que votre Majesté vit hier.

» À l'instant et dans la surprise où elle étoit, je la saisis au crin ; et malgré sa résistance je la tirai dans mon écurie. Je lui passai un licou, et après l'avoir attachée en lui reprochant son crime et sa méchanceté, je la châtiai à grands coups de fouet, si long-temps, que la lassitude enfin m'obligea de cesser ; mais je me réservai de lui faire chaque jour un pareil châtiment.

» Commandeur des croyans, ajouta Sidi Nouman en achevant son histoire, j'ose espérer que votre Majesté ne désapprouvera pas ma conduite, et qu'elle trouvera qu'une femme si méchante et si pernicieuse est traitée avec plus d'indulgence qu'elle ne mérite. »

Quand le calife vit que Sidi Nouman n'avoit plus rien à dire : « Ton histoire est singulière, lui dit le sultan, et la méchanceté de ta femme n'est pas excusable. Aussi je ne condamne pas absolument le châtiment que tu lui en as fait sentir jusqu'à présent. Mais je veux que tu considères combien son supplice est grand d'être réduite au rang des bêtes, et je souhaite que tu te contentes de la laisser faire pénitence en cet état. Je t'ordonnerois même d'aller t'adresser à la jeune magicienne qui l'a fait métamorphoser de la sorte, pour faire cesser l'enchantement, si l'opiniâtreté et la dureté incorrigible des magiciens et des magiciennes qui abusent de leur art, ne m'étoient connues, et que je ne craignisse de sa part contre toi un effet de sa vengeance, plus cruel que le premier. »

Le calife, naturellement doux et plein de compassion envers ceux qui souffrent, même selon leurs mérites, après avoir déclaré sa volonté à Sidi Nouman, s'adressa au troisième que le grand visir Giafar avoit fait venir.

« Cogia Hassan, lui dit-il, en passant hier devant ton hôtel, il me parut si magnifique, que j'eus la curiosité de savoir à qui il appartenoit. J'appris que tu l'avois fait bâtir, après avoir fait profession d'un métier qui te produisoit à peine de quoi vivre. On me dit aussi que tu ne te méconnoissois pas, que tu faisois un bon usage des richesses que Dieu t'a données, et que tes voisins disoient mille biens de toi. Tout cela m'a fait plaisir, ajouta le calife, et je suis bien persuadé que les voies dont il a plu à la Providence de te gratifier de ses dons, doivent être extraordinaires. Je suis curieux de les apprendre par toi-même, et c'est pour me donner cette satisfaction que je t'ai fait venir. Parle-moi donc avec sincérité, afin que je me réjouisse en prenant part à ton bonheur avec plus de connoissance. Et afin que ma curiosité ne te soit point suspecte, et que tu ne croyes pas que j'y prenne autre intérêt que celui que je viens de te dire, je te déclare, que loin d'y avoir aucune prétention, je te donne ma protection pour en jouir en toute sûreté. »

Sur ces assurances du calife, Cogia Hassan se prosterna devant son trône, frappa de son front le tapis dont il étoit couvert, et après qu'il se fut relevé : « Commandeur des croyans, dit-il, tout autre que moi, qui ne se seroit pas senti la conscience aussi pure et aussi nette que je me la sens, auroit pu être troublé en recevant l'ordre de venir paroître devant le trône de votre Majesté ; mais comme je n'ai jamais eu pour elle que des sentimens de respect et de vénération, et que je n'ai rien fait contre l'obéissance que je lui dois, ni contre les lois, qui ait pu m'attirer son indignation, la seule chose qui m'ait fait de la peine, est la crainte dont j'ai été saisi, de n'en pouvoir soutenir l'éclat. Néanmoins sur la bonté avec laquelle la renommée publie que votre Majesté reçoit et écoute le moindre de ses sujets, je me suis rassuré, et je n'ai pas douté qu'elle ne me donnât elle-même le courage et la confiance de lui procurer la satisfaction qu'elle pourrait exiger de moi. C'est, Commandeur des croyans, ce que votre Majesté vient de me faire expérimenter, en m'accordant votre puissante protection, sans savoir si je la mérite. J'espère néanmoins qu'elle demeurera dans un sentiment qui m'est si avantageux, quand pour satisfaire à son commandement je lui aurai fait le récit de mes aventures. »

Après ce petit compliment, pour se concilier la bienveillance et l'attention du calife, et après avoir, pendant quelques momens, rappelé dans sa mémoire ce qu'il avoit à dire, Cogia Hassan reprit la parole en ces termes :

HISTOIRE DE
COGIA HASSAN ALHABBAL.

« COMMANDEUR des croyans, dit-il, pour mieux faire entendre à votre Majesté par quelles voies je suis parvenu au grand bonheur dont je jouis, je dois avant toute chose commencer par lui parler de deux amis intimes, citoyens de cette même ville de Bagdad qui vivent encore, et qui peuvent rendre témoignage de la vérité : c'est a eux que je suis redevable de mon bonheur après Dieu, le premier auteur de tout bien et de tout bonheur.

» Ces deux amis s'appellent, l'un Saadi, et l'autre Saad. Saadi qui est puissamment riche, a toujours été du sentiment qu'un homme ne peut être heureux en ce monde, qu'autant qu'il a des biens et de grandes richesses, pour vivre hors de la dépendance de qui que ce soit.

» Saad est d'un autre sentiment : il convient qu'il faut véritablement avoir des richesses, autant qu'elles sont nécessaires à la vie ; mais il soutient que la vertu doit faire le bonheur des hommes, sans d'autre attache aux biens du monde, que par rapport aux besoins qu'ils peuvent en avoir, et pour en faire des libéralités selon leur pouvoir. Saad est de ce nombre, et il vit très-heureux et très-content dans l'état où il se trouve. Quoique Saadi, pour ainsi dire, soit infiniment plus riche que lui, leur amitié néanmoins est très-sincère, et le plus riche ne s'estime pas plus que l'autre. Ils n'ont jamais eu de contestation, que sur ce seul point ; en toute chose leur union a toujours été très-uniforme.

» Un jour dans leur entretien, à-peu-près sur la même matière, comme je l'ai appris d'eux-mêmes, Saadi prétendoit que les pauvres n'étoient pauvres, que parce qu'ils étaient nés dans la pauvreté, ou que nés avec des richesses, ils les avoient perdues ou par débauche, ou par quelqu'une des fatalités imprévues, qui ne sont pas extraordinaires.

« Mon opinion, disoit-il, est que ces pauvres ne le sont, que parce qu'ils ne peuvent parvenir à amasser une somme d'argent assez grosse pour se tirer de la misère, en employant leur industrie à la faire valoir ; et mon sentiment est, que s'ils venoient à ce point, et qu'ils fissent un usage convenable de cette somme, ils ne deviendroient pas seulement riches, mais même très-opulens avec le temps. »

» Saad ne convint pas de la proposition de Saadi.

« Le moyen que vous proposez, reprit-il, pour faire qu'un pauvre devienne riche, ne me paroît pas aussi certain que vous le croyez. Ce que vous en pensez est fort équivoque, et je pourrois appuyer mon sentiment contre le vôtre de plusieurs bonnes raisons, qui nous mèneraient trop loin. Je crois, au moins avec autant de probabilité, qu'un pauvre peut devenir riche par tout autre moyen qu'avec une somme d'argent : on fait souvent, par un hasard, une fortune plus grande et plus surprenante qu'avec une somme d'argent, telle que vous le prétendez, quelque ménagement et quelqu'économie que l'on apporte pour la faire multiplier par un négoce bien conduit. »

« Saad, repartit Saadi, je vois bien que je ne gagnerois rien avec vous, en persistant à soutenir mon opinion contre la vôtre ; je veux en faire l'expérience pour vous en convaincre, eu donnant, par exemple, en pur don, une somme telle que je me l'imagine à un de ces artisans, pauvre de père en fils, qui vivent aujourd'hui au jour la journée, et qui meurent aussi gueux que quand ils sont nés. Si je ne réussis pas, nous verrons si vous réussirez mieux de la manière que vous l'entendez. »

» Quelques jours après cette contestation, il arriva que les deux amis, en se promenant, passèrent par le quartier où je travaillois de mon métier de cordier, que j'avois appris de mon père, et qu'il avoit appris lui-même de mon aïeul, et ce dernier de nos ancêtres. À voir mon équipage et mon habillement, il n'eut pas de peine à juger de ma pauvreté.

» Saad qui se souvint de l'engagement de Saadi, lui dit : « Si vous n'avez pas oublié à quoi vous vous êtes engagé avec moi, voilà un homme, ajouta-t-il en me désignant, qu'il y a long-temps que je vois faisant le métier de cordier, et toujours dans le même état de pauvreté. C'est un sujet digne de votre libéralité, et tout propre à faire l'expérience dont vous parliez l'autre jour. »

« Je m'en souviens si bien, reprit Saadi, que je porte sur moi de quoi faire l'expérience que vous dites, et je n'attendois que l'occasion que nous nous trouvassions ensemble, et que vous en fussiez témoin. Abordons-le, et sachons si véritablement il en a besoin. »

» Les deux amis vinrent à moi ; et comme je vis qu'ils vouloient me parler, je cessai mon travail. Ils me donnèrent l'un et l'autre le salut ordinaire du souhait de paix ; et Saadi en prenant la parole, me demanda comment je m'appelois.

» Je leur rendis le même salut ; et pour répondre à la demande de Saadi : « Seigneur, lui dis-je, mon nom est Hassan ; et à cause de ma profession, je suis connu communément sous le nom de Hassan Alhalbbal. »

« Hassan, reprit Saadi, comme il n'y a pas de métier qui ne nourrisse son maître, je ne doute pas que le vôtre ne vous fasse gagner de quoi vivre à votre aise, et même je m'étonne que depuis le temps que vous l'exercez, vous n'ayez pas fait quelqu'épargne, et que vous n'ayez acheté une bonne provision de chanvre pour faire plus de travail, tant par vous-même, que par des gens à gage que vous auriez pris pour vous aider, et pour vous mettre insensiblement plus au large. »

« Seigneur, lui repartis-je, vous cesserez de vous étonner que je ne fasse pas d'épargne, et que je ne prenne pas le chemin que vous dites pour devenir riche, quand vous saurez qu'avec tout le travail que je puis faire depuis le matin jusqu'au soir, j'ai de la peine à gagner de quoi me nourrir, moi et ma famille, de pain et de quelques légumes. J'ai une femme et cinq enfans dont pas un n'est en âge de m'aider en la moindre chose ; il faut les entretenir et les habiller ; et dans un ménage, si petit qu'il soit, il y a toujours mille choses nécessaires dont on ne peut se passer. Quoique le chanvre ne soit pas cher, il faut néanmoins de l'argent pour en acheter, et c'est le premier que je mets à part de la vente de mes ouvrages ; sans cela il ne me seroit pas possible de fournir à la dépense de ma maison. Jugez, seigneur, ajoutai-je, s'il est possible que je fasse des épargnes pour me mettre plus au large, moi et ma famille. Il nous suffit que nous soyons contens du peu que Dieu nous donne, et qu'il nous ôte la connoissance et le désir de ce qui nous manque ; mais nous trouvons que rien ne nous manque, quand nous avons pour vivre ce que nous avons accoutumé d'avoir, et que nous ne sommes pas dans la nécessité d'en demander à personne. »

» Quand j'eus fait tout ce détail à Saadi : « Hassan, me dit-il, je ne suis plus dans l'étonnement où j'étois, et je comprends toutes les raisons qui vous obligent à vous contenter de l'état où vous vous trouvez. Mais si je vous faisois présent d'une bourse de deux cents pièces d'or, n'en feriez-vous pas un bon usage, et ne croyez-vous pas qu'avec cette somme vous deviendriez bientôt au moins aussi riche que les principaux de votre profession ? »

« Seigneur, repris-je, vous me paroissez un si honnête homme, que je suis persuadé que vous ne voudriez pas vous divertir de moi, et que l'offre que vous me faites est sérieuse. J'ose donc vous dire, sans trop présumer de moi, qu'une somme beaucoup moindre me suffiroit, non-seulement pour devenir aussi riche que les principaux de ma profession, mais même pour le devenir en peu de temps plus moi seul, qu'ils ne le sont tous ensemble dans cette grande ville de Bagdad, aussi grande et aussi peuplée qu'elle l'est. »

» Le généreux Saadi me fit voir sur-le-champ qu'il m'avoit parlé sérieusement. Il tira la bourse de son sein, et en me la mettant entre les mains : « Prenez, dit-il, voilà la bourse ; vous y trouverez les deux cents pièces d'or bien comptées. Je prie Dieu qu'il y donne sa bénédiction, et qu'il vous fasse la grâce d'en faire le bon usage que je souhaite ; et croyez que mon ami Saad que voici, et moi, nous aurons un très-grand plaisir quand nous apprendrons qu'elles vous auront servi à vous rendre plus heureux que vous ne l'êtes. »

» Commandeur des croyans, quand j'eus reçu la bourse, et que d'abord je l'eus mise dans mon sein, je fus dans un transport de joie si grande, et je fus si fort pénétré de ma reconnoissance, que la parole me manqua, et qu'il ne me fut pas possible d'en donner d'autre marque à mon bienfaiteur, que d'avancer la main pour lui prendre le bord de sa robe et la baiser ; mais il la retira en s'éloignant ; et ils continuèrent leur chemin lui et son ami.

» En reprenant mon ouvrage après leur éloignement, la première pensée qui me vint, fut d'aviser où je mettrois la bourse pour qu'elle fût en sûreté. Je n'avois dans ma petite et pauvre maison, ni coffre, ni armoire qui fermât, ni aucun lieu où je pusse m'assurer qu'elle ne serait pas découverte si je l'y cachois.

» Dans cette perplexité, comme j'avois coutume, avec les pauvres gens de ma sorte, de cacher le peu de monnoie que j'avois, dans les plis de mon turban, je quittai mon ouvrage et je rentrai chez moi sous prétexte de le raccommoder. Je pris si bien mes précautions, que sans que ma femme et mes enfans s'en aperçussent, je tirai dix pièces d'or de la bourse que je mis à part pour les dépenses les plus pressées, et j'enveloppai le reste dans les plis de la toile qui entouroit mon bonnet.

» La principale dépense que je fis dès le même jour, fut d'acheter une bonne provision de chanvre. Ensuite, comme il y avoit long-temps qu'on n'avoit vu de viande dans ma famille, j'allai à la boucherie, et j'en achetai pour le souper.

» En m'en revenant, je tenois ma viande a la main, lorsqu'un milan affamé, sans que je pusse me défendre, fondit dessus, et me l'eût arrachée de la main, si je n'eusse tenu ferme contre lui. Mais, hélas, j'aurais bien mieux fait de la lui lâcher, pour ne pas perdre ma bourse ! Plus il trouvoit en moi de résistance, plus il s'opiniâtroit à vouloir me l'enlever. Il me traînoit de côté et d'autre, pendant qu'il se soutenoit en l'air sans quitter prise ; mais il arriva malheureusement que dans les efforts que je faisois, mon turban tomba par terre.

» Aussitôt le milan lâcha prise et se jeta sur mon turban avant que j'eusse eu le temps de le ramasser, et l'enleva. Je poussai des cris si perçans, que les hommes, les femmes et les enfans du voisinage en furent effrayés, et joignirent leurs cris aux miens pour tâcher de faire quitter prise au milan.

» On réussit souvent, par ce moyen, à forcer ces sortes d'oiseaux voraces à lâcher ce qu'ils ont enlevé ; mais les cris n'épouvantèrent pas le milan : il emporta mon turban si loin, que nous le perdîmes tous de vue avant qu'il l'eut lâché. Ainsi, il eût été inutile de me donner la peine et la fatigue de courir après pour le recouvrer.

» Je retournai chez moi fort triste de la perte que je venois de faire de mon turban et de mon argent. Il fallut cependant en racheter un autre, ce qui fît une nouvelle diminution aux dix pièces d'or que j'avois tirées de la bourse. J'en avois déjà dépensé pour l'achat du chanvre, et ce qui me restoit ne suffisoit pas pour me donner lieu de remplir les belles espérances que j'avois conçues.

» Ce qui me fit le plus de peine fut le peu de satisfaction que mon bienfaiteur auroit d'avoir si mal placé sa libéralité, quand il apprendroit le malheur qui m'étoit arrivé, qu'il regarderait peut-être comme incroyable, et par conséquent comme une vaine excuse.

» Tant que dura le peu des pièces d'or qui me restoit, nous nous en ressentîmes ma petite famille et moi ; mais je retombai bientôt dans le même état et dans la même impuissance de me tirer hors de misère, qu'auparavant. Je n'en murmurai pourtant pas. « Dieu, disois-je, a voulu m'éprouver en me donnant du bien dans le temps que je m'y attendois le moins ; il me l'a ôté presque dans le même temps, parce qu'il lui a plu ainsi, et qu'il étoit à lui. Qu'il en soit loué, comme je l'avois loué jusqu'alors des bienfaits dont il m'a favorisé, tels qu'il lui avoit plu aussi ! Je me soumets à sa volonté. »

» J'étois dans ces sentimens pendant que ma femme, à qui je n'avois pu m'empêcher de faire part de la perte que j'avois faite, et par quel endroit elle m'étoit venue, étoit inconsolable. Il m'étoit échappé aussi, dans le trouble où j'étois, de dire à mes voisins, qu'en perdant mon turban, je perdois une bourse de cent quatre-vingt-dix pièces d'or. Mais comme ma pauvreté leur étoit connue, et qu'ils ne pouvoient pas comprendre que j'eusse gagné une si grosse somme par mon travail, ils ne firent qu'en rire, et les enfans plus qu'eux.

» Il y avoit environ six mois que le milan m'avoit causé le malheur que je viens de raconter à votre Majesté, lorsque les deux amis passèrent peu loin du quartier où je demeurois. Le voisinage fit que Saad se souvint de moi. Il dit à Saadi : « Nous ne sommes pas loin de la rue où demeure Hassan Alhabbal ; passons-y, et voyons si les deux cents pièces d'or que vous lui avez données, ont contribué en quelque chose à le mettre en chemin de faire au moins une fortune meilleure que celle dans laquelle nous l'avons vu. »

« Je le veux bien, reprit Saadi : il y a quelques jours, ajouta-il, que je pensois à lui en me faisant un grand plaisir de la satisfaction que j'aurois en vous rendant témoin de la preuve de ma proposition. Vous allez voir un grand changement en lui, et je m'attends que nous aurons de la peine à le reconnoître. »

» Les deux amis s'étoient déjà détournés, et ils entroient dans la rue en même temps que Saadi parloit encore. Saad qui m'aperçut de loin le premier, dit à son ami : « Il me semble que vous prenez gain de cause trop tôt. Je vois Hassan Alhabbal, mais il ne me paroît aucun changement en sa personne. Il est aussi mal habillé qu'il l'étoit quand nous lui avons parlé ensemble. La différence que j'y vois c'est que son turban est un peu moins mal-propre. Voyez vous-même si je me trompe. »

» En approchant, Saadi qui m'avoit aperçu aussi, vit bien que Saad avoit raison ; et il ne savoit sur quoi fonder le peu de changement qu'il voyoit en ma personne. Il en fut même si fort étonné, que ce ne fut pas lui qui me parla quand ils m'eurent abordé. Saad, après m'avoir donné le salut ordinaire : « Eh bien, Hassan, me dit-il, nous ne vous demandons pas comment vont vos petites affaires depuis que nous ne vous avons vu. Elles ont pris sans doute un meilleur train ; les deux cents pièces d'or doivent y avoir contribué. »

« Seigneurs, repris-je, en m'adressant à tous les deux, j'ai une grande mortification d'avoir à vous apprendre que vos souhaits, vos vœux et vos espérances, aussi-bien que les miennes, n'ont pas eu le succès que vous aviez lieu d'attendre, et que je m'étois promis à moi-même. Vous aurez de la peine à ajouter foi à l'aventure extraordinaire qui m'est arrivée. Je vous assure néanmoins en homme d'honneur, et vous devez me croire, que rien n'est plus véritable que ce que vous allez entendre. »

» Alors je leur racontai mon aventure avec les mêmes circonstances que je viens d'avoir l'honneur d'exposer à votre Majesté.

» Saadi rejeta mon discours bien loin : « Hassan, dit-il, vous vous moquez de moi, et vous voulez me tromper. Ce que vous me dites est une chose incroyable. Les milans n'en veulent pas aux turbans, ils ne cherchent que de quoi contenter leur avidité. Vous avez fait comme tous les gens de votre sorte ont coutume défaire. S'ils font un gain extraordinaire, ou que quelque bonne fortune qu'ils n'attendoient pas, leur arrive, ils abandonnent leur travail, ils se divertissent, ils se régalent, ils font bonne chère tant que l'argent dure ; et dès qu'ils ont tout mangé, ils se trouvent dans la même nécessité et dans les mêmes besoins qu'auparavant. Vous ne croupissez dans votre misère, que parce que vous le méritez, et que vous vous rendez vous-même indigne du bien que l'on vous fait. »

« Seigneur, repris-je, je souffre tous ces reproches, et je suis prêt à en souffrir encore d'autres bien plus atroces que vous pourriez me faire ; mais je les souffre avec d'autant plus de patience, que je ne crois pas en avoir mérité aucun. La chose est si publique dans le quartier, qu'il n'y a personne qui ne vous en rende témoignage. Informez-vous-en vous-même, vous trouverez que je ne vous en impose pas. J'avoue que je n'avois pas entendu dire que des milans eussent enlevé des turbans ; mais la chose m'est arrivée, comme une infinité d'autres qui ne sont jamais arrivées, et qui cependant arrivent tous les jours. »

» Saad prit mon parti, et il raconta à Saadi tant d'autres histoires de milans, non moins surprenantes, dont quelques-unes ne lui étoient pas inconnues, qu'à la fin il tira sa bourse de son sein. Il me compta deux cents pièces d'or dans la main, que je mis à mesure dans mon sein faute de bourse. Quand Saadi eut achevé de me compter cette somme : « Hassan, me dit-il, je veux bien vous faire encore présent de ces deux cents pièces d'or ; mais prenez garde de les mettre dans un lieu si sûr, qu'il ne vous arrive pas de les perdre aussi malheureusement que vous avez perdu les autres, et de faire en sorte qu'elles vous procurent l'avantage que les premières devroient vous avoir procuré. »

» Je lui témoignai que l'obligation que je lui avois de cette seconde grâce, étoit d'autant plus grande, que je ne la méritois pas après ce qui m'étoit arrivé, et que je n'oublierois rien pour profiter de son bon conseil. Je voulois poursuivre, mais il ne m'en donna pas le temps. Il me quitta, et il continua sa promenade avec son ami.

» Je ne repris pas mon travail après leur départ ; je rentrai chez moi, où ma femme ni mes enfans ne se trouvoient pas alors. Je mis à part dix pièces d'or des deux cents, et j'enveloppai les cent quatre-vingt-dix autres dans un linge que je nouai. Il s'agissoit de cacher le linge dans un lieu de sûreté. Après y avoir bien songé, je m'avisai de le mettre au fond d'un grand vase de terre, plein de son, qui étoit dans un coin, où je m'imaginai bien que ma femme ni mes enfans n'iroient pas le chercher. Ma femme revint peu de temps après ; et comme il ne me restoit que très peu de chanvre, sans lui parler des deux amis, je lui dis que j'allois en acheter.

» Je sortis ; mais pendant que j'étois allé faire cette emplette, un vendeur de terre à décrasser dont les femmes se servent au bain, vint à passer par la rue, et se fit entendre par son cri.

» Ma femme, qui n'avoit plus de cette terre, appelle le vendeur ; et comme elle n'avoit pas d'argent, elle lui demanda s'il vouloit lui donner de sa terre en échange pour du son. Le vendeur demande à voir le son ; ma femme lui montre le vase ; le marché se fait, il se conclut. Elle reçoit la terre à décrasser, et le vendeur emporte le vase avec le son.

» Je revins chargé de chanvre autant que j'en pouvois porter, suivi de cinq porteurs, chargés comme moi de la même marchandise, dont j'emplis une soupente que j'avois ménagée dans ma maison. Je satisfis les porteurs pour leur peine ; et après qu'ils furent partis, je pris quelques momens pour me remettre de ma lassitude. Alors je jetai les yeux du côté où j'avois laissé le vase de son, et je ne le vis plus.

» Je ne puis exprimer à votre Majesté quelle fut ma surprise, ni l'effet qu'elle produisit en moi dans ce moment. Je demandai à ma femme avec précipitation ce qu'il étoit devenu ; et elle me raconta le marché qu'elle en avoit fait, comme une chose en quoi elle croyait avoir beaucoup gagné.

» Ah, femme infortunée, m'écriai-je, vous ignorez le mal que vous nous avez fait, à moi, à vous-même et à vos enfans, en faisant un marché qui nous perd sans ressource ! Vous avez cru ne vendre que du son, et avec ce son, vous avez enrichi votre vendeur de terre à décrasser de cent quatre-vingt-dix pièces d'or, dont Saadi, accompagné de son ami, venoit de me faire présent pour la seconde fois. »

» Il s'en fallut peu que ma femme ne se désespérât quand elle eut appris la grande faute qu'elle avoit commise par ignorance. Elle se lamenta, se frappa la poitrine, s'arracha les cheveux, et déchirant l'habit dont elle étoit revêtue : « Malheureuse que je suis, s'écria-t-elle, suis-je digne de vivre après une méprise si cruelle ? Ou chercherai-je ce vendeur de terre ? Je ne le connois pas ; il n'a passé par notre rue que cette seule fois, et peut-être ne le reverrai-je jamais. Ah, mon mari, ajouta-t-elle, vous avez un grand tort, pourquoi avez-vous été si réservé à mon égard dans une affaire de cette importance ? Cela ne fût pas arrivé si vous m'eussiez fait part de votre secret. »

» Je ne finirois pas si je rapportois à votre Majesté tout ce que la douleur lui mit alors dans la bouche. Elle n'ignore pas combien les femmes sont éloquentes dans leurs afflictions.

« Ma femme, lui dis-je, modérez-vous ; vous ne comprenez pas que vous nous allez attirer tous les voisins par vos cris et par vos pleurs : il n'est pas besoin qu'ils soient informés de nos disgrâces. Bien loin de prendre part à notre malheur, ou de nous donner de la consolation, ils se feroient un plaisir de se railler de votre simplicité et de la mienne. Le parti le meilleur que nous ayons à prendre, c'est de dissimuler cette perte, de la supporter patiemment, de manière qu'il nen paroisse la moindre chose, et de nous soumettre à la volonté de Dieu. Bénissons-le au contraire, de ce que de deux cents pièces d'or qu'il nous avoit données, il n'en a retiré que cent quatre-vingt-dix, et qu'il nous en a laissé dix par sa libéralité, dont l'emploi que je viens de faire ne laisse pas de nous apporter quelque soulagement. »

» Quelques bonnes que fussent mes raisons, ma femme eut bien de la peine à les goûter d'abord. Mais le temps qui adoucit les maux les plus grands, et qui paroissent le moins supportables, fit qu'à la fin elle s'y rendit.

« Nous vivons pauvrement, lui disois-je, il est vrai ; mais qu'ont les riches que nous n'ayons pas ? Ne respirons-nous pas le même air ? Ne jouissons-nous pas de la même lumière et de la même chaleur du soleil ? Quelques commodités qu'ils ont plus que nous, pourroient nous faire envier leur bonheur s'ils ne mouroient pas comme nous mourons. À le bien prendre, munis de la crainte de Dieu, que nous devons avoir sur toute chose, l'avantage qu'ils ont plus que nous est si peu considérable, que nous ne devons pas nous y arrêter. »

» Je n'ennuierai pas votre Majesté plus long-temps par mes réflexions morales. Nous nous consolâmes, ma femme et moi, et je continuai mon travail, l'esprit aussi libre que si je n'eusse pas fait des pertes si mortifiantes, à peu de temps l'une de l'autre.

» La seule chose qui me chagrinoit, et cela arrivoit souvent, c'étoit quand je me demandois à moi-même comment je pourrais soutenir la présence de Saadi, lorsqu'il viendroit me demander compte de l'emploi de ses deux cents pièces d'or, et de l'avancement de ma fortune, par le moyen de sa libéralité, et que je n'y voyois autre remède que de me résoudre à la confusion que j'en aurais, quoique cette seconde fois, non plus que la première, je n'eusse en rien contribué à ce malheur par ma faute.

» Les deux amis furent plus long-temps à revenir apprendre des nouvelles de mon sort que la première fois. Saad en avoit parlé souvent à Saadi ; mais Saadi avoit toujours différé.

« Plus nous différerons, disoit-il, plus Hassan se sera enrichi, et plus la satisfaction que j'en aurai sera grande. »

» Saad n'avoit pas la même opinion de l'effet de la libéralité de son ami.

« Vous croyez donc, reprenoit-il, que votre présent aura été mieux employé par Hassan cette fois que la première ? Je ne vous conseille pas de vous en trop flatter, de crainte que votre mortification n'en fût plus sensible, si vous trouviez que le contraire fût arrivé. »

« Mais, répétoit Saadi, il n'arrive pas tous les jours qu'un milan emporte un turban. Hassan y a été attrapé, il aura pris ses précautions pour ne pas l'être une seconde fois. »

« Je n'en doute pas, répliqua Saad ; mais, ajouta-t-il, tout autre accident que nous ne pouvons imaginer, ni vous, ni moi, pourra être arrivé. Je vous le dis encore une fois, modérez votre joie, et n'inclinez pas plus à vous prévenir sur le bonheur de Hassan, que sur son malheur. Pour vous dire ce que je pense, et ce que j'ai toujours pensé, quelque mauvais gré que vous puissiez me savoir de ma persuasion, j'ai un pressentiment que vous n'aurez pas réussi, et que je réussirai mieux que vous, à prouver qu'un pauvre homme peut plutôt devenir riche, de toute autre manière qu'avec de l'argent. »

» Un jour enfin que Saad se trouvoit chez Saadi, après une longue contestation ensemble : « C'en est trop, dit Saadi, je veux être éclairci dès aujourd'hui de ce qui en est. Voilà le temps de la promenade, ne le perdons pas, et allons savoir lequel de nous deux aura perdu la gageure. »

» Les deux amis partirent, et je les vis venir de loin. J'en fus tout ému, et je fus sur le point de quitter mon ouvrage et d'aller me cacher, pour ne point paroître devant eux. Attaché à mon travail, je fis semblant de ne les avoir pas aperçus ; et je ne levai les yeux pour les regarder, que quand ils furent si près de moi, et que m'ayant donné le salut de paix, je ne pus honnêtement m'en dispenser. Je les baissai aussitôt ; et en leur contant ma dernière disgrâce dans toutes ses circonstances, je leur fis connoître pourquoi ils me trouvoient aussi pauvre que la première fois qu'ils m'avoient vu.

» Quand j'eus achevé : « Vous pouvez me dire, ajoutai-je, que je devois cacher les cent quatre-vingt-dix pièces d'or ailleurs que dans un vase de son, qui devoit le même jour être emporté de ma maison. Mais il y avoit plusieurs années que ce vase y étoit, qu'il servoit à cet usage, et que toutes les fois que ma femme avoit vendu le son, à mesure qu'il en était plein, le vase étoit toujours resté. Pouvois-je deviner que ce jour-là même, en mon absence, un vendeur de terre à décrasser passeroit à point nommé ; que ma femme se trouverait sans argent, et qu'elle feroit avec lui l'échange qu'elle a fait ? Vous pourriez me dire que je devois avertir ma femme ; mais je ne croirai jamais que des personnes aussi sages que je suis persuadé que vous êtes, m'eussent donné ce conseil. Pour ce qui est de ne les avoir pas cachées ailleurs, quelle certitude pouvois-je avoir qu'elles y eussent été en plus grande sûreté ? Seigneur, dis-je, en m'adressant à Saadi, il n'a pas plu à Dieu que votre libéralité servit à m'enrichir, par un de ses secrets impénétrables, que nous ne devons pas approfondir. Il me veut pauvre, et non pas riche. Je ne laisse pas de vous en avoir la même obligation que si elle avoit eu son effet entier ; selon vos souhaits. »

» Je me tus, et Saadi qui prit la parole, me dit : « Hassan, quand je voudrois me persuader que tout ce que vous venez de nous dire est aussi vrai que vous prétendez nous le faire croire, et que ce ne seroit pas pour cacher vos débauches ou votre mauvaise économie, comme cela pourroit être, je me garderois bien néanmoins de passer outre, et de m'opiniâtrer à faire une expérience capable de me ruiner. Je ne regrette pas les quatre cents pièces d'or dont je me suis privé, pour essayer de vous tirer de la pauvreté ; je l'ai fait par rapport à Dieu, sans attendre autre récompense de votre part, que le plaisir de vous avoir fait du bien. Si quelque chose étoit capable de m'en faire repentir, ce seroit de m'être adressé à vous plutôt qu'à un autre, qui peut-être en auroit mieux profité. » Et en se tournant du côté de son ami : « Saad, continua-t-il, vous pouvez connoître par ce que je viens de dire, que je ne vous donne pas entièrement gain de cause. Il vous est pourtant libre de faire l'expérience de ce que vous prétendez contre moi depuis si long-temps. Faites-moi voir qu'il y ait d'autres moyens que l'argent capables de faire la fortune d'un homme pauvre, de la manière que je l'entends, et que vous l'entendez, et ne cherchez pas un autre sujet que Hassan. Quoi que vous puissiez lui donner, je ne puis me persuader qu'il devienne plus riche qu'il n'a pu faire avec quatre cents pièces d'or. »

» Saad tenoit un morceau de plomb dans la main, qu'il montroit à Saadi.

« Vous m'avez vu, reprit-il, ramasser à mes pieds ce morceau de plomb, je vais le donner à Hassan, vous verrez ce qu'il lui vaudra. »

« Saadi fit un éclat de rire en se moquant de Saad.

« Un morceau de plomb, s'écria-t-il ! Hé, que peut-il valoir à Hassan qu'une obole, et que fera-t-il avec une obole ? »

» Saad, en me présentant le morceau de plomb, me dit : « Laissez rire Saadi, et ne laissez pas de le prendre. Vous nous direz un jour des nouvelles du bonheur qu'il vous aura porté. »

» Je crus que Saad ne parloit pas sérieusement, et que ce qu'il en faisoit n'étoit que pour se divertir. Je ne laissai pas de recevoir le morceau de plomb, en le remerciant ; et pour le contenter je le mis dans ma veste, comme par manière d'acquit. Les deux amis me quittèrent pour achever leur promenade, et je continuai mon travail.

» Le soir, comme je me déshabillois pour me coucher, et que j'eus ôté ma ceinture, le morceau de plomb que Saad m'avoit donné, auquel je n'avois plus songé depuis, tomba par terre ; je le ramassai et le mis dans le premier endroit que je trouvai.

» La même nuit il arriva qu'un pêcheur de mes voisins, en accommodant ses filets, trouva qu'il y manquoit un morceau de plomb ; il n'en avoit pas d'autre pour le remplacer, et il n'étoit pas heure d'en envoyer acheter, les boutiques étoient fermées. Il falloit cependant, s'il vouloit avoir pour vivre le lendemain, lui et sa famille, qu'il allât à la pêche deux heures avant le jour. Il témoigne son chagrin à sa femme, et il l'envoie en demander dans le voisinage pour y suppléer.

» La femme obéit à son mari : elle va de porte en porte, des deux côtés de la rue, et ne trouve rien. Elle rapporte cette réponse à son mari, qui lui demande en lui nommant plusieurs de ses voisins, si elle avoit frappé à leur porte ? Elle répondit qu'oui. « Et chez Hassan Alhabbal, ajouta-t-il ; je gage que vous n'y avez pas été ? »

« Il est vrai, reprit la femme, je n'ai pas été jusque-là, parce qu'il y a trop loin ; et quand j'en aurois pris la peine, croyez-vous que j'en eusse trouvé ? Quand on n'a besoin de rien, c'est justement chez lui qu'il faut aller : je le sais par expérience. »

« Cela n'importe, reprit le pêcheur, vous êtes une paresseuse, je veux que vous y alliez. Vous avez été cent fois chez lui sans trouver ce que vous cherchiez, vous y trouverez peut-être aujourd'hui le plomb dont j'ai besoin ; encore une fois, je veux que vous y alliez. »

» La femme du pêcheur sortit en murmurant et en grondant, et vint frapper à ma porte. Il y avoit déjà quelque temps que je dormois ; je me réveillai en demandant ce qu'on vouloi.

« Hassan Alhabbal, dit la femme en haussant la voix, mon mari a besoin d'un peu de plomb pour accommoder ses filets ; si par hasard vous en avez, il vous prie de lui en donner. »

» La mémoire du morceau de plomb que Saad m'avoit donné, m'étoit si récente, sur-tout après ce qui m'étoit arrivé en me déshabillant, que je ne pouvois l'avoir oublié. Je répondis à la voisine que j'en avois, qu'elle attendît un moment ; et que ma femme alloit lui en donner un morceau.

» Ma femme qui s'étoit aussi éveillée au bruit, se lève, trouve à tâtons le plomb où je lui avois enseigné qu'il étoit, entr'ouvre la porte et le donne à la voisine.

» La femme du pêcheur ravie de n'être pas venue en vain : « Voisine, dit-elle à ma femme, le plaisir que vous nous faites à mon mari et à moi est si grand, que je vous promets tout le poisson que mon mari amènera du premier jet de ses filets, et je vous assure qu'il ne me dédira pas. »

» Le pêcheur ravi d'avoir trouvé contre son espérance le plomb qui lui manquoit, approuva la promesse que sa femme nous avoit faite.

« Je vous sais bon gré, dit-il, d'avoir suivi en cela mon intention. »

» Il acheva d'accommoder ses filets, et il alla à la pêche deux heures avant le jour, selon sa coutume. Il n'amena qu'un seul poisson du premier jet de ses filets, mais long de plus d'une coudée, et gros à proportion. Il en fit ensuite plusieurs autres qui furent tous heureux ; mais il s'en fallut de beaucoup que de tout le poisson qu'il amena, il y en eût un seul qui approchât du premier.

» Quand le pêcheur eut achevé sa pêche, et qu'il fut revenu chez lui, le premier soin qu'il eut, fut de songer à moi ; et je fus extrêmement surpris, comme je travaillois, de le voir se présenter devant moi chargé de ce poisson.

« Voisin, me dit-il, ma femme vous a promis cette nuit le poisson que j'amenerois du premier jet de mes filets, en reconnoissance du plaisir que vous nous avez fait, et j'ai approuvé sa promesse. Dieu ne m'a envoyé pour vous que celui-ci, je vous prie de l'agréer. S'il m'en eût envoyé plein mes filets, ils eussent de même tous été pour vous. Acceptez-le, je vous prie, tel qu'il est, comme s'il étoit plus considérable. »

« Voisin, repris-je, le morceau de plomb que je vous ai envoyé est si peu de chose, qu'il ne méritoit pas que vous le missiez à un si haut prix. Les voisins doivent se secourir les uns les autres dans leurs petits besoins ; je n'ai fait pour vous que ce que je pouvois en attendre dans une occasion semblable. Ainsi je refuserois de recevoir votre présent, si je n'étois persuadé que vous me le faites de bon cœur ; je croirais même vous offenser si j'en usois de la sorte. Je le reçois donc puisque vous le voulez ainsi, et je vous en fais mon remercîment. »

» Nos civilités en demeurèrent là, et je portai le poisson à ma femme.

« Prenez, lui dis-je, ce poisson que le pêcheur notre voisin vient de m'apporter, en reconnoissance du morceau de plomb qu'il nous envoya demander la nuit dernière. C'est, je crois, tout ce que nous pouvons espérer de ce présent que Saad me fit hier, en me promettant qu'il me porteroit bonheur. »

» Ce fut alors que je lui parlai du retour des deux amis, et de ce qui s'étoit passé entr'eux et moi.

» Ma femme fut embarrassée de voir un poisson si grand et si gros.

« Que voulez-vous, dit-elle, que nous en fassions ? Notre gril n'est propre que pour de petits poissons ; et nous n'avons pas de vase assez grand pour le faire cuire au court-bouillon. »

« C'est votre affaire, lui dis-je, accommodez-le comme il vous plaira ; rôti ou bouilli, j'en serai content. » En disant ces paroles je retournai à mon travail.

» En accommodant le poisson, ma femme tira avec les entrailles un gros diamant qu'elle prit pour du verre, quand elle l'eut nettoyé. Elle avoit bien entendu parler de diamans ; et si elle en avoit vu ou manié, elle n'en avoit pas assez de connoissance pour en faire la distinction. Elle le donna au plus petit de nos enfans pour en faire un jouet avec ses frères et ses sœurs qui vouloient le voir et le manier tour-à-tour, en se le donnant les uns aux autres pour en admirer la beauté, l'éclat et le brillant.

» Le soir, quand la lampe fut allumée, nos enfans qui continuèrent leur jeu, en se cédant le diamant pour le considérer l'un après l'autre, s'aperçurent qu'il rendoit de la lumière à mesure que ma femme leur cachoit la clarté de la lampe en se donnant du mouvement pour achever de préparer le soupé ; et cela engageoit les enfans à se l'arracher pour en faire l'expérience. Mais les petits pleuroient quand les plus grands ne le leur laissoient pas autant de temps qu'ils vouloient, et ceux-ci étoient contraints de le leur rendre pour les appaiser.

» Comme peu de chose est capable d'amuser les enfans, et causer de la dispute entr'eux, et que cela leur arrive ordinairement, ni ma femme ni moi nous ne fîmes pas d'attention à ce qui faisoit le sujet du bruit et du tintamarre dont ils nous étourdissoient. Ils cessèrent enfin quand les plus grands se furent mis à table pour souper avec nous, et que ma femme eut donné aux plus petits chacun leur part.

» Après le souper, les enfans se rassemblèrent, et ils recommencèrent le même bruit qu'auparavant. Alors je voulus savoir quelle étoit la cause de leur dispute. J'appelai l'aîné, et je lui demandai quel sujet ils avoient de faire ainsi grand bruit ? Il me dit : « Mon père, c'est un morceau de verre qui fait de la lumière quand nous le regardons le dos tourné à lampe. » Je me le fis apporter, et j'en fis l'expérience.

» Cela me parut extraordinaire, et me fît demander à ma femme ce que c'étoit que ce morceau de verre.

« Je ne sais, dit-elle, c'est un morceau de verre que j'ai tiré du ventre du poisson en le préparant. »

» Je ne m'imaginai pas, non plus qu'elle, que ce fût autre chose que du verre. Je poussai néanmoins l'expérience plus loin. Je dis à ma femme de cacher la lampe dans la cheminée ; elle le fit, et je vis que le prétendu morceau de verre faisoit une lumière si grande, que nous pouvions nous passer de la lampe pour nous coucher. Je la fis éteindre, et je mis moi-même le morceau de verre sur le bord de la cheminée pour nous éclairer.

» Voici, dis-je, un autre avantage que le morceau de plomb que l'ami de Saadi m'a donné, nous procure, en nous épargnant d'acheter de l'huile. »

» Quand mes enfans virent que j'avois fait éteindre la lampe, et que le morceau de verre y suppléoit, sur cette merveille ils poussèrent des cris d'admiration si hauts et avec tant d'éclats, qu'ils retentirent bien loin dans le voisinage.

» Nous augmentâmes le bruit, ma femme et moi, à force de crier pour les faire taire, et nous ne pûmes le gagner entièrement sur eux que quand ils furent couchés et qu'ils se furent endormis, après s'être entretenus un temps considérable à leur manière de la lumière merveilleuse du morceau de verre.

» Nous nous couchâmes après eux, ma femme et moi ; et le lendemain de grand matin, sans penser davantage au morceau de verre, j'allai travailler à mon ordinaire. Il ne doit pas être étrange que cela soit arrivé à un homme comme moi, qui étoit accoutumé à voir du verre, et qui n'avoit jamais vu de diamans ; et si j'en avois vu, je n'avois pas fait d'attention à en connoître la valeur.

» Je ferai remarquer à votre Majesté en cet endroit, qu'entre ma maison et celle de mon voisin la plus prochaine, il n'y avoit qu'une cloison de charpente et de maçonnerie fort légère pour toute séparation. Cette maison appartenoit a un Juif fort riche, joaillier de profession ; et la chambre où lui et sa femme couchoient, joignoit à la cloison. Ils étoient déjà couchés et endormis quand mes enfans avoient fait le plus grand bruit. Cela les avoit éveillés, et ils avoient été long-temps à se rendormir.

» Le lendemain, la femme du Juif, tant de la part de son mari qu'en son propre nom, vint porter ses plaintes à la mienne de l'interruption de leur sommeil dès le premier somme.

« Ma bonne Rachel, c'est ainsi que s'appeloit la femme du Juif, lui dit ma femme, je suis bien fâchée de ce qui est arrivé, et je vous en fais mes excuses. Vous savez ce que c'est que les enfans : un rien les fait rire, de même que peu de chose les fait pleurer. Entrez, et je vous montrerai le sujet qui fait celui de vos plaintes. »

» La Juive entra, et ma femme prit le diamant, puisqu'enfin c'en étoit un, et un d'une grande singularité. Il étoit encore sur la cheminée ; et en le lui présentant : « Voyez, dit-elle, c'est ce morceau de verre qui est cause de tout le bruit que vous avez entendu hier au soir. » Pendant que la Juive, qui avoit connoissance de toutes sortes de pierreries, examinoit ce diamant avec admiration, elle lui raconta comment elle l'avoit trouvé dans le ventre du poisson, et tout ce qui en étoit arrivé.

» Quand ma femme eut achevé, la Juive qui savoit comment elle s'appeloit : « Aishach, dit-elle en lui remettant le diamant entre les mains, je crois comme vous que ce n'est que du verre ; mais comme il est plus beau que le verre ordinaire, et que j'ai un morceau de verre à-peu-près semblable dont je me pare quelquefois, et qu'il y feroit un accompagnement, je l'acheterois si vous vouliez me le vendre. »

» Mes enfans qui entendirent parler de vendre leur jouet, interrompirent la conversation en se récriant contre, en priant leur mère de le leur garder ; ce qu'elle fut contrainte de leur promettre pour les appaiser.

» La Juive, obligée de se retirer, sortit ; et avant de quitter ma femme qui l'avoit accompagnée jusqu'à la porte, elle la pria, en parlant bas, si elle avoit dessein de vendre le morceau de verre, de ne le faire voir à personne qu'auparavant elle ne lui en eût donné avis.

» Le Juif étoit allé à sa boutique de grand matin, dans le quartier des joailliers. La Juive alla l'y trouver, et elle lui annonça la découverte qu'elle venoit de faire ; elle lui rendit compte de la grosseur, du poids à-peu-près, de la beauté, de la belle eau et de l'éclat du diamant, et surtout de sa singularité, qui étoit de rendre de la lumière la nuit, sur le rapport de ma femme, d'autant plus croyable, qu'il étoit naïf.

» Le Juif renvoya sa femme avec ordre d'en traiter avec la mienne, de lui en offrir d'abord peu de chose, autant qu'elle le jugeroit à propos, et d'augmenter à proportion de la difficulté qu'elle trouveroit, et enfin de conclure le marché à quelque prix que ce fût.

» La Juive, selon l'ordre de son mari, parla à ma femme en particulier, sans attendre qu'elle se fût déterminée à vendre le diamant, et elle lui demanda si elle en vouloit vingt pièces d'or. Pour un morceau de verre, comme elle le pensoit, ma femme trouva la somme considérable. Elle ne voulut répandre néanmoins ni oui ni non. Elle dit seulement à la Juive qu'elle ne pouvoit l'écouter qu'elle ne m'eût parlé auparavant.

» Dans ces entrefaites, je venois de quitter mon travail, et je voulois rentrer chez moi pour dîner, comme elles se parloient à la porte. Ma femme m'arrête, et me demande si je consentois à vendre le morceau de verre qu'elle avoit trouvé dans le ventre du poisson, pour vingt pièces d'or que la Juive, notre voisine, en offroit.

» Je ne répondis pas sur le champ : je fis réflexion à l'assurance avec laquelle Saad m'avoit promis, en me donnant le morceau de plomb, qu'il feroit ma fortune ; et la Juive crut que c'étoit parce que je méprisois la somme qu'elle avoit offerte, que je ne répondois rien.

« Voisin, me dit-elle, je vous en donnerai cinquante : en êtes-vous content ? »

» Comme je vis que de vingt piéces d'or, la Juive augmentoit si promptement jusqu'à cinquante, je tins ferme, et je lui dis qu'elle étoit bien éloignée du prix auquel je prétendois le vendre.

« Voisin, reprit-elle, prenez-en cent piéces d'or : c'est beaucoup. Je ne sais même si mon mari m'avouera. »

» À cette nouvelle augmentation, je lui dis que je voulois en avoir cent mille pièces d'or ; que je voyois bien que le diamant valait davantage ; mais que pour lui faire plaisir, à elle et à son mari, comme voisins, je me bornois à cette somme que je voulois en avoir absolument, et que s'ils le refusoient à ce prix-là, d'autres joailliers m'en donneroient davantage.

» La Juive me confirma elle-même dans ma résolution, par l'empressement qu'elle témoigna de conclure le marché, en m'en offrant à plusieurs reprises jusqu'à cinquante mille pièces d'or que je refusai.

« Je ne puis, dit-elle, en offrir davantage sans le consentement de mon mari. Il reviendra ce soir ; la grâce que je vous demande, c'est d'avoir la patience qu'il vous ait parlé, et qu'il ait vu le diamant. » Ce que je lui promis.

» Le soir, quand le Juif fut revenu chez lui, il apprit de sa femme qu'elle n'avoit rien avancé avec la mienne ni avec moi, l'offre qu'elle m'avoit faite de cinquante mille pièces d'or, et la grâce qu'elle m'avoit demandée.

» Le Juif observa le temps que je quittai mon ouvrage et que je voulus rentrer chez moi. « Voisin Hassan, dit-il en m'abordant, je vous prie de me montrer le diamant que votre femme a montré à la mienne. » Je le fis entrer et je le lui montrai.

» Comme il faisoit fort sombre, et que la lampe n'étoit pas encore allumée, il connut d'abord par la lumière que le diamant rendoit, et par son grand éclat au milieu de ma main qui en étoit éclairée, que sa femme lui avoit fait un rapport fidèle. Il le prit ; et après l'avoir examiné long-temps, et en ne cessant de l'admirer : « Eh bien, voisin, dit-il, ma femme, à ce qu'elle m'a dit, vous en a offert cinquante mille pièces d'or ; afin que vous soyez content, je vous en offre vingt mille davantage. »

« Voisin, repris-je, votre femme a pu vous dire que je l'ai mis à cent mille : ou vous me les donnerez, ou le diamant me demeurera ; il n'y a pas de milieu. »

» Il marchanda long-temps dans l'espérance que je le lui donnerais à quelque chose de moins ; mais il ne put rien obtenir, et la crainte qu'il eut que je ne le fisse voir à d'autres joailliers, comme je l'eusse fait, fit qu'il ne me quitta pas sans conclure le marché, au prix que je demandois. Il me dit qu'il n'avoit pas les cent mille pièces d'or chez lui ; mais que le lendemain il me consigneroit toute la somme avant qu'il fût la même heure, et il m'en apporta le même jour deux sacs, chacun de mille, pour que le marché fût conclu.

» Le lendemain, je ne sais si le Juif emprunta de ses amis, ou s'il fit société avec d'autres joailliers ; quoi qu'il en soit, il me fit la somme de cent mille pièces d'or, qu'il m'apporta dans le temps qu'il m'en avoit donné parole ; et je lui mis le diamant entre les mains.

» La vente du diamant ainsi terminée, et riche infiniment au-dessus de mes espérances, je remerciai Dieu de sa bonté et de sa libéralité, et je fusse allé me jeter aux pieds de Saad, pour lui témoigner ma reconnoissance, si j'eusse su où il demeuroit. J'en eusse usé de même à l'égard de Saadi, à qui j'avois la première obligation de mon bonheur, quoiqu'il n'eût pas réussi dans la bonne intention qu'il avoit pour moi.

» Je songeai ensuite au bon usage que je devois faire d'une somme aussi considérable. Ma femme, l'esprit déjà rempli de la vanité ordinaire à son sexe, me proposa d'abord de riches habillemens pour elle et pour ses enfans, d'acheter une maison et de la meubler richement.

« Ma femme, lui dis-je, ce n'est point par ces sortes de dépenses que nous devons commencer. Remettez-vous-en à moi : ce que vous demandez viendra avec le temps. Quoique l'argent ne soit fait que pour le dépenser, il faut néanmoins y procéder de manière qu'il produise un fonds dont on puisse tirer sans qu'il tarisse. C'est à quoi je pense, et dès demain je commencerai à établir ce fonds. »

» Le jour suivant, j'employai la journée à aller chez une bonne partie des gens de mon métier, qui n'étoient pas plus à leur aise que je l'avois été jusqu'alors ; et en leur donnant de l'argent d'avance, je les engageai à travailler pour moi à différentes sortes d'ouvrages de corderie, chacun selon son habileté et son pouvoir, avec promesse de ne pas les faire attendre, et d'être exact à les bien payer de leur travail, à mesure qu'ils m'apporteroient de leurs ouvrages. Le jour d'après j'achevai d'engager de même les autres cordiers de ce rang, à travailler pour moi ; et depuis ce temps-là, tout ce qu'il y en a dans Bagdad, continuent ce travail, très-contens de mon exactitude à leur tenir la parole que je leur ai donnée.

» Comme ce grand nombre d'ouvriers devoit produire des ouvrages à proportion, je louai des magasins en différens endroits ; et dans chacun j'établis un commis, tant pour les recevoir, que pour la vente en gros et en détail ; et bientôt par cette économie je me fis un gain et un revenu considérables.

» Ensuite, pour réunir en un seul endroit tant de magasins dispersés, j'achetai une grande maison, qui occupoit un grand terrain, mais qui tomboit en ruine. Je la fis mettre à bas ; et, à la place, je fis bâtir celle que votre Majesté vit hier. Mais quelque apparence qu'elle ait, elle n'est composée que de magasins qui me sont nécessaires, et de logemens qu'autant que j'en ai besoin pour moi et pour ma famille.

» Il y avoit déjà quelque temps que j'avois abandonné mon ancienne et petite maison, pour venir m'établir dans cette nouvelle, quand Saadi et Saad, qui n'avoient plus pensé à moi jusqu'alors, s'en souvinrent. Ils convinrent d'un jour de promenade ; et en passant par la rue où ils m'avoient vu, ils furent dans un grand étonnement de ne m'y pas voir occupé à mon petit train de corderie, comme ils m'y avoient vu. Ils démandèrent ce que j'étois devenu, si j'étois mort ou vivant ? Leur étonnement augmenta, quand ils eurent appris que celui qu'ils demandoient étoit devenu un gros marchand, et qu'on ne l'appeloit plus simplement Hassan, mais Cogia Hassan Alhabbal, c'est-à-dire, le marchand Hassan le cordier, et qu'il s'étoit fait bâtir dans une rue qu'on leur nomma, une maison qui avoit l'apparence d'un palais.

» Les deux amis vinrent me chercher dans cette rue ; et dans le chemin, comme Saadi ne pouvoit s'imaginer que le morceau de plomb que Saad m'avoit donné, fût la cause d'une si haute fortune :

« J'ai une joie parfaite, dit-il à Saad, d'avoir fait la fortune de Hassan Alhabbal. Mais je ne puis approuver qu'il m'ait fait deux mensonges pour me tirer quatre cents pièces d'or, au lieu de deux cents : car d'attribuer sa fortune au morceau de plomb que vous lui donnâtes, c'est ce que je ne puis, et personne non plus que moi ne l'y attribueroit. »

« C'est votre pensée, reprit Saad ; mais ce n'est pas la mienne, et je ne vois pas pourquoi vous voulez faire à Cogia Hassan l'injustice de le prendre pour un menteur. Vous me permettrez de croire qu'il nous a dit la vérité, qu'il n'a pensé à rien moins qu'à nous la déguiser, et que c'est le morceau de plomb que je lui donnai, qui est la cause unique de son bonheur. C'est de quoi Cogia Hassan va bientôt nous éclaircir vous et moi. »

» Ces deux amis arrivèrent dans la rue où est ma maison, en tenant de semblables discours. Ils démandèrent où elle étoit, on la leur montra ; et à en considérer la façade, ils eurent de la peine à croire que ce fût elle. Ils frappèrent à la porte, et mon portier ouvrit.

» Saadi qui craignoit de commettre une incivilité, s'il prenoit la maison de quelque seigneur de marque pour celle qu'il cherchoit, dit au portier : « On nous a enseigné cette maison, pour celle de Cogia Hassan Alhabbal ; dites-nous si nous ne nous trompons pas ? »

« Non, Seigneur, vous ne vous trompez pas, répondit le portier, en ouvrant la porte plus grande, c'est elle-même. Entrez ; il est dans la salle, et vous trouverez parmi les esclaves quelqu'un qui vous annoncera. »

» Les deux amis me furent annoncés, et je les reconnus. Dès que je les vis paroître, je me levai de ma place, je courus à eux, et voulus leur prendre le bord de la robe pour la baiser. Ils m'en empêchèrent, et il fallut que je souffrisse malgré moi qu'ils m'embrassassent. Je les invitai à monter sur un grand sofa, en leur en montrant un plus petit à quatre personnes qui avançoit sur mon jardin. Je les priai de prendre place, et ils vouloient que je me misse à la place, d'honneur.

« Seigneurs, leur dis-je, je n'ai pas oublié que je suis le pauvre Hassan Alhabbal ; et quand je serois tout autre que je ne suis, et que je ne vous aurois pas les obligations que je vous ai, je sais ce qui vous est dû : je vous supplie de ne me pas couvrir plus long-temps de confusion. »

» Ils prirent la place qui leur étoit due, et je pris la mienne vis-à-vis d'eux.

» Alors Saad en prenant la parole, et en me l'adressant : « Cogia Hassan, dit-il, je ne puis exprimer combien j'ai de joie de vous voir à-peu-près dans l'état que je souhaitois, quand je vous fis présent sans vous en faire un reproche, des deux cents pièces d'or, tant la première que la seconde fois ; et je suis persuadé que les quatre cents pièces ont fait en vous le changement merveilleux de votre fortune, que je vois avec plaisir. Une seule chose me fait de la peine, qui est que je ne comprends pas quelle raison vous pouvez avoir eue de me déguiser la vérité deux fois, en alléguant des pertes arrivées par des contre-temps qui m'ont paru et qui me paroissent encore incroyables. Ne seroit-ce pas que quand nous vous vîmes la dernière fois, vous aviez encore si peu avancé vos petites affaires, tant avec les deux cents premières, qu'avec les deux cents dernières pièces d'or, que vous eûtes honte d'en faire un aveu ? Je veux Je croire ainsi par avance, et je m'attends que vous allez me confirmer dans mon opinion. »

» Saad entendit ce discours de Saadi avec grande impatience, pour ne pas dire indignation, et il le témoigna les yeux baissés en branlant la tête. Il le laissa parler néanmoins jusqu'à la fin, sans ouvrir la bouche. Quand il eut achevé : « Saadi, reprit-il, pardonnez si avant que Cogia vous réponde, je le préviens pour vous dire que j'admire votre prévention contre sa sincérité, et que vous persistiez à ne vouloir pas ajouter foi aux assurances qu'il vous en a données ci-devant. Je vous ai déjà dit, et je vous le répète, que je l'ai cru d'abord, sur le simple récit des deux accidens qui lui sont arrivés ; et quoi que vous en puissiez dire, je suis persuadé qu'ils sont véritables. Mais laissons-le parler, nous allons être éclaircis par lui-même, qui de nous deux lui rend justice. »

» Après le discours de ces deux amis, je pris la parole, et en la leur adressant également : « Seigneurs, leur dis-je, je me condamnerois à un silence perpétuel sur l'éclaircissement que vous me demandez, si je n'étois certain que la dispute que vous avez à mon occasion, n'est pas capable de rompre le nœud d'amitié qui unit vos cœurs. Je vais donc m'expliquer, puisque vous l'exigez de moi. Mais auparavant, je vous proteste que c'est avec la même sincérité que je vous ai exposé ci-devant ce qui m'étoit arrivé. »

» Alors je leur racontai la chose de point en point, comme votre Majesté l'a entendue, sans oublier la moindre circonstance.

» Mes protestations ne firent pas assez d'impression sur l'esprit de Saadi pour le guérir de sa prévention. Quand j'eus cessé de parler : « Cogia Hassan, reprit-il, l'aventure du poisson, et du diamant trouvé dans son ventre, à point nommé, me paroît aussi peu croyable que l'enlèvement de votre turban par un milan, et que le vase de son échangé pour de la terre à décrasser. Quoi qu'il en puisse être, je n'en suis pas moins convaincu que vous n'êtes plus pauvre, mais riche, comme mon intention étoit que vous le devinssiez par mon moyen, et je m'en réjouis très-sincèrement. »

» Comme il étoit tard, il se leva pour prendre congé, et Saad en même temps que lui. Je me levai de même, et en les arrêtant : « Seigneurs, leur dis-je, trouvez bon que je vous demande une grâce, et que je vous supplie de ne me la pas refuser ; c'est de souffrir que j'aie l'honneur de vous donner un soupé frugal, et ensuite à chacun un lit, pour vous mener demain par eau à une petite maison de campagne que j'ai achetée, pour y aller prendre l'air de temps en temps, d'où je vous ramènerai par terre le même jour, chacun sur un cheval de mon écurie. »

« Si Saad n'a pas d'affaire qui l'appelle ailleurs, j'y consens de bon cœur, dit Saadi. »

« Je n'en ai point, reprit Saad, dès qu'il s'agit de jouir de votre compagnie. Il faut donc, continua-t-il, envoyer chez vous et chez moi avertir qu'on ne nous attende pas. »

» Je leur fis venir un esclave ; et pendant qu'ils le chargèrent de cette commission, je pris le temps de donner ordre pour le soupé.

» En attendant l'heure du soupé, je fis voir ma maison et tout ce qui la compose à mes bienfaiteurs, qui la trouvèrent bien entendue, par rapport à mon état. Je les appelai mes bienfaiteurs l'un et l'autre sans distinction, parce que sans Saadi, Saad ne m'eût pas donné le morceau de plomb, et que sans Saad, Saadi ne se fût pas adressé à moi pour me donner les quatre cents pièces d'or, à quoi je rapporte la source de mon bonheur. Je les ramenai dans la salle, où ils me firent plusieurs questions sur le détail de mon négoce, et je leur répondis de manière qu'ils parurent contens de ma conduite.

» On vint enfin m'avertir que le soupé étoit servi. Comme la table étoit mise dans une autre salle, je les y fis passer. Ils se récrièrent sur l'illumination dont elle étoit éclairée, sur la propreté du lieu, sur le buffet, et sur les mets qu'ils trouvèrent à leur goût. Je les régalai aussi d'un concert de voix et d'instrumens pendant le repas ; et quand on eut desservi, d'une troupe de danseurs et danseuses, et d'autres divertissemens, en tâchant de leur faire connoître autant qu'il m'étoit possible, combien j'étois pénétré de reconoissance à leur égard.

» Le lendemain, comme j'avois fait convenir Saadi et Saad de partir de grand matin, afin de jouir de la fraîcheur, nous nous rendîmes sur le bord de la rivière, avant que le soleil fût levé. Nous nous embarquâmes sur un bateau très-propre et garni de tapis, qu'on nous tenoit prêt ; et à la faveur de six bons rameurs et du courant de l'eau, environ en une heure et demie de navigation nous abordâmes à ma maison de campagne.

» En mettant pied à terre, les deux amis s'arrêtèrent, moins pour en considérer la beauté par le dehors, que pour en admirer la situation avantageuse pour les belles vues, ni trop bornées, ni trop étendues, qui la rendoient agréable de tous les côtés. Je les menai dans les appartemens, je leur en fis remarquer les accompagnemens, les dépendances et les commodités, qui la leur firent trouver toute riante et très-charmante.

» Nous entrâmes ensuite dans le jardin, où ce qui leur plut davantage, fut une forêt d'orangers et de citronniers de toute sorte d'espèces, chargés de fruits et de fleurs, dont l'air étoit embaumé, plantés par allées à distance égale, et arrosés par une rigole perpétuelle, d'arbre en arbre, d'une eau vive détournée de la rivière. L'ombrage, la fraîcheur dans la plus grande ardeur du soleil, le doux murmure de l'eau, le ramage harmonieux d'une infinité d'oiseaux, et plusieurs autres agrémens les frappèrent, de manière qu'ils s'arrêtoient presqu'à chaque pas, tantôt pour me témoigner l'obligation qu'ils m'avoient de les avoir amenés dans un lieu si délicieux, tantôt pour me féliciter de l'acquisition que j'avois faite, et pour me faire d'autres complimens obligeans.

» Je les menai jusqu'au bout de cette forêt, qui est fort longue et fort large, où je leur fis remarquer un bois de grands arbres, qui termine mon jardin. Je les menai jusqu'à un cabinet ouvert de tous les côtés, mais ombragé par un bouquet de palmiers qui n'empêchoient pas qu'on n'y eût la vue libre, et je les invitai à y entrer, et à s'y reposer sur un sofa garni de tapis et de coussins.

» Deux de mes fils que nous avions trouvés dans la maison, et que j'y avois envoyés depuis quelque temps avec leur précepteur, pour y prendre l'air, nous avoient quittés pour entrer dans le bois ; et comme ils cherchoient des nids d'oiseaux, ils en aperçurent un entre les branches d'un grand arbre. Ils tentèrent d'abord d'y monter ; mais comme ils n'avoient ni la force, ni l'adresse pour l'entreprendre, ils le montrèrent à un esclave que je leur avois donné, qui ne les abandonnoit pas, et ils lui dirent de leur dénicher les oiseaux.

» L'esclave monta sur l'arbre ; et quand il fut arrivé jusqu'au nid, il fut fort étonné de voir qu'il étoit pratiqué dans un turban. Il enlève le nid tel qu'il étoit, descend de l'arbre, et fait remarquer le turban à mes enfans ; mais comme il ne douta pas que ce ne fût une chose que je serois bien aise de voir, il le leur témoigna, et il le donna à l'aîné pour me l'apporter.

» Je les vis venir de loin avec la joie ordinaire aux enfans qui ont trouvé un nid ; et en me le présentant : « Mon père, me dit l'aîné, voyez-vous ce nid dans un turban ? »

» Saadi et Saad ne furent pas moins surpris que moi de la nouveauté ; mais je le fus bien plus qu'eux, en reconnoissant que le turban étoit celui que le milan m'avoit enlevé. Dans mon étonnement, après l'avoir bien examiné et tourné de tous les côtés, je demandai aux deux amis : « Seigneurs, avez-vous la mémoire assez bonne pour vous souvenir que c'est là le turban que je portois le jour que vous me fîtes l'honneur de m'aborder la première fois ? »

« Je ne pense pas, répondit Saad, que Saadi y ait fait attention non plus que moi ; mais ni lui ni moi nous ne pourrons en douter, si les cent quatre-vingt-dix pièces d'or s'y trouvent. »

« Seigneur, repris-je, ne doutez pas que ce ne soit le même turban : outre que je le reconnois fort bien, je m'aperçois aussi à la pesanteur que ce n'en est pas un autre, et vous vous en apercevrez vous-même si vous prenez la peine de le manier. »

» Je le lui présentai après en avoir ôté les oiseaux que je donnai à mes enfans ; il le prit entre ses mains, et le présenta à Saadi, pour juger du poids qu'il pouvoit à voir.

« Je veux croire que c'est votre turban, me dit Saadi ; j'en serai néanmoins mieux convaincu, quand je verrai les cent quatre-vingt-dix pièces d'or en espèces. »

« Au moins, Seigneurs, ajoutai-je quand j'eus repris le turban, observez bien, je vous en supplie, avant que j'y touche, que ce n'est pas d'aujourd'hui qu'il s'est trouvé sur l'arbre ; et que l'état où vous le voyez, et le nid qui y est si proprement accommodé, sans que main d'homme y ait touché, sont des marques certaines qu'il s'y trouvoit depuis le jour que le milan me l'a emporté, et qu'il l'a laissé tomber ou posé sur cet arbre dont les branches ont empêché qu'il ne soit tombé jusqu'à terre. Et ne trouvez pas mauvais que je vous fasse faire cette remarque : j'ai un trop grand intérêt de vous ôter tout soupçon de fraude de ma part. »

» Saad me seconda dans mon dessein. « Saadi reprit-il, cela vous regarde, et non pas moi qui suis bien persuadé que Cogia Hassan ne nous en impose pas. »

» Pendant que Saad parloit, j'ôtai la toile qui environnoit en plusieurs tours le bonnet qui faisoit partie du turban, et j'en tirai la bourse que Saadi reconnut pour la même qu'il m'avoit donnée. Je la vuidai sur le tapis devant eux, et je leur dis : « Seigneurs, voilà les pièces d'or, comptez-les vous-mêmes, et voyez si le compte n'y est pas. »

» Saadi les arrangea par dixaines, jusqu'au nombre de cent quatre vingt-dix ; et alors Saadi qui ne pouvoit nier une vérité si manifeste, prit la parole ; et en me l'adressant : « Cogia Hassan, dit-il, je conviens que ces cent quatre-vingt-dix pièces d'or n'ont pu servir à vous enrichir. Mais les cent quatre-vingt-dix autres que vous avez cachées dans un vase de son, comme vous voulez me le faire accroire, ont pu y contribuer. »

« Seigneur, repris-je, je vous ai dit la vérité aussi-bien à regard de cette dernière somme, qu'à l'égard de la première. Vous ne voudriez pas que je me retractasse pour vous dire un mensonge. »

« Cogia Hassan, me dit Saad, laissez Saadi dans son opinion. Je consens de bon cœur qu'il croie que vous lui êtes redevable de la moitié de votre bonne fortune, par le moyen de la dernière somme, pourvu qu'il tombe d'accord que j'y ai contribué de l'autre moitié, par le moyen du morceau de plomb que je vous ai donné, et qu'il ne révoque pas en doute le précieux diamant trouvé dans le ventre du poisson. »

« Saad, reprit Saadi, je veux ce que vous voulez, pourvu que vous me laissiez la liberté de croire qu'on n'amasse de l'argent qu'avec de l'argent. »

« Quoi, repartit Saad, si le hasard vouloit que je trouvasse un diamant de cinquante mille pièces d'or, et qu'on m'en donnât la somme, aurois-je acquis cette somme avec de l'argent ? »

» La contestation en demeura là. Nous nous levâmes, et rentrant dans la maison, comme le dîner étoit servi, nous nous mîmes à table. Après le dîner je laissai à mes hôtes la liberté de passer la grande chaleur du jour à se tranquilliser, pendant que j'allai donner mes ordres à mon concierge et à mon jardinier. Je les rejoignis, et nous nous entretînmes de choses indifférentes, jusqu'à ce que la plus grande chaleur fût passée, que nous retournâmes au jardin, où nous restâmes à la fraîcheur presque jusqu'au coucher du soleil. Alors les deux amis et moi nous montâmes à cheval ; et suivis d'un esclave, nous arrivâmes à Bagdad environ à deux heures de nuit, avec beau clair de lune.

» Je ne sais par quelle négligence de mes gens il étoit arrivé qu'il manquoit d'orge chez moi pour les chevaux. Les magasins étoient fermés ; et ils étoient trop éloignés pour en aller faire provision si tard.

» En cherchant dans le voisinage, un de mes esclaves trouva un vase de son dans une boutique ; il acheta le son, et l'apporta avec le vase, à la charge de rapporter et de rendre le vase le lendemain. L'esclave vuida le son dans l'auge ; et en l'étendant, afin que les chevaux en eussent chacun leur part, il sentit sous sa main un linge lié qui étoit pesant. Il m'apporta le linge sans y toucher, et dans l'état où il l'avoit trouvé, et il me le présenta, en me disant que c'étoit peut-être le linge dont il m'avoit entendu parler souvent, en racontant mon histoire à mes amis.

» Plein de joie, je dis à mes bienfaiteurs : « Seigneurs, Dieu ne veut pas que vous vous sépariez d'avec moi, que vous ne soyez pleinement convaincus de la vérité, dont je n'ai cessé de vous assurer. Voici, continuai-je, en m'adressant à Saadi, les autres cent quatre-vingt-dix pièces d'or que j'ai reçues de votre main : je le connois au linge que vous voyez. »

» Je déliai le linge, et je comptai la somme devant eux. Je me fis aussi apporter le vase, je le reconnus, et je l'envoyai à ma femme pour lui demander si elle le connoissoit, avec ordre de ne lui rien dire de ce qui venoit d'arriver. Elle le connut d'abord, et elle m'envoya dire que c'étoit le même vase qu'elle avoit échangé plein de son, pour de la terre à décrasser.

» Saadi se rendit de bonne foi ; et revenu de son incrédulité, il dit à Saad : « Je vous cède, et je reconnois avec vous que l'argent n'est pas toujours un moyen sûr pour en amasser d'autre, et devenir riche. »

» Quand Saadi eut achevé : « Seigneur, lui dis-je, je n'oserois vous proposer de reprendre les trois cent quatre-vingt pièces qu'il a plu à Dieu de faire reparoître aujourd'hui pour vous détromper de l'opinion de ma mauvaise foi. Je suis persuadé que vous ne m'en avez pas fait présent dans l'intention que je vous les rendisse. De mon coté, je ne prétends pas en profiter, aussi content que je le suis de ce qu'il m'a envoyé d'ailleurs ; mais j'espère que vous approuverez que je les distribue demain aux pauvres, afin que Dieu nous en donne la récompense à vous et à moi. »

» Les deux amis couchèrent encore chez moi cette nuit-là ; et le lendemain, après m'avoir embrassé, ils retournèrent chacun chez soi, très-contens de la réception que je leur avois faite, et d'avoir connu que je n'abusois pas du bonheur dont je leur étois redevable après Dieu. Je n'ai pas manqué d'aller les remercier chez eux chacun en particulier. Et depuis ce temps-là, je tiens à grand honneur la permission qu'ils m'ont donnée de cultiver leur amitié et de continuer de les voir. »

Le calife Haroun Alraschild donnoit à Cogia Hassan une attention si grande, qu'il ne s'aperçut de la fin de son histoire que par son silence. Il lui dit : « Cogia Hassan, il y avoit long-temps que je n'avois rien entendu qui m'ait fait un si grand plaisir que les voies toutes merveilleuses par lesquelles il a plu à Dieu de te rendre heureux dans ce monde. C'est à toi de continuer à lui rendre grâces, par le bon usage que tu fais de ses bienfaits. Je suis bien aise que tu saches que le diamant qui a fait ta fortune est dans mon trésor ; et de mon côté, je suis ravi d'apprendre par quel moyen il y est entré. Mais parce qu'il se peut faire qu'il reste encore quelque doute dans l'esprit de Saadi sur la singularité de ce diamant, que je regarde comme la chose la plus précieuse et la plus digne d'être admirée de tout ce que je possède, je veux que tu l'amènes avec Saad, afin que le garde de mon trésor le lui montre ; et pour peu qu'il soit encore incrédule, qu'il reconnoisse que l'argent n'est pas toujours un moyen certain à un pauvre homme pour acquérir de grandes richesses en peu de temps et sans beaucoup de peines. Je veux aussi que tu racontes ton histoire au garde de mon trésor, afin qu'il la fasse mettre par écrit, et qu'elle y soit conservée avec le diamant. »

En achevant ces paroles, comme le calife eut témoigné par une inclination de tête à Cogia Hassan, à Sidi Nouman et à Baba-Abdalla, qu'il étoit content d'eux, ils prirent congé en se prosternant devant son trône ; après quoi ils se retirèrent.

La sultane Scheherazade voulut commencer un autre conte ; mais le sultan des Indes qui s'aperçut que l'aurore commençoit à paroître, remit à lui donner audience le jour suivant.

HISTOIRE D'ALI BABA ET DE QUARANTE VOLEURS EXTERMINÉS PAR UNE ESCLAVE.

LA sultane Scheherazade éveillée par la vigilance de Dinarzade sa sœur, racontoit au sultan des Indes, son époux, l'histoire à laquelle il s'attendoit :

Puissant sultan, dit-elle, dans une ville de Perse, aux confins des états de votre Majesté, il y avoit deux frères, dont l'un se nommoit Cassim, et l'autre Ali Baba. Comme leur père ne leur avoit laissé que peu de biens, et qu'ils les avoient partagés également, il semble que leur fortune devoit être égale : le hasard néanmoins en disposa autrement.

Cassim épousa une femme qui, peu de temps après leur mariage, devint héritière d'une boutique bien garnie, d'un magasin rempli de bonnes marchandises, et de biens en fonds de terre, qui le mirent tout-à-coup à son aise, et le rendirent un des marchands les plus riches de la ville.

Ali Baba, au contraire, qui avoit épousé une femme aussi pauvre que lui, étoit logé fort pauvrement, et il n'avoit d'autre industrie pour gagner sa vie, et de quoi s'entretenir lui et ses enfans, que d'aller couper du bois dans une forêt voisine, et de venir le vendre à la ville, chargé sur trois ânes qui faisoient toute sa possession.

Ali Baba étoit un jour dans la forêt, et il achevoit d'avoir coupé à-peu-près assez de bois pour faire la charge de ses ânes, lorsqu'il aperçut une grosse poussière qui s'élevoit en l'air, et qui avançoit du côté où il étoit. Il regarde attentivement, et il distingue une troupe nombreuse de gens à cheval qui venoient d'un bon train.

Quoiqu'on ne parlât pas de voleurs dans le pays, Ali Baba néanmoins eut la pensée que ces cavaliers pouvoient en être : sans considérer ce que deviendroient ses ânes, il songea à sauver sa personne. Il monta sur un gros arbre, dont les branches à peu de hauteur se séparoient en rond, si près les unes des autres, qu'elles n'étoient séparées que par un très-petit espace. Il se posta au milieu avec d'autant plus d'assurance, qu'il pouvoit voir sans être vu ; et l'arbre s'élevoit au pied d'un rocher isolé de tous les côtés, beaucoup plus haut que l'arbre, et escarpé de manière qu'on ne pouvoit monter au haut par aucun endroit.

Les cavaliers, grands, puissans, tous bien montés et bien armés, arrivèrent près du rocher, où ils mirent pied à terre ; et Ali Baba, qui en compta quarante, à leur mine et a leur équipement, ne douta pas qu'ils ne fussent des voleurs. Il ne se trompoit pas : en effet, c'étoient des voleurs, qui, sans faire aucun tort aux environs, alloient exercer leurs brigandages bien loin, et avoient là leur rendez-vous ; et ce qu'il les vit faire, le confirma dans cette opinion.

Chaque cavalier débrida son cheval, l'attacha, lui passa au cou un sac plein d'orge qu'il avoit apporté sur la croupe, et ils se chargèrent chacun de leur valise ; et la plupart des valises parurent si pesantes à Ali Baba, qu'il jugea qu'elles étoient pleines d'or et d'argent monnoyé.

Le plus apparent, chargé de sa valise comme les autres, qu'Ali Baba prit pour le capitaine des voleurs, s'approcha du rocher, fort près du gros arbre où il s'étoit réfugié ; et après qu'il se fut fait chemin au travers de quelques arbrisseaux, il prononça ces paroles si distinctement, SESAME, OUVRE-TOI, qu'Ali Baba les entendit. Dès que le capitaine des voleurs les eut prononcées, une porte s'ouvrit ; et après qu'il eut fait passer tous ses gens devant lui, et qu'ils furent tous entrés, il entra aussi, et la porte se ferma.

Les voleurs demeurèrent long-temps dans le rocher ; et Ali Baba qui craignoit que quelqu'un d'eux, ou que tous ensemble ne sortissent s'il quittoit son poste pour se sauver, fut contraint de rester sur l'arbre, et d'attendre avec patience. Il fut tenté néanmoins de descendre pour se saisir de deux chevaux, en monter un, et mener l'autre par la bride, et de gagner la ville en chassant ses trois ânes devant lui ; mais l'incertitude de l'événement fit qu'il prit le parti le plus sûr.

La porte se rouvrit enfin, les quarante voleurs sortirent ; et au lieu que le capitaine étoit entré le dernier, il sortit le premier, et après les avoir vus défiler devant lui. Ali Baba entendit qu'il fit refermer la porte, en prononçant ces paroles : SESAME, REFERME-TOI. Chacun retourna à son cheval, le rebrida, rattacha sa valise, et remonta dessus. Quand ce capitaine enfin vit qu'ils étoient tous prêts à partir, il se mit à la tête, et il reprit avec eux le chemin par où ils étoient venus.

Ali Baba ne descendit pas de l'arbre d'abord ; il dit en lui-même : « Ils peuvent avoir oublié quelque chose à les obliger de revenir, et je me trouverons attrapé si cela arrivoit. » Il les conduisit de l'œil jusqu'à ce qu'il les eut perdus de vue, et il ne descendit que long-temps après, pour plus grande sûreté. Comme il avoit retenu les paroles par lesquelles le capitaine des voleurs avoit fait ouvrir et refermer la porte, il eut la curiosité d'éprouver si en les prononçant elles feroient le même effet. Il passa au travers des arbrisseaux, et il aperçut la porte qu'ils cachoient. Il se présenta devant, et dit : SESAME, OUVRE-TOI, et dans l'instant la porte s'ouvrit toute grande.

Ali Baba s'étoit attendu à voir un lieu de ténèbres et d'obscurité ; mais il fut surpris d'en voir un bien éclairé, vaste et spacieux, creusé, de main d'homme, en voûte fort élevée qui recevoit la lumière du haut du rocher, par une ouverture pratiquée de même. Il vit de grandes provisions de bouche, des ballots de riches marchandises en piles, des étoffes de soie et de brocard, des tapis de grand prix, et sur-tout de l'or et de l'argent monnoyé par tas, et dans des sacs ou grandes bourses de cuir les unes sur autres ; et à voir toutes ces choses, il lui parut qu'il y avoit non pas de longues années, mais des siècles que cette grotte servoit de retraite à des voleurs qui avoient succédé les uns aux autres.

Ali Baba ne balança pas sur le parti qu'il devoit prendre : il entra dans la grotte, et dès qu'il y fut entré, la porte se referma ; mais cela ne l'inquiéta pas : il savoit le secret de la faire ouvrir. Il ne s'attacha pas à l'argent, mais à l'or monnoyé, et particulièrement à celui qui étoit dans des sacs. Il en enleva à plusieurs fois autant qu'il pouvoit en porter et en quantité suffisante pour faire la charge de ses trois ânes. Il rassembla ses ânes qui étoient dispersés ; et quand il les eut fait approcher du rocher, il les chargea des sacs ; et pour les cacher, il accommoda du bois par-dessus, de manière qu'on ne pouvoit les apercevoir. Quand il eut achevé, il se présenta devant la porte ; et il n'eut pas prononcé ces paroles : SESAME, REFERME-TOI, qu'elle se referma ; car elle s'étoit fermée d'elle-même chaque fois qu'il y étoit entré, et étoit demeurée ouverte chaque fois qu'il en étoit sorti.

Cela fait, Ali Baba reprit le chemin de la ville ; et en arrivant chez lui, il fit entrer ses ânes dans une petite cour, et referma la porte avec grand soin. Il mit bas le peu de bois qui couvrait les sacs, et il porta dans sa maison les sacs qu'il posa et arrangea devant sa femme qui étoit assise sur un sofa.

Sa femme mania les sacs ; et comme elle se fut aperçue qu'ils étoient pleins d'argent, elle soupçonna son mari de les avoir volés ; de sorte que quand il eut achevé de les apporter tous, elle ne put s'empêcher de lui dire :

« Ali Baba, seriez-vous assez malheureux pour… »

Ali Baba l'interrompit.

« Paix, ma femme, dit-il, ne vous alarmez pas, je ne suis pas voleur, à moins que ce ne soit l'être que de prendre sur les voleurs. Vous cesserez d'avoir cette mauvaise opinion de moi quand je vous aurai raconté ma bonne fortune. »

Il vuida les sacs, qui firent un gros tas d'or dont sa femme fut éblouie ; et quand il eut fait, il lui fit le récit de son aventure, depuis le commencement jusqu'à la fin ; et en achevant, il lui recommanda sur toute chose de garder le secret.

La femme, revenue et guérie de son épouvante, se réjouit avec son mari du bonheur qui leur étoit arrivé, et elle voulut compter, pièce par pièce, tout l'or qui étoit devant elle.

« Ma femme, lui dit Ali Baba, vous n'êtes pas sage : que prétendez-vous faire ? Quand auriez-vous achevé de compter ? Je vais creuser une fosse et l'enfouir dedans ; nous n'avons pas de temps à perdre. »

« Il est bon, reprit la femme, que nous sachions au moins à-peu-près la quantité qu'il y en a. Je vais chercher une petite mesure dans le voisinage, et je le mesurerai pendant que vous creuserez la fosse. »

« Ma femme, repartit Ali Baba, ce que vous voulez faire, n'est bon à rien ; vous vous en abstiendriez si vous vouliez me croire. Faites néanmoins ce qu'il vous plaira ; mais souvenez-vous de garder le secret. »

Pour se satisfaire, la femme d'Ali Baba sort, et elle va chez Cassim, son beau-frère, qui ne demeuroit pas loin. Cassim n'étoit pas chez lui, et à son défaut, elle s'adresse à sa femme, qu'elle prie de lui prêter une mesure pour quelques momens. La belle-sœur lui demanda si elle la vouloit grande ou petite, et la femme d'Ali Baba lui en demanda une petite.

« Très-volontiers, dit la belle-sœur ; attendez un moment, je vais vous l'apporter. »

La belle-sœur va chercher la mesure, elle la trouve ; mais comme elle connoissoit la pauvreté d'Ali Baba, curieuse de savoir quelle sorte de grain sa femme vouloit mesurer, elle s'avisa d'appliquer adroitement du suif au-dessous de la mesure, et elle y en appliqua. Elle revint, et en la présentant à la femme d'Ali Baba, elle s'excusa de l'avoir fait attendre sur ce qu'elle avoit eu de la peine à la trouver.

La femme d'Ali Baba revint chez elle ; elle posa la mesure sur le tas d'or, l'emplit et la vuida un peu plus loin sur le sofa, jusqu'à ce qu'elle eût achevé, et elle fut contente du bon nombre de mesures qu'elle en trouva, dont elle fit part à son mari qui venoit d'achever de creuser la fosse.

Pendant qu'Ali Baba enfouit l'or, sa femme, pour marquer son exactitude et sa diligence à sa belle-sœur, lui reporte sa mesure ; mais sans prendre garde qu'une pièce d'or s'étoit attachée au-dessous.

« Belle-sœur, dit-elle en la rendant, vous voyez que je n'ai pas gardé long-temps votre mesure ; je vous en suis bien obligée, je vous la rends. »

La femme d'Ali Baba n'eut pas tourné le dos, que la femme de Cassim regarda la mesure par le dessous ; et elle fut dans un étonnement inexprimable d'y voir une pièce d'or attachée. L'envie s'empara de son cœur dans le moment.

« Quoi, dit-elle, Ali Baba a de l'or par mesure ! Et où le misérable a-t-il pris cet or ? »

Cassim son mari n'étoit pas à la maison, comme nous l'avons dit ; il étoit à sa boutique, d'où il ne devoit revenir que le soir. Tout le temps qu'il se fit attendre fut un siècle pour elle, dans la grande impatience où elle étoit de lui apprendre une nouvelle dont il ne devoit pas être moins surpris qu'elle.

À l'arrivée de Cassim chez lui : « Cassim, lui dit sa femme, vous croyez être riche, vous vous trompez : Ali Baba l'est infiniment plus que vous ; il ne compte pas son or comme vous, il le mesure. »

Cassim demanda l'explication de cette énigme, et elle lui en donna l'éclaircissement en lui apprenant de quelle adresse elle s'étoit servie pour faire cette découverte, et elle lui montra la pièce de monnoie qu'elle avoit trouvée attachée au-dessous de la mesure : pièce si ancienne, que le nom du prince qui y étoit marqué lui étoit inconnu.

Loin d'être sensible au bonheur qui pouvoit être arrivé à son frère pour se tirer de la misère, Cassim en conçut une jalousie mortelle. Il en passa presque la nuit sans dormir. Le lendemain il alla chez lui, que le soleil n'étoit pas levé. Il ne le traita pas de frère : il avoit oublié ce nom depuis qu'il avoit épousé la riche veuve.

« Ali Baba, dit-il en l'abordant, vous êtes bien réservé dans vos affaires, vous faites le pauvre, le misérable, le gueux ; et vous mesurez l'or ! »

« Mon frère, reprit Ali Baba, je ne sais de quoi vous voulez me parler ? Expliquez-vous. »

« Ne faites pas l'ignorant, repartit Cassim » Et en lui montrant la pièce d'or que sa femme lui avoit mise entre les mains : « Combien avez-vous de pièces, ajouta-t-il, semblables à celle-ci que ma femme a trouvée attachée au-dessous de la mesure que la vôtre vint lui emprunter hier ? »

À ce discours, Ali Baba connut que Cassim, et la femme de Cassim (par un entêtement de sa propre femme), savoient déjà ce qu'il avoit un si grand intérêt de tenir caché ; mais la faute étoit faite : elle ne pouvoit se réparer. Sans donner à son frère la moindre marque d'étonnement ni de chagrin, il lui avoua la chose, et il lui raconta par quel hasard il avoit découvert la retraite des voleurs, et en quel endroit ; et il lui offrit, s'il vouloit garder le secret, de lui faire part du trésor.

« Je le prétends bien ainsi, reprit Cassim d'un air fier ; mais, ajouta-t-il, je veux savoir aussi où est précisément ce trésor, les enseignes, les marques, et comment je pourrois y entrer moi-même, s'il m'en prenoit envie ; autrement je vais vous dénoncer à la justice. Si vous le refusez, non-seulement vous n'aurez plus à en espérer, vous perdrez même ce que vous avez enlevé, au lieu que j'en aurai ma part pour vous avoir dénoncé. »

Ali Baba, plutôt par son bon naturel, qu'intimidé par les menaces insolentes d'un frère barbare, l'instruisit pleinement de ce qu'il souhaitait, et même des paroles dont il falloit qu'il se servît, tant pour entrer dans la grotte, que pour en sortir.

Cassim n'en demanda pas davantage à Ali Baba. Il le quitta, résolu de le prévenir ; et plein d'espérance de s'emparer du trésor lui seul, il part le lendemain de grand matin, avant la pointe du jour, avec dix mulets chargés de grands coffres, qu'il se propose de remplir, en se réservant d'en mener un plus grand nombre dans un second voyage, à proportion des charges qu'il trouveroit dans la grotte. Il prend le chemin qu'Ali Baba lui avoit enseigné ; il arrive près du rocher, et il reconnoît les enseignes, et l'arbre sur lequel Ali Baba s'étoit caché. Il cherche la porte, il la trouve ; et pour la faire ouvrir, il prononce les paroles : SESAME, OUVRE-TOI. La porte s'ouvre, il entre, et aussitôt elle se referme. En examinant la grotte, il est dans une grande admiration de voir beaucoup plus de richesses qu'il ne l'avoit compris par le récit d'Ali Baba ; et son admiration augmente à mesure qu'il examine chaque chose en particulier. Avare et amateur des richesses, comme il l'étoit, il eût passé la journée à se repaître les yeux de la vue de tant d'or, s'il n'eût songé qu'il étoit venu pour l'enlever et pour en charger ses dix mulets. Il en prend un nombre de sacs, autant qu'il en peut porter ; et en venant à la porte pour la faire ouvrir, l'esprit rempli de toute autre idée que ce qui lui importoit davantage, il se trouve qu'il oublie le mot nécessaire, et au lieu de SESAME, il dit : ORGE, OUVRE-TOI ; et il est bien étonné de voir que la porte, loin de s'ouvrir, demeure fermée. Il nomme plusieurs autres noms de grains, autres que celui qu'il falloit, et la porte ne s'ouvre pas.

Cassim ne s'attendoit pas à cet événement. Dans le grand danger où il se voit, la frayeur se saisit de sa personne, et plus il fait d'efforts pour se souvenir du mot de SESAME, plus il embrouille sa mémoire, et bientôt ce mot est pour lui absolument comme si jamais il n'en avoit entendu parler. Il jette par terre les sacs dont il étoit chargé, il se promène à grands pas dans la grotte, tantôt d'un côté, tantôt de l'autre, et toutes les richesses dont il se voit environné ne le touchent plus. Laissons Cassim déplorant son sort, il ne mérite pas de compassion.

Les voleurs revinrent à leur grotte vers le midi ; et quand ils furent à peu de distance, et qu'ils eurent vu les mulets de Cassim autour du rocher, chargés de coffres, inquiets de cette nouveauté, ils avancèrent à toute bride, et firent prendre la fuite aux dix mulets que Cassim avoit négligé d'attacher, et qui paissoient librement ; de manière qu'ils se dispersèrent de çà et de là dans la forêt, si loin qu'ils les eurent bientôt perdus de vue.

Les voleurs ne se donnèrent par la peine de courir après les mulets : il leur importoit davantage de trouver celui à qui ils appartenoient. Pendant que quelques-uns tournent autour du rocher pour le chercher, le capitaine, avec les autres, met pied à terre et va droit à la porte le sabre à la main, prononce les paroles, et la porte s'ouvre.

Cassim qui entendit le bruit des chevaux du milieu de la grotte, ne douta pas de l'arrivée des voleurs, non plus que de sa perte prochaine. Résolu au moins à faire un effort pour échapper de leurs mains, et se sauver, il s'étoit tenu prêt à se jeter dehors dès que la porte s'ouvriroit. Il ne la vit pas plutôt ouverte, après avoir entendu prononcer le mot de SESAME, qui étoit échappé de sa mémoire, qu'il s'élança en sortant si brusquement, qu'il renversa le capitaine par terre. Mais il n'échappa pas aux autres voleurs, qui avoient aussi le sabre à la main, et qui lui ôtèrent la vie sur-le-champ.

Le premier soin des voleurs après cette exécution, fut d'entrer dans la grotte : ils trouvèrent près de la porte, les sacs que Cassim avoit commencé d'enlever pour les emporter, et en charger ses mulets ; et ils les remirent à leur place sans s'apercevoir de ceux qu'Ali Baba avoit emportés auparavant. En tenant conseil et en délibérant ensemble sur cet événement, ils comprirent bien comment Cassim avoit pu sortir de la grotte ; mais qu'il y eût pu entrer, c'est ce qu'ils ne pouvoient s'imaginer. Il leur vint en pensée qu'il pouvoit être descendu par le haut de la grotte ; mais l'ouverture par où le jour y venoit, étoit si élevée, et le haut du rocher étoit si inaccessible par dehors, outre que rien ne leur marquoit qu'il l'eût fait, qu'ils tombèrent d'accord que cela étoit hors de leur connoissance. Qu'il fût entré par la porte, c'est ce qu'ils ne pouvoient se persuader, à moins qu'il n'eût eu le secret de la faire ouvrir ; mais ils tenoient pour certain qu'ils étaient les seuls qui l'avoient, en quoi ils se trompoient, en ignorant qu'ils avoient été épiés par Ali Baba qui le savoit.

De quelque manière que la chose fût arrivée, comme il s'agissoit que leurs richesses communes fussent en sûreté, ils convinrent de faire quatre quartiers du cadavre de Cassim, et de le mettre près de la porte en dedans de la grotte, deux d'un côté, deux de l'autre, pour épouvanter quiconque auroit la hardiesse de faire une pareille entreprise ; sauf à ne revenir dans la grotte que dans quelque temps, après que la puanteur du cadavre seroit exhalée. Cette résolution prise, ils l'exécutèrent ; et quand ils n'eurent plus rien qui les arrêtât, ils laissèrent le lieu de leur retraite bien fermé, remontèrent à cheval, et allèrent battre la campagne sur les routes fréquentées par les caravanes, pour les attaquer et exercer leurs brigandages accoutumés.

La femme de Cassim cependant fut dans une grande inquiétude quand elle vit qu'il étoit nuit close et que son mari n'étoit pas revenu. Elle alla chez Ali Baba tout alarmée, et elle dit : « Beau-frère, vous n'ignorez pas, comme je le crois, que Cassim votre frère est allé à la forêt, et pour quel sujet. Il n'est pas encore revenu, et voilà la nuit avancée ; je crains que quelque malheur ne lui soit arrivé. »

Ali Baba s'étoit douté de ce voyage de son frère, après le discours qu'il lui avoit tenu ; et ce fut pour cela qu'il s'étoit abstenu d'aller à la forêt ce jour là, afin de ne lui pas donner d'ombrage. Sans lui faire aucun reproche dont elle pût s'offenser, ni son mari, s'il eût été vivant, il lui dit qu'elle ne devoit pas encore s'alarmer, et que Cassim apparemment avoit jugé à propos de ne rentrer dans la ville que bien avant dans la nuit.

La femme de Cassim le crut ainsi, d'autant plus facilement, quelle considéra combien il étoit important que son mari fit la chose secrètement. Elle retourna chez elle, et elle attendit patiemment jusqu'à minuit. Mais après cela ses alarmes redoublèrent avec une douleur d'autant plus sensible, qu'elle ne pouvoit la faire éclater, ni la soulager par des cris dont elle vit bien que la cause devoit être cachée au voisinage. Alors, si sa faute étoit irréparable, elle se repentit de la folle curiosité qu'elle avoit eue, par une envie condamnable de pénétrer dans les affaires de son beau-frère et de sa belle-sœur. Elle passa la nuit dans les pleurs ; et dès la pointe du jour elle courut chez eux, et elle leur annonça le sujet qui l'amenoit, plutôt par ses larmes que par ses paroles.

Ali Baba n'attendit pas que sa belle-sœur le priât de se donner la peine d'aller voir ce que Cassim étoit devenu. Il partit sur-le-champ avec ses trois ânes, après lui avoir recommandé de modérer son affliction, et il alla à la forêt. En approchant du rocher, après n'avoir vu dans le chemin ni son frère, ni les dix mulets, il fut étonné du sang répandu qu'il aperçut près de la porte, et il en prit un mauvais augure. Il se présenta devant la porte, il prononça les paroles, elle s'ouvrit ; et il fut frappé du triste spectacle du corps de son frère mis en quatre quartiers. Il n'hésita pas sur le parti qu'il devoit prendre, pour rendre les derniers devoirs à son frère, en oubliant le peu d'amitié fraternelle qu'il avoit eue pour lui. Il trouva dans la grotte de quoi faire deux paquets des quatre quartiers, dont il fit la charge d'un de ses ânes, avec du bois pour les cacher. Il chargea les deux autres ânes de sacs pleins d'or et de bois par-dessus, comme la première fois, sans perdre de temps ; et dès qu'il eut achevé, et qu'il eut commandé à la porte de se refermer, il reprit le chemin de la ville ; mais il eut la précaution de s'arrêter à la sortie de la forêt, assez de temps pour n'y rentrer que de nuit. En arrivant, il ne fit entrer chez lui que les deux ânes chargés d'or ; et après avoir laissé à sa femme le soin de les décharger, et lui avoir fait part en peu de mots de ce qui étoit arrivé à Cassim, il conduisit l'autre âne chez sa belle-sœur.

Ali Baba frappa à la porte, qui lui fut ouverte par Morgiane : cette Morgiane étoit une esclave adroite, entendue, et féconde en inventions pour faire réussir les choses les plus difficiles ; et Ali Baba la connoissoit pour telle. Quand il fut entré dans la cour, il déchargea l'âne du bois et des deux paquets ; et en prenant Morgiane à part : « Morgiane, dit-il, la première chose que je te demande, c'est un secret inviolable : tu vas voir combien il nous est nécessaire autant à ta maîtresse qu'à moi. Voilà le corps de ton maître dans ces deux paquets, il s'agit de le faire enterrer comme s'il étoit mort de sa mort naturelle. Fais-moi parler à ta maîtresse, et sois attentive à ce que je lui dirai. »

Morgiane avertit sa maîtresse, et Ali Baba qui la suivoit, entra.

« Hé bien, beau-frère, demanda la belle-sœur à Ali Baba avec grande impatience, quelle nouvelle apportez-vous de mon mari ? Je n'aperçois rien sur votre visage qui doive me consoler. »

« Belle-sœur, répondit Ali Baba, je ne puis vous rien dire, qu'auparavant vous ne me promettiez de m'écouter depuis le commencement jusqu'à la fin sans ouvrir la bouche. Il ne vous est pas moins important qu'à moi, dans ce qui est arrivé, de garder un grand secret pour votre bien, et pour votre repos. »

« Ah, s'écria la belle-sœur sans élever la voix, ce préambule me fait connoître que mon mari n'est plus ; mais en même temps je connois la nécessité du secret que vous me demandez. Il faut bien que je me fasse violence : dites, je vous écoute. »

Ali Baba raconta à sa belle-sœur, tout le succès de son voyage jusqu'à son arrivée avec le corps de Cassim.

« Belle-sœur, ajouta-t-il, voilà un sujet d'affliction pour vous d'autant plus grand que vous vous y attendiez moins. Quoique le mal soit sans remède, si quelque chose néanmoins est capable de vous consoler, je vous offre de joindre le peu de bien que Dieu m'a envoyé au vôtre, en vous épousant, et en vous assurant que ma femme n'en sera pas jalouse, et que vous vivrez bien ensemble. Si la proposition vous agrée, il faut songer à faire en sorte qu'il paroisse que mon frère est mort de sa mort naturelle ; et c'est un soin dont il me semble que vous pouvez vous reposer sur Morgiane, et j'y contribuerai de mon côté de tout ce qui sera en mon pouvoir. »

Quel meilleur parti pouvoit prendre la veuve de Cassim, que celui qu'Ali Baba lui proposoit, elle qui, avec les biens qui lui demeuroient par la mort de son premier mari, en trouvoit un autre plus riche qu'elle ; et qui, par la découverte du trésor qu'il avoit faite, pouvoit le devenir davantage ? Elle ne refusa pas le parti, elle le regarda au contraire comme un motif raisonnable de consolation. En essuyant ses larmes qu'elle avoit commencé de verser en abondance, en supprimant les cris perçans ordinaires aux femmes qui ont perdu leurs maris, elle témoigna suffisamment à Ali Baba qu'elle acceptoit son offre.

Ali Baba laissa la veuve de Cassim dans cette disposition ; et après avoir recommandé à Morgiane de bien s'acquitter de son personnage, il retourna chez lui avec son âne.

Morgiane ne s'oublia pas ; et elle sortit en même temps qu'Ali Baba, et alla chez un apothicaire qui étoit dans le voisinage : elle frappe à la boutique, on ouvre, elle demande d'une sorte de tablette très-salutaire dans les maladies les plus dangereuses. L'apothicaire lui en donna pour l'argent qu'elle avoit présenté, en demandant qui étoit malade chez son maître ?

« Ah, dit-elle avec un grand soupir, c'est Cassim lui-même, mon bon maître ! On n'entend rien à sa maladie, il ne parle, ni ne peut manger. »

Avec ces paroles, elle emporte les tablettes dont véritablement Cassim n'étoit plus en état de faire usage.

Le lendemain, la même Morgiane vient chez le même apothicaire, et demande, les larmes aux yeux, d'une essence dont on a voit coutume de ne faire prendre aux malades qu'à la dernière extrémité ; et on n'espéroit rien de leur vie, si cette essence ne les faisoit revivre.

« Hélas, dit-elle avec une grande affliction, en la recevant des mains de l'apothicaire, je crains fort que ce remède ne fasse pas plus d'effet que les tablettes ! Ah, que je perds un bon maitre ! »

D'un autre côté, comme on vit toute la journée Ali Baba et sa femme d'un air triste faire plusieurs allées et venues chez Cassim, on ne fut pas étonné sur le soir d'entendre des cris lamentables de la femme de Cassim, et sur-tout de Morgiane, qui annonçoient que Cassim étoit mort.

Le jour suivant de grand matin, le jour ne faisoit que commencer à paroître, Morgiane qui savoit qu'il y avoit sur la place un bon homme de savetier fort vieux, qui ouvroit tous les jours sa boutique le premier, long-temps avant les autres, sort, et va le trouver. En l'abordant, et en lui donnant le bonjour, elle lui mit une pièce d'or dans la main.

Baba Moustafa, connu de tout le monde sous ce nom, Baba Moustafa, dis-je, qui étoit naturellement gai, et qui avoit toujours le mot pour rire, en regardant la pièce d'or, à cause qu'il n'étoit pas encore bien jour, et en voyant que c'était de l'or : « Bonne étrenne ! Dit-il, de quoi s'agit-il ? Me voilà prêt à bien faire. »

« Baba Moustafa, lui dit Morgiane, prenez ce qui vous est nécessaire pour coudre, et venez avec moi promptement ; mais à condition que je vous banderai les yeux, quand nous serons dans un tel endroit. »

À ces paroles, Baba Moustafa fît le difficile.

« Oh, oh, reprit-il, vous voulez donc me faire faire quelque chose contre ma conscience, ou contre mon honneur ? »

En lui mettant une autre pièce d'or dans la main : « Dieu garde, reprit Morgiane, que j'exige rien de vous, que vous ne puissiez faire en tout honneur. Venez seulement, et ne craignez rien. »

Baba Moustafa se laissa mener ; et Morgiane, après lui avoir bandé les yeux avec un mouchoir à l'endroit qu'elle avoit marqué, le mena chez défunt son maître, et elle ne lui ôta le mouchoir que dans la chambre où elle avoit mis le corps, chaque quartier à sa place. Quand elle le lui eut ôté : « Baba Moustafa, dit-elle, c'est pour vous faire coudre les pièces que voilà, que je vous ai amené. Ne perdez pas de temps ; et quand vous aurez fait, je vous donnerai une autre pièce d'or. »

Quand Baba Moustafa eut achevé, Morgiane lui rebanda les jeux dans la même chambre ; et après lui avoir donné la troisième pièce d'or qu'elle lui avoit promise, et lui avoir recommandé le secret, elle le remena jusqu'à l'endroit où elle lui avoit bandé les jeux en l'amenant ; et là, après lui avoir encore ôté le mouchoir, elle le laissa retourner chez lui ; en le conduisant de vue jusqu'à ce qu'elle ne le vit plus, afin de lui ôter la curiosité de revenir sur ses pas pour l'observer elle-même.

Morgiane avoit fait chauffer de l'eau pour laver le corps de Cassim. Ainsi Ali Baba, qui arriva comme elle venoit de rentrer, le lava, le parfuma d'encens, et l'ensevelit avec les cérémonies accoutumées. Le menuisier apporta aussi la bière, qu'Ali Baba avoit pris le soin de commander.

Afin que le menuisier ne pût s'apercevoir de rien, Morgiane reçut la bière à la porte ; et après l'avoir payé et renvoyé, elle aida à Ali Baba à mettre le corps dedans ; et quand Ali Baba eut bien cloué les planches par-dessus, elle alla à la mosquée avertir que tout étoit prêt pour l'enterrement. Les gens de la mosquée destinés pour laver les corps morts, s'offrirent pour venir s'acquitter de leur fonction ; mais elle leur dit que la chose étoit faite.

Morgiane de retour, ne faisoit que de rentrer, quand l'iman et d'autres ministres de la mosquée arrivèrent. Quatre voisins assemblés chargèrent la bière sur leurs épaules ; et en suivant l'iman, qui récitoit des prières, ils la portèrent au cimetière. Morgiane en pleurs, comme esclave du défunt, suivit la tête nue, en poussant des cris pitoyables, en se frappant la poitrine de grands coups, et en s'arrachant les cheveux ; et Ali Baba marchoit après, accompagné des voisins qui se détachoient tour-à-tour, de temps en temps, pour relayer et soulager les autres voisins qui portoient la bière, jusqu'à ce qu'on arrivât au cimetière.

Pour ce qui est de la femme de Cassim, elle resta dans sa maison, en se désolant et en poussant des cris lamentables avec les femmes du voisinage, qui, selon la coutume, y accoururent pendant la cérémonie de l'enterrement, et qui en joignant leurs lamentations aux siennes, remplirent tout le quartier de tristesse bien loin aux environs.

De la sorte, la mort funeste de Cassim fut cachée et dissimulée entre Ali Baba, sa femme, la veuve de Cassim et Morgiane, avec un ménagement si grand, que personne de la ville, loin d'en avoir connoissance, n'en eut pas le moindre soupçon.

Trois ou quatre jours après l'enterrement de Cassim, Ali Baba transporta le peu de meubles qu'il avoit, avec l'argent qu'il avoit enlevé du trésor des voleurs, qu'il ne porta que la nuit dans la maison de la veuve de son frère, pour s'y établir, ce qui fit connoître son nouveau mariage avec sa belle-sœur. Et comme ces sortes de mariages ne sont pas extraordinaires dans notre religion, personne n'en fut surpris.

Quant à la boutique de Cassim, Ali Baba avoit un fils, qui depuis quelque temps avoit achevé son apprentissage chez un autre gros marchand, qui avoit toujours rendu témoignage de sa bonne conduite, il la lui donna avec promesse, s'il continuoit de se gouverner sagement, qu'il ne seroit pas long-temps à le marier avantageusement selon son état.

Laissons Ali Baba jouir des commencemens de sa bonne fortune, et parlons des quarante voleurs. Ils revinrent à leur retraite de la forêt, dans le temps dont ils étoient convenus ; mais ils furent dans un grand étonnement de ne pas trouver le corps de Cassim, et il augmenta quand ils se furent aperçus de la diminution de leurs sacs d'or.

« Nous sommes découverts et perdus, dit le capitaine, si nous n'y prenons garde. Et si nous ne cherchons promptement à y apporter le remède, insensiblement nous allons perdre tant de richesses, que nos ancêtres et nous avons amassées avec tant de peine et de fatigues. Tout ce que nous pouvons juger du dommage qu'on nous a fait, c'est que le voleur que nous avons surpris a eu le secret de faire ouvrir la porte, et que nous sommes arrivés heureusement à point nommé dans le temps qu'il en alloit sortir. Mais il n'étoit pas le seul, un autre doit l'avoir comme lui. Son corps emporté et notre trésor diminué, en sont des marques incontestables. Et comme il n'y a pas d'apparence que plus de deux personnes aient eu ce secret, après avoir fait périr l'un, il faut que nous fassions périr l'autre de même. Qu'en dites-vous, braves gens, n'êtes-vous pas de même avis que moi ? »

La proposition du capitaine des voleurs fut trouvée si raisonnable par sa compagnie, qu'ils l'approuvèrent tous, et qu'ils tombèrent d'accord qu'il falloit abandonner toute autre entreprise, pour ne s'attacher uniquement qu'à celle-ci, et ne s'en départir qu'il n'y eussent réussi.

« Je n'en attendois pas moins de votre courage et de votre bravoure, reprit le capitaine ; mais avant toute chose, il faut que quelqu'un de vous, hardi, adroit et entreprenant aille à la ville, sans armes, et en habit de voyageur et d'étranger, et qu'il emploie tout son savoir-faire pour découvrir si on n'y parle pas de la mort étrange de celui que nous avons massacré comme il le méritoit, qui il étoit, et en quelle maison il demeuroit ? C'est ce qu'il nous est important que nous sachions d'abord, pour ne rien faire dont nous ayons lieu de nous repentir, en nous découvrant nous-mêmes dans un pays où nous sommes inconnus depuis si long-temps, et où nous avons un si grand intérêt de continuer de l'être. Mais afin d'animer celui de vous qui s'offrira pour se charger de cette commission, et l'empêcher de se tromper, en nous venant faire un rapport faux, au lieu d'un véritable qui seroit capable de causer notre ruine, je vous demande si vous ne jugez pas à propos qu'en ce cas-là il se soumette à la peine de mort. »

Sans attendre que les autres donnassent leurs suffrages : « Je m'y soumets, dit l'un des voleurs, et je fais gloire d'exposer ma vie, en me chargeant de la commission. Si je n'y réussis pas, vous vous souviendrez au moins que je n'aurai manqué ni de bonne volonté, ni de courage, pour le bien commun de la troupe. »

Ce voleur, après avoir reçu de grandes louanges du capitaine et de ses camarades, se déguisa de manière que personne ne pouvoit le prendre pour ce qu'il étoit. En se séparant de la troupe, il partit la nuit, et il prit si bien ses mesures, qu'il entra dans la ville dans le temps que le jour ne faisoit que commencer à paroître. Il avança jusqu'à la place, où il ne vit qu'une seule boutique ouverte, et c'étoit celle de Baba Moustafa.

Baba Moustafa étoit assis sur son siége, l'alêne à la main, prêt à travailler de son métier. Le voleur alla l'aborder, en lui souhaitant le bon jour ; et comme il se fut aperçu de son grand âge : « Bon-homme, dit-il, vous commencez à travailler de grand matin ; il n'est pas possible que vous y voyiez encore clair, âgé comme vous l'êtes ; et quand il feroit plus clair, je doute que vous ayiez d'assez bons yeux pour coudre ? »

« Qui que vous soyez, reprit Baba Moustafa, il faut que vous ne me connoissiez pas. Si vieux que vous me voyez, je ne laisse pas d'avoir les yeux excellens ; et vous n'en douterez pas quand vous saurez qu'il n'y a pas long-temps que j'ai cousu un mort dans un lieu où il ne faisoit guère plus clair qu'il fait présentement. »

Le voleur eut une grande joie de s'être adressé en arrivant à un homme qui d'abord, comme il n'en douta pas, lui donnoit de lui-même nouvelle de ce qui l'avoit amené, sans le lui demander.

« Un mort, reprit-il avec étonnement ! » Et pour le faire parler : « Pourquoi coudre un mort, ajouta-t-il ? Vous voulez dire apparemment que vous avez cousu le linceul dans lequel il a été enseveli. »

« Non, non, reprit Baba Moustafa : je sais ce que je veux dire. Vous voudriez me faire parler, mais vous n'en saurez pas davantage. »

Le voleur n'avoit pas besoin d'un éclaircissement plus ample pour être persuadé qu'il avoit découvert ce qu'il étoit venu chercher. Il tira une pièce d'or ; et en la mettant dans la main de Baba Moustafa, il lui dit :

« Je n'ai garde de vouloir entrer dans votre secret, quoique je puisse vous assurer que je ne le divulguerons pas, si vous me l'aviez confié. La seule chose dont je vous prie, c'est de me faire la grâce de m'enseigner, ou de venir me montrer la maison où vous avez cousu ce mort ? »

« Quand j'aurois la volonté de vous accorder ce que vous me

demandez, reprit Baba Moustafa, en tenant la pièce d'or prêt à la rendre, je vous assure que je ne pourrois pas le faire : vous devez m'en croire sur ma parole. En voici la raison : c'est qu'on m'a mené jusqu'à un certain endroit où l'on m'a bandé les yeux, et de là je me suis laissé conduire jusque dans la maison, d'où après avoir fait ce que je devois faire, on me ramena de la même manière jusqu'au même endroit. Vous voyez l'impossibilité qu'il y a que je puisse vous rendre service. »

« Au moins, repartit le voleur, vous devez vous souvenir à-peu-près du chemin qu'on vous a fait faire les yeux bandés. Venez, je vous prie, avec moi, je vous banderai les yeux en cet endroit-là, et nous marcherons ensemble par le même chemin et par les mêmes détours, que vous pourrez vous remettre dans la mémoire d'avoir marché ; et comme toute peine mérite récompense, voici une autre pièce d'or. Venez, faites-moi le plaisir que je vous demande. » Et en disant ces paroles il lui mit une autre pièce dans la main.

Les deux pièces d'or tentèrent Baba Moustafa ; il les regarda quelque temps de sa main sans dire mot, en se consultant pour savoir ce qu'il devoit faire. Il tira enfin sa bourse de son sein, et en les mettant dedans : « Je ne puis vous assurer, dit-il au voleur, que je me souvienne précisément du chemin qu'on me fit faire ; mais puisque vous le voulez ainsi, allons, je ferai ce que je pourrai pour m'en souvenir. »

Baba Moustafa se leva à la grande satisfaction du voleur ; et sans fermer sa boutique, où il n'y avoit rien de conséquence à perdre, il mena le voleur avec lui jusqu'à l'endroit où Morgiane lui avoit bandé les jeux. Quand ils furent arrivés : « C'est ici, dit Baba Moustafa, qu'on m'a bandé, et j'étois tourné comme vous me voyez. Le voleur qui avoit son mouchoir prêt, les lui banda, et il marcha à côté de lui, en partie en le conduisant, en partie en se laissant conduire par lui, jusqu'à ce qu'il s'arrêtât.

« Il me semble, dit Baba Moustafa, que je n'ai point passé plus loin. » Et il se trouva véritablement devant la maison de Cassim, où Ali Baba demeurent alors. Avant de lui ôter le mouchoir de devant les yeux, le voleur fit promptement une marque à la porte avec de la craie qu'il tenoit prête ; et quand il le lui eut ôté, il lui demanda s'il savoit à qui appartenoit la maison ? Baba Moustafa lui répondit qu'il n'étoit pas du quartier, et ainsi qu'il ne pouvoit lui en rien dire.

Comme le voleur vit qu'il ne pouvoit apprendre rien davantage de Baba Moustafa, il le remercia de la peine qu'il lui avoit fait prendre ; et après qu'il l'eut quitté et laissé retourner à sa boutique, il reprit le chemin de la forêt, persuadé qu'il seroit bien reçu.

Peu de temps après que le voleur et Baba Moustafa se furent séparés, Morgiane sortit de la maison d'Ali Baba pour quelqu'affaire ; et en revenant, elle remarqua la marque que le voleur y avoit faite ; elle s'arrêta pour y faire attention.

« Que signifie cette marque, dit-elle en elle-même, quelqu'un voudroit-il du mal à mon maître, ou l'a-t-on faite pour se divertir ? À quelque intention qu'on l'ait pu faire, ajouta-t-elle, il est bon de se précautionner contre tout événement. »

Elle prend aussitôt de la craie ; et comme les deux ou trois portes au-dessus et au-dessous étoient semblables, elle les marqua au même endroit, et elle rentra dans la maison sans parler de ce qu'elle venoit de faire, ni à son maître ni à sa maîtresse.

Le voleur cependant qui continuoit son chemin, arriva à la forêt, et rejoignit sa troupe de bonne heure. En arrivant, il fit rapport du succès de son voyage, en exagérant le bonheur qu'il avoit eu d'avoir trouvé d'abord un homme par lequel il avoit appris le fait dont il étoit venu s'informer, ce que personne que lui n'eût pu lui apprendre. Il fut écouté avec une grande satisfaction ; et le capitaine, en prenant la parole, après l'avoir loué de sa diligence : « Camarades, dit-il en s'adressant à tous, nous n'avons pas de temps à perdre, partons bien armés, sans qu'il paroisse que nous le soyons ; et quand nous serons entrés dans la ville séparément, les uns après les autres, pour ne pas donner de soupçon, que le rendez-vous soit dans la grande place, les uns d'un côté, les autres de l'autre, pendant que j'irai reconnoître la maison avec notre camarade, qui vient de nous apporter une si bonne nouvelle, afin que là-dessus je juge du parti qui nous conviendra le mieux. »

Le discours du capitaine des voleurs fut applaudi, et ils furent bientôt en état de partir. Ils défilèrent deux à deux, trois à trois ; et en marchant à une distance raisonnable les uns des autres, ils entrèrent dans la ville sans donner aucun soupçon. Le capitaine et celui qui étoit venu le matin, y entrèrent les derniers. Celui-ci mena le capitaine dans la rue où il avoit marqué la maison d'Ali Baba ; et quand il fut devant une des portes qui avoit été marquée par Morgiane, il la lui fit remarquer, en lui disant que c'étoit celle-là. Mais en continuant leur chemin sans s'arrêter, afin de ne pas se rendre suspects, comme le capitaine eut observé que la porte qui suivoit étoit marquée de la même marque et au même endroit, il le fit remarquer à son conducteur, et il lui demanda si c'étoit celle-ci ou la première ? Le conducteur demeura confus, et il ne sut que répondre, encore moins quand il eut vu avec le capitaine que les quatre ou cinq portes qui suivoient, avoient aussi la même marque. Il assura au capitaine, avec serment, qu'il n'en avoit marqué qu'une.

« Je ne sais, ajouta-t-il, qui peut avoir marqué les autres avec tant de ressemblance ; mais dans cette confusion, j'avoue que je ne peux distinguer laquelle est celle que j'ai marquée. »

Le capitaine qui vit son dessein avorté, se rendit à la grande place, ou il fit dire à ses gens par le premier qu'il rencontra, qu'ils avoient perdu leur peine et fait un voyage inutile, et qu'ils n'avoient d'autre parti à prendre que de reprendre le chemin de leur retraite commune. Il en donna l'exemple, et ils le suivirent tous dans le même ordre qu'ils étoient venus.

Quand la troupe se fut rassemblée dans la forêt, le capitaine leur expliqua la raison pourquoi il les avoit fait revenir. Aussitôt le conducteur fut déclaré digne de mort tout d'une voix, et il s'y condamna lui-même, en reconnoissant qu'il auroit dû prendre mieux ses précautions, et il présenta le col avec fermeté à celui qui se présenta pour lui couper la tête.

Comme il s'agissoit, pour la conservation de la bande, de ne pas laisser sans vengeance le tort qui lui avoit été fait, un autre voleur, qui se promit de mieux réussir que celui qui venoit d'être châtié, se présenta, et demanda en grâce d'être préféré. Il est écouté. Il marche ; il corrompt Baba Moustafa, comme le premier l'avoit corrompu, et Baba Moustafa lui fait connoître la maison d'Ali Baba les yeux bandés. Il la marque de rouge dans un endroit moins apparent, en comptant que c'étoit un moyen sûr pour la distinguer d'avec celles qui étoient marquées de blanc.

Mais peu de temps après, Morgiane sortit de la maison comme le jour précédent ; et quand elle revint, la marque rouge n'échappa pas à ses yeux clairvoyans. Elle fit le même raisonnement qu'elle avoit fait, et elle ne manqua pas de faire la même marque de crayon rouge aux autres portes voisines et aux mêmes endroits.

Le voleur à son retour vers sa troupe dans la forêt, ne manqua pas de faire valoir la précaution qu'il avoit prise comme infaillible, disoit-il, pour ne pas confondre la maison d'Ali Baba avec les autres. Le capitaine et ses gens croient avec lui que la chose doit réussir. Ils se rendent à la ville dans le même ordre et avec les mêmes soins qu'auparavant, armés aussi de même, prêts à faire le coup qu'ils méditoient ; et le capitaine et le voleur, en arrivant, vont à la rue d'Ali Baba ; mais ils trouvent la même difficulté que la première fois. Le capitaine en est indigné, et le voleur dans une confusion aussi grande que celui qui l'avoit précédé avec la même commission.

Ainsi le capitaine fut contraint de se retirer encore ce jour-là avec ses gens, aussi peu satisfait que le jour d'auparavant. Le voleur, comme auteur de la méprise, subit pareillement le châtiment auquel il s'étoit soumis volontairement.

» Le capitaine qui vit sa troupe diminuée de deux braves sujets, craignit de la voir diminuer davantage s'il continuoit de s'en rapporter à d'autres pour être informé au vrai de la maison d'Ali Baba. Leur exemple lui fit connoître qu'ils n'étoient propres, tous, qu'à des coups de main et nullement à agir de tête dans les occasions. Il se chargea de la chose lui-même ; il vint à la ville, et avec l'aide de Baba Moustafa, qui lui rendit le même service qu'aux deux députés de sa troupe, il ne s'amusa pas à faire aucune marque pour connoître la maison d'Ali Baba ; mais il l'examina si bien, non-seulement en la considérant attentivement, mais même en passant et en repassant à diverses fois par-devant, qu'il n'étoit pas possible qu'il s'y méprît.

Le capitaine des voleurs, satisfait de son voyage, et instruit de ce qu'il avoit souhaité, retourna à la forêt ; et quand il fut arrivé dans la grotte, où sa troupe l'attendoit : « Camarades, dit-il, rien enfin ne peut plus nous empêcher de prendre une pleine vengeance du dommage qui nous a été fait. Je connois avec certitude la maison du coupable sur qui elle doit tomber ; et dans le chemin, j'ai songé aux moyens de la lui faire sentir si adroitement, que personne ne pourra avoir connoissance du lieu de notre retraite, non plus que de notre trésor ; car c'est le but que nous devons avoir dans notre entreprise, autrement, au lieu de nous être utile, elle nous seroit funeste. Pour parvenir à ce but, continua le capitaine, voici ce que j'ai imaginé. Quand je vous l'aurai exposé, si quelqu'un sait un expédient meilleur, il pourra le communiquer. »

Alors il leur expliqua de quelle manière il prétendoit s'y comporter ; et comme ils lui eurent tous donné leur approbation, il les chargea, en se partageant dans les bourgs et dans les villages d'alentour, et même dans les villes, d'acheter des mulets, jusqu'au nombre de dix-neuf, et trente-huit grands vases de cuir à transporter de l'huile, l'un plein, et les autres vuides.

En deux ou trois jours de temps, les voleurs eurent fait tout cet amas. Comme les vases vuides étoient un peu étroits par la bouche pour l'exécution de son dessein, le capitaine les fit un peu élargir ; et après avoir fait entrer un de ses gens dans chacun avec les armes qu'il avoit jugées nécessaires, en laissant ouvert ce qu'il avoit fait découdre, afin de leur laisser la respiration libre, il les ferma de manière qu'ils paroissoient pleins d'huile ; et pour les mieux déguiser, il les frotta par le dehors d'huile, qu'il prit du vase qui en étoit plein.

Les choses ainsi disposées, quand les mulets furent chargés des trente-sept voleurs, sans y comprendre le capitaine, chacun caché dans un des vases, et du vase qui étoit plein d'huile, leur capitaine, comme conducteur, prit le chemin de la ville, dans le temps qu'il avoit résolu, et y arriva à la brune, environ une heure après le coucher du soleil, comme il se l'étoit proposé. Il y entra, et il alla droit à la maison d'Ali Baba, dans le dessein de frapper à la porte, et de demander à y passer la nuit avec ses mulets, sous le bon plaisir du maître. Il n'eut pas la peine de frapper : il trouva Ali Baba à la porte qui prenoit le frais après le soupe. Il fît arrêter ses mulets ; et en s'adressant à Ali Baba : « Seigneur, dit-il, j'amène l'huile que vous voyez, de bien loin, pour la vendre demain au marché ; et à l'heure qu'il est, je ne sais où aller loger. Si cela ne vous incommode pas, faites-moi le plaisir de me recevoir chez vous pour y passer la nuit : je vous en aurai obligation. »

Quoiqu'Ali Baba eût vu dans la forêt celui qui lui parloit, et même entendu sa voix, comment eût-il pu le reconnoître pour le capitaine des quarante voleurs, sous le déguisement d'un marchand d'huile ?

« Vous êtes le bien-venu, lui dit-il, entrez. » Et en disant ces paroles, il lui fit place pour le laisser entrer avec ses mulets, comme il le fit.

En même temps, Ali Baba appela un esclave qu'il avoit, et lui commanda, quand les mulets seroient déchargés, de les mettre non-seulement à couvert dans l'écurie, mais même de leur donner du foin et de l'orge. Il prit aussi la peine d'entrer dans la cuisine, et d'ordonner à Morgiane d'apprêter promptement à souper pour l'hôte qui venoit d'arriver, et de lui préparer un lit dans une chambre.

Ali Baba fit plus : pour faire à son hôte tout l'accueil possible, quand il vit que le capitaine des voleurs avoit déchargé ses mulets, que les mulets avoient été menés dans l'écurie, comme il l'avoit commandé, et qu'il cherchoit une place pour passer la nuit à l'air, il alla le prendre pour le faire entrer dans la salle où il recevoit son monde, en lui disant qu'il ne souffriroit pas qu'il couchât dans la cour. Le capitaine des voleurs s'en excusa fort, sous prétexte de ne vouloir pas être incommode, mais, dans le vrai, pour avoir lieu d'exécuter ce qu'il méditait avec plus de liberté ; et il ne céda aux honnêtetés d'Ali Baba qu'après de fortes instances.

Ali Baba, non content de tenir compagnie à celui qui en vouloit à sa vie, jusqu'à ce que Morgiane lui eût servi le soupe, continua de l'entretenir de plusieurs choses qu'il crut pouvoir lui faire plaisir, et il ne le quitta que quand il eut achevé le repas dont il l'avoit régalé.

« Je vous laisse le maître, lui dit-il : vous n'avez qu'à demander toutes les choses dont vous pouvez avoir besoin, il n'y a rien chez moi qui ne soit à votre service. »

Le capitaine des voleurs se leva en même temps qu'Ali Baba, et l'accompagna jusqu'à la porte ; et pendant qu'Ali Baba alla dans la cuisine pour parler à Morgiane, il entra dans la cour, sous prétexte d'aller à l'écurie voir si rien ne manquoit à ses mulets.

Ali Baba, après avoir recommandé de nouveau à Morgiane de prendre un grand soin de son hôte, et de ne le laisser manquer de rien : « Morgiane, ajouta-t-il, je t'avertis que demain je vais au bain avant le jour ; prends soin que mon linge de bain soit prêt, et de le donner à Abdalla (c'étoit le nom de son esclave), et fais-moi un bon bouillon, pour le prendre à mon retour. »

Après lui avoir donné ces ordres, il se retira pour se coucher.

Le capitaine des voleurs, cependant, à la sortie de l'écurie, alla donner à ses gens l'ordre de ce qu'ils devoient faire. En commençant depuis le premier vase jusqu'au dernier, il dit à chacun :

« Quand je jetterai de petites pierres de la chambre où l'on me loge, ne manquez pas de vous faire ouverture, en fendant le vase depuis le haut jusqu'en bas, avec le couteau dont vous êtes muni, et d'en sortir : aussitôt je serai à vous. »

Le couteau dont il parloit étoit pointu et affilé pour cet usage.

Cela fait, il revint ; et comme il se fut présenté à la porte de la cuisine, Morgiane prit de la lumière, et elle le conduisit à la chambre qu'elle lui avoit préparée, où elle le laissa après lui avoir demandé s'il avoit besoin de quelqu'autre chose. Pour ne pas donner de soupçon, il éteignit la lumière peu de temps après, et il se coucha tout habillé, prêt à se lever dès qu'il auroit fait son premier somme.

Morgiane n'oublia pas les ordres d'Ali Baba : elle prépara son linge de bain, elle en charge Abdalla qui n'étoit pas encore allé se coucher, elle met le pot au feu pour le bouillon, et pendant qu'elle écume le pot, la lampe s'éteint. Il n'y avoit plus d'huile dans la maison, et la chandelle y manquoit aussi. Que faire ? Elle a besoin cependant de voir clair pour écumer son pot ; elle en témoigne sa peine à Abdalla.

« Te voilà bien embarrassée, lui dit Abdalla ! Va prendre de l'huile dans un des vases que voilà dans la cour. »

Morgiane remercia Abdalla de l'avis, et pendant qu'il va se coucher près de la chambre d'Ali Baba, pour le suivre au bain, elle prend la cruche à l'huile et elle va dans la cour. Comme elle se fut approchée du premier vase qu'elle rencontra, le voleur qui étoit caché dedans, demanda en parlant bas : « Est-il temps ? »

Quoique le voleur eût parlé bas, Morgiane néanmoins fut frappée de la voix d'autant plus facilement, que le capitaine des voleurs, dès qu'il eut déchargé ses mulets, avoit ouvert, non-seulement ce vase, mais même tous les autres, pour donner de l'air à ses gens, qui d'ailleurs y étoient fort mal à leur aise, sans y être cependant privés de la facilité de respirer.

Toute autre esclave que Morgiane, aussi surprise qu'elle le fut, en trouvant un homme dans un vase, au lieu d'y trouver de l'huile quelle cherchoit, eût fait un vacarme capable de causer de grands malheurs. Mais Morgiane étoit au-dessus de ses semblables : elle comprit en un instant l'importance de garder ce secret, le danger pressant où se trouvoit Ali Baba et sa famille, et où elle se trouvoit elle-même, et la nécessité d'y apporter promptement le remède, sans faire d'éclat ; et par sa capacité elle en pénétra d'abord les moyens. Elle rentra donc en elle-même dans le moment, et sans faire paroître aucune émotion, en prenant la place du capitaine des voleurs, elle répondit à la demande, et elle dit : « Pas encore, mais bientôt. » Elle s'approcha du vase qui suivoit, et la même demande lui fut faite, et ainsi de suite, jusqu'à ce qu'elle arriva au dernier qui étoit plein d'huile ; et, à la même demande, elle donna la même réponse.

Morgiane connut par-là que son maître Ali Baba, qui avoit cru ne donner à loger chez lui qu'à un marchand d'huile, y avoit donné entrée à trente-huit voleurs, en y comprenant le faux marchand leur capitaine. Elle remplit en diligence sa cruche d'huile, qu'elle prit du dernier vase ; elle revint dans sa cuisine, où après avoir mis de l'huile dans la lampe et l'avoir ralumée, elle prend une grande chaudière, elle retourne à la cour où elle l'emplit de l'huile du vase. Elle la rapporte, la met sur le feu, et met dessous force bois, parce que plutôt l'huile bouillira, plutôt elle aura exécuté ce qui doit contribuer au salut commun de la maison, qui ne demande pas de retardement. L'huile bout enfin, elle prend la chaudière, et elle va verser dans chaque vase assez d'huile toute bouillante, depuis le premier jusqu'au dernier, pour les étouffer et leur ôter la vie, comme elle la leur ôta.

Cette action digne du courage de Morgiane, exécutée sans bruit, comme elle l'avoit projeté, elle revient dans la cuisine avec la chaudière vuide, et ferme la porte. Elle éteint le grand feu qu'elle avoit allumé, et elle n'en laisse qu'autant qu'il en faut pour achever de faire cuire le pot du bouillon d'Ali Baba. Ensuite elle souffle la lampe, et elle demeure dans un grand silence, résolue à ne pas se coucher qu'elle n'eût observé ce qui arriveroit, par une fenêtre de la cuisine qui donnoit sur la cour, autant que l'obscurité de la nuit pouvoit le permettre.

Il n'y avoit pas encore un quart d'heure que Morgiane attendoit, quand le capitaine des voleurs s'éveilla. Il se lève, il regarde par la fenêtre qu'il ouvre ; et comme il n'aperçoit aucune lumière et qu'il voit régner un grand repos et un profond silence dans la maison, il donne le signal en jetant de petites pierres, dont plusieurs tombèrent sur les vases, comme il n'en douta point par le son qui lui en vint aux oreilles. Il prête l'oreille, et n'en tend ni n'aperçoit rien qui lui lasse connoître que ses gens se mettent en mouvement. Il en est inquiet : il jette de petites pierres une seconde et une troisième fois. Elles tombent sur les vases, et cependant pas un des voleurs ne donne le moindre signe de vie, et il n'en peut comprendre la raison. Il descend dans la cour tout alarmé, avec le moins de bruit qu'il lui est possible ; il approche de même du premier vase, et quand il veut demander au voleur, qu'il croit vivant, s'il dort, il sent une odeur d'huile chaude et de brûlé, qui exhale du vase, par où il connoît que son entreprise contre Ali Baba, pour lui ôter la vie et pour piller sa maison, et pour emporter s'il pouvoit l'or qu'il avoit enlevé à sa communauté, étoit échouée. Il passe au vase qui suivoit, et à tous les autres l'un après l'autre, et il trouve que ses gens avoient péri par le même sort ; et par la diminution de l'huile dans le vase qu'il avoit apporté plein, il connut la manière dont on s'y étoit pris pour le priver du secours qu'il en attendoit. Au désespoir d'avoir manqué son coup, il enfila la porte du jardin d'Ali Baba, qui donnoit dans la cour, et de jardin en jardin, en passant par-dessus les murs, il se sauva.

Quand Morgiane n'entendit plus de bruit et qu'elle ne vit pas revenir le capitaine des voleurs, après avoir attendu quelque temps, elle ne douta pas du parti qu'il avoit pris, plutôt que de chercher à se sauver par la porte de la maison, qui étoit fermée à double tour. Satisfaite et dans une grande joie d'avoir si bien réussi à mettre toute la maison en sûreté, elle se coucha enfin, et elle s'endormit.

Ali Baba cependant sortit avant le jour, et alla au bain suivi de son esclave, sans rien savoir de l'événement étonnant qui étoit arrivé chez lui pendant qu'il dormoit, au sujet duquel Morgiane n'avoit pas jugé à propos de l'éveiller, avec d'autant plus de raison, qu'elle n'avoit pas de temps à perdre dans le temps du danger, et qu'il étoit inutile de troubler son repos, après qu'elle l'eut détourné.

Lorsqu'il revint des bains, et qu'il rentra chez lui, le soleil étoit levé. Ali Baba fut si surpris de voir encore les vases d'huile dans leur place, et que le marchand ne se fût pas rendu au marché avec ses mulets, qu'il en demanda la raison à Morgiane qui lui étoit venue ouvrir, et qui avoit laissé toutes choses dans l'état où il les voyoit, pour lui en donner le spectacle, et lui expliquer plus sensiblement ce qu'elle avoit fait pour sa conservation.

« Mon bon maître, dit Morgiane en répondant à Ali Baba, Dieu vous conserve, vous et toute votre maison ! Vous apprendrez mieux ce que vous desirez de savoir, quand vous aurez vu ce que j'ai à vous faire voir : prenez la peine de venir avec moi. »

Ali Baba suivit Morgiane. Quand elle eut fermé la porte, elle le mena au premier vase : « Regardez dans le vase, lui dit-elle, et voyez s'il y a de l'huile. »

Ali Baba regarda ; et comme il eut vu un homme dans le vase, il se retira en arrière tout effrayé, avec un grand cri.

« Ne craignez rien, lui dit Morgiane, l'homme que vous voyez ne vous fera pas de mal ; il en a fait, mais il n'est plus en état d'en faire, ni à vous, ni à personne : il n'a plus de vie. »

« Morgiane, s'écria Ali Baba, que veut dire ce que tu viens de me faire voir ? Explique-le-moi. »

« Je vous l'expliquerai, dit Morgiane ; mais modérez votre étonnement, et n'éveillez pas la curiosité des voisins d'avoir connoissance d'une chose qu'il est très-important que vous teniez cachée. Voyez auparavant tous les autres vases. »

Ali Baba regarda dans les autres vases l'un après l'autre, depuis le premier jusqu'au dernier ou il y avoit de l'huile, dont il remarqua que l'huile étoit notablement diminuée ; et quand il eut fait, il demeura comme immobile, tantôt en jetant les yeux sur les vases, tantôt en regardant Morgiane, sans dire mot, tant la surprise où il étoit étoit grande ! À la fin, comme si la parole lui fut revenue : « Et le marchand, demanda-t-il, qu'est-il devenu ? »

« Le marchand, répondit Morgiane, est aussi peu marchand que je suis marchande. Je vous dirai qui il est, et ce qu'il est devenu. Mais vous apprendrez toute l'histoire plus commodément dans votre chambre ; car il est temps, pour le bien de votre santé, que vous preniez un bouillon après être sorti du bain. »

Pendant qu'Ali Baba se rendit dans sa chambre, Morgiane alla à la cuisine prendre le bouillon ; elle le lui apporta, et avant de le prendre, Ali Baba lui dit :

« Commence toujours à satisfaire l'impatience où je suis, et raconte-moi une histoire si étrange, avec toutes ses circonstances. »

Morgiane, pour obéir à Ali Baba, lui dit :

« Seigneur, hier au soir, quand vous vous fûtes retiré pour vous coucher, je préparai votre linge de bain, comme vous veniez de me le commander, et j'en chargeai Abdalla. Ensuite je mis le pot au feu pour le bouillon ; et comme je l'écumois, la lampe, faute d'huile, s'éteignit tout-à-coup, et il n y en avoit pas une goutte dans la cruche. Je cherchai quelques bouts de chandelle, et je n'en trouvai pas un. Abdalla, qui me vit embarrassée, me fit souvenir des vases pleins d huile qui étoient dans la cour, comme il n'en doutoit pas non plus que moi, et comme vous l'avez cru vous-même. Je pris la cruche et je courus au vase le plus voisin. Mais comme je fus près du vase, il en sortit une voix qui me demanda : « Est-il temps ? » Je ne m'effrayai pas ; mais en comprenant sur le champ la malice du faux marchand, je répondis sans hésiter : « Pas encore, mais bientôt. » Je passai au vase qui suivoit ; et une autre voix me fit la même demande, à laquelle je répondis de même. J'allai aux autres vases l'un après l'autre : à pareille demande, pareille réponse, et je ne trouvai de l'huile que dans le dernier vase, dont j'emplis la cruche. Quand j'eus considéré qu'il y avoit trente-sept voleurs au milieu de votre cour, qui n'attendoient que le signal ou que le commandement de leur chef, que vous avez pris pour un marchand, et à qui vous aviez fait un si grand accueil, au point de mettre toute la maison en combustion, je ne perdis pas de temps, je rapportai la cruche, j'allumai la lampe ; et après avoir pris la chaudière la plus grande de la cuisine, j'allai l'emplir d'huile. Je la mis sur le feu, et quand elle fut bien bouillante, j'en allai verser dans chaque vase où étoient les voleurs, autant qu'il en fallut pour les empêcher tous d'exécuter le pernicieux dessein qui les avoit amenés. La chose ainsi terminée de la manière que je l'avois méditée, je revins dans la cuisine, j'éteignis la lampe ; et avant que je me couchasse, je me mis à examiner tranquillement par la fenêtre quel parti prendroit le faux marchand d'huile. Au bout de quelque temps, j'entendis que pour signal il jeta de sa fenêtre de petites pierres qui tombèrent sur les vases. Il en jeta une seconde et une troisième fois ; et comme il n'aperçut ou n'entendit aucun mouvement, il descendit ; et je le vis aller de vase en vase jusqu'au dernier ; après quoi l'obscurité de la nuit fit que je le perdis de vue. J'observai encore quelque temps ; et comme je vis qu'il ne revenoit pas, je ne doutai pas qu'il ne se fût sauvé par le jardin, désespéré d'avoir si mal réussi. Ainsi, persuadée que la maison étoit en sûreté, je me couchai. »

En achevant, Morgiane ajouta :

« Voilà quelle est l'histoire que vous m'avez demandée, et je suis convaincue que c'est la suite d'une observation que j'avois faite depuis deux ou trois jours, dont je n'avois pas cru devoir vous entretenir, qui est qu'une fois en revenant de la ville de bon matin, j'aperçus que la porte de la rue étoit marquée de blanc, et le jour d'après de rouge, après la marque blanche, et que chaque fois, sans savoir à quel dessein cela pouvoit avoit été fait, j'avois marqué de même et au même endroit, deux ou trois portes de nos voisins, au-dessus et au-dessous. Si vous joignez cela avec ce qui vient d'arriver, vous trouverez que le tout a été machiné par les voleurs de la forêt, dont je ne sais pourquoi la troupe est diminuée de deux. Quoi qu'il en soit, la voila réduite à trois au plus. Cela fait voir qu'ils avoient juré votre perte, et qu'il est bon que vous vous teniez sur vos gardes, tant qu'il sera certain qu'il en restera quelqu'un au monde. Quant à moi, je n'oublierai rien pour veiller à votre conservation comme j'y suis obligée. »

Quand Morgiane eut achevé, Ali Baba pénétré de la grande obligation qu'il lui avoit, lui dit :

« Je ne mourrai pas que je ne t'aye récompensée, comme tu le mérites. Je te dois la vie ; et pour commencer à t'en donner une marque de reconnoissance, je te donne la liberté dès-à-présent, en attendant que j'y mette le comble de la manière que je me le propose. Je suis persuadé avec toi que les quarante voleurs m'ont dressé ces embûches. Dieu m'a délivré par ton moyen. J'espère qu'il continuera de me préserver de leur méchanceté, et qu'en achevant de la détourner de ma tête, il délivrera le monde de leur persécution et de leur engeance maudite. Ce que nous avons à faire, c'est d'enterrer incessamment les corps de cette peste du genre humain, avec un si grand secret, que personne ne puisse rien soupçonner de leur destinée ; et c'est à quoi je vais travailler avec Abdalla. »

Le jardin d'Ali Baba étoit d'une grande longueur, terminé par de grands arbres. Sans différer, il alla sous ces arbres avec son esclave, creuser une fosse longue et large à proportion des corps qu'ils avoient à y enterrer. Le terrain étoit aisé à remuer, et ils ne mirent pas un long-temps à l'achever. Ils tirèrent les corps hors des vases, et ils mirent à part les armes dont les voleurs s'étoient munis. Ils transportèrent ces corps au bout du jardin, et ils les arrangèrent dans la fosse ; et après les avoir couverts de la terre qu'ils en avoient tirée, ils dispersèrent ce qui en restoit aux environs, de manière que le terrain parut égal comme auparavant. Ali Baba fit cacher soigneusement les vases à l'huile et les armes ; et quant aux mulets, dont il n'avoit pas besoin pour lors, il les envoya au marché à différentes fois, où il les fit vendre par son esclave.

Pendant qu'Ali Baba prenoit toutes ces mesures pour ôter à la connoissance du public par quel moyen il étoit devenu riche en peu de temps, le capitaine des quarante voleurs étoit retourné à la forêt avec une mortification inconcevable ; et dans l'agitation, ou plutôt dans la confusion où il étoit d'un succès si malheureux et si contraire à ce qu'il s'étoit promis, il étoit rentré dans la grotte, sans avoir pu s'arrêter à aucune résolution dans le chemin sur ce qu'il devoit faire ou ne pas faire à Ali Baba.

La solitude où il se trouva dans cette sombre demeure, lui parut affreuse.

« Braves gens, s'écria-t-il, compagnons de mes veilles, de mes courses et de mes travaux, où êtes-vous ? Que puis-je faire sans vous ? Vous avois-je assemblés et choisis pour vous voir périr tous à la fois par une destinée si fatale et si indigne de votre courage ? Je vous regretterois moins si vous étiez morts le sabre à la main en vaillans hommes. Quand aurai-je fait une autre troupe de gens de main comme vous ? Et quand je le voudrois, pourrois-je l'entreprendre, et ne pas exposer tant d'or, tant d'argent, tant de richesses à la proie de celui qui s'est déjà enrichi d'une partie ? Je ne puis et je ne dois y songer, qu'auparavant je ne lui aie ôté la vie. Ce que je n'ai pu faire avec un secours si puissant, je le ferai moi seul ; et quand j'aurai pourvu de la sorte à ce que ce trésor ne soit plus exposé au pillage, je travaillerai à faire en sorte qu'il ne demeure ni sans successeurs ni sans maître après moi, qu'il se conserve et qu'il s'augmente dans toute la postérité. »

Cette résolution prise, il ne fut pas embarrassé à chercher les moyens de l'exécuter ; et alors plein d'espérance, et l'esprit tranquille, il s'endormit, et passa la nuit assez paisiblement.

Le lendemain, le capitaine des voleurs éveillé de grand matin, comme il se l'étoit proposé, prit un habit fort propre, conformément au dessein qu'il avoit médité, et il vint à la ville, où il prit un logement dans un khan ; et comme il s'attendoit que ce qui s'étoit passé chez Ali Baba, pouvoit avoir fait de l'éclat, il demanda au concierge, par manière d'entretien, s'il y avoit quelque chose de nouveau dans la ville, sur quoi le concierge parla de toute autre chose que de ce qu'il lui importoit de savoir. Il jugea de là que la raison pourquoi Ali Baba gardoit un si grand secret, venoit de ce qu'il ne vouloit pas que la connoissance qu'il avoit du trésor, et du moyen d'y entrer, fût divulguée, et de ce qu'il n'ignoroit pas que c'étoit pour ce sujet qu'on en vouloit à sa vie. Cela l'anima davantage à ne rien négliger pour se défaire de lui par la même voie du secret.

Le capitaine des voleurs se pourvut d'un cheval, dont il se servit pour transporter à son logement plusieurs sortes de riches étoffes et de toiles fines, en faisant plusieurs voyages à la forêt avec les précautions nécessaires pour cacher le lieu où il les alloit prendre. Pour débiter ces marchandises, quand il en eut amassé ce qu'il avoit jugé à propos, il chercha une boutique. Il en trouva une ; et après l'avoir prise à louage du propriétaire, il la garnit, et il s'y établit. La boutique qui se trouva vis-à-vis de la sienne, étoit celle qui avoit appartenu à Cassim, et qui étoit occupée par le fils d'Ali Baba, il n'y avoit pas long-temps.

Le capitaine des voleurs qui avoit pris le nom de Cogia Houssain, comme nouveau venu, ne manqua pas de faire civilité aux marchands ses voisins, selon la coutume. Mais comme le fils d'Ali Baba étoit jeune, bien fait, qu'il ne manquoit pas d'esprit, et qu'il avoit occasion plus souvent de lui parler et de s'entretenir avec lui qu'avec les autres, il eut bientôt fait amitié avec lui. Il s'attacha même à le cultiver plus fortement et plus assidûment, quand trois ou quatre jours après son établissement, il eut reconnu Ali Baba qui vint voir son fils, qui s'arrêta à s'entretenir avec lui, comme il avoit coutume de le faire de temps en temps, et qu'il eut appris du fils, après qu'Ali Baba l'eut quitté, que c'étoit son père. Il augmenta ses empressemens auprès de lui, il le caressa, il lui fit de petits présens, il le régala même, et il lui donna plusieurs fois à manger.

Le fils d'Ali Baba ne voulut pas avoir tant d'obligation à Cogia Houssain sans lui rendre la pareille. Mais il étoit logé étroitement, et il n'avoit pas la même commodité que lui pour le régaler comme il le souhaitoit. Il parla de son dessein à Ali Baba son père, en lui faisant remarquer qu'il ne seroit pas séant qu'il demeurât plus long-temps sans reconnoître les honnêtetés de Cogia Houssain.

Ali Baba se chargea du régal avec plaisir.

« Mon fils, dit-il, il est demain vendredi ; comme c'est un jour que les gros marchands, comme Cogia Houssain et comme vous, tiennent leurs boutiques fermées, faites avec lui une partie de promenade pour l'après-dînée, et en revenant faites en sorte que vous le fassiez passer par chez moi et que vous le fassiez entrer. Il sera mieux que la chose se fasse de la sorte, que si vous l'invitiez dans les formes. Je vais ordonner à Morgiane de faire le soupé, et de le tenir prêt. »

Le vendredi, le fils d'Ali Baba et Cogia Houssain se trouvèrent l'après-dîné au rendez-vous qu'ils s'étoient donné, et ils firent leur promenade. En revenant, comme le fils d'Ali Baba avoit affecté de faire passer Cogia Houssain par la rue où demeuroit son père, quand ils furent arrivés devant la porte de la maison, il l'arrêta, et en frappant : « C'est, lui dit-il, la maison de mon père, lequel sur le récit que je lui ai fait de l'amitié dont vous m'honorez, m'a chargé de lui procurer l'honneur de votre connoissance. Je vous prie d'ajouter ce plaisir à tous les autres dont je vous suis redevable. »

Quoique Cogia Houssain fût arrivé au but qu'il s'étoit proposé, qui étoit d'avoir entrée chez Ali Baba, et de lui ôter la vie, sans hasarder la sienne, en ne faisant pas d'éclat, il ne laissa pas néanmoins de s'excuser, et de faire semblant de prendre congé du fils ; mais comme l'esclave d'Ali Baba venoit d'ouvrir, le fils le prit obligeamment par la main, et en entrant le premier, il le tira et le força en quelque manière d'entrer, comme malgré lui.

Ali Baba reçut Cogia Houssain avec un visage ouvert, et avec le bon accueil qu'il pouvoit souhaiter. Il le remercia des bontés qu'il avoit pour son fils. « L'obligation qu'il vous en a, et que je vous en ai moi-même, ajouta-t-il, est d'autant plus grande, que c'est un jeune homme qui n'a pas encore l'usage du monde, et que vous ne dédaignez pas de contribuer à le former. »

Cogia Houssain rendit compliment pour compliment à Ali Baba, en lui assurant que si son fils n'avoit pas encore acquis l'expérience de certains vieillards, il avoit un bon sens qui lui tenoit lieu de l'expérience d'une infinité d'autres.

Après un entretien de peu de durée sur d'autres sujets indifférens, Cogia Houssain voulut prendre congé. Ali Baba l'arrêta.

« Seigneur, dit-il, où voulez-vous aller ? Je vous prie de me faire l'honneur de souper avec moi. Le repas que je veux vous donner est beaucoup au-dessous de ce que vous méritez ; mais, tel qu'il est, j'espère que vous l'agréerez d'aussi bon cœur que j'ai intention de vous le donner. »

« Seigneur Ali Baba, reprit Cogia Houssain, je suis très-persuadé de votre bon cœur ; et si je vous demande en grâce de ne pas trouver mauvais que je me retire sans accepter l'offre obligeante que vous me faites, je vous supplie de croire que je ne le fais ni par mépris, ni par incivilité, mais parce que j'en ai une raison que vous approuveriez si elle vous étoit connue. »

« Et quelle peut être cette raison, Seigneur, reprit Ali Baba ? Peut-on vous la demander ? »

« Je puis la dire, répliqua Cogia Houssain : c'est que je ne mange ni viande, ni ragoût où il y ait du sel ; jugez vous-même de la contenance que je ferois à votre table. »

« Si vous n'avez que cette raison, insista Ali Baba, elle ne doit pas me priver de l'honneur de vous posséder à souper, à moins que vous ne le vouliez autrement. Premièrement, il n'y a pas de sel dans le pain que l'on mange chez moi ; et quant à la viande et aux ragoûts, je vous promets qu'il n'y en aura pas dans ce qui sera servi devant vous, je vais y donner ordre. Ainsi faites-moi la grâce de demeurer, je reviens à vous dans un moment. »

Ali Baba alla à la cuisine, et il ordonna à Morgiane de ne pas mettre du sel sur la viande qu'elle avoit à servir, et de préparer promptement deux ou trois ragoûts, entre ceux qu'il lui avoit commandés, où il n'y eût pas de sel.

Morgiane qui étoit prête à servir, ne put s'empêcher de témoigner son mécontentement sur ce nouvel ordre, et de s'en expliquer à Ali Baba.

« Qui est donc, dit-elle, cet homme si difficile qui ne mange pas de sel ? Votre soupe ne sera plus bon à manger si je le sers plus tard. »

« Ne te fâche pas, Morgiane, reprit Ali Baba, c'est un honnête homme. Fais ce que je te dis. »

Morgiane obéit, mais à contre-cœur. Elle eut la curiosité de connoître cet homme qui ne mangeoit pas de sel. Quand elle eut achevé, et qu'Abdalla eut préparé la table, elle l'aida à porter les plats. En regardant Cogia Houssain, elle le reconnut d'abord pour le capitaine des voleurs, malgré son déguisement ; et en l'examinant avec attention, elle aperçut qu'il avoit un poignard caché sous son habit.

« Je ne m'étonne plus, dit-elle en elle-même, que le scélérat ne veuille pas manger de sel avec mon maître : c'est son plus fier ennemi, il veut l'assassiner ; mais je l'en empêcherai. »

Quand Morgiane eut achevé de servir, ou de l'aire servir par

Abdalla, elle prit le temps pendant que l'on soupoit, et fit les préparatifs nécessaires pour l'exécution d'un coup des plus hardis ; et elle venoit d'achever lors qu'Abdalla vint l'avertir qu'il étoit temps de servir le fruit. Elle porta le fruit ; et dès qu'Abdalla eut levé ce qui étoit sur la table, elle le servit. Ensuite elle posa près d'Ali Baba une petite table sur laquelle elle mit le vin avec trois tasses ; et en sortant elle emmena Abdalla avec elle, comme pour aller souper ensemble, et donner à Ali Baba, selon la coutume, la liberté de s'entretenir et de se réjouir agréablement avec son hôte, et de le faire bien boire.

Alors, le faux Cogia Houssain, ou plutôt le capitaine des quarante voleurs, crut que l'occasion favorable pour ôter la vie à Ali Baba étoit venue.

« Je vais, dit-il en lui-même, faire enivrer le père et le fils ; et le fils, à qui je veux bien donner la vie, ne m'empêchera pas d'enfoncer le poignard dans le cœur du père, et je me sauverai par le jardin, comme je l'ai déjà fait, pendant que la cuisinière et l'esclave n'auront pas encore achevé de souper ou seront endormis dans la cuisine. »

Au lieu de souper, Morgiane qui avoit pénétré dans l'intention du faux Cogia Houssain, ne lui donna pas le temps de venir à l'exécution de sa méchanceté. Elle s'habilla d'un habit de danseuse fort propre, prit une coiffure convenable, et se ceignit d'une ceinture d'argent doré, où elle attacha un poignard, dont la gaine et le manche étoient de même métal ; et avec cela elle appliqua un fort beau masque sur son visage. Quand elle se fut déguisée de la sorte, elle dit à Abdalla :

« Abdalla, prends ton tambour de basque, et allons donner à l'hôte de notre maître, et ami de son fils, le divertissement que nous lui donnons quelquefois. »

Abdalla prend le tambour de basque ; il commence à en jouer en marchant devant Morgiane, et il entre dans la salle. Morgiane en entrant après lui, fait une profonde révérence d'un air délibéré et à se faire regarder, comme en demandant la permission de faire voir ce qu'elle savoit faire.

Comme Abdalla vit qu'Ali Baba vouloit parler, il cessa de toucher le tambour de basque.

« Entre, Morgiane, entre, dit Ali Baba : Cogia Houssain jugera de quoi tu es capable, et il nous dira ce qu'il en pensera. Au moins, Seigneur, dit-il à Cogia Houssain en se tournant de son côté, ne croyez pas que je me mette en dépense pour vous donner ce divertissement. Je le trouve chez moi, et vous voyez que ce sont mon esclave, et ma cuisinière et dépensière en même temps, qui me le donnent. J'espère que vous ne le trouverez pas désagréable. »

Cogia Houssain ne s'attendait pas qu'Ali Baba dût ajouter ce divertissement au soupé qu'il lui donnoit. Cela lui fit craindre de ne pouvoir pas profiter de l'occasion qu'il croyoit avoir trouvée. Au cas que cela arrivât, il se consola par l'espérance de la retrouver en continuant de ménager l'amitié du père et du fils. Ainsi, quoiqu'il eût mieux aimé qu'Ali Baba eût bien voulu ne le lui pas donner, il fit semblant néanmoins de lui en avoir obligation, et il eut la complaisance de lui témoigner que ce qui lui faisoit plaisir ne pourroit pas manquer de lui en faire aussi.

Quand Abdalla vit qu'Ali Baba et Cogia Houssain avoient cessé de parler, il recommença à toucher son tambour de basque et l'accompagna de sa voix sur un air à danser ; et Morgiane qui ne le cédoit à aucune danseuse de profession, dansa d'une manière à se faire admirer, même de toute autre compagnie que celle à laquelle elle donnoit ce spectacle, dont il n'y avoit peut-être que le faux Cogia Houssain qui y donnât peu d'attention.

Après avoir dansé plusieurs danses avec le même agrément et de la même force, elle tira enfin le poignard ; et en le tenant à la main elle en dansa une dans laquelle elle se surpassa par les figures différentes, par les mouvemens légers, par les sauts surprenans, et par les efforts merveilleux dont elle les accompagna, tantôt en présentant le poignard en avant, comme pour frapper, tantôt en faisant semblant de s'en frapper elle-même dans le sein.

Comme hors d'haleine enfin, elle arracha le tambour de basque des mains d'Abdalla, de la main gauche, et en tenant le poignard de la droite, elle alla présenter le tambour de basque par le creux à Ali Baba, à l'imitation des danseurs et danseuses de profession, qui en usent ainsi pour solliciter la libéralité de leurs spectateurs.

Ali Baba jeta une pièce d'or dans le tambour de basque de Morgiane. Morgiane s'adressa ensuite au fils d'Ali Baba, qui suivit l'exemple de son père. Cogia Houssain qui vit qu'elle alloit venir aussi à lui, avoit déjà tiré la bourse de son sein pour lui faire son présent, et il y mettoit la main, dans le moment que Morgiane, avec un courage digne de la fermeté et de la résolution qu'elle avoit montrées jusqu'alors, lui enfonça le poignard au milieu du cœur, si avant qu'elle ne le retira qu'après lui avoir ôté la vie.

Ali Baba et son fils épouvantés de cette action, poussèrent un grand cri : « Ah, malheureuse, s'écria Ali Baba, qu'as-tu fait ? Est-ce pour nous perdre, moi et ma famille ? »

« Ce n'est pas vous perdre, répondit Morgiane : je l'ai fait pour votre conservation. »

Alors en ouvrant la robe de Cogia Houssain, et en montrant à Ali Baba le poignard dont il étoit armé : « Voyez, dit-elle, à quel fier ennemi vous aviez affaire, et regardez-le bien au visage : vous y reconnoîtrez le faux marchand d'huile, et le capitaine des quarante voleurs ! Ne considérez-vous pas aussi qu'il n'a pas voulu manger de sel avec vous ? En voulez-vous davantage pour vous persuader de son dessein pernicieux ? Avant que je l'eusse vu, le soupçon m'en étoit venu, du moment que vous m'avez fait connoître que vous aviez un tel convive. Je l'ai vu, et vous voyez que mon soupçon n'étoit pas mal fondé. »

Ali Baba qui connut la nouvelle obligation qu'il avoit à Morgiane de lui avoir conservé la vie une seconde fois, l'embrassa.

« Morgiane, dit-il, je t'ai donné la liberté, et alors je t'ai promis que ma reconnoissance n'en demeureroit pas là, et que bientôt j'y mettrois le comble. Ce temps est venu, et je te fais ma belle-fille. »

Et en s'adressant à son fils : « Mon fils, ajouta Ali Baba, je vous crois assez bon fils, pour ne pas trouver étrange que je vous donne Morgiane pour femme sans vous consulter. Vous ne lui avez pas moins d'obligation que moi. Vous voyez que Cogia Houssain n'avoit recherché votre amitié que dans le dessein de mieux réussir à m'arracher la vie par sa trahison ; et s'il y eût réussi, vous ne devez pas douter qu'il ne vous eût sacrifié aussi à sa vengeance. Considérez de plus qu'en épousant Morgiane, vous épousez le soutien de ma famille, tant que je vivrai, et l'appui de la vôtre jusqu'à la fin de vos jours. »

Le fils, bien loin de témoigner aucun mécontentement, marqua qu'il consentoit à ce mariage, non-seulement par ce qu'il ne vouloit pas désobéir à son père, mais même parce qu'il y étoit porté par sa propre inclination.

On songea ensuite dans la maison d'Ali Baba à enterrer le corps du capitaine, auprès de ceux des quarante voleurs ; et cela se fit si secrètement, qu'on n'en eut connoissance qu'après de longues années, lorsque personne ne se trouvoit plus intéressé dans la publication de cette histoire mémorable.

Peu de jours après, Ali Baba célébra les noces de son fils et de Morgiane avec grande solennité, et par un festin somptueux, accompagné de danses, de spectacles et des divertissemens accoutumés ; et il eut la satisfaction de voir que ses amis et ses voisins, qu'il avoit invités, sans avoir connoissance des vrais motifs du mariage, mais qui d'ailleurs n'ignoroient pas les belles et bonnes qualités de Morgiane, le louèrent hautement de sa générosité et de son bon cœur.

Après le mariage, Ali Baba qui s'étoit abstenu de retourner à la grotte depuis qu'il en a voit tiré et rapporté le corps de son frère Cassim sur un de ses trois ânes, avec l'or dont il les avoit chargés, par la crainte d'y trouver les voleurs ou d'y être surpris, s'en abstint encore après la mort des trente-huit voleurs, en y comprenant leur capitaine, parce qu'il supposa que les deux autres, dont le destin ne lui étoit pas connu, étoient encore vivans.

Mais au bout d'un an, comme il eut vu qu'il ne s'étoit fait aucune entreprise pour l'inquiéter, la curiosité le prit d'y faire un voyage, en prenant les précautions nécessaires pour sa sûreté. Il monta à cheval ; et quand il fut arrivé près de la grotte, il prit un bon augure de ce qu'il n'aperçut aucun vestige ni d'hommes ni de chevaux. Il mit pied à terre, il attacha son cheval, et en se présentant devant la porte, il prononça ces paroles : SESAME, OUVRE-TOI, qu'il n'avoit pas oubliées. La porte s'ouvrit ; il entra, et l'état ou il trouva toutes choses dans la grotte, lui fit juger que personne n'y étoit entré depuis environ le temps que le faux Cogia Houssain étoit venu lever boutique dans la ville, et ainsi, que la troupe des quarante voleurs étoit entièrement dissipée et exterminée depuis ce temps-là. Il ne douta plus qu'il ne fût le seul au monde qui eût le secret de faire ouvrir la grotte, et que le trésor qu'elle enfermoit étoit à sa disposition. Il s'étoit muni d'une valise ; il la remplit d'autant d'or que son cheval en put porter, et il revint à la ville.

Depuis ce temps-là, Ali Baba, son fils qu'il mena à la grotte, et à qui il enseigna le secret pour y entrer, et après eux leur postérité à laquelle ils firent passer le même secret, en profitant de leur fortune avec modération, vécurent dans une grande splendeur, et honorés des premières dignités de la ville.

Après avoir achevé de raconter cette histoire au sultan Schahriar, Scheherazade qui vit qu'il n'étoit pas encore jour, commença de lui faire le récit de celle que nous allons voir :

FIN DU TOME SIXIÈME.

Printed in France by Amazon
Brétigny-sur-Orge, FR

14478538R00274